中國古典の解釋と分析

日本・臺灣の學術交流

佐藤鍊太郎・鄭吉雄 編著

北海道大学出版会

はしがき

佐藤錬太郎

　本書の原題は『臺日學者論經典詮釋中的語文分析』(『臺灣と日本の學者が經典解釋における言語分析について論ずる』)である。本書は原書を増補改訂した日本語版である。はじめに本書出版の經緯について述べておきたい。
　北海道大學大學院文學研究科中國文化論講座の伊東倫厚教授(1943-2007)には、日本周易學會の理事長として『周易』研究の國際交流を進めたいという志を抱かれて、2005年8月初旬に『周易』に造詣の深い臺灣大學中國文學系の鄭吉雄教授を北海道大學に招聘し、『周易』研究會(8月3日～5日)を開催したのが、本書成立の契機である。鄭吉雄教授との仲介の勞を取られたのは、臺灣大學哲學系の佐藤將之氏である。
　伊東教授には、『周易』研究を推進するため、研究代表者として平成14～17年度(2002.4～2005.3)科學研究費補助金の交付を得て、「『易』の起源・成立及びその解釋の歷史的展開に關する研究」(基盤研究B(2)研究成果報告書、2006年3月)を主催された。その研究成果の一部は、朱伯崑著・伊東倫厚監譯・近藤浩之編『易學哲學史』四卷(朋友書店、2009年)として公刊されている。
　また、北海道大學と臺灣大學は、2005年3月には大學間交流協定を締結し、學生の交換留學等が實現し、學術交流を進める環境を整えた。さらに、私が研究代表者として平成18～21年度(2006.4～2010.3)科學研究費補助金(基盤研究B(2))の交付を得て、「科擧に關する文獻學的總合研究」を主催することとなり、鄭吉雄教授が中華民國行政院國家科學委員會の承認を得て主催した「經典詮釋中的語文分析研究計畫」との共同研究を實施する協定を結び、研究交流を推進する態勢が整った。
　かくして、2006年8月23日～25日、北海道大學百年記念會館大會議室において、北海道大學文學研究科と臺灣大學人文社會高等研究院および國家科學委員會「經典詮釋中的語文分析研究計畫」の共催で、「首屆東亞經典詮釋中的語文分析國際學術研討會」(Inaugural International Symposium on Interpretations of Classics in Philological Analysis in East Asia：第一回「東アジアの經典解釋における言語分析」國際學術シンポジウム)が開催された。
　交流の契機を與えてくださった伊東倫厚教授には病氣療養中のため、ご臨席頂けなかったのは殘念なことであったが、このシンポジウムには、日本の研究者に加えて、臺灣大學、政治大學、臺灣中央研究院から哲學、文學、語學、歷史學の錚々たる研究者が參

集した。また、予稿集の編集に當たっては、學術交流の便宜に配慮して中國語を用いることとし、事前に日本側の發表者にも日本語版と併せて中國語版原稿の寄稿を依頼し、臺灣側の主要な發表論文については日本語版も準備した。ただし、當日の研究報告は中國語で行われた。この予稿集が、本書の中國語版原書の原型である。シンポジウムの詳細については、卷末の近藤浩之氏の參加報告を參照していただきたい。

シンポジウムにおける日本側の發表論文には日本語原稿があり、臺灣側の主要な論文にも日本語譯があったため、シンポジウム終了後、私と鄭吉雄教授との間で、このシンポジウムの成果をまとめて日本と臺灣で出版しようという約束がなされた。

しかし、いざ出版するとなると、論文の内容のみならず、體裁や翻譯にも問題が見受けられ、そのまま出版するのは困難であった。怠惰な私は、半ば諦めていたのであるが、鄭吉雄教授には怠らず、着々と編集作業を進め、約束どおり『臺日學者論經典詮釋中的語文分析』（臺灣・學生書局、2010年8月）を出版された。そこで、我々も約定を違えるのは信義に悖ると反省し、改めて出版すべく、日本語版の出版準備にとりかかった。北海道大學出版會に本書の刊行を承認して頂けたのは幸いなことであった。

中國語版所載の臺灣側の論文については、分擔者を決めて日本語に翻譯する作業を進めると共に、日本側の論文については、改めて各執筆者に内容の推敲と體裁の統一を依頼した。また、シンポジウムに參加されたのに、諸般の事情から中國語版に論文を寄稿されなかった佐藤將之氏と名畑嘉則氏については、新たに寄稿を依頼した。兩氏の論文二篇が、原書に增補した論文である。從って序文中でも、二篇の要旨を增補した。

刊行準備に當たり、北大中國文化論講座の近藤浩之准教授には、執筆者との連絡事務のみならず、編集作業においても多大のお骨折りを頂き、感謝に堪えない。また、刊行にいたるまで辛抱強くお世話頂いた北海道大學出版會の今中智佳子さんにも感謝の意を表したい。そして、臺灣側論文の翻譯を擔當された金原泰介氏、加部勇一郎氏、近藤浩之氏、藤井得弘氏、松江崇氏、大野裕司氏、和田敬典氏、猪野（胡）慧君氏、水上雅晴氏、田村將氏、中野徹氏の各氏のご協力に對しても謝意を表したい。

本書の刊行にあたっては、平成23年度の北海道大學大學院文學研究科の刊行助成金の交付を得た。執筆者各位、北大中國文化論研究室の各位に深甚の謝意を表する次第である。本書の刊行が臺灣と日本の學術交流に些かなりとも貢獻できれば望外の幸せである。

平成２４年３月吉日

序　文

鄭吉雄・佐藤錬太郎

　　夫れ文は行を以て立ち、行は文を以て傳はる。四教の先とする所、符采を相濟
　す。德を勵め聲を樹つるに、聖を師とせざるは莫し。而るに、言を建て辭を修
　むるに、克く經を宗とするもの鮮なし。(『文心彫龍』宗經)

　經典は哲學的思惟の擔體（傳導體）であり、言語と文字は抽象的な理念を傳達する道具である。遠い昔の東アジアの經典の傳統、言語と文字はとうの昔からすでに單なる一種の道具ではない。それは單獨で發展した法則規律を有するのみならず、飛び沈む純正美麗な芸術的境地を内容とし、同時にそれも思惟の産物で、思惟を受けとめた塑像である。ただしそれはまた同時に逆に思惟に對する制約、規範を産み出しうる。言語と文字は文化現象である上に、同時に行爲の實踐でもある。
　傳統的な經典の研究と解釋は、もともとはひとつであったものが複雜化し、一、二種類の方法でその奥深く微妙な學問を盡くすことは困難であり、「哲學」と「言語學」（ほぼ傳統的な「義理」と「訓詁」に等しい）はその中の二つの重要な部門であり、二種類の重要な方法でもある。東方と西方の數千年の人文科學の傳統の中で、無數の經典が豐富な思惟の世界を構築した。そして新しい語彙が絶えず出現し、古い語義は轉變を續け、哲理思想も途切れなく古い傳統を繼承し、新しい内容を廣く説いた。經典の精神世界は廣く開拓され、言語と文字自體もこのような速やかな變化を經驗した。人文學者は心に尋ね口で解説し、一度も著述を停止することなく、經典の研究により文化と生命の意義を探求した。
　2006年8月22〜25日に我々はそれぞれ國家科學委員會の統合型特定研究計畫「經典解釋における言語分析研究計畫」（2005-2007）を代表し、北海道大學中國文化論講座と共に北海道大學百年記念館において「東アジアの經典解釋における言語分析」國際學術シンポジウムを共催して、「義理」と「訓詁」の兩方面から經典解釋の學問を深く探求することを希望した。廣義の訓詁學は實は文獻研究であり、重視するのは實證である。そして義理の探求は、抽象的思惟に關心を寄せて、精神面での發展を重視した。もし「訓詁」の研究は地上をはって進むようであると言うなら、「義理」の仕事は天上で飛ぶことである。「上下常無し。邪を爲すに非ざるなり。」(『周易』乾卦・文言傳)

我々の目的は、大げさに博識を人を示すことではなくて、經典研究について、義理と訓詁を併用する可能性を探求できるよう希望するのである。歴代の經典研究者は誰しも、本當の文獻研究は、これまで奥深い道理の考索から遊離したことはないと知っている。そして經典の義理の解釋も、文獻研究を基礎としないわけにいかない。もしも中國經典の傳統においてひとつの理論的意義を持つ解釋理論を明示し、西方の解釋學の傳統と交流對話しようとするならば、最初になすべき重要なことは、先ず中國經典の傳統に深く入ってその特性を探すことでなければならない。我々は、「比較」の作業はまず二者の「同」中の「異」を觀察するのが良いと考えた。さもなければ強引に當てはめる弊害に陷りやすい。「異」中でその「同」を研究するには、「一言てこれを蔽ふ」というわけにいかない。事實上、同中に異を求め、異中に同を求める方法は、研究作業ではいつも相互に用いる方法である。

　これに據って論ずれば、我々が中國經典の解釋方法と理論を開拓して、特にその特色である「異」に氣を配る時、心の中には實は同時に一種の文化的境界を越えた東西の人文學の普遍的な人文精神が存在しているはずである。そして我々が文化と領域を跨ぐ東洋と西洋の經典解釋の類似點の融合を進める時にも、心中に「文化ごとに皆その獨自の特性がある」という自覺を持つ必要がある。キーポイントは、「經典」が實際の文獻として、それ自體に客觀的な容貌構造を有していることにある。そして「解釋」は抽象的な理論として、それ自體がその主觀的な芸術境地を有している。思惟は絶對に傳統から離れることはできず、傳統も永遠に思惟に隨ってさまざまに變化する。中國思想の歴史を例にして説明すれば、一つの思想史は、實は一つの經典解釋の歴史にほかならない。思想は經典に對する解釋と再解釋を通して、歴史背景に隨って推移し、盛衰變化して、數多くの觀念の連續的な發展の軌道となる。研究者は思想史を著述し、更に新たにこの一つの軌道について自身の個性と背景を基礎として新しい理解と敍述を行うに等しい。そしてこのような新しい理解と敍述は、更にまた必然的に古い經典と古い解釋の基礎が形成した解釋の傳統の上に基礎を置くので、斷裂の中に連續が有り、連續の中に革新が有る。解釋は革新であるが、革新の内に古い意味を内藏している。その間に新舊が混ざり、主客が融合し、何が古い意味で、何が新しい解釋なのか區別がつかない。

　本書には計十五篇の報告論文を收録している。各論文の要旨はそれぞれ紹介すると次のようになっている。

　鄭吉雄「試みに解釋の觀點から易、陰陽、乾坤の字義を論ず」では、中國經典傳統の文字言語を核心とする解釋の觀點から、「易」、「陰」、「陽」、「乾」、「坤」の五字を考訂して、「易」が日照の象であり、「陽」の字の字義と同じだと考えている。『周易』が「易」を書名としたのは、この字の字義と關係があるはずであり、後世では意味を廣げて「日月合文」、「交易變易」などの新義を生みだした。「陰陽」の字はもとは「侌昜」に作り、その意味はそれぞれ「雲が日（太陽）を覆う」と「雲が開けて日を見る」であり、『詩經』、『書經』の「陰陽」が地理的方位を指すことが多いので、『易』家が二字を

取ってそれによって乾坤氣化の德を指し、その影響は戰國の諸子に及んだ。「乹」は「乾」の聲符が義符を兼ね、「坤」は「立」に從い「申」に從って稲妻の形體である。出土した《易》の卦と數字の卦の陰爻は「八」、「ヘ」に作っており、「巛」、「川」、「水」字の字形の重要な來源かもしれない。傳統學者が「坤」字は古くは「巛」に作ると指摘しているのは、恐らく誤った說ではない。總合して言えば、上述の五つの字はいずれも日光の照射と關係があり、いずれも『易經』の自然宇宙論を基礎としている。

楊秀芳「語族の硏究から「天行健」の意義を硏究する」では、語族硏究の成果を利用して、後の世に傳わった文獻と出土文獻とを比較して、乾卦の卦名が元來「鍵」もしくは「木+建」であり、名詞としては日常に見える支える物であり、動詞としては手に持って落とさないという意味であるとしている。「象傳」の「天行健」はもとは「天行、鍵（木+建）」であり、日月星辰が高く懸って墜ちず、運行してやまないのは、鍵（木+建）が支えているようであるという。後に語義が發展して、「人が支えることができる」という意味を表す概念を生じて、後の通行本では人偏の「健」と書いて、その字の強壯の意味（內動詞）は支持するという意味（外動詞）から轉化してできたという。「天行」は物理の現象で、もとよりいわゆる支持や強壯の說は無い。しかし「天行健」という一語は、發展して儒家の人格養成敎育の中の最も重要な言葉となり、人の心に與えた影響は深遠である。著者は語族の觀念から、ひとつの「象傳」テキストを解讀する可能性を提示している。

近藤浩之「「神明」の思想—『易傳』を中心として—」は、『易傳』、「太一生水」とその他の先秦文獻中の「神明」の概念の內容を論じている。著者が考證した後にこう考えている。先秦の古書の中にはもともとただ「神明に通ず」だけがあって「神明の德に通ず」は無い。本來の意味から考えれば、今本『周易』（繫辭下傳）に「通神明之德」（神明の德に通ず）というのは誤りであり、帛書『周易』（繫辭篇・易之義篇）に「達神明之德」（神明の德を達ぼす）というのが正しい。「神明の德を達ぼす」は「神のごとき明智の德を（天下に遍く）ゆきわたらせる」ことで、「神明に通ず」は「（ある種の道德が）神靈（あるいは精神）世界にまで及ぶ」という意味である。「神明」という言葉はもとは「鬼神の明智」の意味であり、後に派生して、「神靈の世界」・「神靈の總稱」の意味になり、かつ同時に、「神聖にする、崇高にする」（動詞）という意味になり、さらに派生して分かれて、「明智の精氣（ものを見るための精神的神經的な氣や力）」、「人の精神や心のはたらき」、「明智さが神のごときであること」という意味になった。著者は異文の比較と語句の分析を通して「神明」の思想に對して彼獨特の見解を明らかにした。

魏培泉「『關尹子』が先秦の作品の言語でない證據」は、まず『關尹子』が僞書であることがすでに學術界の共通認識であることを指摘し、本論文は、言語の現象から、この本が先秦の言語現象と異なることが多くかつ廣範圍で、それが先秦の作品でないと證明できると指摘している。このような現象に含まれているのは、「即」の字を繫詞（判斷動詞）として用い、「是」を繫詞として用い、「所以」を結果連詞（接續詞）として用

い、「可V（動詞）＋O（目的語）」、「不V（動詞）之」、「我之＋NP（名詞組）」と「吾之＋NP」、「無一物」（あるいは「無有一物」）、「殊不知（實は）」が述語文の目的語を伴い、語句中の「認」（その中「認黍爲稷、認玉爲石」が最も特殊である）、「無我」の「我」が指示詞ではなく、異常な押韻などの十一項目である。最後の一項目で論じている語句が押韻しているか否かについては論爭があるかも知れないが、それ以外の、前十項は檢查の基準としてさして問題はないはずである。その中に何項目か先秦文獻にすでに見える例があるが、いずれもめったにないものである。更に項目について言えば、先秦のいかなる一種の文獻にも同時に二項以上出現することはめったにない。このためこの項目が頻繁に見えるかどうかに關わりなく、『關尹子』はいずれも先秦のいかなる文獻をもはるかに超過している。

　松江崇「『六度集經』言語の口語性について―疑問代詞體系を例として―」は、三國時代に吳の康僧會が編譯した、儒佛の思想を融和したとも稱すべき漢佛佛典『六度集經』の言語の問題を論じている。從來の研究により、この經典には魏晉時期の口語成分が多く含まれること、しかし同時にいわゆる「文言成分」も少なからず含まれることが指摘されている。しかし著者は、これら「文言成分」が眞に先秦文獻の影響を受けた擬古的な成分であるのかどうかは再檢討の余地があると主張する。その上で、『六度集經』言語と同時代の言語資料との比較研究を通して、康僧會が『六度集經』を編譯する際、自身の使用し得る口語に存在する疑問代詞のうち、既存の文獻にもみえるものを選擇したのであり、先行の文獻にみえる疑問代詞であっても、彼の口語には存在しないもの（純粹書面語成分）は選擇しなかったのだと結論づける。そしてこの經典のいわゆる「文言成分」には、實際には江南方言に古い言語的特徵が殘存した結果である場合も含まれると指摘する。本論文の探求を通して、初期の佛典翻譯における語彙選擇の原則の一端を垣間見ることができる。

　徐富昌「竹簡帛書の典籍中の異文の問題を論ず」は、個別案件の分析と考證を通して、「異文」の竹簡研究における重要性を指摘している。著者の考えではテキストが創作された當初には、もともといわゆる異文は存在しない。古籍の原テキストは一種あるだけであるが、流傳、特に手寫の過程で、各種の要素によって誤りが生じる。上古の書籍は大部分が竹簡に書き寫して、篇を單位として本となり、若干の篇を集めて一部とする。寫し手は原著に忠實とは限らず、常に内容の似た篇の文章を一緒に集めたり、各人が必要な所を取って、典籍の傳播の不安定性を招いた。このため正確に典籍を解釋して讀むには、典籍が流傳して次第に變化するうちに生まれる異文について掌握せねばならない。この論文は、經典解釋の研究者に「異文」の經典の世に傳わる版本と出土版本とを研究する上での重要性に氣づかせてくれる。

　弥和順「『論語鄭氏注』の思想的特色」は、清儒の編纂した『鄭氏注』輯佚本および新出文獻の敦煌本、卜天壽本を基本資料として、金谷治の論著を含めた先行研究の成果を融合して、『論語鄭氏注』の思想的特色について深く研究して論じている。例えば金

谷氏が提示した『論語鄭氏注』で性を解説した文章が『論語』本文から超脱しているとする見解について、著者の考察を通じて、これらの性を解説した注釋が編纂された背後には、鄭玄の孔子が、才能があるのに不遇で、明君に重用されなかったこと、世俗の民の有様に深く不満を感じていたという個人的認識が存在していて、このような認識は『鄭氏注』に反映されていて、隨所に見られることが分かる。

水上雅晴「明經博士家の『論語』解釋―清原宣賢を考察の中心として―」は主に日本の中世期の明經博士清原家の經學、特に『論語』學の解釋について考察している。著者は日本の中世期に、明經博士家は經學解釋の主流の地位を佔めて、その經說は「家說」の形式で、ただ家内だけで獨佔的な繼承を行ったと指摘している。これは東アジアの經典解釋史上にきわめて特異な現象である。この時期の清原家の經說は流傳が非常に多く、その中でも清原宣賢の著述によって傳わったものが、その家人と較べて特に多い。故に著者は宣賢とその『論語』解釋に著眼して、清原家の經學、特に『論語』學の内容と特徴について明らかにしている。著者は嚴格な考證の態度と方法で改めてこの日本中世の經學考證の方法と現象をスケッチして、しかも訓點本と『經典釋文』の關係、吳音と漢音の採擇、抄物中の宋儒の經說の利用、『論語聽塵』中の三教一致およびその日本神道、宗教背景との關係などを含む清原家の訓點本と抄物の様々な問題について廣く論じている。

劉文清「惠棟『九經古義』からその「經の義を訓に存す」という解經の觀念を論ず」の主旨は、惠棟がその父祖から繼承した家學に立ち戻り、「經の義は訓に存す」という論が、清代に訓詁を明らかにして以て經義を明らかにすを提唱する嚆矢であることを提示している。著者は文獻の分析を通して、この命題は「經訓」と「經義」の二段階に分かれ、決して「訓詁明らかなれば即ち義理明らかなり」という意味を含まないと考えている。まして惠棟は經學を治める時にも先秦諸子の文獻を引用することを重視したので、彼は漢學を尊重し、わずかに漢を古に近いと考え、決して「漢」が即ち「古」であるとは認めず、その研究方法は、戴震の前觸れとなり、王念孫、王引之父子も其の學術を押し廣めた。本論文の研究を通じて、清代經學の吳派皖派の分立の問題も、更に精細に改めて考慮しなかればならないかも知れない。

林啓屏「儒家思想の中の知行觀―孟子、象山、陽明を例として―」は、孟子を主として、彼の「知行」觀念の上の考えを分析して、更に象山、陽明の二人の異なる時代の儒者を參照の對象としている。著者はまず「内向型の瞑契の經驗」と「外向型の瞑契の經驗」とで、「知行」思想の二つの可能な方向を説明している。つぎに「體知」の角度から、孟子の思想中の「内向型」の知行觀とその意義を論じている。最後に、著者は象山と陽明を例にして、かいつまんで宋明の儒家の「知行合一」の主張の内容を説明し、同時に一歩進んで儒家思想中の「知行」の課題を指摘し、象山、陽明の發展の下で、その内向型の瞑契の色彩が、繼續して一つの重要な特徴となったと指摘している。

佐藤將之「「變化」を掌握する道德―『荀子』「誠」概念の構造―」は、荀子の「變化

觀」と『中庸』における「誠」思想の類似に着目し、『莊子』や『呂氏春秋』などとも關係を持ちながら展開していく儒家思想の發展脈絡において『荀子』と『中庸』兩文獻中の「誠」概念の展開が思想史的に如何なる意義を有しているか考察し、荀子思想の特色を明らかにしようとしている。まず『荀子』に出てくる「變」と「化」という文字、「變化」という複合語の用例とその特色を明らかにし、次に『荀子』と『中庸』の「變化」および「誠」の用例と異同を比較考察し、最後に『荀子』における「誠」と「變化」の關係および『中庸』における「誠」と「化」の關係についての分析という、三段階に分けて論述し、『荀子』の「變化論」は事實上二つの思想内容を兼ね備えていると論じている。まず、『荀子』が「物」或いは「人」といった個體の變化という側面と狀況變化への對應という側面を重視し、特に後者の側面に關しては「應變」や「治變」という觀念を打ち出して「變化」を掌握する能力を重視したことを明らかにしている。次に、荀子の「誠論」が『中庸』にも出てくる「化育萬物」という考え方を發展した可能性が高く、荀子の「誠」の效力は、統治者がこの「化育萬物」に則るだけでなく、「變化代興」を起こすことも可能にしたこと、荀子が「變化代興」の起點を「人之守」と「義之行」という道德的行爲に基礎づけ、その「變化論」に道德的基礎を與えたと論じている。

羅因「漢譯說一切有部の二種の佛傳中の佛陀についての異なる解釋」は、佛陀の慈悲と知慧が生みだす極めて大きな人格感化力は、時代の推移につれて、ますます強烈に表現され、後代の佛敎徒が佛陀の一生を神話化する解釋も日に日に濃厚となり、最後に現實の佛陀（歷史的佛陀觀）と理想的な佛陀（超越的佛陀觀）との差異ををを生みだしたと指摘している。『根本說一切有部毘奈耶破僧事』は現實の佛陀觀を代表しており、『方廣大莊嚴經』は理想的な佛陀に移行した產物である。兩者の佛陀の事跡についての異なる解釋を對照することを通して、「示現說」は全移行過程の中で、解釋上の重大な突破であることが見出せる。それは釋尊の剛毅で質樸な一生に完全に異なる色彩を與え、釋尊を全く超越的な聖者にならせ、苦行、降魔、成道はもはや一歩一歩の求道の過程ではなく、外道を降伏するための方便の示現とした。この說が生まれたのは、インドの傳統文化の背景、部派の傳承、解釋者の價值と信仰とすべて關係がある。

名畑嘉則「二程の"經"學について―朱熹の批判を通して見る程・朱の立場の相違―」では、朱熹と二程の所說の相違點、特に經書に關する觀點の相違點について論じている。程氏に據れば、經書は聖人の精神を傳達するための器であり、學ぶ者は經書の内容を「自得」あるいは「默識心通」、すなわち經文に基づき思索を重ねる中で自分自身のうちに「經の精神」を發見するという方法を通じて研鑽せねばならず、さらに、「經の精神」をもとに「權」、すなわち實踐の場における經の運用に努めなくてはならない。程頤は『易』を譬喩の書と見なし、繫辭に寓された義理を體得し運用することが易の學だと考えるので、『易傳』の詳細な解說は、繫辭の内容を敷衍して一層壯大な譬喩を提示したものと考えている。これに對して朱熹は、二程の所說が經文の原義を離れて高尚

な道理を語る傾向があることや、經文に對して何通りもの解釋を提出して統一を求めない點などを擧げて、經の解釋を歪めるものとして批判している。朱熹は、『易』を占筮の書と見る立場から、程頤『易傳』の解釋に強く反對し、各卦の各爻を特定の身分、立場に在る人物に當てはめて解說する程頤の解釋は窮屈で融通のきかぬものだと批判している。朱熹の當時には『易傳』の所說を教條と見なして信奉する學者も存在したようであり、訓詁的に正しい經文の理解よりも聖人の精神の體得を優先し、道理さえ讀み取れば原義を外れた解釋をして支障ないとする程子の態度には、經書の權威よりも自己の判斷力を重視する陸九淵の心學に通じる要素が含まれているので、朱熹の程氏批判の根底には、同時代の學者に對する警戒の念が存したものと見られると論じている。

　三浦秀一「王門朱得之の師說理解とその莊子注」は、王陽明門下のひとりとして明朝嘉靖期に思想活動を營んだ朱得之に光を當て、彼が陽明の致良知說や格物說を如何に受容したのか、また、その思想は明代思想史上どのように位置づけられるものであるのか、といった問題に考察を加えている。まず、地方志等の史料を活用して朱得之の思想的經歷をたどり、ついで嘉靖中期に彼がまとめた陽明の語錄『稽山承語』を題材に、その思想的關心が、自己の良知を致すことにより自他相互の然るべき關係がなぜ樹立され得るのか、という點にあったことを浮き彫りにした上で、最晩年の彼が、陽明格物說を「物情に通じる」說として理解していたことを明らかにしている。更に、朱得之が嘉靖後半に撰述した『莊子通義』や『老子通義』などの注釋書について、「坐忘」や「無知」といった概念を彼がどのように解釋したのかを明らかにした上で、その撰述の過程において、相對的な「無」を超えた絕對の「無」を實現するための思惟や方法を體得したのであろう、と推論している。そして最後に、嘉靖前期に成立した老子注である薛蕙の『老子集解』および王道の『老子億』を紹介し、朱得之の注釋書と比較對照しながら、老莊の書物に注釋を加えるという思想的營爲が彼らの思想形成に大きな役割を果たしたことを具體的に示すとともに、朱得之には、嘉靖期に先立つ弘治・正德期の思潮である「靜の思想」について、その硬直化を克服しようとする意識が存する一方、嘉靖期の陽明後學に對する「有」偏重との批判を駁そうとする意圖も窺えると指摘し、思想史的に位置づけている。

　佐藤鍊太郎「『心外無法』の系譜—王陽明『心外無理』と山岡鐵舟『心外無刀』—」では、冒頭に全編の主旨を示して禪宗の傳承系譜における「漸」と「頓」の違いと陽明の「心外無理」の心學の系譜と日本の劍術修行における「心外無刀」の教えとの間の密接な關係を提示し、それによって改めて黃宗羲が『明儒學案』において漸修によって陽明學史を論述した問題について考察している。著者は先ず陽明の宗旨の發展と傳承について詳しく述べてから、日本の傳統にたち返って、澤庵宗彭、柳生宗矩、山岡鐵舟が朱子、陽明、禪宗の宗旨に對して共に心と體の絕對的な自由、無心の教えを發揮することを志向したことについて考察を加え、最後に山岡鐵舟が六祖慧能の「一心內外本來無一物」という「三界唯一心」の教を根據として、「心外無刀」を標榜して「無刀流」を創

立したと指摘している。著者は、黄宗羲が康熙の年間に盛行した朱子に合わせて、朱子學の漸修の教えを用いて陽明學の發展の系譜を描寫し、そのまま王畿を代表とする左派王學を明末の君臣頽廢を引き起こして明滅亡の主因とさえなったとみなしたことを明らかにしている。

　本書の出版の、最も重要な意義は、臺灣と北海道の人文學研究者との對話と交流の一つの重要な一里塚を表示したことにある。今は亡き羅宗洛教授は 1930 年に北海道大學で農學博士の學位を得て、十五年後（1945）には臺灣に來て臺灣大學初代校長を擔當した。
兩校は羅校長によって最初の縁を結んだ。2006 年に至って我々は「東アジアの經典解釋における言語分析」國際學術シンポジウムを開催し、兩校の歷史において最初に人文學において嚴肅な學術協力を行った。しかし羅校長の時代から隔たること、すでに半世紀以上を經ている。現在、本書の刊行は、我々がシンポジウムを開催してから、さらに四年の時間が經過している。歷史的な印は、十分に兩校の學術協力が前の事業を受け繼いで未來を開拓する深遠な意義を證明した。書中にシンポジウムに參加した學者各位の論文を收錄し、すべて嚴格な修訂を經て、新しい論點を補充した。各篇の著者達自身が學術研究の途上に在り、更に深い研究、更に多くの蓄積、更に廣い開拓を進めている。我々は特に北海道大學大學院中國文化論講座と臺灣大學、政治大學などの多數の參加してくださった先生に感謝したい。彼らの熱心な支持と忍耐心と寬容さがなかったら、このめでたい因縁を圓滿に結ぶことは難しかったに違いない。我々はまた全行程でシンポジウムに參加され、我々に實質的指導を賜った大先輩松川健二教授に謝意を表したい。最後に、我々は翻譯の仕事を擔當していただいた中央研究院中國文哲研究所の廖肇亨博士、北海道大學文學研究科の張阿金、胡慧君さん、および校正の勞を取った臺灣大學中國文學研究所博士課程の傅凱瑄、修士課程の謝雪浩、簡均儒の諸君に感謝したい。彼らの努力なくしては、本書を世に問うことは困難であった。

中國古典の解釋と分析―日本・臺灣の學術交流―

―目　次―

はしがき ………………………………………………佐藤鍊太郎　i

序　文 ………………………………………鄭吉雄・佐藤鍊太郎　iii

＜言語と概念＞

一、解釋の觀點より「易」「陰」「陽」「乾」「坤」の字義を論ず
　……………………………………………鄭吉雄著、金原泰介譯　3
二、單語家族の研究から「天行健」の意味を論ず
　………………………………………………楊秀芳著、加部勇一郎譯　29
三、「神明」の思想―『易』傳を中心として―
　………………………………………………………………近藤浩之　61
四、『關尹子』が先秦の作品ではないことの言語的證據
　……………………………………………魏培泉著、藤井得弘譯　73
五、『六度集經』言語の口語性について―疑問代詞體系を例として―
　……………………………………………………………松江崇　95

＜解釋の問題と方法＞

六、簡帛典籍における異文問題を論ず
　………………徐富昌著、大野裕司・和田敬典・猪野（胡）慧君譯　129
七、『論語鄭氏注』の思想的特色
　………………………………………………………………弥和順　151
八、明經博士家の『論語』解釋―清原宣賢の場合（修訂版）―
　………………………………………………………………水上雅晴　167
九、惠棟『九經古義』により「經の義は訓に存す」というその經書解釋の觀念を論ず
　……………………………………………劉文清著、田村將譯　201

＜思想と宗教＞

十、儒教思想における知行觀―孟子を中心に論ず―
　……………………………………林啓屏著、近藤浩之・西信康譯　233

十一、變化を掌握する道德―『荀子』における「誠」概念の構造―
　　　　　　　　　　　　　　　　　　　　　　　　　　　　佐藤將之　255
十二、漢譯説一切有部の佛傳二種におけるブッダの異なる解釋について
　　　　　　　　　　　　　　　　　　　　　　　　羅　因著、中野徹譯　281
十三、二程の"經"學について―朱熹の批判を通して見る程・朱の立場の相違―
　　　　　　　　　　　　　　　　　　　　　　　　　　　　名畑嘉則　311
十四、王門朱得之の師説理解とその莊子注
　　　　　　　　　　　　　　　　　　　　　　　　　　　　三浦秀一　337
十五、「心外無法」の系譜―王陽明の「心外無理」と山岡鐵舟の「心外無刀」―
　　　　　　　　　　　　　　　　　　　　　　　　　　　　佐藤錬太郎　367

「東アジアの經典解釋における言語分析」第一回國際學術シンポジウム參加報告
　　　　　　　　　　　　　　　　　　　　　　　　　　　　近藤浩之　385

言語と概念

解釋の觀點より「易」「陰」「陽」「乾」「坤」の字義を論ず

鄭　吉雄[*]

（金原　泰介　譯）

一、前　言

　　筆者はここ十年來、中國における經書解釋の理論および解釋の傳統について研究を行ってきた。それらの研究の多くは、經書中の觀念に內包された意義がどのように經書の意義世界を演繹していったのか、という點について、言語・文字の角度から注目したものであった。要するに、漢字や漢語で形成された中國の經書に對し、その內包された意義を追求しようとするならば、その文字の形・音・義の本義を追求することは勿論、同時に本義にとらわれずに、その意味の發展過程を探索することも必要だ、ということである。というのは、漢語で綴られて篇・章を成す經書、そして字・詞・篇・章で形成される意義群は、傳寫(rewrite)・講述(discourse)・改作(adaptation)、注釋(annotation) の過程で、言語的な演繹を經て徐々に發展してきたものだからである。その結果、時には一字が字形はそのままで二つの意味を有し[1]、時には字形が變化して「異文」が生じ、そこに複數ある字義が反映されることもある[2]。また時には、一篇の文章の中で、音義の關連性から發展して別の字となることもあるのだ[3]。

　　六經の一つである『周易』も例外ではない。『易』は「經」から「傳」へと發展し、「傳」の作者は「經」から一二字を取り上げて、新たな觀念を創造した。たとえば、「元亨利貞」（乾卦）と「元亨」（坤卦）に見える「元」字は、もともと二卦の卦辭における最初の字に過ぎない。『彖傳』の作者は、卦名の「乾」「坤」と結合させて「乾元」

---

[*] 國立臺灣大學中國文學系敎授。
[1] 例えば、『周易』の「乾」卦の卦辭「元亨利貞」の場合、「亨」の本義は、「享」「烹」である。しかし、卦辭においては、「通」の意味で用いられる。「貞」は甲骨文においては「鼎」と同じである。その本義は「占問」であるが、卦辭においては「守常不變」という意味に用いられる。
[2] 傳本『周易』の「坤」字は、長沙馬王堆の帛書『周易』では「川」に作る。傳本『周易』「井」卦初爻「舊井無禽」について、王引之は「井」を「阱」と讀み替え（『經義述聞』卷１「舊井无禽」）、上博簡『周易』では「汬」に作る。これらはみな、新たな意義を演繹したものといえる。
[3] 例えば「蠱」卦は、王引之の『經義述聞』（卷１「蠱」）によると、「故」という意味である。「故」には、「事」という訓詁もある。按ずるに、蠱卦の上九爻辭「不事王侯、高尚其事」に見える二つの「事」字は、「蠱」字を演繹したものである。これについては、拙稿「從卦爻辭義演繹論『易傳』對『易經』的詮釋」、『漢學研究』第24卷第１期（2006年６月）、1-33頁を參照されたい。

「坤元」という二つの新觀念を作り、「大なるかな乾元」「至れるかな坤元」と稱揚したのである。坤の『彖傳』が「含弘光大」の四字によって卦辭の「元」字を演繹し、「品物咸亨」の四字によって「亨」字を演繹したのも、みなこの例に屬する。

　「周易」の原義については、「陰」「陽」の思想を用いて説明されることが多い。「易」「乾」「坤」の三字の本義については、歴代、多くの説があり、現代の『易』學者でさえもしばしば實證的な議論ができないほどである。本稿では一つの假説を提出する。すなわち筆者は、「易」「乾」「坤」「陰」「陽」の五字は字義において關連性があり、みな日光の照射や陰雨雷雨という自然現象と關わっている、と考える。このことは、甲骨文・金文から考察可能である。殷代の易である『歸藏』は「坤乾」を首としており[4]、殷商時代には「乾坤」の義が確立していたことがわかる。『歸藏』では首卦とされている「坤」の字源について言えば、その含義は水・地と關係がある。『周易』が首卦とする「乾」の字源は、太陽を中心とする宇宙論に由來する。前述の「字義の演繹」による經書解釋理論の立場から言えば、我々は次のように信じてもよいであろう。すなわち、「經」「傳」から發展してきた傳統的な『周易』解釋では、研究者は一字一語の本義も考究できないのみならず、戰國時代以降に漸次發生してきた新たな引伸義に注目することもできない。研究者は、經書の字や語を研究の核心として、字形の「本義」から漸次「引伸義」が演繹される過程で構築されていく、膨大な「意義群」に注意すべきである、と。そこで、本稿では、「易」「乾」「坤」「陰」「陽」の字義を論ずる際に、ひとつの方法論的な前提を設ける。すなわち、この五字がその字義の原始と變遷において、『易』の、太陽を中心とした宇宙觀を基礎としていると前提したい。そうすることにより、本稿における五字の形・音・義に對する檢討は、その論據が互いを支持しあうこととなり、孤立した議論となることが避けられるだろう。なお、『周易』における太陽を中心とした宇宙論の哲學的基礎については、既に二年前に「易道は剛を主とすることを論ず」[5]を發表して論じている。該論文の内容は本稿と相發明するものであり、本稿と合わせて讀んでくだされば幸いである。

二、「易」字義探源

　近世の『易』學において、「易」字の字義解釋は多くの議論を招いてきた。章太炎の考えによれば、「易」の名稱と意味は不可解であり、後世の多くの解釋からは「易簡」「變易」の二義が歸納され得るに過ぎない[6]。『易』學界がこれまで提出してきた解釋

---

[4] 『禮記』禮運に、「我欲觀殷道、是故之宋而不足徵也。吾得『坤乾』焉」とあり、鄭注に、「得殷陰陽之書也、其書存者有『歸藏』」と云う。『禮記注疏』（臺北：藝文印書館影印嘉慶二十年［1815］重刊宋本『十三經注疏』本、1979 年）卷 21、415 頁。

[5] 拙稿「論易道主剛」、『臺大中文學報』第 26 期（2007 年 6 月）、89-118 頁。

[6] 章太炎は次のように述べている。

は、概ね三種類ある。第一の説では、『説文解字』にもとづき、象形・會意を併用して「易」字を解釋する。すなわち、「蜥蜴」「守宮」の象形および「日月、易を爲す」の會意を並列し、さらに緯書の説を用いて「日月合文」を證明しようとするものである。第二の説は、「易、龜を抱へて南面す」（『禮記』祭儀）および「女に在りては巫と曰ひ、男に在りては覡と曰ふ」（『國語』楚語）を參考とした解釋である。この解釋では、「易」は官名で、「覡」の假借。引申して占筮書の名前となったという。第三の説は、「易」は變易にもとづく、という説を參考とした解釋である。この解釋では、古文字の「易」を交易・貿易をあらわしたものと見なして、説を證明しようとする。

第一の説について。許愼の『説文解字』は、「易」字を解釋して次のように云う。

> 易は、蜥易・蝘蜓・守宮なり。象形。祕書説に曰く、「日月、易を爲す。陰陽を象るなり」。

段玉裁の『注』によれば、「祕書」とは「緯書」を指す。また、段玉裁は、『周易參同契』に、「日月、易を爲し、剛柔相當たる」[7]とあるのを引用している。「蜥蜴」「日月爲易」はみな、漢儒が相傳してきた古義である[8]。前者は象形によって解釋したものである。それゆえ、『周易』の意味と直接の關係はなく、後代の儒者がこの説を採用することは多くはない。後者は會意による解釋であり、影響力があった。現代の易學研究者および『周易』に關する多くの辭典字書は、「日月爲易」説で「易」字を解釋し、乾坤並立して陰陽相助ける『易』理に、符合させようとする。

第二の説は、「易」を官職名と見なすものである。『禮記』祭儀に次のように云う。

> 昔者聖人、陰陽天地の情を建て、立てて以て『易』を爲る。易、龜を抱へて南面し、天子、冕を卷きて北面し、明知の心有りと雖も、必ず進みて其の志を斷じ、敢て專らにせざるを示し、以て天を尊ぶなり。

『易』何以稱『易』、與夫『連山』『歸藏』、何以稱『連山』『歸藏』、此頗費解。鄭玄注『周禮』曰、「『連山』似山出内氣變也。『歸藏』者、萬物莫不歸而藏於中也」。皆無可奈何、強爲之辭。蓋此二名本不可解。周易二字、周爲代名、不必深論。易之名、『連山』『歸藏』『周易』之所共。『周禮』「太卜掌三易之法」、『連山』『歸藏』均稱爲『易』。然易之義不可解。鄭玄謂易有三義。易簡、一也。變易、二也。不易、三也。「易簡」之説、頗近牽強、然古人説『易』、多以易簡爲言。『左傳』、「南蒯將叛、以『周易』占之、子服惠伯曰、『易』不可以占險」。則易有平易之意、且直讀爲易（去聲）矣。易者變動不居、周流六虛、不可爲典要、唯變所適、則變易之義、最爲易之確詁、惟不易之義、恐附會、既曰易、如何又謂之不易哉？又『繫辭』云、「生生之謂易」。此義在變易・易簡之外、然與字義不甚相關。故今日説『易』、但取變易・易簡二義、至當時究何所取義而稱之曰『易』、則不可知矣。（章太炎『國學講演錄』「經學略説」、62-63頁、南京：鳳凰出版社、2008年）。

7) 段玉裁の『注』に次のように云う。
  祕書、謂緯書。「目」部亦云、「祕書、瞋从戌」。按『參同契』曰、「日月爲易、剛柔相當」。陸氏德明引虞翻注『參同契』云、「字从日下月」。（漢）許愼著・［清］段玉裁注『説文解字注』［臺北：漢京文化事業有限公司、1983年］、卷9下、459頁）

8)『爾雅』釋魚「蜥蜴・蝘蜓」の『疏』に、「説文云、在草曰蜥蜴、在壁曰蝘蜓」と云う（臺北：藝文印書館影印嘉慶二十年［1815］重刊宋本『十三經注疏』本、1979年、卷9、167頁）。

鄭玄の『注』に、

> 「立以爲『易』」は、『易』を作るを謂ふ。「易抱龜」の「易」は、官名なり[9]。

と云う。これは明らかに「易」を官名と見なしている。また、『周禮』春官の簭人に云う。

> 三易を掌りて以て九簭の名を辨ず。一に曰く連山、二に曰く歸藏、三に曰く周易。九簭の名は、一に曰く巫更、二に曰く巫咸、三に曰く巫式、四に曰く巫目、五に曰く巫易、六に曰く巫比、七に曰く巫祠、八に曰く巫參、九に曰く巫環、以て吉凶を辨ず[10]。

「巫」もまた官名である。『易』をつかさどる官は占卜に從事し、かつ、「九簭」は「巫」を名稱としており、これらを總合して「覡」という名前ができた。『國語』楚語に、「男に在りては「覡」と曰ひ、女に在りては「巫」と曰ふ」[11]とある。であれば、「巫」「覡」は同類を指すことになる。そこで、尚秉和は官名から「易」字の本義は「占卜」であると斷定した[12]。後に高亨は金文の「易」字が、「並びに蜥蜴の形を象る」ことを確認し、さらに次のように云う。

> その用て書名と作すは、當に借義と爲すべし。余、疑ふらくは、「易」は初め官名と爲り、轉じて書名と爲る。

高亨の考えでは、「易」は本來、蜥蜴の象形文字であったが、假借して官名となり、その官職の職掌からさらに轉じて、卜筮の書の通名となったという[13]。高氏はさらに、『說文』の「覡」字の項、

> 覡、能く齊肅して神明に事ふる者なり。男に在りては覡と曰ひ、女に在りては巫と曰ふ。

を引用し、さらに『荀子』正論の楊倞注、「女を巫と曰ひ、男を覡と曰ふ」を引く。

高亨は續けて次のように解釋を加えている。

> 卜筮、原巫術と爲すは、遠古の世、實に巫覡これを掌るに由る。『周禮』の卜筮の官に大卜・卜師・占人・簭人等有るは、初制に非ざるなり。巫覡、筮を掌るは、尤

---

[9] 『禮記注疏』卷48、826頁。
[10] 『周禮注疏』（臺北：藝文印書館影印嘉慶二十年［1815］重刊宋本『十三經注疏』本、1979年）、卷24、376頁。
[11] 『國語』楚語下（臺北：里仁書局、1980年）、卷18、559頁。
[12] 尚秉和は、次のように云う、
　　吳先生曰、「易者、占卜之名。祭義：「易抱龜南面、天子卷冕北面」、是易者、占卜之名、因以名其官」。……簡易・不易・變易、皆易之用、非易字本詁。本詁固占卜也。（『周易尚氏學』、北京：中華書局、1998年、1頁）
　　尚氏は「易」字の本義を「占卜」であると考えたが、實は上述の『禮記』祭義の説を承けたものであり、「易、官名」説を無理にこじつけたに過ぎない。
[13] 高亨『周易古經通説』周易釋名。『高亨著作集林』（北京：精華大學出版社、2004年）第1冊、26-28頁に所收。

も論定すべし。……巫、筮を掌る、故に筮字は巫に从ふ。其の證、一なり。……巫、筮を掌る、故に九筮の名は皆、巫字を冠す。其の證、二なり。『世本』作篇に曰く、「巫、咸筮を作す」。『呂氏春秋』勿躬篇の文、同じ。筮を作す者は巫なれば、則ち筮を掌る者も、其の始めは必ずまた巫なり。其の證、三なり。覡と巫とは同義にして、易と覡とは同音なり。筮官を巫と爲す、しかれども『禮記』は『易』と稱せば、則ち『易』は蓋し即ち「覡」の借字なり。巫官の易、既に覡の借字と爲せば、則ち筮書の易もまた即ち覡の借字なり。朱駿聲曰く、「三易の易は、讀みて覡のごとし」。説は徵無しと雖も、確として見有るなり。『周易』繋辭上に曰く、「生生、これを易と謂ふ」。變易の義を以て筮書の名を釋するは、恐らくは從ふべからず。鄭玄の『易贊』及び『易論』に、「『易』は一名にして三義を含む。易簡、一なり。變易、二なり。不易、三なり」と云ふは、更に駢枝の説に屬す。

　如上の分析について細かく考えてみると、「覡」字の字義は「男巫」に限定されているし、また、「掌『易』」の官職についての記述は見たことがない。「巫」と「易」との關連性については、文獻における確乎とした證據がないのである。ただ、「筮官之易、爲覡之借字」という説については、高亨は朱駿聲の『説文通訓定聲』(以下、『定聲』と略稱)に依據して、「易」は「覡」の假借であると論斷を下しており、これは一見、信頼できる説のようである。しかし、上古の文字には音韻が近いものが非常に多く、「易」と「覡」の音が近いとしても、「易」の本字が必ず「覡」であると證明できたことにはならない。さらに言うなら、高亨の引用では重要な部分が省略されている。『定聲』「解」部十一「易」字の項に云う。

　　駿謂へらく、「三易」の「易」は讀みて「覡」のごとし。『周易』の「易」は讀みて「陽」のごとし。夏后は「艮」を首とす、故に「連山」と曰ふ。商人は「坤」を首とす、故に『歸藏』と曰ふ。周人は「乾」を首とす、故に『周易』と曰ふ。「周」なる者は「匊」の借字、「易」なる者は「昜」の誤字なり[14]。

朱駿聲は「三易」と「周易」を截然と區別している。朱氏の考えでは、「三易」は「太卜」が掌るもので、だから、「覡」という「別義」なのである[15]。そして、『周易』の「易」は「『昜』之誤字」である。明らかに高亨の引用は原文の後半部を切り落としているわけで、讀者はいつの間にか『周易』の「易」字を「覡」と關連づけてしまう。このやり方は、意圖的に原典の内容をごまかして自説に有利なものとしている嫌いがある。ということは、高亨は證據を列擧したものの、結局はたった一つの論據があるだけである。すなわち、『易經』が巫術に由來するという説で、高氏のいわゆる、「卜筮原爲巫術、遠古之世、實由巫覡掌之」という箇所である。しかし、今日の立場から振り

---

14) 朱駿聲も『説文解字』に見える、「蜥蜴」および「日月爲易」の二説について論じている。朱氏は前者を本義と見なし、後者には特に按語を加えて、「此説專以解義經」と云う。詳しくは、『説文通訓定聲』(臺北：藝文印書館、1975 年)、562 頁を參照されたい。

15) 按ずるに、引用の文章は「別義」の項のもので、「假借」の項のものではない。

返ってみると、この説は文獻もしくは考古學的な證據があるわけでもなく、二十世紀初頭の學者による、古代社會の常識についての憶測に過ぎない。

前述のように朱駿聲は、『周易』の「易」は「睗」字の誤字であると考えていた。注意しなければ見過ごしがちであるが、これは實は極めて重要な説である。按ずるに、『定聲』「壯」部第十八「易」字の項に云ふ。

> 開なり。日・一・勿に从ふ。一に曰く飛揚、一に曰く長なり、一に曰く強き者衆きの皃。按ずるに、これ即ち古の「睗」、会易の字と爲す。会なる者は、雲を見て日を見ざるなり。易なる者は、雲開きて日を見るなり。日・「一」に从ふ者は、雲なり、蔽翳の象なり。「勿」なる者は、旗なり、展開の象なり。會意兼指示なり。或いは、「旦に从ふ」と曰ふもまた通ず。經傳、皆、山南水北の「陽」を以てこれと爲す[16]。

朱駿聲が『周易』の「易」字の本義を確定して、「雲開見日」の「睗」字と見なしたのは、極めて明快である。「『一』者、雲也、蔽翳之象。『勿』者、旗也、展開之象」云々とあるが、この説が「易」字の形義に合致しているかどうかについては、本稿の第三節に掲げた「易」字の形體を見れば判斷できるであろう。

第三の説は、『易』が三つの意味を含義するという説にもとづくもので、「易」は變易の義を有するという説に注目したものである。この説では、古文字の「易」が交易・貿易をあらわしていると推定し、實證しようとする。もともと「易」字を「變易」あるいは「簡易」と解釋することは [17]、研究者間においてもほとんど異論が無いところであった。たとえば、『周禮』春官の太卜に、「三『易』の灋を掌る。一に曰く連山、二に曰く歸藏、三に曰く周易。その經卦は皆、八。その別は皆、六十有四」とあり、賈公彥の『疏』は次のように云う。

> 『連山』『歸藏』は皆、地號を言はず、義を以て『易』に名づく。則ち周は地號に非ず。『周易』は純乾を以て首と爲し、乾を天と爲し、天、能く四時に周帀するを以ての故に、易に名づけて周と爲すなり[18]。

賈『疏』は、「易」字の字義に合わせて「周」字を「周帀」と解釋したようである。また、『易緯乾鑿度』に云う。

> 孔子曰く、「易なる者は、易なり、變易なり、不易なり」[19]。

孔穎達『周易正義』序に云う。

> それ易なる者は、變化の總名、改換の殊稱。……これを謂ひて易と爲すは、變化の

---

16) 朱駿聲『説文通訓定聲』、889 頁。
17) 按ずるに、『易緯』にいわゆる「「易」に三義あり」中の「不易」とは、「不變易」の意味であって、この「易」字も「變易」の意味を有する。
18) 『周禮注疏』卷 24、370 頁。
19) 『易緯乾鑿度』(臺北:成文書局影印「無求備齋易經集成」本、1976 年)、卷上、1 頁。

義に取る[20]。

「易」「取變化之義」という箇所は、易學者の別の見方を説明するものである。すなわち、貿易・變易という解釋は陰陽の交替や轉變と關係あるに違いない、という見方である。近現代の一部の古文字研究者によれば、「易」と「益」の字形は密接に關わっており、「易」の本義は「變易」であるが、「錫」字として用いられる用例が多い。つまり「賜う」の意味で用いられているという。例えば、季旭昇の『説文新證』は甲骨金文における「易」字の様々な形態を列擧し、その本義を分析して次のように云う。

　　本義は、「變易」と「賜う」。假借して、「平易」「容易」「暘」の意味になる。字形を解釋すると、甲骨文では、兩手で二つの酒器を捧げ持ち、それを傾けて注いだのを承ける形に從っており、會意で「變易」と「賜る」という義を表している。兩手の部分が省かれたり、酒器の一つが省かれたりして、最終的には酒器の一部分と酒の形が切り取られて、「𠃊」の形になった（原注：郭沫若「由周初四德器的考釋談到殷代已在進行文字的簡化」および徐中舒『甲骨文字典』1063 頁を參照）。師西簋では字形が次第に崩れ、蜥蜴といくらか似てきており、そのまま『説文』では蜥蜴と誤釋されてしまった。中山王嚳鼎では二つの「易」字が互いにひっくり返った形になっており、上下が變易する、という義が強調されている（原注：四訂『金文編』1595 號に、「義、悖と爲す」と云う。これについて多くの學者が「易」と解釋すべきだと主張している）。秦文字では、「易」「昜」混同の現象が見られる[21]。

何琳儀『戰國古文字典』に云う。

　　甲骨文では「𤽄」に作り、二つの益に從う。會意で、一つの皿を傾けて、中の水を別の皿に注ぎ入れる義を表す。引伸して變易の意味に用いる。益は聲符も兼ねている。易・益はみな支部に屬し、易は益の準聲首である。西周早期の金文では「𤽄」に作り、左側の「益」を省いた。甲骨文で「𠂇」に作るものがあるのは、右側の「益」の右半分を抜き出したのである。金文に「𠂇」に作るものがあるのは、器や皿の耳に飾りの點を付けたのである。……戰國文字は兩周金文の省文を襲用しながらも、多くのバリエーションがある。二つの易に從うものもあり、これは甲骨文の初文と關係があるようだ。「𦘒」に作るものもあるが、これは昜字と混同したのである[22]。

「兩手で酒器を捧げ持ち、それを注ぎ入れるのを承ける」にせよ、「皿を傾けて、水

---

[20] 『周易注疏』（臺北：藝文印書館影印嘉慶二十年［1815］重刊宋『十三經注疏』本、1979 年）、3 頁。
[21] 季旭昇『説文新證』（臺北：藝文印書館、2004 年）、卷 9 下、下冊、96 頁。
[22] 何琳儀『戰國古文字典』（北京：中華書局、1998 年）、上冊、759 頁。本稿では張光裕教授より書信による指教を承けた。張教授の考えは次のようなものである。何琳儀教授の「『𦘒』與『昜』字相混」説は睡虎地 82 に見える「相易」の例を引用しているに違いない。何教授の説は、秦文字の地域的な特色を指摘しているに過ぎず、例外と見なさなければならない。もし證據としたいのなら、多くの實例を探して説明を加える必要があろう。さもなければ、形が「昜」である「昜」字と、意味が「易」である

を別な皿に注ぐ」にせよ、當然、交易・轉易の意味を有する。しかし、引伸して「易」字を説明するとなると、いま一つの感じを抱かせる。季旭昇は「易」字の本義を「變易」「賜う」と解釋しているが、『周易』の原理と直接の關係が無いために、やはり研究者を滿足させるに至ってない。『德鼎』が❈の形に作っているのは「益」字であるが、「錫」字として用いられている。これは、古文字學者が「易」の「⺕」という形を「益」字の省略と考える、主な理由の一つである。しかし、この見方に賛同しない學者もいる。鄧佩玲「『詩』周頌・維天之命の『假以溢我』と金文の新證」[23]によれば、「益」は「溢」の初文であり、かつ、西周初期に「德」が鑄造した青銅器（たとえば「德鼎」「德簋」など）の示すところによれば、「益」字は金文によく見られる「易」に讀み替えることができ、現代の「賜」字に通じているという。「益」と「易」は字形において共通點があり、用法にも相通ずるものがあるが、この二字は完全に共通するとは言えない。張光裕は次のように云う。

> 金文の⺕が❈の省略形であるかどうか、という點については疑問の餘地がある。というのも、甲骨文に見える❈・⺕の二字には、明らかに異なる用法が存するからである。……易字の三つの小點は下を向いており、その方向は❈字の小點の書法と反對である。したがって、古音が同部だから「益」「易」は通假關係にある、と暫定的に言えるだけである[24]。

郭沫若は次のように述べている。

> 易（⺕）字は益（❈）に作り、易字が益字を簡略化したものであることがわかる。しかし、易字は殷墟の卜辭および殷彝の銘文において已に通用しており、その構造には非常に奇妙な簡略化がなされている。象意文字というべきであるが、今のところ何を象っているのかわからない[25]。

郭沫若によると、「易」字は「結構奇簡」であるという。嚴一萍「釋⺕」ではさらに「易」字と日光照射の形象との關連性を指摘して次のように云う。

> 『德鼎』が「益」字を「錫」に作っているのは、同音による假借、偶發的な現象であって、決して字形の簡略化ではない。だから、その他の銘文においては、益は益、⺕は⺕であり、益はみな皿に從っていて、混同された樣子は微塵も無いのである。かつ、金文の⺕には𦣞に作るものもあり、明らかに右半分は日に從い、雲が開い

「易」字とは關係があるとは限らないのである。以上、張敎授の説を轉引して讀者の參考に供すると同時に、敎授に感謝の意を表したい。

23) 鄧佩玲「『詩・周頌・維天之命』『假以溢我』與金文新證」、經學國際學術檢討會（香港嶺南大學中文系・中央研究院中國文哲研究所共同開催、2009 年 5 月 29-30 日）。この箇所は作者の同意を得て引用している。
24) 張光裕『先秦泉幣文字辨疑』（臺北：國立臺灣大學文學院、1970 年）、96 頁。
25) 郭沫若「由周初四德器的考釋談到殷代已在進行文字簡化」、『文物』1959 年第 7 期、1 頁。

て太陽が出てくるのを象り、左半分の彡は、陽光が下方に射しているのを象っている[26]。

嚴一萍によれば、「易」字の右側は日に從い、左側の「彡」は太陽の光が下に射しているのを象るという。ということは、「易」字の本義は、日光の照射の象形ということになる。この甲骨文字に對する分析は、意圖せずして前述の朱駿聲の説と合致している。すなわち、『周易』の「易」字はもともと「雲開而見日」という意味の「昜」字である、という説である。

まとめてみると、「易」字の甲骨文字は日光の照射を象っており、六書では「會意」に屬する。『説文』では、小篆の字體から「易」は「守宮」であると解釋しており、本字を「象形」と見なしている。ただし、「祕書説」にもとづき「日月合文」と説いているのは、やはり會意と見なした解釋である。戰國以降、陰陽氣化の觀念が成熟し、『易傳』の『易』解釋は多く陰陽氣化の觀念を用い、後世の儒者は新しい「日月合文」説によって「易」字の本義を解釋しているが、それらの淵源は戰國にまで遡るだろう。

讀者がもし嚴一萍の解釋（「易」字を「雲開日出、陽光下射」の象形と見なす説）と清代の文字學者の説（朱駿聲と段玉裁の説。すなわち、「易」は「昜」字の誤字であり、「雲開見日」の意味にもとづき「昜」字を解釋する）の二説を合わせ考えてみるなら、「易」字と日光の關聯性はもはや明白である。さらに拙稿「論易道主剛」および本稿の第二・三・四節（「陰」「陽」「乾」「坤」の字義系列が日光の顯隱という自然の道理に由來する、と論じている）を參照すれば、「易」字の字義のおよその方向性がはっきりとする。上述の論據が期せずして同樣の結論を導きだしたのは、偶然ではない。しかし、一部の論者は次のように思うかもしれない。すなわち、「易」字の甲骨文字は殷代に淵源を有している[27]、そして、戰國の世になり『周易』や『易』の名稱が現れ始めるのは、甲骨文の時代からすでに數百年後のことである。ということは、たとえ「易」字の字義が日光の照射であったとしても、『易』という名稱の由來を甲骨文の本義にまで遡

---

[26] 嚴一萍「釋彡」、『中國文字』第40輯（臺北：臺灣大學文學院古文字學研究室、1971年）、3頁。
[27] 『周禮』に記載のある太卜の三『易』の法によると、『易』には『連山』『歸藏』『周易』があることがわかっている。ということは、『易』の源流は、周代以前の遙か昔に遡る。近代の易學界では、一部の學者が早くから、「易」字は殷代の甲骨文に起源する、という説を提出している。そうした説を最も早く提唱したのは、明義士（James M. Menzies）であると思われる。彼の著作『柏根氏舊藏甲骨文字考釋』に次のように云う。

　甲骨卜辭……其文或旁行左讀、或旁行右讀、亦不一律。惟各段先後之次、率自下而上爲序、幾爲通例。而卜旬契辭、尤爲明顯。蓋一週六旬、其卜皆以癸日、自下而上、與『周易』每卦之六爻初二三四五上之次、自下而起者同。而『周易』爻辭、亦爲六段、與六旬之數尤合。疑『周易』爲商代卜辭所衍變、非必始於周也。

　屈萬里は張秉權のところで明義士の説を讀み、その説に贊同した。しかし、屈氏の考えでは、易の卦は龜卜に由來するはずであるけれども、書物としての成立は周の武王の時である。この點は明義士と異なっている。屈氏は明義士の説を評論して次のように云う。

らせる必要はないのではないか、と。この問題について、説明を加えておこう。

　『周易』が『易』と名づけられたことは、無論、數百年前の甲骨文字の本義を沿用してのこととは限らない。しかし逆に言えば、確とした證據が無い限り、後代の人が甲骨文の字義と全く無關係だと斷言することはできないはずである。『周易』という名稱が始めて見えるのは『左傳』であり、莊公二十二年に、「周史に『周易』を以て陳公に見ゆる者有り」28)とある。『易』という名稱で『詩』『書』など共に儒家の六種類の經典が並列されたのは、『莊子』天運が最初である。天運において、孔子は老聃に、「丘、『詩』『書』『禮』『樂』『易』『春秋』の六經を治め、自ら以て久しと爲す」と云う。しかし、我々は『左傳』や『莊子』によって、戰國時代には確實に『易』あるいは『周易』という書名が通行していたことがわかるだけであり、「易」という名稱の出現年代の上限が戰國時代であると確定することはできない。換言すれば、「『易』という名稱が何時出現したのか？」「西周初期には已に存在したのか？　それとも戰國中期以後に始めて出現したのか？」などの問題は、『左傳』や『莊子』に依據して答えることはできないのである。清代および近代の文字學研究者の分析を基礎とし、さらに「易道は剛を主とす」という考えを參考として、甲骨文の「易」字の「日光の照射」という字義が百年を經て『周易』という名稱に採用された、と推斷した場合、われわれに「そんなことはありえない」ことが證明できるだろうか？

三、「陰陽」字義探源

　「陰」「陽」の二字は、先儒の説によれば、もともと「仌」「昜」に作ったという。『説文解字』は「昜」字の字義を解釋して、「開くなり」と云い、段玉裁は次のように注している。

　　これ陰陽の正字なり。陰陽行はれて仌昜廢る。「戸を闢く、これを乾と謂ふ」（『繫辭傳』上）。故に曰く、「開くなり」29)。

段玉裁は特に「陰陽行而仌昜廢」と指摘し、さらに『繫辭傳』の「闢戸謂之乾」を引いて「昜、開也」の意味を解釋している。これは「乾」における「闢戸」の意味を用いて、「昜」字が「雲が開いて太陽が見える」の意味であることを證明していると言えよ

　　明義士此書、成於二十餘年前、已知『周易』爲商代卜辭所衍變、可謂獨具隻眼。惟謂『周易』非必始於周、則與予説有間耳。又、勞貞一先生亦以爲『易』筮之術、雖完成於周初、而由龜卜變爲『易』筮、當需一長時間之演變、非一人・一時・一地之事。其説與明義士之説暗合。

　　屈氏の説は、「易卦源於龜卜考」に詳しい。該論文は中央研究院『歷史語言研究所集刊』第 27 本に收録。後に『書傭論學集』（『屈萬里全集』第 14 集、臺北：聯經出版事業公司、69 頁、1984 年）に收録された。

28)『春秋左傳注疏』（臺北：藝文印書館影印嘉慶二十年［1815］重刊宋本『十三經注疏』本、1979 年）、卷 9、163 頁。

29)『説文解字注』卷 9 下、454 頁。

う。清代における小學の大家、段玉裁と朱駿聲はともに、「乾」「陽」「昜」の本義が日光の照射であると意識していたのである。「霒」字について、段『注』に云う。

> 今人の陰陽の字、小篆は「霒昜」に作る。「霒」なる者は、雲、日を覆ふなり。「昜」なる者は、旗開して日を見るなり。引申して兩儀の字の用を爲す。今人、「陰陽」に作るは、すなわちその中の一端なるのみ。

『説文』「侌、古文の『霒』。省くなり」の段『注』に云う。

> 古文「雲」は、本、雨無きのみ。省に非ざるなり[30]。

前引の朱駿聲は「陰」と「陽」について、前者には「見雲不見日」と云い、後者には「雲開而見日」と云った。いま、段玉裁は「霒」「昜」について、「雲覆日」「旗開而見日」と述べている。この二人の所論は、まさしく同じである。二人の小學の大家は明らかに、太陽光が射すことと隱れることにもとづき、「霒」と「昜」を解釋しているのである。

「陰」字は、西周金文では左半分が阜に從い、山陵と關係がある。「その陰、その陽」(『曇伯子盨』)では「阝」に作り、「衮・敏・陰陽洛」(『敔簋』)では「阝」に作る。字が「水」に從うときもあり、「師永にその田を陰陽の洛の疆に錫失す」(『永盂』)では「阝」に作る。金文の用例では、「陰」字は「陽」とともに用いられることが多く、この二つの字はあきらかに相對する地理的位置を示している。ゆえに『説文解字』は「陰」字について次のように云う。

> 闇なり、水の南、山の北なり。阜に從ひ、侌の聲[31]。

段玉裁の「陰陽行而侌昜廢」について徐中舒は、「是に近し」と評價する[32]。「陰陽」は「侌昜」が本字であり、その意味は、「雲が太陽を覆う」ことと「雲が開いて太陽が見える」ことである。後に方位を表すようになり、「陽」は山の南部と水の北部を指し、「陰」は山の北部と水の南部を指すようになった。「其陰其陽」などにおける用法は、字が「阜」に從おうが「水」に從おうが、みな地理的な南北の方位を示すのである。ゆえに、『説文解字』の「陽」字の條において段玉裁は次のように説く。

> 「山の南を昜と曰ふ」と言はざる者は、陰の解、錯見すべきなり。山の南を陽と曰ふ。故に阜に從ふ。『毛傳』に曰く、「山の東を朝陽と曰ひ、山の西を夕陽と曰ふ」[33]。

---

30) 『説文解字注』卷11下、575頁。
31) 『説文解字注』卷14下、731頁。
32) 徐中舒『甲骨文字典』(成都:四川辭書出版社、1995年)、卷9、1044頁。
33) 『説文解字注』卷14下、731頁。葛兆光によると、「陰」字が金文において「阜」に從うのは、最初は地理と關連があったからであろうと云う。しかし、甲骨文における「陽」字が陽光を象っていることに注目し、さらに『詩』大雅の公劉に「相其陰陽、觀其流泉」とあるを參考にすると、「至少在殷商西周時代、它就已經與天象發生連繫了」(葛兆光『中國思想史』[上海:復旦大學出版社、2001年]、第1卷、74-75頁)であると云う。葛氏はまた次のように云う。

上述の分析考察にしたがえば、段玉裁は、日光の顯隱を指す「会昜」字と地理的方位を指す「陰陽」字について、明確に區別していたのである。

「昜」字の甲骨文には、「𣆪」（甲 3343、商代）[34]や「𣆪」（宅簋、周代早期）[35]などがあり、李孝定は「日」が「丅」の上にあると解釋し、太陽が昇り始めたさまを象ると考えた[36]。徐中舒によると、金文では「彡」が加えられているが、これは昇り始めた太陽の光線を象るという[37]。季旭昇はその本義は「日光」であると見なし、何琳儀『戰國古文字典』は「昜」字について次のように云う。

> 甲骨文では、……日に从い、示に从い、會意で、太陽が祭壇の上方から出づるという意味である。……『説文』に、「昜、日の出づるなり、日に从ひ、昜の聲。『虞書』に、「暘谷と曰ふ」（『尚書』堯典）」とある。また、『禮記』祭義に、「殷人、その陽に祭る」とあり、『注』に、「陽は讀みて『曰く雨、曰く暘』（『尚書』洪範）の「暘」と爲す。日中の時を謂ふなり」と云う。これらは、「昜」字と太陽を祭ることとが關連することを裏付けている[38]。

以上のように研究者は、「昜」の本義は日光であり、「陰陽」の「陽」字および「暘谷」の「暘」字もみな日光と關係があると考えている。

「陰」「陽」の本義については、以上に述べたとおりである。しかし、この二字は經書においては地理的方位を示すことが多い。劉長林は「陰陽」概念の來源を論じた際、『尚書』『詩經』『周易』における「陰」「陽」字の出現回數とその意味について統計をとった。そして彼もまた、その多くが地理的方位を指していることを發見したのである[39]。しかし、劉氏は同時に、地理的方位を示す用法が日光の照射と關係があること

> 如果『尚書・周官』還有西周的歷史的影子的話，那麼，『論道經邦、變理陰陽』這句話似乎透露了，早在西周，「陰陽」就不只表示山水南北方位，而且包括了「見雲不見日」和「雲開而見日」的天象，包括了單與雙的數字，甚至包括了世上所有對立存在的一切事物的總概念，儘管這時也許還沒有自覺的歸納和理知的闡述，而只是一種普遍的無意的觀念存在（同上）。

この推論は、本論文の觀點に近い。「『見雲不見日』和『雲開而見日』的天象」によって「陰陽」の二字を解釋しているのは、とりわけ透徹した考察である。しかし、造字の本義は素朴なものであり、造字の初期から字に「一」「二」という數字や世界における對立を示す觀念が含意されていた、と見なすのは無理がある。

34) 孫海波編『甲骨文編』（臺北：藝文印書館、1963 年）、卷 9、382 頁を參照。
35) 周法明主編『金文詁林』（香港：香港中文大學、1975 年）、卷 9、5816 頁を參照。
36) 李孝定編『甲骨文字集釋』（臺北：中央研究院歷史語言研究所、1991 年）、卷 9、2973 頁を參照。
37) 徐中舒編『甲骨文字典』卷 9、1044 頁。
38) 何琳儀『戰國古文字典』上冊、661 頁。
39) 劉長林は次のように云う。

> 『尚書』中，「陽」字六見，「陰」字三見，均爲分別使用。其義，陽字大部解作山之南，如「岳陽」「峰陽」「衡陽」「華陽」「岷山之陽」（〈禹貢〉）等。陰字或爲山之北，或以「暗」作解。如「南至于華陰」（〈禹貢〉）、「唯天陰騭下民」（〈洪範〉）等。『詩經』，「陽」字十六見，「陰」字十見，個別地方「陰陽」連用。如〈大雅・公劉〉：「既溥既長、既景迺岡。相其陰陽、觀其流泉」。此詩歌頌公劉爲農作考察地利。「陰陽」指岡之北和岡之南兩面。『易經』僅「陰」字一見。中孚卦九二：「鳴鶴在陰、其子和之」。

早期の文獻において「陽」字は、日光の照射を受けることにより現れる性態のことであった。「陰」字は、日光の照射を受けずとも現れる性態のことである。古漢語では、「日」は太陽の實體を表し、「太陽」とは、太陽という天體がもつ性能を示したのである。したがって、天體を指すときには「日」字を用い、太陽が地球表面に對する作用を表すときには「陽」と稱した。……まとめると、太陽に向かっていることを「陽」といい、太陽に背を向けていることを「陰」という[40]。

　劉氏の見解は筆者の考えと一致する。劉氏が見逃したことはただ一つ、拙稿「論易道主剛」で論じたところの、地軸の傾斜、および地球と太陽との關係だけである。

　「陰陽」という言葉の源流について考えてみると、日光の顯隱を本義とする「会易」を第一段階とし、地理的方位を示す「陰陽」を第二段階（段玉裁のいわゆる「陰陽行而会易廢」）とするならば、第三段階は、「陰陽」が「氣」の觀念へと發展することである。たとえば、『春秋』僖公十六年の『左傳』に次のように云う。

　　春、宋に隕石あり。五は、隕星なり。六鷁、退飛して宋都を過ぐ。風あればなり。周の内史叔興、宋に聘す。宋の襄公これに問ひて曰く、「これ何の祥ぞや、吉凶いづくにか在る？」對へて曰く、……退きて人に告げて曰く、「君、問を失す。これ陰陽の事なり。吉凶の生ずる所に非ざるなり」[41]

　『春秋』昭公元年の『左傳』に云う。

　　天に六氣有り、降りて五味生じ、發して五色と爲り、徵して五聲と爲り、淫ぐれば六疾を生ず。六氣は陰・陽・風・雨・晦・明を曰ふなり。分れて四時と爲り、序して五節と爲る[42]。

　上に引いた二つの『左傳』の例では、「陰陽」は地理的方位を指し示す言葉ではないし、日光の照射や雲が太陽を覆い隱すこととも關係が無い。ここで「陰陽」が指し示すのは、抽象的な氣化宇宙の觀念である。最初の例では、隕石の發生や鷁が飛ぶことは、「陰陽」自然のことに屬するとされている[43]。二つめの例では、「陰陽」「風雨晦明」は共に、宇宙における重要な「氣」である。前引の劉長林は云う。

　　古人は、……日光の照射により現れる性能と「相應」「相聚」「相召」などの關係を生じる現象をすべて、「陽」字で概括したのである。そして、日光が當たらないこ

　　陰借爲蔭、意鶴鳴於樹蔭之下。（劉長林「陰陽原理與養生」、『國際易學研究』第 2 輯、北京：華夏出版社、1996 年、102 頁）
40）同前注、102-103 頁。
41）『春秋左傳注疏』卷 14、236 頁。その後、『國語』周語にも『左傳』に似た用法が見える。例えば、「陰陽分佈、震雷出滯」（卷 1、20 頁）、「陽伏而不能出、陰迫而不能蒸、於是有地震。今三川實震、是陽失其所而鎮陰也。陽失而在陰、川源必塞」（卷 1、26-27 頁）、「陰陽序次、風雨時至」（卷 3、128 頁）など。
42）『春秋左傳注疏』卷 41、708-709 頁。
43）杜『注』に、「陰陽錯逆所爲、非人所生」とあり、孔『疏』に、「若陰陽順序、則物皆得性、必無妖異、故云『陰陽錯逆所爲、非人吉凶所生也』」と云う。同前注、卷 14、236 頁。

とにより現れる性能と「相應」「相聚」「相召」などの關係を生じる現象をすべて、「陰」字で概括した。中でも最も重要なのは、「天」を「陽」に歸屬させ、「地」を「陰」に歸屬させることである。この道理は非常にわかりやすいもので、太陽光は太陽に來源し、太陽は天に懸かっている。夜になると四方の地は「陰」となり、この時間、この狀態になってようやく、大地はその本來の姿を顯現するのである。その他、日光の當たる日向では水は蒸發して天に昇り、日光の當たらない日陰では、氣は水となり地に溜まる。だから、「天」は「陽」であり、「地」は「陰」である。

「陰陽」概念の外延は擴張するものの、それは決して無限ではない。その内包は、抽象的になることで却って豊富になるのである[44]。

劉氏の解釋の方向は、筆者の見解と一致する。そこで、煩を厭わず引用し、同時代の學者が筆者に先んじていたことを示した。戰國時代から秦漢までの間に、「陰陽」は氣化の概念としてよく用いられるようになった。『莊子』『淮南子』における用例は特に多い[45]。『荀子』禮論篇には、

天地合して萬物生じ、陰陽接して變化起こる[46]。

とある。ここでは、「陰陽」を「天地」に配し、天地が氣化し相合する際の元素、萬物の生成と變化を促す根源と見なしている。

「天地」のほか、「陰陽」は「日月」に配されることもある。『禮記』禮器に云う。

大明、東に生じ、月、西に生ず。これ陰陽の分、夫婦の位なり[47]。

「大明」とは太陽のことで、「月」とは「太陰」である。だから、「陰陽の分」と云い、自然の陰陽が調和し夫婦の形象となることを明示したのである。

周知のように、『易經』の中では「陽」字は使われず、「陰」字は中孚九二「鳴鶴、陰に在り」に一度見えるだけである。それに、「陰」字は蔭の意味で用いられており、抽象的な「陰陽」の意味はない。『易』學概念としての「陰陽」が最も早く見られるのは、

---

44) 劉長林「陰陽原理與養生」、103 頁。楊超「先秦陰陽五行説」は氣化の「陰陽」概念を、天地對立という考えがさらに發展したものと見なしているようだが、「以陽爲天、以陰爲地」という觀念は陰陽氣化思想が成熟してこそ出現しうる、ということに想到していない。また楊氏は、『左傳』の引用だけで立論しており、「会易」「陰陽」の字義の變化については注意していない。楊超「先秦陰陽五行説」(『文史哲』1956 年 3 期)、49-56 頁。

45) たとえば、『莊子』則陽に、「是故天地者、形之大者也。陰陽者、氣之大者也」([清] 郭慶藩『莊子集釋』[北京：中華書局、1997 年]、卷 8 下、913 頁) とあるのがその最も顯著な例である。『素問』太陰陽明論にも、「陽者、天氣也、主外。陰者、地氣也、主内」(『素問』[北京：中醫古籍出版社、1999 年]、卷 9、32 頁) とあり、「陰」を地氣とし、「陽」を天氣とし、「陰陽」を天地に配する。その他、『淮南子』は精氣思想を説き、「陰陽」は天地の氣の精であると考える。例えば、本經訓に、「陰陽者、承天地之和、形萬殊之體、含氣化物、以成埒類」(何寧『淮南子集釋』[北京：中華書局、1998 年]、卷 8、583 頁) とある。また、天文訓に、「天地之襲精爲陰陽、陰陽之專精爲四時、四時之散精爲萬物」とあり、高誘『注』に、「襲、合也。精、氣也」(卷 3、166 頁) と云う。

46)『荀子』禮論篇、[清] 王先謙『荀子集解』(北京：中華書局、1997 年)、卷 13、下冊、366 頁。

47)『禮記注疏』卷 24、471 頁。

『易傳』である。そこに至るまでの經過と變化については既に述べた。しかし結局のところ、甲骨文と金文の「易」字と「昜」字にともに日光が照射するという意味が存することは（「含」字は、雲が太陽を覆い隱すことを意味する）、清代から近現代の古文字研究者の認めるところであり、ほとんど異論が無いと言える。筆者や劉長林など、現代の易學研究者にも研究があり、その意味は確定したと言ってよい。『詩經』『尚書』では、「陰陽」は地理的方位を示す言葉として用いられており、これは嚴密にいえば、『易經』の陰陽の爻、および『易傳』における陰陽氣化を示す「陰陽」とは無關係である。『易傳』についていえば、「陰」「陽」の二つの概念の意味は豐富なものへと發展し、「日光の顯隱」という原理を吸收した上で、氣の宇宙論にまで擴張された[48]。戰國時代から秦漢までの間に、「陰陽」は天地の形象の表現として、ますます豐富な含義を有するようになった。前引の『禮記』禮器の他、禮運にも、「天、陽を秉りて日星を垂る。地、陰を秉りて山川に竅す[49]」とある。ここでは、太陽も星も、陽氣の化したものと見なされている。

龐樸は「『周易』の古法と陰陽觀念」において次のように云う。

　　天の陰陽についての認識、たとえば時間の晝夜、土地の向背、一年の冬夏、空氣の冷暖など、このような感性的認識は、當然のことながら早くから存在した。しかし、これをさらに、理知的なものの對立觀念にまで進化させ、陰陽一般にまで高めることは、決して容易なことではない。『易傳』で大量に使われる「陰」「陽」の二字は、『詩經』でも早くから用いられていた。しかし、『易傳』における「陰陽」は、天地を包含するカテゴリーであるのに對して、『詩經』における「陰陽」は、丘と太陽の關係を示す二つの名詞に過ぎなかった。この違いは、人の知惠の高低によるのではなく、時間の先後によるものである。認識領域に關することは、一擧に達成されるものではない[50]。

經書中の概念の發展を廣く調べてみると、龐樸の解釋は合理的であるように思われる。しかし、この問題についてはさらに考察が必要であろう。『周易』は、『詩經』『尚書』と同じく周王朝の重要典籍であり、同じく儒家の經書でもある[51]。ただし、『易』は明

---

48) 『繫辭傳』に、「一陰一陽之謂道」とある。また「乾、陽物也。坤、陰物也。陰陽合德、而剛柔有體、以體天地之撰、以通神明之德」と云い、「精氣爲物、游魂爲變」とも云う。『繫辭傳』の作者によれば、陰陽の精が合わさって萬物が生じ、乾に屬するのは陽物で、坤に屬するのは陰物である。後者の二句は（全ての生命を有するものについての）「生死」の問題を解釋したもので、陰氣・陽氣の變化が生命あるものを始終・集散させるという。

49) 『禮記注疏』卷22、432頁。

50) 龐樸「周易古法與陰陽觀念」、『文化一隅』（鄭州：中州古籍出版社、2005年）、407頁。

51) 既に述べたように、『易』が『詩』『書』と並列された「六經」の名は『莊子』天運に初めて見える。『易』が學官に立ったのは西漢にまで後れる。しかし、『左傳』によると（昭公二年）、韓の宣子が魯を訪問した際、『易』象と『春秋』を見て、「周禮盡在魯矣」と言ったという。ということは、『易』象は西周の禮文に屬するのであり、『易』が周王朝の政治敎化において權威ある典籍であったことに、疑問

らかに、『詩』『書』から獨立した知識體系を有している。『周易』中に多く見られる占斷語、たとえば「悔い亡ぶ」「貞なれども吝」などは、どれも『詩』『書』における常用語ではなく、この經書の獨自性を示している。そのため、『詩』『書』に用いられる「陰陽」が地理的方位を示すことにもとづき、天地を包含する「陰陽」概念が『易傳』以後に成立したことを證明しようとしてもうまくいくとは限らないのである。私見では、三『易』(『連山』『歸藏』『周易』のこと) の傳統における、「時之晝夜、地之向背、年之冬夏、氣之冷暖」に渉る「会易」觀念は、蓍を揲えて數を定める方法の前に既に存在していたはずである。このような觀念は、龐樸の説くような「感性的」なものであるとは限らない。古人が日光の顯隱の循環を見て、季節の循環や冷暖の循環、さらには自然・人文・生命における各種の變化、たとえば生死・禍福・順逆への影響までも連想し、そこからある道理を悟ったとしたら、そこには「理知的」なものが認められるのではないだろうか。孔子は、「逝く者はかくのごときか、晝夜を舍かず」(『論語』子罕) と云う。後世の解釋者の中に、孔子は純粹に感性的に慨嘆したのであって、そこに理知的思考は無い、と見なす者はいないだろう。蓍を揲える方法において、數をめぐらし卦をたてる際に、「奇を陽に歸し、偶を陰に納る」(龐樸の言葉を用いた) ようになったのは、おそらく單純な「会易」觀念がやや複雜な「陰陽」觀念に發達してからのことであろう。しかし、さほど後の時代のことではない。というのは、晩くとも殷の『歸藏』には既に六十四卦が存在しており、その背後には必ず、卦をたてるための蓍を揲え數を定める方法が存在したに違いないからである。それが大衍であるか六㐀[52]であるかどうかはわからないが、方法が存在したことは確實である。

四、「乾坤」字義初探

「乾」「坤」二字のうち、『易經』の第一卦である「乾」(純陽卦) の字は、甲骨文と金文には見えず、戰國時代の文獻に初めて見えるため、その出現はやや晩いようである。しかし、古代の文獻には、『歸藏』は「坤乾」で始まる、と明文があるから[53]、殷商時

の余地はない。
52) 「六㐀」については、龐樸「周易古法與陰陽觀念」三六㐀中的數謎、399-400 頁を參照。
53) 『禮記』禮運に、「我欲觀殷道、是故之宋而不足徵也、吾得『坤乾』焉」とあり、鄭『注』に、「得殷陰陽之書也、其書存者有『歸藏』」(『禮記注疏』卷 21、415 頁) と云う。研究者から『歸藏』であると考えられているのが王家臺出土簡本『易』であり、その卦名はおおむね清儒が輯佚した『歸藏』と合致している。しかし、「坤」卦の卦畫である「☷」のそばに「𦖞」字があり、これは「坤」卦の卦名のようであるが、その形には「土」もしくは「申」という構成要素が無い。「乾」卦の卦畫のそばには、「天目」の二字があるものの、「乾」の名は見えない。そこで王明欽は、表において該卦の卦名を「天目」とした。以上については、王明欽「王家臺秦墓竹簡概述」(艾蘭・邢文編『新出簡帛國際學術檢討會論文集』に收錄、北京：文物出版社、2004 年、26-29 頁) に詳しい。つまり、「坤乾」という名稱については、まだ證據となる出土文物が出ていないのである。

代に既に「坤」「乾」の名はあったようだ。『説文解字』は「乾」を解釋して「上に出づるなり」と云う。これについて季旭昇は、「その義の何爲るかを知らず」と述べ、段玉裁は次のように解釋している。

  これ「乾」字の本義なり。文字有りて以後、すなわち用いて卦名と爲す。而して孔子これを釋して曰く、「健なり」。健の義は「上出」に生ず。上に出づるを乾と爲し、下に注ぐは則ち溼と爲す。故に乾と溼とは相對す。俗にその音を別つは、古にこれ無きなり[54]。

段『注』は非常に明快である。季旭昇は『睡虎地秦簡』50.92 に、「比言う、甲の前の旁に乾血ありと」(『封診式』出子)とあるのを引き、「乾」字を「乾燥」と解釋している。これは前引の段『注』、「上出爲乾、下注則爲濕。故乾與濕相對」を參照としたからであろう。しかし、「乾」字についてよく調べてみると、やはり日光と關連があるように思われる。「乾」字は「倝」に從い、「倝」を聲符とする。「倝」字の金文は「倝」(『金文詁林』889)に作り、『包山楚簡』では「倝」に作る。『説文解字』は「倝」字を解釋して次のように云う。

  日、始めて出でて、光、倝倝たるなり。「旦」に從ひ、「㫃」の聲。凡そ「倝」の屬は皆、「倝」に從ふ[55]。

季旭昇はその字形を解釋して次のように説く。

  「倝」字は戰國時代に初めて見られるもので、易に從い、「㫃」が聲符である。易字は日が丂の上にあり、「倝」字と意味が近い。だから、「倝」字の義符であるとも見なせる[56]。

「倝」字は「易」を義符とし、「乾」字は「倝」を聲符としているわけで[57]、その字義はともに日光と關係がある。『易經』の「易」「昜」の二字がみな太陽が照ることの象形であり、かつ、『易經』が「乾」を第一卦としていることを考慮するならば、「倝」は「乾」の聲符というだけではなく、義符も兼ねているはずである。

以上をまとめると、「易」「昜」「倝」の三字の字義はみな、日光の照射という自然現象と關わる。これは拙稿「論易道主剛」の論旨とも合致している。『易』理のポイントは、主として晝夜の區別に存し、日光の顯現と隱沒により決められたものである。ゆえに、太陽と關わる「易」「昜」「倝」の三字はみな『易』理の核心概念を反映していると言えよう。『易經』は「乾」を第一卦としており、「乾」卦の六爻はみな陽である。「乾」字の字義と「易」「昜」「倝」の三字の本義もみな日光を指している。「易」「昜」「乾」「倝」の顯現隱沒の循環、それが構成するところの晝夜の變化、これらが『易』

---

54)『説文解字注』卷 14 下、740 頁。
55)『説文解字注』卷 7 上、308 頁。
56) 季旭昇『説文新證』卷 7 上、上冊、541 頁。
57) もし「乾」字の本義も日光であるならば、「倝」字は「乾」字の義符も兼ねているはずである。

の基本原理を成しているのである。段玉裁と季旭昇が「乾燥」によって「乾」字を解釋しているのは、もとより合理的な推論である。というのは、萬物は主に日光にさらされることによって乾燥するからである[58]。『莊子』齊物論のいわゆる「十日並び出でて、萬物、皆、照らさる」、あるいは、乾期の日照りが山火事の原因となることも參考となる。古今の各民族共通の食物保存法は、日光を利用して野菜や肉類の餘分な水分を除くことである。このことも、「乾」字が「倝倝」と乾燥の二つの意味を有することを理解するのに役立つ。

「乾」字には日光の意味があるが、解釋の角度から考察すると、さらに他の意味も存する。このことについて論じておこう。拙稿「從卦爻辭字義演繹論『易傳』對『易經』的詮釋」および本稿で述べたように、中國の經書の傳統では、經書中の一字一詞の核心義にもとづき、さらに演繹を加えて新義を創造する、ということが多い。だから字書に見える本義に對して、經書では往往にして新義が加えられ、本義は必ずしも遵守されないのである。『周易』の「乾」卦について論ずれば、「乾」は卦名であり、卦全體が「乾」の字義から發展し、引申して「龍」「君子」の意味が出てきた。『彖傳』の「乾元」「坤元」の二概念によって考察すると、卦名の出現は絕對に戰國時代にまで降らない[59]。「乾」卦について言えば、「元亨利貞」の四字もまた本義を用いていない。「元」字の甲骨文の字形は𠑺（『甲骨文合集』一期、前4.32.4）・𠑺（同 一期、林2.28.11）・𠑺（同 一期、前4.32.5）であり、會意文字で「人の首」の意味である。そのため、「元」字には生命の元首・開始の意味があり、『說文』では「始めなり」と解釋する。しかし、「元亨」という言葉に用いる場合、人の首を意味することはなく、引申して「大」あるいは至尊・至貴、非常に重要な事物の意味で用いる。

「亨」字は、甲骨文では𣅀・𣅀に作り、「享」字と同じである。もともとは「亯」に作った。その字形は宗廟を象ったものである[60]とも考えられており、その假借は「饗」字である[61]。『說文解字』に、「亯は獻なり。高の省に从ふ。「曰」は熟物の形に

---

58)『詩』小雅・南有嘉魚之什・湛露に、「湛湛露斯、匪陽不晞」とあり、『毛傳』に、「陽、日也。晞、乾也」（『毛詩注疏』〔臺北：藝文印書館影印嘉慶二十年（1815）重刊宋本『十三經注疏』本、1979年〕卷10之1、350頁）と云う。この二句の意味は、「日光がなければ露は乾かない」というもので、恰好の傍證となっている。

59)「乾」卦の『彖傳』に、「大哉乾元」とあるのは、作者が卦名の「乾」字と卦辭の「元亨利貞」の第一字とを切り取り合成して、「乾元」という新たな概念を作ったのである。「坤」卦の『彖傳』に、「至哉坤元」とあるのは、作者が卦名の「坤」字と卦辭の「元亨」の第一字とを切り取り合成して、「坤元」という新たな概念を作ったのである。このことは、『彖傳』著作時に、卦辭の前に既に卦名が置かれていたこと、そして、卦名が名付けられた時期が戰國時代まで降らないことを證明している。

60) 上部にある三角形は、「命」「令」字の上部のつくりと似る。これは、「口」を逆さまにしたもので、鬼神が享受することを表す會意文字である。

61) 段玉裁の「亯饗二字釋例」に次のように云う。

凡字有本義、有引申之義、有假借之義。『說文解字』曰、「亯者、獻也。从高省、曰象進熟物形」、引

象る。『孝經』に曰く、『祭れば則ち鬼、これを亯く』とあり、段玉裁の注に次のように云う。

　　『禮經』に、「饋食なる者は、孰せるを薦むるなり」と言ふ。……亯は、孰せるを薦むるに象る。因りて以て物を飪るの偁と爲す。故にまた普庚切に讀む。亯の義訓は神に薦むるなり。誠意、神に通ずべし。故にまた許庚切に讀む。古音は則ち皆、十部に在り。其の形、神に薦むるは亨に作り、また享に作る。物を飪るは亨に作り、また烹に作る。『易』の元亨は、則ち皆、亨に作る。皆、今字なり[62]。

祭祀において鼎で肉を煮、その香りが昇り鬼神に達することが「亯」である。下で「亯」して上に達するから、「亨」「享」「烹」にはみな「通達」の意味がある。すなわち、段『注』のいわゆる「誠意可通神」である。

「利」字の甲骨文は （『甲骨文合集』一期、人 1094）・ （同 三期、通 733）で、もともとは「木鋤を用いて土を耕す」という意味である。鋤は刃先が鋭利であってこそ、土を耕して種や苗を植えることに役立つ。そこで引申して「便利」という意味が出てきた。だから甲骨卜辭では人名・地名の用法以外に、「有利」「不利」の意味に用いられ、「吉」ということを含義する。たとえば、「其の を伐つに利あらず。利あり」（前 2.3.1）、「庚戌、卜ふ。王曰に、其の、又馬に利あるを貞ふ」（後 5.15）とある。『説文解字』に、「利、銛きなり。刀、和して然る後に利あり。刀・和の省に从ふ」[63]とあり、篆字の字形にもとづき解釋している。

「貞」字は、甲骨文では （『甲骨文合集』一期、南師 2.9）・ （同 一期、鐵 45.2）・ （同 四期、京 3133）であり、もともと「鼎」字であったものが、卜辭では「占問」の意味で常用されるようになった。しかし後に、『周易』においてその語義は發展し、不變不移という意味を有するようになる[64]。屈萬里によると、卦爻辭中の「貞」字は「占問」と解釋することはできず、「その素常不變を守る」と解さなければならないという。諸事實を考えあわせてみると、『易』の道理は剛を尊び、『易經』は變化を重視する。また、人類の生活は、變化の中に不變の規則を求めるものである。たとえば陰陽の變化往來消息はやむことがないが、その變化の法則がわかれば吉を得て凶事を避けることができる。であれば、「貞」字の「守其素常不變」という意味は、「占問」

　『孝經』「祭則鬼亯之」、是則祭祀曰「亯」、其本義也。故經典「祭亯」用此字。引伸之、凡下獻其上亦用此字。而燕饗用此字者、則同音假借也。『説文解字』又曰「饗者、鄉人飲酒也。从食、从鄉、鄉亦聲」、是則鄉飲酒之禮曰「饗」。引伸之、凡飲賓客亦曰「饗」、凡鬼神來食亦曰「饗」。而祭亯用此字者、則同音假借也。（『經韻樓集』卷 5、『段玉裁遺書』〔臺北：大化書局、1977 年〕、下冊、1084 頁）

[62] 『説文解字注』卷 5 下、229 頁。
[63] 『説文解字注』卷 4 下、178 頁。
[64] 「貞」字は「占問」と解釋せずに「守其素常不變」と解釋しなければならない、という見解については、屈萬里の「説易散稿」（『書傭學論集』、29-32 頁）に詳しい。『釋名』釋言語に、「貞、定也。精定不動

の原理に由來すると見なさなければならない。

「元亨利貞」の四字は卦爻辭において、本義ではなく引伸義を用いているが[65]、これは「乾」字も同樣である。「乾」字の本義は日光である。しかし經文では日光の意味に觸れることはなく、「龍」德の變化について述べ、君子の剛健不息の精神に喩えている。これは太陽の往復循環が古今やむことはないという原理と呼應するものである。このような「乾」字の事情と「元亨利貞」の四字が引伸義を發揮して本義を用いていないこととは、共通するものがある。

以上、「乾」「易」「陰」「陽」の四字がみな日光と關わることを分析した。ただ「坤」字だけが戰國時代に出現した字であり、その字義は上述の四字と無關係のようであり、古文字研究者も多くがその本義を知らない。『説文解字』は、

 坤、地なり。『易』の卦なり。土に从ひ、申に从ふ。土位は申に在るなり[66]。

と云い、坤が『易』の卦名だと説くだけである。王家臺で出土した『歸藏』の「坤」卦には「坤」字の形態を見出すことはできない（本稿の注53を參照されたい）。傳統的な易學研究者は「坤」の本字は「巛」であると見なしていたが、王引之は『經義述聞』で異議を唱えた。王氏はまず諸家の説を引く。

 坤。『釋文』にいふ、「本、また『巛』に作る。『巛』は、今字なり」。毛居正『六經正誤』に曰く、「『巛』字は三畫にして六段に作り、小成の坤卦に象る。『巛』は、古の坤字なり。陸氏以て『今字』と爲すは、誤れり」。鄭樵の「六書略」に曰く、「坤卦の☷、必ず縱寫して後、『巛』字を成す」。

續けて、「引之、謹んで按ずるに」と述べたうえで、次のような按語を下している。

 『説文』に、「坤、地なり。『易』の卦なり。土に從ひ、申に從ふ。土位は申に在り」といふ。これ乾坤の字は正に當に「坤」に作るべし。その「巛」に作る者は、すなわちこれ「川」字を借用す。漢の孔龢碑・堯廟碑・史晨奏銘・魏の孔羨碑の「乾坤」、衡方碑の「剥坤」、郙閣頌の「坤兌」、を考ふるに、字、或いは𡿧に作り、或いは𡿨𡿨に作り、或いは𠇗に作る。皆、隸書の「川」字なり。これその、「川」を借りて「坤」と爲すこと、顯然として明白なり。「川」を「坤」の假借と爲す、しかれども「坤」の本字に非ず。故に『説文』の「坤」字の下に重文の「巛」に作る者無し。『玉篇』の「坤」下にもまた「巛」字無し。しかれども「川」部「巛」字の下の注において曰く、「瀆を注ぐを川と曰ふなり。古、坤字と爲す」。然らば則ち本これ「川」字にして、古人、借りて以て「坤」と爲すのみ。

王氏は字形を考察した後、八卦の字形に共通點があると前提した場合について指摘する。

 惑也」（[漢］劉熙『釋名』[北京：商務印書館影印『文津閣四庫全書』本、2006 年]、卷 4、390 頁）とあり、『荀子』不苟に「行無常貞」（『荀子集解』卷 2、51 頁）と云うのも、素常不變の意味である。
65)「元亨利貞」については、黃慶萱氏に透徹した解釋がある。黃慶萱『乾坤經傳通釋』（臺北：三民書局、2007 年）3-6 頁を參照されたい。
66)『説文解字注』卷 13 下、682 頁。

淺學知らず、すなわちその、坤卦の畫を象ると謂ひ、かつ、當に六段にこれを書すべしと謂ふを。それ「坤」以外、なほ七正卦有り、卦に皆、畫有り。豈に嘗てこれを象りて以て「震」「巽」「離」「坎」等の字を爲さんや。甚しきかな、その鑿たるや[67]。

王氏の分析は明晰で實證的である。そのうえ、七正卦の字に三爻を象った書法が無いことから、「坤」卦のみが例外でありえないことを證明している。これは、内證法による説明であり、比較法の基礎に通じたものと言えよう。しかし、近世の出土文獻資料中の『易』卦あるいは數字卦によると、陰爻はみな、「八」や「ヘ」に作る。「坤」卦は「巛」に作り、『上博簡』の『周易』師卦は「𡿨」に作る[68]。外卦の形は、ちょうど「巛」を九十度回轉させたもののようである。出土文獻における「坤」字の形を參考としてみるならば、王引之が「『巛』の本字は『川』である」「『川』は『坤』の假借である」と論じたことについては、再考する必要があろう。すなわち、「坤」が「巛」と書かれたことは、單純な假借ではないかもしれない。「川」「水」の字形はともに「巛」と似ているし、さらに兩字ともに「陰」字の形象（「日光の遮蔽」）「黑雲が太陽を覆う」）とも關連している。もしこの假定が成り立つならば、漢の孔龢碑・堯廟碑・史晨奏銘・魏の孔羨碑・衡方碑・郙閣頌の「坤」字が「𡿦」あるいは「𡿧」（すなわち「川」字）に作るのは、實は「巛」字が變化した結果ということになる。であれば、我々は次のように信じても良いであろう。すなわち、古人はもともと「坤」を「巛」あるいは「巛」と書き、これらはみな、出土文獻の『易』卦・數字卦の陰爻である「八」「ヘ」を構成要素としているのだ。後にできた「坤」字は、特に雷の閃光から「陰」の意味を闡明したものである（これについては、後で詳述する）。「巛」字を「川」字に改めたのは、「水」の含義を引伸したのであり、これは恐らく、戰國道家の「水」についての宇宙觀が成熟した後のことと思われる[69]。

「坤」字についての論述に戾ろう。古文字研究者の中には、「坤」字は地を象っているから「地」に從うと考える者もいる。しかし、何琳儀『戰國古文字典』は、戰國時期の「坤」字として「𤯍」「𤯎」「𤯏」など、「立」字を偏旁とする字形を列擧して、次のように云う。

　　戰國文字の坤、立に從ひ、申の聲。或いは諄部に歸すれば、則ち申は聲に非ず[70]。

---

[67] 王引之『經義述聞』（南京：江蘇古籍出版社、2000年）、卷1、4-5頁。
[68] 馬承源主編『上海博物館藏戰國楚竹書（三）』（上海：上海古籍出版社、2003年）、19頁。
[69] 拙稿「從『太一生水』試論『乾・彖』所記兩種宇宙論」において、王引之の推論が誤っている可能性について言及した。ただし、該論文では詳細に論じていなかったので、本稿を補論とさせていただく。該論文は、『簡帛』第2輯（武漢大學簡帛研究所主辦、上海：上海古籍出版社、2007年）、139-150頁に收められている。
[70] 何琳儀『戰國古文字典』下册、1120頁。按ずるに、王筠『説文解字句讀』（卷26、「坤」字の項）も「申」を聲符とすべきだと見なしている。

古文字の偏旁は、「土」に従うものと「立」に従うものが混在している[71]。そのため、戰國時代の「坤」字が「立」字に従っていたとしても、その本字が「土」に従わない、と確認できるわけではない。當然のことであるが、たとえその本字が「立」に従っていたとしても、「立」字の本義は人が地面に立っている姿であるから、やはり「土地」という意味と關連するのである[72]。

「坤」の偏旁である「申」字は、甲骨文では「𢏨」「𢍘」「§」などに作り、もともと雷の閃光の象形である[73]。このことから、「坤」字の字義が稲妻と關連するに違いないことがわかる。葉玉森は次のように云う。

> 甲骨文の「申」字は、雷耀(かがや)きて屈折するの形に象る。『説文』(卷 13 上)は「虹」の下に古文「蚺」を出し、許君、「申。電なり」と曰ふは、「申。神なり」(卷 14 下)と訓ずると異なる。故に「申」は、電の形に象るを朔義と爲す。「神」はすなわち引伸誼なり[74]。

按ずるに、「神」字は、金文では「𥘅」(寧𣪘)・「𥙭」(宗周鐘)・「𥙷」(興鐘)などの形[75]に作り、みな「示」偏に電光が閃く形である「申」字を付加している。そこで、古文字研究者には「申・神・電三位一體說」を唱える者もいる。田倩君は云う。

> 「申」の本義は、すなわち神靈なり。これすなわち古人、天象の變化を見て、敬畏の下にこの字を造成し、膜拜の徵象を作爲す。『禮記』禮運の注に、「山・林・川・谷・邱・陵、能く雲を出して風雨を爲すを、皆、神と曰ふ」といふ。……「神」は示・申に從ふ。申は電なり。電の變化は測る莫し、故にこれを稱して神と曰ふ。神の示の旁もまた周の時に加ふる所と爲す。「宗周鐘」の「神」𥙭に見ゆ。「電」字は周以前に「雨」の旁無く、ただ「申」に作る。「神」字は、周以前に「示」の旁無く、ただ「申」に作る。これすなわち「申」「電」「神」三位一體の明證なり[76]。

「申」「電」「神」が三位一體であるという考えは、雷の閃光にもとづく。雷の閃光は、雲と地面の間における、正負の電極の交流により發生し、水蒸氣が空に昇って生じた雲がその起點となる。古人の立場から言えば、「神道もて教えを設く」(觀卦彖傳)ということであり、坤卦の「天に順承す」(彖傳)はまさしく、「申」に从う「坤」字に借りて、神靈の降格や雷電などの現象を明らかにしたものであり、その含義は「黔」字の「雲、日を覆ふ」という字義と呼應する。というのは、雲が「太陽を覆う」ことは、雷の「閃

---

[71] たとえば、「地」字は、先秦の文字では「土」に従っていることが多い。しかし、戰國文字では誤って「立」に従う例が多く見られる。季旭昇『説文新證』「地」字の條、卷13下、下册、231頁を參照。
[72] 季旭昇『説文新證』卷10下、下册、131頁を參照。
[73] 季旭昇『説文新證』卷14下、下册、291頁)と何琳儀『戰國古文字典』下册、1119頁)も同樣の見解である。
[74] 葉玉森『殷虛書契前編集釋』(臺北：藝文印書館、1966年)、卷1、17頁に詳しい。
[75] 戴家祥『金文大字典』(上海：學林出版社、1995年)、3128頁を參照。
[76] 田倩君『中國文字叢釋』(臺北：臺灣商務印書館、1967年)「釋申電神」、356-357頁に詳しい。

電」現象が起こる必要條件だからである。「坤」字が稲妻の象形なのであれば、「電」字や「神」字と同樣、「申」は聲符ではなく義符であると言えよう。「坤」字の本義は、もちろん『易』の卦名である。その造字のときの含義は、「黔」字における、雲が太陽を覆い隱すという意味と關係していると同時に、自然界のあらゆる生命の立脚するところである大地が、天象である雷のパワーを承けていることを、象徴しているのである。拙稿「從『太一生水』試論『乾・彖』所記兩種宇宙論」では、先秦道家の「水」を中心とする宇宙論を分析することにより、次のような假説を提出した。すなわち、「坤」字の本字は「巛」字であり「川」字に通ずる、という傳統的な解釋は、實は如上の宇宙觀を反映したもので、「坤」字の「雷電の閃光」という意味、「陰」字の「雲が覆う」という意味、「川」字の「百河競流」という意味などを結合したものなのである。そして、これらの自然現象はちょうど「易」「易」「乾」に反映されている「太陽光の照射」という意味と對をなす。「乾陽」と「坤陰」とが相對すること、「陽光の照射」の象と「雲・雷・陰・雨」の象とが相對することは、みなその自然宇宙觀に來源するのである。「坤」卦の『象傳』に、

　　至れるかな坤元、萬物資りて生ず、すなわち天に順承す[77]。

と云う。總合的に判斷すると、「坤」が地の象を有するのは、單純に「地」を指しているのではなく、大地が天象のパワーを承けることの暗喻である。『易』において、「坤」は卦名であり、その字が他の經典文獻に現れることは稀である。しかし、その含義、および自然哲學における價値と重要性は、「乾」「陽」が指し示すところの「日光」と同樣である。この觀點から次のように言えよう。「陰」「陽」の本義は日光照射の有無であり、引伸して地理的位置の南北を示すようになった。「陰」「陽」の兩概念の組み合わせは、萬物生命が大地の上に存在し、乾（天）・坤（地）の間の陽光雷雨を受けることを表し、「陰」「陽」は萬物が生長する自然環境を構成し、人類と萬物はそこで生生不息でありうる。今本『易經』が「乾」「坤」の二卦を最初に置いているのは、そのことによって陰陽の意義を表し、如上の道理をはっきりさせるためである[78]。

『易』の「乾」「坤」の字義は、以上に述べたごとくである。ただ、本稿が強調したいのは、字義は『易』の自然哲學原理を反映しているとはいえ、經文に用いられているのは、多くは引伸義である、ということである。『易』は象敎に本づく[79]。それゆえ、「乾」「坤」の爻辭は「象」辭に屬し、また、卦名の文字の本義を用いずに、遠い引伸

---

77)『周易注疏』卷1、18頁。
78)『歸藏』と王家臺秦簡の『易』の卦名は、今本『周易』と異なる。長沙馬王堆帛書『周易』の卦序も今本と異なっている。これらは別種の占筮の系統を示している可能性があり、筆者は別稿でこの問題を論ずる予定である。
79)『玉函山房輯佚書』本『歸藏』や王家臺秦簡の内容によると、『歸藏』は神話怪異の説を多く含んでいる。これは抽象的な神話を人事と關連づけているわけで、象敎の一種と見なしうる。だから、『文心雕龍』諸子に、「『歸藏』之經、大明迂怪、乃稱羿斃十日、嫦娥奔月」（劉勰撰、范文瀾注『文心雕龍注』

義を用いることがある。「乾」は「龍」を象としているから、初・二・四・五・上の各爻および用九において「龍」と關連づけられてている[80]。しかし、「乾」九三の「君子終日乾乾」によれば、「龍」は「君子」の喩えであることがわかり、さらに引伸して飛躍進取・剛健不息の精神の意味となる。「坤」卦の本字は雷の閃光を本義とするけれども、爻辭の、「霜を履む」「章を含む」「囊を括る」「黄裳」などはみな、柔順・卑下・隱伏の道理を述べている。また、「乾」中に「坤」があり、それゆえ、「乾」の初九に「潛龍」の象があったりする。「坤」中に「乾」があり、それゆえ、「坤」の上六に「龍、野に戰ふ」という象があったりもする。『周易』はもともと古代の政典であり、六經の一つとなった。それゆえ、經文には敎化の意義が多く含まれている。そうした意義では多くの場合、字詞が核心となっており、字詞の「本義」から漸次「引伸義」が引き出されて、敎化の理論が明らかにされた。そして、仰々しく文がつらねられて篇章となり、厖大かつ煩瑣な「意義群」が形成されたのである。『易經』の經文においては、字の本義は『易經』の自然哲學を反映している。しかし、經文では引伸義を多く用いて、政治敎化の義理を述べている。本義と引伸義は併せ見るべきであり、そうすることにより、經典解釋の傳統における演變が考察できるのである。

五、結論

本稿では「易」「陰」「陽」「乾」「坤」の五字について考察を行った。筆者の考えでは、「易」字の本義は日光の照射であり、「易」字と字義が同じである。當然のことながら、古人は先ず「易」字の本義を確認してから『周易』を「易」と名付けたわけではない。しかし、『易』という名称は、その出現はやや時代を降るものの、その書物が『易』と名付けられた理由は、「易」字がヤモリの象形文字だからというわけではないし、日・月の合文だからというわけでもない。ましてや、一部の古文字學者が言うような、「交易」の意味の引伸でもない。これは、甲骨文の「易」字の本義である、陽光の照射という意味を踏襲しているのである。「陰陽」の字は本來、「会昜」に作り、その意味はそれぞれ、「雲が太陽を覆う」「雲が開いて太陽が見える」である。『詩』『書』では「陰陽」

［臺北：臺灣開明書店、1993 年］、卷 4、17b 頁）と述べられ、『左傳』僖公十五年に、「龜、象也。筮、數也。物生而後有象、象而後有滋、滋而後有數」（『春秋左傳注疏』卷 14、234 頁）と云うのである。『繫辭傳』上には、「『易』者、象也。象也者、像也」とはっきり述べられており、さらに、「『易』有四象」、「聖人立象以盡意」、「聖人設卦、觀象繫辭焉而明吉凶」、「彖者、言乎象者也」「象其物宜、是故謂之象」、「以制器者尚其象」、「見乃謂之象、形乃謂之器」と云う。これらはみな、『易』が象敎であることを示している。

80) 乾坤の二卦が天象の喩えであると見なす研究者もいる。たとえば、Edward Shaughnessy, "The Composition of 'Qian' and 'kun' Hexagram of the *Zhouyi*," in Shaughnessy, *Before Confucius: Studies in the Creation of the Chinese Classics* (Albany, N.Y.:State University of New York Press,1997), pp. 197–219。これも一說ではあるが、卦爻辭の內容に回歸して考察すれば、「乾」が天象を指すことはありえない。

は多くは地理的方位を指すのに用いられ、『易』學家はこの二字を乾坤の氣化の德を指すのに用いる。「倝」は「乾」の聲符兼義符である。「坤」は「立」に從い「申」に從い、雷の閃光の象形である。出土文獻中の「易」卦および數字卦の陰爻は「∧」「∧」に作るが、これらは「巛」「川」「水」字の字形の重要な來源であるかもしれない。傳統的に學者が「坤」字は古に「巛」と作ったと述べるのは、おそらくは誤りであろう。

　まとめて言うと、「易」「昜」「陽」「乾」「倝」などの字はみな日光の照射と關係がある。「坤」「陰」の字義はともに陰雨雷電の象形である。「天は尊く地は卑しくして、乾坤定まる」（『繫辭傳』上）とあるように、乾坤は天地を象っており、陰陽は乾坤の氣化の體である。乾坤・陰陽は、日光の隱顯の理を基礎としており、一陰一陽が自然の循環を決定する。一日は晝と夜で構成され、四季における日光の強弱（陰陽老少）は一年の循環の目印となる。太陽光のエネルギーは、四季における大地の冷暖交替の要である。陰雨雷電の力は大地のあらゆる生命が生存するための元素である。如上の觀點から『易經』の「乾坤」二卦を見ると、ともに六十四卦の始めに置いてあり、『易』の「門戶」の原理であり、また、「陰」「陽」と關係していることがわかる。以上、本稿では字義より『易經』の宇宙論を理解し、戰國時代以降の『易傳』や諸子の文獻によって裏付け、經書中の觀念の演繹を考察、實證した。

單語家族の研究から「天行健」の意味を論ず*

楊　秀芳**

（加部勇一郎　譯）

一、前言

　　楗とは本來、門戸にあらがうための直木であり、門戸を横に支える關と合わさって、容易には動かされない閉門のための裝置となるものである。拙著「論動詞「楗」的語義發展」は、「關」と「楗」が、どちらも名詞と動詞の性質を兼ね備え、動詞としての「楗」は直立して門にあらがうという意味を表わし、語義が擴大した後、一般的な〈支持する（支持）〉という意味を表わし、さらに發展して、心理的なレベルの〈堅持する（堅持）〉という意味が現われることを指摘している。このような「楗」は、空間的に見れば、落下しないという形勢を維持するもので、一方、時間的に見れば、中斷せず變化しないという狀態を保持するものである[1]。

　　古代において「鍵」は「楗」と互いに通じ、「楗」、「鍵」、「腱」、「鞬」、「犍」、「建」はみな〈直立して支える（豎立撐持）〉という意味を持ち、それらは言語學上同じく一つの單語家族（word family）に屬す。このことから本論では、「健」にも、初めのうちには、〈支える（撐持）〉という意味があったのではないかと考えている。

　　「健」字は、乾卦「大象傳」「天行健」に、もっとも早く出現する。「易傳」の體例によれば、「健」字は卦名であるべきだが、しかし「天行健」は文字を「乾」としない。帛書では、卦名を「鍵」とする。本論は、これらの手がかりにより、卦名がもともと「鍵（楗）」であったと判斷している。「天行健」はもとは「天行，鍵（楗）」だったのであり、言っているのは、日月星辰が上空高くに懸って落下せず、めぐりが絶えることがない、ということであり、それはまるで鍵（楗）が支えているかのようであったから、ゆえに卦名は「鍵（楗）」と定められたのである。

　　「象傳」「天行，鍵（楗）。君子以自強不息」は、君子が天のめぐりにならって、天體を支える鍵（楗）のように能く支え得ることを求めているのである。このような教育は

---

* 小幡敏行教授のご教示により、伊東倫厚教授がかつて乾坤の卦名について關連する研究をされていたことをうかがい、後からさらに、水上雅晴博士と胡慧君さんに伊東教授の著作をお送りいただき、多くの示唆を受けた。この場を借りて謹んでお禮申し上げる。

** 國立臺灣大學中國文學系教授。

[1] 詳しくは拙論「論動詞「楗」的語義發展」、『中國語言學集刊』第 1 卷第 2 期（2007 年 6 月）、99-115 頁を參照。

「人もまた鍵（楗）のように能く支えられることを求める」概念を引き出すのであり、そのため後にはこの單語家族が新たなことばを派生させ、「人が能く支える〈人能撐持〉」ことを表わすべく、文字上では義符を付け加えて、新たに「健」字を造り出したのである。後に「健」字はさらに一歩進んで、〈支える（撐持）〉の意味から〈強くある（強壯）〉の意味へと發展した。

本論の第二節では、古代漢語の「楗」の語義用法を説明する。第三節では、「楗」、「鍵」、「腱」、「韃」、「犍」、「建」について、音と意味が近く、これらが同じく一つの單語家族に屬することを説明する。第四節では、この單語家族が共有する〈直立して支える（豎立撐持）〉という意味と、「易傳」の體例や帛書の異文などを根據として、「天行健」の意味の問題を論じる。第五節、第六節では「健」の派生用法について説明し、第七節は結論である。

二、「楗」から語り始める

拙著（楊秀芳 2006）に基づけば、「楗」には名詞と動詞を兼ねた〈門にあらがう／門にあらがうもの（抵門）〉という意味があり、さらにここから派生した〈支える（撐持）〉という意味や、〈ふさがる（阻塞）〉という意味などがある。門にあらがう目的は門戸を閉ざすことにあり、楗を抜き取れば門を閉ざす機能は失われてしまう。したがって典籍の注解に見られるところでは、「楗」にはさらに鍵（かぎ）の意味がある。

「楗」字が門にあらがう木を表わす例には、例えば次のようなものがある。

(1) 善閉無關楗而不可開。《老子校詁》引范應元：楗，拒門木也；或從金傍，非也。橫曰關，豎曰楗。(『老子』27 章) [2]

楗とは、關の下であらがっている直木であり、關とともに働いて、門戸を閉ざすためのある種の裝置となる。

「楗」と「關」は、ともに名詞と動詞の性質を兼ね備えている。『説文解字』「楗」字の下には「歫門也」とあり、この解説は「楗」を動詞として、門戸にあらがうという意味を表わしているかのごとくである。「楗」が動詞となった用例には、以下のようなものがある。

(2) 咄咄陳生在，相逢尚黑頭。風傳中散弄，月照廣寒遊。織屨長楗戶，擔簦不臥樓。醉來雙眼白，未懾武安侯。(胡應麟「贈陳生即席」) [3]

---

2) 蔣錫昌『老子校詁』(臺北：明倫出版社、1971 年)、182 頁。
3) 胡應麟『少室山房集』卷 29。

「楗戸」は門を閉ざすことを言い、「臥樓」と同じく動目構造である。「楗」は、まさしく楗を用いて門戸にあらがうという意味である。

傳統建築から見れば、門は左右二枚の門板から構成されていて、門板の、左右兩側の壁に固定される部分には樞紐（かなめ）が取り付けられ、それによって門板は開閉の動きができる。内側から外側に押して閉めたり、外側から内側へ押して開けたりする。

二つの門板が内側から外側へ押され、一列に並び合わさった後、横木を二つの門板についている金屬製の環に通せば、外側からの推力をはばむことができる。この横木がすなわち關である。もし外からの推力が絶え間なく續けば、關は滑って抜け落ちてしまうだろう。このときただ、關の下でしっかりと支えあらがう楗が、内側へ向かう推力を阻むことによってのみ、ようやくこの問題を回避することができるのである。

楗は關と一緒に働いて、外力にあらがい、侵入する力をはばみ、同時に門板が落ちないように支える。こうして外力の側について言えば、それは〈はばむ（阻擋）〉という意味がある。一方、門板の側について言えば、それは「支える（撐持）」という意味がある。

「楗」にはさらに、門戸にあらがうという意味のほか、物體を支えてそれを遮蔽物とする用法がある。例えば次のように。

　　　(3) 夫絳之富商，韋藩木楗以過於朝。唯其功庸少也，而能金玉其車，文錯其服，能行諸侯之賄，而無尋尺之祿，無大績於民故也。註：韋藩，蔽前後。木楗，木檣也。言富商之財，足以金玉其車，文錯其服；以無爵位，故不得爲車。則上韋藩楗木是也。(『國語』「晉語八」) 4)

「韋藩木楗」は、並列の構造であり、皮革を用いて車體を覆い、さらに直木を用いて皮革を支えて、皮革を遮蔽物とし、滑り落ちないようにすることを表わしている。直木を用いて皮革を支えるというやり方は、門戸を支えあらがうことと似ているので、そのため同じく「楗」を用いたのである。

文獻には、「楗」にはさらに「川の堤防の決壞したところをふさいで、水流が堤防を潰滅させて出て行くのを防ぎ止める」という用法が常見される。例えば以下のようである。

　　　(4) 以楗東土之水，以利冀州之民。《墨子閒詁》引畢允明之説曰：楗，樹竹塞水之決口，以草塞裹其上，以土填之也。(『墨子』「兼愛」) 5)

例 (4) の「楗」は、動詞の性質である。これは竹を用いて川の堤防の決壞口をふさぎ、さらに雜草と泥土を用いてびっしりと隙間を埋めて打ち固め、決壞口をふさぎ止め、そ

---

4) ［三國呉］韋昭注『國語』(臺北：藝文印書館、1969 年)、卷 14、343 頁。
5) ［清］孫詒讓『墨子閒詁』(臺北：河洛圖書出版社、1975 年)、卷 4、12 頁。

うして水の流れが堤防を潰滅させて出て行くのを防ぐことである。それは一面で、川の堤防を支えて、崩れ落ちないようにしている。もう一面で、水流をはばんで、外に漏れないようにしている。この装置の機能は、直木が門戸を支えることで外からの推力にあらがう働きと似ており、そのため同様に「楗」が用いられているのである。

　具體的な事物を〈支え（撐持）〉、〈はばむ（阻擋）〉用法から發展していって、「楗」はさらに自動詞として、抽象的な〈ふさがる（阻塞）〉の意味を表わすようになる。例えば以下のように。

　　(5) 老子曰：「汝自洒濯，熟哉鬱鬱乎！然而其中津津乎猶有惡也。夫外韄者不可繁而捉，將内楗；内韄者不可繆而捉，將外楗。外内韄者，道德不能持，而況放道而行者乎！」郭象《注》曰：楗，關楗也。耳目，外也；心術，内也。夫全形抱生，莫若忘其心術，遺其耳目。若乃聲色韄於外，則心術塞於内；欲惡韄於内，則耳目喪於外；固必無得無失而後爲通也。成玄英《疏》曰：韄者，繫縛之名。楗者，關閉之目。繁者，急也。繆者，殷勤也。言人外用耳目而爲聲色所韄者，則心神閉塞於内也；若内用心智而爲欲惡所牽者，則耳目閉塞於外也；此内外相感，必然之符。假令用心禁制，急手捉持，殷勤綢繆，亦無由得也。夫唯精神定於内，耳目靜於外者，方合全生之道。(『莊子』「庚桑楚」) 6)

「將内楗」は内心を閉塞させること、「將外楗」は、外界に障害を受けさせることを言う。全段の大意は、このようなことである。もし人が外界の音曲や女色に惑溺し、音曲や女色に縛られれば、内心はすなわち自由ではいられなくなる。その一方で、内心がもし主觀の好惡の情に惑溺し、好惡の情に囚われれば、やはり人は、はっきりと外界を認識するすべがなくなってしまう。音曲や女色、好惡の情は、人の心中に門にあらがう木を生ぜしめ、人が本來知惠の元で内外相通じ得るはずの道をふさいでしまうのである。

　例 (5) の抽象的な〈ふさがる（阻塞）〉という意味も、別の面から言えば、まさに〈支持する（支持）〉という意味なのである。「内楗」を例にすれば、内心が閉塞して不自由な原因は、外在の音曲や女色への執着を捨てようとしないことである。執着とはすなわち、放棄しないという意見を支えることである。この心の中の門にあらがう木は、一面では、ある意見を支持して、この執着を放棄せず、また別の一面では、この執着が〈ふさがる（阻塞）〉という意味を生み、大道を滯りなく通ずる可能性をふさぐのである。つまり、この二つの、矛盾しているかのように見える〈ふさがる（阻塞）〉という意味と〈支持する（支持）〉という意味は、實は主觀が搖るがないという意味の兩面なのだと言える。主觀は必ずじしんの意見に對する支持を含むが、それによって蒙る目隠しが、すなわちふさがるということなのである。對立する二つの角度から一つのことば

---

6) ［清］郭慶藩『莊子集釋』（臺北：世界書局、1970 年）、卷 23、341 頁。

を見ることで、相矛盾する異なる語義を導き出すことができるのである。
　この種の、内心に固持させる意の「楗（揵）」は、文獻においては、あるいは「健」とも書かれる。例えば以下の通りである。

　　（6）至於大道之要，去健羨，紬聰明。釋此而任術。夫神大用則竭，形大勞則敝。形神騷動，欲與天地長久，非所聞也。《集解》引如淳曰：知雄守雌，是去健也。不見可欲，使心不亂，是去羨也。（『史記』「太史公自序」）[7]

如淳は「知雄守雌（雄を知り雌を守る）」の語で「去健（健を取り去る）」を解釋する。なぜなら「健」は〈（精神的な）強さ（剛強）〉の道であり、心中に横になって邪魔をする主觀であり、奢って主觀を棄て去ろうとしないことは、ある種の〈強く出る（取強）〉やり方であるからである。「知雄守雌」ができるとは、すなわち心に突っ張っている門にあらがう木を取り去ることである。この「健」の用法は『莊子』「庚桑楚」の「楗」と同じである。
　文獻に見るところによれば、「楗」は「建」とも密接な關係がある。例えば『左傳』には、名を「建」、字を「子木」とする者が登場する。

　　（7）楚蔿子馮卒，屈建爲令尹。屈建，子木。（『左傳』「襄公 25 年」）[8]

　　（8）楚大子建之遇讒也，自城父奔宋。……晉人使諜於子木，請行而期焉。子木，即建也。（『左傳』「哀公 16 年」）[9]

　古人の名と字は、往々にして語義が關連するのであり、名を「建」とし字を「子木」とするのは、おそらく「建」と「楗」が通じるためであり、ゆえに「子木」を字とするのである。

三、「楗」、「鍵」、「腱」、「犍」、「揵」、「建」が同族の語であることについて

　『老子』「27 章」の門にあらがう木の「楗」は、王弼本では「楗」に作り、そのほか多くの版本では「鍵」かあるいは「揵」や「犍」に作る。『説文解字』によれば、「鍵」はそれじしんに本義を持ち、その本義は門にあらがう木と關係する。ゆえに「楗」は「鍵」と書かれるのだが、それは、音と意味が近いゆえに字形が相通じるようになったのである。「揵」や「犍」に至っても、以下に見るように、音と意味が近いがゆえに通

7）［日本］瀧川龜太郎『史記會注考證』（臺北：藝文印書館、1972 年）、卷 130、1334 頁。
8）［唐］孔穎達『春秋左傳正義』（北京：北京大學出版社『十三經注疏』整理本、2000 年）、卷 36、1172 頁。
9）前掲『春秋左傳正義』、卷 60、1947 頁。

用して書かれるのだということがわかる。
　視野を廣げて見てみれば、「建」から音を得た「鍵」、「腱」、「鞬」、「犍」等は、みな〈直立して支える（豎立撐持）〉という意味を持つ。一方、「建」字もまた然りである。これら一連のことばは、音と意味の關係が密接であり、それらは同一の單語家族に屬していたと考えられるのである。

（一）「鍵」

『説文解字』に曰く「鍵，鉉也。一曰車舝。」と。また曰く「鉉，所以舉鼎也。易謂之鉉，禮謂之鼏。」と。「鍵」字の下の段注には次のようにいう。

> 謂鼎肩也。以木橫關鼎耳而舉之，非是則既炊之鼎不可舉也。……門部曰「關，以木橫持門戶也。」門之關，猶鼎之鉉也。此以木爲，而字從金者，系於鼎而言之也。抑《易》言金鉉，則鍵有金飾之者矣。[10]

『説文解字』にまた曰く「鼏，以木橫貫鼎耳舉之。」と。段注にはこうある。

> 按：肩者假借字，鼏者正字，鉉者音近義同字也。以木橫毌鼎耳是曰鼏，兩手舉其木之耑是曰扛。鼎鼏橫於鼎蓋之上，故禮經必先言抽肩，乃後取鼏，猶肩爲戶外閉之關，故或以肩代之也。[11]

段注は、鍵とは、かなえの耳に通して、鼎を持ち上げる道具であり、機能の面では、門に横になって支える關のようであるという。この一段の話は、關に借りて鍵を解釋しているのであり、これは關と鍵の雙方がどちらも穴に通して〈支える（撐持）〉働きを持つために、同視して辨別していないのである。

段氏は「一曰車舝」の下でこういう。

> 各本作轄，今正。轄雖亦訓鍵，而非正字也。舛部曰「舝，車軸耑鍵也。」謂鐵貫於軸耑，如鼎鉉之貫於鼎耳。[12]

「舝」の下ではこういう。

> 以鐵豎貫軸頭而制轂，如鍵閉然。……據許說，則每耑爲兩穿，每穿鍵以一鐵，兩

---

10) ［清］段玉裁『説文解字注』（臺北：藝文印書館、1999 年）、卷 14 上、711-712 頁。
11) 前揭『説文解字注』、卷 7 上、322 頁。
12) 前揭『説文解字注』、卷 14 上、711 頁。

穿相對，故其字從舛。[13]

　車輛のつくりについて言えば、車軸は車のこしきを横に貫き、車軸の端には垂直に穴がうがたれている。垂直に差し込む鐵片でこれを貫けば、車のこしきをしっかりと留めて、車輪が外側に外れ落ちてしまうのを防ぐことができる。この装置は、關や楗が横に縦に互いにあらがいあうことで、門板が押し開かれないようにするのと、機能の面で同じものであるといえる。このようにして垂直に差し込む鐵片たる「鍵」にも〈支える（撐持）〉という意味が備わり、それは支えて車輪が外れ落ちてしまわないようにするのである。

(二)「腱」
　腱と筋はどちらも筋肉組織の一部分である。『説文解字』では「筋，肉之力也。从肉力，从竹。竹，物之多筋者。」[14]という。「力」の下に「筋也」といい、段注では「筋者其體，力者其用也。非有二物。」[15]という。筋肉は収縮力に富み、骨のまわりにくっついて随意筋となり、その筋肉の収縮する力を借りることで、繋がっている關節を引き付けて骨を引っ張って動かすことができるのである。
　「腱」字について、『説文解字』ではこういう。

　　笏，筋之本也。从筋省，夗省聲。腱，笏，或从肉建。

段注にはこうある。

　　王逸注《招魂》曰「腱，筋頭也。」建，聲也。[16]

　腱は筋の端であり、したがって小篆の「笏」字は「筋の省文に従い」、「笏」字を作ったが、その構造に筋が多いことを意圖したものである。「笏」はまた「腱」とも書き、許愼はこれを會意としたが、段氏は付け加えて「腱」はさらに形聲字も兼ねるという。言うところの會意兼形聲とは、言い換えれば、すなわち「腱」と「建」の音と意味が互いに關連し、同族詞の關係があるということである。
　身體組織の構造という點から見れば、隨意筋は紡錘形を呈し、腱は隨意筋の兩端の細長い部分であり、また〈肌頭〉とも〈筋頭〉ともいい、骨にくっついている。功能の點から言えば、筋肉が収縮するとき、腱は骨を動かすのだが、腱は關節を樞紐（かなめ）

---

13) 前掲『説文解字注』、卷5下、236頁。
14) 前掲『説文解字注』、卷4下、180頁。
15) 前掲『説文解字注』、卷13下、705頁。
16) 前掲『説文解字注』、卷4下、180頁。

にすることで、その動きにより骨を動かすのである。隨意筋は兩端が骨にくっついて力點となっているため、隨意筋全體はあたかも門にあらがう木のように、兩端の力點に支えられながら、隨意筋をあたかも門にあらがう木のように、骨の活動の重要な地位につかしめているのである。

この骨を動かす組織は「腱」と呼ばれるが、これは、その機能が楗と同じであるからとすべきである。どちらも支えるものであって、どちらも活動の樞紐の役割にある。おもしろいことは、腱と組み合わさって活動する組織が關節だということだ。つまり、關節が腱と組み合わさるのは、まさに門を支える横木である關と縦木である楗とが組み合わさり、門を閉ざす裝置をつくりあげるのと同じなのである。

骨が活動するときの樞紐は「關節」と呼ばれるが、これは「關」の「門を閉ざすための横木」という意味から派生して出てきた用法である。「關」は、「門を閉ざすための横木」の意味から派生して、「邊境に設けられる門」を表わすようになった。この門ははばみ、閉ざすための門であるために、さらに入境の要道となった。關と楗があるところとは、すなわち開閉できるところであり、これにより派生して、さらに「運動作用の活動の樞紐」を表わすことができるようになる。『後漢書』「張衡傳」「施關設機」の「關」と「機」は並列であり、つまり「關」をもって、機關の樞紐としているのである。

關と楗は組み合わさって門戸を守りかためる裝置となるが、この裝置は門戸の開閉の樞紐である。ことばの上で、人體の關節や筋や腱は「關」や「楗」と呼ばれるが、これは人體の關節や筋や腱が門戸を開閉する關や楗と機能が同じく、どちらも活動の樞紐であるからである。以上により、〈支える（撑持）〉という意味を持つ「腱」もこの單語家族から生まれたのであり、新しい語が生まれてから後、語義を弁別するために、さらに義符を加えて「腱」としたのである。

(三)「韇」

『説文解字』に曰く「韇，所以戢弓矢。」と。段注ではこういう。

> 《左傳》：左執鞭弭，右屬櫜韇。杜曰：櫜以受箭，韇以受弓。《方言》：弓謂之韇。
> 《釋名》：受矢之器，馬上曰韇。韇，建也。言弓矢竝建立其中也。《廣韻》曰：馬上藏弓矢器。[17]

『方言』と『説文解字』の記録によれば、韇は弓あるいは矢を收藏する入れ物であるが、『釋名』では、馬上でそれらをしまう入れ物を「韇」とする。『廣韻』は『釋名』の説を承けて、「韇」を馬上で弓矢をしまう器のことという。

『釋名』では、馬上で矢をしまう入れ物を「韇」と呼ぶ理由を、それが矢を〈中で立

---

17) 前掲『説文解字注』、卷3下、111頁。

つこと（建立其中）〉を可能にさせるからと説明する。この「中で立つこと」が意味しているのは、矢が中で縦に収藏されるということである。劉熙は語源を檢討して「犍」字をこのように分析したが、それは、「犍」と「建」が音と意味の點で近く、同一の單語家族に屬するからであるはずである。

事物の道理から言えば、馬上で矢をしまう入れ物は橫にできない。そのようにすれば矢が滑り落ちてしまい、矢を取る際に不便だからである。したがって馬上の矢をしまう入れ物は、必ず直立して支えることができなくてはならない。この點から見れば、犍が「犍」と呼ばれる理由は、まさに犍が直立して支え得るためであり、ここから「犍」と命名されたのである。言い換えれば、〈支える（撐持）〉という意味を持つ「犍」もこの單語家族から生み出されたものなのであって、新しい語が生み出された後、語義を弁別するために、義符を加えて「犍」としたのである。

(四)「犍」

「犍」字は『説文解字』には收錄されておらず、『説文新附』には「犍、犗牛也。」とある。「犍」字はまた「劇」字にも作る。『通俗文』には次のような記錄がある。

　　以刀去陰曰劇。正法念經卷四十八、音義四分律卷三十五。音義「劇」作「犍」。[18]

『通俗文』によるなら、「劇」と「犍」は動詞として、刀で陰部を取り去ることを表わす。『廣韻』の元韻「居言切」の下に「犍」と「劇」の二字があり、「犍」字の釋義は「犗牛の名」であり、「劇」字の釋義は「刀を以て牛勢を去る。あるいは犍に作る」[19]である。『廣韻』によれば、「犍」には動詞と名詞、二種の用法があり、刀で牛の勢（睾丸）を取り去ることを表わすほか、去勢した牛もこう呼ぶ。

『説文解字』によれば、去勢した家畜には特別の名稱がある。

　　犗、騬牛也。从牛害聲。[20]
　　騬、犗馬也。从馬乘聲。[21]
　　羠、騬羊也。从羊夷聲。[22]
　　羯、羊羖犗也。从羊曷聲。[23]
　　猗、犗犬也。从犬奇聲。[24]

---

18) ［漢］服虔『通俗文』、「黃氏逸書考」（臺北：藝文印書館『叢書集成三編』本、1972 年）所收、8 頁。
19) ［宋］陳彭年『校正宋本廣韻』（臺北：藝文印書館、1970 年）、卷 1「上平聲」、115 頁。
20) 前揭『説文解字注』、卷 2 上、51 頁。
21) 前揭『説文解字注』、卷 10 上、472 頁。
22) 前揭『説文解字注』、卷 4 上、147 頁。
23) 注 22 に同じ。
24) 前揭『説文解字注』、卷 10 上、478 頁。

豮，羠豕也。从豕賁聲。段注：羠，騬羊也。騬，犗馬也。犗，騬牛也。皆去勢之謂也。或謂之劇，亦謂之犍，許書無此二字。[25]

　犗は去勢した牛で、騬は去勢した馬である。しかし許愼の訓解では、「騬」字を用いて「牛」字を修飾することもできるし、「犗」字を用いて馬を修飾できる。さらにまた羊や犬などを指すのにも用いることができる。段玉裁の言い方を用いれば、これは「其事一，故其訓互通（それらの事柄は一つであり、故に互いに通ずる）」[26]である。
　『廣雅疏證』に曰く、「犗之言割也，割去其勢，故謂之犗」と。また「劇之言虔也，方言：虔，殺也」と [27]。王念孫は「犗」は「割」から意味を取り、「劇」は「虔」から意味を取ったと考えている。「犗」と「劇」の名付けの道理は、どちらも去勢と關係がある。
　「騬」の語がどのようにして意味を取ったかについては、字書に記載が見えない。家畜を飼育する點について言えば、牛馬で去勢していないのは繁殖のためであり、こういった牛馬は興奮しやすく、コントロールしにくく、通常は勞役に用いることが少ない。去勢した牛馬はわりに溫和で馴らしやすく、形體は大きくたくましく、騎乘したり働かせたりするのに都合がいいのである。本稿では、「騬」の語はすなわち、去勢した馬が乘るに都合のいいことから意味を取ったのではないかと推測している。
　「劇」はさらにまた「犍」とも書く。「鍵」、「腱」、「韃」などがいずれも〈直立して支える（豎立撐持）〉という意味を持つことから考えれば、おそらく去勢した牛は〈能く支える（能撐持）〉という特性を持つのであり、肉體勞働の重任を託し得たために、「犍」と表わされたのであり、騬が馬に乘るに都合のいいがゆえに「騬」と呼ばれたことと、同樣の道理であり、どちらも溫和で馴れやすく用いやすいという特性から意味を取っているのである。
　「犗」、「劇」、「犍」はいずれも去勢した牛を表わし、前の二つはその勢を取り去ったことを名付けの由緣とし、後の一つはその〈能く支える（能撐持）〉という特性から意味を取っている。兩者は意味を取る觀點が異なり、ゆえに字形の成り立ちの道理が異なるのである。
　「犗」、「劇」、「犍」は、異なる文字が定められはしたが、音と意味が互いに近く、三者の間には語源上の關係があるというべきである。『廣韻』で「犗」は「古喝切」に讀み [28]、「劇」と「犍」は「居言切」に讀む [29]。上古音の「犗」は祭部に屬し、「劇」と「犍」は元部に屬す。祭・元の二部は陰陽對轉の關係にあり、さらに「犗」、「劇」、

---

25) 前掲『説文解字注』、卷 9 下、459 頁。
26) 前掲『説文解字注』、卷 10 上、472 頁。
27)『廣雅』「釋獸」、［清］王念孫『廣雅疏證』（北京：中華書局、1983 年）、卷 10 下、386 頁。
28) 前掲『校正宋本廣韻』、卷 4「去聲」、387 頁。
29) 前掲『校正宋本廣韻』卷 1「上平聲」、115 頁。

「犍」の聲母もまた同じである。音と意味がどちらも近いことは、語源が同じであることを説明している。

「犗」と「劇」が去勢のことであると直接的に述べているが、それが命名のもともとの意味なのではないだろうか。「犗」と「劇」が語源が同じであり、祭・元二部に分けて讀んだのは方言音轉が理由であるに違いないのであって、加えて、このために異なる字形を作ったのである。元部に讀む「劇」は、音が「建」と近く、さらに去勢の牛が〈能く支える（能撑持）〉という特性を持つことから、「建」という單語家族の語義條件と符合する。そのため古人はこのことばのために「建」を聲符とした「犍」字を作り、この「鍵」、「腱」、「犍」という單語家族に一つ同族の單語を付け加えたのである。

（五）「建」

甲骨文には「建」字は見られないようであり、金文では「廴」と「聿」に從い、これは『説文解字』の篆文が本とするところである。『説文解字』に曰く、「建，立朝律也。從聿。從廴。」と。段注にいう、「今謂凡豎立爲建」と[30]。

十三經に見られる「建」は、後ろに具體名詞を置くことも、抽象名詞を置くこともある。續く具體名詞は、多くが旗や太鼓といったものである。例えば以下の通り。

　　（9）之子于苗，選徒囂囂。建旐設旄，搏獸于敖。疏：既選車徒，王言當建立旐於車，而設旄牛尾於旐之首，與旐同建，我當乘之，往搏取禽獸於敖地也。（『詩經』「小雅・車攻」）[31]

　　（10）建鼓在阼階西，南鼓。應鼙在其東，南鼓。注：建猶樹也。以木貫而載之，樹之趾也。疏：按明堂位云：殷楹鼓，周縣鼓。注云「楹爲之柱貫中上出也。縣，縣之於簨虡也。」此云以木貫而載之，則爲之柱貫中上出，一也。周人縣鼓，今言建鼓，則殷法也，若醴用酒之類。（『儀禮』「大射」）[32]

「建旐」とは旗や幟を立てることであり、「建鼓」とは太鼓を設置することである。いわゆる「建」は、往々にして、物を立たせて支えられるよう、底に脚を設置する必要がある。鄭玄は『詩經』「那」の箋において、「植鼓」について、次のように言及する。

　　（11）猗與那與，置我鞉鼓。傳云：猗，歎辭。那，多也。鞉鼓，樂之所成也。夏后氏足鼓，殷人置鼓，周人縣鼓。箋云：置讀曰植。植鞉鼓者，爲楹，貫而樹之。美湯受命伐桀，定天下而作濩樂，故歎之。多其改夏之制，乃始植我殷家之樂鞉與鼓也。鞉雖不植，貫而搖之，亦植之類。（『詩

30）前掲『説文解字注』、卷2下、78頁。
31）「小雅・南有嘉魚之什」、[唐] 孔穎達『毛詩正義』（北京：北京大學出版社、『十三經注疏』整理本、2000年）、卷10、761頁。
32）[唐] 賈公彦『儀禮注疏』（北京：北京大學出版社、『十三經注疏』整理本、2000年）、卷16、348頁。

經』「那」）33)

賈公彦は『儀禮』「大射」の「鼗倚于頌磬西紘」の疏において、「那」の箋の意味について言及し、次のようにいう。

以其殷人植鼓，以木貫之，而下有柎，鼗亦以木爲柄而貫之，但手執而不植爲異，故云亦植之類。34)

「殷人植鼓」は、これも例（10）の「建鼓」であるが、垂直に立てた直木を使って、太鼓を載せて設置するものである。
　門戸にあらがう意味の「楗」は、『墨子』「備城門」において、さらに「植」といわれる。

（12）門植關必環鎖，植，持門直木；關，持門橫木，詳非儒篇。說文金部云「鎖，鑄塞也」。畢云「言扃固之環，與扃音相近」。（『墨子』「備城門」）35)

「建鼓」「植鼓」「植關」「楗關」の、動詞の用法が似ていることから考えれば、「建」と「楗」は、實際には區別がないのである。
　旗や太鼓を垂直に立たせるほか、『儀禮』「士冠禮」では、柶(さじ)を酒に入れることを表わすのにも「建」を用いる。例えば以下の通り。

（13）冠者即筵坐，左執觶，右祭脯醢，以柶祭醴三，興。筵末坐，啐醴，建柶，興。
注：建柶，扱柶於醴中。（『儀禮』「士冠禮」）36)

實際、柶(さじ)は垂直に立ちようがないのだが、しかし酒に入れれば、容器の口に寄りかかって、見た目には立っているのと同じである。
　「建」に續く目的語には、さらに國、家、まち、官位、基業などの抽象名詞があり、金文資料にはこのような用法が常見される。例えば「蔡侯鐘」には「建我邦國」の語がある37)。文獻の用例は以下の通り。

（14）天命降監，下民有嚴。不僭不濫，不敢怠遑。命于下國，封建厥福。箋云：降，

---

33)「商頌・那」、前揭『毛詩正義』、卷 20、1685 頁。
34) 前揭『儀禮注疏』、卷 16、350 頁。
35) 前揭『墨子閒詁』、卷 14、18 頁。
36) 前揭『儀禮注疏』、卷 2、41 頁。「建」字は、『經典釋文』では、誤って「捷」に作る。「もとはさらに「插」に作り、また「扱」にも作る」という。
37) 方述鑫等『甲骨金文字典』（成都：巴蜀書社、1993 年）、154 頁。

下。違、暇也。天命乃下視、下民有嚴明之君、能明德愼罰、不敢怠惰、自暇於政事者、則命之於小國、以爲天子、大立其福、謂命湯使由七十里王天下也。(『詩經』「殷武」) 38)

(15) 王曰叔父、建爾元子、俾侯于魯。大啓爾宇、爲周室輔。箋云：叔父、謂周公也。成王告周公曰：叔父、我立女首子、使爲君於魯。謂欲封伯禽也。(『詩經』「閟宮」) 39)

「建」の目的語は、言論といった類の抽象名詞でもかまわない。例えば以下の通り。

(16) 上士聞道、勤而行之；中士聞道、若存若亡；下士聞道、大笑之。不笑不足以爲道。故建言有之：林希逸曰：建言者、立言也。言自古立言之士有此數語。明道若昧、進道若退、夷道若纇……。(『老子』41 章) 40)

「建」の後ろに抽象名詞をつなげるとき、抽象的な設立、建立、成立の意味を表わす。「毛公鼎」には「勿壅建庶人貯」とあり、董作賓（1952）は「建」を「楗」と考え、「壅建」を〈ふさがって通じないこと（壅阻楗塞）〉の意味に解釈し、この段を「庶民の蓄積を妨害してはならない（不要阻擾了庶民的積蓄）」と翻譯する 41)。ここから考えれば、「建」はただ「楗」と同樣に〈直立して支える（豎立撑持）〉という意味（例（3）、（9）、（10）参照）があるだけでなく、〈ふさがる（阻塞）〉の意味（例（4）参照）もある。突き詰めて言えば、「建」と「楗」が同じく一つの單語家族に屬する以上、それらが古代文獻において互いに通じるのも可能性のあることとなる。

以上の説明から、われわれは「鍵」「腱」「鞬」「犍」「建」は、いずれも「楗」と同樣に、〈直立して支える（豎立撑持）〉という意味を持っていると考える。音韻について、それぞれの文字の『廣韻』での讀音および主な釋義は以下の通り。

楗，阮韻，其偃切，關楗。42)
鍵，仙韻，渠焉切，鑰也。43)
阮韻，其偃切，同楗。44)

---

38)「商頌」、前掲『毛詩正義』、卷 20、1723 頁。
39)「魯頌・駉之什」、前掲『毛詩正義』卷 20、1661 頁。
40) [宋] 林希逸『老子鬳齋口義』、嚴靈峰輯『無求備齋老子集成初編』(臺北：藝文印書館、1965 年) 所收、4-5 頁。
41) 董作賓「毛公鼎釋文註釋」、『大陸雜誌』第 5 卷第 9 期 (1952 年 11 月)、13-19 頁。董作賓「毛公鼎考年」、『大陸雜誌』第 5 卷第 8 期 (1952 年 10 月)、3-6 頁。
42) 前掲『校正宋本廣韻』、卷 3「上聲」、280 頁。
43) 前掲『校正宋本廣韻』、卷 2「下平聲」、142 頁。
44) 前掲『校正宋本廣韻』、卷 3「上聲」、280 頁。

獮韻、其輦切、管籥。[45]
腱、元韻、居言切、筋也、一曰筋頭。[46]
　　願韻、渠建切、筋本也。[47]
鞬、元韻、居言切、馬上盛弓矢器。[48]
犍、元韻、居言切、犗牛名。又犍爲郡。[49]
　　仙韻、渠焉切、犍爲縣、在嘉州。[50]
建、願韻、居萬切、立也、樹也、至也。[51]

　各字の古音は、同じく元部に屬し、聲母は等しく牙音で、音が近いという關係を持っている。音と意味がともに近いという條件の下で、それらがみな同じく一つの單語家族に屬すると判斷することができる。
　われわれの研究から言えば、この單語家族は〈直立して支える（豎立撐持）〉ということを核心の語義とし、同族語を生み出してきたのであった。しかしそれらは文字上、いずれも「建」を聲符として、その上『説文解字』では抽象名詞を後ろに續けた「立朝律也」を「建」の本義としている。このことは容易に次のような考えを引き起こす。つまり、この單語家族は「立朝律也」を核心の語義として同族語を生み出してきたのではないかということだ。
　一般的に言って、語の發生の順序は、具體的な語義のものが先で、抽象的な語義のものが後である。しかしこの前後の順序が、必ずしも、文字の制定もしくは文獻の著録に反映されるわけではない。これは文字の制定が話し言葉より遲いためで、文字の制定の時點で、もしすでに具體的やら抽象的やらさまざまなことばが派生していたとしたら、造字の前後の順序がことばの發生の順序を反映しているかどうかは、わからないのである。先秦時代において「建」は、後ろに具體名詞を續けて、〈直立して支える（豎立撐持）〉という意味を表わすことができた。また一方で抽象名詞を續けて「設立、建立」の意味を表わすこともできた。許愼が〈直立して支える（豎立撐持）〉ことを「建」の本義とはしなかったことからは、彼の本義についての意見が、必ずしもことばの發生の前後關係を反映するものではないことがわかる。以上より、單語家族の問題を檢討する際には、文字の形體を離れて、ことばの音と意味の關係から檢討することが最上なのである。

---

45) 前掲『校正宋本廣韻』、卷3「上聲」、292 頁。
46) 前掲『校正宋本廣韻』、卷1「上平聲」、115 頁。
47) 前掲『校正宋本廣韻』、卷4「去聲」、398 頁。
48) 前掲『校正宋本廣韻』、卷1「上平聲」、115 頁。
49) 注48 に同じ。
50) 前掲『校正宋本廣韻』、卷2「下平聲」、142 頁。
51) 前掲『校正宋本廣韻』、卷4「去聲」、398 頁。

四、「天行健」の意味について

『周易』乾卦「大象傳」に曰く、「天行健，君子以自強不息。」と。「正義」は次のように解釋する。

> 天行健者，行者運動之稱，健者強壯之名，乾是眾健之訓。今大象不取餘健爲釋，偏説天者，萬物壯健，皆有衰怠，唯天運動日過一度，蓋運轉混沒，未曾休息，故云天行健。[52]

孔穎達の解讀では、「健」は「天行」と續けて讀んで、「天行」の補語となる。天體の運行が〈強くある（強壯）〉ということであり、休まないこと、と説明される。こういった解釋が「大象傳」の本來の意味であるのかどうかについて、本稿は、以下の二つの理由に基づいて、再檢討できると考えている。

（一）「健」字は甲骨の卜辭や銅器の銘文に見えず、十三經中にもただ「易傳」に見えるのみであり、乾卦「大象傳」の「天行健」が見られるもっとも早い資料である。言い換えれば、「大象傳」の前に、「健」が〈強くある（強壯）〉という意味を備えることを明確に示す文獻はない。このことばがどこから來たのかについては、初めから檢討する必要がある。

（二）「大象傳」の體例に基づけば、「天行健」の「健」字は、すなわち卦名であるべきだが、今本乾卦「大象傳」は「健」に作り「乾」に作らず、帛書『周易』乾卦の卦名は「鍵」であり、卦名が「乾」なのか「健」なのか「鍵」なのかについては、新たに檢討する必要があることがわかる。卦名が多く、意味を日常の事物から取っていることから考えると、帛書の「鍵」こそがもともとの卦名だったかもしれない。卦名がもし、もともと「鍵」であったなら、「天行健」のおおもとの意味はおそらく「正義」に言うようなものではなく、それは「鍵」字から詮索すべきものであるだろう。

以下、上述した二つの方面について、それぞれ、本稿における考え方を説明する。

（一）乾卦の卦名がもとは「鍵（楗）」ではなかったかということについて

近年出土した楚竹書『周易』には、易傳の内容がなく、乾卦の殘簡も殘っておらず、したがって、われらが「天行健」の問題を檢討するに供されるべき手がかりがない[53]。帛書『周易』に至っては經、傳を問わず、卦名の「乾」、「坤」は、どちらもそれぞれ「鍵」、「川」と書かれる。「繋辭」中の「乾坤」もまた、どちらも「鍵川」と書かれる。乾卦九三爻辭は「君子終日乾乾」であるが、帛書は「君子終日鍵鍵」に作る。

本稿では、帛書に「鍵」と作るものが、『周易』の本來の卦名ではなかったかと考え

---

52) ［唐］孔穎達『周易正義』（北京：北京大學出版社『十三經注疏』整理本、2000 年）、卷 1、11 頁。
53) 馬承源主編『上海博物館藏戰國楚竹書（三）』（上海：上海古籍出版社、2003 年）、131-260 頁。

ている。古代において「鍵」、「楗」は互いに通じ（第二、三節で詳述した）、ならば卦名はおそらく「楗」でもあったのである。通行本の卦名「乾」に至っては、『廣韻』では、音が渠焉の切[54]であり、「鍵（楗）」と音が近く、それらの間には假借の關係があった可能性がある。

「乾」が假借から來たかもしれないことについて、學界ではすでに問題提起がなされている。例えば韓仲民（1992）はこのようにいっている。

> 乾の字は甲骨の卜辭に見えない上、また銅器の銘文にも見えない。文獻資料の中では、『尚書』の中にも乾の字はなく、「國の大事は唯だ祀と戎（左傳のことば：譯者注）」というが、祭祀と出征には、どちらも占いという活動がなくてはならないが、しかし從來卦名を提示することはなかった。春秋時代になってようやく（乾字が）卦名として引かれるようになる。例えば『左傳』「閔公二年」に「過大有之乾」と記載されたり、『國語』「周語」に「遇乾之否」として記載されたりなど。乾卦のもとの意味はなんであったか。乾が天であり、健であるとは、どちらも派生の意味であり、『説文』の「乾、上出なり、乙の聲。」によれば、すなわち乾濕の乾である。またもとは幹とすべきでそれは星の名であると言う者もいる。……「象」傳が卦名を解釋する際には、一定の體例があって、すなわちそれは卦象＋卦名＋卦義というものである。例えば屯卦の象の辭は「雲雷。屯。君子以經綸。」である。…… 乾卦の象の辭「天行健，君子以自強不息」は、まるで例外の一つであるかのようだ。この廣く流傳した格言は、實際には「天行。健。君子以自強不息。」と句切るべきである。…… 健はすなわち卦名であり、君子以て自強して息まず、というのは、どのように德を進め業を修めるのかといった問題のことなのである。[55]

韓仲民は、「乾」の本義が卦象を説明しにくいことに基づいて、それによって疑問を提示する一方で、「大象傳」の體例を根據として卦名が「健」であったと考えている。伊東倫厚（1990、1991）、黃沛榮（1998）、廖名春（2004）も、いずれも卦名の「乾」はおそらく假借字で、もとの名は「健」だったはずだと考えている[56]。

段玉裁は「乾」の本義を用いて、卦象に對しての合理的な説明を提出する。鄭吉雄（2006）は乾坤陰陽の字義から、比較的巨視的な角度から論述し、彼もまた「乾」の本

---

54) 前掲『校正宋本廣韻』、卷2「下平聲」、142頁。
55) 韓仲民『帛易説略』（北京：北京師範大學出版社、1992年）、75-77頁。
56) 伊東倫厚「釋乾坤」、『中國學論集（山下龍二敎授退官記念）』（東京：研文社、1990年）所收、175-190頁。伊東倫厚「學易一得」、『中國哲學』第20號（北海道中國哲學會、1991年）所收、31-41頁。黃沛榮『易學乾坤』（臺北：大安出版社、1998年）、316頁。廖名春『周易經傳十五講』（北京：北京大學出版社、2004年）、71頁。

義を用いて卦象を説明する [57]。『説文解字』には「乾，上出也。從乙。乙，物之達也。倝聲。」とある。段注ではこういう。

> 此乾字之本義也，自有文字以後乃用爲卦名，而孔子釋之曰健也。健之義生於上出，上出爲乾，下注則爲溼，故乾與溼相對。俗別其音，古無是也。……倝者日始出光倝倝也。然則形聲中有會意焉。[58]

段玉裁は聲符「倝」が同時に義符でもあると考えており、「倝」の本義である「日始出」を用いて、太陽が照ることで、水分が上昇し、一種の陽剛（強くて堅固であること）の力となること、と説明する。

「乾」の本義を用いて命名の意味を理解することも、とても理に適ってはいる。ただしわれわれは『楚辭』「天問」の中に、古人が、日月星辰が高く懸って落下しないままであることや天のめぐりが終らないことについて、いくらかの好奇と畏敬の念を抱いていたことをうかがうことができるのである。

> （17）曰遂古之初，誰傳道之？上下未形，何由考之？冥昭瞢闇，誰能極之？馮翼惟象，何以識之？明明闇闇，惟時何爲？陰陽三合，何本何化？圜則九重，孰營度之？惟茲何功，孰初作之？斡維焉繫？天極焉加？斡，轉也。維，綱也。言天晝夜轉旋，寧有維綱繫綴？其際極安所加乎？八柱何當？東南何虧？言天有八山爲柱，皆何當值？東南不足，誰虧缺之也？九天之際，安放安屬？隅隈多有，誰知其數？何所沓？十二焉分？日月安屬？列星安陳？出自湯谷，次于蒙汜。自明及晦，所行幾里？夜光何德，死則又育。厥利維何，而顧菟在腹。……[59]

屈原は問う。もし綱で繋ぎ止められたり、あるいは八山が柱となって支えられたりしているのでなければ、日月星辰がどうしてしっかりと上空に並んでいられるだろうか？さらにまたどうして、穩やかに安定して、終わりまた始まり、循環して止まずにいられるだろうか？　屈原の認知にある、天體が八山を柱としている、という考えは、『周易』の書き手が、鍵（あるいは楗）を用いて天體を支えた考え方と、同じものである。

もし卦名が〈直立して支える（竪立撐持）〉の意味を備えた「鍵（楗）」であれば、「大象傳」の卦象と卦名の間には非常にいいつながりがあることになり、これは古人の思考方式と符合し、よって卦義である「君子以自強不息」を展開させた教訓も、理に適

---

57) 鄭吉雄著、近藤浩之譯「「易」占に基づく儒道思想の起源に關する試論―併せて易の乾坤陰陽の字義を論ず―」、『中國哲學』第 34 號（北海道中國哲學會、2006 年 3 月）所收、1-44 頁。鄭吉雄「從卦爻辭字義的演繹論《易傳》對《易經》的詮釋」、『漢學研究』第 24 卷第 1 期（2006 年 6 月）所收、1-33 頁。
58) 前掲『説文解字注』、卷 14 下、747 頁。
59) ［宋］洪興祖『楚辭補註』（臺北：藝文印書館、1968 年）、卷 3、146 頁。

って少しの無理もない。したがって本稿では、卦名がもとは「鍵（楗）」であり「乾」ではなかったのではないかと考えているのである。

　卦名が「健」であったかどうかに關して、そして卦名が「鍵（楗）」である可能性があったかどうかについて、本稿では以下のように考えている。

　（一）『周易』の卦名は主に、それを用いて卦象を表現している。孔穎達は命名の體例を以下のように説明している。

> 聖人名卦，體例不同，或則以物象而爲卦名者，若否、泰、剝、頤、鼎之屬是也，或以象之所用而爲卦名者，即乾、坤之屬是也。如此之類多矣。雖取物象，乃以人事而爲卦名者，即家人、歸妹、謙、履之屬是也。所以如此不同者，但物有萬象，人有萬事，若執一事，不可包萬物之象；若限局一象，不可總萬有之事。故名有隱顯，辭有踳駁，不可一例求之，不可一類取之。[60]

命名の體例は、完全に一致する必要はないが、しかし卜筮の書としては、卦名が物象あるいは人事に基づいて、つけられた名が比喩や啓發の作用を起こし得なくてはならないのである。六十四卦の卦名に基づいて見れば、大多數はみな日常のよく知られた事物や觀念であり、だからそれらは比喩や啓發の目的を達することができるのである。「健」字は甲骨の卜辭や銅器の銘文に用例が見えず、十三經中もただ「易傳」にのみ見え、もっとも早い用例が「天行健」一語であり、このほかはすなわち戰國中期以降の諸子散文に少數の用例があるのみである。言い換えれば、『易經』がもし「健」を卦名としたのであれば、みなに馴染みのない字を用いたことになり、どうやって比喩の働きを果たし得たのか、疑念を持たざるを得ない。

　（二）『周易』の卦名がもし「鍵」あるいは「楗」ならば、名詞として、「鍵」は車輪にあらがう垂直に差し込む鐵片であり、「楗」は門戸にあらがう直木である。動詞として、どちらも〈直立して支える（豎立撐持）〉という意味を有する。語義が具體的であり、その上日常よく知っている器物や觀念であるということは、喩えたり啓發したりという目的を達することができるのである。

　（三）卦名がもし「鍵（楗）」であるなら、すなわち『楚辭』「天問」の、天體が落ちないといった思考と同樣であり、これは古代における一種の常見される宇宙觀である。

　卦名「鍵（楗）」は通行本「大象傳」では「健」と書かれるが、これは後のことばの派生であり、文字の偏旁が變わったことの結果である。「大象傳」はもとは、君子に天のめぐりにならうことを求め、能く天體を支える鍵（楗）のように支えることを求めている。このような教育は、「人もまた鍵（楗）のように〈能く支える（能撐持）〉ことを求める」概念を導き生み出した。こうしてこの單語家族は後に新しいことばを生み出し

---

[60]「乾卦」、前揭『周易正義』、卷1、1頁。

て、「人が能く支える」という意味を表わすために、文字上では義符が付け加えられて新たな「健」字が作られたのである。

乾卦九三爻辭「君子終日乾乾」は、帛書では「君子終日鍵鍵」に作る。上古の動詞の重疊形は、動作の重複を表わし、例えば『詩經』「周頌・有客」「有客宿宿」は〈宿而又宿（何日も泊まること）〉を表わし、『詩經』「周南・卷耳」「采采卷耳」は〈採而又採（幾度も採ること）〉を表わす。この統語規則に基づいて見れば、「君子終日鍵鍵」は君子が終日、鍵のように〈支え（撐持）〉に〈支え（撐持）〉を重ね、努力して怠らないようにすることを表わす。この九三爻辭の内容は、後に、「大象傳」の卦の意味を論じる際の基本となるはずである。

帛書『周易』は、漢石經、王弼本、通行本とともに一つの底本に屬するものであるが、流傳の過程において、それぞれに錯亂や混交が生まれて、書き方の異なるテキストができあがった[61]。帛書と漢石經の坤卦はどちらも「川」に作り、『經典釋文』の「坤，本又作巛。巛今字也，同」[62]に基づいて見れば、「坤」は「巛」の後の書き方であり、あるいは「巛」が「川」と書くようになったのかもしれない。

卜筮の刻痕もまた地下からの出土物に見える。出土資料から見れば、最初の卦畫は陰陽を代表する「- -」「—」の組み合わせをまったく用いず、一、五、六、七、八、九など六個の数字の組み合わせを用いた[63]。数字畫は横書きも、縦書きもできる。河南安陽の殷墟卜骨の數字卦畫は「≋」であり、左側には「田」字があるが、田は地（た だいち）と通じ、坤卦の卦象なのである[64]。『經典釋文』に見える別のテキストの坤卦は「巛」であり、殷墟の卜骨の「≋」とは、ただ横書きか縦書きかの違いがあるだけである。

殷墟卜骨の卦畫「≋」は「六六六」から構成され、横書きの「≋」と縦書きの「巛」が通じることから見れば、帛書『周易』の坤卦が「川」に作るのは、古代の數字卦畫「巛」から發展變化して『周易』の名稱となった結果に違いないのである。言い換えれば、六十四卦の命名の際、「巛」の形から「川」が書かれ、帛書と漢石經はこの書き方を受け繼いだのである。「川」は單に卦畫「巛」の文字形體に過ぎず、殷墟卜骨の卦畫「≋」と一脈相通じている。殷墟の「≋」卦の卦爻辭は「田」であるが、帛書の川卦が論ずるところもまた大地の德であり、河川とは關係がない。

殷墟卜骨の卦畫「田≋」から考えれば[65]、本稿は遅い登場の「坤」字について、つくりの「申」が「田」の誤りであり、字はもともと「土」に從い「田」に從ったのではないかと推測している。そう考えて初めて、大地の德を論ずる坤卦の性質に符合するのである。

陝西長安の張家坡から出土した西周卜骨から見れば、「一一六一一一」など六個の數

---

61) 張立文『白話帛書周易』（鄭州：中州古籍出版社、1992 年）、20-21 頁。
62) ［唐］陸德明「周易音義」、『經典釋文』（臺北：鼎文書局、1972 年）、卷 2、19 頁。
63) 張立文『白話帛書周易』、4 頁。
64) 張立文『白話帛書周易』、7 頁。
65) 張立文『白話帛書周易』、6 頁。

字の卦畫が刻されていて、それは『周易』の小畜卦に相當するが、卦體は上巽下乾となる[66]。このように、乾卦の卦畫は三つの「一」から構成されている。このような卦畫はどのような意味を表わしているのか？ 卦畫「一」は車轄（車輪止め）あるいは直木の形を象っているのだろうか？ 六十四卦が命名される際、「☰」の形によって「鍵（楗）」と名づけられ、合わせて「踵事增華（先人の業績を受け繼ぎさらに華麗さを加えること）」して、鍵（楗）の〈支える（撐持）〉という意味を取り、九三爻辭の「君子終日鍵鍵（楗楗）」の説を述べたのではないだろうか？

数字の卦畫が進展して『周易』の六十四卦に至ることから、われわれは卜筮の系統化を見ることができる。一方、卦爻辭が進展して「易傳」に至ることから、われわれは卜筮の系統がどんどん哲學化に向かうのを見ることができる。数字の卦畫から六十四卦まで、さらに「易傳」の哲學思想までという、この一筋の文明發展の軌跡は、古代人の生活經驗と天命に對する知慧が記錄されているのである。われらはことばのおおもとの意味をさかのぼらねばならない。そうすることではじめて、古代人の思考方式をより確實に理解することができるのである。

（二）「天行健」の〈強くある（強壯）〉の意味が後から發生したこと

上で述べたように、本稿では乾卦の卦名が「鍵（楗）」であり、通行本の「大象傳」は「天行健」と書き、孔穎達が「健」字を〈強くある（強壯）〉と解釋したのだと考えている。「大象傳」はもともと「天行、鍵（楗）」に作り、「鍵（楗）」は車轄（車輪止め）あるいは直木の〈直立して支える（竪立撐持）〉という意味を表わしており、「人が能く支えること（人能撐持）」の「健」が發生して出た後、そこから發展して〈強くある（強壯）〉の意味に至るのだが、その間の變化の鍵はどこにあるのか、これが本節で檢討する主要テーマである。

まず、「健」字がもっとも早く通行本の「天行健」の一語に見えることについて説明する[67]。「健」字には最初、どのような意味が含まれていたのか、「大象傳」から答えを求めなければならない。甲骨文や金文には「健」字は見えないようである。中央研究院の漢籍電子文獻資料庫を檢索して得られた結果によれば、十三經中、「健」字はただ『周易』にのみ現われ、全部で14段ある。内容は以下の通り。

　　（18）象曰：天行健，君子以自強不息。（乾卦「象傳」）[68]

---

66) 注65に同じ。
67)『説文解字』「乾」字の下、段注には「孔子釋之曰健」という。指しているのは「繫辭傳下」の「夫乾，天下之至健也」のような類の、孔子の弟子たちの傳述してきた説に違いない。これが傳述の語であればこそ、われわれはこれを七十子の時代に歸さしめることができるのである（韓仲民 1992：105、嚴靈峰 1994：24、黃沛榮 1998：182-210）。
68)「乾卦」、前揭『周易正義』（北京大學出版社、2000、北京）、卷1、11頁。

(19) 文言曰：……大哉乾乎，剛健中正，純粹精也。六爻發揮，旁通情也。時乘六龍，以御天也。雲行雨施，天下平也。(乾卦「文言傳」) [69]
(20) 彖曰：需，須也，險在前也。剛健而不陷，其義不困窮矣。(需卦「彖傳」) [70]
(21) 彖曰：訟，上剛下險，險而健，訟。(訟卦「彖傳」) [71]
(22) 彖曰：小畜，柔得位而上下應之，曰小畜。健而巽，剛中而志行，乃亨。(小畜卦「彖傳」) [72]
(23) 彖曰：泰，小往大來，吉亨，則是天地交而萬物通也，上下交而其志同也。內陽而外陰，內健而外順，內君子而外小人。君子道長，小人道消也。(泰卦「彖傳」) [73]
(24) 彖曰：同人，柔得位得中而應乎乾，曰同人。同人曰：同人于野，亨，利涉大川。乾，行也。文明以健，中正而應，君子正也。唯君子爲能通天下之志。(同人卦「彖傳」) [74]
(25) 彖曰：大有，柔得尊位大中，而上下應之，曰大有。其德剛健而文明，應乎天而時行，是以元亨。(大有卦「彖傳」) [75]
(26) 彖曰：無妄，剛自外來而爲主於內。動而健，剛中而應。(無妄卦「彖傳」) [76]
(27) 彖曰：大畜，剛健篤實，輝光日新其德。剛上而尚賢，能止健，大正也。(大畜卦「彖傳」) [77]
(28) 彖曰：夬，決也，剛決柔也。健而説，決而和。(夬卦「彖傳」) [78]
(29) 夫乾，天下之至健也，德行恆易以知險。夫坤，天下之至順也，德行恆簡以知阻。(「繫辭下」) [79]
(30) 乾，健也。坤，順也。(「説卦」) [80]
(31) 震爲雷，爲龍，爲玄黃，……其于稼也爲反生。其究爲健，爲蕃鮮。(「説卦」) [81]

これらの言語材料は、みな「易傳」から來ており、一つも『易經』の卦爻辭からは來ていない。例（18）は乾卦「大象傳」であり、例（19）から下は、みな「文言傳」「彖傳」「繫辭傳」「説卦傳」の內容である。

---

69)「乾卦」、前揭『周易正義』、卷1、25頁。
70)「需卦」、前揭『周易正義』、卷2、50頁。
71)「訟卦」、前揭『周易正義』、卷2、54頁。
72)「小畜卦」、前揭『周易正義』、卷2、69頁。
73)「泰卦」、前揭『周易正義』、卷2、78頁。
74)「同人卦」、前揭『周易正義』、卷2、86頁。
75)「大有卦」、前揭『周易正義』、卷2、91頁。
76)「無妄卦」、前揭『周易正義』、卷3、135頁。
77)「大畜卦」、前揭『周易正義』、卷3、139頁。
78)「夬卦」、前揭『周易正義』、卷5、211頁。
79)「繫辭下」、前揭『周易正義』、卷8、376頁。
80)「説卦」、前揭『周易正義』、卷9、387頁。
81)「説卦」、前揭『周易正義』、卷9、390頁。

「繫辭傳」は「易之興也，其當殷之末世、周之盛德邪？　當文王與紂之事邪？」[82]という。廖名春（2004）は、實詞の付加成分および虛詞の運用、この二方面の言語特徵により、『易經』の卦爻辭の成書年代は、おそらく「繫辭傳」が言うように、殷末周初であろうと考察している。「易傳」八種十篇の成立年代の下限はいずれも戰國を出ないとし、中でも「大象傳」の「后」と「先王」を並べて擧げて、その時代が「易傳」中もっとも早いものであり、さらに「序卦傳」などはおそらくやや遲いだろうとした。「文言傳」や「繫辭傳」は七十子の世に成立したが、それとても戰國初期のことであり、「彖傳」や「說卦傳」は戰國中期より下らないだろうとする[83]。

「大象傳」は「易傳」各編の中で、時代がもっとも早い作品であり、上に引いた通行本のさまざまな卦の「象傳」が「健」字に言及するのは、それらの上卦か下卦が乾卦であるからなのであり、だから「天行健」の說を引いて、卦義を分析しているのである[84]。別の方面から言えば、「彖傳」「文言傳」は時代がやや遲く、當時の「健」はすでに〈強くある（強壯）〉の意味へ發展しているため、これによりしばしば「剛（強いこと）」と「健」の並列が見られるのである。言い換えれば、「健」字が、最初の語義がどのようであったかは、乾卦「大象傳」から見て行くべきであって、「彖傳」「文言傳」等から答えを探すべきではないのである。

「象傳」の「卦象＋卦名＋卦義」という體例から考えれば、この「健」字の最初の含意は、當該の卦の卦名から答えを探すべきである。卦名が「鍵（楗）」であるのだから、この「健」はもとは「鍵（楗）」であり、〈直立して支える（豎立撐持）〉の意味を表す。

「大象傳」が「天行，鍵（楗）。君子以自強不息」を提出した後、後學の、「易」に傳をつけた者たちは、みな「天行，鍵（楗）」から出發し、君子は能く鍵（楗）のように支えることが求められると論じ、天人合一の理と符合させた。鍵は車轄（車輪止め）として、〈能く支える（能撐持）〉特性を備えている。一方、楗は直木として、これも能く支える特性を備えている。この教育は本來、君子に天の運行に倣うことを求め、能く天體を支える鍵（楗）のように支えることを求めている。このような教育は、「人もまた鍵（楗）のように能く支えることを求める」概念を容易に導き生み出すのである。こうしてこの單語家族は、後に新しいことばを生み出し、「人が能く支えること（人能撐持）」という意味を表わし、この概念は後に、通行本「大象傳」において義符「人」を加えた「健」と書かれたのである。

車轄（車輪止め）と直木はあらがって支えることができ、動詞としての「鍵（楗）」はもとは他動詞であり、具體的なものを支える。『易經』は「鍵（楗）」を卦名とし、これを卦名に採用した理由は、その〈能く支える（能撐持）〉特性ゆえである。そして九

---

82)「繫辭下」、前掲『周易正義』、卷8、375頁。
83) 前掲『周易經傳十五講』、177–188頁、203–218頁。
84)「需」「小畜」「泰」「大有」「大畜」「夬」の卦はいずれも、「乾」を下卦とする。「同人」「無妄」「訟」の卦はいずれも、「乾」を上卦とする。

三爻辭はさらに「君子終日鍵鍵」といい、君子が鍵（楗）に傚い、同樣に〈支え（撐持）〉に〈支え（撐持）〉を重ねることを要求する。「大象傳」の作者が九三爻辭の意を繼承するに至って、君子は天の運行に傚い、自身も鍵（楗）のように〈能く支えること（能撐持）〉をしなければならないとした。〈支えること（撐持）〉はこれを外部に發する動作表現であるが、人とは疲勞して怠ける者であるから、人が〈能く支える（能撐持）〉には、その内部に醸成された強い肉體と強い意志が必要であり、こうして後に「健」は、〈支えること（撐持）〉という意味からさらに轉化して、肉體的に強く、精神的に強いという〈強くある（強壯）〉の意味を包括するようになった。
　「大象傳」の言う君子が天の運行に傚うことについて言えば、肉體が強いことと意志が強いことの二者を兼ねていなければならず、このため〈支える（撐持）〉の意味が轉化した〈強くある（強壯）〉の意味は、肉體が強く意志が強いという、二種の語義を兼ねて包括する。この〈強くある（強壯）〉の意味は後の文獻中では、ときに肉體が強いことの意味を重視することがある。例えば『荀子』「王制」で「健勇爪牙の士」というように。『易』學の發展したことにより出た〈剛健〉の人格については、これはすなわち意志が強いという意味を重視した用法である。
　「健」は「楗」より生まれて、もとは〈支える（撐持）〉の意味を表わし、他動詞に屬する。しかし後に他動詞の〈支える（撐持）〉の意味から轉化して〈強くある（強壯）〉の意味を表わし、これは自動詞に屬する。「健」は願韻群母に讀み、「鍵（楗）」と上・去の聲調の違いがあり、これは「四聲別義（聲調の違いにより語義が區別されること：譯者注）」の現象であるが、聲調の違いにより、他動詞の〈支える（撐持）〉の意味と自動詞の〈強くある（強壯）〉の意味の違いが區別されている。
　「健」は他動詞から轉化して自動詞になったが、これは自然言語中に非常によく見られる變化である。別の面から言えば、「君子以自強不息」という教育もおそらく「健」の語義變化に對して、重要かつきっかけとなる機能を果たした。こう推測する原因は、これが儒家の人格養成の重要な教訓であるということにある。「君子以自強不息」は、本來天の運行を範としその優に並ばんとすることの意味である。しかし人とは疲れ怠るものであるために、能く支えて落ちずにいようとするなら、必ず強い肉體と強い意志があることを條件とする。つまりまさしく〈強くある（強壯）〉が「支えて落ちない」ための必要條件となったとき、〈強くある（強壯）〉が「健」の語義成分となり、ここにおいて〈強くある（強壯）〉の意味が生まれたのである[85]。
　「大象傳」が君子に對して懇切丁寧に、君子は「自強不息」であることが求められるのだと教えてから後、戰國中期に至るまでの間に、「象傳」「文言傳」中に「剛」と「健」は並列しており、戰國晩期の『荀子』『韓非子』にも〈強くある（強壯）〉の意味の用例がある。「大象傳」の「自強不息」の説が〈支える（撐持）〉の意味を〈強くある

85）この問題については、かつて松江崇教授から貴重なご意見をいただき、そのおかげで本稿の論證はより完全な物に近づくことができた。この場を借りて感謝申し上げる。

〈強壯〉〉の意味へ、その轉化を誘導したのかもしれない。

帛書『周易』の殘篇について言えば、「健」字は見えない。上に引く14段の「易傳」中、帛書には僅かに「繫辭下」「夫乾，天下之至健也」の殘存が見えるのみで、しかも「健」字は帛書では依然として「鍵」に作っている[86]。帛書と通行本で用いられる字が違うことは、通行本が何人もの手を渡って書き寫される中で、「鍵」が「健」と書かれた可能性を説明している。

『釋名』「釋言語」は「健，建也。能有所建爲也。」[87]という。劉熙は明らかに「健」は語源の上で「建」と關係があり、〈直立して支える（豎立撐持）〉の意味を有することを指摘している。『説文解字』はすなわち「健，伉也。從人建聲。」[88]「伉，人名。從人亢聲。論語有陳伉。」とある。段注にはこうある。

　　非例也。《左傳》施氏婦曰不能庇其伉儷，杜注曰：伉，敵也。儷，偶也。[89]

いわゆる「非例」とは、意味を人名と解釋すべきことを指し、「非許書之舊」ということである。段注から見れば、段氏は、許慎が「健」字の本義を「伉也」すなわち「敵也」と解釋したと考えており、つまりは「能相當」（匹敵することができる）、「能分庭抗禮」（對等に振る舞うことができる）という意味になる。

「楗」字は門にあらがうことであり、それは「直木の支える力と外來の押す力が互いにあらがうこと」を表わす。これは外來の押す力と直木の支える力が互いにつりあうことであり、つまり「能相當」といった意味でもある。字書の記載から見れば、「健」と「楗」の語義は互いに近く、このことからも「健」が〈支える（撐持）〉という意味に由來することが見て取れる。

古人の天人合一の思想から見れば、君子の行爲は自然の運行と同じようであるべきであり、したがって、日月星辰の運行が止まないという啓發に對面して、君子が倣うよう求められたのは、まさしく、その「落ちずに能く支えること」であり、その〈永遠性（有常）〉であり、その〈繼續性（不息）〉であった。「繼續性（不息）」は最終目標であり、「自強（自ら勵むこと）」はこの目標に到達するために必要な努力である。天の運行は本來、怠らず止まない物理現象に過ぎず、君子は天の運行が止まないことに感じ、人の側から天の活動を見て、まるで天も人と同様に努力し續けているかのようであるとし、天の運行の〈永遠性（有常）〉は、ある種の〈強くある（強壯）〉道に變化した。この、天の運行に由來する啓發が、乾卦「大象傳」に内包される思想を、『周易』のもっとも

---

86)『帛易説略』に曰く「帛書脱夫乾天下之至六字」と（韓仲民 1992：221-223）。ここから帛書の「鍵」に對應するものが通行本の「健」であり「乾」でないことがわかる。
87)『釋名』「言語」、〔清〕畢沅疏證『釋名疏證』（上海：商務印書館、1936年）、卷4、107頁。
88) 前揭『説文解字注』卷8上、373頁。
89) 前揭『説文解字注』卷8上、371頁。

重要な價値のあるところとなさしめたのである[90]。

五、その他の典籍の、關係する用例比較

戰國末期の諸子の散文には少數の「健」の用例が存在する。例えば以下の通り。

　（32）材技股肱健勇爪牙之士，彼將日日挫頓竭之於仇敵，我今將來致之，并閱之，砥礪之於朝廷。（『荀子』「王制」）[91]

　（33）魯哀公問於孔子曰：「請問取人。」孔子對曰：「無取健，無取詌，無取口啍。健，貪也；詌，亂也；口啍，誕也。故弓調而後求勁焉，馬服而後求良焉，士信愨而後求知能焉。士不信愨而有多知能，譬之其豺狼也，不可以身尒也。語曰：桓公用其賊，文公用其盜。故明主任計不信怒，闇主信怒不任計。計勝怒則彊，怒勝計則亡。」（『荀子』「哀公」）[92]

　（34）夫欲得力士而聽其自言，雖庸人與烏獲不可別也，授之以鼎俎則罷健效矣。故官職者，能士之鼎俎也，任之以事，而愚智分矣。（『韓非子』「六反」）[93]

例（32）の「健勇」は肉體が強いという意味である。例（34）は「罷」「健」が對になっており、「罷」は「疲れること」と同じである。したがって、「健」は「疲れないこと」を表す。この二例はどちらも身體能力の面で「落ちずに能く支える」ことを表わす。例（33）に至っては、孔子が、魯の哀公が人を取る道について尋ねる文脈で、「貪」をもって「健」を解釋している。「貪」は「物を欲すること」であり[94]、これは我欲や私心を擴大させた強烈な、ある種の〈強く出る（取強）〉という道である。私心が強烈であることは、すなわち利己心が「落ちずに支える」ことであり、したがって『荀子』「哀公」は〈強くある（強壯）〉という意味を表す「健」を用いてこれを〈強く出る（取強）〉の道と言っている。

　同じような用法はさらに『史記』「太史公自序」所載の司馬談「論六家要旨」にも見える。

---

90) 本稿を執筆している間に鄭吉雄教授の「「易」占に本づく儒道思想の起源に關する試論─併せて易の乾坤陰陽の字義を論ず─」等の論文を拜讀し、深く啓發を受けたこと、謹んで謝意を申し上げる。
91) 梁啓雄『荀子簡釋』（臺北：木鐸出版社、1983 年）、116 頁。
92) 前揭『荀子簡釋』、404 頁。
93) 陳奇猷「六反」、『韓非子集釋』卷 18（臺北：河洛圖書出版社、1974 年）、953 頁。
94) 前揭『説文解字注』、卷 6 下、284 頁。

(35) 至於大道之要，去健羨，絀聰明。釋此而任術。夫神大用則竭，形大勞則敝。形神騷動，欲與天地長久，非所聞也。《集解》引如淳曰：知雄守雌，是去健也。不見可欲，使心不亂，是去羨也。(『史記』「太史公自序」) 95)

ここでは「健羨」「聰明」が並列しており、「聰」は「明」と語義が關連していることから、「健」は「羨」とまた、語義が關連しているのではないかと推測することができる。「羨」は「貪欲也」であり 96)、例 (33) の「貪」と意味が近く、したがって「去健羨」の「健」と『荀子』「哀公」の「健」の用法は同じく、どちらも主觀や私欲が「落ちずに支える」ことの堅持を表わしており、だから如淳は「知雄守雌，是去健也」というのである。

司馬遷が用いる「健」はさらに動詞として解釋できるものもあり、支持することあるいは贊同することを表す。

(36) 吾讀秦紀，至於子嬰車裂趙高，未嘗不健其決，憐其志。嬰死生之義備矣。(『史記』「秦始皇本紀」) 97)

例 (36) は、司馬遷が、子嬰の境遇と考え方に同情して、子嬰の、趙高を車裂きにした決定を正しいものだった、と認めていることを述べている。ここでの「健」は「彼を支持する」あるいは「彼を正しいとする」ことを表わしており、これも〈支える（撐持）〉という意味に由來するものである。

以上、これらの文例の時代は「大象傳」より遲く、「健」のこれらの用法は、肉體的に強いことを表わしたり、考えが搖るがないことを表わしたり、あるいは支持贊同することを表わしたりしているが、どれも〈支える（撐持）〉という意味から發展してきたものとすべきである。

六、經文や注釋から見た〈強くある（強壯)〉の意味が後から起こったことについて

十三經の中では、「易傳」以外に、「健」字は用いられない。ならば、肉體が強いとか、意志が固いなどの類の概念は、古代ではどのようなことばで表されたのだろうか？　漢代以降の經學者の注解には、普通に「健」字が用いられて、古代のなんらかのことばが解釋されており、それらは大體において、この概念の古今の用語が違うものであることを表わしている。異なる時代には異なる語彙が用いられるのであり、わたしたちはこの種の注解材料を整理し歸納することで、古今のことばの違いを觀察することができる。

---

95) 前揭『史記會注考證』、卷 130、1334 頁。
96) 前揭『說文解字注』、卷 8 下、418 頁。
97) 前揭『史記會注考證』、卷 6、133 頁。

十三經の經文には、「健」字はたった14段の言語資料があるのみだったが、一歩進んで十三經の注解にある「健」字を檢索すれば、全部で181段を得ることができる。その中で、『周易』部分は107段を占め、大體がみな、乾卦の德と關係のある解釋である。殘りおよそ80段は、すなわち、經文に注釋を施した者たちが「健」字を用いて經文に解釋を施した資料である。

これらの資料の中で、もっとも出現の比率が高いのは、肉體が強いことの意味である。例えば以下の通り。

(37) 薄言駉者，有驈有皇，有驒有駱，以車袪袪。毛傳：袪袪，彊健也。（『詩經』「駉」）[98]

(38) 戎車既安，如輊如軒。四牡既佶，既佶且閑。毛傳：佶，正也。箋云：戎車之安，從後視之如摯，從前視之如軒，然後適調也。佶，壯健之貌。（『詩經』「六月」）[99]

(39) 方叔率止，乘其四騏，四騏翼翼。箋云：率者，率此戎車士卒而行也。翼翼，壯健貌。（『詩經』「采芑」）[100]

『詩經』の時代には、馬の體格が〈強くある（強壯）〉ことを「袪袪」と言ったり「佶」と言ったり「翼翼」などと言ったりしたが、これらの語彙は漢代に至るとすでに人に知られなくなっており、そのため毛傳や鄭玄はこれに注解を施して「彊健」、「壯健」と解釋している。「健」が「彊」や「壯」と組み合わさって一つのことばとなっており、このことは漢代において「健」に〈強くある（強壯）〉の意味があったことを説明している。そして反面、漢人がこれを用いて『詩經』を解釋したことは、古今の語彙が同じでないことを説明している。さらに例を擧げる。

(40) 初，楚范巫矞似謂成王與子玉、子西曰：「三君皆將強死。」《正義》曰：強，健也。無病而死，謂被殺也。（『春秋左氏傳』「文公10年」）[101]

『左傳』は健康の意を「強」を用いて表わしており、無病を稱して「健」というのは、明らかに後の用法である。また以下の通り。

(41) 文王曰咨，咨女殷商。女炰烋于中國，斂怨以爲德。毛傳：炰烋，猶彭亨也。箋云：

---

98) 「魯頌・駉之什」、前掲『毛詩正義』、卷20、1636頁。
99) 「小雅・南有嘉魚之什」、前掲『毛詩正義』、卷10、748頁。
100)「小雅・南有嘉魚之什」、前掲『毛詩正義』、卷10、750頁。
101) 前掲『春秋左傳正義』、卷19、609頁。

烋烋，自矜氣健之貌。疏：烋烋是人之形狀，故言自矜莊氣健之貌，與傳彭亨一也。(『詩經』「蕩」) 102)

言うまでもなく、『詩經』の「烋烋」、あるいは毛傳の「彭亨」は、どちらも疊韻連綿語であり、鄭玄は注を施してこれが自矜氣健の意味であることを説明している。鄭玄の「自矜氣健」の語から、このような「健」が、肉體が強いことあるいは無病であることの「健」とまったく同じでなく、考えが搖るがないことといった意味を表わしていることがわかる。これも〈支える（撐持）〉から引申して出てきた用法である。

『爾雅』の郭璞注に「健捷」一語があり、彼はこのことばを用いて、獼猴の類の動作の特徴を説明している。

(42) 蜼，卬鼻而長尾。蜼，似獼猴而大。黃黑色，尾長數尺，似獺，尾末有歧。鼻露向上，雨即自縣於樹，以尾塞鼻，或以兩指。江東人亦取養之。爲物健捷。(『爾雅』「釋獸」) 103)

『爾雅』の郭璞注は、さらに「健」を副詞としている。例えば以下の通り。

(43) 猶，如麂，善登木。健上樹。《釋文》：其狀如麂，爲獸健捷，善能上樹。(『爾雅』「釋獸」) 104)
(44) 騹蹏，趼，善陞甗。甗，山形似甑，上大下小。騹蹏，蹄如趼而健上山。(『爾雅』「釋畜」) 105)

郭璞は六朝時期のことばを用いて『爾雅』を注解しており、例 (43) の『經典釋文』は特に字義を分析し解釋し、その本とするところへ遡って、「健」が「健捷」であり、上手に木に登ることと説明している。郭璞注を根據にすれば、六朝時期にはすでに「健捷」の一語があり、また「健」を副詞とする用い方があった。「健捷」は實詞であり、語義は具體的である。陸德明が「健捷」を根據として副詞の「健」の本とするところを解説していることから見ると、「健」は副詞として、おそらく當時、まだ發展形成して間もない用法であったことだろう。

この三條の言語資料は、いずれも、高みに登るのに長けた動物の行動特徴を説明している。高みに登るには力があって敏捷でなくてはならないことから、これらの理由で「健」と「捷」は組み合わさって一つの常用のことばとなった。「爲獸健捷，善能上樹」から「健上樹」へ發展するに際して、「健」は本來の具體的な語彙的意味である

---

102)「大雅・蕩之什」、前掲『毛詩正義』、卷 18、1360 頁。
103)［宋］邢昺「釋獸」、『爾雅注疏』(北京：北京大學出版社『十三經注疏』整理本、2000 年)、卷 10、369 頁。
104)「釋獸」、前掲『爾雅注疏』、卷 10、366 頁。
105)「釋畜」、前掲『爾雅注疏』卷 10、373 頁。

〈力がある（有力）〉から發展して〈上手に（善於）〉となるが、これは語義の虚化である。

「健」の〈力がある（有力）〉の意味は〈能く支える（能撑持）〉の意味から發展して來たものに違いなく、副詞となった後、動詞を修飾し、この動作が〈長く續いて途切れないこと（能持久不中斷）〉を表わし、こうして〈上手に（善於）〉となる。今日の「健談」は話が上手であることを表わすが、まさしくこの用法が受け繼がれてきたものである。

七、結論

本稿は單語家族研究の成果を利用し、傳世資料と出土文獻を比較して、「天行健」の内包する意味について見解を提示したものである。本稿の主要な結論について、以下に記す。

（一）乾卦の卦名は、もとは「鍵」あるいは「楗」であった。「鍵（楗）」は名詞としては日常に見られる〈支える（撑持）〉物であり、動詞としては支えて落下させないという意味である。

（二）「大象傳」の「天行健」は、もとは「天行，鍵（楗）」であった。言っていることは、日月星辰が高く懸って落ちず、運行が止まないということで、それはまるで、鍵（楗）が支えているかのようであり、したがって卦名は「鍵（楗）」と名づけられたのだ、ということである。このことと、『楚辭』「天問」が、天體は八山を柱とすると考えていることは、同樣の思考法である。

（三）「大象傳」「天行，鍵（楗）。君子以自強不息」はもともと、君子に天の運行に倣うことを求めるもので、天體を支える鍵（楗）のように能く支えることを求めたが、このような教育は、「人も鍵（楗）のように〈能く支える（能撑持）〉ことを求める」概念を導き生み出し、こうしてこの單語家族はのちに新語を生み出して、「人が能く支える」の意味を表わすのに、文字上では義符を付け加えられて新しい「健」字が作られた。「健」はのちにさらに一歩進み〈支える（撑持）〉という意味から發展して〈強くある（強壯）〉の意味を生み出した。

（四）「健」字の〈強くある（強壯）〉の意味は、〈支える（撑持）〉の意味から轉化して成立したものであり、これは他動詞が轉化して自動詞になる變化である。この〈強くある（強壯）〉の意味の發生は、おそらくは「君子以自強不息」という文言の導きをも受けたのであろう。「君子以自強不息」は本來、天の運行を範としその優に並ばんとすることの意味であるが、人は疲勞し怠るものであり、支えて落ちないために、必ず強い肉體と強い意志を持っていることを條件とするのである。まさに〈強くある（強壯）〉ことは「支えて落ちない」ことの必要條件であり、〈強くある（強壯）〉ことはすなわち「健」の語義成分となり、ここにおいて〈強くある（強壯）〉の意味が生まれたのである。

（五）天行は一つの物理現象であり、本來支えるとか強くあるとかの話とは無關係であ

る。君子は天の運行が止まないことに感じて、人の觀點からこの天の運行に由來する啓發を書きとめることで、乾卦「大象傳」を、儒家の人格養成教育のもっとも重要な格言となさしめ、人心に深い影響を與えるものとなさしめたのである。

引用書目
一、傳統文獻
　［漢］服虔 1972『通俗文』、臺北：藝文印書館。
　［三國吳］韋昭注 1969『國語』、臺北：藝文印書館。
　［唐］陸德明 1972『經典釋文』、臺北：鼎文書局。
　［唐］賈公彥 2000『儀禮注疏』、北京：北京大學出版社。
　［唐］孔穎達 2000『周易正義』、北京：北京大學出版社。
　［唐］孔穎達 2000『春秋左傳正義』、北京：北京大學出版社。
　［唐］孔穎達 2000『毛詩正義』、北京：北京大學出版社。
　［宋］陳彭年 1970『校正宋本廣韻』、臺北：藝文印書館。
　［宋］邢昺 2000『爾雅注疏』、北京：北京大學出版社。
　［宋］洪興祖 1968『楚辭補註』、臺北：藝文印書館。
　［宋］林希逸 1965『老子鬳齋口義』（嚴靈峰輯『無求備齋老子集成初編・第六函』所收）、臺北：藝文印書館。
　［清］孫詒讓 1975『墨子閒詁』、臺北：河洛圖書出版社。
　［清］王念孫 1983『廣雅疏證』、北京：中華書局。
　［清］段玉裁 1999『説文解字注』、臺北：藝文印書館。
　［清］郭慶藩 1970『莊子集釋』、臺北：世界書局。
　［清］畢沅 1936『釋名疏證』、上海：商務印書館。
　［民國］蔣錫昌 1971『老子校詁』、臺北：明倫出版社。
　［民國］陳奇猷 1974『韓非子集釋』、臺北：河洛圖書出版社。
　［民國］梁啓雄 1983『荀子簡釋』、臺北：木鐸出版社。
　［民國］馬承源主編 2003『上海博物館藏戰國楚竹書（三）』、上海：上海古籍出版社。
　［日本］瀧川龜太郎 1972『史記會注考證』、臺北：藝文印書館。

二、近人論著
方述鑫等編 1993『甲骨金文字典』、成都：巴蜀書社。
伊東倫厚 1990「釋乾坤」『山下龍二教授退官記念：中國學論集』、東京：研文社、175-190 頁。
伊東倫厚 1991「學易一得」、『中國哲學』第 20 號、31-41 頁。
張立文 1992『白話帛書周易』、鄭州：中州古籍出版社。
黃沛榮 1998『易學乾坤』、臺北：大安出版社。
楊秀芳 2007「論動詞「楗」的語義發展」、『中國語言學集刊』第 1 卷第 2 期、99-115 頁。

董作賓 1952「毛公鼎考年」、『大陸雜誌』第 5 卷第 8 期、3-6 頁。
董作賓 1952「毛公鼎釋文註釋」、『大陸雜誌』第 5 卷第 9 期、13-19 頁。
廖名春 2004『周易經傳十五講』、北京：北京大學出版社。
鄭吉雄著、近藤浩之譯 2006「「易」占に本づく儒道思想の起源に關する試論―併せて易の乾坤陰陽の字義を論ず―」、『中國哲學』第 34 號、1-44 頁。
鄭吉雄 2006「從卦爻辭字義的演繹論《易傳》對《易經》的詮釋」、『漢學研究』第 24 卷第 1 期、1-33 頁。
韓仲民 1992『帛易說略』、北京：北京師範大學出版社。
嚴靈峰 1994『馬王堆帛書易經斠理』、臺北：文史哲出版社。

「神明」の思想
―『易』傳を中心として―

近藤　浩之*

一、問題の提起 ―『太一生水』の「神明」に關する議論―

郭店楚簡『太一生水』に次のような文章がある。

太一生水，水反輔太一，是以成天。天反輔太一，是以成地。天地復相輔也，是以成神明。神明復相輔也，是以成陰陽。陰陽復相輔也，是以成四時。四時復相輔也，是以成寒熱。寒熱復相輔也，是以成濕燥。濕燥復相輔也，成歲而止。故歲者，濕燥之所生也。濕燥者，倉然之所生也。倉然者，四時之所生也。四時者，陰陽之所生也。陰陽者，神明之所生也。神明者，天地之所生也。天地者，太一之所生也。

ここの「神明」には、檢討すべき問題が存在する。李零氏はその著『郭店楚簡校讀記（增訂本）』の中で[1]、次のように云う。

「神明」到底指什麼？（第一章：簡2、5）[2]

在〈太一生水〉篇的第一章中，「神明」是個重要術語，但它的確切含意是什麼，學者還有一些不同看法。……

王博先生在介紹達慕思會議的文章中説：「該篇（指〈太一生水〉）中的『神明』，……我覺得應是指日月。《說卦傳》中曾有一句話：『幽贊於神明而生蓍』，東漢的荀爽注云『神者在天，明者在地。神以夜光，明以晝照。』，既是以神爲月，以明爲日。根據這個解釋看《莊子・天下篇》的『神何由降？明何由昇？』神明指日月的意思就更加顯豁。而且，從本文中的『神明復相輔也』來看，神明不是一個，而是兩個東西。」（《美國達慕思大學郭店〈老子〉國際學術討論會紀要》）

我是這樣考慮的：「『神明』，古書多聯言，但簡文即稱『相輔』，則有分讀之義。『神明』屢見於《莊子》和《鶡冠子》，有些也是分讀。（如前者的〈列禦寇〉、〈天下〉，後者的〈環流〉、〈泰錄〉）」，他們或以道、器別，或以水、火異，是與天、地和陰、陽對應的兩種神靈，當時我看重的主要是與道家文獻的比較，特別是其中

---

* 北海道大學大學院文學研究科准教授
1) 李零『郭店楚簡校讀記（增訂本）』（北京：北京大學出版社、2002年）、36-38頁。
2) 郭店楚簡『太一生水』の第一章、竹簡番号2と5に「神明」の語が存在する。

屬於分讀的用法。

　　「神明」究竟是指象徵天地、陰陽的兩種神靈，還是日月本身？這是個很有意思的問題。……如果我們把它解釋爲日月，至少在〈太一生水〉篇中，還是個合乎情理的想法。

　　在研究《太一生水》時，我們也注意過「神明」在《易傳》和其他古書中的用法。在《易傳》中，有關辭例凡四見：
(1)「聖人以此齊戒，以神明其德夫。」〈繫辭上〉
(2)「神而明之，存乎其人。」（同上）
(3)「於是始作八卦，以通神明之德。」〈繫辭下〉
(4)「昔者聖人之作易也，幽贊於神明而生蓍。」〈說卦〉

　　這四個例子，前兩例是動詞，後兩例是名詞。它們除例(2)是析言，都不是分讀（「神而明之」句，馬王堆帛書本作「神而化之」，也許這一句和「神明」無關）。前人對這個詞彙也一般不做明確解釋。所以在討論時，我們沒有用它作比較材料。現在王博先生既然提到荀爽注，看來這個問題還有討論的必要。我的看法是：

　　第一、《易傳》中的「神明」，它在古書中的用法一般都是泛指，其含義與我們常說的「神靈」差別不大。這種神靈可以是泛指的神，也可以是某種精神境界。比如馬王堆房中書常說「十動不瀉，通於神明」，所謂「通於神明」，其實就是指這種境界。如果我們把它解釋爲「日月」，在《易傳》中是講不通的，在其他很多古書中也是講不通的。

　　第二、荀爽解釋的「神明」，其實祇是上述四例之一，其含義不應例外。……我們揣其文義，他想說的只不過是，「神明」是於天地的幽明有關。其實他並沒有明確說，「神明」就是「日月」。同樣，《莊子・天下》也沒有這樣講。

　　當然，正如我們已經指出的，「神明」既然是與天地、陰陽等概念配套的術語，它也並不排斥用作這類概念的符號或含有這類概念在內。如果說「神明」可以指陰陽之神或日月之神，這也不能說是錯誤。

　以上の李零氏の檢討から、總括して「神明」の解釋に關する次のような主要な論點を導きだすことができる。
(1)「神明」には「聯言用法」と「分讀用法」とがある。
(2) 分讀用法の場合には、「神」「明」は、天・地や陰・陽などに對應する兩種の神靈という意味を含む（例えば、「神明」は陰陽の神あるいは日月の神を指すことができる）。
(3) 聯言用法の場合には、「神靈」というのと大差がない。この種の神靈は、泛い意味での神であったり、ある種の精神世界でもあり得る。
(4) しかし、『易』傳の「神明」について、先人はこの語彙に對して一般に明確な解釋を与えていない。よって、我々は議論の比較材料としてそれを用いることはない。

しかし「神明」には、もう一つ重要な含義がある。すなわち「明智」という意味である。つまり筆者の考えでは、聯言の「神明」の含義にはおよそ三類ある。第一類は、神靈。第二類は、精神。第三類は、明智である。

次に試みに、『墨子』における「神」・「明」及び「神明」の用法によって明智の類を説明してみよう。

二、『墨子』の「神」「明」と「神明」

我々が言う所の「神靈」は、古書においては一般に「鬼神」と呼ばれる。「鬼神」は『墨子』の書中に多く見えるが、墨家思想は戰國中期から後期にかけて世に盛行し、當時の思想界は、楊と墨と、或いは儒と墨とに二分されると言われる程であった[3]。よって、戰國時代の「神明」概念の發生や成立についても、墨家思想が相當深く影響していると考えられる。『墨子』では、「鬼神之明」に對して特別な關心をはらっている。また、『上海博物館藏戰國楚竹書（五）』にも「鬼神之明」なる篇が存在し、その中では「鬼神に明なる所有り、明ならざる所有り（鬼神有所明有所不明）」と指摘する。ただし、墨子は鬼神は必ず明であると考える。例えば『墨子』明鬼下篇に次のように云う。

  是故子墨子言曰：雖有深谿博林、幽閒毋人之所，施行不可以不堇，<u>見有鬼神視之</u>。……幽閒，擬乎<u>鬼神之明</u>，顯明，有一人畏上誅罰，是以天下治。 故<u>鬼神之明</u>，不可爲幽閒廣澤、山林深谷，<u>鬼神之明必知之</u>。鬼神之罰，不可爲富貴衆強、勇力強武、堅甲利兵，鬼神之罰必勝之。[4]

呉毓江はその『墨子校注』の中で次のように説明している。

  《易・觀卦》曰：「聖人以神道設教而天下服矣。」《莊子・庚桑楚》篇曰：「爲不善乎顯明之中者，人得而誅之；爲不善乎幽閒之中者，鬼得而誅之。（明乎人，明乎鬼者，然後能獨行。）」《淮南子．氾論訓》曰：「爲愚者之不知其害，乃借鬼神之威以聲其教。（……而愚者以爲禨祥，而狠者以爲非，唯有道者能通其志。）」文義並與此相類。[5]

ただし、『墨子』天志上篇を見ると、「鬼神の明」は實は「天」に由來している。例えば次のように云う。

  且語言有之曰：「焉而晏日，焉而得罪，將惡避逃之。」（呉毓江案：「而，並當爲天。……焉，於也。惡，於何也。焉天得罪，猶得罪於天也。言於天晏之日，得罪於天，將於何避逃之。）曰：無所避逃之。夫天不可爲林谷幽閒無人，明必見之。[6]

また『墨子』天志中篇では次のように云う。

---

3) 『孟子』と『韓非子』の記述による。
4) 呉毓江『墨子校注』（西南師範大學出版社、1992 年）、298-311 頁。
5) 同前注、310 頁。
6) 同前注、248 頁。

曰：天子爲善，天能賞之。天子爲暴，天能罰之。天子有疾病禍祟，必齋戒沐浴，潔爲酒醴粢盛，以祭祀天鬼，則天能除去之。然吾未知天之祈福於天子也，此吾所以知天之貴且知於天子也。且吾所以知天之貴且知於天子者，不止此而已矣。又以先王之書馴天明不解之道也知之。曰：「明哲維天，臨君下土。」則此語天之貴且知於天子。不知亦有貴如夫天者乎。曰：「天爲貴，天爲知而已矣。」然則義果自天出矣。是故子墨子曰：今天下之君子，中實將欲尊道利民，本察仁義之本，天之意不可不慎也。7)

以上に引用した『墨子』の文章から、「鬼神」の中に「天鬼」というものがあり、「鬼神の明」は「天明」（や天の「明哲」さ）の一つであるということが分かる。明鬼下篇に「鬼神の明は、幽間廣澤・山林深谷と爲す可からず、鬼神の明は必ず之を知る。（鬼神之明，不可爲幽間廣澤、山林深谷，鬼神之明必知之。）」と言い、天志上篇に「天は林谷幽閒も人無しと爲す可からず、明にして必ず之れを見る。（天不可爲林谷幽閒無人，明必見之。）」と言うのは、その好例である。天は「下土に臨君し（臨君下土）」、もしも天子ですら（すべての人々も）「善を爲し」あるいは「暴を爲す」ならば、「天は能く之れを賞し（天能賞之）」あるいは「天は能く之れを罰す（天能罰之）」るが、その義あるいは不義の判斷は「義、果たして天自り出づ（義果自天出）」るのである。考えるに、「天」は、日の光のように、月の明のように、天下四海を遍く照らすから、たとえ林谷幽閒の中で誰も人が見ていないとしても、天は必ずそれを見ているし、鬼神も必ずそれを見ていて（そしてどんなに誤魔化そうとしてもやはり自己の心の眼が必ずそれを見知っているのだから）、逃れ隠れる場所などないのである。このように、「天」は「明哲」であり、「鬼神」は「明智」なのである。

では、本當に「鬼神」はそれ程までに「明智」なのであろうか。『墨子』には、人々が鬼神の明・不明についてしばしば疑問を呈している場面が見える。例えば、『墨子』耕柱篇に次のように云う。

巫馬子、謂子墨子曰：「鬼神孰與聖人明智。」子墨子曰：「鬼神之明智於聖人，猶聰耳明目之與聾瞽也。昔者夏后開使蜚廉折金於山川，而陶鑄之於昆吾。是使翁難卜於白若之龜，曰：『鼎成，三足而方，不炊而自烹，不擧而自臧，不遷而自行，以祭於昆吾之墟，上鄉。』卜人言兆之由曰：『饗矣。逢逢白雲，一南一北，一西一東，九鼎既成，遷於三國。』夏后氏失之，殷人受之。殷人失之，周人受之。夏后、殷、周之相受也，數百歲矣。使聖人聚其良臣與其桀相而謀，豈能智數百歲之後哉？而鬼神智之。是故曰：鬼神之明智於聖人也，猶聰耳明目之與聾瞽也。」8)

ここでは「鬼神の、聖人よりも明智たる（鬼神之明智於聖人）」ことを説明しており、子墨子は、鬼神が「明智」（物事を見通す知力を持つ）で「數百歲の後」まで知ること

---

7) 同前注、256-257 頁。「天明不解」の「不解」は、不懈（おこたらず）の意。
8) 同前注、541-547 頁。

ができると考えている。また『墨子』公孟篇に次のように云う。

　　公孟子謂子墨子曰：「有義不義，無祥不祥。」子墨子曰：「古者聖王皆以鬼神爲神明，而爲禍福，執有祥不祥，是以政治而國安也。自桀紂以下，皆以鬼神爲不神明，不能爲禍福，執無祥不祥，是以政亂而國危也。故先王之書《子亦》有之曰：『亦傲也，出於子，不祥。』此言爲不善之有罰，爲善之有賞。」9)

　ここで子墨子は、はっきりと、「古者、聖王皆、鬼神を以て神明と爲す（古者聖王皆以鬼神爲神明）」、すなわち鬼神が「神明」（すべてを見通す能力を持つ）であると、歴代の聖王が考えていたと主張する。ところが、桀紂以下は皆、鬼神を「不神明」（すべてを見通す能力を持たない）で、「禍福」を起こすことも出來ないと考えて（惡政を行なって）いたのだ、と言う。

　また同篇に次のように云う。

　　子墨子謂程子曰：「儒之道足以喪天下者，四政焉。儒以天爲不明，以鬼爲不神，天鬼不說，此足以喪天下。」10)

　また同篇に次のように云う。

　　有游於子墨子之門者、謂子墨子曰，「先生以鬼神爲明知、能爲禍 11) 福、爲善者富之、爲暴者禍之。今吾事先生久矣、而福不至、意者先生之言有不善乎。鬼神不明乎。我何故不得福也。」子墨子曰，「雖子不得福、吾言何遽不善。而鬼神何遽不明。子亦聞乎匿徒之刑之有刑乎。」對曰、「未之得聞也。」子墨子曰，「今有人於此、什子、子能什譽之、而一自譽乎。」對曰、「不能。」「有人於此、百子、子能終身譽亓善、而子無一乎。」對曰、「不能。」子墨子曰，「匿一人者猶有罪、今子所匿者若此亓多、將有厚罪者也、何福之求。」12)

　また同篇に次のように云う。

　　子墨子有疾，跌鼻進而問曰：「先生以鬼神爲明，能爲禍福，爲善者賞之，爲不善者罰之。今先生聖人也，何故有疾。意者，先生之言有不善乎。鬼神不明知乎。」子墨子曰：「雖使我有病，何遽不明。人之所得於病者多方，有得之寒暑，有得之勞苦。百門而閉一門焉，則盜何遽無從入哉 13)。」14)

　以上、『墨子』耕柱篇・公孟篇の記述からわかるように、「古者、聖王皆、鬼神を以て神明と爲す（古者聖王皆以鬼神爲神明）」の「神明」の意味は、「明智」（すべてを見通す知力）である。かつ「儒は天を以て不明と爲し、鬼を以て不神と爲す（儒以天爲不明，

---

9) 同前注、588-589 頁。
10) 同前注、593-594 頁。
11) 諸古本には、「能爲禍」と「福」の間に「人哉」二字が有るが、呉毓江『校注』に據って、「人〈入〉哉」を、下文「則盜何遽無從」の後に接合する。
12) 呉毓江『墨子校注』（西南師範大學出版社、1992 年）、596-598 頁。
13) 「入哉」二字については、注 11）を參照。
14) 呉毓江『墨子校注』（西南師範大學出版社、1992 年）、598-599 頁。

以鬼爲不神)」と批難するのは、逆に墨家が天を「明」で、鬼を「神」であると考えているからである。かく「神明」が「明智」の意味でよいならば、では單なる「明」ではなく、「明」の前になに故に「神」を加えるのであろうか。人々はいかなる情況下において、はじめてそれを「神」と稱するのだろうか。『墨子』尚同中篇に次のように云う。

> 是以數千萬里之外有爲善者，其室人未徧知，鄉里未徧聞，天子得而賞之。數千萬里之外有爲不善者，其室人未徧知，鄉里未徧聞，天子得而罰之。是以擧天下之人，皆恐懼振動惕慄，不敢爲淫暴，曰：「天子之視聽也神。」[15]
>
> 先王之言曰：「非神也，夫唯能使人之耳目助己視聽，使人之吻助己言談，使人之心助己思慮，使人之股肱助己動作。」助之視聽者衆，則其所聞見者遠矣。助之言談者衆，則其德音之所撫循者博矣。助之思慮者衆，則其談謀度速得矣。助之動作者衆，即其擧事速成矣。[16]

この記述からわかるように、「神」とは「數千萬里の外（數千萬里之外）」に「徧く知り（徧知）」「徧く聞く（徧聞）」ことである。それは、あたかも「天」が、日の光のように、月の明のように、天下四海を遍く照らして（すべて見て知って）いるようなものである。したがって、「神」の作用は、(1) <u>天下に遍くゆきわたる</u>。さらに、「神」にはもう一つ重要な含義がある。即ち (2) <u>人の知らない所を知り</u>、人の見ない所を見、人の聞かない所を聞くという意味である。（後世の『淮南子』兵略訓に「見人所不見，謂之明，知人所不知，謂之神。神明者，先勝者也。」[17]とある。）

三、『孟子』・『周易』の「神」と「化」と「神明」

上に述べたように、『墨子』の鬼神思想から見れば、既に「神」によって、(1)「<u>天下に遍くゆきわたる</u>」という意味と (2)「<u>人の知らない所を知る</u>」という意味が表わされている。このような意味の用例は、戰國時期の古書中に比較的多く見え、なおかつ、「光」、「廣」、「大」、「久」などと關係している。

例えば『孟子』盡心下篇に云う。

> 曰，「可欲之謂善。有諸己之謂信。充實之謂美。充實而有光輝之謂大。大而化之之謂聖。聖而不可知之之謂神。」[18]

また、『孟子』盡心上篇に云う。

> 殺之而不怨，利之而不庸，民日遷善而不知爲之者。夫君子所過者化，所存者神，上下與天地同流，豈曰小補之哉。[19]

---

15) 同前注、113 頁。
16) 同前注、113-114 頁。
17) 劉文典『淮南鴻烈集解』（中華書局、1989 年）、517 頁。
18) 楊柏峻『孟子譯注』（中華書局、1960 年）、334 頁。
19) 同前注、305-306 頁。

『孟子』においては、「神」にはさらに重要な意味、即ち「聖にして之れを知る可からず（聖而不可知之）」、「之れを爲しむる者を知らず（不知爲之者）」という意味がある。つまり (3)「人がその作用に氣づかない」という意味で、なおかつ「化」と關係が有る。例えば、『周易』繫辭上傳に云う。

　　　範圍天地之化而不過、曲成萬物而不遺、通乎晝夜之道而知、故 (1) 神无方而易无體。一陰一陽之謂道、繼之者善也、成之者性也。仁者見之謂之仁、知者見之謂之知、(3) 百姓日用而不知、故君子之道鮮矣。……富有之謂大業、日新之謂盛德。生生之謂易、成象之謂乾、效法之謂坤、極數知來之謂占、通變之謂事、(3) 陰陽不測之謂神。夫『易』、廣矣大矣、以言乎遠則不禦、以言乎邇則靜而正、以言乎天地之間則備矣。20)

　　　(2) 神以知來、知以藏往、其孰能與此哉。古之聰明叡知神武而不殺者夫。是以明於天之道、而察於民之故、是興 (2)((1)(3)) 神物以前民用。聖人以此齊戒、以 (2)((1)(3)) 神明其德夫。是故闔戶謂之坤、闢戶謂之乾、一闔一闢謂之變、往來不窮謂之通、見乃謂之象、形乃謂之器、制而用之謂之法、(1)(3) 利用出入、民咸用之謂之神。

　　　極天下之賾〈請〉者存乎卦、鼓天下之動者存乎辭、化而裁〈制〉之存乎變、推而行之存乎通、(3) 神而明〈化〉之存乎其人、默而成之、不言而信、存乎德行。21)

　以上の『周易』繫辭上傳の「神」には、(1)「天下に遍くゆきわたる」、(2)「人の知らない所を知る」、(3)「人がその作用に氣づかない」のいずれの意味も包含されている。思うに、「聖人は此を以て齊戒し、以てその德を神明にするか（聖人以此齊戒、以神明其德夫）」は、『禮記』檀弓篇の「其曰明器、神明之也」と同樣に、その「神明にする」（神秘聰明なものにする）は動詞であり、その賓語である「その德」とはおそらく「神物」の德であろう。したがって「是以明於天之道、而察於民之故、是興神物以前民用。聖人以此齊戒、以神明其德夫。」の一文の意味は、(聖人は)天の道と民の事を明察し、神物（筮竹など蓍占の物）を作って、民の日用を先導したのである。聖人はこの神物を用いるのに精進潔斎して、その神物の德を神明にする（神秘聰明な作用にする）（その德を、變化の現象を天下四海から神靈世界まで見通すことができるような、明知作用にする）ということである。『周易』繫辭上傳においては、あたかも『墨子』の「神明」が「神靈（鬼神）」そのものよりも「鬼神」の「明智」を意味するように、「神明」の重點はほぼ「明智」の意味上にあるようだ。なおかつ、「神明」と「德」とは同じではなく（例えば動詞とその賓語になるように）區別すべきものであることに、注意する必要がある。そもそも「德」とは、某種の作用であり、本來、天下に流行したり後世に流傳したりするもの、と見なせる。例えば、『孟子』公孫丑上篇に次のように云う。

---

20) 黃壽祺、張善文『周易譯注』（上海古籍出版社、1989 年）、538-541 頁。
21) 同前注、556-564 頁。〈 〉は、馬王堆漢墓帛書『周易』繫辭篇の異文を表示。

飢者易爲食、渇者易爲飲。孔子曰、「德之流行、速於置郵而傳命。」當今之時、萬乘之國行仁政、民之悅之、猶解倒懸也。故事半古之人功必倍之、惟此時爲然。[22]

筆者の見方では、『孟子』に云うように「德」は動いて流行できる。しかし、「神明」そのものは靜かで不動である。例えば、馬王堆帛書『經法』名理篇に次のように云う。

神明者、處於度之内而見於度之外者也。處於度之〔内〕者、不言而信。見於度之外者、言而不可易也。處於度之内者、靜而不可移也。見於度之外者、動而不可化也。靜而不移、動而不化、故曰神。神明者、見知之稽也。[23]

「度の内に處る者（處於度之内者）」とは「神明」の本體であり、「度の外に見わる者（見於度之外者）」とはその德（作用）であり、このような性質をも「神」という。ここの「動きて化す可からず」とは、「度の外に見わる者」が動作するが「神明」本體は化す可からず、という意思である。ここの「神明」は、「見知の稽」であり、明智の類に屬する。「見知の稽」たるこの「神明」は、あたかも馬王堆帛書『老子』甲本の「不出於戶、以知天下、不規於牖、以知天道」[24]ような「明智」の本體である。さらに言えば、あたかも『莊子』漁父篇の「真者、精誠之至也。……真在内者、神動於外」[25]のような「真」である。この場合は、「真」がその本體で、「神」がその德（作用）である。

四、「通於神明」と「達神明之德」

我々は、『易』傳とその他の古書における「通於神明」の用法に注意する必要がある。實は、『易』傳（特に繫辭傳）以外には、「通於神明」の言が先秦古書中に出現することはとても少なく、管見によれば、僅かに『荀子』『管子』『孝經』等の書に五例出現するぐらいである。それらの「通於神明」はおおよそ、某種の作用（積善、誠化、至孝などの德）が神靈（精神）世界にも及ぶという意味である。

例えば、『荀子』儒效篇に次のようにある。

性也者、吾所不能爲也、然而可化也。積也者、非吾所有也、然而可爲也。注錯習俗、所以化性也。并一而不二、所以成積也。習俗移志、安久移質、并一而不二、則通於神明、參於天地矣。故積土而爲山、積水而爲海、旦暮積謂之歲、至高謂之天、至下謂之地、宇中六指謂之極、涂之人百姓積善而全盡謂之聖人。彼求之而後得、爲之而後成、積之而後高、盡之而後聖。故聖人也者、人之所積也。[26]

この文章の意味する所は、「習俗移志」、「安久移質」、「并一而不二」すれば、「化性」、「成積」し、そうすれば「通於神明、參於天地」ことができる。つまり、塵も積もれば

---

22) 楊柏峻『孟子譯注』（中華書局、1960 年）、57 頁。
23) 陳鼓應『黃帝四經今註今譯』（臺灣商務印書館、1995 年）、232 頁。
24) 高明『帛書老子校注』（中華書局、1996 年）、50 頁。
25) 郭慶藩『莊子集釋』（中華書局、1961 年）、1032 頁。
26) 王先謙『荀子集解』（中華書局、1988 年）、144 頁。

山となるように、「涂（途）之人百姓」でも、「積善而全盡」すれば、「聖人」になれるということである。

また、『荀子』性惡篇にも次のようにある。

「塗之人可以爲禹」、曷謂也。曰、凡禹之所以爲禹者、以其爲仁義法正也。然則仁義法正有可知可能之理、然而塗之人也、皆有可以知仁義法正之質、皆有可以能仁義法正之具、然則其可以爲禹、明矣。今以仁義法正爲固無可知可能之理邪。然則唯禹不知仁義法正、不能仁義法正也。將使塗之人固無可以知仁義法正之質、而固無可以能仁義法正之具邪？然則塗之人也、且内不可以知父子之義、外不可以知君臣之正。不然。今、塗之人者、皆内可以知父子之義、外可以知君臣之正、然則其可以知之質・可以能之具、其在塗之人、明矣。今使塗之人者以其可以知之質・可以能之具、本夫仁義之可知之理・可能之具、然則其可以爲禹、明矣。今使塗之人伏術爲學、專心一志、思索孰察、加日縣久、積善而不息、則通於神明、參於天地矣。故聖人者、人之所積而致矣。27)

この文章の意味する所は、今もし塗（途）之人に「以其可以知之質・可以能之具、本夫仁義之可知之理・可能之具」をさせれば、彼は「可以爲禹」（禹になることができる）のである。また今もし塗（途）之人に「伏術爲學、專心一志、思索孰察、加日縣久、積善而不息」をさせれば、彼は「通於神明、參於天地」のである。要するに、禹のような「聖人」は、「人之所積而致」ものなのである。ここの「通於神明、參於天地」の意味は、「積善」の功（德）は、神靈（精神）世界にも及び、なお且、天地（自然）の世界にも參與する、ということ。そして最後には禹のような聖人となって、天地と並び立つのである。

また、『管子』九守・主賞篇には次のように云う。

用賞者貴誠, 用刑者貴必。刑賞信必於耳目之所見、則其所不見、莫不闇化矣。誠、暢乎天地、通於神明、兄（況）姦僞也？28)

その言うこころは、刑賞信必（即ち誠）の化（教化感化）は、耳目の見えない（また聞こえない）所にも及ぶ。したがって、刑賞信必の効果つまり誠の化は、天下四海に及び、さらには神靈（精神）世界にまで波及する。ましてや姦僞の人（犯罪や不正を行なう人）にその感化が及ぶのは當然である。ここの「通於神明」は、誠の化（教化感化）が神靈（精神）世界にまで及ぶという意味である。

また、『孝經』應感章には次のように云う。

子曰、「昔者明王事父孝、故事天明。事母孝、故事地察。長幼順、故上下治。天地明察、神明彰矣。故雖天子、必有尊也、言有父也。必有先也、言有兄也。宗廟致敬、不忘親也。脩身愼行、恐辱先也。宗廟致敬、鬼神著矣。孝悌之至、通於神

---

27) 王先謙『荀子集解』（中華書局、1988 年）、443 頁。
28) 安井衡『管子纂詁』、漢文大系第 21 卷（富山房、1977 年）、管子卷 18、4 頁。

明、光于四海、無所不通。『詩』云、『自西自東。自南自北。無思不服。』」[29]

その言うこころは、孝悌の至極は、鬼神（先父兄ら）に及び、廣く天下四海に波及し、到達しない所はない。ここの「通於神明」は、最高の孝悌は鬼神（先祖・先父兄ら）の世界にも及ぶという意味である。

それでは、『易』傳においてはどうであろうか。實は、『易』傳に「通於神明」は全く見えず、「通神明之德」が有るだけである。さらにそれは、馬王堆帛書本『易傳』ではすべて「達神明之德」に作り、關聯する『禮記』樂記篇でも「達神明之德」に作っている。案ずるに、先秦古書中には本來、「通於神明」の言い方は有ったが、「通神明之德」のような言い方は無い。もし有るとすればきっと「達神明之德」という言い方だったであろう。ただし、『周易』繋辭傳（帛書本の繋辭篇・易之義篇）の一部分と『禮記』樂記篇の一部分とは大同小異の文章であり、その兩文章の外は、先秦古書中に「達神明之德」という表現はほとんど見えない。「達神明之德」は、まさに『周易』繋辭傳（帛書本の繋辭篇・易之義篇）と『禮記』樂記篇だけの專用の表現であろう。

そして、我々が最も注意しなければならないことは、「達神明之德」は「通於神明」とは確然と異なるということである。なぜならば、まず、馬王堆帛書本『易傳』においては「達」と「迵（通）」の用法が明確に區別されているからである。例えば、帛書『周易』繋辭篇に次のようにある。

　　於是始作八卦、以達神明之德、以類萬物之請（情）。……黃帝、堯、舜是（氏）作、迵（通）其變、使民不乳（亂）、神而化之、使民宜之。易冬（終）則變、〔變則迵（通）〕、迵（通）則久。是以自天右（祐）之、吉无不利。

　　〔請（精）義入〕神、以至（致）用。利用安身、以崇〔德也。過此以往、未之或知也。窮神知化、德之盛也。〕[30]

見てわかる通り、先に既に引用した『周易』繋辭上傳の「神而明〈化〉之存乎其人」の「其人」は、「黃帝、堯、舜氏」等を指す。彼らは「神而化之、使民宜之」し、「精義入神、致用也」したのであり、その「窮神知化、德之盛也」である。

また帛書『周易』易之義篇に次のようにある。

　　鍵川也者、易之門戶也。鍵、陽物也、川、陰物也。陰陽合德、而剛柔有體、以體天地之化、（ここに錯簡あり）而達神明之德。[31]

筆者の考えでは、以上の帛書本の兩箇所の「達神明之德」は、いずれも「神明之德

---

29) 『孝經注疏』、十三經注疏 整理本 26（北京大學出版社、2000 年）、60-64 頁。
30) 帛書《周易繋辭》、三十三行上至三十五行上、四十行上、『馬王堆漢墓文物』（湖南出版社、1992 年）、124-126 頁。
31) 帛書照片《易之義》、二四下至二五上、二七上、張政烺『馬王堆帛書周易經傳校讀』（中華書局、2008 年）、25-26 頁。錯簡については、張政烺の《易之義》校注に、「以體天地之化」を掲出して「按自「鍵川也者」至此卅二字、當在下文、錯簡誤置于此。」、「而達神明之德」を掲出して「按此句上接「以體天地之化」。」と説明している（同書、152-153 頁）。

を天下四海に到「達」させるという意味である。この「達」は、『孟子』盡心上篇に言う「達」と同様に、(何かを誰かに)「及」ぼすという意味である。つまり『孟子』盡心上篇に次のように云う。

> 孟子曰、「人之所不學而能者、其良能也。所不慮而知者、其良知也。孩提之童無不知愛其親者、及其長也、無不知敬其兄也。親親、仁也、敬長、義也、無他、達之天下也。」[32]

『孟子』盡心下篇でも次のように云う。

> 孟子曰、「人皆有所不忍、達之於其所忍、仁也。人皆有所不爲、達之於其所爲、義也。人能充無欲害人之心、而仁不可勝用也。人能充無穿窬〈踰〉之心、而義不可勝用也。人能充無受爾汝之實、無所往而不爲義也。士未可以言而言、是以言餂之也。可以言而不言、是以不言餂之也、是皆穿踰之類也。」[33]

孟子の考えでは、人は皆、良能・良知を有しており、聖人君子は「仁」や「義」の端を、自分のまごころから端を發して推し進め、擴充して、天下全體に波及させる(ゆきわたらせる)のである。それと同じように、帛書『周易』繋辭篇や易之義篇などの考えでは、「黄帝、堯、舜氏」等の聖人は、その「神而化之」「窮神知化」の德を、天下四海に波及させる(ゆきわたらせる)。その作用は、あたかも「神」の (1)「天下に遍くゆきわたる」と (3)「人がその作用に氣づかない」のような特色を持つものである。だから、その作用つまり「德」に「神明」という修飾語を附けて「神明之德」とするのである。そして、化を「體」するという他動詞と並列させて、德を「達」(およ)ぼすという他動詞で對句にして、「以體天地之化、而達神明之德」と云う言い方をするのである。「達神明之德」は、(乾坤の道理でもって天地の化育を體現し、)「神」のごとき「明」智の德を(天下の人民に)波及させる(ゆきわたらせる)という意味であり、「通於神明」は(孝悌などが)神靈(あるいは精神)世界まで及ぶという意味であって、はっきりと異なる。要するに、「德を達(およ)ぼす」と「神明に通(およ)ぶ」の違いである。文法的に言えば、「達神明之德」の「達」は何かを誰かに及ぼすという他動詞であり、「通於神明」の「通」は何かがある範囲に及ぶという自動詞である。そして、それぞれの場合において、「神明之德」は他動詞の目的語(「神明」は修飾語で明智の意)であるのに對して、「神明」は自動詞の及ぶ範囲(神霊世界という場所)を表す補語である。

五、結語

総合して言えば、本稿の結論は以下の四點にまとめられる。

---

[32] 楊柏峻『孟子譯注』(中華書局、1960 年)、307 頁。
[33] 同前注、337 頁。

第一に、先秦古書中には本來、「通神明之德」(「神明の德に通ず」と訓讀するもの) は無く、實はただ「通於神明」(「神明に通ず」と訓讀するもの) が有るだけである。

　第二に、本來の意味から考えれば、今本『周易』(繫辭下傳) に「通神明之德」(神明の德に通ず) というのは誤りであり、帛書『周易』(繫辭篇・易之義篇) に「達神明之德」(神明の德を達ぼす) というのが正しい。

　第三に、「達神明之德」と「通於神明」は確然として異なる。その意味は、前者は「神のごとき明智の德を (天下に遍く) ゆきわたらせる」ということであり、後者は「(ある種の道德が) 神靈 (あるいは精神) 世界にまで及ぶ」ということである。

　第四に、聯言の「神明」は、先ずは「鬼神の明智」という意味であった。後に派生して、「神靈の世界」・「神靈の總稱」の意味になり、かつ同時に、「神聖にする、崇高にする」(動詞) という意味になり、さらに派生して分かれて、「明智の精氣 (ものを見るための精神的神經的な氣や力)」、「人の精神や心のはたらき」、「明智さが神のごときであること」という意味になったと思われる。

［附記］本稿は、平成二十三年度科學研究費補助金 (基盤研究 (C)「日本中世期における易學の受容と發展に關する研究」による研究成果の一部である。

『關尹子』が先秦の作品ではないことの言語的證據

魏　培泉*

（藤井　得弘　譯）

一、はじめに

　『關尹子』という書物は『漢書』「藝文志」中に記載があるが、今本には原書ではないと疑わしいところが多くある。この書を魏晉の人の僞作であると疑う學者もいれば、この書物を唐宋の人の僞作であると疑う學者もいる。この書物が疑義を向けられる最も主要な理由は書物の一部における思想内容および用語が先秦には存在し得なかったものだということであり、その中の佛教思想および道教用語のごときはまさに後漢以後になってようやく生み出すことのできたものなのである。この書物を僞書とすることが今日においてほぼ共通見解に近いものであるのは、援用者が少ないだけでなくこの書物が本物であることを證明しようとする論著が本當に稀なためでもある。この書物を僞書と斷定すべきであるのは、思想内容が先秦思想に類似しないこと以外に、先秦文獻中の言語についてのわれわれの理解と落差がある言語的現象がその中に少なからずあるためでもある。

　われわれの考察によれば、『關尹子』中に多く見られる多くの言語現象は、先秦では珍しいものであり、また先秦では珍しいがこの書物には非常に多く見られるという言語現象もある。このような、先秦の言語と異なる項目は、多いだけでなく、その項目（おもに文法）の中にはこの書物の中に廣範に分布しているものもある。章末の表1に列擧したように、大部分の項目は分布が『關尹子』9篇中5篇を超えている。このような、先秦と異なる言語現象は、多くかつ廣範に及んでおり、この書物は先秦の作品ではではあり得ないものと考えられる。以下に文法、語彙（語義をも含む）、語音の三方面からの證據によってそれを證明する。紙幅が限られるため、『關尹子』中の、上古漢語より後代の言語現象は、實のところ本論で包括できるものではまったくない [1]。このため、證據は文法を主とし、さらにその中の出現頻度が高く分布が廣範である數項目を擧げる

---

*中央研究院語言学研究所研究員。

[1] 本論における上古漢語とは先秦から前漢までの言語を指し、中古漢語は後漢から六朝までの言語を指し、近代漢語は唐宋以降の言語を指す。

にとどめる[2]。

二、「即」をコピュラとして用いている

『關尹子』の「即」はコピュラとして 16 回用いられており、同書中の 3 篇に見える。以下に例示する。

1. 非有道不可言，<u>不可言即道</u>；非有道不可思，<u>不可思即道</u>。(『關尹子』「一宇」)
2. <u>有即無，無即有</u>，知此道者，可以制鬼神；<u>實即虛，虛即實</u>，知此道者，可以入金石；<u>上即下，下即上</u>，知此道者，可以侍星辰；<u>古即今，今即古</u>，知此道者，可以卜龜筮；<u>人即我，我即人</u>，知此道者，可以窺他人之肺肝；<u>物即我，我即物</u>，知此道者，可以成腹中之龍。(『關尹子』「七釜」)
3. 均一物也，人惑其名，見物不見道，賢人析其理，見道不見物，聖人合其天，不見道不見物。一道皆道，<u>不執之即道，執之即物</u>。(『關尹子』「八籌」)

上古漢語の「即」はもともと條件文の結果接續詞であり、のちに「A 即 B」という文型においても用いることが可能となった。A と B の同等關係を表し、意味は「就是〔つまり〕」で、機能はコピュラと同樣である。上古漢語の判斷文は一般にはコピュラを必要とせず、文末を「也」で結ぶ。そのため、このような用法の「即」は事實上、やはり關連副詞の機能を備えており、「即」と B との間に一つのコピュラが隱されているとみなすこともできる。

「即」が關連副詞に相當することの證據は、「A 即 B」が生産された初期においても、よく助詞「也」と組み合わされること、そしてのちに「A 即 B」に語義が相當する「A 即是 B」という文型が生産されたことである (例 10 のように)。「即」が動詞句を連結するのには用いられなくなり、さらに「也」を組み合わせることがなくなったとき、性質もまた同じくコピュラにかなり接近したのである。傳世文獻中の「A 即 B」は、最も早くは漢代に見える。以下に例示する。

4. 庶民農工商賈，率亦歲萬息二千，<u>百萬之家即二十萬</u>。(『漢書』「貨殖傳」)
5. <u>呂公女即呂后也</u>，生孝惠帝、魯元公主。(『漢書』「高帝紀」)

例 5 の「即」は『史記』「高祖本紀」では「乃」に作る。「乃」もまた機能がコピュラに相當する關連副詞である。

6. 青長姊君孺，<u>即公孫賀妻也</u>。(『前漢紀』「孝武三」)

例 6 と、『史記』「衞將軍驃騎列傳」における「孺爲太僕公孫賀妻」、および『漢書』「衞青霍去病傳」における「君孺爲太僕公孫賀妻」とを比較すると、「即」と「爲」の機能がほぼ同じであることがわかる。

---

[2] その他の用語の、發生した可能性のある時期については、稿を改めて檢討する。

上古漢語時期の出土文獻については、『雲夢睡虎地秦簡』に例があるのを確認できた。以下に例示する。

  7.　內北有垣，垣高七尺，<u>垣北即巷殹（也）</u>。(『睡虎地秦墓竹簡』「封診式」)
  8.　可（何）如爲「封」？<u>「封」即田千佰</u>。(『睡虎地秦墓竹簡』「法律答問」)

上古漢語にはすでに「A 即 B」の例はあるが珍しい[3]。それに對して、『關尹子』のこのような文例の割合は異常なほど高いと言える。

『關尹子』の「A 即 B」の例には、そのほかにもまだ上古漢語とは異なる箇所がある。六朝以降から、A と B とが、反義語あるいは對比語の關係である例がいくつかある。以下に例示する。

  1.　夫言色者，但當色即色，豈待色色而後爲色哉？此直語色不自色，未領色之非色也。本無者情尚於無，多觸言以賓無。故非有，<u>有即無</u>；非無，<u>無即無</u>。尋夫立文之本旨者，直以非有非眞有，非無非眞無耳。何必非有無此有，非無無彼無？此直好無之談，豈謂順通事實即物之情哉？(僧肇『不眞空論』)

この文を讀む者は、例2と例9の「有即無」は形式が同じであるということに、たやすく注意が及ぶだろう。例2は佛教の影響を受けたものに違いない。なぜなら、このような思想は、佛教においては體系を爲しているものだからである。しかし、『關尹子』の思想全體について言えば、かなり亂雜で散漫である。

このほか、隋唐以後、このような對比は、依然として、「A 即 B、B 即 A」という形式によって、「分別妄たり」という哲學觀を表現した。以下に例示する。

  10.　極小同大，忘絕境界；極大同小，不見邊表。<u>有即是無，無即是有</u>。若不如是，必不須守。<u>一即一切，一切即一</u>。(『三祖僧璨大師信心銘』914b)[4]
  11.　到恁麼時，自然與此心此性默默相契，方知昔本無迷，今本無悟，<u>悟即迷，迷即悟</u>；<u>向即背，背即向</u>；<u>性即心，心即性</u>；<u>佛即魔，魔即佛</u>。(『大慧普覺禪師語錄』914b)
  12.　今日明日積累既多，則胸中自然貫通。如此，則<u>心即理，理即心</u>，動容周旋，無不中理矣。(『朱子語類』「大學五」)
  13.　須知<u>器即道，道即器</u>，莫離道而言器可也。(『朱子語類』「周子之書」)

例2の6組の對比の事例は、そのような思想およびその表現方式の影響を受けているに違いない。

---

3) このような文型が上古漢語においてはかなり限られた文獻中にしか出現しないことは、おそらく方言の分布と関係があるだろう。

4) 本論が引用する仏教経典はいずれも『大正新脩大藏経』に拠る。各例は出典以外には頁番号を併記するにとどめる。

三、「是」をコピュラとして用いている

「是」をコピュラとして用いるものが最も早くはいつ始まったのかについては、かなり議論のある問題である。過去の主流な觀點は、前漢に始まると考えるもので[5]、現在われわれは、少なくとも秦代よりも後代ではないと確定することができる。それは、『雲夢睡虎地秦簡』にすでに多くの事例があるからである。以下に例示する。

1. 可（何）謂　竇署？竇署 即去毆（也），且非是？是，其論可（何）毆（也）？即去署毆（也）。(『睡虎地秦墓竹簡』「法律答問」)
2. 人毋故鬼攻之不已，是是刺鬼。(『睡虎地秦墓竹簡』「日書甲種」)

先秦の傳世文獻中において「是」がコピュラとして用いられるものは、ほとんど頼りにできる例がないため、『雲夢睡虎地秦簡』中にある多くの例は、おそらく方言あるいは文體の問題に屬するものであろう。しかし、『關尹子』を取り上げて、文體が似通っている先秦の傳世文獻と照らし合わせると、この方面の差異をすぐに見つけることができる。というのも、同書において「是」をコピュラとして用いるものは 10 例という多さであり、しかも 5 篇中に分布しているためである[6]。以下に例示する。

3. 道無人，聖人不見甲是道乙非道。道無我，聖人不見己進道己退道。(『關尹子』「一宇」)
4. 不知道妄意卜者，如射覆盂。高之，存金存玉；中之，存角存羽；卑之，存瓦存石。是乎，非是乎，惟置物者知之。(『關尹子』「一宇」)
5. 道無作，以道應世者，是事非道；道無方，以道寓物者，是物非道。聖人竟不能出道以示人。(『關尹子』「三極」)
6. 人之厭生死超生死者，皆是大患也。(『關尹子』「四符」)
7. 流者舟也，所以流之者是水非舟；運者車也，所以運之者是牛非車；思者心也，所以思之者是意非心。(『關尹子』「五鑑」)
8. 天地萬物，無一物是吾之物。物非我，物不得不應；我非我，我不得不養。雖應物，未嘗有物；雖養我，未嘗有我。(『關尹子』「九藥」)

四、「所以」を結果接續詞として用いている

上古漢語の「所」は關係代詞、「以」は介詞であり、「所」と「以」は語を形成せず、フレーズの關係ですらなかった。「所以＋ V」も名詞句に相當し、依然として文を關係

---

[5] 学者たちは概ね、コピュラの「是」を、先秦の指示代詞「是」から発展してきたものと考えている。
[6]『関尹子』の「是」には動詞句の前に置かれる例もいくつかあり、このような例はコピュラかどうか判断が難しく、本論ではひとまず論じないことにする。

づける性質を備えていた。「所以＋Ｖ」は名詞句にも相當したため、判斷文の述語としても用いることができ、またかなりの數のものが同樣に「也」で文を結んだ。以下に例示する。

1. 大夫執圭而使，<u>所以申信也</u>；不敢私覿，<u>所以致敬也</u>。(『禮記』「郊特牲」)
2. 擧不失職，官不易方，爵不踰德，師不陵正，旅不偪師，民無謗言，<u>所以復霸也</u>。(『左傳』「成公十八年」)

以上の２例の「所以」の前にある一節はどちらも動詞句である。この動詞句と「所以＋Ｖ」が前後で因果關係を持つとき、「所以＋Ｖ」は因果複文の結果文のように見える。例（2）のように。しかし、「所以＋Ｖ」は、このときはまだ因果複文の結果文とみなすことはできない。「所以＋Ｖ」の主語の後に助詞「之」を挿入することができるということは、それが依然として階層が文よりもまだ低いフレーズであることを明示している。このような「所以＋Ｖ」はやはり判斷文の名詞述語とみなすことができる。なぜなら、その前にまだ判斷文の主語を補うことができるからである。例 4、5a、5b の「此」のように[7]。例 5c は時代が比較的遲く、その中の「所以爲我擒」には「也」の字がなく、おそらくすでに結果文として分析されている。

3. 敬而親之，<u>先王之所以得天下也</u>。(『禮記』「郊特牲」)
4. 當此之時，將軍有死之心，而士卒無生之氣，聞若言，莫不揮泣奮臂而欲戰，<u>此所以破燕也</u>。(『戰國策』「齊六」)
5.a. 此三者，皆人傑也，吾能用之，<u>此吾所以取天下也</u>。項羽有一范增而不能用，<u>此其所以爲我擒也</u>。」(『史記』「高祖本紀」)
  b. 三者皆人傑，吾能用之，<u>此吾所以取天下者也</u>。項羽有一范增而不能用，<u>此所以爲我禽也</u>。(『漢書』「高帝紀」)
  c. 所謂項羽有一范增而不能用，<u>所以爲我擒</u>。(『宋稗類鈔』卷三)

「所以＋Ｖ」と前の部分の動詞句は因果關係を持つことがあるため、「所以＋Ｖ」はさらに結果を表示する部分でもある。そのことが、「所以」が發展して結果接續詞となることの語義的な基礎となった。ただし、「所以」が發展して結果接續詞となるには、さらに以下のような條件を必要とする。一、「所」の代詞性の消失。二、助詞「也」の脱落、である。中古漢語が、コピュラ「是」が發達して助詞「也」が衰退した時期であることは、よく知られている。この時期のもので確認できた「所以＋Ｖ」の例は、その多くが「也」を伴わないものであり、このとき、「所」の代詞性もまた衰微する傾向にあった[8]。概ねそのために、この時期の「所以」は結果接續詞として再度分析されて

---

7) (5a) と (5b) は異文關係であり、兩者中の「者」と「其」が片方にはあって片方にはないということに注意されたい。「者」と「其」はどちらも名詞化の機能を備えており、そのため「所以＋Ｖ」がまだ分句とはなっていないということの證拠とすることもできる。

8) 魏培泉『漢魏六朝称代詞研究』(台北：中央研究院語学研究所、2004 年) 322-334 頁。

いる[9]。「所以」は中古漢語時期にすでに結果接續詞として用いられていたと考えられるが、しかし、實際にはどの例が接續詞であるのかを判斷するのは容易ではない。なぜなら、語義を簡單には區別できないというだけでなく、形式上も明らかな差異があるとは限らないためである。　形式について述べると、「所以」が接續詞として用いるものであると斷定できる判斷基準がある。それは、主語が「所以」の後ろにあるというものである[10]。しかし、この判斷基準は適用できる範圍が限られている。なぜなら、「所以」が接續詞として常用される時代であったとしても、主語が後ろにない例もまたよく見られるからである。このほかにもうひとつ消極的な判斷基準がある。それは助詞の「也」の脱落である[11]。もしある時代に大變多く見られる例が、すべて「也」を組み合わせねばならないとすると、このときの「所以」は接續詞ではあり得ない。しかし反對に、もしある時期に大變多く見られた例が、まったく「也」を組み合わさないとしても、「所以」がすでに接續詞であったと證明できるとは限らず、各例の判定によって決まることはさらに言うまでもない。「也」のない例の檢證については、やはり一歩進めて語義の推敲によって最後の決定をせねばならない。「所以」が接續詞であるかどうかを、「也」の有無によって證明することができようができまいが、少なくとも「也」の有無によって、「所以＋Ｖ」が形式上變化している所があることを説明するのは可能である。上古漢語の「所以＋Ｖ」は、文を結ぶときに「也」を伴わないものは珍しいが、この點は中古漢語になると大きく樣相が變わり、いくつかの文獻では、「也」は明らかに用い

---

9) 「所以」を接續詞として用いているさらに早期の例があることを指摘する研究者もいる。宋紹年、李曉琪「「所以」再認識」(『記念王力先生九十誕辰文集』、濟南:山東教育出版社、1992 年) を參考とされたい。筆者はこれらの例が接續詞であるのか否かについては依然として保留の態度を維持している。というのも、いずれもまだ助詞「也」が組み合わされているからである。以下の例 (1)・例 (2) における「所以」は、前に接續詞「則」があり、しかも例中の「夫惟能無以生爲者」「惟不動」もまた原因を表わす文であるかのようである。それに加えて、例 (2) はさらに「是以能上之」がそれと互いに對照的になっている。そのため、「所以」は接續詞であるように見える。しかし、この點については、質疑を加えることのできる理由があると考えられる。一、「則」はもともと接續詞であるが、上古漢語の時代には「則」は依然として名詞的な述語を組み合わせることを許容していた。二、兩例はいずれも「也」で文が結ばれている。三、「則」と「所以」の間には關係文の主語を補うことがまだ可能である (例 (3) のように)。これらのことは、兩者が文法上異なる階層に屬していることを證明している。

(1) 夫人之所以不能終其壽命而中道夭於刑戮者，何也？以其生生之厚。夫惟能無以生爲者，則所以脩得生也。(『淮南子』「精神」)『文子』「十守」は「夫唯無以生爲者，即所以得長生。」に作る。

(2) 水定則清正，動則失平。故惟不動，則所以無不動也。江、河所以能長百谷者，能下之也。夫惟能下之，是以能上之。(『淮南子』「説山」)

(3) 若夫禮樂之施於金石，越於聲音，用於宗廟社稷，事于山川鬼神，則此所以與民同也。(『史記』「樂書」)

10) 王力『漢語史稿』(修訂本) 401 頁 (中華書局、1980)。宋紹年、李曉琪 (1992) (注 9 參照)。魏培泉 (2004: 331-332) (注 8 參照)。

11) 王力は句末に「也」がないのは「所以」が漸次的に因果接續詞へと移行していった特徵であると述べているだけであり (注 10 の文に同じ)、そのことを「所以」が結果接續詞であることの鑑別基準とすることができると直接指摘しているわけではけっしてない。

られることが少なくなる。
　『關尹子』の「所以」は40例あり、形式と文意にしたがい、われわれはまず、『關尹子』が接續詞として用いている「所以」が25例あり、それが同書の7篇中に分布していると判定する。これらの例はいずれも「也」で文を結んでいないため、たとえこの點によって『關尹子』の「所以」が接續詞であることを證明できないとしても、「也」の有無によって、少なくとも『關尹子』と上古漢語の「所以＋V」の差異を區別することはできる [12]。「所以」が接續詞として用いられていることを語義のみによって判斷したいくつかの例をのぞき、その他の用例の判定については、以下の檢證方法に據った。
　（1）上述のとおり、「所以」の後ろに主語がある場合、接續詞と判斷することができる。『關尹子』のこのような例は3つある。以下に例示する。

6.　天下歸功於聖人，聖人任功於天下。所以堯舜禹湯之治天下，天下皆曰自然。（『關尹子』「三極」）
7.　五行回環不已，所以我之僞心流轉造化，幾億萬歲，未有窮極。（『關尹子』「四符」）
8.　惟五行之數，參差不一，所以萬物之多，盈天地間，猶未已也。（『關尹子』「四符」）

　（2）『關尹子』には「惟…，所以…」という文型があり、その中の「惟」は原因を表す虛詞である。「惟」が原因を表すことは、上古漢語においてはすでにそうであるが、當時は『關尹子』のこのような文型の「所以」と對應するものは、「是以」あるいは「故」といった接續詞であった（例9-11）。これを踏まえると、『關尹子』のこのような文型中の「所以」は接續詞とすべきである。

9.　夫唯善，故能舉其類。詩云：「惟其有之，是以似之」，祁奚有焉。（『左傳』「襄公三年」）
10.　夫唯无知，是以不我知。（『老子』七十章）
11.　鄉長唯能壹同鄉之義，是以鄉治也。…國君唯能壹同國之義，是以國治也。…天子唯能壹同天下之義，是以天下治也。（『墨子』「尚同上」）

　『關尹子』の「惟…，所以…」の例は全部で10例ある。以下に例示する [13]。

12.　小人之權歸於惡，君子之權歸於善，聖人之權歸於無所得。惟無所得，所以爲道。（『關尹子』「一宇」）
13.　人師賢人，賢人師聖人，聖人師萬物。惟聖人同物，所以無我。（『關尹子』

12）以下の二例を比較することができる。
　（1）莊子曰：「知道易，勿言難。知而不言，所以之天也；知而言之，所以之人也。古之人，天而不人。」（『莊子』「列禦寇」）
　（2）聞道之後，有所爲有所執者，所以之人，無所爲無所執者，所以之天。（『關尹子』「一宇」）
　例（2）のふたつの「所以」は、本稿の統計中ではまだ接續詞に分類している。
13）同段落中に相次いで出現する「是以」あるいは「故」に注意されたい。

「三極」)

14. 惟莫能名，所以退天下之言；惟莫能知，所以奪天下之智。(『關尹子』「三極」))
15. 惟無我無人，無首無尾，所以與天地冥。(『關尹子』「三極」)
16. 曰：精者水，魄者金，神者火，魂者木。精主水，魄主金，金生水，故精者魄藏之。神主火，魂主木，木生火，故神者魂藏之。惟水之爲物，能藏金而息之，能滋木而榮之，所以析魂魄。惟火之爲物，能鎔金而銷之，能燔木而燒之，所以冥魂魄。(『關尹子』「四符」)
17. 是道也，…不可析，不可合，不可喩，不可思。惟其渾淪，所以爲道。(『關尹子』「八籌」)
18. 天不能冬蓮春菊，是以聖人不違時；地不能洛橘汶貉，是以聖人不違俗；聖人不能使手步足握，是以聖人不違我所長；聖人不能使魚飛鳥馳，是以聖人不違人所長。夫如是者，可動可止，可晦可明，惟不可拘，所以爲道。(『關尹子』「九藥」)

以上の 13 例は、文法に據って「所以」が接續詞であると判斷できる。そのほか、判斷材料とする形式の無い例については、語義により判斷した。以下に例示する。

19. 聖人之道，本無首，末無尾，所以應物不窮。(『關尹子』「一宇」)
20. 曰：雲之卷舒，禽之飛翔，皆在虛空中，所以變化不窮，聖人之道則然。(『關尹子』「三極」)

「所以」を接續詞として用いるようになったのは中古漢語からであるが、『關尹子』の例は分布が多く廣範に及んでおり、明らかに先秦の人の手になるものではない。

『關尹子』には、ほかに「以…，所以…」という特殊な形式があり（例 21、22）、このような形式の「所以」は接續詞であるとは限らないが（本稿では、統計した際にそれを計算の内に入れていない）、やはり上古漢語とは異なる表現方式である。上古漢語の介詞「以」フレーズは動詞を直接修飾するものであり、當時の文法に照らすと、『關尹子』のこの 2 例の「所以」は餘分なものである。

21. 聖人以有言有爲有思者，所以同乎人；未嘗言未嘗爲未嘗思者，所以異乎人。(『關尹子』「三極」)
22. 聖人以可得可行者，所以善吾生；以不可得不可行者，所以善吾死。(『關尹子』「一宇」) [14]

---

14) この例は、程度の差はあれ、以下の『莊子』に手を加えたものであり、『莊子』の「所」はやはり明らかに関係代詞である。なぜなら、「所」の前にさらに関連副詞の「乃」があるからである。
(1) 夫大塊載我以形，勞我以生，佚我以老，息我以死。故善吾生者，乃所以善吾死也。(『莊子』「大宗師」)

五、「可 V+O」[15]

　先秦の「可」は一種の目的語繰り上げ動詞であり、通常はその文中からひとつ目的語を取り出し前に移して母文の主語とする。このため、「可 V」の後には一般には目的語をともなわない。先秦の例外は、多くは戰國時代末期に見え、例は多くない[16]。しかし『關尹子』の「可 V+O」は 27 例という多さであるばかりでなく、分布も 7 篇に達している。以下に例示する。

1. 曰：無一物非天，無一物非命，無一物非神，無一物非元。物既如此，人豈不然。人皆可曰天，人皆可曰神，人皆<u>可致命通元</u>。(『關尹子』「一宇」)

例中の「到命通元」は並列するふたつの動賓詞句である。

2. 衣搖空得風，氣呵物得水，水注水即鳴，石擊石即光。知此說者，<u>風雨雷電皆可爲之</u>。蓋風雨雷電皆緣氣而生，而氣緣心生。猶如内想大火，久之覺熱，内想大水，久之覺寒。知此說者，<u>天地之德皆可同之</u>。(『關尹子』「二柱」)

3. 惟以我之精，合天地萬物之精，譬如<u>萬水可合爲一水</u>。以我之神，合天地萬物之神，譬如<u>萬火可合爲一火</u>。以我之魄，合天地萬物之魄，譬如金之爲物，<u>可合異金而鎔之爲一金</u>。以我之魂，合天地萬物之魂，譬如木之爲物，<u>可接異木而生之爲一木</u>。(『關尹子』「四符」)

　例 3 の「萬水可合爲一水」と「萬火可合爲一火」は、やはり目的語繰り上げの例とみなすことができるため (つまり「萬水」と「萬火」)、先秦の語法と符合するとみなすことができる。しかし、「可合異金而鎔之爲一金」と「可接異木而生之爲一木」中の目的語はどちらも主語へと提升されているわけではけっしてない。そのため、「可 V+O」の例に屬する。

4. 物來無窮，我心有際，故我之良心受制於情，我之本情受制於物。<u>可使之去，可使之來</u>，而彼去來，初不在我。(『關尹子』「五鑑」)

5. 一夫一婦，<u>可生二子</u>，形可分；一夫一婦，二人成一子，形可合。(『關尹子』「六匕」)

6. 曰：即吾心中<u>可作萬物</u>，蓋心有所之，則愛從之，愛從之，則精從之。(『關尹子』「八籌」)

7. 曰：<u>不可非世是己，不可卑人尊己</u>，<u>不可以輕忽道己</u>，<u>不可以訕謗德己</u>，<u>不可以鄙猥才己</u>。(『關尹子』「九藥」)

先秦の「可以 V」の後ろには目的語をとることができ、この點は「可 V」とは異なる。例 7 の「可以 V」と「可 V」はどちらも四つの字を組み合わせたフレーズであり、この

---

[15] 本文の符号およびその意味は以下のとおり。V (動詞)、O (目的語)、N (名詞)、VP (動詞句)、NP (名詞句)、S (文形式)。

[16] 魏培泉「上古漢語到中古漢語法的重要發展」、『古今通塞：漢語的歷史與發展』(台北：中央研究院、2003 年) 95-97 頁。

文章の作者は兩者にいかなる區別があるのかをすでに意識していないとみ見える。
　「可 V+O」のほかに、『關尹子』には「可 V」の例もいくらかあり、用法は先秦とは異なる。以下に例示する。

 8. 人皆可曰天，人皆可曰神，人皆可致命通元。不可彼天此非天，彼神此非神，彼命此非命，彼元此非元。(『關尹子』「一宇」)

この例の「彼天此非天，彼神此非神，彼命此非命，彼元此非元」は四つの並列の複文であり、中ではどの名詞句もけっして前には移動しておらず、これは先秦において「可 V」の後にはひとつの名詞句を前に移動させるという規則と符合しない。このほか、「人皆可曰天，人皆可曰神」中の「人」は「曰」の後ろから移動したかのようであり、このため先秦の語法にまったく反しないように見える。しかし「把人稱作天（人を天と呼ぶ）」といった意味内容を、先秦において「曰人天」のような文で表現が可能であるものは先秦においても見られない。このため、「人可曰天」は「可曰人天」から轉じて成ったものだとは言い難い。「甲可稱作乙（甲は乙と呼ぶことができる）」に相當する「甲可曰乙」は、時代的に比較的遅い言語現象のようだと考えられる[17]。

『關尹子』には、ほかにも「可」の後に自動詞を接續する例がある。以下に例示する。

 9. 故聞道於朝，可死於夕。(『關尹子』「一宇」)
 10. 道一而已，不可序進。(『關尹子』「九藥」)
 11. 夫如是者，可動可止，可晦可明，惟不可拘，所以爲道。(『關尹子』「九藥」)
 12. 天下之理，捨親就疏，捨本就末，捨賢就愚，捨近就遠，可暫而已，久則害生。(『關尹子』「九藥」)

先秦の「可 V」の V は他動詞であり得るのみであり、自動詞ではあり得ない。それは、使役動詞として用いることを除いてのことである。以上の 4 例の「死、進、動、止、晦、明、暫」は、みな一般的な自動詞であるため、先秦の語法とは符合しない現象なのである[18]。

六、「不 V 之」

先秦の語法規則に照らすと、否定文の目的語が代詞である場合は、前に移して否定詞の後に置くことができる。「之」も代詞であるため、基本上は「不 V 之」は排除されるのである[19]。事實上、先秦の「不 V 之」の例は確かに稀である。しかし『關尹子』に

---

[17] 唐宋には「甲可曰乙」という例があり（例 (1) のように）、これより以前にあるかどうかはまだ確定できない。(1) 通而爲説鳥，不可曰獸，獸亦可曰禽。(『礼記正義』)
[18] この種の「可」が自動詞と組み合わされる例は、當然『関尹子』が遅れて世に出たことの証拠とすることもできるが、ひとまず表 1 の統計中には挙げない。
[19] かりにこの否定詞が「不」であるならば、「不之」はあわせて「弗」となり得る。以下の二文を参照されたい。丁聲樹「釋否定詞「弗」「不」」(『慶祝蔡元培先生六十五歳論文集』下冊、中央研究院歴史言語

おいては「不 V 之」の用例は 22 個にも及び、廣く 6 篇中に見える[20]。以下に例示する。

1. 方術之在天下多矣，或尚晦，或尚明，或尚強，或尚弱。執之皆事，<u>不執之皆道</u>。(『關尹子』「一宇」)
2. 惟聖人知我無我，知物無物，皆因思慮計之而有。是以萬物之來，我皆對之以性，而<u>不對之</u>以心。(『關尹子』「四符」)
3. 知夫我之一心無氣無形，則天地陰陽<u>不能役之</u>。(『關尹子』「五鑑」)
4. 人皆見之於著，<u>不能見之</u>於微，賢人見之於微，而不能任化。(『關尹子』「七釜」)
5. 然則萬物在天地間，<u>不可執謂之萬，不可執謂之五，不可執謂之一，不可執謂之非萬，不可執謂之非五，不可執謂之非一</u>。(『關尹子』「八籌」)
6. 惟聖人<u>不慕之，不拒之，不處之</u>。(『關尹子』「九藥」)

七、「我之+NP」と「吾之+NP」

ここでの「我之+NP」中の「我」が指すものは、所有格として用いられる「我」である[21]。先秦の「我」は多くは目的語として用いられ、主格や所有格として用いるものは比較的少ない。たとえ所有格として用いられたとしても、一般には名詞句のところに直接加えられるものであり、「之」で仲介する必要はない。しかし『關尹子』の「我之+NP」は 23 例と多く（同書の 5 篇中に分布する）、上古漢語時期の傳世文獻のこのような用例を加えた總和でさえ、これほどに多くはない。『關尹子』のこうした異常な狀況を、先秦の人が作り出すことができた可能性は、あまり高くない。以下に例示する。

1. 觀道者如觀水，以觀沼爲未足，則之河之江之海，曰水至也，殊不知<u>我之津液涎淚</u>皆水。(『關尹子』「一宇」)
2. 以<u>我之精</u>，合彼之精。兩精相搏，而神應之。……形者，彼之精；理者，彼之

研究所集刊外編第一種、1993 年）。魏培泉「「弗」「勿」拼合説新證」(『中央研究院歴史言語研究所集刊』第 72 集第 1 分、2001 年 3 月）、121-215 頁。

20) 以下の例は間に接續詞の「而」が挿入されているため、目的語の移動と關連しているのか確定しがたいため、「不 V 之」の例には数え入れていない。
(1) 言者能言之，不能取而與之，聽者能聞之，不能受而得之。(『關尹子』「九藥」)
21) 先秦における「我之+ VP」中の「我」は、前に移動する目的語であることもあり（たとえば例 1）、條件從文あるいは時間從文の主語であることもある（たとえば例 2）。後者については所有格と見る向きもあるが、本論では『関尹子』の例を数えるときにこのような例はまったく含めていない。
(1) 壽子載其旌以先，盜殺之。急子至，曰：「<u>我之求</u>也，此何罪？請殺我乎！」(『左傳』「桓公十六年」)
(2) 子張曰：「異乎吾所聞：君子尊賢而容衆，嘉善而矜不能。<u>我之大賢</u>與，於人何所不容？<u>我之不賢</u>與，人將拒我，如之何其拒人也？」(『論語』「子張」)

神；愛者，我之精；觀者，我之神。（『關尹子』「二柱」）

3. 惟以我之精，合天地萬物之精，譬如萬水可合爲一水；以我之神，合天地萬物之神，譬如萬火可合爲一火；以我之魄，合天地萬物之魄，譬如金之爲物，可合異金而鎔之爲一金；以我之魂，合天地萬物之魂，譬如木之爲物，可接異木而生之爲一木。則天地萬物，皆吾精吾神吾魄吾魂，何者死，何者生？（『關尹子』「四符」）

4. 物來無窮，我心有際，故我之良心受制於情，我之本情受制於物……我之一心，能變爲氣，能變爲形，而我之心無氣無形。知夫我之一心無氣無形，則天地陰陽不能役之。（『關尹子』「五鑑」）

5. 我之一身，內變蟯蚘，外烝蝨蚤，……（『關尹子』「六匕」）

例3の「我之精」、「我之神」、「我之魄」、「我之魂」と「吾精」、「吾神」、「吾魄」、「吾魂」とは、前後で互いに對應しており、後者は先秦に通用していた形式であるが、前者は當時かなり珍しかった。

先秦の「吾」は所有格として常用されていたが、「我」と同じように、一般に「之」は、それと中心語の間を仲介するものとしては必要なかった。「吾」が對照や強調に用いられる場合は例外もあり得るが、例はやはり稀である。以下に例示する。

6. 曰：「吾弟則愛之，秦人之弟則不愛也，是以我爲悅者也，故謂之內。長楚人之長，亦長吾之長，是以長爲悅者也，故謂之外也。」（『孟子』「告子上」）

7. 子爲子之臣禮，吾爲吾之王禮而已矣。（『戰國策』「齊六」）

『關尹子』の「吾之+NP」は9例ある（同書の4篇中に見られる）。その他の上古漢語文獻の用例と比較すると、『關尹子』はどれも大きく超過している。以下に例示する [22]。

8. 曰：精神，水火也。五行互生滅之，其來無首，其往無尾，則吾之精一滴無存亡爾，吾之神一欻無起滅爾。惟無我無人，無首無尾，所以與天地冥。（『關尹子』「四符」）

9. 惟聖人能斂萬有於一息，無有一物可役我之明徹；散一息於萬有，無有一物可間吾之云爲。（『關尹子』「五鑑」）

10. 曰：無有一物不可見，則無一物非吾之見；無有一物不可聞，則無一物非吾之聞。五物可以養形，無一物非吾之形；五味可以養氣，無一物非吾之氣。是故吾之形氣，天地萬物。（『關尹子』「六匕」）

11. 曰：天地萬物，無一物是吾之物。物非我，物不得不應；我非我，我不得不養。（『關尹子』「九藥」）

---

[22] 一部の例の中心語句は動詞とみなすこともできるが（たとえば「云爲、見、聞」）、ここではそれを名詞化したものとみなす。

八、「無（有）一物」

　「没有一件事物（ひとつの事物もない）」という意味の「無一物」や「無有一物」といった文法形式は、上古漢語には見られなかったものである。上古漢語では、このような意味を表現する方法は、「物莫…」、「物無…（者）」、「無物」である[23]。以下に例示する。

1. 之人也，<u>物莫之傷</u>，大浸稽天而不溺，大旱金石流土山焦而不熱。（『莊子』「逍遙遊」）
2. 無遺利，無隱治，則事無不舉，<u>物無遺者</u>。（『管子』「版法解」）
3. 故苟得其養，<u>無物</u>不長；苟失其養，<u>無物</u>不消。（『孟子』「告子上」）
4. 天下無指者，物不可謂無指也。不可謂無指者，非有非指也。非有非指者，<u>物莫非指</u>，指非非指也。指與物，非指也。使天下無物指，誰徑謂非指？天下<u>無物</u>，誰徑謂指？天下有指，無物指，誰徑謂非指？徑謂<u>無物</u>非指？（『公孫龍』「指物論」）

　「無一物」は唐宋以前においては、『太平經』に一例あるのを確認しただけである。「無有一物」の例は唐宋以前には見られない。以下に例示する。

5. 故無時雨，則天下萬物不生也。天下<u>無一物</u>，則大凶也，是一大急也。（『太平經』「三急吉凶法」）
6. 無何有之宮，謂玄道處所也；<u>無一物</u>可有，故曰無何有也。（『莊子』「知北遊」成玄英疏）
7. 惟天啟聖。<u>無有一物</u>不得其所。（顧況「上高祖受命造唐賦表」，『全唐文』五二八）

　しかし上古漢語では見られなかったこうした形式は、『關尹子』では16例という多さであるだけでなく（「無一物」10例、「無有一物」6例）、さらに6篇中に散見される。以下に例示する。

8. <u>無一物</u>非天，<u>無一物</u>非命，<u>無一物</u>非神，<u>無一物</u>非元。（『關尹子』「一宇」）
9. 一陶能作萬器，終<u>無有　器</u>能作陶者能害陶者。一道能作萬物，終<u>無有一物</u>能作道者能害道者。（『關尹子』「一宇」）[24]
10. 惟其能徧偶萬物，而<u>無一物</u>能偶之，故能貴萬物。（『關尹子』「三極」）

---

23) 「物」という字を用いない「無一」は、上古漢語の時期においても、同様の意味を表現するうえで用いることができた。
24) 事実上、「無有一 N」の形式は上古漢語には見られないものである。そのため、「無有一器」もまた、『關尹子』が遅れて出現したことの例証として用いることができる。しかし、「無有一 N」と「無一 N」が年代的に断絶するという問題は、より多くの紙幅を割いて論じる必要があるため、この短い文の中では証明する範囲を縮小せざるを得ない。

11. 凡造化所妙皆吾魂，凡造化所有皆吾魄，則<u>無有一物</u>可役我者。(『關子』「四符」)
12. 惟聖人能斂萬有於一息，<u>無有一物</u>可役我之明徹；散一息於萬有，<u>無有一物</u>可間吾之云爲。(『關尹子』「五鑑」)
13. 曰：<u>無有一物</u>不可見，則<u>無一物</u>非吾之見；<u>無有一物</u>不可聞，則<u>無一物</u>非吾之聞。五物可以養形，<u>無一物</u>非吾之形；五味可以養氣，<u>無一物</u>非吾之氣。(『關尹子』「六匕」)
14. 天地萬物，<u>無一物</u>是吾之物。物非我，物不得不應；我非我，我不得不養。(『關尹子』「九藥」)

これらの文章が先秦の人の作である、あるいは、後世の人が補ったものであると述べるならば、いずれも信じがたいものである。

九、「殊不知」が文形式の目的語をとる

古い文献における「殊不V」の「殊」には「極」、「猶」、「竟」などの意味がある。上古漢語のこうした文例の「殊」はその實際の意味を判定しがたいこともあるが、どのような意味であれ、「殊不 V」には名詞句に接續する例しかなく、文形式の目的語をとるものはない。「殊不知」は上古漢語においても、名詞目的語をとるだけである（例1）。中古漢語以降、「殊不知」は文形式の目的語をとることも可能になり、「卻不知道（ところが～を知らない）」という含意を持つ。このときの「殊」は上文を受けて下文を導く性質を持ち、轉折の機能を示す（例2、3）。

1. 曰：「靜郭君之於寡人一至此乎！寡人少，<u>殊不知此</u>。客肯爲寡人少來靜郭君乎？」(『呂氏春秋』「季秋紀」)
2. 世之論事者，以才高者當爲將相，能下者宜爲農商。見智能之士，官位不至，怪而訾之曰：「是必毀於行操。」行操之士，亦怪毀之曰：「是必乏於才知。」<u>殊不知才知行操雖高，官位富祿有命</u>。(『論衡』「命祿」)
3. 察今之君子，徒知妻婦之不可不御，威儀之不可不整，故訓其男，檢以書傳，<u>殊不知夫主之不可不事，禮義之不可不存也</u>。(『後漢書』「列女傳」)

『關尹子』の「殊不知」は13例という多さであり（6篇に分布する）、とる目的語はいずれも文形式で、上古漢語の用法とは明らかに違いがある。以下に例示する。

4. 曰：觀道者如觀水，以觀沼爲未足，則之河之江之海，曰水至也，<u>殊不知我之津液涎淚皆水</u>。(『關尹子』「一宇」)
5. 曰：不知吾道無言無行，而即有言有行者求道，忽遇異物，橫執爲道，<u>殊不知捨源求流，無時得源，捨本就末，無時得本</u>。(『關尹子』「一宇」)
6. 聖人曰道，觀天地人物皆吾道，倡和之，始終之，青黃之，卵翼之，不愛道不

棄物，不尊君子，不賤小人。賢人曰物，物物不同，且且去之，且且與之，短之長之，直之方之，是爲物易也。殊不知聖人鄙雜廁別分居，所以爲人，不以此爲己。(『關尹子』「三極」)

7. 世之愚拙者安援，聖人之愚拙自解，殊不知聖人時愚時明，時拙時巧。(『關尹子』「三極」)

8. 計生死者，或曰死已有，或曰死已無，或曰死已亦有亦無，或曰死已不有不無，或曰當喜者，或曰當懼者，或曰當任者，或曰當超者。愈變識情，馳騖不已。殊不知我之生死，如馬之手，如牛之翼，本無有，復無無。(『關尹子』「四符」)

9. 造化役之，固無休息。殊不知天地雖大，能役有形，而不能役無形；陰陽雖妙，能役有氣，而不能役無氣。(『關尹子』「五鑑」)

10. 世之人，以我思異彼思彼思異我思分人我者，殊不知夢中人亦我思異彼思，彼思異我思，孰爲我，孰爲人。世之人，以我痛異彼痛彼痛異我痛分人我者，殊不知夢中人亦我痛異彼痛，彼痛異我痛，孰爲我，孰爲人。爪髮不痛，手足不思，亦我也，豈可以思痛異之。世之人，以獨見者爲夢，同見者爲覺，殊不知精之所結，亦有一人獨見於晝者，神之所合，亦有兩人同夢於夜者。二者皆我精神，孰爲夢，孰爲覺。世之人以暫見者爲夢，久見者爲覺，殊不知暫之所見者陰陽之炁，久之所見者亦陰陽之炁。二者皆我陰陽，孰爲夢，孰爲覺。(『關尹子』「六匕」)

11. 曰：人不明於急務，而從事於多務他務奇務者，窮困災厄及之，殊不知道無不在，不可捨此就彼。(『關尹子』「九藥」)

12. 曰：人徒知僞得之中有眞失，殊不知眞得之中有眞失；徒知僞是之中有眞非，殊不知眞是之中有眞非。(『關尹子』「九藥」)

十、動詞「認」

上古漢語文獻には「認」の字はまだ見られず、中古漢語でようやく見られるようになり、おもに「指認（確認する）」、「認定（認定する）」といった意味を持つ。この先秦文獻とは異なる用語は、『關尹子』には5例出現する（「二柱」、「五鑑」に見える）。

1. 五雲之變，可以卜當年之豐歉；八風之朝，可以卜當時之吉凶。是知休咎災祥，一氣之運耳。渾人我，同天地，而彼私智認而已之。(『關尹子』「二柱」)

2. 曰：想如思鬼，心慄思盜，心怖曰識。如認黍爲稷，認玉爲石者，浮游罔象，無所底止。(『關尹子』「五鑑」)

3. 而彼妄人，於至無中，執以爲有；於至變中，執以爲常。一情認之，積爲萬情；萬情認之，積爲萬物。(『關尹子』「五鑑」)

その中の例2の「認黍爲稷，認玉爲石」は明らかにさらに特殊である。なぜならば、上古漢語の語法規則に照らせば、一般には「以黍爲稷，以玉爲石」という形式によってこのような文意を表現するはずだからである。

十一、「無我」の「我」が代名詞ではない

「我」はもともと指示の代名詞として用いられ、「爾」、「彼」、「人」などと對立することができ、「物」や「萬物」とも對立することができた。中國に佛教が傳來した後、「我」は人身および諸法中の不變の支配者をさすのに用いられもした。見たところでは、『關尹子』において先秦の意味を逸脱する「我」は少なくなく、その中には佛教の意味としての「我」もある。しかし、どの「我」が先秦の意味と違いがあるのか、ひとつひとつ指摘することは、けっして容易なことではない。なぜならば、その前後の時代の文において、辨別の助けとなる十分な情報があるとは限らないからである。本論では「無我」という語彙にのみ基づき、『關尹子』の「我」の用法が先秦のものと異なるのかどうかを確認する。佛家は、人身はかりそめに合一して形成されたものであり、諸法もまた實體がないため、「我」は眞實の存在ではけっしてない、と考える。そのため「無我」を主張するのである。「無我」という語は後漢以來、佛教經典中によく出現する。

上古漢語文獻の「無我」の例は多くはない。以下は哲學的に思弁する際に用いられる「無我」の例である。

1. 非彼无我，非我无所取。(『莊子』「齊物論」)
2. 譬吾處於天下也，亦爲一物矣。不識天下之以我備其物與？且惟無我而物無不備者乎？然則我亦物也，物亦物也。物之與物也，又何以相物也？(『淮南子』「精神訓」)

例1中では「我」は「彼」と對應していることが述べられており、依然として「我」がもともと持っている指示義からは外れない。例2の「我」と「物」は對應しており、萬物が我と一體であるという觀念を説明するのに用いられているが、基本的にはやはり指示義である。

以上に説明したように、上古漢語の時期は、たとえ哲學的な思弁における「無我」の「我」であっても、やはり指示として用いられるのである。『關尹子』中の「無我」の「我」は同樣ではなく、代稱の意味を超えるものはすべてではないにせよ、少なくとも大多數を占めるものと考えられる。以下、『關尹子』中の「無我」の例を檢證してみよう。

3. 重雲蔽天，江湖黯然，游魚茫然，忽望波明食動，幸賜于天，即而就之，漁釣斃焉，不知我無我而逐道者亦然。(『關尹子』「一宇」)
4. 聖人知我無我，故同之以仁；知事無我，故權之以義；知心無我，故戒之以禮

；知識無我，故照之以智；知言無我，故守之以信。(『關尹子』「三極」)
 5. 神之所動，不名神，名意；意之所動，不名意，名魄。惟聖人知我無我，知物無物，皆因思慮計之而有。是以萬物之來，我皆對之以性，而不對之以心。(『關尹子』「四符」)
 6. 枯龜無我，能見大知；磁石無我，能見大力；鐘鼓無我，能見大音；舟車無我，能見遠行。故我一身，雖有智有力，有行有音，未嘗有我。(『關尹子』「六七」)

　以上の各例の「無我」の共通點は、どれも前の部分にひとつの名詞（代詞を含む）、たとえば「我」、「事」、「心」、「識」、「言」、「枯龜」、「磁石」、「鐘鼓」、「舟車」などがあるということである。

　「我無我」は數多く出現しており、このことは明らかに佛教の「人身に長存の我なし」の思想を基礎とするものである。さらに佛教經典中に同樣の表現形式を見つけることができる。

 7. 得出家已，常倩他沙彌藏此金錢。尊者語言：「若能知我無我，是名出家。此五百金錢可與眾僧。」(西晉安法欽譯『阿育王傳』124b)
 8. 我初入尸羅波蜜時，爲阿耨多羅三藐三菩提故，持種種戒修諸苦行如檀中説，觀我無我故，五情不爲五塵所傷。(北涼曇無讖譯『悲華經』205b)

　「識無我」と「心無我」についても、佛經經典中にその來源および相應する形式を探しだすことが可能であり、明らかに「五蘊」、「六識（六根）」の思想に由來するものである。以下に例示する。

 9. 五語者，色無我，受、想、行、識無我；六語者，眼無常，耳、鼻、舌、身、意無常。(姚秦佛陀耶舍共竺佛念譯『四分律』640c)
 10. 五語者，色無常，受、想、行、識無常；六語者，眼無我，耳、鼻、舌、身、心無我。(東晉竺道生譯『五分律』39a)
 11. 以識無我，是故識能作惱作苦；以識本無，即不可願識如是有如是不有。(隋闍那崛多譯『佛本行集經』813b)

　そのほか「我」、「事」、「心」、「識」、「言」、「枯龜」、「磁石」、「鐘鼓」、「舟車」の「無我」に至っては、ほとんどみな「諸法無我」の思想から發生したものである。

　以下の一例中に取り上げられている「無爲」は道家の論述のようであるが、後ろの部分で火の燃燒を用いて喩えているのは、むしろ佛家が「我」が常一の體ではないことを説明する際によく用いる手段である。

 12. 人無以無知無爲者爲無我。雖有知有爲，不害其爲無我。譬如火也，躁動不停，未嘗有我。(『關尹子』「六七」)

　以下の數例の「無我」はいずれも「無人」と對立しており、表面上は先秦の「人」、「我」の對立のように見えるが、つぶさに繰り返し吟味すると、精神にはやはり區別されるところがある。

13. 道無人，聖人不見甲是道乙非道；道無我，聖人不見己進道己退道。以不有道，故不無道；以不得道，故不失道。(『關尹子』「一宇」)

例 13 の「道無人」と「道無我」は區別してそれぞれ説明がなされているため、「人」と「我」の境目に着眼したものでは必ずしもなく、道家の「混人我」の思想と關係があるとは限らない。字面から意味を直接解釋すると、「道無人」は外界の事物をひとつのものであるかのようにみなしている。「道無我」には己を忘れるという意味があり、先秦の道家思想とは異なっていないかのように見える [25]。しかし、その後につづけられる「以不有道，故不無道」によって判斷すると、ここにある「道無我」は道家の要素があるとしても、少なくとも佛教思想が混在したものであると考えられる [26]。なぜならば、「不有不無」という提示法は佛家の空觀思想から發生したものに違いないからである [27]。

14. 水可析可合，精無人也；火因膏因薪，神無我也。故耳蔽前後皆可聞，無人，智崇無人，一奇無人，冬凋秋物無人，黑不可變，無人，北壽無人，皆精。舌即齒牙成言，無我，禮卑無我，二偶無我，夏因春物，無我，赤可變，無我，南天無我，皆神。以精無人，故米去殼則精存；以神無我，故鬼憑物則神見。全精者忘是非忘得失，在此者非彼；抱神者時晦明時強弱，在彼者非此。(『關尹子』「四符」)

例 14 は「火因膏因薪」と「鬼憑物則神見」を用いて「神無我」を説明しており、佛教の因緣論および生死流轉の思想と關係があるように思われる [28]。

15. 精神，水火也。五行互生滅之，其來無首，其往無尾，則吾之精一滴無存亡爾，

---

[25] 宋代の陳顯微は次のように言う。「有人則我與人爲二，有道則我與道爲二。」(『関尹子評註』) この解釋が原義と符合するにせよしないにせよ、やはり道家の意図するところに近いものである。

[26] 仏教経典中には「是道無我」という語もあるが、『関尹子』の「道無我」と同じ主旨であるか否かについてはまだ確定することができない。
（1）是道大富，行檀波羅蜜故；是道清淨，行尸羅波羅蜜故；是道無我，行羼提波羅蜜故；是道不住，行毘梨耶波羅蜜故；是道不亂，行禪波羅蜜故；是道善擇，行般若波羅蜜故。(『悲華経』178b)

[27] 仏教経典中では、よく「不有不無」を用い不著無の境地を表現する。以下の一例は例 13 とともに取り上げて互いに解明の助けとすることができる。
（1）摩訶衍論云諸法亦非有相，亦非無相，中論云諸法不有不無者，第一真諦也。尋夫不有不無者，豈謂滌除萬物，杜寥視聽，寂寥虛豁，然後謂真諦者乎？誠以即物順通，故物莫之逆；即偽即真，故性莫之易。性莫之易，故雖無而有；物莫之逆，故雖有而無。雖有而無，所謂非有；雖無而有，所謂非無。(僧肇『不真空論』)

[28] 例 14 の文意は理解するのが難しい。陳顯微はこの文に對して、「精無人」と「神無我」をそれぞれ「故所見我獨，蓋精無人也」と「故所見人同，蓋神無我也」という解釋を施している。(『関尹子評註』)。この解釈はある角度からみれば正しいものかもしれないが、「神無我」と「我身是假合而成」という思想とは関係があるように思われる。以下の一例の「神」と「神無我」の「神」の指すものはほぼ同様である。
（1）吾見死者形壞體化而神不滅。故聖人以身爲患，而愚者寶之至死無厭。(西晉竺法護訳『普曜経』503b)

吾之神一欻無起滅爾，惟<u>無我無人</u>，無首無尾，所以與天地冥。（『關尹子』「四符」）

16. 譬如大海，變化億萬蛟魚，水一而已。我之與物，蓊然蔚然，在大化中，性一而已。知夫性一者，<u>無人無我無死無生</u>。（『關尹子』「七釜」）

例 15 の「無我」と「無人」の解釋は明らかに例 14 と同じ流れを汲むものである。『關尹子』における「無我」と「無人」がともに現れるそのほかの例は、みなこのような解釋であり、例 16 も同樣であるに違いない。

實際には、以上の觀點を支持するために用いることのできる事實がもうひとつある。先秦における「人」と「我」はもともと對とすることができたが、「無我」と「無人」が對となっているものは見られない。「無我」と「無人」を對とするのは佛教が傳來した後に始まったことである。以下に例示する。

17. 若有菩薩欲學極大珍寶之積遺日羅經，當隨是經本法精進。何等爲本法？無法<u>無我無人</u>無壽無常無色無痛痒無思想無生死識。（東漢支婁迦讖譯『佛説遺日摩尼寶經』190c）

18. 降伏魔兵離諸法見，覺了演暢十二因緣，<u>無我無人</u>非壽非命，志空無願無想之法。（西晉竺法護譯『正法華經』99c）

『關尹子』中には以下の數例しかなく、先秦における意味を逸脱するところがあるのかどうかについては把握していない。そのため、表 1 中には數え入れていない。

19. 曰：聖人師蜂立君臣，師蜘蛛立網罟，師拱鼠制禮，師戰蟻置兵。人師賢人，賢人師聖人，聖人師萬物。惟聖人同物，所以<u>無我</u>。（『關尹子』「三極」）

20. 古之善揲蓍灼龜者，能於今中示古，古中示今，高中示下，下中示高，小中示大，大中示小，一中示多，多中示一，人中示物，物中示人，我中示彼，彼中示我。是道也，其來無今，其往無古，其高無蓋，其低無載，其大無外，其小無內，其外無物，其內<u>無人</u>，其近<u>無我</u>，其遠<u>無彼</u>。不可析，不可合，不可喻，不可思。惟其渾淪，所以爲道。（『關尹子』「八籌」）

21. 曰：人之有失，雖己受害於已失之後，久之，竊議於未失之前。惟其不恃己聰明而兼人之聰明，惟其<u>無我</u>而兼天下之我，終身行之，可以不失。（『關尹子』「九藥」）

これらのいくつかの例は「物我合一（外在物と自分自身とを一つとすること）」を用いて解釋することができるようであるため、「無我」が先秦の含意から逸脱しているとは限らない。

上述のとおり、『關尹子』の「無我」は 27 例出現し、その中の少なくとも 24 例（5篇中に見られる）の「我」は佛教の理を含むものである。これは先秦文獻には出現するはずのない言語現象である。

十二、異常な押韻

『關尹子』は基本的には押韻しないが、その中の文章のいくつかは押韻のあるものであり、それはおそらく作者がたまたま興じて成したものであると考えられる。現在われわれが認定している押韻のある文章は合わせて四箇所ある。この四箇所の押韻はいずれも以下のような特色を備えている。その中の韻字は唐宋において同じ攝に屬していたが上古漢語においては韻部を跨がるものであったということである。以下、これらの文章についてひとつひとつ檢證する。

  1. 日：道茫茫而無知乎，心儻儻而無羈乎，物迭迭而無非乎。電之逸乎，沙之飛乎。聖人以知心一物一道一，三者又合爲一。不以一格不一，不以不一害一。（『關尹子』「一宇」）

この例における「知」「羈」「非」「飛」は、おそらくいずれも韻字である[29]。これらの字は、同じように「止」部に屬する字であるが、『廣韻』においては、「知」と「羈」は「支」韻に、「非」と「飛」は「微」韻に屬しており、やはり同じくは用いない韻に屬している。上古音までさかのぼって推測すると、「知」は「佳（支）」部、「羈」は「歌」部、「非」と「飛」は「微」部であり、さらに三つの韻部に分屬する。もしこれらの字が確かに押韻字に屬するならば、この一文は攝のような音系が生産されたのちに作られたものなのかもしれない。

  2. 日：以盆爲沼，以石爲島，魚環游之，不知其幾千萬里而不窮也。夫何故？水無源無歸。聖人之道，本無首，末無尾，所以應物不窮。（『關尹子』「一宇」）

この例における「以盆爲沼，以石爲島」もおそらく押韻している。『廣韻』においては、「沼」は「小」韻、「島」は「皓」韻であり、同じように「止」攝に屬する字であるが、『廣韻』中の同用表においてでさえ同用のものには屬さず、上古漢語においても「宵」部と「幽」部に分屬するものである。

  3. 日：重雲蔽天，江湖黯然，游魚茫然，忽望波明食動，幸賜于天，即而就之，漁釣斃焉，不知我無我而逐道者亦然。（『關尹子』「一宇」）

この例における「天」、「然」、「焉」はおそらく押韻している。三者はいずれも「山」攝の字で、その中の「天」は「先」韻の字であり、上古漢語では「眞」部に屬する。「然」と「焉」は「仙」韻の字であり、上古漢語では「元」部に屬する。

  4. 日：鳥獸俄呦呦，俄旬旬，俄逃逃；草木俄茁茁，俄停停，俄蕭蕭。天地不能留，聖人不能繫，有運者存焉爾。有之在彼，無之在此，鼓不桴則不鳴；偶之在彼，奇之在此，桴不手則不擊。（『關尹子』「八籌」）

この例における「逃」と「蕭」はおそらく押韻している。兩者はともに「效」部の字で、その中の「逃」は「豪」韻の字であり、上古漢語では「宵」部に屬する。「蕭」は

---

29) これらの「韻字」はいずれも文末にはなく、認定するうえで解釋が分かれることは避けられない。

「蕭」韻の字であり、上古漢語では「幽」部に屬する。

以上に擧げた各例が、もし確實に押韻しているものだとしたら、それはまさにいわゆる旁轉である。旁轉は上古漢語においては許容されないものではなかったが、『關尹子』は押韻している箇所が多くないにもかかわらず、いずれも旁轉である。これは奇妙なことではないか。一方では、これらの押韻字は中古漢語以降、今度はすべて同じ攝に屬しているのである。このことも出來過ぎだと言わざるを得ない。これらの例は、上古漢語においてはいずれも正常な押韻には屬していないため、その例は少ないが、僞作の痕跡はむしろ形をかえてより顯著に見られる。

以上の項目は、最後の項目の諸例が押韻であるか否かについて議論があるだろうことを除いて、その他の項目を檢證する基準とすることは、いずれもさして問題ではないだろう。その中のいくつかの項目は先秦文獻にすでに用例が見られるが、いずれも稀である[30]。さらに項目について述べると、先秦のいかなる文獻も二つ以上の項目が同時に出現することはほとんどない。そのため、項目が多く見られるとしても、『關尹子』はいずれも先秦のどの文獻ともかけ離れている[31]。これらの先秦の言語には見られない、あるいは稀である言語現象は、『關尹子』においては項目が多見され出現頻度も高いだけでなく、各篇中に廣範に分布しているのである（表1を參照されたい）。

『列子』と同樣に、『關尹子』もまた用語によって先秦の著作には屬さないということを證明することができる[32]。かなり大きな差異は『列子』には先秦のその他の文獻と重なる章節が少なからずあるが、『關尹子』には重なる部分はほとんど少ないということである。そのため、もし『關尹子』が先秦の遺文ではないとしたら、後人の手になるものである確率は、『列子』にくらべてより大きなものになると言うことができる。われわれの研究に基づくならば、『關尹子』における、先秦言語と符號しないことを證明できる箇所は、確かに相當多く、さらにその比率は『列子』よりも高い。本論で示したことは、その中の部分的な事實にすぎないが、『關尹子』が先秦の文獻ではないことを證明するにはすでに十分であろう。

---

30) 先秦における例外は個別の方言の先行現象であると解釋しても差し支えなかろう。
31) 唯一の例外はおそらく『雲夢睡虎地秦簡』であり、その中の部分的な文獻により多く用いられているのはコピュラの「是」である。
32) 『列子』を偽書とする言語的な証拠については以下の二文を參照されたい。楊伯峻「從漢語史的角度来鑑定中国古籍写作年代的一個實例―『列子』著述年代考―」（『新建設』7 月号、1956年）、 Graham, A. C. *The Date and Composition of Liehtzyy*. London : Percy Lund, Humphries & Co. Ltd. 1961.

表1

	一宇	二柱	三極	四符	五鑑	六匕	七釜	八籌	九藥	出現數	篇數
「即」(コピュラ)	2	0	0	0	0	12	0	2	0	16	3
「是」(コピュラ)	3	0	2	1	3	0	0	0	1	10	5
「所以」(接續詞)	4	0	6	5	0	4	1	1	4	25	7
可 V＋O	1	2	0	3	8	3	0	7	3	27	7
不 V 之	1	0	0	3	6	0	2	7	3	22	6
我之＋NP	1	3	0	10	8	1	0	0	0	23	5
吾之＋NP	0	0	0	2	1	5	0	0	1	9	4
無(有)一物	5	0	1	1	2	6	0	0	1	16	6
殊不知＋S	2	0	2	1	1	4	0	0	3	13	6
動詞「認」	0	1	0	0	4	0	0	0	0	5	2
「無我」の「我」が指示の意味ではない	2	0	5	10	0	6	1	0	0	24	5
各篇中の項目の總計	9	3	5	9	8	8	3	4	7		

『六度集經』言語の口語性について[*]
―疑問代詞體系を例として―

松江 崇[**]

零、導言

　『六度集經』は三國呉・康僧會の編譯による所謂「本生經」に屬する佛教文獻である。現存の版本は全八卷であり、九十一の本生譚或いは佛傳物語が收められ、これらが原則として「六度」——布施、持戒、忍辱、精進、禪定、智慧——の順に從って配される。思想的には、大乘的な菩薩行思想を宣揚することに主眼があるとみなし得ようが、同時に「仁政」或いは「孝道」といった儒家的な思想觀念をも含まれている。このことから、「佛教思想をかくも鮮やかに儒家思想と調和させ、とりわけ佛教における脱世俗的、消極・頽廢的な要素を、儒家の治世安民の精神にも許容され得るように改めた。康僧會は中國佛教史上における特殊な人物である」(任繼愈主編(1981：436-437)) [1]、或いは「康僧會は佛教初傳時期において儒家の社會政治倫理哲學を佛教に「溶かし」こんだ。その後、これは一貫して中國佛教的倫理哲學の重要な特色となった」(方立天(2002：35-36)) [2]といった評價が與えられている。

　『六度集經』の言語的特徵については、すでに多くの研究があり、夙に中古漢語（後漢・魏晉南北朝期）の口語成分が豐富に含まれることが指摘される（曹小云(2001)、方一新・王云路(1993)、梁曉虹(1990)等）。とりわけ、並列接續詞「逮」の頻出（李維琦(1993：185-186)）、直接目的語を擔い文末に位置する「其」の存在（俞理明 1993：72）、或いは統括副詞「都」の高頻度での出現 （遇笑容・曹廣順 1998）といった文法現象は、

---

[*] 本稿は「東アジアの經典解釋における言語分析（首屆東亞經典詮釋中的語文分析國際學術研討會）」(2006.8.23-25,於北海道大學) において發表した發表原稿（「略談《六度集經》語言的口語性―以疑問代詞系統爲例―」）に基づく。そのご調整を加えて鄭吉雄・佐藤鍊太郎主編『臺日學者論經典詮釋中的語文分析』(學生書局、2010年8月) に收め、その修正稿を拙著（松江(2010)) の一章として收錄した（ただし出版事情により修正稿の正式出版の方が先行することとなった）。本稿は原則としてこれら中國語版の日本語譯に相當するが、引用原典の日本語譯を加えた以外に、引用した『六度集經』原文に對して金剛寺本との異同を示した等、さらなる修正箇所を含む點に注意されたい。

[**] 北海道大學大學院文學研究科准教授

1) 原文は以下の通り。「把佛教思想如此鮮明地同儒家思想調和起來，尤其是佛教中的出世的消極頽廢因素改造成爲可以容納儒家治世安民的精神，康僧會是中國佛教史上的一個很特殊的人物。」

2) 原文は以下の通り。「康僧會在佛教初傳時期將儒家社會政治倫理哲學融入佛教，此後這就一直成爲中國佛教倫理哲學的重要特色。」

この文献言語に特徴的なものであり、漢語史とりわけ文法史・語彙史の點から大いに注視されるところである。

ところが、『六度集經』には口語成分が豐富に含まれる一方、指示代詞「斯」・「厥」・指示代詞「焉」・人稱代詞「余」・文末助詞「乎」といった多くの所謂「文言成分」も存在する（兪理明(1993:18)等）。これらの文言成分は、おおよそ上古中期漢語（春秋戰國期）に頻出する語彙であり、中古期に至ると衰退し、口語的性格が強いとされる中古初期（後漢・魏晉）の漢譯佛典に頻出することは多くない。『六度集經』にこれら文言成分が生起するのは、一般には康僧會が儒家經典に精通していたためであると解釋されている（兪理明(1993:18-19)等）。

しかしながら、この見解には再檢討の余地がある。そもそも文言成分とは、一般には上古中期漢語を模倣した後世の言語成分を指すのであるから、當該の文獻の基礎方言とは乖離した純粹に書面語的な成分ということになる。しかしながら『六度集經』にみえる文言成分が本當に編譯者・康僧會の口語と乖離したものであったのかは、俄には斷定しがたい複雜な問題である。『六度集經』は江南（恐らくは建業）で成立した漢譯佛典であり、江南方言を一定程度反映するとも推定される。當時の江南方言には、中原方言では失われた「古い」言語成分が口語として殘存していた可能性も排除できないからである。すなわち、從來、文言成分とされてきたものであっても、實はそれが『六度集經』の基礎方言に由來するという可能性も十分に考えられるのである。この問題を解決するのに最も有效な方法は、中古期（後漢魏晉南北朝）に成立した他の文獻言語を對照資料として、漢語史の視點から『六度集經』との比較檢討を行うことであろう。

本稿は、『六度集經』における疑問代詞體系を題材として、他の中古資料における疑問代詞體系と比較檢討することにより、『六度集經』の特徴的な言語成分が基礎方言から乖離したものであったかという文體的價値（stylistic value）の分析を行うものである。これにより、康僧會の言語選擇の方略の一端を考察し、さらに『六度集經』の上中古間文法史上における位置について改めて檢討することをも目論むものである。

一、 言語資料

1.1 『六度集經』
1.1.1 譯者・成書時期

『六度集經』についての成立時期・地域、譯者の言語的背景などについては、すでに松江(1999)において『出三藏記集』などの經録上の記載に基づきつつ紹介した。本稿ではその結論を簡潔に示すにとどめておく。まず、譯者については、僧祐『出三藏記集』卷第二、費長房『歷代三寶記』卷第五、智昇『開元釋教録』卷第二などではいずれも三國・吳の康僧會としており、異説はまずみられない。そして『出三藏記集』卷第十三お

よび慧皎『高僧傳』卷第一の記載によれば、康僧會の祖先は、もとは康居の人であったが、代々天竺に住み、父の代に交趾に移ったのであり、康僧會は十歳の時に兩親が他界したのちに出家し、赤烏十年（241 年、一説には赤烏四年）に呉都・建業に移住し經典の翻譯に從事したという。『六度集經』成書の具體的な地域と時期については、『古今譯經圖記』の「以吳太元二年歳次辛未，於楊都譯」という記載が信じ得るものであれば、252 年に建業において成書されたことになる。なお『六度集經』には極めて「中國的」な表現が散見され、またサンスクリット等の非漢語原文に影響されたと覺しき倒置法や、所謂「提挈句法」などの漢譯佛典特有の翻譯文體の影響がほとんどみられないため、非漢語の原典から逐語的に譯されたものとはみなし難い。康僧會がしばしば『六度集經』の「編譯」者と表現されるのは、そのような翻譯の性質を示唆したものであろう。

1.1.2 『六度集經』言語の眞實性[3]

　文獻を使用した言語研究において、最も重要なことは、現存する當該の文獻言語の眞實性（authenticity）の確認――現存する文獻言語が、文獻成立當時の言語を保存していることの確認――であろう。この點においては、『六度集經』言語は、中古資料としては非常に高い眞實性を有している。以下、この點について、現存の『六度集經』と、梁代に僧旻らが集め、寶唱らが増補編纂した佛教説話集『經律異相』に引用された部分とを比較することによって檢證してみたい。

　『經律異相』には少なくとも 18 箇所『六度集經』を引用した部分がみとめられる。具體的な對應状況は次をみられたい（下例における「*」はその後ろの字について版本による異同が存在することを表す）。

・『六度集經』卷三（二三）(3-14a〜b)[4]

　　　　昔有獨母，爲理家賃，守視田園。主人有*偟 [三本・金剛寺本「徨」]，餉過食時，*時 [三本無] 至欲食，沙門從乞，心存：「斯人絕欲棄邪，厥行清眞。濟四海餓人，*不 [三本・金剛寺本「弗」] 如少惠淨戒眞賢*者 [三本・金剛寺本無]。」以所食分，盡著鉢中，蓮華一*枚 [明本「枝」]，著上*貢 [明本「供」] 焉。道人現神，足放光明。母喜歡曰：「眞所謂神聖

---

[3] 本節および次節は、松江（1999）において言及した内容と重なる部分が多いが、内容上の修正を含むために、敢えて重複を避けない。

[4] 本稿で引用する佛典の底本は『大正新修大藏經』所收のものとし、引用文末に『大正藏』における位置を示す。例えば(3-14a〜b)であれば、『大正藏』第三卷十四頁上段〜中段」の意。他は類推されたい。また、引用文には原則として『大正藏』脚注に従い版本による移動を小字で附記する。『六度集經』に關しては、金剛寺本『六度集經』（國際佛教學大學院大學「日本古寫經データベース」所收のデジタル畫像版の複寫による）との校合結果をも附記するが、寫本に多い明らかな字の誤りや異體字として處理し得るものを逐一注記することはしない。なお、國際佛教學大學院大學「日本古寫經データベース」の閲覽・複寫に際しては、同大圖書館および關係各位のご配慮を忝なくした。記して謝意を表します。

者乎。願我後生百子若*茲 [元・明本「慈」]。」

　　母終神遷，應爲梵志嗣矣。其靈集梵志小便之處，鹿*瀞 [三本「舐」、金剛寺本「䑛」] 小便，即感之生，時滿生女，梵志育焉。年有十餘，光儀庠步，守居護火，女與鹿戲，不覺火滅，父還恚之，令行索火。女至人*聚 [三本「婦」]，一*躇 [元本・明本「跬」] 步*處 [三本・金剛寺本「跡」]，一蓮華生。火主曰：「*爾 [元本・明本「汝」] 遶吾居三匝，以火與爾。」女即順命，華生陸地，圍屋三重，行者住足，靡不*雅 [元本・明本「訝」] 奇。斯須宣聲聞其國王，王命工相，相其貴賤。師曰：「必有聖嗣，傳祚無窮。」王命賢臣娉迎禮備，容華奕奕，宮人莫如。懷妊時滿，生卵百枚。后妃<u>逮</u>妾靡不嫉焉，豫刻芭蕉爲鬼形像，臨産以髮被覆其面，惡露塗*芭 [三本・金剛寺本無] 蕉，以之*示 [三本・金剛寺本「現」]『王，衆妖弊明，王*惑 [三本・金剛寺本「或」] 信矣。…

・『經律異相』卷四十五「獨母見沙門神足願後生百兒二」（53-235a~b）

　　昔有獨母，賃守田園。主人有事，餉過食時，食至欲食。沙門從乞，以所食分，盡著鉢中，一莖蓮華，又以貢奉。道人即現神足，母喜歎曰：「眞聖人乎。願我後生百子若茲。」

　　母終爲梵志嗣，其神靈集梵志小便之處，鹿舐小便，即感有身。時滿生女，梵志育焉。年至十餘，守居護火，女與鹿戲，不覺火滅，父令索火。女至人*婦 [三本・宮本「聚」]，步一蓮華。火主曰：「爾繞吾居三匝，以火與爾。」女即從命，華生陸*土 [三本・宮本「地」]，圍屋三重。國王聞之，召問相師。師曰：「必有聖嗣，傳化無窮。」王命賢臣娉迎還宮。懷妊月滿乃生百卵。后妃<u>逮</u>妾靡不嫉焉。…

　以上の對應狀況から、『經律異相』に『六度集經』が收録される際、一定程度は省略ないし修正が行われたと推定されるけれども、全體的にみれば、兩文獻における對應する部分の文字が相當に一致することが知られる。このことは、現存の『六度集經』言語の大部分が南北朝梁代の狀況を保存するものであることを示唆するものである。さらに、並列の接續詞「逮」など他の文獻には見出し難い機能語も、現存の『六度集經』および對應する『經律異相』所引の個所にみとめられるため、現存の『六度集經』の大部分は康僧會の原文にまで遡り得ると推定してよい。

　本稿末［付表 A］に、『經律異相』所引の『六度集經』および現存の『六度集經』における對應箇所の一覽を示しておく。

1.1.3 『六度集經』言語の複層性

上述のごとく、現存『六度集經』言語の大部分は康僧會の原文を保存したものとみなされる。しかしながら、その一部は康僧會の原文に由來しない異質な部分だと考えられる。康僧會の原文に由來する部分と異質な部分とを、人稱代詞體系・近稱指示代詞體系・文末疑問語氣詞を指標として分析し、『六度集經』言語内部の複層性を示したものが【圖表１】である。

【圖表１】『六度集經』言語の複層性

指標（甲）： 一人稱代詞「吾」或いは二人稱代詞「爾」が頻出するか。
指標（乙）： 近稱指示代詞として「斯」が用いられ、「此」は用いられないか。
指標（丙）： 文末疑問語氣詞「乎」が用いられ、「耶」は用いられないか。

	『六A』	『六B』 （異質成分を多く含む部分）		『六C』 （異質部分）	
	右四經以外の部分	佛説蜜蜂經 （第六卷）	小兒聞法即解經 （第六卷）	薩和檀王經 （第二卷）	鏡面王經 （第八卷）
甲	±/＋/＋＋	－	±	±	＋
乙	?/－/±/＋/＋＋	－	－－	±	?
丙	? /±/＋/＋＋	?	±	－	＋

＊「＋」は當該の指標に對する肯定、「＋＋」は強い肯定を表す。「－」は當該の指標に對する否定、「－－」は強い否定を表す。「?」は當該の指標を判斷するには資料が不十分であること、「±」は中間的であることを表す。

＊「/」はその左右が選擇的關係にあることを示す。例えば【圖表１】「右四經以外の部分」における「甲」項は「±/＋/＋＋」である。意味するところは、「佛説蜜蜂經」「小兒聞法即解經」「薩和檀王經」「鏡面王經」以外の部分において、ある本生譚（小經）では「±」であり、同時に他に「＋」や「＋＋」の本生譚が存在することを示す。

【圖表１】の指標（甲）は、一人稱代詞「吾」～「我」・二人稱代詞「爾」～「汝」が、それぞれ文法レベルの條件によって選擇される現象がみられるかを確認するものである。この點は、漢語史上の『六度集經』言語の重要な特徴の一つである。すなわち、『六度集經』以外の他の多くの中古漢譯佛典では、「吾」「爾」はすでに書面語的色彩を伴っており（「吾」「爾」と「我」「汝」とが文體レベルで異なっている）、「吾」「爾」の出現頻度は「我」「汝」より總じて低い（「爾」は消滅していることが多い）。この指標が＋＋または＋であれば、「吾」と「我」、「爾」と「汝」とが、それぞれ文法レベルの條件によって選擇されている蓋然性が大きいと言える。指標（乙）は、近稱指示代詞として主として「斯」が生起し、「此」がほとんど出現しないという現象がみられるかを

確認するものである。この特徴は必ずしも『六度集經』言語の排他的な特徴ではないが（一部の他の中古漢譯佛典にもみとめられる）、やはり『六度集經』言語を特徴づける文法項目の一つである。指標（丙）は文末疑問語氣詞「乎」が多く用いられ、「耶」は稀少であるという現象がみられるかを確認するものである。この特徴もやはり『六度集經』言語の排他的な特徴ではないが、同様に『六度集經』言語を特徴づける重要な文法項目である。

さて、【圖表1】から「佛説蜜蜂經」「小兒聞法即解經」「薩和檀王經」の文法特徴と『六 A』（他の部分）のそれとは相當に異なっていることが知られる。このうち「薩和檀王經」については、このような文法特徴の相違と以下に擧げる翻譯語彙の相違などを根據に、康僧會の原文に由來しない異質な部分だと推定される。すなわち意味的にサンスクリットの brāhmaṇa に相當する語は、「薩和檀王經」では音譯の「婆羅門」が使用されるが（全 5 例）、他の部分ではいずれも「梵志」という意譯語が使われている（全 125 例）。さらに、「解曰」を付加して前出の語句に解釋を加えていくという形式も、この「薩和檀王經」のみにみられるものである。よって本稿では「薩和檀王經」を異質部分とみなし（『六C』と稱する）、言語資料とはしない。

また「佛説蜜蜂經」と「小兒聞法即解經」については、【圖表1】にみえるように、他の部分と異なる文法特徴を有している。現状では康僧會の原文に由來しない異質な部分だと斷言し得る他の確實な根據があるわけではないが、本稿ではこれらを暫定的に「異質成分を多く含む部分」とみなし（『六B』と稱する）、やはり言語資料とはしない。

「鏡面王經」は、【圖表1】の三項目の文法特徴に關しては、他の部分と大きな差異は見出せない。しかし、三世紀初あるいは三世紀中葉に、呉の支謙が翻譯した『佛説義足經』と對照すると、『六度集經』所收の「鏡面王經」は、實は『佛説義足經』所收の「鏡面王經」に由來すると推定できる[6]。まず、『六度集經』所收の「鏡面王經」に「義足經」という語がみられ、さらに『六度集經』所收の「鏡面王經」と『佛説義足經』所收の「鏡面王經」の偈の字句が一致するのである。さらに、二つの「鏡面王經」ではいずれも人稱代詞の複數形式として「X 曹」の形式が用いられるが、これは『佛説義足經』の文法體系と符合するものであり、「X 等」を用いる『六度集經』とは異なっている。以上から、本稿では『六度集經』所收の「鏡面王經」は、康僧會の原文に由來しない異質部分（『六C』）だとみなし、言語資料とはしない。

1.2　比較文獻

本稿において『六度集經』言語と他の中古資料とを比較檢討する際、主に『中本起

---

[6] 現存の『六度集經』所收の「鏡面王經」が支謙の『佛説義足經』に由來するという本稿の推定が正しいとすれば、これと他の『六度集經』（『六A』）の部分との文法的特徴が一致するのは、康僧會が支謙の原文に對して大幅に手を加えた結果だということになろう。

經』『過去現在因果經』『雜寶藏經』の三文獻を用いる。これらの文獻の譯者・成立時期・地域といった言語的背景については、松江(2010:9-20)において經錄の記載などに基づきつつ紹介したことがある。本稿ではその推定の結果を簡潔に示すにとどめておく。

まず『中本起經』については、『出三藏記集』卷第二および『歷代三寶記』卷第四の記載などから、康孟詳らにより建安年間（恐らくは建安十二年、すなわち 207 年）に洛陽において翻譯されたと推定できる。『過去現在因果經』については、『出三藏記集』卷第二および卷第十四の記載などから、求那跋陀羅によって劉宋元嘉年間（恐らく元嘉二十一から三十年、すなわち 444 ～ 453 年）に荊州辛寺において翻譯されたと推定される。『雜寶藏經』については、『出三藏記集』卷第二および『歷代三寶記』『開元釋經錄』『大唐内典錄』などにおける記載を總合すると、吉迦夜と曇曜により延興二年（472 年）に翻譯されたものと推定される。

二、「口語性」による言語成分の分類

本稿は、『六度集經』言語の「口語性」を論ずることを目的とするものであるが、その前に「口語性」の意味するところを明確にしておく必要があろう。本稿では、主に池上(1971)の議論に基づき、「口語性」を各言語成分（＝語、フレーズ、構文など言語體系を構成する諸要素）の文體的價値（stylistic value）を決定する要素の一つだと定義する。そして、口語性の程度の低い順に、（甲）純粹書面語成分、（乙）書面語成分、（丙）口語成分、（丁）俗語成分といった分類を設ける。このうち「純粹書面語成分」とは口語とは乖離した言語成分のことであり、例えば文獻言語の著者が擬古的表現を採用した場合などに出現することになる。「書面語成分」は、主に書面語に用いられるものの、口語——そのうち多くは改まった表現——の中にも出現し得るものである。「口語成分」は、口語性の程度が「一般的」であるものを指し、書面語から一般の會話まで廣く用いられ得る。この「口語成分」は、これだけで完全な言語體系を構成し得る點において、他の文體的價値を有する言語成分とは異なる。「俗語成分」は、非公式のいわば碎けた口語にのみ用いられるもの。漢語では、しばしば「本字」を持たない語がこれに相當し、近古（唐・清代）以前の文獻に現れることは極めて稀である。

「純粹書面語成分」と「書面語成分」「口語成分」「俗語成分」との間には、自然言語である口語に由來するか否かという點で本質的な差異があると言える。しかし「純粹書面語成分」を除く三者は、「口語性」の程度により連續體を成しているのであり、それぞれの境界は必ずしも明確に區切られ得るものではない。また、ある言語成分、例えば一つの語の口語性というものは、その用法によって異なることがある點に注意されたい。例えば、本稿 3.3 以下にみるように、『雜寶藏經』における疑問代詞「何」は、連用修飾語用法では「書面語成分」であるが、連體修飾語用法では「口語成分」であると推定

される。

三、『六度集經』における疑問代詞體系

3.1 疑問代詞體系概況

　　周知のように、上古漢語（〜西漢）における疑問代詞體系は、中古以降のそれに比して際立った特徴を有する。すなわち、類似する指示機能を備えたる單音節の疑問代詞が複數存在し、かつこれらが聲母を同じくするという音形上の共通性をも備えている。例えば、上古中期（春秋戰國時代）に常見される疑問代詞には、影母系「惡」（*ʔâ）・「安」（*ʔân）・「焉」（*ʔan）、匣母系「何」（*gâi）・「曷」（*gât）・「奚」（*gê）・「胡」（*gâ）・「盍」（*gâp）、禪母系「誰」（*dui）・「孰」（*duk）などがあり[7]、これら各系統の疑問代詞が、各共時態において何らかの條件により選擇されている[8]。

　　しかし中古初期（後漢魏晉朝）に至ると、上述の疑問代詞體系が崩壞し始める。すなわち、（一）「何」と「誰」以外の上古疑問代詞が衰退し始め、（二）上古には存在しなかった新出の二音節疑問代詞が大量に出現し始めることになる。本稿では、この點を具體的に確認するために、『六 A』『中本起經』『過去現在因果經』の疑問代詞體系について悉皆調査を行い、その調査結果を本稿末の付表 B・付表 C・付表 D として示した（なお『雜寶藏經』の疑問代詞體系については、すでに松江(2005)において既發表であるので付表は省略する）。ここから次の三點が確認されよう。まず第一點は、これら四文獻には共通點がみられるということである。すなわち中古以降に出現した新出の疑問代詞が數多く存在する一方、上古に常見される疑問代詞のうちのいくつかは四文獻においていずれもすでに消失している。第二點は、四文獻間にはそれぞれ成立時期に差異があるが、それに應じて疑問代詞體系の通時的變遷がみとめられるということである。例えば、後漢魏晉以後に出現した「如」「若」などの疑問代詞は、後漢魏晉期の『六 A』『中本起經』ではみとめられるが、南北朝期の『過去現在因果經』『雜寶藏經』には存在しない。第三點は、『六 A』の成書時期は『中本起經』よりもやや遅れるものの、『六 A』は『中本起經』よりもむしろ「古い」狀態をより多く保存しているということである。例えば『六 A』は『中本起經』よりも上古に既出の疑問代詞（「焉」など）を保存することが多く、また、その疑問代詞體系の二音節化の進展は『中本起經』よりも遅れている。

　　このように、『六 A』における疑問代詞體系は、他の三文獻よりも全體的に「古い」狀態を保存しているのであるが、これがその基礎方言を反映したものであるのか、或い

---

[7] 再構成音は、Schuessler (2009)の體系（OCM）による。
[8] それぞれの具體的な生起條件は、相當に複雜な問題であり、本稿では論じない。なお、上古中期の禪母系「誰」と「孰」の生起條件については、松江(2006b)を參照されたい。

は編譯者が擬古的な言語成分を多く用いたにすぎないのかについて檢討していく。

3.2 「焉」

「焉」は上古期に常見される疑問代詞である。目的語として主に場所を問い、連用修飾語として理由・方法などを問う。しかし中古期の『中本起經』『雜寶藏經』にはみられず、『過去現在因果經』に一例がみとめられるだけである。また、中古期に成書した『佛説成具光明定意經』『修行本起經』『賢愚經』などには全く存在しないなど、「焉」は中古期に成立した佛教文獻にはほとんどみられなくなっている（魏培泉(2004)）。

ところが『六A』には以下のように10例がみとめられる。

(1) 人曰：「焉有寤而不聞乎。志道甚深，自今之後，願師事世尊，奉五淨戒爲清信士，終身守眞。」[焉＝連用修飾語・反語用法]『六A』(3-42c~43a)

〔その人は言った「どうして目覺めていて（あのような大きな音が）聞こえないことがあろうか。（佛が）道を志すことのなんと深いことよ。今より後、世尊に師事し、五淨戒を奉じて居士となり、終生、眞道を守っていくことを願います。」〕

(2) 王以慈忍*心［金剛寺本無］願鴿活，又命近臣曰：「爾疾殺我，*秤［金剛寺本「稱」］髓令與鴿重等。吾奉諸佛，受正眞之重戒，濟衆生之危厄。雖有衆邪之惱，猶若微風，焉能動*太［元本、明本「大」、金剛寺本「金」］山乎。」[焉＝連用修飾語・反語用法]『六A』(3-1c)

〔國王は慈忍であるために、鳩を活かそうとして、従者に命じていった「はやく私を殺して、その骨髓を鳩と同じ重さまではかり取りなさい。私は諸佛を奉じて眞の重戒を受け、衆生を危難から救っている。たとえ諸々の邪惡な煩惱であっても、（私にとっては）微風のようなものであり、（そんなもので）どうして泰山を動かすことができようか。」〕

(3) 皇孫將妃辭親而退，還國閉閤廢事相樂。衆臣以聞曰：「不除其妃，國事將朽矣。」父王曰：「祖王妻之，焉得除乎。」[焉＝連用修飾語・反語用法]『六A』(3-45c)

〔（尼呵遍國の）國王の孫は妃をつれて親族に別れを告げて退き、（自分の）國に歸ると内室に閉じこもり、なすべき事もせずに樂しみに耽った。臣下たちはそのことを奏上して言った「太子の妃を除かなければ、（國の）政治は墮落してしまうでしょう。」父王は言った「わが父が（彼女を）息子に娶らせたのだ。どうして除くことなどできようか。」〕

(4) 鹿曰：「王重元后，勞躬副之，吾終不免矣。天王處深宮之内，焉知微蟲之處斯乎。」[焉＝連用修飾語、純粹用法(?)]『六A』(3-33b)

〔鹿（の王）は言った「王は后を大切にされ、自らお出ましになり（私を）彼

女に與えようとなされている。私は決して逃れることができないでしょう。大王は王宮の奥深くにお住まいなのに、どうして私のような獸がここにいることをご存じだったのでしょうか。」

(5) 常悲菩薩從定寤，左右顧視，不復視諸佛，即復心悲，流涙且云:「諸佛靈耀自何所來。今逝焉如。」［焉＝動詞目的語・純粋疑問用法］『六A』(3-43c)
〔常悲菩薩は禪定から覺めると、左右を顧みたが、すでに諸佛は見えなかった。心悲しみ、涙を流しながら言った「あの諸佛の靈光は何處から來て、今どこに行ってしまったのだろうか。」〕

上述のように「焉」が同時期の他の漢譯佛典にはほとんどみられないということを踏まえると、これら『六A』の「焉」は、口語を反映したものではなく、擬古的な成分（「純粋書面語成分」）であることが疑われよう。しかしながら、『六A』における「焉」は、その大部分が連用修飾語となった反語用法に限られ（ただし例文(4)は例外ともみなし得る）、明確な純粋疑問用法は述語動詞目的語となった１例（例文(5)）だけであることに氣づかされる。筆者はこのような現象は、これら『六A』の「焉」が、その基礎方言と乖離した「純粋書面語成分」ではなかったことを示唆するものだと考える。この「焉」のように上古に既出の疑問代詞が、ある中古資料において特定の統語成分を擔う場合には反語用法に限られ（純粋疑問用法が消失しており）、別の統語成分を擔う場合には純粋疑問用法を保存しているというような状況は、詳細な調査の後に見出し得る相當に複雑な文法規則であり、このような複雑な文法規則は擬古という人爲的な方法によって容易に生みだし得るものではない——またその必要もない——と考えるからである。さらに、この現象は、廣義の「疑問」——純粋疑問の他、反語や感歎などの修辭的疑問を含めた「疑問」という範疇——を表す用法のうち、機能上、無標性が高い純粋疑問が新形式によって擔われるようになり、有標性が高い修辭疑問の方は依然として舊形式によって擔われている通時的變化の表れであると解釋できる。これは自然言語における言語變化を反映したものと假定しても合理的に解釋し得るものと言えよう。このことも上述の推定を支持するものである。以上から、ある上古に既出の疑問代詞について、「中古資料で特定の統語成分を擔う場合には修辭的疑問用法に限られ（純粋疑問用法が消失しており）、別の統語成分を擔う場合には純粋疑問用法を保存している」という規則が見出されるのであれば、その疑問代詞は「純粋書面語成分」である可能性が低いと推定したい〔假説１〕。

ただし『六A』の連用修飾語或いは目的語となった「焉」が口語成分であるのか書面語成分であるのかを判斷することは難しい。本稿ではかりに書面語成分であったと推定しておく。なぜなら（一）「焉」が連用修飾語となる場合、多くが「焉得…」「焉能…」「焉知…」「焉有…」といった固定的フレーズの形式で出現しており、パラディグマティックな面における結合の範圍が相當に狭いからであり、（二）『六A』體系内に「焉」

より出現頻度が高く、類似の機能を有する連用修飾用法の「何」が存在し、この連用修飾用法の「何」が口語成分であったと推定されるからである。この他、「焉」が目的語となった場合、『六 A』の體系では書面語成分であったと推定される動詞「如」(「行く」)とだけ組み合わされることも、上述の推定を間接的に支持するものであろう [9]。

3.3 〈純粹疑問〉を表す連用修飾語「何」

「何」は上中古間の文獻言語において極めて普遍的に出現し、中古漢語でもその出現頻度は高い。

「何」は中古の『中本起經』『過去現在因果經』『雜寶藏經』などにおいては、連體修飾語を擔った場合は純粹疑問にも修辭的疑問にも用いられ得るが、連用修飾語を擔った場合は、原則として修辭的疑問用法（反語用法および感歎用法）に限られる [10]。ここから、上述の「假説1」によって、これらの文獻における「何」は「純粹書面語成分」ではないと推定できる。そしてこれらの文獻には、連用修飾語「何」と類似する統語機能・意味（連用修飾語として廣義の疑問を表す）を有する「云何」「何故」などの新形式が存在し、純粹疑問はこれら新形式によって擔われている。以上のことから、これらの文獻における連用修飾語の「何」は恐らく書面語成分となっていたと推定したい。

(6) 王問*憂 [三本「優」] 陀：「悉達每出，椎*鍾 [三本「鐘」] 鳴鼓，觀者填路。今*者 [三本「若」] 遊止，有何音響。」*憂 [三本「優」] 陀答王：「佛始得道，往詣波羅奈國，擊甘露法鼓。…」[何=連體修飾語、純粹疑問用法]『中本起經』(4-154c)

〔王は憂陀にたずねた「悉達が外出する時には、鐘をつき太鼓を鳴らして、觀衆が道を埋めたものだ。今、遊樂する際、どのような音樂を伴っているの

---

9) 『六 A』において「行く」意を表す動詞のうち、最も普遍的なものは「之」であり、「如」は極めて少ない。
10) 『中本起經』と『過去現在因果經』には以下のごとく連用修飾語の「何」が純粹疑問を表す例外がみられる。
- ・*梵志 [三本「梵志過」] *眾等往造求 [三本無] 宿。美音問曰：「道士何來，今欲所之。」其陳彼澤樹神功德：「欲詣舍衛，造*孤獨 [三本「給獨」] 氏，*攢 [三本「㨶」] 採法齋，冀遂本志。」[何=連用修飾語、純粹疑問 用法]『中本起經』(4-157a)

〔梵志たちは行って宿を求めた。美音がたずねて言った「道士は何處から來て、今どこに行こうとされているのか。」（梵志たちは）かの澤の樹神の功德をつぶさに述べ、「舍衛國に行き、孤獨氏に赴いて佛戒を得て、本願を遂げることを願っております。」〕
- ・從者答曰：「無有蹤跡，不知何來。」[何=連用修飾語、(間接) 純粹疑問用法]『過去現在因果經』(3-630b)

〔從者達は答えて言った「痕跡もなく、どこから來たのか分かりません。」〕
ただし、これらの用例における「何」はいずれも動作の「起點」を問うものであり「方法・理由」を問う用法とは區別して論ずる必要があると思われる。

か。」憂陀は王に答えた「佛は道を得たばかりに波羅奈國を訪れた時、甘露の法鼓を打ち鳴らしました。…」〕

(7) 佛言：「苦哉，阿蘭迦蘭。甘露當開，汝何不聞」［何＝連用修飾語、反語用法］『中本起經』(4-147c)

〔佛は言った「何とつらいことか、阿蘭迦蘭よ。甘露のごとき教えがまさに説かれようとしているのに、お前はどうして聞くことができないのか。」〕

(8) 五人悉對曰：「吾坐悉達更歷勤苦。悅頭檀王暴逆違道，皆由於卿。」佛告五人：「汝莫*卿［三本＝「輕」］無上正眞、如來、平等覺也。無上正覺不可以生死意待*也［三本無］。何得對吾面*稱［宋本「說」］父字。」［何＝連用修飾語、反語用法］『中本起經』(4-148a)

〔五人はみな答えて言った「我らは悉達のせいで苦勞することになったのだ。悅頭檀王の暴虐非道もみなあなたによるものだ。」佛は五人に言った「おまえたち、無上正眞、如來、平等覺を輕んじてはならない。無上正覺は生死にとらわれた心で相對してよいものではない。どうして私の面前で父の名を呼んでよいものか。」〕

(9) 象王問言：「著何衣服。」答言：「身著袈裟。」［何＝連體修飾語，純粹疑問用法］『雜寶藏經』(4-454a)

〔象王はたずねて言った「(その人は)どんな服を着ているか。」(善賢は)答えて言った「袈裟をつけています。」〕

(10) 於其中路，心竊生念：「我今爲王，王於天下，一切人民靡不敬伏。自非有大德者，何能堪任受我供養。」［何＝連用修飾語、反語用法］『雜寶藏經』(4-484a)

〔(祇夜多に會いに行く)道すがら、心中にひそかにある思いが生じた「私は今、王である。王というものは天下にあって、敬服しない人など一人もいない。大德のある者でなければ、どうして私の供養を受けるのに値しようか。」〕

(11) 時摩訶羅，復問之言：「我有何罪，橫加打棒。」麥主答言：「汝遶麥淸，何不右旋咒言『多入』。違我法故，是以打汝。」［何 b＝連用修飾語、反語用法］『雜寶藏經』(4-480a)

〔その時、摩訶羅はまたその男(＝麥の持ち主)にたずねて言った「私のどんな罪があって、棒で毆りつけたのか。」麥の持ち主は答えて言った「お前は麥の山をまわる時、どうして右側からまわって『豐作となりますように』と祈らなかったのか。我々のきまりに違反したから、お前を毆ったのだ。」〕

(12) 太子即問：「此爲何人。」從者答曰：「此病人也。」［何＝連體修飾語，純粹疑問用法］『過去現在因果經』(3-630a)

〔太子はたずねた「これは何者か。」從者は答えていった「病人です。」〕

(13) 時白淨王，愛念情深，語車匿言：「我今當往尋求太子，不知即

時定在何許。其今既已捨我學道，我復何忍獨生獨活。便當追逐隨其所在。」［何＝　連用修飾語、反語用法］『過去現在因果經』(3-636a)

〔その時、白淨王は（太子への）思いが強く、車匿に（次のように）言った。「私はこれから太子を探しにいこうと思うが、（彼は）いったい今何處にいるのだろうか。彼は私を捨てさり道を學んでいる。私はどうして一人で生きていくことができようか。彼の志につき從うべきであろう。」〕

(14)爾時魔王，左手執弓，右手調箭，語菩薩言：「汝刹利種，死甚可畏。何不速起。宜應修汝轉輪王業，捨出家法。…」［何＝連用修飾語、反語用法］『過去現在因果經』(3-640a)

〔その時、魔王は左手に弓を執り、右手で矢を觸りながら、菩薩に言った「クシャトリアよ。死とは恐ろしいものだ。どうしてすぐに立ち上がらないのか。お前の（修めるべき）轉輪王の業を修めて出家の法を捨てるがよい。…」〕

ところが、『六Ａ』における連用修飾語の「何」は『中本起經』『雜寶藏經』『過去現在因果經』におけるそれとは用法の面で異なる。すなわち「何」が『六Ａ』において連用修飾語を擔う場合、純粹疑問と修辭的疑問（反語および感歎）のいずれの用法にも用いられるのである。この『六Ａ』の連用修飾語「何」は、連用修飾語として多樣な語・フレーズを修飾することができ、また出現率も高い。本稿は、『六Ａ』における連用修飾語の「何」は書面語成分ではなく口語成分であった可能性が高いと考える[11]。

(15)第一弟子＊鶩鶩［宋本・金剛寺本「秋露」］子，前稽首長跪白言：「車匿宿命有何功德。…」佛歎曰：「善哉善哉。＊鶩鶩子所問甚善。車匿累世功勳無量。爾等諦聽，吾將說之。」［何＝連體修飾語，純粹疑問用法］『六Ａ』(3-44b)

---

11) なお、『六Ａ』における目的語の「何」も、以下のような文法現象を根據に、「口語成分」あるいは「書面語成分」であったと推定する。それは『六Ａ』における目的語の「何」は、同一文中に助動詞と副詞「將」とが共起していれば、その語順は必ず「將＋助動詞＋何(O)＋動詞」という語順をとるという現象である。

・樹神人現，顏華非凡，謂阿群曰：「爾爲無道，以喪王榮。今復爲＊元［宋本・金剛寺本「無」］酷，將欲何望乎。」［何＝動詞目的語］『六Ａ』(3-22c)

〔樹神が人の姿を現した。容貌は輝いており凡人と違っていた。（彼は）阿群に言った「お前は無道を行ったが故に、國王という榮華を失ったのに、今またさらにこの上なく殘酷なことをして、いったい何を望んでいるのか」〕

・謂諸鴿曰：「佛經衆戒，貪爲元首。貪以致榮者，猶餓夫獲毒飲矣。得志之樂，其久若電。衆苦　困己，其有億載。爾等捐念，身命可全矣。」衆對之曰：「見拘處籠，將欲何＊冀［三本「異」］乎。」［何＝動詞目的語］『六Ａ』(3-34b)

〔第一の弟子の鷺鷺子が前に進んで稽首し體を直ぐにして跪き、言上した「車匿は過去世にどのような功徳を積んだでしょうか。…」佛は嘆じて言った「よきことかな。鷺鷺子の問いはもっともだ。車匿の何世にもわたる功徳は計りしれない。お前たち、しっかりと聞くがよい。これからそのことについて話そう。」〕

(16)諸沙門曰：「四姓貧困，常有飢色，吾等不可受彼常食。經說『沙門一心守眞，戒具行高。志如天金，不珍財色，*唯[三本・金剛寺本作「惟」]經是寶，絶滅六飢』故誓除饉，何恥分衛而不行乎。」[何=連用修飾語，反語用法]『六 A』(3-11c~12a)

〔沙門たちは言った「彼ら四姓は貧しく、いつも食べる物も足りていない表情をしている。彼らの食べる物を受け取るべきではない。經典に『沙門は一心に道を守り、戒律が備わり行いが高尚であらねばならない。志は天界の黄金のように（純粋で堅く）、財物や女色を惜しまず、ただ經のみを寶として六飢を滅す。』とある。もとより（六情を斷ち）比丘となることを誓ったのであり、どうして乞食することを恥じて行わないことがあろうか。」〕

(17)王抱兩孫，坐之于膝。*王[三本無]曰：「屬不就抱，今來何疾乎。」對曰：「屬是奴婢，今爲王孫。」[何=連用修飾語，純粹疑問用法]『六 A』(3-10c)

〔王は二人の孫を抱くと、彼らを膝に座らせた。王は言った「先ほどは抱きついて來なかったのに、今どうしてそんなにすぐに（私のところに）來たのか。」（孫たちは）答えて言った「先ほどは下僕でしたが、今は王の孫となったからです。」〕

(18)阿群曰：「命危在今，何欣且笑。」答曰：「世尊之言，三界希聞。吾今懷之，何國命之可惜乎。」[何a=連用修飾語，純粹疑問用法（？）]『六 A』(3-23a)

〔阿群は言った「命が今日にも無くなるというのに、どうして喜んで笑っているのか。」（普明王は）言った「世尊のお言葉は、三界を通じてもほとんど聞くことのできない（貴重な）ものだ。私は今これを得ることができた。國でも命でも何の惜しいことがあろうか。」〕

(19)有頃迴還，稽首長跪，如事啓焉。又質其原：「彼意無恆，何其疾乎。」佛即爲具說如上。[何=連用修飾語，純粹疑問用法]『六 A』(3-16b)

〔（鳩の王は）鳩たちに言った「佛典のあらゆる戒律のうち貪欲の戒めが第一である。貪欲のために榮華を極めるのは、飢えた男が毒の飲み物を得るようなものだ。樂しい氣持でいられるのは、稲妻の間だけのことで、あらゆる自分自身を苦しめることが何億年も續くのである。お前たち、食を斷てば自身を全うできるのだ。」鳩たちは答えて言った「かごの中に閉じ込められているのに、いったいどんな希望があるのでしょうか。」〕

この「將+助動詞+疑問代詞目的語+動詞」という疑問代詞目的語が助動詞の後・動詞の前に生起する文法現象は、上古中期にはみとめられず、上古後期（前漢）以降になって生じたのである（松江 (2010:125-132)）。『六 A』の目的語「何」は、少なくとも純粹書面語成分ではなかったと考える。

〔(阿難は)しばらくして歸ると、稽首して體を直ぐにして跪き、彼(=佛)にことの次第を報告した。そしてその原因をたずねた「かれの心變わりは、どうしてあのように早いのでしょうか。」すると佛は彼にさきほどの因縁をつぶさに話した。〕

(20) 妻曰:「太子求道,厥勞何甚。夫士家尊*在〔金剛寺本無〕于妻子之間,靡不自由。豈況人尊乎。」[何=連用修飾語、感嘆用法]『六A』(3-10a)
〔妻は言った「太子の求道は、なんと苦しみが大きいことでしょうか。そもそも士人というのは家では遠慮することなど何一つありません。ましてや貴人(であるあなた)においては(思い通りにならないことなどありましょうか)。」〕

以上の推測が正しいとすれば、『六A』における連用修飾語の「何」は、『中本起經』『雜寶藏經』『過去現在因果經』のそれよりも相對的に古い狀況——純粹疑問と修辭的疑問のいずれの用法にも用いられる——を口語成分として保存しているということになろう。

3.4 「孰」

「孰」は上古中期漢語において頻出する疑問代詞であり、多くの文獻においては主語のみを擔うという統語機能面での制約がみられる。中古漢語期に至ると、ほとんどの文獻においてその出現率は大幅に低下し、『中本起經』『過去現在因果經』『雜寶藏經』などには全く存在しない。ところが『六A』には20例も出現する。これが擬古的なもの、すなわち純粹書面語成分であるか否かが問題となる。「孰」は上古漢語において、その統語機能・談話機能が指示對象の相違——人或いは人の集團か、他の事物か——によって異なっていた(松江(2006b)參照)。中古においても原則的には同樣であるので、それぞれの用法に分けて檢討していく。

3.4.1 「孰」が〈人およびその集團〉を指示する場合

「孰」が〈人およびその集團〉を指示する場合、『六A』では二つのタイプの構文がみられる。一つは「孰〔=S〕+V(+O)+者」或いは「孰者〔=S〕+V」といった「孰」のあとに「者」を伴う構文であり、もう一つは「者」を伴わないものである。そして前者は純粹疑問に用いられ、後者は多く修辭的疑問(一般には反語)に用いられる。ここから、本稿3.2の〔假説1〕により、これらの構文における「孰」は純粹書面語成分ではなかった——嚴密には前者と後者とは「孰」の擔う統語成分の違いではないが、原理的には同じ事である——と推定したい。

さて、このうち「孰」のあとに「者」を伴う構文が口語成分であったのか書面語成分であったのかについては、これが上古後期になってから出現した形式であること、かつこの用法の三例がいずれも純粹疑問を表すことから、ひとまず口語成分であったと推

定しておきたい。

(20) 王即募曰：「孰能*攘 [三本・金剛寺本「攘」] 斯禍者，妻以月光，育以*元 [大正藏「原」，三本・金本に據る] 福。」［孰(…者)＝主語、純粋疑問用法］『六Ａ』(3-47a)

〔王は（智者を）募って言った「この災難をうち拂い得るものは誰か。（その者には）月光を娶らせ、この上ない幸福を享受させよう。」〕

(21) 王以閑日，由私門出，麤衣*自 [三本「白」、金剛寺本「日」] 行，就補履翁，戲曰：「率土之人，孰者樂乎。」［孰(者)＝主語、純粋疑問用法］『六Ａ』(3-51b)

〔王は暇な日に家の門から出かけた。粗末な服をつけ、一人で行った。靴直しの老人に近づくと、（彼を）からかって言った「この國すべての人の中で、誰が（最も）樂しく暮らしているか。」〕

「孰」の後ろに「者」を伴わない構文は、上古中期の段階で既に相當に普遍的であり、かつ『六Ａ』においては修辭的疑問（反語用法）に限られる傾向が顯著である。また、その多くが「孰能…」「孰有…」「孰不…」といった固定的な統語形式に中でのみ生起し、パラディグマティックな面における結合の範圍が狹い。よってこの文型における「孰」は書面語成分であったと推定しておく。

(22) 曰：「爾還吾珠，不者吾竭爾海。」海神答曰：「爾言何虛。斯之巨海，深廣難測。孰能盡之。天日可殞，巨風可卻，海之難竭，猶空難毀也。」［孰＝主語、反語用法］『六Ａ』(3-4c)

〔（普施は）言った「私の眞珠を返しなさい。さもなくばお前の海を涸らしてしまうぞ。」海神は答えて言った「おまえの話はなんと虛妄であることか。この大海の深く廣いこと、測り難いほどだ。誰がこれを涸らせられようか。空の太陽は落とすことができ、大風も退けることができるが、海を涸らすことなどできない。天空を壞すことができないように。」〕

(23) 誨喻之曰：「睹世皆死，孰有免之。尋路念佛，仁*教 [宋、元、明本「孝」] 慈心，向彼人王，愼無怨矣。」［孰＝主語、反語用法］『六Ａ』(3-12c)

〔（鹿王は）それら（別れを告げに來た鹿たちを）教え諭して言った「世の中のものはすべて死ぬのだ。誰がそのこと（＝死）を免れられようか。道すがら佛を念じ、仁愛・慈悲の心でもってあの人の王に應對するように。愼んで（彼を）恨むことなどないように。」〕

(24) 對曰：「吾自彼來，擧身*惱 [三本「疼」] 痛，又大飢渇。太子光馨，八方歡懿，巍巍遠照，有如太山。天神地祇，孰不甚*善 [元本・明本「喜」]。今故*遠 [三本・金剛寺本無] 歸窮，庶延微命。」［孰＝主語、反語用法］『六Ａ』(3-9c)

〔梵志は答えて言った「私は遠くからやって來たので、體中痛く苦しい。その

『六度集經』言語の口語性について―疑問代詞體系を例として―　111

うえ喉は渇き、飢えております。太子のご威光は、四方あらゆるものが賞贊するところであり、高々とそびえて遠くまで輝いていること、まさに太山のようです。天神地神で賞贊しないものがありましょうか。（私は）今そのために遠くから歸順したのです。どうかこの微命を延ばしていただきたい。」〕

3.4.2 「孰」が〈人およびその集團以外の事物〉を指示する場合

「孰」が〈人およびその集團以外の事物〉を指示する場合、『六 A』では主語を擔った用例と、「孰如…」という統語形式で「…と比べてどうであるか」といった意味を表す構文に用いられた用例とが各１例ずつみとめられるだけである。主語を擔ったものは、純粹疑問（ただし間接疑問）に用いられたものであるが、用例があまりに稀少であるため、「孰」の文體的價値の判斷は保留しておきたい。一方、「孰如…」構文については、中古新出の構文であり、『六 A』にみえるもの（用例(26)）が最初期の用例の一つと言ってよい。當時の書面語としては普遍的なものではなかったと考えられるため、口語を反映したもの（口語成分）と推定しておく。なお、この構文は用例(27)のごとく他の中古文獻にもみとめられる。

(25)*夜 [大正藏「從」，三本・金剛寺本に據る] 寢不寐，展轉反側，曰：「吾是補躧翁耶，眞天子乎。若是天子，肌膚何麤。本補*履 [大正藏「躧」，三本・金剛寺本に據る] 翁，緣處王宮。余心荒矣，目*睛 [三本・金剛寺本「精」] 亂乎。二處之身，不照孰眞。」〔孰＝主語、純粹疑問用法（間接疑問）〕『六 A』(3-51c)
〔(靴直しの老人は) 夜寢ようとしても眠ることができず、のたうち廻って言った「わしは靴直しの老人だろうか、それとも天子だろうか。もし國王なら、どうして皮膚がこんなにも粗いのか。もし元々靴直しの老人であるのなら、どうして王宮に住んでいるのか。私は心が亂れて、目がおかしくなったのではないか。二つの身分のうち、どちらが本當なのかわからない。」〕

(26)佛告胞罽：「五百車聲，孰如雷震之響。」對曰：「千車之聲，猶不比雨之小 雷。豈況激怒之霹靂乎。」〔孰＝「孰如」構文、純粹疑問用法〕『六 A』(3-42c)
〔佛は胞罽に言った「五百の車の音は、大きな雷鳴の響きと比べてどうであるか。」(胞罽は) 答えて言った「千の車の音でさえも、雨の時に鳴る小さな雷にも及ばない。ましてやどうして激烈な霹靂と比べられようか。」〕

(27)魚豢曰：「昔孔子歎顏回以爲三月不違仁者，蓋觀其心耳。孰如孫，祝菜色 於市里，顚倒於牢獄，據有實事哉。…」〔孰＝「孰如」構文、純粹疑問用法〕（『三國志』「魏書」「閻溫傳」「裴注」553）
〔魚豢が言うには、「昔、孔子が顏回に感嘆し、三ヶ月仁に違うことがないとしたのは、つまりは彼の心を見てのことだけであった。孫（賓碩）、祝（公道）の場合は、市場での（趙岐の）ただならぬ樣子であったり、（賈逵が）牢獄で

轉がっていたりというように、實際の據るべき事實があったが、これは（孔子が顏回に感嘆した場合と）どうであろうか。…」〕

3.5 「ゼロ疑問代詞」目的語

中古期の佛敎文獻には、以下のごとく機能的に特定疑問文（疑問詞疑問文）に相當するものの、文中で疑問機能を擔っているはずの疑問代詞が生起していないという特殊な特定疑問文がみとめられる。

(28) 獵士素知太子*逬 [元・明本「屛」] 逐所由，勃然罵曰：「吾斬爾首，問太子 爲 乎。」『六A』(3-9b)

〔獵師は元々太子が放逐されたことの次第を知っていたので、顏色を變えて罵った「お前の首を斬ってやろうか。太子のことを聞いてどうするのか。」〕

(29) 母惟之曰：「斯怪甚大，吾*用 [三本・金剛寺本「以」] *果 [金剛寺本「蓮」] 爲。急歸 視兒，將有他乎。」『六A』(3-10a)

〔母はこのこと（雨もないのに雷鳴が聞こえ、右目の皮が動き、左腋が痒くなり、兩乳房から乳が流れ出てきたこと）を考えて言った「これは全く奇妙なことだ。果物など（採っていて）どうするのか。急いで子供に會いに歸らなくては。何か予期せぬことがあったのだろうか。」〕

(30) 王*性 [三本「素」] 妒害，惡心內發，便問道人：「何故誘*他 [三本「他人」] *妓 [三本「婦」] 女。*著 [三本「在」] 此坐 爲。卿是何人。」『中本起經』(4-148c)

〔王は嫉妬深い性格であり、惡意が生じた。（彼は）道人にたずねて言った「どうして他人の歌女を誘惑するのか。ここに座って何をしているのか。君は何者か。」〕

(31) 父告子言：「汝欲作仙人*也 [三本＝「耶」]。生活之法，云何避蟲。」子言：「我今望*得 [三本＝「得父」] 現世安樂、後世安樂。不用我語，用是活 爲。」『雜寶藏經』(4-481b)

〔父は子に言った「お前は仙人になろうとしているのか。生活していくなかで、どうやって蟲を避けるというのか。」子は言った「私は今、現世の安樂を得ることも、後世の安樂を得ることも望んでいます。私の言うことが聞き入れられないのなら、生きていっていったい何になるというのでしょうか。」〕

中古漢語にみられるこのような特殊な特定疑問文については、その統語構造の解釋、或いはその通時的生成過程といった點について議論が積み重ねられてきた。一般には、これらの特定疑問文は「何（＝前置目的語）＋動詞」という動詞フレーズに由來し、そこから疑問代詞「何」が消失することによって——ただし音形だけが消失して「何」の

疑問機能は保存されて——生成されたものとされている。例えば述語動詞が「爲」である場合、「何(+以)+爲」 > 「爲」の前置目的語「何」の消失 > 「(+以)+爲」のごとくである（太田(1988:95-98)など）。本稿も上述の特殊な特定疑問文がこのような生成過程を經て生成されたとの見方に贊同するものである。その上で、元々「何」が存在した統語的位置に音聲形式を缺いた疑問代詞——ゼロ疑問代詞——が存在するとみなし、これを「ゼロ疑問代詞」と稱することにする。『六 A』にはゼロ疑問代詞が介詞「緣」「從」の目的語となった用例がみとめられる。

(32) 婿曰：「吾貧，緣獲給使乎。」[ゼロ疑問代詞＝介詞「緣」の目的語]『六 A』(3-9b)
〔夫は言った「私は貧しい。どうしたら召使いが手に入れられるだろうか。〕

(33)兒曰：「昔爲王孫，今爲奴婢。奴婢之賤，緣坐王膝乎。」問梵志曰：「緣得斯兒。」[ゼロ疑問代詞＝介詞「緣」の目的語]『六 A』(3-10c)
〔(太子の) 子供は言った「以前は王の孫でしたが、今は(バラモンの) 奴隷です。奴隷という卑しい身分にありながら、どうして國王樣の膝に座れましょうか。」(王は) バラモンにたずねた「どうやってこの子たちを手に入れたのか。」〕

(34)菩薩存想，吟泣無寧。曰：「吾從得天師經典，翫誦執行，以致爲佛，愈眾生病，令*還 [三本「建」] 本淨乎。」[零代詞＝介詞「從」の目的語]『六 A』(3-32a)
〔菩薩は (佛のことを) 思い、苦しみうめいて安まることがなかった。(そして) 言った「私はどこから天師の經典を得、(これを) 諳んじて實行し、佛となり、衆生の苦しみを癒し、(彼らを) 元々の清淨に戻らせることができるだろうか。」〕

このゼロ疑問代詞が介詞「緣」「從」の目的語を擔う現象は、『中本起經』『過去現在因果經』『雜寶藏經』には全く存在せず、他の中古文獻においても極めて稀少である。そのためこれを當時の口語を反映したものではなく編譯者である康僧會の個人的な「創造」によるもの——その場合、擬古によるものではないが純粹書面語成分に相當することになる——とする考えもあり得る。しかしここで重要なことは、このゼロ疑問代詞の出現には地域的偏差がみとめられるということである。この點について俞理明(1993:163)は、三國吳の佛典では「何緣」は「緣」に、「何從」は「從」に簡略化され得ると指摘し、支謙『大明度經』の１例と『六度集經』の８例とを擧げる。そして俞氏が指摘するように、これら介詞「緣」「從」の目的語としてゼロ疑問代詞が生起するのは、實際に三國吳地域に限定されているようである。俞氏自身は、この現象が直接に基礎方言を反映したものであるか否かについては明言をしていないが、本稿ではこのうちゼロ疑問代詞が介詞「緣」の目的語となった現象については、口語の反映だと推定して

おきたい。この現象を自然言語に由來しない人爲的なレベルにおける「省略」だと假定すると、どうして三國時代の呉地域においてだけそのような「省略」がなされたのか、解釋し難いからである。そしてそもそもこのような人爲的な「省略」を行わなければならない動機自體が想定し難いであろう。佛典の一句の字數を四字或いは六字毎に揃えることを目的としたものだとしても、その場合は「何緣」はむしろ「何」と簡略化されるのが自然である。以上から、本稿は、このゼロ疑問代詞が介詞「緣」の目的語となる現象は、『六 A』の基礎方言の反映である（「口語成分」）と推定する。

そして上の推定は『六 A』の基礎方言はどの方言かという重要な問題に繫がる。つまり、本稿の推定が正しければ、『六 A』の基礎方言は三國時期の建業方言であると假定してよいことになろう。

なお、ゼロ疑問代詞が介詞「從」の目的語となる現象については、用例があまりに稀少であるために、例えば、『六度集經』の傳承過程における何らかの「事故」により、「何從」の「何」字が脱落したにすぎず、當時の口語と全く無關係であるという可能性も完全に排除はできない 12)。本稿ではこの現象についての解釋を保留しておきたい。

3.6 「何等」の缺如

「何等」は上古後期（前漢）になって出現する疑問代詞であり、『中本起經』『過去現在因果經』『雜寶藏經』にも少なからず生起し（『中』18 例、『過』30 例、『雜』6 例）、他の中古期の漢譯佛典にも常見される。主に目的語・連體修飾語・判斷文の主語を擔い、事物或いは事物の種類を問う 13)。

(35) 王問*憂 [三本「優」] 陀：「吾子在國，思陳正治，助吾安民，動順禮節，莫不承風。今者獨處，思憶何等。」[何等＝動詞賓語]『中本起經』(4-154c)
〔王は憂陀にたずねた「わが息子は國にあっては、正しい政治を廣めることに考えをめぐらし、私を助けて民を安んじ、ふるまいは禮節にかない、その敎化を受けないものはなかった。（息子は）今一人でいながら、どんなことを考えているのか。」〕

(36) 王見太子有如此瑞，即召諸臣，*共 [元、明本＝「兵」] 集議言：「太子初生，有此奇特。當爲太子作何等名。」[何等＝連體修飾語]『過去現在因果經』(3-621a)

---

12) 以上の觀點については魏培泉敎授のご指敎を賜った。
13) 魏培泉(2004:242)は、「何等」の「等」は元々「等級」「たぐい」といった語彙的意味を有し、前漢の紀元前後一世紀の段階でも恐らくこのような意味を保存していたため、「何等」は全體として「どのような」「どんな」「どの側面」といった意味合いがあり、その後、現在漢語の「什麼」のように、事物についての類別や内容、或いは行爲の方式までも表すようになったと推定している。原文は以下の通り。
「'何等'的'等'原含有'等第''等類'的意思，到了西漢前後的一世紀時可能還保有實義，此時的'等'就含有'什麼樣的''哪樣''哪個方面'的意思。無疑的，'何等'後來用如現代的'什麼'，可以是有關於事物的類別、内容、甚至行爲的方式。」

〔王は太子にこのような瑞相を備えているのをみると、臣下を召して一同に會し（彼らに）諮って言った「太子は生まれたばかりであるのに、かくも喜ばしい相を備えている。この子にどのような名をつけるべきであろうか。」〕

(37) 女人答言：「女人還在*女［三本「汝」］前而裸小便，有何等恥。一國都是女人，唯大力士是男子耳。若於彼前，應當慚愧，於汝等前，有何羞恥。」［何等＝連體修飾語］『雜寶藏經』(4-487a)

〔女は答えて言った「女が女の前で裸になって小便をしたとて、どうして恥ずかしいことがありましょうか。國中みな女であって、ただ大力士だけが男なのです。もし彼の前であれば、もちろんきまり惡く思いますが、あなたたちの前で何の恥じることがありましょうか。」〕

しかし『六度集經』には3例しか生起せず、かつ下のごとくそれがいずれも異質な部分（『六C』）と異質成分を多く含む部分（『六B』）だけに出現するのである[14]。

(38) 王言：「大善。所欲得者，莫自疑難。今我名爲一切之施，欲求何等。」［何等＝動詞賓語］『六C』「薩和檀王經」(3-7b)

〔王は言った「よろしい。（あなたが）手に入れたいと望むものは、（私は）澁ったり躊躇したりはしない。現在、私は「一切之施」と稱しているのだ。（あなたは）いったい何を望んでいるのか。」〕

(39) 長者問言：「此何等病。」比丘報言：「無有病也。但說深經，甚有義理。疑此夫人所懷妊兒是佛弟子。」［何等＝連體修飾語］『六B』「小兒聞法即解經」(3-35c)

〔長者はたずねて言った「これはどのような病氣ですか。」比丘は答えて言った「病氣ではありません。ただ深遠な經を說いているだけです。（それは）道理に滿ちております。婦人が身ごもった子は佛家の弟子ではないでしょうか。」〕

(40) 長者問言：「此爲何等。」比丘答曰：「眞佛弟子，愼莫驚疑。好養護之，此兒後大當爲一切眾人作師。吾等悉當*從［三本「往」］其啟受。」［何等＝動詞（准繫辭）目的語］『六B』「小兒聞法即解經」(大正3-36a)

---

[14] 同樣な例として、疑問代詞「那」は、『六A』には全く存在しないが、『六B』と『六C』の部分にそれぞれ1例ずつみられる現象などがあげられる。これも『六A』と『六B』・『六C』間の基礎方言の違いを反映したものであろう。なお「那」の語源については種々の議論があるが本稿では論じない。

・夫人恚言：「汝爲婢使，那得此兒。促取殺之。」（『六C』「薩和檀王經」3-7c）
〔夫人は怒って言った「お前は婢女であるのに、どうしてその子を手元においてよいものか。急いでその子を連れて行き、殺してしまいなさい。」〕

・長者甚愁，不知夫人那得此病。（『六B』「小兒聞法即解經」3-35c）
〔長者は大變心配したが、夫人がどうしてこのような（譯のわからないことを言い續ける）病を得てしまったのか分からなかった。〕

〔長者はたずねて言った「これ（＝この赤子）はいったい何者でしょうか。」比丘は答えて言った「眞の佛の弟子です。決して恐れたり疑ったりせず、しっかりと護り育ててください。この子は長ずるに及んであらゆる衆生の導師となるでしょう。我々はみな彼につき從って啓示を受けることでしょう。」〕

つまり「何等」は『六 A』には全く出現しない[15]。『六 A』において意味機能の面で「何等」に相當する疑問代詞は「何」ということになろう[16]。

このように「何等」が全く存在しない疑問代詞體系は、中古初期においては極めて珍しい。このような珍しい状況を生み出した要因についてはさしあたり二つの可能性が考えられよう。一つはこれが康僧會の口語を反映しているという可能性、すなわち彼の操る口語には「何等」という語が存在しなかったという可能性である。もう一つは、康僧會の口語には「何等」という語が存在していたものの、當時の「何等」が俗語成分であったため、書面言語としては避けられたという可能性である。この二つの可能性のいずれも完全に排除することは難しいであろうが、本稿では康僧會の口語を反映したものという解釋を採っておきたい。『六 A』には「如」「所」「ゼロ疑問代詞」など、「何等」よりも新しい時期に出現し、かつ非佛教文獻には稀少な疑問代詞が存在する。よって「何等」だけとりわけ俗語的で、その使用が避けられたという解釋にはやや無理があろう。例えば『中本起經』などではこれら「如」「所」「ゼロ疑問代詞」と「何等」とが併存している。以上から、「何等」が『六 A』にみられないのは、康僧會の口語に存在しなかったことによると考えておきたい。

3.7 「云何」が述語のみを擔う現象

「云何」は中古期に廣く用いられた疑問代詞である[17]。『中本起經』『過去現在因果經』『雜寶藏經』においても少なからず出現する（とりわけ後二者に頻出する）。述語として性質・状態を問う用法とまた連用修飾語として方法・理由を問う用法とがある[18]。

---

15) 康僧會は「安般守意經序」の中では「何等」を使用している。「於是世尊化爲兩身，一＊曰〔元本・明本「白」〕何等，一尊主，演于斯義出矣」（15-163b）〔そこで世尊は二つの身に變化し、一方は「何であるか」と言い、もう一方の尊主はその内容を敷衍したのである〕という箇所がそれであるが、當該の部分は『安般守意經』において「世尊」が二つの身に變化した理由を説明したものであり、この「何等」は、實際には『安般守意經』本文の語句を引用しただけである。

16) 他の文獻における「何等」の意味機能すべてを『六』の「何」が擔うことができると主張しているわけではないが、原則としては「何等」の意味機能は、「何」に包攝される關係にあったと考える。ただし、例えば、判斷文の主語となった「何等」などは、『六』の「何」には變換できないはずであり、兩者の意味機能に相違がないわけではなかった。

17) 「云何」は『詩經』などの上古文獻にすでにみられるが、用例は稀少である（周法高(1958)）。中古の「云何」が『詩經』のそれに直接的に由來するものであるかは疑わしい。

18) 『雜寶藏經』では「云何」は判斷文の主語となった用法もみとめられる。

(41)夫人問曰:「彼方二郡,一名迦夷,二名拘達盧。若有白王云,彼二國,他王劫取,王當云何。」[云何=述語]『中本起經』(4-160b)
〔婦人はたずねて言った「かの地方の二郡、一つは迦夷、もう一つは拘達盧と言いますが、もしかの二國が他の王に強奪されてしまったと言上するものがいたら、王(のお氣持ち)はいかがでしょうか。」〕

(42)即各語其諸弟子言:「我今欲同大兄於佛法中出家*學[三本・聖語藏本「修」]道。汝意云何。」[云何=述語]『過去現在因果經』(3-650a)
〔(迦葉の弟)自分の弟子たちに言った「私はこれから兄と共に佛法において道を修めようと思う。お前たちの氣持ちはどうであろうか。」〕

(43)阿難白佛言:「世尊,過去之世,供養父母。其事云何。」[云何=述語]『雜寶藏經』(4-447c)
〔阿難は佛に言上した「世尊よ。(あなたが)過去世において、どのように父母を養われたのでしょうか。」〕

(44)而問言:「阿難,是諸長老比丘尼,皆久修梵行,且己見諦。云何當使爲新受大戒幼小比丘僧作禮。」[云何=連用修飾語]『中本起經』(4-159a)
〔(大愛道は)たずねて言った「阿難よ、これら長老の比丘尼たちはみな久しく清淨な行いを修め、すでに眞理を見ています。どうして新たに大戒を受けた幼小の比丘僧に禮を行わければならないのでしょうか。」〕

(45)其中眾生各得相見,共相謂言:「此中云何忽生眾生。」[云何=連用修飾語]『過去現在因果經』(3-624b)
〔その(三千大世界の中の暗處の)中にいたすべての生き物たちはお互いが見えるようになり、言い合った「どうしてここに突然生き物が生まれたのか。」〕

(46)第二夫人來受募言:「我能卻之。」問言:「云何得攘卻之。」[云何=連用修飾語]『雜寶藏經』(4-452a)
〔第二婦人は呼び掛けに應じて言った「私が彼ら(=烏耆延國の軍隊)を退けることができます。」(國王は)たずねて言った「どのようにして(お前が)彼らを退けられるというのか。」〕

『六A』においては「云何」は全部で9例出現するが、述語を擔い性質・狀態を問う用法に限られており、連用修飾語となった用法を缺いている。『過去現在因果經』『雜寶藏經』などにおいては、むしろ連用修飾語を擔う用法の方が述語となる用法よりも優勢であり、『中本起經』においても連用修飾語用法と述語用法とが同程度で出現するのであって、『六A』における統語分布はかなり特徵的だと言えよう。

(47)禪度無極者云何。端其心,壹其意,*合[宋本「含」]會眾善,內著心中,意諸穢

惡，以善消之。〔云何＝述語〕『六A』(3-39a)
〔禪定に勤しみ彼岸に到るとは、どのようなことを言うのか。その人の心を正しくし、その人の思いを専一にし、諸々の善を集めて（それを）心に置き、思いの中にある諸々の汚れ・惡を善によって滅すことである。〕

(48) 即*輦［元本・明本「輩」］眾寶，於上立刹，稽首*白［宋本「曰」］言：「願我得佛教化若今。今所立刹，其福云何。」〔云何＝述語〕『六A』(3-48b)
〔（賢乾は）すぐに様々な寶物を運びこみ、（その場所の）上に寺を建立すると、稽首して言った「願わくば、佛の教化を今のごとく受けられんことを。今、寺を建立したことには、どのような福があるのでしょうか。」〕

(49) 翁曰：「*唯［三本「惟」］王者樂耳。」曰：「厥樂云何。」〔云何＝述語〕『六A』(3-51b)
〔老人は言った「ただ王だけが樂しく暮らしている。」（王は）言った「どうして彼が樂しく暮らしているといえるのか。」〕

歷史的に見れば、「云何」の述語用法は連用修飾語用法に先んずるものである（魏培泉(2004:252)）。よって『六A』の情況は『中本起經』のそれよりも相對的に古い情況を反映していると推定できる。「云何」の連用修飾語用法の生成過程については、まず「云何」が述語用法だけを有した段階において、しばしば連動構造の前項を擔うようになり、そこから連用修飾語用法が派生したと推定される。

本稿は、『六A』に「云何」の連用修飾語用法がみられないのは、編譯者である康僧會の口語を反映したものであると考える。康僧會が「云何」の連用修飾語用法だけを回避しなければならなかった動機が想定し難いからである。『六A』における「云何」の文體的價値については、判斷を保留しておきたい。

四、結論

康僧會が『六度集經』（『六A』）を編譯した際の疑問代詞の使用原則は以下のように歸納し得る。

（一）康僧會自身の口語に存在する疑問代詞のうち、既存の文獻（上古文獻および先行する中古の佛教文獻も含む）にみえる疑問代詞については、彼の口語における用法が先人の文獻におけるそれと一致するか否かに拘わらずその使用を妨げない（「何」、「孰（…）者」等）。その際、書面語色彩の強い疑問代詞（「書面語成分」）を採用することもある（「焉」、「孰」など）。

（二）康僧會自身の口語に存在する疑問代詞であっても、既存の文獻にみられないもの

についてはその使用が回避される。
（三）中古時期の他の佛教文獻に常見される疑問代詞であっても、それが康僧會自身の口語に存在しなければ、その使用が回避される（「何等」、連用修飾語の「云何」等）。

以上から、康僧會が『六 A』を編譯する際に、自身の使用する口語（「口語成分」および正式なスタイルの會話では使用され得る「書面語成分」）に存在し、かつ既存の文獻に出現したことのある疑問代詞だけを選擇した、と整理できる。このことは、康僧會が主觀的には書面語的表現を一定程度は意識していたこと（上述（二））、しかし口語から乖離した擬古的表現の使用までは意圖していなかったことを意味しよう（上述（三））。もう一點、注目に値するのは、康僧會は當該の疑問代詞が既存の文獻に存在するか否かについては注意を拂ったかのごとくであるが、用法上、既存の文獻のそれと一致しているか否かについてまではほとんど意識してなかったということである。よって、例えば、「孰」を「孰如…」構文に用いるような用法は、『六 A』にみえるものが最初期の用例の一つであるが、このような用法面での「革新」が『六 A』には多くみとめられるのである。そして以上のような見解に基づけば、何故に『六 A』は書面語的色彩が強いと同時に、口語成分も——とりわけ用法面において——豐富に含まれているのかということが合理的に解釋できると考える。

なお、上記（二）についてはその根據の説明が必要であろう。この點は、「本字」の同定し難い——上古文獻に出現しない語源不明の——俗語成分が、『六 A』に初めて出現するということが稀少であることを踏まえたものである[19]。同じく口語成分を多く含むとされる文獻言語でも、例えば「子夜歌」など、そもそも書面語的意識のもとに書かれたわけではないものには、「底」などの語源不明な疑問代詞が出現するというようなことあり得るが、このようなことが『六 A』にはほとんどみられないのである。

五、餘論：『六度集經』の上中古間文法史における地位

『六 A』の基礎方言に關しては、筆者はすでに魏晉時期の建業一帶の江南方言に屬するものと推測したことがある（松江(1999)）。その根據は、一般論として早期漢譯佛典の翻譯者は自らが使用し得る方言のうち文化的地位の最も高いものを選擇した可能性が高いと考えられるということである。康僧會は交趾の出身であったが、交趾方言よりも

---

19) なお、理論上は、本稿が口語成分とみなした疑問代詞についても、そのいくつかは「本字」のない俗語成分が訓讀によって他の字を借りて出現したものだという可能性も完全には排除できない（この點は、楊秀芳教授からご指敎をいただいた）。ただし、少なくとも本稿で扱った疑問代詞については、その語源を「當該の漢字が上古文獻で一般的に表示する語」だと解釋しても無理なく説明できるため（本字用法だとみなし得る）、訓讀されたものである可能性はほとんどないと考える。

翻譯に從事した建業方言のほうが文化的地位は高かったと推定される。そして本稿の檢討を踏まえると、より積極的かつ重要な根據として、例えばゼロ疑問代名詞が介詞「緣」の目的語となる現象など、『六 A』が魏晉期の江南地域において成立した他の佛教文獻と共通する言語上の特徴を有していたことも擧げられることになる。

さて、以上の『六 A』の基礎方言を建業方言とする推定が成立するのであれば、從來の上中古間語彙・文法史に對して語彙・文法項目の地域擴散という觀點から、以下の三點を付け加えることができる。

（一）魏晉時期の建業方言においては、同時期の洛陽方言（或いは他の中原地域）に比べて上古疑問代詞體系の崩壞の進行過程が緩慢であった。「孰」を口語として保存していたこと（但し「孰」が主語を擔う場合は後ろに「者」を伴わなければ書面語成分となった）、「何」が連用修飾語となり疑問を表す用法が保たれていたこと、「何等」「云何」等の二音節疑問代詞もそれほど發達していなかったこと、などがその例である。

（二）疑問代詞のうちのいくつは魏晉期の建業方言において獨自の發展を遂げていた。例えば同時期の洛陽方言と比べてゼロ疑問代詞が發達していた。すなわち出現率が相對的に高く、介詞「緣」の目的語となるといった特徴的な用法をも有していた。

（三）上述の（一）（二）の現象は、南北朝以降に南朝地域で成立した文獻の言語からは明確には見出し難い。

以上をまとめると、少なくとも疑問代詞の體系について言えば、三世紀の建業方言は、同時期の洛陽方言等の中原方言よりも相對的に古い狀態を保存していたのであるが、五世紀以降になると、建業（建康）方言と中原方言との差異は、それほど明確ではなくなっていたということになる。このことは、或いは建業（建康）方言が、三世紀中葉以降に永嘉之亂等の政治・社會的事件を經て中原方言の影響を大きく受けたことを示唆するものであるかもしれない[20]。

---

20) このような疑問代詞體系の建業方言における史的變遷のパターンが、一・二人稱代詞體系の史的變遷とのパターンとほぼ平行している點（（松江(2005)等））は注意されてよい。
　但しこのような現象が口語と全く無關係であった可能性も完全には排除できないであろう。漢譯佛典の文體は三世紀以降（特に鳩摩羅什以降）に規範化される傾向をみせるため、上述のような史的變遷は、或いは漢譯佛典が規範化された結果生じたものにすぎない可能性も排除はできない。

［付表 A］『經律異相』所引の『六度集經』と現存『六度集經』との對應

	『經律異相』所引の『六度集經』	現存の『六度集經』
(1)	「羼提和山居遇於國王之所割截四」 「出度無極集第五卷」 (53-40b~c)	第五卷（四四）「忍辱度無極章第三」 (3-25a~c)
(2)	「常悲東行求法遇佛示道六」 「出度無極集第七卷」 (53-41a~b)	第七卷（八一） (3-43a~c)
(3)	「題耆羅那賴提＊者二人共爭令五日闇冥十」 「出度無極集第七卷」 (53-42b~c)	第七卷（八二） (3-43c~44b)
(4)	「幼年為鬼欲所迷二十」 「出度無極集第八卷」 (53-45b~c)	第八卷（八五） 「菩薩以明離鬼妻經」 (3-47b~c)
(5)	「普施求珠降伏海神以濟窮乏六」 「出度無極集第一卷又出賢愚經」 (53-47b~48a)	第一卷（九） (3-4a~5a)
(6)	「坐海以救估客十一」 「殺身濟＊賈人經又出度無極集」 (53-48c~49a)	第六卷（六七） 「殺人濟賈人經」 (3-36a~b)
(7)	「釋迦為薩婆達王身割肉貿鷹三」 「出度無極集第一卷」 (53-50c~51a)	第三卷（二） (3-1b~1c)
(8)	「為國王身捨國城妻子十一」 「出度無極集第一卷」 (53-54a~b)	第一卷（六） (3-2c~3b)
(9)	「昔為龍身勸伴行忍七」 「出度無極集第五卷」 (53-58b~c)	第五卷（四八） (3-27c)
(10)	「為＊大魚身以濟飢渴十五」 「出度無極集第一卷」 (53-60c~61a)	第一卷（三） (3-1c~2b)
(11)	「獨母見沙門神足願後生百兒二」 「出度無極集第二卷」	第三卷（二三）

	(53-235a~b)	(3-14a~c)
(12)	「女人壞鬢口常誦經生兒多智為眾人所宗十二」	第六卷（六六）
	「出度無極集第六卷」	「小兒聞法即解經」
	(53-237b~c)	(3-35b~36a)
(13)	「恕黑王因母疾悟道大行惠施一」	第三卷（一五）
	「出度*無極集經第三卷」	「布施度無極經」
	(53-140c~141a)	(3-11b~c)
(14)	「為伯叔身*意不同故行立殊別二」	第五卷（五二）
	「孔雀王經又出無極集經第五卷」	「之裸國經」
	(53-56c)	(3-29c~30a)
(15)	「為大理家身濟鼈及蛇狐四」	第三卷（二五）
	「出布施度無極經」	
	(53-57b~58a)	(3-15a~16a)
(16)	「現為國王身化濟危厄十二」	第四卷（四一）
	（出所未標記）	「普明王經」
	(53-54c~55b)	(3-22b~24a)
(17)	「須大拏好施為與人白象詰擯山中七」	卷二（一四）
	「出須大拏經」	「須大拏經」
	(53-164c~166c)	(3-7c~11a)
(18)	「薩恕檀王以身施婆羅門作奴九」	卷二（一三）
	「出薩恕檀王經」	「薩和檀王經」
	(53-139b~c)	(3-7a~c)

［付表 B］ 『六度集經』（『六 A』）における疑問代詞一覧

上古來源	疑問代詞	總數	主語	動詞目的語	介詞目的語	連用修飾語	連體修飾語	述語	その他	保留
影母系	安	3	0	3	0	0	0	0	0	0
影母系	焉	12	0	1	0	11	0	0	0	0
匣母系	胡	5	0	2	1	2	0	0	0	0
匣母系	奚	2	0	1	0	1	0	0	0	0
匣母系	何	159	0	28	16	24	66	1	/如(X)何/ 16 動詞 2	1

匣母系	何故	1	0	0	0	1	0	0	0	0
匣母系	何所	2	0	1	1	0	0	0	0	0
匣母系(?)	所	8	2	6	0	0	0	0	0	0
匣母系	何物	1	0	0	1	0	0	0	0	0
匣母系	何以	5	0	0	0	5	0	0	0	0
匣母系	云何	9	0	0	0	0	0	9	0	0
匣母系(?)	ゼロ(動詞「為」の目的語)	9	0	9	0	0	0	0	0	0
匣母系(?)	ゼロ(介詞「從」の目的語)	1	0	0	1	0	0	0	0	0
匣母系(?)	ゼロ(介詞「緣」の目的語)	8	0	0	8	0	0	0	0	0
禪母系	孰	20	19	0	0	0	0	0	孰如1	1
禪母系	誰	16	10	4	2	0	0	0	0	0
—	如	5	0	5	0	0	0	0	0	0

＊『六B』『六C』は資料とせず、『六A』のみを資料とする。
＊表中の數字は出現頻度を表す。
＊表中に示した文法成分の内容について、「主語」は狭義の主語と所謂主題（Topic）とを含むこと、また「動詞目的語」「介詞目的語」はそれぞれ前置のものと後置のものとを含むことに注意されたい。
＊ある語が疑問と反語のいずれも表すことができ、かつ指示機能の面で代詞と認定され得るのであれば、たとえ統語的には連用修飾語しか擔うことができなくとも、疑問代詞とみなすこととする。
＊「/如(x)何/」は「如(X)何」「奈(X)何」等の形式を含む。
＊本稿は「何緣」「何從」を一語とはみなさず、これらの形式における「何」を介詞（「緣」「從」）の目的語とみなすことにする。なお「何以」は一語とみなすが、「以何」における「何」は「以」の目的語であるとみなすことにする。

[付表 C]　『中本起經』における疑問代詞一覽

上古來源	疑問代詞	總數	主語	動詞目的語	介詞目的語	連用修飾語	連體修飾語	述語	その他	保留
匣母系	奚	3	0	1	0	2	0	0	0	0
匣母系	何	84	0	28	11	16	21	5	/如(x)何/3	0
匣母系	何等	9	4	3	0	0	1	1	0	0
匣母系	何所	4	0	1	2	0	1	0	0	0
匣母系	何故	6	0	0	0	6	0	0	0	0
匣母系	何許	1	0	1	0	0	0	0	0	0
匣母系(?)	所	4	0	3	1	0	0	0	0	0
匣母系	何物	5	0	4	1	0	0	0	0	0
匣母系	云何	6	0	0	0	3	0	3	0	0
匣母系(?)	ゼロ（動詞「爲」の目的語）	2	0	2	0	0	0	0	0	0
禪母系	誰	7	5	1	1	0	0	0	0	0
(?)	那	3	0	1	0	2	0	0	0	0
(?)	若	1	0	1	0	0	0	0	0	0
(?)	如	1	0	1	0	0	0	0	0	0

＊表中の符號の意味は、［付表 B］注釋を參照のこと。

[付表 D]『過去現在因果經』における疑問代詞一覽

上古來源	疑問代詞	總數	主語	動詞目的語	介詞目的語	連用修飾語	連體修飾語	述語	その他	保留
影母系	安	1	0	0	0	1	0	0	0	0
影母系	焉	1	0	0	0	1	0	0	0	0
匣母系	何	65	0	6	18	3	30	7	/如(x)何/1	0
匣母系	何處	4	1	1	2	0	0	0	0	0
匣母系	何等	15	0	7	0	0	8	0	0	0
匣母系	何所	6	0	5	1	0	0	0	0	0

匣母系	何故	12	0	0	0	12	0	0	0	0
匣母系	何許	3	0	3	0	0	0	0	0	0
匣母系	何以故	3	0	0	0	0	0	3	0	0
匣母系	何者	1	1	0	0	0	0	0	0	0
匣母系	云何	62	0	0	0	57	0	5	0	0
禪母系	誰	6	5	1	0	0	0	0	0	0

＊表中の記號の意味は［付表 B］注釋を參照のこと。

〔言語資料〕
・『大正新脩大藏經』高楠順次郎他，大藏出版社，1924-1934 年
・金剛寺本『六度集經』（國際佛教學大學院大學「日本古寫經データベース」所收のデジタル畫像版）
・『三國志』中華書局，1959 年

〔參考文獻〕
（日本語）
・池上嘉彦 1975『意味論・意味構造の分析と記述』大修館書店
・伊藤千賀子 2006「『六度集經』第 81 話「常悲菩薩本生」と『般若經』の異相―三十二相八十種好を手がかりとして―」，『印度佛教學研究』第 54 卷第 2 號
・丘山新 1983「漢譯佛典の文體論と翻譯論」，『東洋學術研究』第 22 卷・第 2 號
・辛島靜志 1996「漢譯佛典の漢語と音寫語の問題」，『東アジア社會と佛教文化』，春秋社
・太田辰夫 1988『中國語史通考』，白帝社
・松江崇 1999「『六度集經』『佛說義足經』における人稱代詞の―複數形式上中古間語法史の一側面―」，『中國語學』246 號
・松江崇 2003「古漢語における禪母系疑問代詞目的語の語順變化」，『北海道大學研究科紀要』111
・松江崇 2005「上古漢語における人稱代詞の"格屈折"をめぐって」，『饗宴』第 13 號
・松江崇 2006a「古漢語における匣母系疑問代詞目的語の語順變化」，『東ユーラシア言語研究』第 1 集，好文出版
（中國語）
・曹小云 2001「『六度集經』語詞札記」，『語言研究』2001 年第 4 期
・方一新 1996「東漢語料與詞彙史研究芻議」，『中國語文』第 2 期
・方一新・王云路 1993『中古漢語讀本』，吉林教育出版社

- 方立天 1988『中國佛教與傳統文化』，上海人民出版社
- 梁曉紅 1990「『六度集經』語詞札記」，『古漢語研究』第 3 期
- 李維琦 1993『佛教釋詞』，岳麓書社
- 任繼愈(主編)1981『中國佛教史』第一卷，中國社會科學出版社／丘山新・小川隆・河野訓・中條道昭（譯）『定本・中國佛教史Ⅰ』，柏書房株式會社，1992 年
- 松江崇 2006b「上古中期禪母系疑問代詞系統中句法分佈的互補現象」，『漢語史學報』第六輯
- 松江崇 2010『古漢語疑問賓語詞序變化機制研究』，好文出版
- 魏培泉 2004『漢魏南北朝稱代詞研究』，「語言暨語言學」專刊甲種之六，中央研究院・語言學研究所
- 俞理明 1993『佛教文戲語言』，巴蜀書社出版
- 遇笑容・曹廣順 1998「也從語言上看《六度集經》與《舊雜譬喻經》的譯者問題」，『古漢語研究』1998 年第 2 期
- 周法高 1959『中國古代語法・稱代篇』，中華書局，1990 年

(英文)
- Schuessler, Axel 2009：*Minimal Old Chinese and Later Han Chinese: A Companion to Grammata Serica Recensa*, University of Hawai'i Press

解釋の問題と方法

簡帛典籍における異文問題を論ず

徐　富昌[*]

（大野　裕司・和田　敬典・猪野（胡）慧君　譯）

一、前言

　「異文」とは、同一書の異なった版本、或いは異なった書籍に記載される同一事物の字句の相異を指す。典籍は、その流傳の過程において、種々の情況に因って文字の内容に變化が生じ、各種の異なった形式のテクストの異文を作り出す。傳統的な校勘理論に依れば、諸々の板本を廣く網羅し、底本を確定した後に、對照法によって諸々の板本間の異文を校出することができる[1]。出土典籍と傳世典籍を比較校勘してみれば、字・詞・句の方面において往往にして些かの差異が存在しており、「典籍異文」を形成している。一般に、出土典籍は、多くの古代文獻および古代思想に關する假説・論斷を、補充し修正することが可能であり、同時に、我々が傳世本の古代のおける面貌を考察する際の手助けとなり、多くの懸案・未解決の學術問題を解決することを可能にする[2]。故に、如何にして典籍のテクストの原形を把握し、正確にテクストの原義を讀み取るか、これが我々が典籍を閱讀し典籍を解釋する際に必ず審らかにすべき課題である。

　異文の範圍は、字・詞・句各方面の相異現象を含み、出土典籍と傳世典籍との相異から言えば、その現われ方は複雜で多樣である。「字」について言えば、通假字・古今字・異體字・訛文・脱文・衍文・倒文等の情況がある[3]。「詞」について言えば、一つの詞［意味が同じ詞］で字が異なるもの、詞は異なるが意味は同じもの、詞が異なり意味も異なるもの、虛詞を代用したものがある。「句」について言えば、詞の順序が異なるもの、詞語の增減、句式の變換がある[4]。「異文」は文字學の術語であり、また版本學・校勘學の術語でもある[5]。文字學について言えば、「異文」は「正字」と對をなし、

---

[*]　國立臺灣大學中國文學系副教授
[1]　陳垣「元典章校補釋例」、『勵耘書屋叢刻』（北京：北京師範大學出版社、1982 年）、中册、85 頁。
[2]　徐富昌『簡帛典籍異文側探』（臺北：國家出版社、2006 年）、8 頁。
[3]　張愼儀はまた「詩經異文補釋序」で「尚、俗字、訛字、奪文、衍文、斷句、錯簡が有り、すべて本經と關係無いものなどない。」と云う。『詩經異文補釋』（爰園叢書本、1916 年）、2 頁。
[4]　吳辛丑「簡帛異文的類型及其價値」、『華南師範大學學報』2000 年第 4 期、37 頁。
[5]　異文の出現形式（現われ方）は複雜多樣で、文字・版本・校勘以外に、音韻・訓詁・語彙、語法などの方面でもまた重要な學術的價値が有る。

古今字・通假字・異體字・訛誤字の總稱である[6]。版本學・校勘學について言えば、「異文」は、同一典籍の異なった版本間や、ある書の某章節某句と他書に引用された該章節該句の間といった、本来同一であるはずの字句上に出現する差異現象を指す。と同時に、また差異のある各方をも指す。嚴格に言えば、「異文」は著作の原形から外れた一方を指すべきもので、著作の原形を保存するもう一方は「正文」と稱すべきもの。ただし、文獻考察の實際的運用においては、いわゆる「正文」の稱は存在しない。そのため相違する各方のどちらをも指して「異文」と呼ぶ。甲は乙の異文で、同時に、乙も甲の異文である[7]。

經典はその流傳の過程において異文を發生させる。故に、張愼儀は「經を讀むに必ず考異を先にし、字の異同の辨明を經て、而る後に解説の是非が定まる」と云う[8]。つまり、異文は、古籍閲読の基礎の一つである。

二、簡帛典籍に異文が発生する原因

異文發生の原因はかなり複雜で、字の角度、詞の角度、句の角度、いずれからも異文を生じ得る。おそらく通假・異體・古今字・形近訛誤・避諱換字・脱文或いは衍文などの情況に因って、異文が生じるのである。

(一) 通假關係に因って形成される異文

通假は、古代文獻中、音が同じ、または音が近くて代替されるという用字現象である。傳世古籍か出土文獻かを問わず、どちらも普遍的に大量に通假字を使用しているという共通點が存在する。その主要原因は、古い時代には音が多く字が少なかったから、通假が盛行したのである。大量の非本字を使用したために、多くの典籍異文が生じた。

例えば郭店楚簡『老子』甲組第20簡に云う。

　　卑道之才天下也、猷少浴之與江海囗。

郭店楚簡『老子』は「才」に作るが、帛書『老子』甲本・乙本、王弼本『老子』は、みな「在」に作り、〔才／在〕は異文である。按ずるに「才」は、『説文』に「艸木之初也。」[9]

---

6) 黄沛榮はまた別に經典解釋と密接な關係がある「異義字」を指摘し、「この類字の特徴は、それが一種の「異義」を表わすことができることである。」と言う。「古籍異文析論」、『漢學研究』第9卷第2期、1991年12月、406-408頁を参照。

7) 『老子』で言えば、常見する通行本にも、王弼本・河上公本・傅奕本・范應元本・景龍碑本などの諸本の差異は、すべて異文である。さらに諸本と出土本の帛書甲、乙本及び郭店本との差異もまた、彼此すべて異文である。郭店本は目下最も早期の『老子』のテキストであるが、それが祖本である可能性もあれば、最も祖本に近いテキストである可能性もある。たとえ祖本であっても、それと諸本との差異は、なお互いに異文と稱する。

8) 張愼儀『詩經異文補釋』(篓園叢書本、1916年)、1頁。

9) 段玉裁『説文解字注』(臺北：洪葉文化事業有限公司、2001年10月)、274頁。

とある。昨哉切で、上古音は「從」紐「之」部に屬す。「在」は、『説文』に「存也。」[10]とある。昨代切で、上古音は「從」紐「之」部に屬す。雙聲疊韻で、通假可能。「才」と「在」の本義は同じではないが互いに異文であり、故に〔才／在〕は通假異文である。

　また例えば『上博周易』に次のようにある。

　　孤、又孚、光卿、貞吉。利渉大川。初九、孤 于蒿。利用祁、亡咎。九二、孤 于堊。少又言、冬吉。九三、于北、至寇至。六四、于血、出□□。□□、□□□□、□□。　　　　　　　　　　孤　　　　　　　　　　孤

その中、『上博周易』の「孤」字は、帛書『周易』では「襦」に作り、今本『周易』では「需」に作り、〔孤／襦／需〕は通假異文である。按ずるに「孤」字は、『説文』には未見。『上海博物館藏戰國楚竹書』(三)の原釋に云う。

　　「孤」、作「𤔔」形、疑从子、从而省、即「孺」字、讀爲「需」。字形變化與「輀」又作「輔」、「轜」、「陑」又作「陝」、「隮」、「胹」又作「腜」、「臑」同。或釋「包」、字从子、从包省。[11]

按ずるに「孤」は即ち「孺」。「孺」字は、『説文』に「乳子也。一曰輸也。輸尚小也。」[12]とある。而遇切で、上古音は「日」紐「侯」部に屬す。「襦」字は、『説文』に「短衣也。」[13]とある。人朱切で、上古音は「日」紐「侯」部に屬す。雙聲疊韻で、通假可能。「孤」と「襦」の本義は同じではないが互いに異文であり、故に〔孤／襦〕は通假異文である。

　また「需」字は、『説文』に「頦也。遇雨不進、止頦也。」[14]とある。相兪切で、上古音は「心」紐「侯」部に屬す。「頦」・「襦」の二者とは疊韻で、また通假可能。「孤」・「襦」・「需」の三者は、本義は同じではないが互いに異文であり、故に〔孤／襦／需〕は通假異文である。

　上の例からわかるように、〔孤／襦〕は雙聲疊韻で、これは同音の假借である。〔孤／需〕は疊韻で、これは音近の通假である。「孤」・「襦」・「需」の三者は、本義は相同或いは相近ではないが、純粹に聲音關係に因って通假する。聲音に因る通假は、異文發生の一つの主要なルートである[15]。

(二) 異體關係に因って形成される異文

　漢字の異體は繁多であり、古今各地の用字が異なり、書寫もおのおの異なる。故に古

---

10) 同前注、693 頁。
11) 馬承源主編『上海博物館藏戰國楚竹書 (三)』(上海：上海古籍出版社、2003 年)、138 頁。
12) 段玉裁『説文解字注』、750 頁。
13) 同前注、398 頁。
14) 同前注、580 頁。
15) 簡帛典籍と傳世典籍とは、通假に因って異文を生じる例が甚だ多く、關連する例證は、徐富昌「典籍異文之鑒別與運用—以本奧今本『老子』爲例—」、『出土文獻研究論文集・初集』(臺北：臺大出版中心、2005 年 9 月)、99-188 頁、徐富昌「上博『紂衣』・郭店『緇衣』與今本『緇衣』異文側探—以通假異文爲核心的考察—」、『簡帛典籍異文側探』(臺北：國家出版社、2006 年)、152-194 頁を參照されたい。

籍傳鈔の過程の中で、書手の習慣も各種の異文を生じ得る。

例えば『定州論語』に次のようにある。

　　不☐☐富且貴、於我如浮云。(簡 155-156)

その中、「云」は、今本では「雲」に作り (『論語』述而篇)、異體異文である。按ずるに、「云」は「雲」の古文で[16]、甲骨文では ☐ (甲 256)、☐ (乙 108)、☐ (燕 2)等に作り、いずれも雲氣の形に象り、本義は雲氣である。雨を義符として加え、雨と關聯することを表わせば、「从雨、云聲」の形聲字と成る。二者は一字の異構であり、故に〔云／雲〕は異體異文である。

『上博周易』の「逨」は凡そ二見で、「來」の異體字である。例えば、

　　不盜方逨、逸夫凶。(「比」卦)
　　又孚海缶、冬逨又它、吉。(「比」卦)

その中、「逨」字は他本ではみな「來」に作る。例えば、『帛書周易』・今本『周易』では「來」に作り、〔逨／來〕は異體異文である。「逨」字は、『上海博物館藏戰國楚竹書 (三)』の原釋に次のように云う。

　　「逨」《集韻》:「來，或从イ、从辵、从走。」近陝西省寶雞出土青銅器有《逨簋》、
　　「逨」字形與簡文同。《爾雅·釋訓》「不俟不來也」、《經典釋文》:「來本或作逨。」[17]

按ずるに、「來」字は、『說文』に「周所受瑞麥來麰。一來二縫，象芒束之形。天所來也，故爲行來之來。『詩』曰:『詒我來麰』。」とある[18]。來は「行來之來」であり、行くという義があるので、或いはイ・辵・止・走などに从い、その義は通じる。また『上博周易』の「㐂」字もまた「來」の異體字である。例えば『上博周易』に次のようにある。

　　初六、逨訐㐂譽。六二、王臣訐㐂、非今之古。九晶、逨訐㐂反。☐。☐☐☐。六四、
　　逨訐㐂連。九五、大訐不椊。上六、逨訐㐂碩、吉、利見大人。(「訐」卦)

「㐂」は、『帛書周易』・『阜陽周易』・今本『周易』では、いずれも「來」に作る。「止に从ふ」の「㐂」字は、「辵に从ふ」の「逨」と同じく「來」の異體であり、故に〔㐂／來〕は異體異文である。「逨」・「㐂」の二字は「來」字の異體字だとわかる[19]。〔逨／來〕・〔㐂／來〕は異體異文である。

異體に因って用字が異なると、往々にして異文の發生を導くことがわかる。これらの字が書手抄寫（手で書き寫すこと）の過程の中で、或いは時代の用字により、或いは己の意によって、或いは疏忽や無心の過失によって、書かれることを通して、テクストに

---

[16] 『說文』に「山川气也。从雨，云象雲回轉形。凡雲之屬皆从雲。云，古文省雨。☐，亦古雲文。」と云う。段玉裁『說文解字注』、580 頁を參照。

[17] 馬承源主編『上海博物館藏戰國楚竹書 (三)』、149 頁。

[18] 段玉裁『說文解字注』、233 頁。

[19] 『上博周易』には別に「䒫」字に作るものがあるが、蓋し「逨」・「㐂」・「來」の通假異文であろう。例えば『上博周易』「六五、䒫章、又慶懸、吉。」(「豐」卦)に見えるが、『帛書周易』・今本『周易』ではみな「來」に作る。また「椊」字に作るものがあるが、これまた「逨」・「㐂」・「來」の通假異文である。例えば『上博周易』「九五、大訐不椊。」(「訐」卦)に見える。

各種の「形異字同」の異文が發生することになる。

　『老子』の一書を例にとれば、郭店本、帛書甲・乙本及び傳世諸本の間に、大量の異體字が使用されることにより、多くの「形異字同」の異體異文が形成されている。例えば今本の「絕」字は、郭店本では或いは「𢇍」に作り、或いは「𦃃」に作り、或いは「𢇍」に作り、これらが異體異文を形成している。その他に例えば、〔返／復〕、〔逡／後〕、〔追／遲〕、〔進／往〕、〔豪／家〕、〔篙／笠〕、〔𥁕／盜〕、〔海／海〕、〔旻／得〕、〔術／道〕、〔孝／教〕、〔化／過〕、〔辻／過〕、〔敝／美〕、〔敝／美〕、〔敵／美〕、〔𦤶／美〕、〔狀／然〕、〔陸／地〕、〔雩／露〕、〔迡／起〕、〔郊／國〕、〔龥／聞〕、〔惠／德〕などの文字の間は、いずれも異體關係によって「異體」異文となっており、異體の用字もまた異文が發生する原因の一つであることがわかる。

（三）古今字が異なることに因って異文を形成する

　古今字とは、古今の用字が異なる現象である。そして所謂「古」「今」の別は、相對的なものであって絶對的なものではない。『説文』「誼」字の段注に次のように云う。

　　　凡讀經傳者、不可不知古今字。古今無定時、周爲古則漢爲今、漢爲古則晉・宋爲今、隨時異用者、謂之古今字。非如今人所言古文・籀文爲古字、小篆・隸書爲今字也。[20]

また『廣雅疏證』序に次のように云う。

　　　古今者、不定之名也。三代爲古、則漢爲今。漢・魏・晉爲古、則唐・宋以下爲今。

古今の用字が異なれば、おのずから典籍の用字における差異も作り出されることになる。

　「冬」と「終」は、常見される一對の古今字である。簡帛典籍においては、出現率が非常に高く、『上博周易』に次のようにある。

　　　孤于㙁。少又言、冬吉。（「孤」卦）

この中、「冬」字は、『帛書周易』では同じく「冬」に作り、今本『周易』では「終」に作る。古今の用字の相異によって異文が形成されるので、〔冬／終〕は古今字異文である。また例えば、『上博周易』「冬凶」（「訟」卦）は、『帛書周易』では「冬兇」に作り（「訟」卦）、今本『周易』では「終凶」に作る（「訟」卦）。また例えば、『郭店老子』甲組第11簡の「冬」字は、他本はみな「終」字に作るので、〔冬／終〕は古今字異文である。

　「知」と「智」も一對の常見の古今字であり、簡帛典籍や傳世典籍の間にあって、いつも異文を構成している。例えば『定州論語』に次のようにある。

　　　□□、「溫故而智新、可以爲師矣。」（簡16）
　　　子張問、「十世可智與？」（簡33）
　　　吾黨之小子狂間、斐然成章、不智□□□。（簡101）

20）段玉裁『説文解字注』、94頁。

この中、「智」字は、今本『論語』ではいずれも「知」に作る。〔智／知〕は古今字異文である。また、例えば郭店楚簡『緇衣』に次のようにある。

　　　子曰、「爲上可望而智也、爲下可頪而䇝也。」
この中、「智」字は、今本『禮記』緇衣篇では「知」に作る。また、例えば郭店楚簡『老子』に次のようにある。

　　　化莫大虖不智足（甲組第 6 簡）
帛書甲本・王弼本はどちらも「知」に作る。〔智／知〕は異文を構成している。

（四）形が近い訛誤に因って異文を生じる

　古書では、長期の傳抄や刻印の中で、形が近いことに因って訛り、魯魚帝虎の誤を成すことは常に發生していることである。このような情況は大抵、書き手の一時的な粗忽さによって出現し、甲字をそれに近い乙字に書いたり、時には甲部の字を訛って乙部の字に書いたりする。この種の現象は往々にして偶然や不注意に由來する。因形體が相近いことによって造り出される典籍（版本）異文の數量はかなり多く、情況も相當に複雜である。例えば今本『周易』に次のようにある。

　　　九二、惕號、莫夜有戎、勿恤。（「夬」卦）
その中、「惕」字を、『帛書周易』では「傷」に作るのは、形が近いことによる訛誤であり、〔惕／傷〕は訛誤によって構成される異文である。また例えば『帛書周易』に次のようにある。

　　　◎馬勿遂、自復。（「乖」卦）
その中、「遂」字は、今本『周易』（「睽」卦）では「逐」に作り、二字は形が近いことによる訛誤であり、〔逐／遂〕は訛誤によって構成される異文である。また例えば『上博周易』に次のようにある。

　　　九二、才帀申吉、亡咎、王晶賜命。（「帀」卦）
その中、「賜」字は、今本『周易』では「錫」に作り、「錫命」は即ち「賜命」である。〔錫／賜〕は異體異文である。また『帛書周易』では「湯命」に作るが、意味が解せない。「湯」字は「錫」・「賜」に形が近い、形が近いことによって誤った字と考えられる。また例えば今本『周易』に次のようにある。

　　　无妄之災、或繫之牛。（「无妄」卦）
その中、「繫」字は、『帛書周易』では「擊」に作り、二者は形が近いことによる訛誤である。この他、郭店楚簡にはいくつか部首が相互に訛(あやま)るものがある。例えば「卲」字は、「𦉢」・「𦉢」に作るが、その部首「刀」は、訛って「人」に作っている。上に擧げた諸例により、形が近いことによる訛誤もまた、異文を生じさせることがわかる。

（五）避諱の換字に因って異文を生じる例

　古い時代の避諱は嚴格で、凡そ書寫するときに、當代の帝王或いは尊ぶ者の名に出會った場合は、必ず迴避しなければならない。避諱の盛行はまた、典籍異文が生じる一つの重要な原因である。避諱改字の最も常見の方式は、同義詞によって原有の字に代替することである。例えば『論語』八佾篇に「邦君爲兩君之好。」とあり、『校勘記』卷三に「『漢石經』避高帝諱、『邦』作『國』。」21)と指摘するのも、某字の偏旁を他の旁に从うものに書き改めたもの。この場合は往々にして、書き改められる偏旁が避諱字と同じだからである。例えば『詩』衞風・氓の序に「氓、刺時也。」とある。「氓」を、唐石經は「甿」に作る。『校勘記』卷三に「唐石經作『甿』者、避「(『氓』的偏旁)『民』、字諱而改之耳。猶避（『泄』的偏旁）『世』字諱改『泄』作『洩』也。」と云う22)。

　「邦」字は最も典型な避諱の例である。簡帛典籍の中、凡そ先秦に屬するものは、多く劉邦の諱を避けない。漢初以降は、多く「邦」を「國」に改める。例えば帛書『老子』甲本では「邦」字をすべて、漢高祖劉邦の諱を避けず、「邦」に作る。例えば次の通り。

　　「邦家昏亂」（第十八章）

　　「邦利器不可以示人」（第三十六章）

　　「以邦觀邦」（第五十四章）

　　「以正治邦」（第五十七章）

　　「邦家滋昏」（第五十七章）

上に擧げた諸例について、帛書『老子』乙本ではすべて諱を避けるために、「邦」を「國」に改めている。按ずるに、「國」字は、『説文』に「邦也。从囗、从或。」と云う23)。「邦」字は、『説文』に「國也。从邑、丰聲。𨛜、古文。」と云う24)。二者は同義語であり、故に〔國／邦〕もまた同義變換の異文である。

　また例えば上博『紂衣』第一章に次のようにある。

　　「『訾』員、「埜型文王蔞、复邦又━。」

その中、「邦」字は、郭店楚簡『緇衣』では同じく「邦」に作り、『禮記』緇衣では「國」に作り、〔邦／國〕は異文を形成する。按ずるに、上博『紂衣』と郭店楚簡『緇衣』は先秦の楚系典籍で、避諱のために改めないので、常に「邦」字を用いる。今本は漢代を歷て以後、諱を避けて字を易え、「邦」を「國」に改めている。また今本『論語』の「邦」字は、『定州論語』では多く「國」に作る。例えば、次のようにある。

　　子曰、「言忠信、行篤敬、雖蠻貊之國、行矣。」（簡418）

その中、「蠻貊之國」は、今本『論語』では「蠻貊之邦」に作り、〔國／邦〕は同義變

---

21)『論語注疏』（臺北：藝文印書館影印嘉慶二十年『十三經注疏』本、1979年）、35頁。
22)『詩經注疏』（臺北：藝文印書館影印嘉慶二十年『十三經注疏』本、1979年）、142頁。
23) 段玉裁『説文解字注』、280頁。
24) 同前注、285頁。

換の異文である。〔國／邦〕の同義變換は、『定州論語』にはその例が非常に多い[25]。『定州論語』は、西漢王室の成員の墓から出土し、當時比較的通行した官方抄本に屬す[26]。故に簡本では凡そ「邦」字をすべて諱を避けるために「國」字に易えている。諱を避けるための改字もまた、異文を構成することがわかる。

（六）脱文或いは衍文に因って異文を生じる例

　古籍は流傳の過程中に、往往にして脱文・衍文或いは倒文に因って異文を生じる。例えば上博『紂衣』第四章に、次のようにある。

　　　　臣事君、言丌所不能、不啇丌所能、則君不褺▢。

郭店楚簡『緇衣』第四章では、次のように作る。

　　　　臣事君、言亓所不能、不訐亓所能、則君不惄▢。

二者は基本的に對應し、用字が異なるだけであり、文字の増減は無い。しかし、今本『禮記』緇衣では、次のように作る。

　　　　臣儀行、不重辭、不援其所不及、不煩其所不知、則君不勞矣。

語義に變化した所があるだけでなく、衍字も多く、異文を生じている。

　また例えば上博『紂衣』第五章に次のようにある。

　　　　『㞢』員、「隹秉或▢、▢▢▢正、衾褺百眚。」

郭店楚簡『緇衣』第五章では、次のように作る。

　　　　『寺』員、「隹秉宓成、不自爲貞、卒惄百姓。」

所引の詩の對應の字句は同じである。今本『禮記』緇衣は引いて次のように作る。

　　　　『詩』云、「昔吾有先正、其言明且清、國家以寧、都邑以成、庶民以生、誰能秉國成、不自爲正、卒勞百姓。」

今本『禮記』緇衣所引の詩は、上博『紂衣』と郭店楚簡『緇衣』に比べて「昔吾有先正、其言明且清、國家以寧、都邑以成、庶民以生。」の五句を多く引いている。校勘について言えば、先秦の二つの獨立したテキストの對應する字句には、個別の用字の變化以外には、差異は無い。この獨立した本に關して言えば、彼此のテキストが互いの信頼性を證明できる。しかし、傳世本は古本に比べて、後に母本に無い字句を多く附加している。附加されたものが五句という多さに達していることから、抄録や刊刻の過程中に不注意に因って誤って附加されたものという可能性は低く、これは明らかに意圖的な附加である。總じて、増添や誤衍によりテキストの差異を引き起こし、おのずから異文を生じる。

　この他に、倒文も異文を形成し得る。倒文とは、古籍の抄録や刊刻の過程の中で、不注意な誤りが原因でに文字を前後顛倒させること、或いは誤倒した文字を指す。古籍の

---

25) 徐富昌「『定州論語』與今本『論語』異文側探」、『簡帛典籍異文側探』、323-326 頁を參照。

26) 河北省物研究所定州漢墓竹簡整理小組『定州漢墓竹簡・論語』（北京文物出版社、1997 年 7 月）、「前言」、1-2 頁。趙晶「淺析定州漢簡本『論語』的文獻價値」（『浙江社會科學』2005 年第 3 期）、150-152 頁。また徐富昌「『定州論語』與今本『論語』異文側探」、241-242 頁を參照。

異文において、一方に倒文が存在する（或いは雙方互いに倒文が存在する）ことによって形成されるものも、少なくない[27]。例えば『定州論語』に次のようにある。

> 仁者、唯告之曰、「井有仁者焉」、其從也之。（簡131-132）

その中、「其從也之」句は、今本『論語』では「其從之也」に作る。この句は、ほとんどの傳本ではいずれも「其從之也」に作り、僅かに『七經考文』所載の古本、皇本武内本のみ「也」字を「與」に作り[28]、その質問の語氣を強めているが、句式は今本と同樣である。この點から見れば、『定州論語』は抄録の際に、誤って文字の前後を顛倒させた可能性が高い。さらに例えば『定州論語』に次のようにある。

> ☑而不作、信而好古、竊比我於老彭。（簡138）

その中、「竊比我於老彭」句は、今本『論語』（述而）では「竊比於我老彭」に作る。〔我於／於我〕は互いに異文である。趙晶は次のように云う。

> この句の「老彭」については、これまで時人の説と古人の説とが有った。古人の説を持する者は、或いは『大戴禮記』虞戴德を根據に、老彭は商時代の賢大夫、或いは以老子と彭祖の兩人だと考えた。しかし、例えば楊伯峻のように、老彭は孔子と同時代の人で、密切な關係があり、それ故に孔子は「我老彭」、すなわち「我が老彭」と言うのだと考える者もいる。ところが今、簡本では最後の一句を「竊比我於老彭」に作るので、楊伯峻の説は成立し難い。[29]

つまり、この箇處の異文は、とても重要であり、かつて今本に依って立てられた説が確かかどうか判斷できなかったが、この簡本と今本の異文を對照させることで、その正否を實證し得るのである。

この他にまた句の先後が倒置する所も有る。例えば『定州論語』に次のようにある。

> 子曰、「衆好之、必察焉、衆惡之、必察焉。」（簡442）

今本『論語』は次のように作る。

> 子曰、「衆惡之、必察焉、衆好之、必察焉。」（衞靈公）

その中、「衆好之」と「衆惡之」の先後が倒置している。また、例えば上博『紂衣』の「則民咸𠭥、而型不㡀。」は、郭店楚簡『緇衣』では「則民臧㕜、而荆不屯。」に作る。今本『禮記』緇衣篇では「刑不試而民咸服。」に作る。その中、上博『紂衣』と郭店楚簡『緇衣』の「民咸𠭥」句が前に在り、「而型不㡀」句が後に在るが、今本『禮記』緇衣篇はまさにその前後が反對である。このような、抄録や刊刻によって前後の字句が倒置して異文を生じる情況は、簡帛文獻においてはその例に乏しくない。

また、句法の變換に及んで異文を構成するものもある。例えば郭店楚簡『老子』甲組第17簡の「成☑而弗居民☑。」は、帛書『老子』甲本では「成功而弗居也。」に作り、

---

[27] 王彦坤『古籍異文研究』（臺北：萬卷樓圖書有限公司、1996年12月）、38頁。
[28] 陳舜政『論語異文集釋』（臺北：嘉新水泥公司文化基金會、1968年10月）、頁96。
[29] 趙晶「淺析定州漢簡本『論語』的文獻價值」、『浙江社會科學』2005年第3期、頁176。

帛書『老子』乙本では「成功而弗居也。」に作り、王弼本では「功成而弗居◯。」に作る。その中、「成功」の一語は、王弼本では「功成」に作り、句法が變異して、〔功成／成功〕は異文を構成している。また例えば郭店楚簡『老子』丙組第 2 簡の「成事述社」は、帛書『老子』甲本では「成功遂事。」に作り、帛書『老子』乙本では「成功遂事」に作り、王弼本では「功成事遂」に作る。その中、〔事遂／遂事〕もまた句法の變異によって異文を成している。またこの句は、郭店楚簡『老子』では「成事述社」に作り、「述」は「遂」の通假字で、「社」は「功」の通假字である。すなわち「成事遂功」となり、その主謂式と述賓式の變換は一層大きい。王弼本と帛書本の基本的な變異は、〔功成／成功〕と〔事遂／遂事〕という主謂式と述賓式の變換に在る。さらに、郭店本との對應で言えば、主謂式と述賓式の二重變換になっており、〔成事述（遂）社（功）〕／成功遂事／功成事遂〕という異文を構成している。

以上、總じて言えば、脱文・衍文・倒文或いは句法の變異に因って異文を構成するものは、簡帛典籍と傳世典籍の中でその例が非常に多いことがわかる。この他に、例えば各種の虚字變化・語彙變化及び句法變化が、各種の異なる形式の異文を構成し得る。

三、簡帛典籍と傳世典籍との間の異文存在のモデル

異文の存在情況には、傳世古籍で言えば、大凡以下の三種がある。一つは、同一本書の異なった傳本・版本である。二つは、同一事物を記載する各種の資料である。三つは、引用と被引用の關係にある文獻の間である。その中で、第三種にはさらに三種の情況が有る。その一は、「一般的な引用語と被引用語と」である。その二は、「注の文と本文と」である。その三は、「類書・書鈔と原書と」である[30]。簡帛典籍が大量に出土して後、それと傳世典籍との間に構成される異文現象には、上述したモデルと類似するものが、當然存在している。しかし、いくつかのモデルはより複雜になっている。簡帛典籍と傳世典籍との間には、もとより異文が存在しているが、簡帛典籍と簡帛典籍との間にも同樣に、また異文が存在している。この他に、簡帛典籍と、簡帛典籍或いは傳世典籍との間にもまた、「引用」と「被引用」の關係による「引用異文」が存在している。これらはみな、複雜な異文現象であり、以下では特に、簡帛典籍と、簡帛典籍或いは傳世典籍との間に存在する異文モデルについて、分類して論述する。

（一）出土典籍と傳世典籍との異文關係

簡帛典籍と傳世典籍との間には、流傳の過程の中で、必然的に多くの異文が存在している。對照させて考察することを通して、異文の各種の出現形式を觀察することができる。例えば、『定州論語』に次のようにある。

---

30) 王彦坤『古籍異文研究』（廣州：廣東高等教育出版社、1993 年）、3-9 頁。

　　　　子曰、「爲正以德、辟如北辰。」(簡2)
　その中で、「正」字は、今本『論語』では「政」に作り、〔正／政〕は互いに通假の異文である 31)。「辟」字は、今本『論語』では「譬」に作り、〔辟／譬〕は互いに通假の異文である 32)。〔正／政〕が通假の異文である例は、また例えば『定州論語』の「子何不爲正」・「施於有正」・「是亦爲正」・「奚其爲爲正也」(簡29-30)・「不謀其正」(簡205)を、今本『論語』ではみな「政」に作り、校勘すれば、〔正／政〕が異文であることは、非常に明白である。また例えば〔辟／譬〕が通假の異文である例は、『定州論語』の「能近取辟」を、今本『論語』ではみな「譬」に作る。對照させれば、〔辟／譬〕が異文であることは非常に明白である。また例えば「譬如北辰」の「如」字は、『定州論語』及び今本『論語』はみな「如」字に作るが、敦煌集解本では「而」に作り、前二者と後者とは互いに異文である。また例えば『定州論語』に、
　　　　子曰、「我三人行、必得我師焉。」(簡163)
とあり、今本『論語』述而では「囗三人行、必有我師焉」に作るが、陳舜政『論語異文集釋』の指摘では、唐石經・蜀石經・敦煌集解本・『七經考文』所載古本・足利本・皇本・纂喜本・津藩本・正和本・正平本・天文本はみな「我三人行、必得我師焉」に作る。『群書治要』の引用も同じで、『史記』孔子世家はこれを述べて、「有」をまた「得」に作る 33)。陳氏の集校に依れば、今本の「有」字と諸本の「得」字は異文の關係である。「三人行」の句については、諸本の「我」字が衍文であるかどうかは、『定州論語』と對照させれば、陳氏の判斷がすこぶる適切であることがわかる。もし『定州論語』を用いて校勘すれば、「我三人行」句は、諸本と同じだが今本とは異文である。「必得我師焉」句は、傳世の諸本とは同じだが、「得」字は敦煌鄭玄注本及び今本で「有」に作るのとは異文である。
　この他に、阜陽漢簡『詩經』と今本『毛詩』及び三家詩もまた異文が多い。例えば阜陽漢簡『詩經』に次のようにある。
　　　　䎎=于非、吉囗囗囗、囗囗囗囗、遠于將之。章望囗囗、囗囗囗囗。(簡21-22)
今本『毛詩』では以下のように作る。
　　　　燕燕于飛、頡之頏之、之子于歸、遠于將之。瞻望弗及、佇立以泣。(燕燕・第2

---

31) 按ずるに「正」は、『説文』に「是也。从止、一以止。凡正之屬皆从正。」(段注本、70頁)と云い、之盛切で、上古音は「章」紐「耕」部に屬す。「政」は、『説文』に「正也。从攴、从正、正亦聲。」(段注本、124頁)と云い、之盛切で、上古音は「章」紐「耕」部に屬す。二者は雙聲疊韻で、通假できる。「正」・「政」は、本義は異なるが互いに異文である。故に〔正／政〕は通假異文である。
32) 按ずるに「辟」は、『説文』に「法也。从卪、从辛、節制其皋也。从口、用法者也。凡辟之屬皆从辟。」(段注本、437頁)と云い、必益切で、上古音は「幫」紐「佳」部に屬す。「譬」は、『説文』に「諭也。从言、辟聲。」(段注本、91頁)と云い、匹至切で、上古音は「滂」紐「佳」部に屬す。二者は雙聲疊韻で、通假できる。「辟」・「譬」は、本義は異なるが互いに異文である。故に〔辟／譬〕は通假異文である。
33) 陳舜政『論語異文集釋』(臺北：嘉新水泥公司文化基金會、1968年10月)、115頁。

章)

　その中で、『毛詩』の「燕燕」句を、阜陽『詩經』は「匽=」に作り、〔燕燕／匽=〕は異文であり、現存の韓詩は「鷰」に作り、〔匽／燕／鷰〕の三種の異文を形成している。『毛詩』の「飛」字は、阜陽『詩經』では「非」に作り、〔飛／非〕は異文である。『毛詩』の「頡」字は、阜陽『詩經』では「吉」に作り、〔頡／吉〕は異文である。『毛詩』の「瞻」字は、阜陽『詩經』では「章」に作り、〔瞻／章〕は異文である。

　上述の諸例から、簡帛典籍と傳世典籍との間には大量の異文の材料が存在することがわかる。そして傳世典籍と傳世典籍との間にもまた、多くの異文が存在する。

(二)出土典籍と簡帛典籍と間の異文關係

　典籍の各種の傳本 34) 或いは版本の間では往々にして、家法の違いや古今各地の用字の違い、傳抄・刻寫が無意識のうちに誤りをきたしたり、後人が校讀して意識的に改ざんしたりするなどの要因によって、異文を出現させる。

　さらに、同一古籍の異なる出土本では、その彼と此との間にもまた、文字に差異が有り、異文を形成する可能性がある。例えば、上海博物館藏戰國楚竹書『周易』35) (以下『上博周易』と略稱) と馬王堆漢墓帛書『周易』36) (以下『帛書周易』と略稱)、阜陽漢簡『周易』37) (以下『阜陽周易』と略稱) との間には、明らかな差異が有る。

　例を擧げれば、今本『周易』「隨」卦に次のようにある。

　　　隨、元亨利貞、无咎。◯◯◯。初九、官有渝、貞吉、出門交有功。六二、係小子、失丈夫。六三、係丈夫、失小子。隨有求得、利居貞。◯◯。

『上博周易』「陸」卦では次のように作る。

　　　陸、元亨利貞、亡咎。◯◯◯。初九、官又愈、貞吉、出門交又工。六二、係小子、失丈夫。六三、係丈夫、失少子。陸求又夏、利尻貞。◯◯。

『帛書周易』「隋」卦では次のように作る。

　　　隋、元亨利貞、无咎。◯◯◯。初九、官或諭、貞吉、出門交有功。六二、係小子、失丈夫。六三、係丈夫、失小子。隋有求得、利居貞。◯◯。

『阜陽周易』「隋」卦では次のように作る。

　　　隋、◯◯◯貞、无咎。卜病者。◯九、官有◯、◯吉、◯◯◯◯。六二、係小◯、◯◯◯。◯◯、◯丈夫、卜失小子。隋有求得、利虛貞。卜家。

---

34) 傳本について言えば、例えば『詩』は、漢代に毛亨 (『毛詩』)・轅固 (『齊詩』)・申培 (『魯詩』)・韓嬰 (『韓詩』) の四家の傳本が有った。傳本が異なれば、文字に差異が有ることは免れ難く、異文を形成する。
35) 馬承源主編『上海博物館藏戰國楚竹書 (三)』。そのうち『周易』部分は濮茅左氏が釋している。
36) 馬王堆漢墓帛書整理小組『馬王堆漢墓帛書』(北京：文物出版社、1985年)。
37) 阜陽漢簡『周易』の釋文は韓自強『阜陽漢簡『周易』研究』(上海：上海古籍出版社、2004年) に依る。

全體から見ると、異文の情況はとても複雑で、卦名の異文も有り、通假の異文も有り、異體の異文も有り、虛字の異文も有り、倒置の異文も有り、衍字或いは衍句の異文も有る。今本と出土本との間の異文も有り、また出土本と出土本との間の異文も有り、また出土本と今本とは同じでも、出土本と出土本とが異なるものも有る。以下、句に沿って各種の異なる異文の對應について、具體的に分析する。

1. 卦名について言えば、今本『周易』では「隨」に作るが、『上博周易』では「陵」に作り、『帛書周易』と『阜陽周易』ではみな「隋」に作り、〔隨／陵／隋〕の「卦名異文」を形成している。

2. 今本『周易』の「无咎」は、『上博周易』では「亡咎」に作り、今本と異なる。『帛書周易』と『阜陽周易』ではみな「无咎」に作り、今本と同じである。〔无／亡／无〕の異文關係である。また「无咎」の下に、『阜陽周易』では「卜病者」の一句三字を衍ずるが、諸本にはみな無いので、また衍句異文を形成している。

3. 今本『周易』の「官有渝」は、『上博周易』では「官又愈」に作り、『帛書周易』では「官或諭」に作り、〔有渝／又愈／或諭〕は異文關係である。出土文獻について言えば、『上博周易』と『帛書周易』は互いに異文である。

4. 今本『周易』の「出門交有功」は、『上博周易』では「出門交又工」に作り、『帛書周易』では「出門交有功」に作り、『阜陽周易』では殘缺している。〔有功／又工／有功〕は異文である。出土文獻について言えば、『上博周易』と『帛書周易』とは互いに異文である。

5. 今本『周易』の「失小子」句は、『上博周易』では「失少子」に作り、今本と異なる。『帛書周易』と『阜陽周易』ではみな「失小子」に作り、今本と同じである。その中、『上博周易』と『帛書周易』と『阜陽周易』は、〔少／小／小〕の異文關係である。

6. 今本『周易』の「隨有求得」句は、『上博周易』では「陵求又旻」に作り、今本と異なる。『帛書周易』と『阜陽周易』ではみな「隨有求得」に作り、今本と同じである。その中、『上博周易』と『帛書周易』と『阜陽周易』は、〔陵求又旻／隨有求得／隨有求得〕の異文關係である。しかし、「求又」と諸本の「有求」とは「倒文」異文である。「旻」字と諸本の「得」字とは異體異文である。

7. 今本『周易』の「利居貞」句は、『上博周易』では「利尻貞」に作り、『阜陽周易』では「利虛貞」に作り、〔居／尻／虛〕は異文である。『帛書周易』では「利居貞」に作り、今本と同じである。

8. 比較的特殊なのは、『阜陽周易』は、部分的な殘缺を除いて、諸本と相異する所は「衍文」にある。例えば「失小子」句は、『阜陽周易』では「卜失小子」に作り、「卜」の一字を衍じて、諸本と異なる。

9. 今本『周易』の「利居貞」句は、『阜陽周易』では「利虛貞。卜家。」に作り、「卜家」の二字を衍じて、諸本と異なる。

以上、分析を總じて、各出土簡帛本は今本との間に異文が存在する現象の他に、各出

土本の間でもまた多く異文が存在することがわかる。各出土本の間には、彼此互いに同一テキストの對應においても、同じ場合もあれば、また異なる場合もある。出土諸本の異同は、早期のテキストの發展と流傳について、有益な參照情報を提供することができる。對同一テキスト或いは同一資料の、引用或いは記載について、これは傳世諸本の中に常に見られることであるが[38]、出土典籍においても、時には類似の情況を見ることができ、同一種類の資料或いは引文によって、諸本の間で互いに比較校勘することができ、有益な參照效果を提供することができる。

（三）出土典籍と傳世典籍との引用異文

引用される異文、すなわち引文とは、原書の文句が抄錄引用されることで他の書の中に保存された書き言葉の材料を指す。この類型の異文は、版本の異文と基本的には同樣ではない。版本の異文と比べてみると、古書の引文には以下の三種の情況がある。即ち、原書の文句と完全に同じもの。語句上に一部の違いはあるが、差異の大きくないもの。またある引文、特に中古或いは上古の時代の古書の引文は、その語句が原書と大きく異なり、甚だしくは完全に對應しないものとなる可能性があるもの。

原書の文句と完全に同じ引文は、當然それらを用いて今本の文句が眞實で誤りがないことを證明できる。しかし、やや差異のある或いは差異の大きな引文は、文獻の言語の考證においてこそ大きな作用を持つ。このような引文があることによってはじめて人々に原書の文句の齟齬や訛誤の箇所に注意を促し、參照比較する根據を提供し、そして古書の原本における字句の眞の姿を獲得することができる。出土典籍について言えば、その價値はより高い。出土典籍が引く所の傳世典籍の内容・文字は常に、引く所の今本各書と差異があり、各種の異文情況を形成している。以下に、項を分けて説明する。

1．引『詩』の異文

簡帛典籍では、同一テキストの引『詩』において、往々にして異文が現われる。例えば上博『紂衣』に、

『岂』員、「皮求我則、女不我戞、**𢦏**我䎽_、亦不我力。」

とあり、郭店楚簡『緇衣』では「『寺』員、「皮求我則、女不我㝵。執我䎽=、亦不我力。」」に作り、今本『詩』小雅・正月では「彼求我則、如不我得、執我仇仇、亦不我力」に作る。そのうち、上博『紂衣』と郭店楚簡『緇衣』が引く所は、今本『詩』小雅・正月に載せる文句と基本的には同じであるが、また一部の字句には違いがある。上博『紂衣』と郭店楚簡『緇衣』の引く『詩』及び今本『詩』小雅・正月の異文は以下の通り。〔皮／皮／彼〕が異文、〔戞／㝵／得〕が異文、〔𢦏／執／執〕が異文、〔䎽_／䎽=／仇仇〕が異文である。

38）例えば「古公亶父去邠」の事は、『孟子』梁惠王下篇、『莊子』讓王篇、『呂氏春秋』審爲篇及び『淮南子』道應訓の四書は、記す内容はほぼ同じだが、文字には互いに差異が有り、異文を形成している。

また例えば、『上海博物館戰國楚竹書（二）』の中、『民之父母』の内容は今本『禮記』孔子閒居及び『孔子家語』論禮に見える。今本『禮記』孔子閒居は「孔子閒居、子夏侍」によって篇が始まるが、簡本にはこの句はなく、『孔子家語』論禮は今本『禮記』の「仲尼燕居」と「孔子閒居」の内容を包括しており、「孔子閒居、子張・子貢・言遊侍、論及於禮」によって篇が始まり、「論禮」と名付けられている。簡本にはただ「孔子閒居」の部分があるのみである。「民之父母」の簡1・簡8及び簡9には、『詩』を引いてその説を證明する例がある。例えば、

　　〔子〕夏問於孔子、「『詩』曰、『凱悌君子、民之父母』。敢問何如而可謂民之父母。」
　　　（簡1上）

とあり、「凱悌君子、民之父母」の一句は、今本『詩』大雅・泂酌「豈弟君子、民之父母」[39]からの引用で、その中、〔凱悌／豈弟〕は異文である。

2．引『書』の異文

簡帛典籍では、同一のテキストの引用する『尚書』において、往々にして異文が現われる。例えば上博『紂衣』に、

　　「尹畀」員、「隹尹卲及康、咸又一悳。」

とあり、郭店楚簡『緇衣』では「「尹畀」員、「隹尹卲及湯、咸又一悳。」」に作り、僞『古文尚書』では「惟尹躬曁湯、咸有一德。」（咸有一德）に作る。その中、〔隹／惟〕が異文であり、〔卲／躬〕が異文であり、〔及／曁〕が異文であり、〔康／湯〕が異文であり、〔咸／咸〕が異文であり、〔悳／德〕が異文である。また『禮記』緇衣では引いて「「尹吉」曰、「惟尹躬及湯、咸有壹德。」」に作り、僞『古文尚書』に近く、上博『紂衣』及び郭店楚簡『緇衣』とは大いに異なる。〔隹／惟〕が異文であり、〔卲／躬〕が異文であり、〔及／曁〕が異文であり、〔康／湯〕が異文であり、〔咸／咸〕が異文であり、〔悳／德〕が異文である以外に、これとは別に〔一／壹〕が異文である。やや特殊なのは、引用する篇名が異なることで、例えば上博『紂衣』及び郭店楚簡『緇衣』ではみな「尹畀」に作るが、『禮記』緇衣では「尹吉」に作っており、これは即ち「尹告」の誤りで[40]、上博と郭店楚簡の二簡本と篇名の異文を形成している。

---

39) 今本『詩』大雅・泂酌の全詩は次の通り。「泂酌彼行潦、挹彼注茲、可以饙饎。豈弟君子、民之父母。泂酌彼行潦、挹彼注茲、可以濯罍。豈弟君子、民之攸歸。泂酌彼行潦、挹彼注茲、可以濯溉。豈弟君子、民之攸塈。」

40) 按ずるに「畀」字は、上博のもとの「考釋」では「「畀」は即ち『史篇』の銘文「王誥畢公」の「誥」で、簡文はこれと同じである。」と言う。郭店の注では「畀は、金文にしばしば見えるが、唐蘭は「誥」と釋す。」『汗簡』が引く『王子庶碑』の『誥』は、簡文と形が同じ、……今本『緇衣』は誤って「尹吉」とする。鄭玄注に「吉當爲告、告古文誥之誤也。」とある。」と言う（荊門市博物館『郭店楚墓竹簡』、北京：文物出版社、1998年、132頁）。また唐蘭が「畀」を釋して『誥』とする説は以下の通り。『玉篇』廾部に畀の字が有り、「公到切、古文告」である。日本の僧侶空海が著した『萬象名義』は原本『玉篇』に據って節錄したもので、畀の下に「公到反、語也、謹也。」と注する。上の一義が用いたのは『廣雅』釋詁の「告、言也。」であり、下の一義が用いたのは『爾雅』釋言の「誥、謹也。」で

144　　解釋の問題と方法

　　また例えば上博『紂衣』に、
　　　　「呂型」員、「一人又慶、薹民訦之。」
とあり、郭店楚簡『緇衣』では「「邵芏」員、「一人又慶、璊民購之」」に作り、今本『禮記』緇衣では「「甫刑」曰、「一人有慶、兆民賴之」」に作り、今本『尚書』呂刑では「一人有慶、兆民賴之」に作る。その中、〔又／有〕が異文であり、〔薹／璊／兆〕が異文であり、〔訦／購／賴〕が異文である。今本『禮記』緇衣に「「甫刑」曰、「一人有慶、兆民賴之」」に作るが、引く所は今本『尚書』呂刑と同じである。『大戴禮』保傅・『淮南子』主術・『後漢書』安帝紀・延光元年策などでは『書』を引いて「萬民」に作る[41]。「萬民」と「兆民」は、同義（近義）で取り換えることができる[42]。また今本『尚書』の「呂刑」を、上博『紂衣』では「呂型」に作り、郭店楚簡『緇衣』では「邵芏」に作り、〔呂／邵〕が異文であり、〔刑／芏〕が異文である。今本『禮記』緇衣では「甫刑」に作り、〔呂／邵／甫〕は異文である。按ずるに、「呂刑」・「呂型」・「邵芏」・「甫刑」は篇名の異文である。

３．引文でただ書名のみ擧げて篇名を示さないもの

　簡帛典籍の中で古書を引用するもので、典型的な例は上博『紂衣』と郭店楚簡『緇衣』の二簡である。これらの二簡が『詩』を引くとき、多くの箇所ではただ「『詩』云」というのみで、明確に出處を示していない。例えば、次の通り。
　　　　上博『紂衣』：『㞐』員、「㲋型文王、薹邦复艮。」
　　　　郭店『緇衣』：『寺』員、「愙芏文王、萬邦乍孚。」
上の二簡が引く所では、ただ「『㞐』員」・「『寺』員」と云うのみで、篇名が見えない。所引の詩は今の『詩』大雅・文王に見え、今本『禮記』緇衣では「大雅曰」に作る。二簡で用いる所の書名「㞐」・「寺」の二字と「詩」は異文であり、すなわち「詩」の異體である[43]。また例えば、次のようである。

　　ある。古文の告だけではなく、古文の詁でもあることがわかる。というのは、言がもと㞐に作るのと、告が㞐に作るのとが近いので、言丼の字を丼告聲の字に改めたのである。實は、字は言丼であり、詁が上より下に告げることに由來し、詁に作るのは奴隷主貴族が、兩手で言を捧げて、尊崇の義を示しているのだ。」（唐蘭「史篍銘文考釋」、『考古』1972 年第 5 期、46-48 頁）

41) 屈萬里『尚書異文彙錄』（臺北：聯經出版公司、1983 年）、139 頁。

42) 今本『緇衣』・今本『尚書』が「兆」民に作る以外に、『孝經』天子篇でもまた「兆」民に作る。『左傳』に「天子曰兆民、諸侯曰萬民」とあり、皮錫瑞『今文尚書考證』に「對文則別、散文通也。」と云う。「萬」・「兆」の異文は同じ意味の字の互換のはずである（鄭濬智『上海博物館藏戰國楚竹書（一）・緇衣研究』、臺北：臺灣師範大學國文研究所碩士論文、2004 年 6 月、85 頁を參照）。また『尚書正義』に「我天子一人有善事、則億兆之民蒙賴之」とあり、孫星衍『尚書今古文注疏』に「一人、天子也。慶者、『詩傳』云、「善也」。兆者、鄭注「内則」云、「萬億日兆」。春秋左氏閔元年『傳』云、「天子曰兆民」。」と云う。王先謙『尚書孔傳參正』に「天子有善、則兆民賴之。」とある。

43) 上博のもとの「考釋」では「㞐」を「「詩」字の異體」としている（馬承源主編『上海博物館藏戰國楚竹書（一）』、上海：上海古籍出版社、2001 年、175 頁）。また虞萬里は次のように云う。「この字は「止」の下に「口」を置いている。『説文』では「詩」の古文の右邊は「寺」に從わずに「止」に從い、

上博『紂衣』：『𧥞』員、「靜龏尔立、𢘓是正植。」
郭店『緇衣』：『寺』員、「情共尔立、好氏貞植。」

上の二簡の引く所は、今本『詩』小雅・小明に見える。二簡が「『𧥞』員」・「『寺』員」に作るのは、前の例と同じであり、また篇名が見えない。今本『禮記』緇衣でも『詩』を引いてまた「『詩』曰」に作るのみで、「員」・「曰」が異文である以外に、「詩」字の異文はやはり異體字の異文である。

この他に、『定州論語』には『詩』を引く材料が一條有る。

子貢曰、「『詩』云、「如切如磋、如琢如磨。」☐☐☐☐。」（簡1）

この簡の引く所は、今本『詩』衞風・淇奥に見え、「如切如磋、如琢如磨」に作り、所引の内容は今本『詩經』と一致する。また今本『論語』學而篇では、

子貢曰、「『詩』云、「如切如磋、如琢如磨。」其斯之謂與。」

に作り、引く所の『詩』の内容は、『定州論語』及び今本『詩經』と完全に同じである。そして定州本と今本はみな、ただ「『詩』云」というのみで、篇章の名を擧げない。

4．引文がただ篇名のみを擧げて書名を擧げないもの

引文の中でただ篇名を擧げるのみで書名を示さないという現象は、とりわけ先秦兩漢の古書の中に多く見える。蓋し古人の著作は、はじめ單篇の形で世に行なわれたので、ただ篇名が有るのみで、書名がないのである。篇名がとりもなおさず書名である。その後、諸篇が増えて十分集まると、はじめてその門人によって編次・集成されてその書が命名される。故に古人が書を引くときは、往々にしてただ書の篇名を引くのみである。例えば上博『紂衣』に、

「大顕」員、「上帝板＝、☐☐☐☐。」
「☐☐」☐、「☐☐☐☐、隹王之功。」

とあり、郭店楚簡『緇衣』では、

「大夏」員、「上帝板＝、下民卒担。」
「少夏」員、「非亓㐹之、共唯王恐。」

に作り、『禮記』緇衣では、

『詩』云、「上帝板板、下民卒癉。」

思うに「寺」は「止」に從って聲を得るので、「止」に從うということは「寺」に從うということと同じである。……總じて言部と口部の文字は、「言」と「口」とが常に入れ換わることが多い。……上博の字體の下部は、それが「言」の省體であろうと、または「口」であろうと、「詩」の形體として問題はなく、その音義も變らない。」（虞萬里「上博簡・郭店簡『緇衣』與傳本合校補證（上）」、『史林』2002年第2期、3頁）鄒濬智はまた、次のように云う。「上博のこの字の上部は確かに「之」に從い「止」には從わない。『説文』で「詩」字は「寺」に從わず「之」に從うとするのは、實は「寺」は「之」に從って聲を得るので、「之」に從って聲を得るのは「寺」に從って聲を得るのに等しい。また古文字の中には「口」と「言」が互いに入れ換わる異體字が多く存在し、これによって我々は「𧥞（章紐之部）」がすなわち「詩（書紐之部）」の異體であることがわかるのである。」（『上海博物館藏戰國楚竹書（一）・緇衣研究』、臺北：臺灣師範大學國文研究所碩士論文、2004年6月、29頁）。

小雅曰、「匪其止共、惟王之邛。」

に作る。第一に、上博『紂衣』の引く所の「上帝板＝、◯◯◯◯」と郭店楚簡『緇衣』の引く所の「上帝板＝、下民卒担」は、『詩』大雅・板に見え、「上帝板板、下民卒癉」に作る。上博『紂衣』ではただ篇名を引くのみで「大顕」とし、郭店楚簡『緇衣』では篇名を「大夏」としており、いずれも『詩』とは言わない。今本『禮記』緇衣では『詩』に作り、かえって書名を用いている。第二に、簡文で次に引く「◯◯◯◯、隹王之功」（上博『紂衣』）・「非亓㐱之、共唯王悲」（郭店楚簡『緇衣』）は、『詩』小雅・巧言に見え、「匪其止共、惟王之功」に作る。上博『紂衣』は殘缺しているが、前に「大雅」を引いて「大顕」に作っていることに照らせば、ここでは或いは「小顕」に作るべきかも知れない。郭店楚簡『緇衣』では「少夏」に作り、今本『禮記』緇衣では「小雅」に作る。みな、ただ「篇名」を示すのみで「書名」を引かない。

また例えば、上博『紂衣』では「「君舀」員」に作り、郭店楚簡『緇衣』では「「君舀」員」に作り、『禮記』緇衣では「「君雅」曰」に作る。按ずるに、「君舀」とは「君牙」であり、借りて「君雅」と爲し、『禮記』緇衣では引いて「君雅」に作る[44]。君牙は『尚書』の篇名であるが、ただし今本の君牙は僞古文であり、もとの篇はすでに佚している。ここではただ「篇名」をいうのみで、「書名」を示さない。また例えば、上博『紂衣』では「君縺員」に作り、郭店『緇衣』では「君迪曰」に作り、『禮記』緇衣では「君陳曰」に作る。上博のもとの考釋には次のように云う。

『尚書』の篇名。縺は、糸に従い、申に従う。『説文』には存在しない。『禮記』緇衣「君陳曰」の陸德明『釋文』に「陳、本亦作古字」とあり、『説文』に「陣、古文陳」とあり、段玉裁注に「古文从申不从木」とある。郭店簡は「迪」に作り、今本は「陳」に作る[45]。

上博『紂衣』では「君縺」に作り、郭店『緇衣』では「君迪」に作り、これはすなわち僞『古文尚書』君陳の篇名である。今本『禮記』緇衣では「君陳」に作り、僞『古文尚書』と同じ。二簡の本章に引く『詩』もまた、ただ篇名を記すのみであることがわかる。

---

44) 上博のもとの「考釋」に次のように云う。「曾公乙墓竹簡第一六五簡に、「牙」字を「舀」に作る。「牙」は「雅」に通ずる。『禮記』緇衣「君雅曰」の鄭玄注に「雅、書序作牙、假借字也」とあり、『呂氏春秋』本味「伯牙鼓琴」の高誘注に「牙或作雅」とある。」（馬承源主編『上海博物館藏戰國楚竹書（一）』、上海：上海古籍出版社、2001年、180頁を参照）。また何琳儀は「舀」字を「兩周金文を襲ったもの。或いは齒の古文を加えて意味を表わす」としている（何琳儀『戰國古文字典』、北京：中華書局、1998年、511頁を参照）。鄒濬智は次のように云う。「「舀（牙）」は、清・朱彬『禮記訓纂』に「雅、書「序」作牙、假借字也。君雅、周穆王司徒作、『尚書』篇名也」と云い、清・俞樾『禮記鄭讀考』に「按書序「君牙」、『釋文』曰、或作君雅、是『尚書』亦有作「雅」者。『呂氏春秋』本味篇、伯牙注亦云、「或作雅」。」と云う」（鄒濬智『上海博物館藏戰國楚竹書（一）・緇衣研究』、64-65頁を参照）。

45) 馬承源主編『上海博物館藏戰國楚竹書（一）』、185頁。

5．同じ章を引用するのに、或いは書名を擧げ或いは篇名を示すもの

　　同じ古書を引くのに、或いは書名を引き、或いは篇名を引く場合にも、往々にして異文を成す。例えば、次のようなものがある。
　（1）出土典籍は篇名を用い、傳世典籍は書名を用いるもの
　　上博『紂衣』に次のようにある。
　　　　　「大虘」員、「白珪之砧、尚可磿□。」
郭店楚簡『緇衣』では次のように作る。
　　　　　大虘員、「白珪之石、尚可磛也。」
『禮記』緇衣では次のように作る。
　　　　　『詩』云、「白圭之玷、尚可磨也。」
上博『紂衣』・郭店楚簡『緇衣』は『詩』を引いていずれも「「大虘」員」に作り、ただ篇名を引くのみで、「大虘」はすなわち「大夏」[46]・「大雅」である。『禮記』緇衣では、引いて「『詩』云」に作り、かえって書名を用いている。
　（2）簡帛典籍は書名を用い、傳世典籍は篇名を用いるもの
　　例えば、上博『紂衣』に次のようにある。
　　　　　『㞢』員、「備之亡虘。」
郭店楚簡『緇衣』では「『寺』員、「備之亡懌。」」に作り、『禮記』緇衣では「「葛覃」曰、「服之無射」。」に作る。上に引く所は『詩』周南・葛覃に見え、上博『紂衣』・郭店楚簡『緇衣』ではいずれも書名を引き、今本『禮記』緇衣では、篇名を引いて「「葛覃」曰」に作る。

6．ただ内容を引くのみで來源を示さないもの
　　例えば、『定州論語』に次のようにある。
　　　　　□□□□□徹。子曰、「「相維辟公、天子穆穆」、奚取於〔三〕□□□□。」（簡37）
今本『論語』八佾篇では「三家者以雍徹。子曰、「相維辟公、天子穆穆」、奚取于三家之堂。」に作り、その中の「相維辟公、天子穆穆」は『詩』周頌・雝からの引用である。文中ではただ内容を引くのみで來源を示さない。
　　また例えば、『定州論語』に次のようにある。
　　　　　□□□、「鄙哉、巠巠乎。莫己知也、□□而已矣。深則□、□□□。」□□、「□□、

---

[46]「虘」を「夏」に作ることに關しては、次の諸説が參考になる。
　湖北省荊沙鐵路考古隊『包山楚簡』包山二號楚墓簡牘釋文與考釋（北京：文物出版社、1991年）、58頁。
　林清源『楚國文字構形演變研究』（東海大學中文系博士論文、1997年12月）、159-160頁。
　何琳儀『戰國古文字典』（北京：中華書局、1998年）、467-468頁。
　黃錫全「楚簡續貂」、『簡帛研究』第3輯（1998年12月）、79-80頁
　池田知久監修『郭店楚簡の思想史的研究』第四卷（東京：東京大學文學部中國思想文化學研究室、2000年6月1日）、62-63頁。
　鄒濬智『上海博物館藏戰國楚竹書（一）・緇衣研究』、55-56頁。

□□□。」（簡 405-406）

今本『論語』憲問篇では「既而曰、「鄙哉。硜硜乎。莫己知也、斯己而已矣。深則厲、淺則揭」。子曰、「果哉。末之難矣」。」に作り、その中の「深則□、□□□」は『詩』邶風・匏有苦葉「深則厲、淺則揭」からの引用であり、文中ではやはり來源を表明していない。

引用と被引用の關係にある文獻の間には、簡帛典籍について言えば、主に「引用語と引用される語」が存在する。その他の諸項には關係する材料で論述に供することのできるものがないので、このため、以上ではただ「引用語と引用される語」の各種の異文現象について、その出現モデルを總論しただけである。

四、餘論

出土典籍は、古代思想および古代文獻に関する多くの假説・論斷を補充し修正することができ、出土文獻と傳世典籍との相互實證を通して、我々が傳世本の古代における有り様を認識し、多くの懸案・未解決の學術問題を解決するための手助けとなることができる。出土文獻と傳世文獻とは、學術研究上において、雙向互動な（インタラクティブ）關係を有する。このような　互動（インタラクティブ）　な關係を表現し觀察するのに最も佳い材料が二者の間の異文にほかならない[47]。

當然、出土典籍には、錯亂や解釋しようのない箇所もあり得るが[48]、よしんば、ある今本と出土本が比較校勘に供することができるとしても、我々はやはりただ兩者の間の比較と選擇をなすことができるだけで、必ずしも真に古本から今本に至る間の変化の糸口を把握できるわけではない。故に、出土典籍は、典籍の流傳過程の實際的な変遷情況について、必ずしもそのすべてが価値有る資料を提供できるわけではない。しかしながら、帛書『老子』甲本・乙本や郭店楚簡『老子』などの本が相繼いで出土して後は、學界に、傳世典籍と出土典籍との間、及び出土典籍と出土典籍との間の、探索と考察の機會が提供された[49]。

[47) 曾憲通氏は、「地下から出土した古文字資料は、古代漢語の文書形式であり、それと傳世文獻とは非常に密切な關係がある。なぜならば、傳世文獻は傳抄と翻刻を經る過程で、魯魚亥豕の誤りがあることは言うまでもない。しかし、古文字材料は、久しく地下に藏されて、後人の改竄を受けず、古人の手書きの真跡を保存しており、論争の余地のない信頼性を有する。……故に、古文字資料の整理と研究の仕事においては、必ず傳世文獻の助けを借りて、裏付けと補充を行わねばならない。」と言う。「古文字資料的釋讀與訓詁問題」、『古文字與漢語史論集』（廣州：中山大學出版社、2000 年）を参照。

48) 顧史考「古今文獻與史家之嘉新守舊」、「中國上古史：歷史編纂學的理論與實踐國際學術研討會」會議論文（上海、2004 年 1 月 8 日）、8 頁。また、中央研究院中國文哲研究所「經典與文化的形成」第五次讀書會（2004 年 2 月 28 日）における主講討論資料。

49) 郭店楚簡のその他の篇章の中には、例えば『緇衣』や『性自命出』のように、傳世本と出土本とが比較・校勘に役立つものが有る。その比較・校勘の対象は上博楚簡の『緇衣』と『性情論』（郭店楚簡で

テキストは、その創作の初めには、異文というようなものは存在しない。古籍の母本はただ一種だけのはずであり、二種類あるいは二種類以上の本があるはずもない。しかし、流傳過程において、とりわけ手寫の過程においては、誤りを引き起こす要因が甚だ多い。先秦・秦漢の際には、書籍のほとんどは竹帛上に抄寫され、往往にして篇單位で書を成し、若干の篇を集めて一セットとした。書き手は、必ずしも原著に忠實ではなく、往々にして内容が類似する篇章を集めて一緒にし、或いはそれぞれ必要な所だけを取り出した。郭店楚簡『老子』と帛書『老子』と今本『老子』との間の差異は、まさしくこのような典籍の流傳の不安定さを物語っている。早期の古籍、とりわけ先秦の古籍には、このような現象が特に顯著である。本稿の分析によれば、幾つかの引文は、書名が決定まっておらず、篇名だけある。ある場合には、作者は篇名すらも書かず、抄寫者が頭の幾つかの字を取って篇名とする。そのような例が多くある。孔子が『詩』『書』を刪定する前は、さぞかし複重が極めて多かったであろうが、きっと、同じ篇の材料でも、異なる來源の抄本の文字には必ず差異が存在したはずである。こうして見れば、孔子の刪定は、圧縮・改修ではなく、對校・整理であり、劣ったものを淘汰し優れたもの定めるものだっただろう。

古籍の流傳・抄寫の過程には、變化を生じさせ得る原因が多い。傳播・變遷の過程において、母本と傳本との間の距離はどんどんと遠くなる。したがって、もし典籍を正確に釋讀したいのならば、必ず、典籍が流傳・變遷する中で生み出す異文を把握しなければならない。1972 年より以來、出土文獻は、典籍が中心を爲すようになり、これらの出土典籍は、數量が多いのみならず、傳世典籍或いは佚失典籍と多く關連している。もし、校勘・比較を通して、異文の各種の出現形式を觀察することができれば、きっと、典籍の整理と詮釋に對して、必ず重要で決定的な意義を有することだろう。

は「性自命出」と呼ばれる)の二篇の材料である。馬承源主編『上海博物館藏戰國楚竹書 (一)』、『緇衣』(圖版) 43-68 頁、(釋文) 169-213 頁、『性情論』(圖版) 69-115 頁、(釋文) 215-301 頁に見える。また劉笑敢氏は、「竹簡本が發表される前は、我々は[馬王堆]帛書本を古本として、古本と今本との間で比較を行うしかなく、古本と今本との間の異同がわかるとはいえ、古本の變遷と形成を考察するすべは無かった。しかし、竹簡本が現われてからは情況は一變した。竹簡本と帛書本とを對照して、我々は『老子』の古代における変遷を辿れる糸口を見つけることができ、それに殘存するその他の古本と通行本を加えて、我々は『老子』が流傳において段階を逐って變遷した過程とその手がかりを、初めて分析することが可能になった。また、その中から幾つかの規律性或いは普遍性を有する現象或いはモデルを發見することもできた。これらの現象とモデルは、我々の『老子』及び道家の研究を豐富にしかつ深化させるだけではなく、その他の古文獻の研究に對しても一定の參考價値と解釋の效果を有するだろう。」と言う。「從竹簡本與帛書本看『老子』的演變—兼論古文獻流傳中的聚焦與趨同現象—」、『郭店楚簡國際學術研討會論文集』(武漢：湖北人民出版社、2000 年)、466 頁を參照。まさに劉氏が言うように、竹簡本『老子』と帛書本『老子』及び今本『老子』との對照・比較・校勘を通して、典籍版本の変遷と抄寫者・校訂者の主觀的な意圖を考察することができる。

『論語鄭氏注』の思想的特色

弥 和順[*]

一、始めに

　鄭玄（127-200）が漢代を代表する碩學通儒であることは、周知のとおりである。それは、『後漢書』本傳に、著述が百餘萬言に及んだと記載されていることからも確認される。またその厖大な著作は、經書に對する注釋が大半を占め、それこそ、鄭玄の學問上の特徴であることは、三禮注や毛詩鄭箋を例にとれば、すぐさま了知されよう。
　そうした認識をもって、鄭玄の注釋全體を視野に入れたとき、三禮注・毛詩鄭箋のように完本ではないが、部分的な他の注釋書においても、その學問が反映されていようことは、十分に豫想がつく。なかんずく、『論語』に對する注釋、いわゆる『論語鄭氏注』は、完全には傳承されないが、鄭玄自身が『論語』の字句をいかに解釋したか、さらには漢代全般において『論語』がいかに讀解されていたかを知るための貴重な資料となること、いうまでもあるまい。
　そもそも完本として現存する最古の『論語』注釋書は、魏の何晏が編んだ『論語集解』である。『論語鄭氏注』は、魏の齊王の時代に編集された『論語集解』より五十年ほど先立って成ったと考えられるが、『集解』の完成・流布とともに、南宋末までには亡佚したものと推定される。『集解』には、何晏が引用した漢魏における代表的諸家の注釋が収録されているので、部分的ではあるが、鄭玄の注解も垣間見ることができる。やがて『集解』を始め、群書所引の斷片的な資料をもとに『論語鄭氏注』の輯佚作業が開始され、清代に降るや、數多くの學者によって幾多の輯佚書が作成されたのである。
　また二十世紀に入ると、イギリスのオーレル・スタインやフランスのポール・ペリオによってもたらされた、いわゆる敦煌文書の中に、唐寫本『論語鄭氏注』の殘卷が含まれていたため、それを通して、同書が散佚する以前のまとまった形を見ることが可能になった。さらにトゥルファン・アスターナ墓地からは、唐景龍四年（710）、十二歳の學生卜天壽によって筆寫された『論語鄭氏注』の殘卷が出土したことも劃期的な出來事であった。かくして『鄭氏注』そのものが次第に明らかにされるとともに、同書に對する

---
[*] 北海道大學大學院文學研究科教授

調査・研究も、飛躍的に發展したのである。

　しかしながら、從來の『論語鄭氏注』研究は、どちらかといえば、文獻學的な基礎作業が中心であって、同書がもつ思想的特質の究明については、いささか不十分なところがあったといわざるをえない。小論は、『鄭氏注』に對する舊來の研究成果を再整理するとともに、同書の特色に關して、思想的な側面からの考究を試みるものである。

二、『論語鄭氏注』の成立

　漢代における『論語』の傳承・解釋について、『漢書』藝文志・『隋書』經籍志・『論語集解』序などの記述を總合すれば、おおむね次のようになる。前漢には、『魯論語』『齊論語』『古論語』の三種類のテキストが存在し、そのうち『魯論語』については、夏侯勝が注解して『魯夏侯説』を作り、張侯が『魯論語』を主として『齊論語』を參考にしながら『魯安昌侯説』を作成した。『張侯論』と呼ばれるのがそれに他ならない。一方、『齊論語』については、王吉などが傳承し、さらに『古論語』は、孔安國が訓解を作った。後漢になると、數あるテキストの中から『張侯論』に基いて、包咸・周氏・馬融などが次々に『論語』注釋書を編んだという。そうした中、登場したのが鄭玄である。

　さて、鄭玄の著述が厖大であったことは冒頭に述べたとおりだが、その代表作を列擧すれば、『周易』『易緯』『尚書』『尚書大傳』『尚書中候』『毛詩』『周禮』『儀禮』『禮記』『春秋左氏傳』『孝經』『論語』の各注、『六藝論』『駁五經異義』『天文七政論』『答臨孝存周禮難』『魯禮禘祫義』『發墨守』などである。

　では、こうした多種多彩な著述がいかにして作られ、いかにして鄭玄の學問が形成されたのか。またそれと『論語鄭氏注』の完成とはどのような關係が認められるのか。それらを明らかにするには、まず『後漢書』本傳を檢討する必要があろう。そこで、以下、同傳に依據しながら、鄭玄の生涯を概觀し、その問題を考えることとする。

　永建二年（127）、鄭玄は、北海郡高密縣の貧しい士人の家に生まれた。やがて下級屬吏となるが、學問への夢絶ちがたく、洛陽に上って、太學に入った。最初に師事したのは、第五元先であり、『京氏易』『公羊春秋』『三統暦』『九章算術』を學んだ。また、張恭祖に從い、『周官』『禮記』『左氏春秋』『韓詩』『古文尚書』を修めたという。ここに、鄭玄の學問的基礎が確立されたわけだが、すでに廣く五經に通曉し、また古文・今文の學を兼修したことがうかがわれる。

　さらに、鄭玄は、涿郡の盧植を介して扶風の馬融の門下に入った。だが、當時、馬融の門弟は四百人以上、そのため、高弟を介して講義を受けること三年有餘が過ぎた。ある日、馬融が暦數の計算に窮した際、門弟の助言によって始めて對顏が適い、鄭玄はその場で見事な解説を行ったので、高い評價を得たという。それと同時に馬融門下を去っ

たが、そのとき、馬融が「吾が道、東せん」と慨嘆したことは、後世、兩者の複雜な師弟關係を示す逸話として誇張されて傳わった[1]。

　四十歲で故郷に歸った鄭玄は、門弟教育に勵んだが、やがて黨錮事件が頻發するや、禁錮を命ぜられた。要するに、宦官によって官界から追放されたのである。その黨禁は、三度にわたり、都合十四年間に及んだが、その間、鄭玄は『周禮』『儀禮』『禮記』、すなわち三禮に注釋するとともに、『六藝論』『發墨守』などを著述したとされる。

　鄭玄五十八歲のとき、黨錮の禁が解かれるや、教育に勤しむかたわら、『尚書』注、『毛詩』の注釋である毛詩鄭箋、さらには『論語』の注釋を完成した。この間、何進・袁隗・袁紹などから招聘されたが、結局は應じなかった。晩年には『周易』に注釋を施し、建安五年（200）、七十四歲にて病死したという。

　以上が鄭玄の生涯の大略である。これに基くと、鄭玄が『論語』に注解した時期は、十四年に及ぶ黨禁以後であったことがわかる。いま王利器『鄭康成年譜』（齊魯書社、1983 年）によれば、中平元年（184）、鄭玄五十八歲のときと論定される。異說がないわけではないが、『後漢書』本傳などの記述と照合させれば、王氏の考證は、ほぼ妥當なものといえよう[2]。いずれにせよ、『論語鄭氏注』の完成が、黨禁の期間中に執筆された三禮注、また黨禁の後、著された毛詩鄭箋よりも遲れることは、諸家の見解も一致するので、間違いあるまい。加えて、晩年に作られた『周易』の注よりは早期に成ったことも、疑う餘地がなかろう。

三、『論語鄭氏注』の傳承と散佚

　『論語鄭氏注』が作成された當時、鄭玄以外にも『論語』に注釋した者は少なくなかった。それは、たとえば、鄭玄とほぼ同時代の學者の趙岐が、六經の學問は先人の注釋が數多く存するが、『論語』に範をとって倣い作られた『孟子』だけは注解がないので、『孟子章句』を撰したと述べていることからも推知される[3]。かくして後漢において、すでに幾多の『論語』注釋書が存在し、またそれが世に流布していたことが想像できる。

---

1) 馬融と鄭玄の師弟關係について學術的な側面より考究した論考に、池田秀三「馬融私論」（『東方學報京都』第 52 册所收、京都大學人文科學研究所、1980 年）がある。また、『世說新語』文學篇に「鄭玄在馬融門下、三年不得相見。高足弟子傳授而已。嘗算渾天不合、諸弟子莫能解。或言玄能者。融召令算、一轉便決。衆咸駭服。及玄業成辭歸、既而融有禮樂皆東之歎。恐玄擅名而心忌焉。玄亦疑有追、乃坐橋下、在水上據屐。融果轉式逐之、告左右曰、玄在土下・水上、而據木。此必死矣。遂罷追。玄竟以得免」というのは、馬融が鄭玄を妬んで殺害しようとした話にまで虛構されたことを示す。

2) ちなみに、林泰輔編『修訂論語年譜』（國書刊行會、1976 年）は、鄭玄が『論語』に注釋したのを、建安五年（200）と見なす。また、藤堂明保「鄭玄」においても同樣の記述がなされている。

3) 趙岐「孟子題辭」に「論語者、五經之錧鎋・六藝之喉衿也。孟子之書、則而象之……惟六籍之學、先學之士釋而辯之者、既已詳矣。儒家惟孟子、閎遠微妙、縕奧難見、宜在條理之科、於是乃述己所聞、證以經傳、爲之章句、具載本文、章別其指、分爲上下、凡十四卷」という。

さらに三國時代になると、周生烈・虞翻・陳羣・張昭・何晏・王弼・王肅・譙周らによって、『論語』の注解書が陸續と作られた。なかんずく何晏の『論語集解』は、その代表作であり、後代、同書に基いて、皇侃『論語集解義疏』や邢昺『論語注疏解經』が編集されたことはよく知られる。その一方で、『集解』以外の注釋書は、次第に亡佚への道を辿った。無論、その中には『論語鄭氏注』も含まれるが、ただちに驅逐されたわけではない。たとえば、南朝では『集解』を主として『鄭氏注』を從とし、北朝では『鄭氏注』と主として『集解』を從としたように、一時期は『集解』に匹敵するほどの存在であった。しかるに、おそらく宋末までには散佚したものと推定される。

いま『論語集解』をひもとけば、そこには何晏自身をも含めて、以下八家の注釋が、次のとおり、確認できる。

　　前漢　孔安國『論語孔氏訓解』　　477 條
　　後漢　包　咸『論語包氏章句』　　196 條
　　後漢　馬　融『論語馬氏訓説』　　134 條
　　後漢　鄭　玄『論語鄭氏注』　　　105 條
　　魏　　陳　羣『論語陳氏義説』　　　 3 條
　　魏　　王　肅『論語王氏義説』　　 41 條
　　魏　　周生烈『論語周生氏義説』　 13 條
　　魏　　何　晏　　　　　　　　　　139 條 [4]

この一覧にも明らかなとおり、何晏は『集解』を編集するに當り、漢魏における代表的な注釋を取捨選擇し、それらを折衷しながら、場合によっては自説を開陳したのである。ただし、諸家の注釋の中から、何晏が何を基準にして取捨選擇したかは不明である。勿論、同書に引用された『鄭氏注』の場合もしかりである。

そうした情況において、この『集解』を基礎資料としながら、比較的早期の段階より『論語鄭氏注』の輯佚書が編まれた。その嚆矢と目されるのは、南宋末の王應麟の輯本『古文論語』である。しかるに、實際に同書を編集したのは、清代の惠棟もしくは嚴長明ではないかという疑問も出されている [5]。いずれにしても、『鄭氏注』に關する輯佚作業が高まりを見せたのは、清朝に降り、鄭學が勃興してからである。それらを含めて、代表的な輯本を掲げると、以下のとおりである。

　　王應麟輯『古文論語』二卷（『芋園叢書』所收）
　　孔廣林輯『論語注』十卷（『通德遺書所見録』所收）

---

[4] 以上の引用例數については、室谷邦行「何晏『論語集解』—魏晉の時代精神—」（松川健二編『論語の思想史』所收、汲古書院、1996 年）に依據する。ただし、『論語集解』は、そのテキストによって、引用學者名が異なる場合がある。一例を示せば、『論語』雍也篇の「子謂子夏曰、女爲君子儒、無爲小人儒」の注に「君子爲儒、將以明道、小人爲儒、則矜其名」とあるが、これを古本では孔安國の説、皇本では馬融の説、足利本では何晏の説とする。したがって、引用例數は、ひとつの目安とすべきであろう。
[5] たとえば、袁鈞輯『論語注』、宋翔鳳輯『論語鄭氏注』を參照。

王　謨輯『論語注』一卷（『漢魏遺書鈔』所收）
　袁　鈞輯『論語注』十卷（『鄭氏佚書』所收）
　宋翔鳳輯『論語鄭氏注』十卷（『食舊堂叢書』所收）
　馬國翰輯『論語鄭氏注』十卷（『玉函山房輯佚書』所收）
　黃　奭輯『論語注』一卷（『漢學堂叢書』所收）
なお、上に掲げた輯本以外に、日本においても、『鄭氏注』の輯佚作業が行われたことを忘れてはならない。詳細は後述するが、月洞讓『輯佚論語鄭氏注』（油印自刊本、1963年）がそれであり、その輯佚作業は高く評價できる[6]。

四、唐寫本『論語鄭氏注』の發見

やがて清朝末期に至るや、『論語鄭氏注』に關わる衝撃的な發見・出土が相次いだ。光緒三十三年（1907）、イギリスの探檢家オーレル・スタインが、甘肅省敦煌の莫高窟を訪れ、萬卷の古文獻の存在を知り、道士の王圓籙を通して、その一部を入手した。さらに翌三十四年（1908）には、フランスの東洋學者ポール・ペリオが同じく敦煌莫高窟を訪問し、同じく王圓籙を説得して文獻調査するとともに、大量の古文書を持ち歸った。これらは敦煌文書と總稱され、學術的價値もきわめて高いものだが、その中には『論語鄭氏注』の亡佚する以前、それを筆寫した殘卷も含まれていた。特にペリオが入手した『鄭氏注』殘卷は最も長卷であり、その末尾には、龍紀二年（890）という款識があったので、それが唐代末期に筆寫されたことが證明されたのである。

一方、1969年には、新疆ウイグル自治區トゥルファンのアスターナ墓地において、唐景龍四年（710）、十二歳の私學生卜天壽によって筆寫された『論語鄭氏注』殘卷、いわゆる卜天壽本が出土した。それは、前述したペリオ文書との重複がないばかりか、同書を一八〇年も遡る寫本であった。また、トゥルファンでは、その後も寫本の出土が續き、その中には『論語鄭氏注』の斷片も少なからず含まれている。かくして、それら唐寫本『論語鄭氏注』殘卷・殘片を繫ぎ合わせると、鄭玄が著したという同書全體の約半分について、その原形を見ることが可能になったのである。

上述した中から、ある程度まとまった形で、現在目睹することが可能な唐寫本『論語鄭氏注』を一覽にすると、次のとおりである。
　（一）卜天壽本（トゥルファン・アスターナ363號墓出土）
　　　　爲政篇後半～八佾篇～里仁篇～公冶長篇末、計178行
　（二）トゥルファン本（トゥルファン・アスターナ184號墓出土）
　　　　雍也篇前半、66行
　（三）トゥルファン本（トゥルファン・アスターナ127號墓出土）

---

[6] 同書には、群書よりの輯佚以外にも、後述する敦煌本『論語鄭氏注』の佚文もあわせて收録されている。

　　　　　雍也篇後半、19 行
　（四）敦煌本スタイン文書 6121 號
　　　　　雍也篇末〜述而篇首、計 9 行
　（五）トゥルファン本（トゥルファン・アスターナ 184 號墓出土）
　　　　　述而篇前半、計 29 行
　（六）敦煌本ペリオ文書 2510 號
　　　　　述而篇半ば〜泰伯篇〜子罕篇〜郷黨篇末、計 224 行
　（七）敦煌本（書道博物館所藏）
　　　　　顏淵篇末〜子路篇首、計 33 行
　（八）トゥルファン本（龍谷大學所藏）
　　　　　子路篇末〜憲問篇首、計 11 行
　以上を中心とする唐寫本の發見を通して、『論語鄭氏注』に關する考究が飛躍的に發展したことは、いうまでもない。とりわけ、上掲の（一）卜天壽本と（六）敦煌本ペリオ文書とは、三篇以上にまたがる分量の多い寫本であり、また筆寫された年代が確定できるばかりか、そこに記された文字自體も鮮明であるため、『論語鄭氏注』研究に資すること、計り知れないものがある。

五、從來の『論語鄭氏注』研究

　一體、『論語鄭氏注』は、一時亡佚したものの、發見や出土によって、およそ半分が再び明らかになったという特異な書物である。加えて、鄭玄という漢代隨一の學者の注釋書であることも相俟って、同書に對する關心はつねに高かった。とりわけ、二十世紀初頭における敦煌文書の發見、1969 年における卜天壽本の出土は、『鄭氏注』研究において大きな刺戟を與えたものであり、それを契機として同研究が大きく進展したことは、いうまでもない。そこで、以下、卜天壽本の出土以前（A）とそれ以後（B〜D）に分けて、『鄭氏注』に關する代表的な研究を概括しておきたい。

（A）藤塚氏・月洞氏の研究

　卜天壽本が出土される以前において、最初にとりあげるべき研究は、藤塚鄰『論語總説』（弘文堂、1949 年）である。藤塚氏は、同書第二篇で、主な論語注解書の檢討を行い、同第一章において「鄭注論語」をとりあげる。なかんずく「鄭注の價値」は、鄭玄の『論語』解釋の特質について、具體的に七例を掲げつつ考究したものであり、注目すべき指摘が少なくない。

　次いで、先述した月洞讓『輯佚論語鄭氏注』（油印自刊本、1963 年）も見逃すわけにはいかない。月洞氏は、清朝における『論語鄭氏注』輯佚本を踏襲しながら、新たに敦煌文書をも精査して、みずから輯佚作業を行い、その成果を一書にまとめたのである。

同書からは、精緻な輯佚作業と篤實な研究姿勢がうかがわれ、その業績は、内外において高く評價される。また、論文「論語鄭注と集解」(『諸橋博士古稀祝賀記念論文集』所收、同論集記念會、1953 年)は、『論語鄭氏注』と『論語集解』とを具體的に比較檢討したものであり、月洞氏の代表的論考の一つといえる。

(B) 金谷氏の研究

一方、卜天壽本出土以後において特筆すべき研究は、金谷治『唐抄本鄭氏注論語集成』(平凡社、1978 年)である。同書は、その後の研究において必ずといってよいほど引用されるが、そのことから判斷しても『論語鄭氏注』研究に多大な影響を與えるものであった。具體的には、當時明らかになった卜天壽本を始め、それ以前に發見された敦煌本スタイン文書・ペリオ文書に及ぶまで、閲覽が可能なすべての『論語鄭氏注』について、寫眞版を提示し、それとともにその翻刻と訓讀を行ったものである。また、あわせて論文「鄭玄と『論語』」を收録するが、それは『鄭氏注』について、總合的見地より行われた最高水準の專論といえる。筆者が小論を執筆するのも、同論文に啓發されたところが大きいので、ここに紙幅を割いて、その論旨を要約して提示しておく。

金谷氏は、まず『論語鄭氏注』に關する從來の研究をとりあげ、(1) 訓詁・名物制度の解明が中心である點、(2) 總合的折衷的學風が認められる點、(3) 比較的方法が用いられている點、(4) 禮についての説明が懇切である點、以上四點を指摘し、その具體例を掲げる。その上で、新出資料の敦煌本・卜天壽本を總覽・檢討し、『論語鄭氏注』の特色として、さらに (5)『論語』の本文からはみ出た解説的な文章が少なくない點、(6) 鄭玄自身が仕官の招聘を拒否したが、その消極的な姿勢が『論語』の注釋に反映されている點の二點を、新たに指摘するのである。

この (5) (6) 二點については、やや補足が必要と思われるので、金谷氏の引用例とともに、詳述する。

まず (5) については、『論語』子罕篇の第二十一章〜第二十三章がとりあげられる。

○第二十一章「子、顏淵を謂ひて曰く、惜しいかな。吾、其の進むを見るも、未だ其の止（とど）まるを見ざるなり」の注。

　顏淵病む。孔子往きて之を省（み）ふ、故に此の言を發す。痛惜の甚だしきなり。
　（敦煌本ペリオ文書）

○第二十二章「苗にして秀（ひい）でざる者有るかな。秀でて實らざる者有るかな」の注。

　秀でずとは、項託を諭（ゆ）ふ。實らずとは、顏淵を諭ふ。（敦煌本ペリオ文書）

○第二十三章「後生、畏（おそ）るべし。焉んぞ來者の、今に如かざるを知らんや」の注。

　後生とは、幼稚を謂ふ。顏淵を斥すなり。畏るべしとは、其の才の、美にして人を服するを言ふなり。孟子曰く、吾が先子の畏るる所と。是の時、顏淵死す。故に言を發す。何ぞ來世、將に此くのごとき人無きを知らんや。（敦煌ペリオ文書）

この三章について、金谷氏は、次の指摘を行う。第二十一章について、鄭玄は顏淵が

重病であったという情況を設定するが、何晏『集解』にはそれが見えないこと。第二十二章について、鄭玄は項託と顏淵とを具體的に述べた發言というが、『集解』は個人名を擧げず、一般的な解釋がなされていること。第二十三章について、鄭玄は顏淵と關連づけて解釋するが、『集解』には「後生とは年少のものを謂ふ」という注解しか存在しないこと。

その上で、鄭玄の解釋に則ると、この三章すべてが顏淵に關する發言と見なされ、第二十一章は顏淵の病氣見舞、第二十二章・第二十三章はその死後のことと想定されていると論定する。さらに、それを發展させる形で、鄭玄の注釋には、具體的な情況の設定によって、孔子の發言が抽象的な廣がりで一般的に理解されることのないよう、現實的な場にひきとめられており、結果的に孔子の姿は、それだけ現實的で實踐的なものとして浮かび出てくると、結論づけるのである。

一方、(6) については、子罕篇の第十三章が話題とされる。
○第十三章「子貢曰く、斯に美玉あり、櫝に韞みて之を藏し、善價を求めて之を沽らんかと。子曰く、之を沽らんや、之を沽らんや。我は價を待つ者なり」の注。

　　子貢、孔子の聖德有りながら用ひられざるを見る。故に此の言を發して、以て其の意を視る。斯に美玉有り、匣に裹みて之を藏し、善價を求めて之を該賣すべきなり。(敦煌本ペリオ文書)

ここで金谷氏は、『鄭氏注』によれば、子貢は孔子に積極的に仕官をすすめたが、孔子はそれを否定したと解釋されている點を指摘する。つまり、鄭玄は、「沽之哉」を「之を沽らんや」と反語に讀んだわけであるが、皇侃『論語義疏』所引の王弼の說にあるように、後代には、それを「之を沽らんかな」と讀んで、積極的に仕官を求める意味に解釋するようになり、それが通說となったと推察する。その上で、鄭玄は、當時の困難な政治情勢や混亂した社會の樣相を勘案しながら、社會活動に對して消極的な態度を貫いたわけだが、そうした姿勢は、その注釋においても、消極的な孔子の姿として描出されていると締めくくる。

上に示した『鄭氏注』に對する金谷氏の論は、すこぶる實證的であり、その解釋上・思想上の特質にまで論及した點において、比類なきものとして高い價値を有するものである。さらに、それを通して得られた二點の結論もきわめて妥當なものだといえる[7]。

(C) 王氏の研究

中國で發表された研究では、第一に、王素『唐寫本論語鄭氏注及其研究』(文物出版社、1991年) が擧げられる。同書は、當時始めて閲覽が可能になった唐寫本『論語鄭氏注』斷卷九種、斷片二十二種をとりあげ、校勘作業を行うとともに、そのすべてを收錄したものである。その中には、金谷治『唐抄本鄭氏注論語集成』には未收錄のものが

---

[7] その後、金谷氏は、『論語と私』(展望社、2001年) の「Ⅰ論語の注釋」において、『唐抄本鄭氏注論語集成』未收錄の新出資料に關して、補足說明を行った。

含まれている[8]。また、『論語鄭氏注』に關する王素自身の論考を始め、羅振玉・王國維・王重民・陳鐵凡・月洞讓・金谷治各氏の論文も掲載されているので、その研究成果を概觀するのに、至便である。

(D) 陳氏の研究

さらに臺灣における研究として注目されるのが、陳金木『唐寫本論語鄭氏注研究—以考據・復原・詮釋爲中心的考察—』（文津出版社、1996年）である。同書は、研究篇・實證篇・復原篇から成る大著であるが、特に『論語鄭氏注』本來の姿を復原せんとした點に特徴が認められる。そうした煩瑣な復原作業を行った上で、陳氏は、鄭玄の『論語』解釋の特質として、次の二點を指摘する。

(1) 鄭玄は、章句訓詁を重んじ、經を以て經を解することを主張したが、それによって典章制度や文字訓釋において、正確な解釋が認められ、また文脈理解においても、孔子の眞意を適確に把握していること。

(2) 鄭注の思想は、漢代學術の時代影響を大きく受け、天人感應・師法家法・陰陽五行という觀點から『論語』を解釋したが、鄭玄の注解にはすべて根據が認められ、空虚なものとなっていないこと。

上掲の指摘は、首肯できる内容ではあるものの、とりわけ『論語鄭氏注』に限った特色というべきものではなく、同書獨自の特質が提示されていない點は、惜しまれるところである。

以上、從來の主たる『論語鄭氏注』研究を概觀したが、『鄭氏注』の思想的特質にまで論及したのは、金谷氏・陳氏の論著に限定される。しかし、先述したように、總合的な觀點から判斷すれば、金谷氏の研究が最も評價できる。小論の目指すところも、金谷氏と同一視點に立脚するものであり、まずはその研究成果を中心とし、あわせて他の研究をも參照しながら、論を進めることとする。

なお、上記以外にも、昨今、鄭玄に關する研究書も少なからず刊行されている[9]。しかるに、管見のかぎり、それらの研究成果を逸脱するような論はないことを附言しておく。

六、『論語鄭氏注』の思想的特色

繰り返しになるが、『論語鄭氏注』は、テキストの散逸と發見という經緯を有する書であるため、テキストの校勘がつねに必要とされる。小論の場合は、まず、敦煌本ペリ

---

[8] 注7)を參照。
[9] たとえば、《山東省志・諸子名家志》編集委員會『鄭玄志』（山東人民出版社、2003年）・唐文編著『鄭玄辭典』（語文出版社、2004年）などが擧げられる。

オ文書と卜天壽本とを基本資料とし、場合に應じて、幾多の輯佚書を參看するとともに、あわせて從來の研究成果を踏まえながら、『論語鄭氏注』のテキストを確定した上で、それらの讀解を通して、鄭玄の注解における思想的特色についての包括的な考究を試みるものである。

　いまそうした手順を踏みながら、改めて目睹しうる『論語鄭氏注』全體を通觀すると、「故發此言（故に此の言を發す）」という表現が散見されることに氣づく。

(A)「故發此言」という表現

　たとえば、卜天壽本公冶長篇の一章を見ると、次のように本文を三段に分け、その中に『鄭氏注』が插入されている。

〇子曰、道不10)行、乘桴11)浮於海、從我者其由也與。
　　（子曰く、道行はれず、桴に乘りて海に浮かばん。我に從ふ者は、其れ由なるかと。）
〔鄭氏注〕道……故發此言。編竹木浮之於水上。大曰栰12)、小曰桴13)。
　　（道……故に此の言を發す。竹木を編みて之を水上に浮かぶ。大なるを栰と曰ひ、小なるを桴と曰ふ。）14)

〇子路聞15)之喜。
　　（子路、之を聞きて喜ぶ）。
〔鄭氏注〕以爲信。故欣16)然喜見擧。
　　（以て信と爲す。故に欣然として擧げらるるを喜ぶ。）

〇子曰、由也、好勇□我、無所取材之。
　　（子曰く、由や、勇を好むこと我に……。取りて之を材する所無しと。）
〔鄭氏注〕孔子疾世17)。故發此言。子路以爲信、從行。故曰、好□。無所取材之、爲前既言難、中悔之、故絶之以此□。
　　（孔子、世を疾む。故に此の言を發す。子路、以て信と爲し、從ひ行かんとす。故に曰く、……を好む。取りて之を材する所無しとは、前に既に難きを言ひ、中ごろ之を悔ゆるが爲に、故に之を絶つに此の……を以てす。）18)

---

10) 卜天壽本は「不」がないが、補い改める。
11) 卜天壽本は「垺」に作るが、「桴」に改める。
12) 卜天壽本は「柢」に作るが、「栰」に改める。
13) 卜天壽本は「浮」に作るが、「桴」に改める。
14) 當該部分について、『論語集解』では、馬融の説「桴、編竹木也。大者曰栰、小者曰桴也」を引用する。
15) 卜天壽本は「文」に作るが、「聞」に改める。
16) 卜天壽本は「行」に作るが、金谷氏・王氏の見解に從い、「欣」に改める。
17) 卜天壽本は「廿」に作るが「世」に改める。
18) 當該部分について、『論語集解』では、鄭玄の説「子路信夫子欲行。故言好勇過我也。無所取材者、無所取桴材也。以子路不解微言。故戲之耳。一曰、子路聞孔子欲乘桴浮海、便喜、不復願望。故孔子歎其勇曰、過我、無所復取哉。言唯取於己也。古字材哉同耳」を引用する。

この本文および注を通讀すると、第一段と第三段の『鄭氏注』二箇所において、「故に此の言を發す」という字句のあることがわかる。

　考えてみると、「故に此の言を發す」とは、注釋全般を通じていえば、比較的使用される字句で、とりたてて特別な表現ではない。しかし、上掲の注においては、孔子が二度發言を繰り返したことについて、鄭玄は、その理由をそれぞれ明白に解説しようとしたのである。とすれば、『鄭氏注』の「故に此の言を發す」の直前には、孔子の發言がなされた事由が明示されていることになる。このように、鄭玄においては、物事の因果關係を明確に提示しようとする意圖が存し、そのことが上の注釋中にうかがえる。

　いまト天壽本では、殘念ながら、第一段の當該部分が缺損するため、該所の注の内容は推測するより仕方がない。が、思うに、そこには、孔子が桴に乘って海に浮かぼうと述べた理由が示されていたものと類推される。一方、第三段では、孔子が子路に對して桴の材料がないと發言したのは、孔子が世をにくんだからだと、その理由が述べられている。

　かく『論語鄭氏注』には、孔子の言葉をめぐって、その因果關係を明らかにしようとする姿勢が認められ、そこにこそ、鄭玄の注釋の獨自性が存するのではないかと考えるのである。そういう視點をもちつつ、他の「故に此の言を發す」という用例を示すならば、敦煌本ペリオ文書子罕篇に、次のようにある。

　　子曰、吾未見好德如好色者也[19]。
　　（子曰く、吾、未だ德を好むこと色を好むが如くする者を見ざるなりと。）
　　〔鄭氏注〕疾時人薄於德、而厚於色。故發此言。
　　（時人の、德に薄くして色に厚きを疾む。故に此の言を發す。）[20]

　ここでも、『鄭氏注』の最後に「故に此の言を發す」という字句が見える。この鄭玄の解釋によれば、道德を好む者が少ないと孔子が述べたのは、時人、すなわち當時の人が道德を輕視する傾向があるので、それを批判したという。要するに、孔子は心中において當時の人に對して不平不滿を抱いていたと、鄭玄は解釋するのである。

(B) 時人に對する不滿

　このように見てくると、ことは「故に此の言を發す」という字句の多少という問題にとどまるものではない。たとえば、敦煌本ペリオ文書子罕篇に見える孔子の發言とその注に、次のようにいう。

　　子曰、衣弊縕袍、與衣狐狢[21]者立、而不恥者、其由也歟。
　　（子曰く、弊れたる縕袍を衣、狐狢を衣たる者と立ちて恥ぢざる者は、其れ由なるかと。）

---

19) 敦煌本ペリオ文書は「子曰、吾未見好德如見好色者也」に作る。
20) 當該部分について、『論語集解』では、何晏みずから「疾時人薄於德、而厚於色。故以發此言也」と述べ、ほぼ同文を掲載する。
21) 敦煌本ペリオ文書は「狢」に作るが、「狢」に改める。

〔鄭氏注〕言此者、矯時奢也。裼²²⁾以故絮曰縕。袍今時襜也。狐狢、謂裘也。
　　（此れを言ふ者は、時の奢なるを矯むるなり。裼の、故絮を以てするを縕と曰ふ。袍とは、今時の襜なり。狐狢とは、裘を謂ふなり。）²³⁾

上の注には「故に此の言を發す」という表現はない。しかし、「此れを言ふ者は……」というように、孔子がなぜこの發言をしたのか、その理由を説明しようという意圖が存することは明らかであり、その點において、上掲と同樣の注釋だと見なすことができる。ここで鄭玄は、當時の奢侈なる風潮を矯正せんとして孔子が發言したと理解するのである。

こうした傾向は、『論語鄭氏注』全體を通して認められる。つまり、鄭玄の解釋によれば、孔子が當時の人に對して不平不滿を抱いて言を發したという箇所が少なくない。それに際して、必ずしも「故に此の言を發す」「此れを言ふ者は」などという表現は用いられてはいないが、孔子の胸中を推し量って解釋しようという姿勢そのものに變りはないのである。

いま、そうした用例を三例揭げ、あわせて簡單な論評を記すこととする。

〇林放問禮之本。
　　（林放、禮の本を問ふ。）
〔鄭氏注〕林放、魯人²⁴⁾。孔……者、疾時人²⁵⁾失……
　　（林放は魯人なり。孔……は、時人の……を失へるを疾む。）²⁶⁾
　　　　　　　　　　　　　　　　　　　（卜天壽本　八佾篇）

ここの本文は、門人の林放が禮の本質を質問したというに過ぎない。また、『鄭氏注』には缺損する部分があるので、斷言はできないが、鄭玄の解釋によると、そのような背景には、當時の人が禮儀を失していたため、それを孔子が嘆いたというのである。

〇□□、射不主皮。爲力不同科。古之道。
　　（……、射は皮を主とせず。力を爲すこと科を同じくせず。古の道なり。）
〔鄭氏注〕古之道、隨事²⁷⁾宜而制²⁸⁾之。疾今不然。²⁹⁾
　　（古の道は、事宜に隨ひて之を制するなり。今、然らざるを疾む。）
　　　　　　　　　　　　　　　　　　　（卜天壽本　八佾篇）

---

22) 敦煌本ペリオ文書は「裼」に作るが「裼」に改める。
23) 當該部分について、『論語集解』では、孔安國の説「縕、枲著也」を引用するだけである。
24) 卜天壽本は「仁」に作るが「人」に改める。
25) 注24）と同じ。
26) 當該部分について、『論語集解』では、何晏みずから「林放、魯人」と述べる。
27) 卜天壽本は「士」に作るが、「事」に改める。
28) 卜天壽本は「制祭」に作るが、金谷氏・王氏の説に從い、「祭」を衍字とする。
29) ここでは『鄭氏注』の末尾のみを引用する。ちなみに、鄭玄は、この注釋に先立ち、『儀禮』鄉射禮・『禮記』射義に基きながら、詳細な考證を行っている。また、當該部分について、『論語集解』では、馬融の説「爲力、爲力役之事也。亦有上中下設三科焉。故曰不同科也」を引用する。

ここでは、本文の冒頭二文字が缺損するが、おそらく「子曰」であったと推定できよう。それはともかく、鄭玄の注釋に從えば、『儀禮』鄉射禮に「射禮不主皮」とあるにもかかわらず、當時「皮を主とする」ようになった風潮を孔子が嘆いた言葉と解するのである。
　〇子曰、臧文仲居蔡。山節□梲、何如其智也。
　　（子曰く、臧文仲、蔡を居く。節を山にし梲を……、何如ぞ其れ智ならんと。）
　　〔鄭氏注〕文仲、奢侈。如如是、何如其智。刺時人 [30] 謂之智也。
　　（文仲は奢侈なり。如し是くの如くんば、何如ぞ其れ智ならん。時人の、之を智なりと謂ふを刺るなり。） [31]　　　　　　　　　　（卜天壽本　公冶長篇）

　ここでは、魯の大夫である臧文仲が話題とされる。鄭玄によれば、分を越えて奢侈なる生活を送る臧文仲を當時の人が知者だと述べたことに對して、孔子が批判したものだと解釋するのである。
　いま三例を見たが、それらは、鄭玄の注釋によると、孔子が當時の人や風潮に對して、それを批判すべく發言したものと見なす點において共通する。そうした解釋が行われたのは、孔子が不遇であり、そのため、世間一般に對してつねに不滿を抱いていたという理解が鄭玄自身に存在したのであり、そのことが『論語鄭氏注』各處において表出したものと考えられる。

（C）明君の不在に對する慨嘆

　かように、孔子が不遇であったという鄭玄の理解は、どうやら世間に對する不滿に限られてはいなかったようである。その一方では、そもそも明君が存在せず、そのために孔子が登用されないのだという見方がうかがえる。
　たとえば、敦煌本ペリオ文書述而篇に、次のようにいう。
　　子曰、聖人吾不得而見之矣。得見君子者、斯可矣。
　　（子曰く、聖人は、吾、得て之を見ず。君子者を見るを得れば、斯ち可なり。）
　　〔鄭氏注〕疾世無明君也。
　　（世に明君無きを疾むなり。） [32]

　ここの本文では、聖人や君子との出遭がとりあげられるが、鄭玄の注には、當世に明君の存在しないことが、孔子をして嘆かしめたと、明記されている。
　また、敦煌本ペリオ文書子罕篇にいう。
　　子曰、鳳鳥不至、河不出圖。吾已矣夫。
　　（子曰く、鳳鳥至らず、河圖を出ださず。吾、已ぬるかな。）

---

30) 卜天壽本は「仁」に作るが、「人」に改める。
31) ここでは『鄭氏注』の後半部分を引用する。ちなみに、鄭玄は、この注釋に先立ち、「臧文仲」「蔡」「節」「梲」の説明を行っている。また、當該部分について、『論語集解』では、孔安國の説「非時人謂以爲智也」を引用する。
32) 當該部分について、『論語集解』では、何晏みずから「疾世無明君也」と述べ、同文を掲載する。

〔鄭氏注〕有聖人受命、則鳳鳥至、河出圖。今天無此瑞。吾已矣者、傷不得見用也。
　　（聖人の、命を受くる有らば、則ち鳳鳥至り、河、圖を出だす。今、天に此の瑞無し。吾、已ぬるかなとは、用ひらるるを得ざるを傷むなり。）33)

　この本文は、孔子が鳳鳥や河圖が出現しないのを悲しんだものといわれる著名な章である。鄭玄の注によれば、それは、聖人が天命を受けることがなく、またそうした兆候も見られないので、孔子自身、登用されることもないことを慨嘆したのだという。
　さらに、敦煌本ペリオ文書子罕篇にいう。
　　子在川上曰、逝者如斯夫、不舍晝夜。
　　（子、川上に在りて曰く、逝く者は斯くの如きか。晝夜を舍かず。）
　　〔鄭氏注〕逝、往也。言人年往如水之流行。傷有道而不見用也。
　　（逝とは往なり。人の年の往くこと、水の流行するが如きを言ふ。有道にして用ひられざるを傷むなり。）34)

　この本文も、川上の嘆として有名な一章であるが、ここでも鄭玄は、孔子が登用されないことを悲嘆した言葉だと解釋する。
　以上、三例を掲げたわけだが、それらを總合すると、『論語鄭氏注』に共通する鄭玄の孔子理解は、次のように要約することができる。つまり、孔子の時代には、明君が存在しなかったので、當然のごとく、自身が採用されるはずもなく、孔子は、そうした不遇をしばしば慨嘆したのであり、その言葉が『論語』に收録されたというのである。

七、終りに

　小論においては、鄭玄の代表的な注釋書『論語鄭氏注』をとりあげ、それに對する考察を行った。具體的には、主に清儒による『鄭氏注』の輯佚本、また新出の敦煌本・卜天壽本を基本的な資料とし、あわせて金谷氏の論著を始めとする從來の研究成果を概括し、その上で、『論語鄭氏注』の思想的特色について考究した。
　その結果、かつて金谷氏が『論語鄭氏注』には『論語』の本文からはみ出た解説的な文章が認められることを論じたが、そうした解説的な注釋が施された背景には、孔子自身が不遇であり、ために明君より登用されることはなく、世間の人や風潮に對しても不平不滿を抱いていたという、鄭玄獨自の孔子理解が存在したこと、またそれが『鄭氏注』各處において反映されていることを指摘できる。

---

33) 當該部分について、『論語集解』では、孔安國の説「聖人受命、則鳳鳥至、河出圖。今天無此瑞。吾已矣夫者、傷不得見也。河圖、八卦是也」を引用する。『鄭氏注』とほぼ同文だが、それが「傷不得見用也」というのに對して、『集解』は「傷不得見也」というのは注意しなければならない。詳細は、拙稿「『論語』鳳鳥不至章の傳承と解釋」（『中國哲學』第27號、1998年）を參照されたい。
34) 當該部分について、『論語集解』では、包咸の説「逝、往也。言凡往也者、如川之流」を引用する。前半部分は一致するが、後半部分は、『集解』には見えない。

なお、こうした鄭玄の注釋上の特色は、漢代において流行した孔子素王説の解釋とは一線を劃すものである。この問題については、稿を改めて論ずることとしたい。

明經博士家の『論語』解釋
―清原宣賢の場合―（修訂版）

水 上 雅 晴[*]

一、前　言

　『論語』の日本への傳來は早く、『古事記』には百濟國の和邇吉師によって『論語』10卷が日本に傳えられたことが記されており、『日本書紀』によると、王仁（＝和邇吉師）の來日は應神天皇十六年（285）のことである[1]。降って推古十二年（604）頃に發布された十七條憲法の條文を見ると、「世少生知」[2]（第7條）、「使民以時、古之良典」[3]（第16條）など、明らかに『論語』を踏まえた表現が頻出するから[4]、飛鳥時代（592-710）までに『論語』が或る程度受容されていたことは間違いない。ただし、その流布や利用の詳細は不明である。

　奈良時代（710-794）に入って唐の律令制に範を取って國家體制が整備されるようになると、國内に存在する唯一の學校であった大學寮は、官吏養成のための教育機關としての機能を持つに至り[5]、天平寶字元年（757）に公布された養老令の中で、『論語』は次のように學生必修の書とされている。

　　　　凡禮記・左傳、各爲大經。毛詩・周禮・儀禮、各爲中經。周易・尚書、各爲小經。
　　　通二經者、大經内通一經・小經内通一經、若中經即併通兩經。其通三經者、大

---

[*] 琉球大學教育學部准教授
1) 『古事記』中卷（倉野憲司・武田祐吉校注『古事記・祝詞』、日本古典文學大系1、岩波書店、1958年）、248頁。『日本書紀』卷10（坂本太郎他校注『日本書紀 上』、日本古典文學大系67、岩波書店、1965年）、371頁。
2) 『論語』述而篇に「子曰、我非生而知之」とあり、「季氏篇」に「生而知者、上也」とある。
3) 『論語』學而篇に「子曰、道千乘之國、敬事而信、節用而愛人、使民以時」とある。
4) 十七條憲法條文の典據に關しては、玄惠法印（1279-1350）「十七條憲法注」に對して五十嵐祐宏が施した細注（同氏『憲法十七條序説』第2編「憲法十七條註釋選集」、藤井書店、1943年、97-127頁）による指摘が詳細である。
5) 高橋俊乘（『日本教育史』、教育研究會、1923年；同氏『日本教育文化史』、講談社、1978年）や大久保利謙（『日本の大學』、玉川大學出版部、1997年）、山田英雄（伊東多三郎編『國民生活史研究』第3集所收「律令制と學問」、吉川弘文館、1958年、53-55頁）のように、大學寮を官吏養成機關と見なすことに反對する見解も提出されているが、久木幸男はそれらの見解が成立し難いことを論證した。同氏『日本古代學校の研究』第7章第1節「大學寮の基本的性格」（玉川大學出版部、1990年）を參照。

經・中經・小經、各通一經。通五經者、大經竝通。孝經・論語、皆須兼通。[6]
　大學寮はいくつかの「道」、すなわち學科から構成されており、紀傳道・明經道・明法道・算道・書道・音道の諸道があった。これらの中、高級官僚を養成する役割を擔うのが紀傳道と明經道の二つであり、前者は文章、後者は經學をその課程の中心とした。大學寮における講義は、まず音博士による棒讀み、すなわち中國音による音讀が行なわれ、ついで博士による訓釋がなされたと考えられている。音博士は基本的に歸化人の子孫が務めていたが、寬平六年（896）に遣唐使が廢止されると中國音を傳える人材が得難くなり、次第に名目的な存在になっていった[7]。したがって、それ以後は紀傳・明經博士による訓釋が講義の中心になった。
　大學寮の博士は、當初、實力本位で選任されていたが、平安時代（794-1180）の中期以後に至ると、一般の官職が世襲されるようになるのに呼應して、大學寮の博士も「道」ごとに任命される氏族が固定化し、後一條天皇（在位：1016-1036）の頃以後、明經道の博士は中原・清原兩氏によって獨占されるようになった[8]。その後、武士階級の勃興に伴う世上の動亂は學問の府にも波及し、保元元年（1156）の兵亂と安元三年（1177）の大火によって大學寮は二度燒失、以後は國事多端で再建の見込がなくなった。すると、學内での講義は實施できなくなり、博士家はその活動の中心を大學寮での講義から貴顯への經説の個人的な傳授へと移行させた。
　博士家の經説は、長らく大學寮における講義の内容を構成したことから、甚だ世に重んじられた[9]。後述の通り、その權威は由緒ある自家の公式解釋である「家説」を據り所とし、その家説を公開せず家内で受け繼いでいくことによって維持された。日本の中世における儒家經典の解釋の主流をなしたのが明經博士家であり、その經説が家説として家の中で排他的・獨占的に受け繼がれたことは、東アジアの經典解釋史の中でも特異な現象だと考えられる。そこで本稿では、明經博士家の中でもその經説がより多く傳わっている清原家の家説、とりわけ傳存數が多い『論語』の受容の實態とその特色について、清原宣賢（1475-1550）を中心に檢討を加えることにする。宣賢を取り上げる理由は、清原家の中でも最も多くの著作が殘っていて家説の實態を解明するのに適當だからである[10]。なお、本稿は宣賢の思想の内實を解明することを目指すものではないこと

---

[6] 黒板勝美編『令集解』卷 15「學令」（新訂增補國史大系、吉川弘文館、1980 年）、448-449 頁。周知の通り、この規定は『新唐書』卷 44「選擧志上」に示されている規定とほぼ重なっており、明らかに唐の學令をもとに作成されたものである。

[7] 桃裕行『上代學制の研究（改訂版）』（思文閣出版、1994 年）、346 頁。

[8] 桃氏前掲書、319-320・328 頁。

[9] 大江文城『本邦四書訓點并に注解の史的研究』第 1 編第 1 章「四書の加點」（關書院、1935 年）、52 頁には、「五山も、足利學校も、皆齊しく明經家四書の下に走り、その讀法は、家點に準則を求めんとするようになった」とあり、明經家が附した訓點が中世における經書讀解上の基準であったことが示されている。

[10] たとえば、阿部隆一「本邦現存漢籍古寫本類所在略目錄」には 391 點に上る諸經の抄本が著錄されて

を豫め斷っておく。

二、清原家と『論語』

　一族内における宣賢の位置を把握するため、清原家の中で始めて明經博士になった廣澄（934-1009）以後の系圖のあらましを示すと以下の通りである。

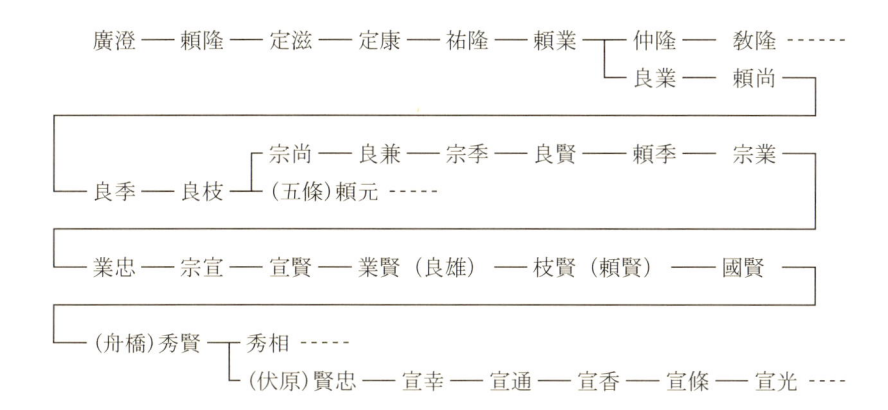

```
廣澄 ── 頼隆 ── 定滋 ── 定康 ── 祐隆 ── 頼業 ┬─ 仲隆 ── 教隆 ……
                                              └─ 良業 ── 頼尚

            ┌─ 宗尚 ── 良兼 ── 宗季 ── 良賢 ── 頼季 ── 宗業
─ 良季 ── 良枝 ┤
            └─ (五條)頼元 ……

─ 業忠 ── 宗宣 ── 宣賢 ── 業賢（良雄）── 枝賢（頼賢）── 國賢

─ (舟橋)秀賢 ┬─ 秀相 ……
             └─ (伏原)賢忠 ── 宣幸 ── 宣通 ── 宣香 ── 宣條 ── 宣光 ……
```

　上の系圖に見える主要な人物による經書講義の實態について説明すると、「清原家中興の碩儒」と稱される清原頼業（1122-1189）は、文治四年（1188）四月二十二日と十一月五日に、後に太政大臣となる二位中將藤原良經（1169-1206）に『論語』を教えている[11]。頼業の玄孫清原良枝（1253-1331）は、龜山・後宇田・後二條・後伏見・花園・後醍醐・光嚴七代の天皇に侍讀として仕えている。その玄孫清原良賢（1348-1432）は、伏見・後伏見・花園・光嚴四代の天皇の侍讀となっており[12]、近衞道嗣の日記には、應安六年（1373）正月二十四日、二月三日・十日・二十一日、三月六日、前關白近衞道嗣が助教清原良賢を招いて『論語』の講義をさせたことが見える[13]。後述の應永本『論語抄』は良賢の講釋を稱光天皇らが筆録したものだと考えられている。

　清原家の『論語』講釋は宮中の貴顯にとって一定の需要があったわけだが、その需要が高まったのが清原業忠（1409-1467）の頃である。業忠は永享十一年（1439）以來、

おり、その中、少なくとも 108 點が清原家に由來し、さらにその中、過半數を超える少なくとも 55 點が宣賢にまつわる抄本である。内譯は、易（3）、書（9）、詩（7）、禮（3）、春秋（3）、孝經（7）、大學（2）、中庸（3）、論語（17）、孟子（1）。『阿部隆一著作集』第 1 卷（汲古書院、1993 年）、211-226 頁。
11) 九條兼實『玉葉』第 3 册、卷 54（國書刊行會、1907 年）、509・532 頁。
12) 足利衍述『鎌倉室町時代之儒教』（有明書房復刻版、1980 年）、71・195 頁。
13) 近衞道嗣『後深心院關白記』第 4 册（早稻田大學圖書館所藏本、請求番號：文庫 20_00374）、第 3 葉右・第 4 葉右・同左・第 7 葉右。

後花園天皇への進講を續け、嘉吉三年（1443）六月十二日に四書五經全部の講義を終えたが、文安四年（1447）三月、再度四書を進講するように命ぜられた。業忠の講義に對する需要は宮中にとどまらず、文安三年（1446）に七代將軍足利義勝の弟義成（後の八代將軍足利義政）に『論語』を講授しているように將軍家からも招聘されることがあった[14]。その受講生の範圍が禪林にまで及んでいたことは、業忠の講釋を建仁寺の天隱龍澤（1422-1500）が筆錄した『論語聞書』の轉寫本が現存することから容易に知られる[15]。當時の學界における業忠の地位を如實に示すエピソードが古活字版『論語抄』[16]に記されている。爲政篇「子曰、詩三百」章の「思無邪」句の訓讀のしかたをめぐって、清原・中原家の學徒と文章博士の一たる菅原家の學徒との間で論爭になったが決着がつかなかったため、「翰林院大外記」[17]たる業忠の判斷を仰いでその裁定に服したのである[18]。

業忠の孫に當たる清原宣賢は、文明七年（1475）に吉田兼倶（1435-1511）の三男として生まれ、清原宗賢の養子となって清原家の家學を受け繼ぐことになった[19]。宣賢の『論語』講釋の受講生も業忠同樣、多岐に渉っている。まず天皇家では、永正十六年（1519）四月二十一日、後柏原天皇が宣賢を召して『論語』を進講させている[20]。萬里小路惟房『惟房公記』によると、天文十年（1541）十月二十四日、後奈良天皇（在位：1526-1557）が宣賢を召して『論語』卷7の部分を進講させている。三條西實隆『實隆公記』によると、後奈良天皇は、まだ知仁親王であった永正八年（1511）四月二日、

---

14) 足利氏前揭書、467頁；和島芳男『中世の儒學』（吉川弘文館、1996年）、172-173頁。
15) 國會圖書館所藏天文四年（1535）寫本2册。請求番號：WA16-9。この寫本に關する書誌學的解說は、阿部隆一「室町以前邦人撰述論語孟子注釋書（上）」（慶應義塾大學附屬研究所斯道文庫編『斯道文庫論集』第2輯、1963年）、61-68頁を參照。なお、同寫本の影印は『近代語研究』第3集（武藏野書院、1972年）に收錄されている。
16) 宮内廳書陵部藏（請求番號：457-200）。
17) 「大外記」は、内記の作った詔書の檢討、奏文の作成、先例の考勘などを掌る官職で、清原・中原兩家が世襲した。大學寮紀傳道の教育機關である文章院およびそこで講授する文章博士が中國風に「翰林院」と呼ばれることもあるが、明經道に屬する清原家にその呼稱を適用することが一般的に行なわれていたかは不明。朝廷内の文筆のことを掌る點で翰林と大外記等が類似しているため、大外記等が配屬される部局である外記局を中國風に呼んで「大外記」の上に冠したか。
18) 古活字版『論語抄』の記事は、足利氏前揭書、512頁所揭の萬里集九（1428-?）『曉風集』序とほぼ同文である。原文中の「翰林院大外記」が業忠を指すことは、諸家が一致しているが、同じく文中に見える「西京」と「東洛」を何を指すかについては、林泰輔『論語年譜』後花園天皇長祿三年〔1459〕條。大倉書店、1916年）と足利衍述（同氏前揭書、513頁）とで見解が分かれている。ここでは足利氏の說に從った。
19) 清原宣賢の主な事蹟と著述に關しては、足利氏前揭書、470-477頁に略年譜と併せて紹介されている。足利氏以後の諸家による紹介は、張寶三「清原宣賢『毛詩抄』研究：以和『毛詩注疏』之關係爲中心」第2節（張寶三・楊儒賓編『日本漢學研究續探：思想文化篇』、東亞文明研究叢書39、國立臺灣大學出版中心、2005年）に整理されている。
20) 鷲尾隆康『二水記』第1册（東京大學史料編纂所編、大日本古記錄、岩波書店、1989年）、178頁。

宣賢から『論語』序の手ほどきを受けている[21]。

　足利衍述の調査によると、この他、宣賢の講釋を受けたことがはっきりしているのは、公卿では甘露寺亞相・萬里小路卿・三條西公條、武家では十代將軍足利義稙・十二代將軍足利義晴・能州太守畠山義總・大内被官飯田將監、僧侶では南禪寺の瑞雲及林首座・若狹古濱柄雲寺の竹田及玉首座・越前一乘谷の興雲軒新藏主、居士では林宗二である[22]。以上の通り、儒家の經典、とりわけ『論語』に對する清原家の講義は、多種多樣な受講生を獲得している。それでは、節を改めてその講義の基礎を構成した資料および講義内容に檢討を加えることにしよう。

三、清原家の『論語』關係書（一）―點本―

　明經博士家の『論語』解釋は、點本と抄物という二種類の資料を通して傳授された。本節ではこの中の點本について、清原家における傳存状況と、點本の訓點に反映されている日本の言語と文獻事情を中心に論じる。

（一）點本

　中國語は日本語と言語體系も語法も語彙も全く異なっており、漢籍が日本に入ってきた當初からその讀解には困難が伴った。様々な試行錯誤の結果、「訓讀」という一種の譯讀法が開發され、その方法は以後、改良を重ねながら現在に至るまで傳承されている。訓讀は、中國語の文言文について、その原形を生かしつつ日本語として讀む手法であり、外國語文獻を自國語の文獻として讀む、という困難を克服するため、「加點」が行なわれた。つまり、漢籍中の文字に對して、日本語の文法や語順に從って讀むために必要な補助符號たる訓點、具體的には返り點・平古止點・添え假名等を加えるのである。このように加點がなされたテキストを「點本」・「加點本」・「訓點本」等と稱する。

　中田祝夫の研究によると、訓點本一般が生じたのは平安初期（794-900）であり、平安中期（901-1000）に入ると佛典を中心に「移點」、すなわち先人の點本の訓點を自身が持つテキストに移し替える現象が見られるようになり、平安後期（1001-1086）には、佛者・博士家の間にこの移點が廣く行なわれた。その過程の中で訓讀語が統一され、訓點は家ごとに規格化された。さらに院政時代（1087-1191）に入ると、點本といえば移點した本に限られるようになった[23]。

　現存する清原家の『論語』點本の中で最も古いのは、仁治三年（1242）に清原教隆

---

[21] 以上、清原家關係者の經書講授に關する記事を採集するに際しては、林泰輔『論語年譜』を參考にした。
[22] 足利氏前掲書、485 頁。
[23] 中田祝夫『（改訂版）古點本の國語學的研究　總論編』第 1 編第 3 章「點本の起源とその成立」（勉誠社、1979 年）、127-128 頁。

（1199-1265）によって書寫・加點された抄本が正和四年（1315）に轉寫されたものである[24]。重要文化財にして「正和本」と稱されるこの點本（東洋文庫所藏。請求番號：1-C-36B）の第1冊奧書に次のようにある。

   此書受家説事二ヶ度。……仍爲傳子孫、重所書寫也。加之朱點墨點、手加自加畢、即累葉祕説、一事無脱。子々孫々傳得之者、深藏匱中、勿出閫外矣。

「家説」というのは、一族の中の先祖が定めた讀みと解釋を指し、具體的には訓點という形を取る。教隆がこの家説を二度にわたって受けていること、および自身が加えた訓點に關して「累葉祕説」と説明していることから、それより以前から清原家の中で移點が繰り返されていたことがわかる。仁治三年（1242）は鎌倉時代（1192-1333）の前期に當たり、その何代も前から家説が傳わっていたことは、教隆が傳えた訓點の起源が平安時代にまで遡ることを示唆する[25]。

ここで注目に値するのは、教隆がこの點本を受け繼ぐ者に向かって、「深藏匱中、勿出閫外矣」と述べ、門外不出にするよう戒めていることである。清原家の點本は中世期にあって最も權威ある『論語』の解釋書であったが、それは祕密主義的な加點法によって傳授されていたのである。當然豫想されることながら、『論語』だけでなく他の經典も同樣の形で傳えられている。たとえば、京都大學清家文庫所藏『禮記』20卷（室町時代抄本。請求番號：1-64/ラ/3）の奧書には、壽永二年（1183）二月四日に清原頼業が息子の良業に「祕説」を授け終わったことを示す記述が轉記されている[26]。

祕儀の如き加點法を家學として傳授するには、テキストを統一することが當然必要になる。それは、既に傳わっている古い點本の訓點を別の本に轉記する時、本文や注釋の文字が異なっていると、先祖が加えた訓點を移すことができない場合が出來するからである。足利衍述が「清家の論語家本は集解本なり」[27]と指摘しているように、清原家において先祖傳來の祕説を受け繼ぐ者は、まず『論語集解』の抄本を作成した上で、家説を示す訓點をその抄本に書き込んだと考えられる。家本、すなわち家説が書き込まれた

---

24) 清原家『論語』點本の變遷については、武内義雄『論語之研究』附錄第2節第3項「清原家證本の變遷」（岩波書店、1939年）において論じられている。清原家『論語』點本の主要な版本の紹介と解説は、和島芳男「清家の點本とその家學（下）」（『神戸女學院大學論集』第10卷第1號、1963年）を參照。

25)『論語』以外の經書點本の奧書を見ると、そのことが明確になる。小林芳規『平安鎌倉時代に於ける漢籍訓讀の國語史的研究』附錄Ⅰ「漢籍古點本奧書識語集」（東京大學出版會、1967年）に收錄されている以下の記述は、清原家の家説が鎌倉時代までに成立していたことを裏打ちする。

  養和二年（1182）四月三日、以家説授良別罵了。御判（頼業）。（宮内廳書陵部所藏『禮記』〔19冊。卷1闕〕第2冊奧書）

  保延五年（1139）五月十八日、受庭訓了。頼業。（東洋文庫所藏『春秋經傳集解』卷10〔1軸〕奧書）

  承安四年（1174）甲午正月上旬、肥州二千石令授于予筆、即以清家之證本寫取也。（猿投神社所藏『古文孝經』1帖〔建久六年寫本〕）

26) 原文：壽永二年仲春四日、廢務之日、及晚陰、一部二十卷、授祕説於良業別罵了。大外史御判頼業。

27) 足利氏前揭書、509頁。

點本の本文抄寫と移點を繰り返すことで、家學を維持したのである。

（二）點本における『經典釋文』の利用

　訓點は、漢字の音を說明する「音注」の役割を果たすものと文法機能や意味を說明する「義注」の役割を果たすものとに大別される。以下、この二種類の訓點に即して、淸原家における點本傳授の實態、それに家內で傳えられた點本に對して宣賢がどのような態度で臨んだかについて考察することにする。

　淸原家の點本には反切を含む音注が書き込まれている。たとえば、淸原宣賢による永正九年（1512）の奧書があることから「永正本」と稱される『論語集解』（東洋文庫所藏。請求番號：1-C-41）の學而篇首章を例に取ると、經文「不亦說乎」の「說」字の左旁に「音悅」とあり、注文「子者、男子之通稱」の「稱」字の左旁に「尺證反」とあるのがそれである。これらは明らかに陸德明『經典釋文』の中に示されている音注を轉記したものであり、足利衍述は博士家が經書中の漢字音を定める場合の規則を幾つか推定し、次のように說いている。

　　　　經書を讀むときは、必ず陸德明經典釋文所定の音によりしことなり。こは現存淸
　　　　原・中原兩家の諸點本によりて、明にしらるゝなり。是等諸點本を檢するに、字
　　　　の左右傍、或は欄外に、必ず釋文の音を記入せり。[28]

足利氏は多種の點本を調査した上でこの規則を歸納したわけであり、實際に『論語』點本に記入されている音注の由りて來たる所を調べて見ると、『釋文』に本づいていることが容易に察知できるから、その見解は全體的な傾向としては首肯される。しかし細かく見ていくと、足利氏の所見には修正・補足すべき點がある。永正本（以下、A本）およびそれに近い頃に作成された淸原家點本である淸原枝賢抄『論語集解』（京都大學淸家文庫所藏。請求番號：1-66/ロ/5。以下、B本）をもとにこの點の解明を試みたい。

　この二種の點本は、奧書によると、A本は宣賢の訓點をもとにその孫に當る枝賢が天文九年（1540）に作成したものと考えられるのに對して、B本は淸原枝賢抄『論語集解』にその父業賢が加點して天文八年（1539）にできあがったものであり、いずれも宣賢の訓點の影響を強く受けていると推察される。B本上册の奧書に「累葉之祕點、不漏一事」とあるのを額面通りに受け取ると、先行する點本の訓點を一つも落とすことがないように轉記したものであるから、音注に對しても細心の注意が拂われているはずである。果たして實際はどうであるか、檢討を加えて行くことにしよう。

①『釋文』の音注が點本に轉記されていない事例
　まず『釋文』が下している音注を點本がどの程度取り込んでいるかを調査することにする。たとえば『論語』學而篇を調べると、『釋文』は45箇所に音注を下しており、こ

---

[28] 足利氏前揭書、844 頁。

れらの中、A本では6箇所、B本では7箇所を除いて、『釋文』の音注が全て記入されている。實のところ、學而篇はかなり採用率が高い部分であり、他の篇も同樣に轉記されているわけではない。憲問篇を調べると、『釋文』の音注124箇所の中、未記入の箇所がA本では118、B本では113に上り、ほとんど轉記されていない。

　このように『釋文』の音注が轉記されていない場合が少なくないことは、「字の左右傍、或は欄外に、必ず釋文の音を記入せり」との足利氏の論斷が正確ではないことを示している。すると、經典の字音を定める際、『釋文』が絶對的な基準書であったと言えるか疑わしくなってきたが、結論を急がず他の事例を調べることにする。

②點本と釋文本とでは經文の文字が異なっているのに、同じ音注が下されている事例

　述而篇「子曰、德之不脩」章「聞義不能徙」句の「徙」字に對して、『釋文』は「思爾反」との音注を下しているが、A本もB本も經文の「徙」字を「從」字に作りながら、やはり「思爾反」と同じ音注を下している。點本の「從」字には「シタカフ」の訓が附されているから、加點者は「從」字を誤字と見なしていない。先進篇「子曰、從我於陳蔡者」章などの「從」字に對して、『釋文』は「才用反」の反切を與えており、本章も「徙」字ではなく「從」字が正しい字だとするなら、「才用反」と同樣の反切が書き込まれていて然るべきだが、實際にはそうなっていない。このことは、漢字音に對する加點者の知識が十分ではなかったことをうかがわせる。

③點本所揭の音注が『釋文』の音注と異なっている事例

　子路篇「子曰、如有王者、必世而後仁」章の「王」字に對して、『釋文』は「于況反」の音注を下しており、A本が同じ音注を下しているのに對して、B本の音注は「于祝反」となっている。『周易』繋辭傳下「古者包犧氏之王天下也」の「王」字に對する音注が「于況反」になっているのを始め、『釋文』全體を通して「王」字に對しては同樣の反切が與えられているが、「王」字に對して「于祝反」の音注が與えられている例は無い。『廣韻』を調べると、「王」と「況」はともに去聲「漾」韻に屬するのに對して、「祝」は去聲「宥」韻、もしくは入聲「屋」韻に屬する。かくて、B本の反切が誤っていることが判明する。

　この事例は、二つの點本の中、一方が誤っているものであるが、兩本が同樣の誤りを犯している事例もある。述而篇「子不語怪力亂神」章注「力、謂若奡盪舟、烏獲舉千鈞之屬也」の「奡」字に對して、『釋文』では「五報反」の反切を與えている。この場合、字音表記は「ガ（ゴ）ウ」になるはずである。ところが、A本とB本のいずれも『釋文』の反切を示さぬまま、「奡」字の右旁に「トウ」と字音を示している。この字音表示は明らかに誤っており、その誤りは、續く「盪」字に對する『釋文』の音注「吐浪反」を「奡」字の字音と取り違えた初歩的なミスに起因すると推測される。

④音注の不備を『釋文』を利用して補っていない事例

　季氏篇「邦君之妻」章「君稱之曰夫人」句の「稱」字に對して、『釋文』は「尺證反、下同」と音注を下している。A本の音注は「尺反」となっていて、韻母を示すための反切下字「證」が落ちているのに對し、B本の音注は「尺・反」となっていて、「尺」の下に反切下字があることは認識しながら、それが何の字であるかが不明なために「・」が補われている。加點者がもし『釋文』を參照しながら音注を轉記していたとしたら、「尺」字の下に一字の脱落があることにすぐ氣づいて補うはずだが、いずれの點本においても修正されぬままになっていることは、加點者が『釋文』を參照していなかったことを示す。

　以上、四項目に分けて紹介した事例を通して、『論語』點本中の音注は、その時々の書寫者・加點者が『釋文』を參照しながら書き加えたものではなく、家本成立時に記入されていた『釋文』に本づく音注をそのまま轉記しようとしたものだと考えられ、家本の書寫・移點を繰り返す中で、記入された音注に誤脱が生じる場合があったことが判明した。すると、博士家の經書講讀に關して、「必ず陸德明經典釋文所定の音により……必ず釋文の音を記入せり」と説明していた足利氏の發言が若干の修正を要することは、もはや明白である。反切の轉記ミスが少なくないことからは、漢字音に對する宣賢を含む清原家關係者の理解力の不足が看取されるが、それでも清原家の中で先行點本の音注が移點され續けたことに關しては、別の觀點からその意義を認めることができる。

⑤通行本『釋文』に無い音注などが正しく記入されている事例

　述而篇「子曰、默而識之」章の「識」字に對して、通行本『釋文』は音注を下していないが、A本・B本のいずれも「音志、又如字」と音注を下している。『釋文』において、「識」字に對して「音志」と音注を下している事例は、『周禮』春官「保章氏」注「志、古文識、識記也」の「識」字に對する音注が擧げられ、點本の音注は誤っていない。

　泰伯篇「子曰、禹、吾無間然矣」章の「間」字に對して、通行本『釋文』は音注を下していないが、點本は「音諫、汙同」の音注を下している。『釋文』において、「間」字に「音諫」と音注を下している事例は、『爾雅』釋言「間、倪也」の「間」字に對する音注が擧げられ、この事例でも點本の音注は誤っていない。

　微子篇「周有八士、伯達・伯适・仲突・仲忽・叔夜・叔夏・季隨・季騧」の「突」字に對して、點本は「他沒反」と音注を下しているが、通行本『釋文』にはこの音注が存在しない。「突」字に對して全く同じ音注を下している事例は見あたらないが、『公羊傳』莊公二十一年「鄭伯突」云々の「突」字に對して、『釋文』は「徒沒反」との音注を下しており、「他」と「徒」は同一の聲母を表わしているであろうから、點本所掲の音價は『釋文』が與えているものと矛盾しない。

上の三例と同樣の事例は少なくなく、それらについて言えば、いずれの場合も措辭が『釋文』の音注形式と同樣であるのみならず、點本が下している音注が同じ文字に對する『釋文』の音注と一致している。すると、通行本『釋文』から失われている音注が清原家の點本に保存されていると見ることが可能になる。清原家の中で移點を繰り返す中に、先に紹介したような書き誤りが發生することもあるが、移點する際、その時々に通行していた『釋文』を參照して舊來の音注を修正する、といったことがなされなかったので、點本には『釋文』の古い形態が保存されている面があると言える。公冶長篇「子謂公冶長、可妻也。雖在縲絏之中」章の「縲」字に對する音注は、その好例である。つまり、通行本『釋文』は、「縲」字に對して「尤追反」との音注を下しているのだが、これは明らかに聲母を示す反切上字が誤っており、清原家點本の音注「力追反」が正しい[29]。

　清原家點本に書き込まれている字音表記が持つ學術上の價値の高さについて、坂井健一は、本稿で用いたものとは異なる三種の清原家の點本に對して詳細な調査を加えた上で、次のように述べている。

　　年代的には、通行本よりは、より古く、かつ原本型により近いものを傳え存していることが、判明した。したがって、これらの資料を、さらに分析總合して、通行本への校合資料とし、ひいては、これまで孤立的だった『論語釋文』の、幅廣く深い校訂補修への有力な、そしてより古く、より原本型的な、確實適切の一資料として、認定することが出來よう。[30]

坂井氏が屬する經典釋文綜合研究論語釋文班（日本大學文理學部中國文學研究室。代表：內野熊一郎）によって刊行された『對校論語釋文集成』（汲古書院、1970 年）は、かかる認識に本づいて作成されたものであり、その中には、本稿で取り上げた清原家點本を含む 6 種の『論語釋文』中の文字の異同が一覽できるように圖表化されている。ただし、該書が行なっているのは對校資料の提示までであり、所揭の資料に本づく通行本

[29) ここの反切の誤りに關して、黃焯は「『尤』字承宋本之誤。蜀本・何校本作『力』、是也」と述べ、通志堂本も祖本としている宋本の誤記に起因すると説明している。同氏『經典釋文彙校』第 24「論語音義」（中華書局、1980 年）、209 頁。清原家が宋版『釋文』を參照していたら、この部分を通志堂本『釋文』に見えるのと同じ音注に書き改めてしまったかも知れない。なお、新美保秀は「我國古傳論語諸古寫本に書入れられた論語釋文の音韻學的性格と價値」（『斯文』第 28 號、斯文會、1961 年）において、上の例を含め清原家點本中の反切書き入れによって現行『釋文』の誤記を正すことができる事例を八つ擧げている。

30) 坂井健一「『論語釋文』の『書キ入レ』について」（『中國語學研究』、汲古書院、1995 年。原載：『日本中國學會報』第 21 集、1969 年）、206 頁。坂井氏は、通行本『釋文』の字音表記と三種の點本における字音表記とを比較し、さらに點本所揭の字音表記を『切韻』系音と比較することによって、このような結論に達している。ただし先に見た通り、清原家點本間でも同じ文字に對する音注が相違していることがあり、また、字音の知識が不足している者が書き入れたと思われる音注もあるので、點本中の音注に無條件に從うことができないことは留意すべきである。書き入れ時の誤寫の事例は、新美氏前揭論文の中で一覽表にされている。

『釋文』に對する校勘作業までは實施していない。

　『釋文』を校勘した代表的な著作の一つとして、清代諸家による校本等をもとに黄焯が編纂した『經典釋文彙校』が擧げられる。同書は日本の經學關係書までも取材範圍に含んでおり、たとえば第 24「論語音義」には、清原家の點本に本づくとされる正平版が對校資料の一つとして引かれている [31]。しかし、清原家點本に書き込まれている『釋文』の字音表記までは參照されていないから、今後、黄氏を繼承して『釋文』の原形に遡る作業を行なう際には、清原家諸點本所揭の字音表記を參照することが必要である。

（三）清原家と「漢音」

　大學寮は 7 世紀後半に創設されており [32]、唐の貞觀初年（627）頃に沒した陸德明 [33] が編纂した『經典釋文』は、音博士が同時代の中國音に從って經典の音讀を指導するための基準書としての役割を擔っていたとも考えられる。しかし、『釋文』の音注では中國内における漢字音の變化にいずれ對應できなくなることは自明であるのみならず、遣唐使の廢止後は中國音を指導する人材が得難くなったと推察され、中國音の規範書としての『釋文』の重要性は次第に低下していったに相違ない。清原家の『論語點本』に書き込まれている『釋文』の音注に誤脱が見られた理由の一端は、かかる見地から説明することができよう。しかしここまでの考察だけでは、中國における漢字音の變化にもかかわらず『釋文』の音注が點本に大量に記入され續けたのは何故か、という當然浮かび上がってくるはずの疑問には答え切れない。以下、この疑問に答えるため、日本における漢字音の變遷と清原家の關係について論じることにしよう。

　日本語の漢字音には、呉音・漢音・唐音等の別があり、各々の相違は、それぞれの音が日本に流入した時期の違いに起因する。これらの中、主要な音は呉音と漢音である。まず漢音について説明すると、これは遣唐使や入唐僧等がもたらした中國音を日本語の音韻體系に適合するように改めた字音である。通説によれば、唐代長安音に本づき、『切韻』系の韻書の音に基本的に一致するが、その説明から外れる事象も見受けられるので、通説に對する見直しも行なわれている [34]。對して呉音は、漢音が流入する前か

---

31) 黄焯は、何晏『集解』序「琅邪王卿」句の「琅」字に對する釋文「本或作『瑯』」の下の圍識に續けて、「古逸叢書覆正平本論語集解（後稱正平本）作『瑯』」と注記しているように、黎庶昌輯『古逸叢書』所收正平版『論語』を對校資料として利用している。同氏『經典釋文彙校』第 24「論語音義」、208 頁。正平版『論語』については、川瀬一馬「正平本論語攷」（『日本書誌學之研究』、大日本雄辯會講談社、1943 年）を參照。

32) 大學寮の創設時期に關する諸説とそれぞれに對する分析は、久木氏前揭書、第 1 部第 1 章第 1 節「大學寮の創設」を參照。

33) 陸德明の生平に關しては、木島史雄「陸德明學術年譜」（『東方學報・京都』第 68 册、京都大學人文科學研究所、1996 年）を參照。

34) 日本の漢字音研究の動向に關しては、沼本克明『平安鎌倉時代に於る日本漢字音に就ての研究』序論

ら日本で定着していた漢字音であり、そのもととなった音が六朝期の南方吳地方の方言音に比定されることもある。　しかし、馬淵和夫が指摘しているように、日本に最初に漢字音を傳えたのは百濟から派遣されて來た五經博士や僧侶たちであり、彼らが經典を讀む際には中國の標準音に從ったはずであり、それは中國の北方を經由してもたらされた音である[35]。大島正健によると、そもそも、隋に統一される前の南北の兩音は、漢魏音を基とする同系統の音であって、兩者の間には後世のように懸隔を生じていなかったと推測され、「吳音」というよりはむしろ「古音」と稱すべきものである[36]。

平安時代以後、漢字は日本において吳音と漢音の二つの字音を持つに至ったわけであるが、この二音併存の狀況を統一しようという試みがなされたことがある。桓武天皇が延曆十一年（792）に下した詔「明經之徒、不事習音、發聲誦讀、既致訛謬。熟習漢音」[37]がそれであり、大學寮の明經道では儒家の經典を始めとする漢籍を漢音で讀むように規定している。ついで翌年四月に發せられた詔「自今以後、年分度者、非習漢音、勿令得度」[38]では、每年人數を限って得度を許される「年分度者」[39]に對して、漢音習得を得度許可の條件としており、佛者にまで漢音遵守を義務づけている。

實際のところ、佛典は長年にわたって吳音で讀み續けられていたことが勘案され、佛者に對しては後に例外規定が設けられたこともあり、結局、儒家經典を始めとする漢籍は漢音、佛典や法律關係書は吳音で讀む、という區分が定着した[40]。かような流れを踏まえると、明經博士家たる清原家が漢音に從って經典の文字を讀んだことは容易に推測されることであり、その推測は現存の諸點本中の訓點によって裏づけられる。

經書を漢音に從って音讀することと『釋文』の利用との關係を解明する手がかりになるのが、沼本克明による研究である。沼本氏は、平安中期點本『古文尚書』（東洋文庫所藏。國寶。請求番號：10-996）に加えられている音注について、通志堂本『釋文』の音注と比較し、全273條中の205條が一致する事實を指摘した上で、殘りの68條について、現存する唯一の唐抄本『釋文』である敦煌本と比較したところ、その大半が基本的に一致することから、點本に加えられている音注が『釋文』の原初形に近いものをとどめていることを實證した。その上で小林芳規の見解[41]に即して、本點本が平安中期

（武藏野書院、1982年）を參照。
35) 馬淵和夫『日本韻學史の研究Ⅱ』第3篇第3章第5節「和音・漢音・吳音の傳來」（日本學術振興會、1963年）。
36) 大島正健『漢音吳音の研究』第1章第1節「何をか吳音といふ」（第一書房、1931年）。
37) 『日本紀略』前篇第13（黒板勝美編『日本紀略・前篇』、吉川弘文館、1970年）、266頁。
38) 『日本紀略』前篇第13、267頁。
39) 「年分度者」制度の變遷については、『類聚三代格』卷2「年分度者事」を參照。
40) 古代日本における漢字音統一の政策については、築島裕『國語の歷史』第2章「漢音と吳音」（東京大學出版會、1977年）、38-41頁を參照。
41) 小林芳規『平安鎌倉時代に於ける漢籍訓讀の國語史的研究』（東京大學出版會、1967年）、28頁。

の大學寮における經書講説聽講の跡をとどめるものだと推斷している [42]。沼本氏が取り上げている點本は、延曆十一年に下された漢音勵行の詔の後に作成されたものであり、その點本に加えられている音注が『釋文』を引き寫したものであることから、『釋文』の音注が經典を漢音に從って音讀するための一つの基準であったことがわかる。沼本氏によると、漢音は「その學習傳承に『反切』が積極的な意味を持って深くかかわっていたと考えられ」[43]、『釋文』を中心とする「反切」資料があってこそ、その音が變わらぬまま繼承されたのである。

清原家が桓武天皇の詔を守って經書を漢音で讀み續けたことは、『大學』の「大」を「ダイ」と吳音ではなく「タイ」と漢音で讀むべき理由を説明して、「桓武ノ時ニ、漢音ニヨメト宣旨ヲ下サレタゾ」と述べていることから了解される。この説明は、延曆十一年から 762 年後の天文二十三年（1554）に書かれた『大學抄』に見え [44]、彼らは漢音遵守の原則を維持することで、自家の經説が正統な漢字音を傳える由緒のあるものであることを誇示しようとしたと考えられる。ただし、次のような論理を示してまで漢音に從って漢籍を讀むことを主張するのは、漢音遵守が容易ではなかったことを暗示する。

呉カ日本ヘ近イ程ニ、呉音ガ早ウ渡テ日本人ガ云コト、皆呉音ナリ。文書ハ漢ノ世ニ傳タルニ依テ、漢音ニヨムソ。（『論語私抄』公冶長「子張問曰、令尹子文」章）[45]

中國の文書が漢代に傳わったという理由をつけて、漢音に從って讀むことを正當化するのは強辯に過ぎない。漢音の「漢」は、漢詩の漢等と同様、日本にとって「中國」の別稱に過ぎず、朝代の漢とは無關係だからである。漢音が成立するより前に傳來した中國音に本づく吳音の方が世間では一般的に用いられており [46]、そのような中、經書は漢

---

[42] 沼本氏前掲書、第 1 章第 1 節「漢籍訓讀に於る字音讀の方法」、608-634 頁。

[43] 沼本氏前掲書、序論第 3 項「正式音注（反切）の位置」、75 頁。吳音については、「『反切』が全く利用されなかったとは言えないが、その學習傳承の主體は、あくまで口承口誦的傳承法であって、反切はその補助的手段に過ぎないものであった」と述べ、その習得と繼承における「反切」資料に對する依存度は必ずしも高いものではなかったことを説いている。

[44] 京都大學附屬圖書館所藏一般貴重書『大學抄』（請求番號：1-66/タ/3。登録番號：128433）、第 2 葉左。この本は、阿部隆一が「清原家講説大學抄」に分類している通り、清原家の抄物である。阿部隆一「本邦中世に於ける大學中庸の講誦傳流について―學庸の古鈔本並に邦人撰述注釋書より見たる―」（『斯道文庫論集』第 1 輯、慶應義塾大學斯道文庫、1962 年）、56-57 頁。清家文庫本『大學章句抄』（請求番號：1-66/タ/3。登録番號：926379）、第 2 葉右にも「大學、スンテヨムヘシ。桓武皇延曆十七年二月十四日ニ敕ヲ下シテ、五經ヲハ漢音ニヨムヘシト也」とある。ただし、文中の「十七年」は「十一年」の誤。

[45] 『論語私抄』、85 頁。『論語私抄』は、京都大學附屬圖書館ほか所藏。清家文庫本（請求番號：1-66/ロ/2）、坂詰力治編『論語抄の國語學的研究（影印篇）』（武藏野書院、1984 年）に全册が影印されており、本稿ではこの影印本を用いた。現在は全册の畫像データが「京都大學電子圖書館貴重畫像資料」の一部として WEB 上に公開されている。

[46] たとえば本居宣長（1730-1801）は次のように述べ、日本人が日常會話の中で用い續けた漢字音は吳音であったことを説いている。

昔ヨリ書典ヲ讀ムニハ漢音ヲ用ヒツレドモ、常ニ口語ニ呼ブコトニハ、漢音ヲ用ヒツルハイトイト窄

音で誦讀することが正統だと訴えて實踐し續ける中で、かかる奇矯な理屈を編み出すに至ったと考えられる[47]。

(四) 點本における義注としての訓點

『論語』點本の形態について概觀すると、日本に殘存する『論語』の古寫本は集解本が多くを占め、阿部隆一が實施した調査によると、何晏『集解』は不全本を含めると90點が傳存する[48]。これら90點の『集解』古抄本の中、少なくとも21點が清原家に由來し、足利衍述が「清家の論語家本は集解本なり」と説いているように、清原家の『論語』點本は『集解』に加點したものが傳承された。すると、『論語』本文に對する訓點に『集解』の解釋が反映するのは自然なことである。たとえば、八佾篇「子曰、溫故而知新」章の「溫」字について、點本は「タツヌ」[49]の訓を與えている。これは、明らかに『集解』の「溫、尋也」の訓詁に從った訓である。また、顏淵篇「子曰、片言可以折獄者、其由也與。子路無宿諾」章の「宿」字に對して、點本が「アラカシメ」の訓を與えるのは、『集解』の「宿猶豫也」の訓詁に從ったものに他ならない。

しかし、全ての訓について『集解』に同樣の訓詁を確認することが出來るわけではない。たとえば、學而篇「子曰、君子不重則不威」章「學則不固」句の「固」字に對して、點本は「アタル」の訓を與えている。この「アタル」の訓詁の本づく所を考えてみると、『集解』には「固、弊也。一曰、言人不能敦重、既無威嚴、學又不能堅固識其義理」とあって「弊」の訓詁を與えており、別に「堅固」の意味で捉える説を提示するにとどまる。これらの『集解』の訓詁や解釋から點本に見える「アタル」の訓を導き出すのは困難である。試みに皇侃『論語義疏』を調べると、「侃案、孔訓固爲蔽、蔽猶當也。言人既不能敢重、縱學亦不能當道理也」とあり、何晏の「固、弊也」の「弊（蔽）」字に再度訓詁を下す形で「當」の意味に理解している。したがってこの句に關しては、清原家は『義疏』の解釋に從って訓を附していることがわかる。もう一つ例を擧げてみよう。子路篇「子曰、南人有言」章「不恆其德、或承之羞」句の「或」字に對して、點本は「ツネ」の訓を與えている。『集解』は「言德無常則羞辱承之也」と説くだけで、「或」

（マレ）ニシテ、諸ノ物ノ名或ハ官名其餘ノ名稱ナドモ、皆呉音ニノミ呼來レリ。書籍ノ題目ナドヲサヘ、古ヘヨリ五經ハ「ゴキヤウ」、易ハ「ヤク」（古ヘハ「エキ」トハ呼ザリキ）、禮記ハ「ライキ」、周禮ハ「シユライ」、檀弓ハ「ダングウ」、月令ハ「グワツリヤウ」、千字文ハ「センジモン」、玉篇ハ「ゴクヘン」ナドト呼來リ。……ヤヤ後ニ漢音ヲイタク尚（タフト）バルル世ニナリテスラ、讀書ナラヌ常語ニハ、ナホ呉音ヲノミ用ヒラレタレバ、マシテ上古ノ思ヒヤルベシ。（本居宣長『漢字三音考』「呉音先ヅ定マレル事」、大野晉・大久保正編集校訂『本居宣長全集』第5卷、筑摩書房、1970年、392頁）

47) 漢音・呉音の傳來に關する中世から江戸に至るまでの議論の變遷については、馬淵氏前掲書、第3章「漢音・呉音について」を參照。
48) 阿部隆一「本邦現存漢籍古寫本類所在略目錄」、221-224頁。
49) 以下、訓讀語の中の活用語を比較して論じる場合には、便宜上、終止形に改めて提示する。ここの「タツヌ」も、點本は「タツネ」に作っている。

字に對して特に解釋を施してはいない。『義疏』を見ると「或、常也」の訓詁があるから、「ツネ」の訓がこれに本づいていることは確實である。

　『論語』點本における清原家の解釋は、基本的に古注である何晏『集解』や皇侃『義疏』の解釋に依據しており、ほとんどの場合、點本と同じ訓が古注に檢出される。武内義雄は清原家の『論語』解釋と古注との關係について、次のように述べている。

　　　現存する古鈔本の論語はいづれも何晏の集解本を皇侃の義疏によつて訓讀したものばかりであるから、鎌倉以前における我國の論語の學問は何晏集解を皇侃によつて讀んでいた程度のものと考えてよい。[50]

かかる古注尊重の態度は鎌倉時代までの『論語』點本に確認でき、そのような態度を可能にしたのは、皇侃『義疏』が日本國内に失われることなく傳承されたことが大きな理由を占める。この書物は中國では南宋期に失われ[51]、やがて寛延三年（1750）に根本遜志（1699-1764）が校訂出版した本が中國に逆輸入され、『四庫全書』や『知不足齋叢書』に收録されるなど清代の學界から歡迎を受けたことは廣く知られている。皇侃『義疏』は何晏『集解』の再注釋書という性格を持ち、分量の面で『集解』を遙かに凌駕するのみならず、字義解釋の面でも『集解』が解釋を施していない箇所に解説を加えたり、或いは先に例示したように既に解釋が施されている箇所に對して別の解釋を提示することもある。清原家が『論語』の全面にわたって詳細な訓點を施すのは、何晏『集解』だけでは不足であり、『義疏』が傳わっていたことで始めて可能になったと考えられる[52]。

　先祖が訓點を加えた點本を複製し續けた清原家において、「古點」、すなわち古い家本に記入されていた訓點が權威を持っていたことは言うまでもない。八佾篇「子曰、周監於二代」章の「周監於二代」句の訓點は、そのことを鮮明に例證する。清原家の諸點本は該句をいずれも「周ヲ二代ニ監ミ」と訓讀しているが、宣賢は、後に取り上げる『論語』の抄物の一たる『論語聽塵』の中で、この訓讀に對して疑義を呈している。

　　　「周ヲ」トヨマハ、「監」ノ字ノ下ニ「周」ノ字アルヘシ。此ニ「監」ノ字ノ上ニ「周」ノ字アリ。「周ハ」トヨムヘキニ誤レリト云。[53]

「周ヲ二代ニ監ミ」と訓讀すると、「周」が「監」の目的語になり、その場合、「周」字が「監」字の下に來なくてはならないが、『論語』の原文は「周」が「監」の上に來ている。つまり、「周」が主語、「監」が動詞であることは明白だから、「周ハ二代ニ監

---

50) 武内氏前掲書、34 頁。
51) 皇侃『義疏』が中土から失われた時期に關しては、福田忍「皇侃『論語義疏』と朱熹『論語集注』」（北海道中國哲學會編『中國哲學』第 18 號、1989 年）および同論文中で紹介されている諸研究を參照。
52) 拙稿「清原宣賢の經學—古注の護持と新注の受容—」（『琉球大學教育學部紀要』第 76 集、2010 年）で論じた通り、現存の諸經の抄物から看取される清原家による講義の主たる内容は、經文と注文に對する逐字逐條的な解説であり、それゆえ五經の講解に關しては『正義』が重寶されたと考えられる。『論語』經傳の逐字逐條的な解説も『義疏』が傳來していたことで可能になったと推測される。
53) 清原宣賢『論語聽塵』第 2 册、62 頁。本稿で用いる『論語聽塵』は蓬左文庫所藏本（請求番號：101-27）である。

ミ」と訓讀すべきだというのである。宣賢はこのように説いた後、點本の訓讀に關して「但古點也。改ムヘカラス」と述べ、誤まっていることが明白な箇所があっても、「古點」がそのように作る以上、改めることができないと説明している。その見解によると、「古點ハ正義ト疏トカ日本ヘ渡ラサル以前ニ點ス」[54]であり、「古點」は、邢昺『正義』はおろか皇侃『義疏』が日本に到來する前に施されたものである。このように由緒ある「古點」は、家學の權威を維持するための要件であれば、容易に改變することはできなかったのである。

さりながら、中國における朱子學の發生は、日本の學界にも影響を及ぼし、學術動向の變化が訓點に反映されるようになった。この問題を正面から扱った呉美寧によると、前掲「正和本」などの訓點に朱熹『集注』の解釋の影響が確認できる。郷黨篇「入公門、鞠躬如也」章「屏氣似不息者」句の「屏」字に對して、正和本は二通りの訓を與えている。「屏」字の右側に附された正訓は「シリソク」となっていて、この訓は『義疏』の「屏、疊除貌也」の訓詁に從ったものと判斷される。「屏」字には同時に「カクス」という左訓も附されており、この「カクス」は朱熹『集注』の「屏、藏也」の訓詁と一致しているから、正和本は新注の訓詁も採用していると考えられるのである[55]。呉氏は正和本を含む清原家點本 7 種における新注の採用狀況を丹念に調査したが、いずれの版本も採用例は一つか二つにとどまる。すると點本を見る限り、清原家の學問に對する宋學の影響は微弱であり、清原家は鎌倉期までのみならず、中世期全體を通して古注重視の傾向を維持したかに見えるが、速斷は避けるべきである。なぜなら、點本だけでは清原家の學問の一部をうかがい得るのみで、その全貌を把握するにはもう一方の關連資料たる抄物を併せ見る必要があるからである。それでは節を改めて、檢討の對象を清原家の抄物に移すことにしよう。

四、清原家の『論語』關係書（二）—抄物—

（一）抄物

「抄物」は、室町時代中期から江戸時代初期の間に、博士家の學者や京都五山の禪僧などによってなされた漢籍や佛典などの講釋を聽講者が書き記したもの、すなわち「聞書」を指し、講義者の草案、すなわち「手控」も抄物の中に含まれる。經書の抄物の中で傳存する本の種類が最も多いのは『論語』であり、その多くが阿部隆一によって實地調査されている。調査の成果は「室町以前邦人撰述論語孟子注釋書（上）」[56]にまとめられており、その中では各本に對する書誌的な解説がなされている。阿部氏の研究成果

---

[54] 清原宣賢『論語聽塵』第 3 册、子罕篇「顏淵喟然歎曰」章、9 頁。
[55] 呉美寧『日本論語訓讀史研究（上）訓點資料編』第 1 部第 2 章第 2 節「鎌倉時代の清原家論語訓點本における中國側注釋書の取り入れ」(제이엔씨、2006 年)、52-53 頁。
[56] 『斯道文庫論集』第 2 輯（慶應義塾大學附屬研究所斯道文庫、1963 年）所收。

を整理するとともに『論語』抄物諸本の影印狀況を含む獨自の調査結果を若干補足した柳田征司「抄物目錄稿（原典漢籍經部二　四書・小學）」[57]によると、『論語』の抄物は25種82點の傳存が確認できる。現存する清原家の『論語』抄物の中で最も古いのは、清原良賢と比定されている講者の講釋を應永二十七年（1420）に稙光天皇がその第1冊の部分を書き記し、殘りの部分を五條爲綱が書き記した『論語抄』10卷5冊（以下、應永本）である[58]。これを含む10種41點が清原家が講者となっている抄物である。

宣賢の『論語』の抄物は、柳田氏が「清原宣賢抄論語聽塵」と分類している『論語聽塵』（一名『論語祕抄』）が6點現存している。内容の多くを諸書からの節録が占め、節録部分の文章が基本的に原文に返り點を施しただけのものであることを踏まえると、宣賢が『論語』を講釋をするために準備した手控だと考えられる。もし聞書だとすると、講釋の場において口頭で引用される文言文のみならず白話文までも正確に書き留めることができる聽講者が居たことになるが、そのような聽講者がいたとは考え難い。宣賢は「聽塵」と名のつく書物を他に著しており、木田章義がその一つである『毛詩聽塵』について「講義に必要な、解釋や典據となる文を集めたもので、いわゆる『手控え』である」[59]と解説しているから、『論語聽塵』も同じ性格の書物と見るのが妥當である。

『論語』の抄物に關しては、柳田氏が「清原宣賢（？）講某聞書論語私抄」と分類している『論語私抄』も9點現存しており、これについては宣賢の抄物と見なす論者とそれを否定する論者がおり、まだ論定を見ていない。いずれにしろ、宣賢もしくはその前後の清原家の關係者によって記されたことはほぼ確實なので、以後の考察の中でも適宜參照することにする。なお、宣賢による經學關連の抄物は、上に擧げた以外に『尚書聽塵』、『尚書抄』、『左傳聽塵』、『大學聽塵』が傳わっている。

（二）『論語聽塵』の基本構造

『論語聽塵』（以下、『聽塵』）を見ると、冒頭部において孔子の略歷や生卒年等に關する講説を進めた後、何晏「集解序」を一句ずつ丁寧に講じており、しかる後、學而篇から堯曰篇に至る全20篇の本文の講義に移っている。このことも講義の際に用いたテキストが集解本であったことを示す。しかし、内容の解説については、點本について論じる中で觸れた通り、むしろ皇侃『義疏』を中心にしていたと思われる。それは、『論語』の編纂狀況、各篇の配列順序、各章の全體的な意味など、『論語』の基本構造を説明する際に『義疏』に依據しているように見えるからである。以下、『聽塵』と『義疏』の記述を比較することでその點を明らかにする。

---

[57]『抄物の研究』第11號（抄物研究會、2000年）所收。

[58] 東山御文庫所藏。全文を活字に直した翻字版が中田祝夫編『應永二十七年本　論語抄』（勉誠社、1976年）として刊行されており、本稿ではそれを利用した。

[59] 木田章義「兩足院本『毛詩抄』とその背景」（京都大學文學部國語學國文學研究室編『林宗二・林宗和自筆毛詩抄（下）』、臨川書店、2005年）、706頁。

まず、『論語』の編纂状況について、『聽塵』がどのように説明しているかを見ると、學而篇「子曰、學而時習之」章において、宣賢は次のように述べている。

  此ヨリ以下、皆是孔子ノ語也。故ニ「子曰」ヲ稱シテ首トスル也。然ニ此書ニハ或ハ弟子ノ言アリ、或ハ他人ノ語アリ、悉ク孔子ノ語ニアラストイヘトモ、此書ニ記スコトハ、皆孔子ノ抑揚褒貶ヲカウフレリ。而ラハ皆孔子ノ語ニヒトシ。故ニ「子曰」ヲモテ一部ニ冠シメテ、全部ヲ孔子ノ言ト心得ヘキ也。[60]

『論語』の中には孔子以外の人物の言葉も收められているが、「孔子ノ抑揚褒貶」を經たものだけが收錄されていると考えるので、『論語』全體を孔子の編纂物と見なすのである。この捉え方は、次に引く『義疏』の説明を襲用したものに他ならない。

  此以下是孔子開口談説之語、故稱「子曰」爲首也。然此一書或是弟子之言、或有時俗之語、雖非悉孔子之語、而當時皆被孔子印可也。必被印可、乃得預録。故稱「子曰」、通冠一書也。[61]

次に、二十篇の篇次について『聽塵』がどのような説明を與えているかを調べてみよう。その所説と皇侃『義疏』の關係を明らかにするために、學而篇と爲政篇が『論語』の第一篇と第二篇に來ている理由に關する兩書の説明を列舉する。

  ○學而ヲ以二十篇ノ第一トスル事ハ、人ハ學テ舜何人ソ、吾何人ソト云處ニ至ヘシ。故ニ學記ニ云、「玉不琢不成器、人不學不知道」云々。(『聽塵』)[62]

  以學而最先者、言降聖以下、皆須學成。故學記云、「玉不琢不成器、人不學不知道」。(『義疏』)[63]

  ○前ニ次ツルユヘハ、學記云、「君子如欲化民成俗、其必由學乎」ト云。是則學文ヲ先トシ、政化ヲ後トス。(『聽塵』)[64]

  所以次前者、學記云、「君子如欲化民成俗、其必由學乎」。是明先學後、乃可爲政化民、故以爲政次於學而也。(『義疏』)[65]

いずれの場合も、『聽塵』は『義疏』に引かれているのと同じ『禮記』學記篇の一節を引いて『論語』の編次の説明をしているから、『聽塵』の講説が『義疏』に本づいていることは明らかである。20 篇全部について對照することは省略するが、八佾篇から堯曰篇に至るまでの 18 篇の篇次に關する説明も『義疏』を踏まえていることは、兩書の該當部分を比較することで容易に了解される。

『論語』の分章からも、『義疏』への依存状況が確認できる。『聽塵』は、各篇の題名

---

[60] 清原宣賢『論語聽塵』第 1 册、15 頁。
[61] 皇侃『論語義疏』卷 1 (何晏集解・皇侃義疏『論語集解義疏』、『叢書集成新編』第 17 册、新文豐出版社、1985 年)、497 頁。
[62] 清原宣賢『論語聽塵』第 1 册、15 頁。
[63] 皇侃『論語義疏』卷 1、497 頁。
[64] 清原宣賢『論語聽塵』第 1 册、30 頁。
[65] 皇侃『論語義疏』卷 1、500 頁。

の下にその篇に屬する章の數を注記しており、さらに各章の標記に章番號を附している。たとえば、小題「學而第一」の下には「凡十六章」とあり、「子曰、學而時」の標記の右旁には「一章」、「有子曰、其爲人」の標記の右旁には「二」とそれぞれ注記されており、學而篇末章の「子曰、賜也」章の標記の右旁には「十六」と注記されている。『論語』の分章は注釋者ごとに異なる部分があるので、分章の仕方は、どの注釋に從っているかを判斷する一つの目安になる場合がある。

その觀點から着目されるのは子罕篇の分章であり、『聽塵』では、小題「子罕第九」の下に「凡三十一章。皇三十章」と注記し、二通りの分章の存在を示唆している。『聽塵』本文中の章番號を見ると、子罕篇の最後は「三十」の注記を伴う「子曰、可與共學」章であり、このことから、宣賢は本篇を 30 章に分ける皇侃の分章に從っていることがわかる。もう少し詳しく説明すると、この部分は古注と新注の間で分章が異なっていて、『義疏』の標起止が「子曰至有哉」となっているように、古注では「子曰、可與共學、……可與立、未可與權」の一節と續く「唐棣之華……夫何遠之有哉」の一節を併せて一つの章と見なすのに對して、新注では「唐棣之華」以下を別の章と見なして子罕篇を 31 の章に分けるのである[66]。

『聽塵』はまた、小題「先進第十一」の下に「鄭二十三章。皇二十四章」と注記し、この篇に關しては、鄭玄と皇侃とで分章が異なっていることを示す。兩者の相違は、「子曰、從我於陳蔡者、皆不及門者也」の一段と「德行、顏淵・閔子騫・冉伯牛・仲弓。言語、宰我・子貢。政事、冉有・季路。文學、子游・子夏」を連續する一つの章と見るか否かから生じる。『聽塵』は、二つの段の標記部分に對して、それぞれ「二」、「三」と注記しているから別の章と見ている。この見解は、『義疏』が「子曰至者也」と「德行至子夏」の二つの標起止を示しているのに從ったものであり、『聽塵』はここの分章について次のように説く。

> 鄭玄ハ前ト一章ニ見タリ。其故ハ、前ノ章ニ弟子ノ所ヲ失テ仕進セサル事ヲ云テ、遂ニ弟子ノ才德ノスクレテ仕進スヘキ人ヲ此章ニ擧ルホトニ、上ト一章ト云リ。
> 皇侃ハ別ニ一章トスル也。[67]

二つの段を一章と見なすのが鄭玄で、何晏『集解』に引かれるその所説によると、孔子が陳・蔡の間で包圍された時に一緒だった弟子が仕進の門を得ていないことを嘆き、その不遇の弟子の名を列擧したのが「德行、顏淵」以下の一段だということになる[68]。これに對して皇侃は、「孔子門徒三千、而唯有此以下十人名爲四科」と述べるように、顏淵以下の十人について、孔子の弟子三千人の中で「德行」以下の四つの科に當てはまる者を擧げたと見るのであり、この十人と陳・蔡での災難とは關係はないと考える。

---

66) この分章が生じた思想的背景については、拙稿「焦循の思想的特質の一端ー「經」と「權」をめぐってー」(北海道中國哲學會編『中國哲學』第 24 號、1995 年) の中で論じたことがある。
67) 清原宣賢『論語聽塵』第 3 册、36 頁。
68) 原文:鄭玄曰、「言弟子從我而厄於陳蔡者、皆不及仕進之門、而失其所」。

『論語』中で分章が問題になるのはここで取り上げた二箇所が代表例と言えるが、いずれの分章に關しても『聽塵』は『義疏』に從っている。

最後に、章旨理解の面で『聽塵』と『義疏』がどう關係しているかについて考察を加えることにしよう。たとえば、學而篇「子曰、道千乘之國」章の講説の冒頭において、『聽塵』は「此章明諸侯治大國法也」[69]と述べて本章の趣旨を説明しており、同文が『義疏』に見える。同樣に、爲政篇「子曰、詩三百」章について、『聽塵』が「是ハ別ニ一章ナレトモ、前ノ『爲政以德』ト云事ヲ證明スルナリ」[70]と説明しているのは、『義疏』の「此章舉詩證『爲政以德』之事也」という記述に本づいている。『義疏』は各章の冒頭部において「此章云々」と章旨を説くことが少なくないが、『聽塵』にはその多くが採用されている。

以上の考察から、『聽塵』が『論語』の基本構造を説明する際、基本的に『義疏』に依據していることが確認できた[71]。ただし、『義疏』に本づく講釋は、宣賢に始まるわけではない。たとえば、『論語』を孔子の編纂物と見なす考え方は、既に應永本において次のように説かれている。

　　是ヨリ以下、全部ヲ皆孔子ノ語ト習フ也。サルホトニ「子曰」ノ兩字ヲ第一ノ始ニ置也。然ニ此書ニ或ハ弟子ノ言モアリ、或ハ他人ノ語モアリ、盡孔子ノ語ニハ非ス。而ルヲ一部ヲ孔子ノ語ト心得事如何。是ハ此書ニシルス言ハ、皆孔子ノ抑揚褒貶ヲカウムレリ。然ラハ皆孔子ノ語ニヒトシ。故ニ以「子曰」一部ニ蒙ラシメテ、全部ヲ孔子ノ言ト心得ヘキ也。[72]

若干の相違は認められるものの、宣賢『聽塵』の記述は、良賢の講説の筆錄とされる應永本の記述と極めて類似している。『論語』全20章の篇次に關する説明についても、應永本が同樣の説明をしているので、『聽塵』が家の中の先行する抄物を襲用していることは確實である。しかし、柳田征司が「宣賢抄論語聽塵が抄全體に亘って良賢本の本文を殆ど其儘利用している」[73]と總括することに對しては、若干の修正が必要なようである。

衞靈公篇「子曰事君」章において、『聽塵』は「集注、君子之仕也、有官守者」と『集注』の記述を引くが、このままでは續く「修其職、有言責者盡其忠、皆以敬吾之事

---

69) 清原宣賢『論語聽塵』第1冊、20頁。
70) 清原宣賢『論語聽塵』第1冊、32頁。
71) 喬秀岩（橋本秀美）によると、佛典の解釋に用いられていた「科段」の考えを經書の解釋に導入したのは皇侃が最初であり、科段は、篇・章・段落それぞれを構成する要素の間には論理的なつながりがある、という前提の下に經文を解釋することである。同氏『義疏學衰亡史論』第1章第2節「科段説と前後對應の理論」（東京大學東洋文化研究所報告、白峰社、2001年）。『論語』の基本構造に關する清原家の解釋は、皇侃の科段説の影響を強く受けていると言える。
72) 中田祝夫編『應永二十七年本　論語抄』、29頁。
73) 柳田征司「清原業忠の論語抄に就て」（『抄物の研究』第1號、安田女子大學抄物研究會、1970年）、34頁。

而已。不可先有求祿之心也」の文章が缺落しており意味をなさない。應永本は、「本ニコレヨリナシ、予書加之」と文章の脱落があることを示した後、「修其職」以下の記述を補足している。柳田氏が説くように、もし宣賢が『聽塵』を作成する際、應永本を參照していたのであれば、應永本が補った部分を當然書き込んでいるはずであるが、實際には『聽塵』は「修其職」以下の文が缺如したままになっている[74]。このことは、宣賢が參照したのは應永本ではなく、應永本の中で「本ニコレヨリナシ」と稱されている『論語』抄物の別本であったことを示す。清原家に二種類以上の『論語』抄物が傳わっていたことは、『論語私抄』に、「一抄」（里仁篇「子曰、君子懷德」章）、「或抄」（爲政篇「子張問、十世可知也」章）[75]と題して、別本と推測されるものが引かれていることからもわかる。

柳田氏が誤解しても不思議ではないほど、應永本と『聽塵』の記述は大半が重なっており、管見によると、兩者の間の大きな相違は宋儒の説の引用の度合いにあり、應永本に比して『聽塵』の方がより多くの宋學系の注釋を引用しており、その實情については後に觸れる。本項における考察から、清原家の中では、點本のみならず抄物についても家本のようなものが成立しており、それを傳承していたと思われることも確認できた。

(三)『論語』抄物における宋儒の説の利用

先に清原家の點本に考察を加える中で、宋學が日本に流入した影響を觀察したが、點本の訓詁に新注の解釋が反映していたと見られる事例は、あるにはあったが少なかった。事情は抄物においても同様であろうか。『聽塵』に目を通してみると、宋儒の説が隨所に引用されているのに氣づく。一つ例を擧げてみよう。學而篇「子曰、學而時習之、不亦説乎。有朋自遠方來、不亦樂乎。人不知而不慍、不亦君子乎」章に關して、學問修業の三段階を説いていると『聽塵』が見るのは、皇侃『義疏』の見解を踏襲している。さらにその直後に「學」字の含義を示すために、『義疏』にも引かれている「學、覺也、悟也」以下の『白虎通』の所説を提示し、續いて朱熹『集注』の「學之爲言效也」以下の所説、元の胡炳文『四書通』の「人性皆善、天命之性也。覺有先後、氣質之性也」以下の所説を提示している[76]。この『論語通』は、『四庫提要』によって「是編以趙順孫四書纂疏・吳子四書集成、皆闡朱子之緒論、而尚有與朱子相戾者、因重爲刊削、附以己説、以成此書」[77]と評されているように、朱熹の學説を闡明にすることを目的として新注系の注釋書に本づいて編纂した書物である。

ここに例示したように、『聽塵』はしばしば宋學系の儒説を引用しており、『論語』解釋における新注への依存度は高い。足利衍述によると、清原家の經學の變遷は三つの時

---

74) 清原宣賢『論語聽塵』第4冊、46頁。
75) それぞれ『論語私抄』第1冊、第59葉左・第36葉左に見える。
76) 清原宣賢『論語聽塵』第1冊、15-16頁。
77)『四庫全書總目提要』卷36・經部36・四書類2（臺灣商務印書館、1985年）、737頁。

期に區分することができる。第一期は、主として古注によって解釋した鎌倉末葉までの時期。第二期は、禪門の朱子學講習弘布と、朝廷の朱子學採用の影響を受けて、古注だけでなく新注を參考にし始めた時期であり、學風の變化は頼元・良賢が端緒を開き、「清家中興の祖」と稱される業忠に至って明瞭になった。そして、第三期が「清家開創以來唯一の大儒」とされる宣賢以後の時期であり、宣賢は祖父業忠の業を大成し、新古折衷の一門を建て、家學に一大改革をなしたとされる[78]。

　清原家の『論語』抄物において新注が活用されていることは多くの論者によって指摘されているが、その利用狀況について實證的な解明を試みたのが呉美寧である。呉氏は、『論語』の解釋において古注と新注が對立していると判斷される244箇所について、應永本以下、『聽塵』を含む5種の『論語』抄物における古注と新注の採用狀況を數量化している。その調査の結果によると、應永本は、131箇所（54％）に古注、17箇所（7％）に新注、54箇所（22％）に古注・新注の兩方を引用しているのに對し、『聽塵』は、調査の對象となる箇所の中、102箇所（42％）に古注、16箇所（7％）に新注、66箇所（27％）に古注・新注の兩方を引用している[79]。兩書における新注の採用割合は3割前後にとどまるから、「宣賢に至つては、一變して、純然たる新古折衷に至りたるも、新注によるもの十に六七を占むるを見れば、寧ろ新注を主として古注を參せるの觀あり」[80]と說いている足利衍述の所見は、印象に本づくものであって正確さを缺いていると判斷される。

　『聽塵』において新注がどの程度利用されているか、という數量的な引用狀況を先行研究に本づいて確認したところで、以下は、新注がどのように利用されているか、という觀點から考察を進めることにしよう。學而篇「子曰、不患人之不己知、患己不知人也」章[81]に關して、『聽塵』は次のように說く。

　　　人コトニ我ハ才學モアリ藝能モアレトモ、人カ知ラサルト云。實ニ才能アルヲ見
　　　知ラスハ、人ノ未練也。我カウレウヘキ事ニアラス。[82]

本章に對して、何晏『集解』は「王肅曰、但患己之無能知也」と注し、皇侃『義疏』は「世人多言己有才而不爲人所知、故孔子解抑之也」と注している。上に引いた抄文の後半部分の本づくところは不明だが、前半部分は『義疏』に類似しているので、古注を利用して書かれたと推測される。『聽塵』は上に續いてまた次のように說く。

---

78) 足利氏前揭書、488-489頁。
79) 呉美寧は、『日本論語訓讀史研究（下）抄物編』第2部の第2章から第6章に至るまでの各章において、清原家の『論語抄』5種において引用されている諸資料に對して詳細な分析を加えた後、第7章「清原家論語抄における中國側注釋書の取り入れの變遷」において、その5種における古注・新注の利用狀況の變遷を整理し、圖表にまとめている。
80) 足利氏前揭書、515頁。
81) 『論語』の通行本には「患己不知人也」句の「己」字はないが、清原家に傳わる集解本・義疏本の諸本には「己」字がある。
82) 清原宣賢『論語聽塵』第1册、29頁。

患フヘキハ己カ人ヲ知ラサル處也。人ヲ知ラスハ、是非邪正ヲ辨カタシ。此ヲ深
　　　ク患フヘキ處也ト云。[83]
前半部分は「患己不知人也」句を逐字的に翻譯しており、いずれの注釋に本づいている
か判斷できない。問題はそれに續く後半部であり、この部分は明らかに朱熹『集注』の
「尹氏曰、……不知人、則是非邪正或不能辨、故以爲患也」を踏まえている。
　『聽塵』にはさらに續けて「論語一部ニ四ヶ所ニ此義ヲ玉ヘル也」とあるが、これ
は宋末・元初の熊禾『標題四書』（胡炳文『論語通』所引）に次のようにあるのを踏ま
えたものと考えられる。
　　　知人亦致知之事。不求人知、猶首章之意。此類凡四出。里仁篇「不患人之不己知、
　　　求爲可知也」、憲問篇「不患人之不己知、患其不能也」、衛靈篇「君子病無能焉、
　　　不病人之不己知也」。[84]
本章に引かれている新注系の説は上に掲げた資料にとどまらず、さらに以下の二種の
資料も引用されている。
　　　語録「若宰相不知人、則不能進賢退不肖。學者不知人、則不能辨益友損友」。
　　　通曰、「始以『不知不慍』、終以此章、學而一篇終始也。始以『不亦君子乎』、終
　　　以『無以爲君子也』、始則結以『患不知人』、終則結以『不知言、無以知人』、論
　　　語一書終始也。門人紀次、豈無意歟」。
一つめの「語録」は『朱子語類』を指し、同樣の文がその卷22「論語四」に見える[85]。
二つめの「通」は胡炳文『論語通』を指し、同樣の文がその卷1に見える[86]。ただし、
引用されている二つの文は、原典と若干の字句の相違がある。その相違が清原家の者が
引用の際に改變を加えたのではないことは、上引の文が別の書物に引用されていること
からわかる。つまり、倪士毅『四書輯釋』には、二つの文章がそれぞれ「語録」、「通
曰」に續いて收録されているのである[87]。
　以上のことから、清原家の『論語』抄物の中では、朱熹の注釋のみならず、それを敷
衍・再注釋した末疏類も大量に引かれており、それらの宋學系の注釋は原典から直接引
用されたのではなく、阿部隆一が指摘しているように、大半が倪士毅『四書輯釋』（以
下、『輯釋』）や胡廣等『四書大全』（以下、『大全』）から孫引きされたものであること
がわかる[88]。この事實は、當時の日本においては宋儒の著作が容易に見られる狀態に

[83) 清原宣賢『論語聽塵』第1册、29頁。
[84) 納蘭性德編『通志堂經解』第15册（江蘇廣陵古籍刻印社、1995年）、434頁。
[85) 『朱子語類』卷22（『朱子全書』第14册、上海古籍出版社・安徽教育出版社、2002年）、782頁。
[86) 胡炳文『論語通』（『通志堂經解』第15册、江蘇廣陵古籍刻印社、1995年）、434頁。
[87) 倪士毅『四書輯釋』（『續修四庫全書』第160册、上海古籍出版社、1995年）、166頁。
[88) 『四庫提要』が『四書大全』について「（胡）廣等撰集此書、實全以倪氏輯釋爲藍本」と述べているよ
　　うに、『大全』は『輯釋』に引かれている諸家の注釋をほとんどそのまま轉引しており、兩者の違いは
　　僅かである。『四庫全書總目提要』卷36・經部36・四書類2、742頁。

はなかったことを物語る。『輯釋』は應永二十七年（1420）以後に成立した應永本において既に活用されており、この抄物における宋儒の說の引用は『輯釋』の範圍を出ない[89]。『聽塵』に至ると、『大全』に收錄されているが『輯釋』には見えない文章が引用されているから[90]、宣賢の頃までには永樂十三年（1415）に完成した『四書大全』が流入していたことになる。

　前項において、應永本に比して『聽塵』が宋學系の說をより多く引用していることを提起したので、ここでその狀況を確認しておこう。陽貨篇「陽貨欲見孔子」章に對する應永本と『聽塵』の講說はかなり重複していて、冒頭から「日月逝矣、歲不我與」に至るまで、本章の經文の九割に對する講釋はほぼ同文である。兩者の相違は同章末尾の「孔子曰、諾、吾將仕矣」句に對する講釋にあり、應永本が「諾シテイカサマ仕ヘシト云。此モ辭ヲ和ニ答テ害ニ免ルゝ也」[91]と說明するにとどまるのに對し、『聽塵』は、『輯釋』から朱熹『集注』の「楊氏曰、楊雄謂孔子於陽貨也」云々の文を引き、次いで『輯釋』に合刻されている元の張存中『四書通證』の「楊氏方言五百篇」云々の講釋を引いている[92]。

　陽貨篇「子曰、性相近也」章の講釋を見ると、應永本と『聽塵』の文章の多くは重なっており、『聽塵』では『集注』の「此所謂性、兼氣質而言者也」云々の文を引いているが[93]、この文章は應永本には引かれていない[94]。さらに『聽塵』には、「程勿齋曰」の四字があるが、それに續く文章が見あたらない。これは『輯釋』と合刻されている元の王元全『四書通攷』所引の程若庸（勿齋はその號）『性理字訓』の文章をも轉引しようとしたが、そのまま中斷してしまったものと推測される。

　陽貨篇「子曰、唯上知與下愚不移」章に對する講釋の文章についても、應永本と『聽塵』は大半が重なっているが、『聽塵』のみ末尾に「有生之始、便稟天地陰陽氛氳之氣」云々の文章を引く[95]。これは皇侃『義疏』からの轉引であり、このように應永本に引かれていない古注の記述が補われることもあるが、それは珍しい。

　本項の考察を通して、朱子學傳來後の『論語』解釋における古注・新注の採用狀況について言うと、清原家は點本において古注を墨守していたが、抄物においては古注を解釋の基本に据えながら、新注にもかなり依存していることがわかった。かかる違いが生じた理由を推測すると、由緒ある家學の權威を維持するため、點本は舊來の形式をなるべく改變せずに傳えることが優先されたのに對し、講義の際は學術動向や聽講者の關心

---

89) 阿部隆一「本邦現存漢籍古寫本類所在略目錄」、57・76 頁。
90) たとえば、『聽塵』先進篇「季路問事」章所引「輔氏曰、晝夜者氣之明晦也」云々の記述は、『大全』では「慶源輔氏曰」に續いて見えるが、『輯釋』には見あたらない。
91) 中田祝夫編『應永二十七年本　論語抄』、648 頁。
92) 清原宣賢『論語聽塵』第 5 冊、3 頁。
93) 清原宣賢『論語聽塵』第 5 冊、4 頁。
94) 中田祝夫編『應永二十七年本　論語抄』、648 頁。
95) 清原宣賢『論語聽塵』第 5 冊、4 頁。

の變化に對應する必要があるため、その記錄ないし草稿たる抄物の内容は隨時變化したのであろう。ただ、應永本と『聽塵』の重複部分が甚だ多いことは、清原家がほとんど同じ内容の『論語』講義を少なくとも一世紀近く續けていたことを意味し、そのような講義が權威を維持し一定の需要を持ち續けたことは、中世までの日本では『論語』の講義を必要とする知識人の範圍が極めて限られていたことを示唆する。

(四)『論語聽塵』における神國意識

　宣賢は『論語』を解釋するに際して、古注・新注のみならず日本國内の文獻を引くことがある。日本の文獻には獨自の思想狀況が反映されており、それが引かれることで中國側の注釋書には見られない解釋が打ち出されることがある。二つの章をもとにその點を論じてみよう。

　子罕篇「子欲居九夷。或曰、陋如之何。子曰、君子居之、何陋之有」章の「九夷」について、『義疏』は「東有九夷。一、玄菟、二、樂浪、三、高麗、四、滿飾、五、鳧更、六、索家、七、東屠、八、倭人、九、天鄙」と注解する。この中の「八、倭人」は、日本を指していると考えられる。宣賢はこの注解を引いた後、孔子が「君子居之、何陋之有」と述べた言葉について、次のように講釋する。

　　　　當家説ニ、「君子居リ」トヨム也。孔子ハ日本ノ安寧・懿德ノ時分ニ相當レリ。
　　　　日本ノ天子ヲ指シテ君子ト云リ。孔子ノ九夷ニ往ント云ルハ、日本ヘ來ラントユ
　　　　コト也。[96]

「君子居之」の「君子」については、孔子自身を指すと見るのが通常の解釋であり、その場合の訓讀は「君子（之ニ）居ラハ」[97]となる。しかし「當家」、すなわち清原家には、「君子」が日本の天皇、具體的には安寧天皇（在位：前549-前511）・懿德天皇（在位：前510-前477）を指し、孔子（前551-前479）がその「君子」の居る日本へ渡ろうとしたのだとする説が傳わっており、その場合の訓讀は「君子居リ」となる。前揭の京大本『集解』を見ると、「居」字の右旁に「ヲラハ」と記されているから、正訓としては「君子」が孔子を指すと見る通常の解釋に從っている。しかし、「居」字の左旁には「ヲリ、祕説」とも記されており、「君子」が日本の天皇を指すとする説も「祕説」として受け繼がれていたことが知られる。應永本にも上と同樣の講釋が見えることは、そのことを裏打ちする。

　足利衍述の見解によると、本章の「九夷」を日本に比定するのは、既に北畠親房（1293-1354）『神皇正統記』に見えているのに對し、「君子」を「天皇」と解釋するのは、清原家による獨自の發展であり、それは、「祖國尊重の觀念より出でた」ものであ

---

[96] 清原宣賢『論語聽塵』第3冊、11頁。
[97] 周知のごとく、清原家の訓讀では、指示代名詞の「之」を訓讀しないことが多い。

る 98)。伊勢神道の度會氏の敎説を學んだ親房は、日本は神が擁護する國で、神の子孫たる天皇が支配する「神國」だという考えを持っており、「大日本者、神國也。天祖ハジメテ基ヲヒラキ、日神ナガク統ヲ傳給フ」の一節から始まる『神皇正統記』は、その「神國意識」をもとに書かれている。神代から後村上天皇（在位：1339-1368）に至る「神皇」の系譜を傳えるこの書物は、南北朝時代（1336-1392）における南朝の正統性を主張するために書かれたものだが、書中に横溢している神國意識は對立する北朝たる室町幕府の支持者たちにも影響を及ぼし、多くの讀者を獲得した。『神皇正統記』には清家本が存在するように、その讀者の中には北朝方の清原家も含まれている 99)。

『神皇正統記』第七代孝靈天皇條には、「凡此邦ヲバ君子不死ノ國トモ云也。孔子世ノミダレタル事ヲ歎テ、九夷ニヲラン、トノ給ケル。日本ハ九夷ノ其一ナルベシ。異國ニハ此國ヲバ東夷トス」100)とある。ここの所説は、神國意識の一つの現れと言え、足利氏が指摘するように、本章に對する清原家の解釋に直接影響を與えたかに見える。しかし、事はそう單純ではない。というのは、『聽塵』には上に引用した文に續いて、「日本ヲ君子國ト云ル證據アリ。三善清行曰、『范史稱吾國曰君子國』」とあり、この見解が平安時代の文章博士三善清行（847-918）に由來することが明示されているのである。

三善清行は直言を求める醍醐天皇（在位：897-930）の詔に應えて、延喜十四年（914）に「意見十二箇條」を提出し、導入部の中で日本について「范史謂之君子之國」と稱している 101)。この一節は、范史、すなわち范曄『後漢書』の「東夷傳」前言に見える「王制云、東方曰夷。……天性柔順、易以道御、至有君子不死之國焉」102)という記述を踏まえている。しかし、「東夷傳」では續いて「夷有九種」と説き起こした後、東方の異民族の總稱である「九夷」の解説に移るが、「九夷」の中、特定の國を「君子不死之國」と稱しているわけではない。そうすると、三善清行の解釋が曲解に屬することは自明であり、そのことは『後漢書』を調査すれば即座に察知できるはずなのであるが、『聽塵』は曲解を踏襲している。

ここまで見て來ると、「九夷」に對する『聽塵』の解釋は、必ずしも『神皇正統記』に觸發されたものと考える必要はないかに見える。しかし、兩書の記述を比較すると、

---

98) 足利氏前掲書、469 頁。
99) 『神皇正統記』は清家本が 5 種存在する。山田孝雄『神皇正統記述義』附録「神皇正統諸本解説略」（民友社、1932 年）、および岩佐正「解説」（岩佐正等校注『神皇正統記・増鏡』、日本古典文學大系新装版、岩波書店、1993 年）を參照。なお、瑞谿周鳳（1391-1473）の日記『臥雲日件録』第 58 册、寛正六年（1465）六月十二日條に「常忠居士（外記清原業忠）來、茶話數刻。予問製神皇正統之人。答曰、『名士也』」とあり、宣賢の祖父業忠が親房を「名士」と評している。瑞谿周鳳著、惟高妙安抄録『臥雲日件録拔尤』（東京大學史料編纂所編、大日本古記録、岩波書店、1961 年）、160 頁。
100) 岩佐正等校注『神皇正統記・増鏡』、71 頁。
101) 『本朝文粹』卷 2（黒板勝美編『本朝文粹・本朝續文粹』、國史大系第 29 卷下、吉川弘文館、1941 年）、41 頁。
102) 『後漢書』卷 85「東夷列傳第 75」（中華書局、1973 年）、2807 頁。

やはり無關係とは言えない。なぜなら、『聽塵』は三善清行の發言を引いた後、さらに次のように講釋を續けているからである。

又三方ニハ畜類ヲ從ヘタレトモ、東ニハシタカヘス。南蠻ニハ蟲ヲ從タリ。西戎ニハ羊ヲ從タリ。北ニハ犬ヲ從タリ。東夷ニ夷ノ字ヲツクルハ、夷ハ大ノ字ニ弓ノ字ヲカキタリ。大弓トカケル字ナリ。……日本人ハ心モタケク弓ノ力モ餘國ニスクレテ大弓ヲ用ル。故ニ夷ノ字ヲ附ル也。103)

これに類する記述は三善清行「意見十二箇條」には見あたらず、『神皇正統記』には次のように似通った記述が見える。

四海ト云ハ東夷・南蠻・西羌・北狄也。南ハ蛇ノ種ナレバ蟲ヲシタガヘ、西ハ羊ヲノミカウナレバ羊ヲシタガヘ、北ハ犬ノ種ナレバ犬ヲシタガヘタリ。タダ東ハ仁アリテ命ナガシ。ヨリテ大・弓ノ字ヲシタガフト云ヘリ。（第七代孝靈天皇條）104)

親房によると、中國は四方の異民族を總稱するに際して、南（蠻）と西（戎）と北（羌）に對しては、それぞれ蟲・犬・羊を含む文字を割り當てて蔑視の意を示している。ただ東に對してだけは「夷」の文字を割り當てており、宣賢の解釋によると、この字は「大」と「弓」の合文であり、日本人が大弓を扱う勇猛な民族であることを示しているのである。「夷」字に對するこの解説は、『説文解字』10 篇下に「平也。從大从弓。東方之人也」とあるのに本づいている。

煩雜なので引用は省略するが、上の二つと同樣の記述が別に玄惠法印（?-1350)「十七條憲法注」第 4 條に既に見え、玄惠は北畠親房の學問に對して影響を與えたと考えられている105)。以上のことから、『論語』の「九夷」を日本に比定するのは、古くは平安時代の三善清行に見られるが、清原家の解釋が玄惠法印と北畠親房に代表される「神國意識」に本づく解釋の影響を受けていることは確かである。北朝方の清原家としては、南朝方の正當性を訴える著作を公に引くわけには行かぬため、三善清行を自説の根據として提示したのかも知れない。

『聽塵』の中で時代思潮が反映していると思われる解釋としては、他に憲問篇「子曰、君子道者三、我無能焉、仁者不憂、知者不惑、勇者不懼。子貢曰、夫子自道也」章を擧げることができる。本章に對して、『聽塵』は次のように説いている。

聖人ノ道、大ニシテ博トイヘトモ、究テ云時ハ、此三（＝知・仁・勇）ニスキス。此三ニ日本三種ノ神器ノ徳ヲ含メリ。鏡照妍媸、則知之用也。玉含温潤、則仁之徳也。劍能剛利、則勇之義也。……天子、知・仁・勇ノ徳ヲソナヘマシマサハ、則三種ノ神器ヲ身ニ備タマヘルナルヘシ。106)

---

103) 清原宣賢『論語聽塵』第 3 册、11 頁。
104) 岩佐正等校注『神皇正統記・増鏡』、71 頁。
105) この通説を否定する論者もいる。和島芳男『中世の儒學』第 3 章第 2 節「玄惠法印」を參照。
106) 清原宣賢『論語聽塵』第 4 册、31 頁。

三種の神器は言うまでもなく、天皇の位の正統なる繼承者であることを證明するものとして代々傳えられる八咫鏡・草薙劍（天叢雲劍）・八坂瓊曲玉の三つを指すが、宣賢はこの三つの寶物が本章の中で述べられている三つの德目、すなわち知・仁・勇を表わすと説く。つまり宣賢の見るところ、三種の神器は、「聖人の道」たる儒學と神道とが一致することの象徵なのである。この所説には本づくところがあり、たとえば一條兼良（1402-1481）『日本書紀纂疏』（以下、『纂疏』）卷5に次のようにある。

> 三器、儒佛二敎之宗詮也。孔丘之言曰、「仁者不憂、智者不惑、勇者不懼」。子思中庸之書、謂之「三達德」。聖人之道、雖大而博、究而言之、不過此三者。鏡照姸媸則智之用也。玉含溫潤則仁之德也。劍能剛利則勇之義也。[107]

一條兼良（1402-1481）は、關白經嗣の第二子で、病弱な兄が出家隱居したのに伴って家督を嗣ぎ、累官して文安四年（1447）に關白に至る。このように第一等の政治家であるのみならず、學者としても優れており、影響力のある著作を殘している。『纂疏』はその一つであり、この著作は北畠親房の神道思想を繼承していると見られている[108]。上に掲げた二つの文を見比べると、『聽塵』が『纂疏』の影響を受けていると見ても不自然とは言えまい[109]。泰伯篇「子曰、泰伯」章に對する講説において、『聽塵』は「日本紀纂疏」と題して『纂疏』を引用しており、宣賢が『纂疏』を讀んでいたことは間違いない。

（五）『論語聽塵』と三敎一致思想

兼良の所説で注目すべきは、三種の神器について「儒佛二敎之宗詮」と説くように、儒・神二敎の敎説が佛敎のそれと矛盾しないことの象徵と見ていることであり、三種の神器と佛敎の關係については、先の引用文に續いて次のように説かれている。

> 佛敎謂三因佛性者、法身也、般若也、解脫也。法身即眞如德、正因性開發、報身即般若德、了因性開發、應身即解脫德、緣因性開發。如此三身發得本有之德、鏡之能照、般若也。玉之能潔、法身也。劍之能斷、解脫也。[110]

---

107) 一條兼良『日本書紀纂疏』（國民精神文化硏究所、1935年）、136頁。
108) 和島芳男『中世の儒學』、159-160頁。
109) 『聽塵』の本章の記述が『纂疏』を引用したものとも言い切れない。というのは、同樣の文章が既に應永本に見えているからである。近藤喜博（「日本書紀纂疏・その諸本」、『藝林』第7卷第3號、1956年）と中村啓信（「解題」、『日本書紀纂疏・日本書紀抄』、天理圖書館善本叢書〔和書之部〕第27 八木書店、1977年）によると、兼良の『纂疏』は康正年間（1455-1457）の成書であり、應永二十七年（1420）頃に書かれた應永本の中で引用されるはずはない。ただし、北畠親房（1293-1354）、もしくはそれ以前の人物によって書かれた『東家祕傳』「治世要道、神敕文明也」條において、三種の神器が『論語』の「智・仁・勇」と關連づけて説かれているから、應永本の著者は『纂疏』に先行する神道系の書物を參照したと推測される。待考。なお、阿部隆一は、「神皇正統記や伊勢神道の説が淸原家に入ったものであろう」（「室町以前邦人撰述論語孟子註釋書（上）」、60頁）との推測を示しているが、『神皇正統記』には『纂疏』と同樣の記述を見出し得ない。
110) 一條兼良『日本書紀纂疏』卷5、136頁。

兼良の見解によると、三種の神器は三因佛性、すなわち正因・了因・縁因とそれぞれ對應しており、かくて神道・儒學・佛教の三教が一致することの象徴になる。『聽塵』の本章には三種の神器と佛教との關わりを論じる記述が見あたらないが、このことは宣賢が佛敎的な要素を排除したことを意味するのであろうか。爲政篇「子曰、吾與回言終日」章を講釋を見ると、『聽塵』は皇侃『義疏』の「自形器以上、名之爲無、聖人所體也。自形器以還、名之爲有、賢人所體也」という玄學的な注釋を引いた後、その注釋をさらに解釋して、「器ト云ハ、倶舍ノ器世間ト同シ心也」と説いている。『論語』の本文ではなく、注釋を説明するために、『倶舍論』に見え、三千大千世界を指す「器世間」の語を用いていることは、宣賢の聽講者に佛者が少なくなかったことを示唆する。なお、倶舍宗は南都六宗の一・平安八宗の一に數えられるが、本山や本寺を持たず諸宗の間に兼習されており、佛者の多くがその敎義を知っていた。

かくて、『聽塵』には佛教的な要素も看取されることがわかったので、その實態について以下、いくつかの例をもとに論じてみよう。雍也篇「子謂子夏曰、女爲君子儒」章の「儒」に對する講釋において、『聽塵』は朱熹『集注』の「儒、學者之稱」を基本に据えた後、「古ノ尺（=釋）云、釋迦文佛者能儒也。然則佛モ儒也」と述べ、釋迦も儒者であることを説いている（この記述、應永本には無し）[111]。この事例からは、宣賢が儒佛の間に共通點を見出そうとしていることがうかがわれる。同樣の例としては、子罕篇「子罕言利與命與仁」章の「利」字に對して、『聽塵』は「利トハ元亨利貞ノ利也。佛ノ利益ト同シ」と説き[112]、本章の「利」が『周易』の「元亨利貞」の「利」のみならず、佛教が説く「利益」と同一であることも示している。さらに、述而篇「子曰、甚矣吾衰也」章に對する講説において、宣賢は『莊子』大宗師篇の「古之眞人、其寢不夢」[113]に本づく「聖人無夢」説を提起した後、「聖人モスヘテ夢ナキニアラス」と述べ、まずその説を否定する。續いて『尚書』説命上序に見える高宗が傅説を夢に見た故事等を擧げて、聖人も夢を見ることを證する。しかる後、「佛モ出家セントテ、夢ミルコトアリ」と述べ、佛陀も出家の際に夢を見たことを例示している[114]。この事例では、佛陀は儒家の聖人と並べて論じられている。

朱熹は、『論語集注』爲政篇「子曰、攻乎異端」章において、「佛氏之言、比之楊墨、尤爲近理、所以其害爲尤甚。學者當如淫聲美色以遠之」という程子の言を引いていることに代表されるように、佛教を排擊している。『聽塵』には多くの新注系の解釋が取り込まれているが、佛教に對する寛容度に關しては朱熹と宣賢との間で格段の差がある。

---

111) 清原宣賢『論語聽塵』第 2 册、30 頁。文中にいわゆる「古ノ尺」は、『論語私抄』の同じ章では「天臺ノ維摩經ノ疏」に作っており、本づくところが示されている。
112) 清原宣賢『論語聽塵』第 3 册、2 頁。
113) 郭慶藩撰『莊子集解』卷 3 上「大宗師第 6」（中華書局、1961 年）、228 頁。卷 6 上「刻意第 15」にも「故曰、聖人之生也天行、……其寢不夢」とある。『莊子集解』、539 頁。
114) 清原宣賢『論語聽塵』第 2 册、41 頁。

このような差異が生じた要因の一つとして、日本の宗教事情が擧げられる。

　6世紀中葉に古代朝鮮から傳來した佛教が人々に受け入れられるには、土着の神祇思想と結びつく必要があったために神佛習合がなされ、日本の神々は既に體系性を完備していた佛教の敎理に從屬するようになった。平安時代中期頃に提唱されるようになった本地垂迹說はその見やすい事例である。その後、鎌倉幕府初代將軍源賴朝（1147-1199）の神宮崇敬等が轉機となって敎理を整備する必要が生じると [115]、神道は、既に不可分に結びついていた佛教の敎理に加え儒學の學說を取り込むことで、始めて伊勢神道という敎義體系を作り上げ獨立した [116]。このように、神道にはその成立の當初から神・佛・儒の三敎が併存しており、その後、新たに發生した神道諸派の敎說においても併存狀況が失われることはなかった [117]。

　清原宣賢の實父吉田兼倶は、室町以後數百年におよぶ神道界を支配した吉田神道の創始者であり、宣賢は幼少にして清原家の養子となったが、生家の學問も兼修したことは、『日本書紀』神代卷を講釋するための抄物を殘していることからうかがわれる。ちなみに、京都大學清家文庫所藏のこの抄物『日本書紀神代卷抄』（請求番號：5-05/二/1）の中で、宣賢は『纂疏』を頻繁に引用している。すると、『聽塵』の中で佛教の敎說が說かれるのは、三教一致の神道學說の影響を受けたためであり、その影響は生家の吉田家からもたらされたかに見える。しかし、應永本に既に神道や佛教の敎說が引かれており、その多くが『聽塵』と重なっていることに鑑みると、鎌倉時代以後の神道の發展という大きな流れが清原家の學問に作用したのが主因と見るべきである。應永本と『聽塵』を比較すると、佛教に關する言及は『聽塵』の方が多く、『聽塵』より恐らく後に書かれた『論語私抄』ではさらに多くなっているから、清原家の『論語』講釋に對する佛教の影響は時を追うごとに強くなっているようである [118]。『論語』抄物における佛說の提示は少数にとどまるものの、清原家における『論語』受容の過程を跡づけるためには無視し得ない要素であり、他の經書の抄物を含め、今後、その利用實態を整理する必要がある。

---

[115] 萩原龍夫「中世の神道と修驗」（笠原一男編『日本宗敎史Ⅰ』第6章、山川出版社、1977年）。
[116] 伊勢神道における中國思想・佛敎の取り込みについては、津田左右吉『日本の神道』第4章「いはゆる伊勢神道に於いて」（『津田左右吉全集』第9卷、岩波書店、1964年）において詳論されている。
[117] 津田左右吉は、『纂疏』における三敎が神・儒・佛の三つではなく、儒・佛・道の三つを指している可能性を指摘するが、その場合でも中心となるのが儒・佛の二敎であることを說いている。津田左右吉『日本の神道』第5章「正通兼良の思想及びト部家の神道に於いて」、116頁。
[118] 呉美寧は應永本において佛敎の敎說が引かれていることに關して、「これは中世の學問の中心が、寺院であったこととも關連があると思われる。しかしそれよりは、……義疏の著者である皇侃が佛敎信者であって、その注釋に佛敎用語を用いたり、その思想を說いたりしていることを考えると、やはり皇侃の影響であると考えられる」（『日本論語訓讀史研究（下）抄物編』、29頁）と述べ、皇侃『義疏』の影響を主因と見ている。この見解に對しては首肯し難い。

五、結論

　本稿では、日本における『論語』の受容の特色を探るため、關連資料が大量に殘存している清原家の中でこの經典がどのように解釋・傳授されたかについて初歩的な考察を加えた。清原家は明經博士家として、日本における最初の教學機關・官吏養成機關である大學寮において、11世紀始め以降、世襲的に經書の講義を擔當しており、その經説は權威あるものであった。12世紀終わりに大學寮が燒失してその機能が失われると、主要な活動を貴顯への講義に變え、以後は歴代の天皇への進講を務めるなどして、江戸時代に入るまで一定の學術上の影響力を維持し續けた。彼らの經説は、點本と抄物の二つを通して傳承され、これらの資料から『論語』講義の樣子を詳細に知ることができる。
　點本を見ると、『經典釋文』の音注が大量に書き込まれていることが容易に看取され、既に先行研究によって『釋文』の音注が經傳の漢字音を定めるための絶對的な基準であったことが指摘されている。しかし考察を通して得られた知見によると、家本成立後に書寫・移點を行なった者は、『釋文』の音注を書き込む際、『釋文』自體を參照しておらず、先行點本に既に書き込まれていたその音注を轉記したに過ぎなかったことは、ほぼ確實である。家本の複製が繰り返される中で少なからぬ誤脱が生じており、それらが修正されぬまま放置されていたことも明らかとなった。そうすると、『釋文』が經書音讀の際の絶對的な基準として十分に機能していたか疑わしくなってくる。確かに、傳來當初の『釋文』は同時代の中國の字音を表示する機能を有していたであろうが、時が經ち中國の字音が變化すると、經典の棒讀みを補助する役割を果たし得なくなるのは必定である。したがって、同時代の中國音を表示する機能という觀點からだけでは、彼らがなぜ『釋文』音注の書き込みを續けたかを説明することはできない。
　考察の結果、桓武天皇が延暦十一年（792）に下した詔が『釋文』音注の書き込みに關係していることが判明した。つまり、この詔によって、隋唐時代の字音に本づく日本の漢字音たる漢音に從って漢籍を讀むことが規定されたため、その漢音を維持・繼承する基準書として『釋文』が利用されたのである。清原家は何百年も『釋文』の音注の書き込みを續けたが、それは、桓武天皇の詔に從って漢音を遵守している、という態度を示すことで自家の經説に由緒があることを誇示しようとしたからである。ただ、清原家が先行點本中の音注を書き寫し續けたことには學術上の意義もある。彼らの點本に含まれている『釋文』の音注には通行本に見あたらないものが少なくなく、音注を書き込む時に用いられた『釋文』は、通行本およびその祖本たる宋本より原形に近いものだったと考えられるのである。
　點本には音注としての訓點のみならず、漢字の意味や文法的機能を示す義注としての訓點も附されている。清原家の『論語』點本はその大半が集解本である事實から容易に豫想される通り、義注としての訓は、多くの場合、何晏『集解』に示されている訓詁や

解釋に沿っており、同じく古注である皇侃『義疏』の訓詁も大々的に用いられていた。『義疏』の利用について言えば、この書物が一旦滅んだ中國とは異なる日本獨自の經典の流傳状況がそれを可能にしたと言える。清原家が『論語』の全面にわたって古注に従って義注としての訓を附することができたのは、『集解』より遙かに詳細な『義疏』が日本に傳存していたからである。

中國において朱子學が發生して普及すると、その影響は次第に日本にも及び始め、古注一色だった點本の訓點にも新注系の解釋が反映されるようになる。とは言うものの、そのことが確認できる事例は極めて僅かである。さりながら、このことは清原家が朱子學の影響をほとんど受けなかったことを意味するわけではない。それは、點本は基本的に非公開の文獻であり、家學の權威を維持するためには、原形を損なわぬように由緒ある家本を傳承することが肝要だと彼らが考えていたからである。對して、講義の記録ないし草稿である抄物について言うと、經書の講義においては學術動向の變化や受講生が持つ多樣な關心に對應することが必要であり、そのためには絶えず新しい學術情報を取り込まざるを得なかったに相違ない。すると、抄物における新注の取り込みの状況は點本の場合とは異なることが推測され、その推測の下に調査を實施してみると、點本よりはるかに高い比率で新注系の解釋が採用されていることが確認できる。それでも解釋の基本となっているのはやはり古注系の解釋であり、先行研究の調査を參考にすると、全體の講釋における新注の採用率は3割前後にとどまる。なお、現在殘っている幾つかの抄物を比較すると、清原家においては、先行の抄物を下敷きにし、その上に少しずつ新たな内容を附け足して行ったと推測される。

清原家の『論語』抄物は、古注系と新注系の解釋を繼ぎ接ぎすることだけで出來ているわけではなく、その中には少ないながらも日本獨自の『論語』解釋がなされている。子罕篇「子欲居九夷。或曰、陋如之何。子曰、君子居之、何陋之有」章の「九夷」が日本、「君子」が天皇を指すとする解釋は、その顯著な一例である。この獨自な解釋は、北畠親房『神皇正統記』に代表される神國意識の影響を受けたものである。神國意識は、憲問篇「子曰、君子道者三」章における「知・仁・勇」の三つの德目を三種の神器に關連づける論法にも現れている。清原宣賢が同章の講釋をする際に參考にしたと思われる一條兼良『日本書紀纂疏』では、同樣の議論を展開した後、さらに「知・仁・勇」と佛教の三因佛性の關連をも論じており、そこから神道・儒學・佛教の三教の共通性にまで議論が發展している。同章に對する宣賢の抄物『論語聽塵』には同樣の議論は見られないが、他の章に對する講釋の中ではやはり三教一致説が説かれている。

これらのことは日本の宗教事情と關連がある。鎌倉時代に入って源頼朝の崇敬を受けたのを契機として、神道はその教理を整備する必要が生じた。從來、特定の經典を持っていなかった神道は、既に不可分に結びついていた佛教の教理に加え、儒學の學説を取り込むことで始めて教理體系を具備した伊勢神道を生み出した。このように神道の中には、その成立の當初から神・佛・儒の三教が併存しており、後起の神道諸派の教説にお

いても三教が併存する枠組みは維持された。かように見ると、宣賢が『聽塵』の中で三教一致を説く背景には、神道の興起と發展という宗教上の要因があったことがわかる。宣賢の實父が吉田神道の開祖たる吉田兼倶であることも考慮に入れるべき要素だが、清原家『論語』抄物の中では、應永本において既に神佛一致が提起されており、その主張は神道系の著作に由來すると推測されるから、宣賢に至るより前に清原家が神道の教説の影響を受けていたことは確かである。

　本稿の考察を通して、日本の中世における儒家經典の解釋の主流をなした明經博士家の經説の内容と傳授の實態について、その一端が明らかとなった。とりわけ特徴的なのは、經典に對する最も權威ある解釋が「祕説」として博士家の中で獨占的に受け繼がれたことである[119]。ただし日本の中世における閉鎖性は、學問の分野だけに現われたわけではない。室町時代には、文學・藝能・音樂などの諸分野において、技藝を祕傳としてそれぞれの家の中で傳授することが珍しくなかった[120]。かような風潮を生じた背景に關して、林屋辰三郎は次のように述べている。

> かかる公家社會に於ける家學、家藝の祕傳は、要するにあらゆる點に於いて實力を失った宮廷人らの、その傳統を背景にした最後の據點であったので、僅にかかる架空に近い獨占的知識によって權威を裝い、或はそれによって生計の維持をも圖ったものに他ならないと思う。[121]

室町の宮廷人が自家の技藝を祕説として公開しなかったのは、祕儀性を保つことでその技藝の權威を維持し、崩壊に向かう室町の宮廷社會の中で自らが屬する一門を守ろうとしたからであり、小林芳規も「獨占することによって、世襲としての生活が守られることと密接な關係があったと考えられる」[122]と述べ、林屋氏と同様の見解を示している。清原家が家説を祕説として守り傳えた理由の一端は、かかる時代背景に求められる。

　日本の中世における經説の閉鎖性は、最も權威ある經書の解釋が中國では科擧試驗における基準書の中で示され、知識人が容易に接することができたのに比べると、著しい對照を示す。隋唐期に科擧試驗が導入された中國では、當初は諸經の『正義』が經書解釋の基準を示していたが、元以後は『四書集注』を始めとする朱子學系の注釋がそれに代わり、科擧における基準書としての地位は清末まで維持された。任官を目ざす數多の

---

119) 「祕説」の非公開性に疑問を差し挟む論者もいる。たとえば桃裕行は「一般に家學の祕説ないし祕本は祕密にせられつつも、未だそれ程絶對的なものではなかったと見てよかろう」と述べている。同氏前掲書、第3章第2節第4項「家説・傳本の祕密性」。阿部隆一「本邦現存漢籍古寫本類所在略目録」に宣賢加點の『論語集解』が16種も著録されていることは、桃氏の見解を支持する事實である。「祕説」がどの程度、祕説であったかは、いずれ解明されるべきテーマである。

120) この點に關する考察は、菅野洋一の「藝道における祕傳（一）―祕傳意識の生成―」（『東北工業大學紀要（A文化系編）』第2號、1968年）と「藝道における祕傳（二）―祕傳の源流と樣相―」（『東北工業大學紀要（A文化系編）』第5號、1969年）に始まる諸論考によってなされている。

121) 林屋辰三郎『中世文化の基調』（東京大學出版會、1958年）、344-345頁。

122) 同氏前掲書、38頁。

受驗生は、それらの諸書を讀むことによって正統とされる經説に觸れることができた。權威ある經説は、日本の中世においては祕説として極めて限られた範圍で獨占されることによってその權威が保たれたのに對し、中國においては科擧試驗において誰もが從うべき基準として公式に規定されることでその權威が維持されたのである。

【附記】
　本稿は、既發表の拙稿「清原家の『論語』解釋―清原宣賢を中心に―」(『北海道大學文學研究科紀要』第 125 號、2008 年。http://hdl.handle.net/2115/33914) の修訂版である。

惠棟『九經古義』により「經の義は訓に存す」というその經書解釋の觀念を論ず**

劉　文清*

（田村　將　譯）

一、前　言

　惠棟、字は定宇、別の字は松崖、人々から小紅豆先生と稱され、元和（今の江蘇省吳縣）の人である。清の康熙三十六年（1697）に生まれ、乾隆二十三年（1758）に沒した。清代乾嘉學派における「吳派」[1]の始祖であり、學問は漢學を標榜し、一代の氣風を切り開いた。さりながら惠棟に對する學界の評價はこれまで定まっていない。稱贊する者、たとえば清代の學者の李保泰は、「數百年來、漢儒の學を談ずる者、今日より盛んなるは莫し。而して必ず吳の惠氏を以て首庸と爲す」[2]と述べる。さらに錢大昕は褒め上げて、「獨り惠氏のみ世々古學を守りて、先生の得る所尤も深し。諸を漢儒に擬すれば、當に何劭公・服子愼の間に在るべく、馬融・趙岐の輩は及ぶ能はざるなり」・「漢學の絶する者、千有五百餘年、是に至りて粲然として復た章らか」[3]と述べる。批判する者、たとえば焦循は、惠棟が「漢學」を墨守していて、「唯だ漢のみ是れ求めて、其の是を求めざる」[4]ことを斥ける。王引之も「惠定宇先生、古を考へて勤むと雖も、而れども識高からず、心細からず、今に異なる者を見れば則ち之に從ひ、大都、是非を論ぜず」[5]と述べる。近世以後は、皖派の戴震を高く評價して惠棟を批判する研究者がとりわけ多い。たとえば梁啓超は、惠棟が「一般的に古は必ず眞、一般的に漢は皆良し」として

** 本稿は國科會 NSC94-2411-H-002-082 專題研究計劃による研究成果の一部である。初稿を撰寫した後、張素卿先生などから高見を賜り、いささか增訂を施した。ここに關係各位に謝意を表する。
* 國立臺灣大學中國文學系副教授
1) 從來の學界では乾嘉學派を吳・皖の二派に分けてきたが、この區分に對して現代の學者から次第に疑義が呈されるようになってきている。たとえば陳祖武は吳・皖二派の區分を根本から取り消すことを主張する。本稿も「吳派」・「皖派」を對立する學派ではなく、繼承發展の關係にあるはずのものとして捉える。詳細は後文を參照。ただ行文の都合上、文中では「吳派」・「皖派」の名稱を踏襲する。
2) 李保泰『後漢書補注』「跋」（臺北：藝文印書館影印清光緖廣雅書局原刻本、1964 年）、跋 1 頁。
3) 錢大昕「惠先生棟傳」、『潛研堂集』卷 39、『續修四庫全書』（上海：上海古籍出版社、2002 年）、第 1439 冊、130・127 頁。
4) 焦循「述難」、『雕菰集』、（北京：中華書局『叢書集成初編』本、1985 年）、第 2 冊、105 頁。
5) 王引之「與焦理堂先生書」、『王文簡公文集』卷 4、『高郵王氏遺書』（南京：江蘇古籍出版社影印上虞羅振玉輯本、2000 年）、205 頁。

いることを誹謗する⁶⁾。張舜徽も「惠派は固執に陷っており、戴派は比較的闊達である。このため兩家の成果も異なる。惠派の氣風は長く續かずに途絶えた」⁷⁾と述べる。その後、近年になって次第に惠氏の新たな位置づけに關する主張がなされるようになった。たとえば漆永祥は、惠棟の學問上の五つの功績と四つの弊害をそれぞれ列擧する⁸⁾。黃愛平の見解によると、惠棟に代表される呉派の學者は、「一代の學術の發生と發展のために新しい氣風を啓く役割を果たした。しかし同時に、博識への嗜好、古への拘泥、漢への佞諛、といった弊害を呈することを免れられず、ひいてはきちんと選擇せずに何でもかんでも受け入れるまでに至ってしまった」⁹⁾。呂美琪は梁啓超の説を修正し、惠氏の學術上の態度について、「一般的に古は眞に近い」、「一般的に漢は比較的良い」¹⁰⁾という具合に捉え直すべきだと見なす。これらの諸説は、いずれも惠氏に對する評價が兩極端に向かおうとするのを折衷・調和して、比較的客觀的かつ公平な論を打ち立てようとしている。ただ、諸家の評論の多くは經學もしくは學術史の範疇に偏っており、訓詁學の觀點から惠氏の學術を探究したものは少ない。一般的な訓詁學史の著作も僅かに戴震に言及するのみで惠棟を粗略に扱うのが常である¹¹⁾。さりながら、「惠棟が提唱したことによって、古書の文字・音韻・訓詁から義理を求める、という主張が始めて正式に確立し、そして漢學家が共通して尊奉する宗旨となった」¹²⁾のである。ここから分かるように、惠棟の經書解釋の觀念と主張は、清代訓詁學の興隆のきっかけを作ったという位置を占めている。したがって、今日、清代訓詁學史を研究するにあたっては、この部分に對する速やかな補足が待たれる。

　惠氏の生涯にわたる著作は非常に多く、主要なものとして『周易述』・『易漢學』・『九經古義』・『古文尚書考』・『左傳補注』・『後漢書補注』・『松崖筆記』・『九曜齋筆記』などがある。その中で『九經古義』(以下、『古義』と略稱) は、經學の主張・經學の實踐に關する具體的な成果であるばかりでなく、『皇清經解提要』によって「徵君の此の著、亭林の『五經同異』と並びに不朽に垂るべし」¹³⁾と稱揚されている。朱記榮も『九經古

---

6) 梁啓超『清代學術概論』(臺北:臺灣商務印書館、1994 年)、53 頁。
7) 張舜徽『清儒學記』(濟南:齊魯書社、1991 年)、158 頁。
8) 漆永祥『乾嘉考據學研究』(北京:中國社會科學出版社、1998 年)、152-156 頁。
9) 黃愛平「清代漢學流派析論」、『清代揚州學術研究』(臺北:臺灣學生書局、2001 年)、28 頁。
10) 呂美琪『惠棟毛詩古義研究』(彰化:國立彰化師範大學國文學系修士論文、1998 年)、192・195 頁
11) 訓詁學の通論に屬する一般的な著作、たとえば齊佩瑢『訓詁學概論』・周大璞『訓詁學』・趙振鐸『訓詁學史略』及び胡奇光『中國小學史』などは、いずれも惠棟に言及していない。ただ楊端志『訓詁學』及び李建國『漢語訓詁學史』だけが惠氏に論及している。しかしいずれも數百字程度にとどまり、詳細ではない。楊端志:『訓詁學』(臺北:五南出版公司、1997 年)、752 頁。李建國:『漢語訓詁學史』(上海:上海辭書出版社、2002 年)、234 頁。
12) 黃愛平「清代漢學流派析論」、23 頁。
13) 沈豫『皇清經解提要』(臺北:藝文印書館影印清道光十八年沈豫撰民國二十年刊本、1971 年)、卷上、19 頁。

義』序において、「經を治むるの津梁、古を學ぶの矩矱」[14]と稱讚する。さらに、同書の「述首」において學問に關する惠棟の主張が明確に提示されている。

　　經の義は訓に存し、字を識り音を審らかにすれば乃ち其の義を知る。是の故に古訓は改むべからざるなり、經師は廢すべからざるなり。[15]

この説が一たび出るや、戴震の「詁訓明らかなれば則ち古經明らか、古經明らかなれば則ち賢人聖人の理義明らか」[16]という觀念を啓發したばかりでなく、乾嘉期の學術の基本的な方向を主導した。したがって、全くもって『古義』は惠氏の學術を研究する鍵と見なすことができるのであり、本稿では同書を主題に据えて論述を進めていく。

二、『九經古義』の書名と著作の趣旨

　惠棟は自著を『九經古義』と名づけたが、ここで言う「九經」は、『周易』・『尚書』・『詩經』・『周禮』・『儀禮』・『禮記』・『公羊傳』・『穀梁傳』・『論語』の九種の經籍を指す。この他、本書の中には元來「『左傳』六卷」があったのだが、「後に名を更めて『補注』と曰ひ、刊板して別行す。故に惟だ其の九のみを存す」[17]という事情があった。「古義」の含義については、特にはっきりとさせる必要がある。『四庫全書總目』が「古義と曰ふ者は、漢儒の專門たる訓詁の學」[18]と見なしたことで、多くの研究者はその説に従い、たとえば孫欽善は「いわゆる古義は、漢人の注を指す」[19]と捉え、尹彤雲は「『九經古義』は、專ら漢儒の古義を尊んでいる」[20]と見なし、張素卿も「漢儒の經訓の古義を博く考えている」[21]と説く。いずれも「古義」の意味は漢儒の古訓の義を指すとしている。しかし『古義』「述首」に、「經の義は訓に存す」、「字を識り音を審らかにすれば乃ち其の義を知る」と見え、その本意を推し量るに、經義／訓詁を異なる二つの段階・手順と考えており、訓詁によって經義を理解しようとしているようである。そうだとすると、いわゆる「古義」が「古訓」を指すか否かについて疑問が生じることは免れられない。さらに惠氏と『周易』の關係を調べてみると、『易漢學』を著して漢儒の

---

14) 朱記榮『九經古義』「序」（臺北：藝文印書館影印光緒丁亥年朱氏行素草堂版、1971 年）、1 頁。
15) 惠棟『九經古義』「述首」、『皇清經解正編』（臺北：藝文印書館影印咸豐┤年補刊本、1962 年）、卷 359、3803 頁。本稿で『九經古義』を引用する際にはこの版本により、以後、逐一注記することはしない。
16) 戴震「題惠定宇先生授經圖」、『戴東原先生全集』（臺北：大化書局影印『安徽叢書』本、1978 年）、1113-1114 頁。
17) 紀昀等『欽定四庫全書總目』（北京：中華書局整理本、1997 年）、436 頁。
18) 前注に同じ。
19) 孫欽善『中國古文獻學史』（北京：中華書局、1994 年）、930 頁。
20) 尹彤雲「惠棟『周易』學與九經訓詁學簡評」、『寧夏社會科學』1997 年第 1 期、91 頁。
21) 張素卿「「經之義存乎訓」的解釋觀念—惠棟經學管窺—」、林慶彰・張壽安主編『乾嘉學者的義理學』（臺北：中央研究院中國文哲研究所、2003 年）、294 頁。

古訓を集めた上に、『周易古義』まで著しているからには、「古義」と「漢學」の間には區別があるのではないだろうか。加えて惠棟は、次のようにも述べている。

> 棟、少くして家學を承け、『九經』の注疏、麤ぼ大要に渉る。先曾王父の樸庵公、古義を以て弟子に訓へてより、棟に至るまで四世、咸、漢學に通ず。漢、猶ほ古に近く、聖を去ること未だ遠からざるが故を以てなり。22)

漢學を尊崇するのは、「漢、猶ほ古に近きを以て」であって、漢がそのまま古だと言っているのではない。またここでは「古」と「聖」を取り上げ、並べて論じているから、いわゆる「古」は、實際には聖人の時代を基準として言っている」23)ことが分かる。以上から判斷すると、惠氏のいわゆる「古義」は聖人・經書の古義を指しているに相違なく、漢儒の訓詁の意味ではない 24)。また本書を著した趣旨は、經典の原意を明らかにすることにあって、漢儒の學に限定されてはいない。恐らく先行研究は、いずれも惠氏の本旨を捉えていない。

惠氏は他方で、經典の古義を理解するには訓詁の法によることが必要であることを主張している。それならばその依據するところの「訓詁」には特殊な含義があるのであろうか。全く先行研究が説いている通り、專ら漢儒の訓詁のみを指すのだろうか。『古義』「述首」の冒頭に次のように見える。

> 漢人、經に通ずるに家法有り、故に『五經』の師有り。訓詁の學、皆、師の口授する所なるも、其の後乃ち竹帛に著すは、漢の經師の説、學官に立てられ、經と並びに行なはるる所以。『五經』は屋壁より出で、古字古義多く、經師に非ざれば辨ずる能はず。

漢學だけを擧げ、漢學の枠組みを確立している。しかし惠氏の「經の義は訓に存す」という經書解釋の觀念は、實は父である惠士奇に由來する。惠士奇は『周禮』を論じて、次のように言っている。

> 經の義は訓に存し、字を識り音を審らかにすれば乃ち其の義を知る。故に古訓は改むべからざるなり。……夫れ漢は周より遠くして、唐は又、漢より遠し。宜なり其の説の盡くは通ずる能はざるや。況や宋以後をや。周秦の諸子、其の文、盡くは雅馴ならずと雖も、然れども皆引きて『禮經』の證と爲すべきは、其の、古に近きを以てなり。25)

以上のことから裏づけられるように、惠棟が「古訓」の説を提唱するのは惠士奇を踏襲

---

22) 惠棟「上制軍尹元長先生書」、『松崖文鈔』(臺北：藝文印書館『原刻影印叢書集成續編』影印『聚學軒叢書』本、1970 年)、卷 1、17 頁。
23) 張素卿「「經之義存乎訓」的解釋觀念―惠棟經學管窺―」、32 頁。
24) 呂美琪は、「古義」は古籍の原初的な解釋と儒儒の專門訓詁の學などを併せて指すとし、また「古訓」はすなわち漢儒の訓詁の學であるとし、兩者を混同していて本稿の見解と異なる。呂美琪『惠棟毛詩古義研究』、44・56 頁。
25) 錢大昕「惠先生士奇傳」、『潛研堂集』卷 38、『續修四庫全書』、第 1439 冊、122 頁。

している。ただ、惠士奇のいわゆる「古訓」が先秦諸子を含んでいるのは、周秦諸子も古に近いからであり、それゆえその學問は「周秦諸子を引くことが夥しく、それらはまだ經籍と相互に證明し合うに足ると考えている」[26]。それならば、惠棟のいわゆる「古訓」の含義はどうであろうか。果たして父の教えを變えてただ漢學だけを指しているのであろうか。より古に近い先秦諸子に對する態度はどのようであろうか。これらの問題は『古義』全體の著作の趣旨に關わるばかりでなく、惠氏の生涯にわたる學術の據り所にまで繋がる。以下、考察を進めていくことにしよう。

三、『九經古義』における經書解釋の資料

惠棟の學問は系統立った理論にまでは發展していないので、後人はたいてい『古義』「述首」・『松崖筆記』・『九曜齋筆記』などの關連する文章を通してその學説を安易に推し測っているが、これらの文章は敍述が簡潔であるのが常であり（たとえば『古義』「述首」はわずか百字餘りに過ぎない）、これだけで學術の全貌を窺うことは困難である。また、いかなる學術上の主張も實踐を通して始めて具體的に實現されるのであり、逆にみると、具體的な實踐においてこそ、その學説や主張を本當に檢證することができる。したがって本節では、『古義』における經書解釋の資料に對する分析・檢討を通して、「古義」にもとづく經書解釋の實相を浮かび上がらせることにしたい。

惠棟の家學の淵源は、曾祖父の惠有聲、祖父の惠周惕、それに惠士奇にあり、いずれも名の知れた經學者である。彼らの薰陶の下に、幼い時から多くの書籍に親しみ、經史諸子や道・釋の二藏まで目を通さないものはなかった。したがって學問を始めると、博覽して古を求めることがその特徴となった。『古義』に引かれて經書解釋に用いられている書籍や資料を見ると、非常に豐富であり、時代も先秦から清代まで包括しており、漢學に限定されていない。以下、それぞれ論述していこう。

（一）先秦の資料

『古義』の中で引かれている先秦の資料（秦も含む）は少數にとどまらない。呂美琪がその中の『毛詩古義』に對して行なった統計によると、引用されている先秦の資料は約 20 ％を占め、漢代の 66 ％に次ぐ[27]。書物全體について論じると、先秦の資料はやはり一定の分量を占めており、その上、經・子・史（たとえば『國語』）・集（たとえば『楚辭』）や金石文字（たとえば祖乙卣銘文・秦「詛楚文」・石鼓文）などの範圍に及んでいる。ここでは、その中でも特に代表的な經・子の二部についてそれぞれ詳論する。

---

26) 錢穆『中國近三百年學術史』（臺北：臺灣商務印書館、1987 年）、357 頁。
27) 呂美琪『惠棟毛詩古義研究』、210 頁。

(1) 經書

　『古義』に援引されている先秦の古籍は、「經書」の記述を主要な對象としており、諸經はしばしば相互に證明し合っている。これがすなわち「經を以て經を證す」という方法である。傳統的な學者は、經書はいずれも聖人の手に成り、各經とそれに關連する傳注は一體であり、互いに證明し合うと固く信じていた 28)。したがって同一の資料に向き合う場合、惠氏は次のように經書を取って史・子を排除する。

　　　〔『尚書』〕「序」に、「湯既に夏の命を黜け、復た亳に歸り、「湯誥」を作る」。『論語』に云ふ、「予れ小子履、敢て玄牡を用ひ、敢て昭かに皇皇たる后帝に告ぐ」。孔安國注して云ふ、「此れ桀を伐ち天に告ぐるの文、『墨子』、「湯誓」を引くに、其の辭、此くの若し」。疏に云ふ、「『尚書』「湯誓」に此の文無くして、「湯誥」に之れ有るは、又、此れと小しく異なり」。棟案ずるに……孔安國親ら古文を傳へ、其の、『論語』に注するに、近く『尚書』に攷へずして遠く『墨子』を引くは、竊かに未だ喩らざる所。(『尚書古義』卷三)

これはつまり、近く『尚書』を取って遠く『墨子』を排除し、『論語』の記述を證明した例である。

　　　〔『周禮』〕「牛人、……兵車の牛を共にし、……以て公の任器を載す」。注に、「任は猶ほ用のごときなり」。『二老堂雜誌』に云ふ、「宋の景文公博く群書を極め、其の『筆記』に云ふ、「余、今人の、學を爲すは、古人の、根柢有るに及ばざるを見、每に亦自ら愧づ。常て式目を讀むに、中に「任器」の字有り。注に云ふ、「未詳」。其の任器は、乃ち荷擔の具、子史の中に雜見するに、何ぞ未詳と言ふか。予謂へらく、『禮』「牛人」に「以て公の任器を載す」とあるは乃ち六經の語なるに、景文、但だ子史のみを引くは、何ぞや」。(『周禮古義』卷七)

周必大『二老堂雜誌』の說を引いて、宋祁が子史だけを引いて經書を引かずに說を立てたことを批判している 29)。惠氏が經書を「第一次」資料として重視していることは、これらのことからその一斑を窺うことができる。

(2) 先秦諸子の書

　『古義』は先秦諸子の書を證據として用いることも甚だ多く、『荀子』・『墨子』・『莊子』・『列子』・『鶡冠子』・『管子』・『韓非子』・『尉繚子』・『司馬法』・『尸子』・『呂氏春秋』などの諸家はいずれも徵引の對象に含まれている。このことは『古義』の引用における大きな特色である。恐らく漢代に百家が斥けられ諸子の學がほとんど絕えてしまったために、漢儒は經書に注釋する際に「經を以て經を證す」という內證法を用いることが多く、諸子の說を用いることが稀であった。その影響は後代にまで及び、經書を研究

---

28) 鄭吉雄「乾嘉治經方法中的思想史線索—從治經方法到治先秦諸子—」、林慶彰・張壽安主編『乾嘉學者的義理學』、下册、483 頁。
29) 李開『惠棟評傳』(南京：南京大學出版社、1997 年)、113 頁。

するに際して、たまに先秦諸子の書を引證することがあっても、その回數は決して多くはなく、系統立った考證法を形成するに至らなかった[30]。嚴格に「經を以て經を證す」と標榜する者さえおり、たとえば惠棟の祖父の周惕が次のように自負しているのは、その一例である。

> 然れども僕の立説の旨、惟だ是れ經を以て經を解するのみ。[31]

他方で、明代の後期から、儒家思想による統制局面が搖らぎを見せたことにより、先秦諸子の學説が世の人々の興味を引き始めた。たとえば李贄・傳山などの思想家は諸子の學説を新たに提唱した[32]。清初の惠士奇に至ると、經書を解釋する資料を經書から諸子の書にまで擴大することを主張し、その言によると、「周秦の諸子、其の文、盡くは雅馴ならずと雖も、然れども皆引きて『禮經』の證と爲すべきは、其の、古に近きを以てなり」。諸子の書を經書の傍證・補足とするのである。惠棟まで降ると、諸子の書も大いに渉獵しており、その上、『尸子』に注を施しており、諸子百家に對する關心を十分に證明することができる。さりながら、惠棟は『古義』「述首」においては、漢學だけに特別な地位を與えていて先秦諸子には言及していないから、この點が父の教えを變更して新味を出した部分であり、かくして漢學の枠組みを作り上げたと見る研究者もいる。[33]ただ、漢學に對する惠氏の表彰は言を待たないが、だからと言って、上のことは惠氏が「唯だ漢にのみ是れ從ひ」、諸子百家の言を一方的に排除することを意味しているのであろうか。『古義』全體を見渡してみると、諸子が引用されている箇所はもとより多く、以下はいずれもその例である。

> 〔『周易古義』〕履の九二に、「幽人、貞にして吉」。……『荀卿子』に曰く、「公侯、禮を失すれば則ち幽す」。注に云ふ、「晉文、衞の成公を執へ、諸を深室に寘くが如し」。(『周易古義』卷一)

> 「聖人、此れを以て心を洗にす」。……(『管子』に云ふ、「聖人、先づ無形に知る」。『尉繚子』に云ふ、「黃帝曰く、「神に先んじ鬼に先んじ、先づ我が智に稽ふ」」。皆、心を先にするの謂ひなり)。(『周易古義』卷二)

また『古義』の中には先秦諸子に信を置くことができる理由を明確に述べている箇處がある。

> 『韓子』・『呂氏』は、皆、未だ書を焚かざるの前に在れば、必ず據る所有り。(『尚書古義』卷四)

---

30) 劉仲華『清代諸子學研究』(北京：中國人民大學出版社、2004年)、105頁。
31) 惠周惕「答薛孝穆書」、『詩説』、『皇清經解正編』、卷193、1829頁。
32) 劉仲華『清代諸子學研究』、19頁。
33) たとえば張素卿は次のように述べる。「惠士奇は古訓を唱道したが、……漢儒に特別な地位を賦與するに至っていない。それと較べると、『九經古義』「述首」では、「漢人の通經に家法有る」ことを特に詳述している。その時代における經師の口授による傳承、その古訓古義だけが淵源があるので、漢儒の古義は「經と並びに行なはるる」に足るのである。古を信じて漢を尊ぶ意識がとりわけ顯著になっており、……「漢學」の典範が確立された」。張素卿「「經之義存乎訓」的解釋觀念—惠棟經學管窺—」、22頁。

「予弗子」〔予、　子まず〕。……『列子』「説符篇」（今案ずるに、「楊朱篇」に作るべきである）に云ふ、「禹、業を纂ぎ讎に事へ、唯だ土功を荒いにし、子産まるるも字まず、門を過ぐるも入らず」云云。『列子』の説、蓋し『尚書』の、子を讀みて字と爲すに本づき、此れ未だ書を焚かざるの前に在れば、必ず其の實を得。（『尚書古義』卷三）

諸子の書が「未だ書を焚かざるの前に在」るから、「必ず據る所有り」・「必ず其の實を得」なのであり、このことから、惠氏が時代という要素を重視していることが分かる。さりながら、惠氏が引用する諸子には、著作の年代が論議の對象になっているものもあり、たとえば『管子』・『尸子』・『列子』・『司馬法』・『尉繚子』・『鶡冠子』などの書は、現在偽書として疑われたり全體が先秦時代に成ったものではないとされたりもする[34]。しかし惠氏は一様に先秦の古籍と見なしてこれらを大いに信用しているようである。

惠棟は先秦の諸子の書を、經文の佐證として用いる以外に、經書の義を明らかにするのにも用いている。

昭十九年傳に、「許世子、藥を嘗むるを知らず、累、許君に及ぶなり」。注に云ふ、「許君、子に授くるに師傅を以てせざれば、藥を嘗むるの義を識らざら使め、故に累、之に及ぶ」。『公羊傳』に云ふ、「藥を進めて藥殺すれば、則ち曷爲れぞ弒を加へん。誠に子道の盡くされざるなり」。棟案ずるに、『墨子』「非攻篇」に云ふ、「今、醫、此に有り、其の祝藥を和合し、天下の病有る者に之きて之に藥し、萬人、此れを食ふ。若し四五人を醫して利を得るも、猶ほ之を行藥に非ずと謂ふなり。故に孝子は以て其の親に食はしめず、忠臣は以て其の君に食はしめず」。夫れ師に就くも、學問に方無く、心志通ぜざれば、父を愛するの心有りと雖も、而れども適に以て之を賊ふ。墨氏の此の論、知言と謂ふべし。（『穀梁古義』卷十五）

『墨子』を引いて『穀梁傳』の義を發明し、さらに墨子を「知言」と認めるのは、尊崇していると言える。周知の通り、『墨子』には儒者を誹り孔子を謗った文句が非常に多く、元來「異端」と見なされており、明末の李贄・傅山に至って始めて幾らか提唱され始めたのであるから、惠氏のこの説は獨自の見識を發揮したものと言える。その後、汪中が『述學』において「墨子序」と「墨子後敍」を著し、墨學の價値を認めているのは、恐らく惠氏の啓發を受けたためではなかろうか。

---

34) たとえば梁啓超は、『管子』は全體的に戰國から漢初まで次々と増益されてできたと書とし、『尸子』は魏晉の人の假託であるとし、『列子』は全て晉代の清談家の頽廢的な思想に屬するとする。劉汝霖は、『列子』は漢代の著作であると斷定する。姚際恆は、『司馬法』が後人の偽作であることは疑いがないとする。以上はいずれも張心澂『偽書通考』（臺北：明倫出版社、1971 年）、769・834・708・712・805 頁に見える。錢穆先生は、『尉繚子』は「殆んど秦の賓客の爲る所にして、或いは後人の屑亂を經る者か」と述べ、また『鶡冠子』は「蓋し後人、『漢志』に、鶡冠は楚人の説有るを見て、妄りに托する者のみ」と述べる。錢穆『先秦諸子繫年』（臺北：東大圖書公司、1990 年）、495・485 頁。

以上のことから、惠棟が先秦諸子の書を重視していることが窺われる。錢穆先生は、そのため次のように述べる。

　　　「義理は故訓に存す」というのは、故訓は當然、漢儒に本づくべきであり、周秦の諸子を傍證とすることができることである。[35]

惠氏の學説の神髓を把握した見解と言うことができよう[36]。惠氏父子による先秦諸子の引證は、いずれも「子を以て經を證す」という決まりごとから外れておらず、やはり經學が中心であり、諸子の書はわずかにその附屬物であるに過ぎない。しかし時が下って王氏父子の『經義述聞』・『讀書雜志』の二書に至ると、前者の體例は『古義』と全く同じであり、後者は方向を變えて諸子の書を主要な考釋の對象としている。その學術が「子を以て經を證す」から「經部と史部の文獻が子部の資料と互いに證明し合う」[37]という路線へと轉化していることが見て取れ、かくして清末における諸子學復興の道が開かれたのである[38]。ただ、本源を探ると、惠氏父子も貢獻していると思われるのだが、惜しいことに從來、研究者の多くはこの點を見過ごしてきた。たとえば王俊義は、汪中・王念孫などの揚州の學者が「吳派」の學者による「唯だ漢にのみ是れ從ふ」という弊害に觸發され、ついに「傳注の嚴重な圍みから脱却し」、「始めて研究内容を先秦諸子にまで擴大し」、「諸子學研究の先驅けとなった」[39]と考えているが、惠氏の功績を完全に等閑に附しており、公平さを缺いているかに見える。

　ここまで論じてきても、まだなお説明すべき問題がある。惠氏がこのように資料の時代的な要素を重視するからには、理屈から言えば、先秦時代は經書や聖人が現れた時代なのに、なぜ引用する分量は却って漢代に及ばないのだろうか。呂美琪は考えられる原因を推測して、二點舉げている。

　　　その一、先秦の古籍の作品が少なく、竹帛に記されていて保存が容易でないばかりか、秦の焚書によって大半が散逸したので、惠棟が利用できる資料が豐富ではなかったこと。
　　　その二、惠棟は主に文字の考證に從事し、漢儒もこの作業に力を費やしたので、兩者が合致する點は必然的に多く、漢代の資料が自然と最も多く利用されるようになったこと。[40]

---
35) 錢穆『中國近三百年學術史』、325 頁。
36) ただ、錢先生はここで「義理」を惠氏の「經義」と解釋していて、精密ではないように思われる。詳しくは、下文を參照。
37) 鄭吉雄「『先秦諸子繫年』與晚清諸子學思潮」、國立臺灣大學中文系編『紀念錢穆先生逝世十週年國際學術研討會論文集』(臺北：國立臺灣大學中文系、2001 年)、17 頁。
38) 鄭吉雄は次のように述べる。「もし十八世紀中葉から十九世紀末までを清末における諸子學復興より前の一時期と見なすことができれば、王念孫『讀書雜志』はこの時期の出發點に當たるに相違ない」。鄭吉雄「『先秦諸子繫年』與晚清諸子學思潮」、15 頁。
39) 王俊義「關於揚州學派的幾個問題」、『清代揚州學術研究』、107 頁。
40) 呂美琪『惠棟毛詩古義研究』、210 頁。

その説は首肯し得る。またこれらのことから、惠棟が特に漢學を尊崇するのは、全くもって必然的な流れであることが分かる。

(二) 漢代の資料

『古義』が漢學を標榜する以上、その中に引用される資料は、案の定、漢代のものが中心となっている。呂美琪が『毛詩古義』をもとに行なった統計によると、漢代の資料は約三分の二を占めており[41]、その重要性が容易に理解される。『古義』全體の中でも、漢代の資料は隨所に見られ、かつあまねく經・史・子・集の四部の典籍やその注釋、小學に關する書籍や金石碑帖などの各領域にまで及んでいる。ざっと例を擧げると、四部の書やその注釋として、虞翻『周易注』、『周易九家注』、『尚書大傳』、『韓詩外傳』、『毛傳』、『鄭箋』、『三禮注』、『春秋繁露』、『春秋公羊解詁』、『爾雅』、『白虎通』、『五經異義』、『尚書緯』、『詩緯』、『禮緯』、『史記』、『漢書』、『後漢書』、『漢紀』、『戰國策』、『漢官解詁』、『世本』、『鹽鐵論』、『説苑』、『太玄』、『新論』、『潛夫論』、『呂氏春秋』注、『淮南子』、『淮南子』注、『論衡』、『風俗通』、『楚辭章句』、「東京賦」、「西京賦」。小學に關する書籍として、「急就篇」、『説文』、『釋名』、『方言』。金石碑帖として、漢石經、後漢「劉修碑」、「范式碑」など。これらのことから惠棟の經學がやはり漢學を主としていることが證明される。

惠棟が特に漢學を尊崇するのは、恐らく清初以降、學者が明末の王學を批判したり、宋學に反對したりしていたためであり、とりわけ惠氏一族は四代にわたって經學を傳へ、いずれも漢學に通じていた。ただ、先祖たちはまだ漢・宋のいずれも取り上げており、どちらかを褒めたり貶したりするようなことはしていなかった。たとえば惠棟は、父である惠士奇の教えを次のように記している。

　　　　先君曰く、「宋儒、與に心性を談ずべきも、未だ與に經を窮むべからず」。[42]
さらに江藩が述べるところによれば、惠士奇は手ずから次のような對聯を書いている。
　　　　六經は服・鄭を尊び、百行は程・朱に法る。[43]
漢・宋の學問には違いがあり、それぞれに長所があると主張している。しかし惠棟に至ると、始めて明確に「漢學」の名目を掲げて漢・宋を區別した[44]。その『易漢學』では他に先んじて「漢學」という名稱を使用し、『古義』「述首」では「經と並びに行なわれる」として漢の經師の説を高く評價し、漢儒に特殊な地位を與えている。これによって「漢學」の地位が定まり、一代の學風が主導されたのである。

さりながら、惠氏は漢儒の古訓を證據として用いることが多いとは言っても、決して

---

41) 同前注。
42) 惠棟『九曜齋筆記』、(臺北：藝文印書館『百部叢書集成』影印『聚學軒叢書』本、1970 年)、卷 2、38 頁。
43) 江藩『國朝宋學淵源記』(北京：中華書局、1983 年)、頁 154。
44) 張素卿「「經之義存乎訓」的解釋觀念―惠棟經學管窺―」、289-293 頁。

一途に「漢學を墨守し」・「一般的に漢は皆良し」とし、「是非を論じていない」わけではない。呂美琪は『毛詩古義』で引かれている漢人の經書に對する注釋に焦點を當てて分析しているが、五十五例の中、惠氏と漢儒の見解が合致するものはわずか六例にとどまる。漢儒を基礎としてさらに論述を加えているものが二十九例に達し、大多數を占めている。漢儒と異なるものも十一例、いくつか擧げた漢儒の説から一つを選擇して從うものが九例ある[45]。かかる結果は、惠氏がいたずらに漢學に拘泥しているとする一般的な評價とかなり隔たっていて、大いに參考となる。ただ、呂氏が分類した例の中には檢討を要するものもある。たとえば「漢儒と見解が合致するもの」とされる例の中に、下に示すものが含まれている。

　　「旄丘」に云ふ、「狐裘は蒙戎たり」。「蒙」、徐邈、「武邦の反」と音するは、『春秋傳』、「尨茸」に作れば、故に讀みて之に從ふ。棟案ずるに、蒙は本より尨と通ず。『管子』「五輔篇」に「敦懞純固」と云ふは、義、「敦尨」に作る。『荀子』、『詩』を引きて曰く、「小共大共を受けて、下國の駿蒙と爲す」。今『詩』〔「長發」〕、蒙を尨に作る。「小戎」詩に云ふ、「蒙伐に苑有り」。『箋』に云ふ、「蒙は、尨なり」。（『毛詩古義』卷五）

『管子』・『荀子』を引用して鄭『箋』の「蒙は、尨なり」という説を論證しているのは、「漢儒を基礎として論述を加えている」グループに分類すべきで、ここに分類すべきではない。もしこの基準によって呂氏のこのグループに含まれている他の諸例をさらに精査してみると、下に示した例だけがここに分類される。

　　「「行葦」は忠厚なり。周家は忠厚、仁、草木に及ぶ」。棟案ずるに、漢儒、皆、「行葦」を以て公劉の詩と爲す。班叔皮「北征賦」に曰く、「公劉の遺德、行葦に及びて之れ傷はれざるを慕ふ」。寇榮曰く、「公劉、行葦に敦くし、世、其の仁を稱す」。王符曰く、「『詩』に云ふ、「敦きかな彼の行葦、牛羊、踐履すること勿し。方に苞り方に體し、維れ葉泥泥たり」。公劉、德を厚くし、恩、草木に及び、牛羊六畜すら且つ猶ほ德に感ず」。趙長君曰く、「公劉は慈仁、行くに生草を履まず、車を運らして以て葭葦を避く」。長君、杜撫に從ひて學を受くれば、義、當に『韓詩』を見たるべきなり。（『毛詩古義』卷六）

この例はすべて漢儒の説を引用するだけで補足しておらず、私見も加えていないから、これこそ完全に「漢儒と見解が合致するもの」と見なすことができる。ただ、全體の中では多くは見受けられない。

　『毛詩古義』以外を見ても、『古義』の諸經の中では、漢儒の見解が補足されたり、判斷が下されたり、反駁までされたりする事例が隨所に認められる。それぞれ例を擧げると、以下の通り。

　　「予弗子」〔予、子まず〕、『釋文』に云ふ、「子、字の如し。鄭氏は「將吏の

---

[45] 呂美琪『惠棟毛詩古義研究』、172-181頁。

反」と音す」。案ずるに、「樂記」に云ふ、「易直子諒」。注に云ふ、「子、讀みて字まずの子の如し」。徐邈、子に音して、「將吏の反」と爲すは、蓋し鄭の讀に從ふ。『列子』「説符篇」（今案ずるに、「楊朱篇」に作るべきである）に云ふ、「禹、業を纂ぎ艕に事へ、唯だ土功を荒にし、子産まるるも字まず、門を過ぐるも入らず」云々。『列子』の説、蓋し『尚書』の、子を讀みて字と爲すに本づき、此れ未だ書を焚かざるの前に在れば、必ず其の實を得。（『尚書古義』卷三）

『列子』や徐邈の音注を引用し鄭玄の説が「據無きに非ず」であることを論證しており、これも「漢儒を基礎として論述を加えている」例に相當する。また別の例、

（豫）九四に曰く、「朋盍簪まる」。侯果云ふ、「朋從ひて大いに合す。簪篸を以て之れ固く括るが若きなり」。案ずるに、「士冠禮」に「皮弁の笄」と云ひ、鄭注して云ふ、「笄は、今の簪」。『説文』に曰く、「先は、首笄なり。人に從ひ、匕は簪の形を象る。俗に先を簪に作り、竹替に從ふ」。然れば則ち簪、本、先に作り、經傳、皆、笄に作る。漢の時始めて簪の名有れば、侯氏の説は非なり。子夏・鄭玄・張揖・王弼、皆、簪を訓じて疾と爲し、或いは速と云へば、明らかに簪字に非ず。陸德明曰く、「古文は貣に作り、京は撍に作り、馬は臧に作り、荀は宗に作り、虞翻は戠に作る」。（虞翻）云ふ、「坤を盍と爲し、戠は、聚會なり。坎を聚と爲し、坤を衆と爲し、衆陰並びに應じ、故に朋盍戠まる。戠、舊讀みて撍に作り、宗に作る」。『禮記』に「戠、得と協韻す」と曰へば、當に虞の義に從ふべし（『玉篇』に、戠の音は「之力の切」。鄭氏『尚書』に云ふ、「「厥の土は赤戠にて墳ゆ」、讀みて熾と曰ふ」）。（『周易古義』卷一）

鄭玄などの諸説の中、虞翻の説だけを取っているのは、惠棟が良いものを選んでそれに從う例である。ただ、惠氏のこの説には實は不十分な點がある。「戠」の字には集まるという意味は無く、また撍・臧・宗などの字と形や音が近似しておらず、假借・訛誤とは見なし難いから（帛書『周易』は「讒」に作る）、「戠」の字は「戡」の誤字に相違ない。『詩』「時邁」の「載ち干戈を戡め」の『傳』に「戡は、聚なり」とあり、また撍・臧・宗などの字はいずれも精を聲母とする字（「讒」は從を聲母とする）なので、一聲の轉とすることができる。したがって虞翻はもともと「戡」の字に作っていたはずであり、後に形の近い「戠」に誤ってしまったのであるが、[46]惠氏は察しなかったのである。

漢儒の説を反駁した例としては、次のようなものがある。

「三苗を分北す」、北、讀みて別と爲す。古文の北字、二人に从ひ、別字は八を重ぬ。八・ノヽ（北）・ノヽ（別）、字相似る。因りて誤りて北に作る。『説文』、八部に於て曰く、「ノヽは、別なり」。『孝經説』に曰く、「上下に別有り」。又、丨部に

---

46) 拙著『系統字義研究』（臺北：國立臺灣大學中國文學系修士論文、1988年）、104頁。

曰く、「𠩺は、古文の別」。許君、賈逵に學び、逵、古文『尚書』を傳ふれば、必ず其の實を得。虞翻曰く、「鄭、『尚書』の「三苗を分北す」に注し、北は古の別の字、又、北と訓ずるは、北は猶ほ別のごときを言ふなり」。此くの若きの類、誠に怪しむべきなり。棟謂へらく、北字、別に似るも、古の別の字に非ず、又、北、別と異なれば、北は猶ほ別のごとしと言ふを得ざるなり。虞・鄭、皆、之を失す。(『尚書古義』卷三)

「我が喪や斯れ沾し」。注に云ふ、「斯は、盡なり。沾讀みて覘と曰ひ、覘は、視なり。國昭子自ら謂ふ、齊の大家に事有り、人盡く之を視る」。此の解、是に非ず。斯は、此なり。沾は、薄なり。國子は蓋し我が母の喪にして、婦人をして賓位に從はしむるは、斯れ薄しと爲すを言ふ。沾、薄と訓ずるは、張揖『廣雅』に見え、俗に添に作るは是に非ず。曹憲云ふ、「沾は、他纖の反。世人、水の傍らに忝を著くるは、之を失す。又、此の占字を以て霑と爲すも、亦た之を失す」。鄭氏、沾を改めて覘と爲すは、恐らく未だ安からず。(『禮記古義』卷十一)

(桓)十一年傳に云ふ、「古者、鄭國、留に處る。先鄭伯に鄶公に善くする者有り、夫人に通じ、以て其の國を取りて鄭を遷して、留を野とす」。案ずるに、鄶公なる者は、鄶仲なり。夫人なる者は、叔妘なり。「周語」に富辰曰く、「鄶の亡ぶや、叔妘に由る」。注に云ふ、「鄶は、妘姓の國。叔妘は、同姓の女、鄶の夫人爲り」。「鄭語」に史伯云ふ、「子男の國、虢・鄶を大と爲す。虢叔は勢を恃み、鄶仲は險を恃み、君、若し周の難の故を以て、帑と賄とを寄すれば、克たざる無し」。帑と賄とを寄す、故に夫人に通じて其の國を取るを得。康成『發墨守』に云ふ、「鄭の始封君を桓公と曰ふ者は、周の宣王の母弟、國は宗周の畿内に在り、今の京兆の鄭縣、是れなり。桓公、武公を生み、武公、莊公を生み、遷りて東周の畿内に居し、國は虢・鄶の間に在り。今の河南の新鄭、是れなり。武公、莊公を生むは、其の國に因り、留は乃ち陳宋の東に在り(『左傳』に、宋の呂・留を侵す、と。後漢、彭城に留縣有り、張良の封ぜらるる所)。鄭、封を受けて此に至るまで適かに三世、安んぞ古者、鄭國、留に處りて、祭仲將に留に往省せんとするの事あるを得んや」。愚案ずるに、桓公、帑と賄とを虢・鄶及び十邑に寄せ、幽王の亂、東京守らざれば、當に留に處るの事有るべし。其の後、虢・鄶および十邑を滅ぼして新鄭に居れば、則ち留を以て邊鄙と爲すは、當に武公の時に在るべし。故に「古者、鄭國」と云ひ、又、「先鄭伯」と云ふ。『公羊』の言、正に外傳と合するに、鄭氏、考へずして驟かに之を非るは、過れり。(『公羊古義』卷十三)

これらの諸例はいずれも明らかに鄭玄の説を斥け、「之を失す」、「未だ安からず」、「過れり」としている。惠氏は漢代の儒者の中では最も鄭氏を尊崇していて、次のように述べる。

『尚書』、後に出で、古今の通人、皆、其の僞を知るも、獨だ鄭氏の二十四篇を以て眞古文と爲す者無し。余、『尚書考』を撰し、力めて梅賾を排して鄭氏を扶く。[47]

「鄭氏を扶く」と公言しているから、鄭玄を重視し漢を尊重する意識は極めて明瞭である[48]。またこの「鄭氏を扶く」という主張は、『古義』の中でも實行されている。上に述べたような鄭玄の説を補足し證明する例は、いずれも鄭玄を支えていると見なすことができる。惠氏はさらにしばしば鄭玄に對する尊崇を言葉に表わしている。たとえば次のように述べる。

凡そ經の字誤る者は、當に其の舊に仍るべく、「某字に作る」、「讀むこと某の若し」といふは、經を尊ぶ所以なり。漢の時、惟だ鄭康成のみ輕々しく經文を改めず、後儒、之に及ぶ者無し。(『周易古義』卷二)

余、毎に三傳を校して古音を得、鄭學を習ひて古文を識る。後の學者、忽せにして察せず、妄りに論辨有るは、竊かに未だ喩らざる所。(『公羊古義』卷十四)

「後儒、之に及ぶ者無し」、「鄭學を習ひて古文を識る」と述べており、鄭玄に對する敬服は極みに達していると言える。ただ、鄭玄の説の誤っている箇所については直言して憚らず、ひたすら辻褄を合わせるような眞似はしない點には、學問に對する惠氏の客觀的かつ公正な精神が特に顯現している。

要するに、惠棟の經書解釋は漢學を主とするが、しかし漢儒の説に對してもたびたび自身の見解によって補足訂正を加えている。またこれらのことから知られるのは、漢學を提唱するのは、全く漢儒の經書解釋が比較的經文の原意と經書が作られた時代背景に符合すると考えるからであり[49]、決して「一般的に古は必ず眞、一般的に漢は皆良し」だからではない。實際のところ、惠氏も漢學や好古それ自體の限界をよく知っており、次のように述べている。

『周禮』は古字多し、……漢の時已に盡くは攷ふる能はず。況んや後世をや。(『周禮古義』卷八)

「洪範」に、「偏無く陂無く、王の義に遵ふ」。……棟案ずるに、……呉才老、此の經の義の字、俄を音とするを以て、陂と協すと謂ふも、本是れ誼字なるを知らず。顔師古、又、誼に宜の音有りと謂ふは、皆、古を好むの過なり。(『尚書古義』卷四)

「漢の時已に盡くは(古字を)攷ふる能はず」や「古を好むの過」と明言することから、漢學や「好古」に對して惠氏が客觀的な態度を保っていることが看取される。當然ながら、時には見識や才能の限界から、惠氏でさえも「古を好むこと太だ過ぐ」の弊害を

---

[47] 惠棟「沈君果堂墓誌銘」、『松崖文鈔』、卷2、23頁。
[48] 張素卿「「經之義存乎訓」的解釋觀念—惠棟經學管窺—」、285頁。
[49] 三英「惠棟的治學思想」、遼寧社會科學院『社會科學輯刊』1993年第3期、71頁。

免れないことがあり、とりわけ好んで古字を改めることがそれに當たる。最も顯著な例を擧げると次の通り。

> 唐人、『五經正義』を爲りてより、『易』を傳ふる者は止だ王弼一家のみ。特だ篇次紊亂するのみならず、又、俗字多きこと、晉の如きは、當に晳に爲るべく、巽、當に𢁉に爲るべく（『説文』に从ふ）、垢、當に遘に爲るべし（古文に从ふ）……。『釋文』に載する所の古文、皆、薛虞・傅氏の説にして、必ず據依有り。鄭康成、費直『易』を傳へ、多く古字を得。『説文』に云ふ、「其の、『易』孟氏と稱するは、皆、古文なり」。虞仲翔、五世、孟氏『易』を傳ふ、故に采る所、三家の説を多しと爲す。諸家の異同、動もすれば數百に盈つ。然れども此の七十餘字、皆、卓然として疑ひ無く、當に改正すべき者。（『周易古義』卷二）

これは漢儒の舊説をしっかり守って根據とし、大量に七十餘字も武斷によって改めた例である。このようなやり方は、ひどく先人の非難を受けており、たとえば臧庸は次のように批判する。

> 惠氏定宇は、經學の巨師なり。……而して好んで古字を用ひ、頓に前人の面目を改め、以て疑惑の來たるを致す者は、亦た小失に非ず。[50]

確かに惠氏の「古を好むこと太だ過ぐ」という弊害を突いている。しかし、惠氏の當初の意圖を問題にすると、ただ單に古に拘泥し漢に佞諛するばかりであるはずはない。したがって呂美琪がその學問を「一般的に古は眞に近く、一般的に漢は比較的良い」と定め直したのは[51]、まことに公平な説と言える。

（三）漢以後の資料

周知の通り、惠棟は漢以降の注疏を輕々しく信じることはせず、次のように述べている。

> 『左傳』、服虔ならずして杜預を用ふるは、此れ孔穎達・顏師古の無識。杜預、短喪の説を創り以て時君に媚ぶるは、『春秋』の罪人なり。[52]

> 訓詁、漢儒は其の詞は約、其の義は古し。宋人は則ち詞費やし、文も亦た鄙に近し。[53]

魏晉唐宋の諸儒に對して低く評價することが多い。しかし他方で、惠氏は後代の學術を全否定するわけでもなく、『古義』の中では漢以後の諸儒の説が引用されることも少なくない。ここでは、引用されている分量や性質によって、魏晉六朝隋唐五代と宋元明清の二つに分けて檢討を加える。

---

50) 臧庸『拜經日記』（臺北：藝文印書館『原刻影印叢書集成續編』影印『臧氏藏本』、1970 年）、卷 3「私改『周易集解』」條、8 頁。
51) 呂美琪『惠棟毛詩古義研究』、192-195 頁。
52) 惠棟『九曜齋筆記』、卷 2、38 頁。
53) 前注書、頁 2。

(1) 魏晉六朝隋唐五代

　『毛詩古義』の中で惠氏が魏晉六朝隋唐五代の說を採用する割合は約 14 ％であり[54]、これらの時代の資料が惠氏の胸中で相當の分量を占めていることが分かる。また範圍も經・史・子・集各種の典籍や小學に關する書籍、金石碑帖などを包括している。たとえば『五經正義』・『經典釋文』・『儀禮疏』・『周禮疏』・『春秋穀梁傳注疏』・『論語集解』・『孔子家語』・『爾雅注』・『廣雅』・『史記三家注』・『漢書注』・『穆天子傳』・『國語注』・『水經注』・『藝文類聚』・『初學記』・『文選注』・『洛神賦』・『文賦』・『字林』・『玉篇』・『聲類』・徐邈音・大徐本『說文』・『說文繫傳』・『五經文字』・『匡謬正俗』・汲郡古文・唐石經などは、いずれも『古義』の採集範圍に含まれている。中でも孔穎達の『五經正義』が最も重視されており、たびたび引用される。たとえば次の通り。

　　　蔡邕の『公羊』石經、「隱十年」の下に云ふ、「此れ公子翬なり」云云。又、「哀十有四年」の下に云ふ、「何を以てか書する。異を記すなり」云云。皆、經文無し。案ずるに、孔穎達『詩正義』に云ふ、「漢初に傳訓を爲る者、皆、經と別行し、三傳の文、經と連ならず。故に石經、『公羊』を書するに、皆、經文無きは、是なり」。(『公羊古義』卷十三)

　　　(咸) 上六「其の輔頰舌に咸す」。虞翻本、「輔」を「䩉」に作りて、「耳目の間」と云ふ。『說文』に、「䩉は、頰なり」。『玉篇』、『左氏傳』を引きて、「䩉車相依る」と云ふ。是れ䩉、輔と同じ。輔は口に近く、頰の前に在り。『淮南子』に云ふ、「䩔輔、頰の前に在れば則ち好し」。耳目の間を權と爲し、權は輔の上に在り。故に「洛神賦」に云ふ、「䩔輔、權を承く」。夬九三に、「頄に壯んなり」、是れなり。頰は物を含む所以、輔は口を持する所以。孔穎達云ふ、「輔頰舌、三者並言すれば、則ち各々一物爲り」。輔の、頰に近くして頰に非ざるを明らかにす。虞、權を以て輔と爲し、許、輔を以て頰と爲すは、皆、之を失す(「大招」に「䩔輔奇牙」と云ひ、王逸、「頰に䩔輔有り」と云ふは、輔の、頰に非ざるを明らかにす)。(『周易古義』卷一)

いずれも孔穎達の說に從う例である。しかしながら、惠氏は孔『疏』に對しても批判的な言葉を寄せることが甚だ多く、たとえば次のように述べる。

　　　唐人、『五經正義』を爲りてより、『易』を傳ふる者は止だ王弼一家のみ。特だ篇次紊亂するのみならず、又、俗字多し。(『周易古義』卷二)

　　　孔穎達『易正義』、衍字・譌字及び脫落字多し。(『周易古義』卷二)

　　　孔穎達以爲らく、古訓なる者は、故舊の道、故に先王の遺典と爲す、と。何ぞ其れ謬なるか。(『毛詩古義』卷六)

孔氏の誤謬を非難するが、孔氏の功績に對しても賛辭を惜しまない。

　　　唐人の疏義、孔・賈二君を推し、……旁く漢魏・南北の諸儒の說を采る。學に

---

[54] 呂美琪『惠棟毛詩古義研究』、210 頁。

師承有り、文に根柢有り。古義の盡くは亡びざるは、二君の力なり。[55]
「古義」を保存した功績が稱揚に値する、これが恐らく格別に重視される要因である。またこのことからも、惠氏が承認する「古義」の傳承が漢儒に限定されるわけではないことが知られる。

(2) 宋元明清

呂美琪が『毛詩古義』に引用されている資料を統計した表には、唐以降の資料の數は少なすぎて統計に入っていない [56]。『古義』全體を見渡すと、宋元明清の資料は多くはないものの、時折使われている。たとえば『丙子學易編』・『詩集傳』・『四書集注』・『論語疏』・『古文苑』・『六經正誤』・『廣韻』・『韻補』・『禮部韻』・『類篇』・『復古編』・『六書正譌』・『正字通』・『隸釋』・『隸續』・『汗簡』・『考古圖』・『集古錄』・『金石史』などの書や王應麟、司馬光、顧炎武、惠士奇などの説も引用の範圍に含まれている。ただ、その中には觀察に値する現象がいくつかある。

（１）引用する書が小學類や金石類の書籍が中心になっているのは、恐らく惠氏が「字を識り音を審らかにする」ことを重視するのにもとづくが、宋人の小學の虛妄な點を批判することもたびたびある。たとえば次の通り。

  「清人」に云ふ、「河の上にて逍遙す」。『釋文』に曰く、「逍、本に又、消に作る。遙、本に又、搖に作る」。『説文新附』に曰く、「逍遙は猶ほ翺翔のごときなり」。徐公文曰く、「『詩』、只だ「消搖」の字のみを用ふ、此の二字は『字林』の加ふる所」。棟案ずるに、後漢の崔駰、「張平子碑」を撰するに、已に「逍遙」の字を用ふれば、呂諶に始まらざるなり。但だ經典中は祗だ「消搖」と合用するのみ（近ごろ偷父の、字書を作りて『正字通』と名づくる有りて、『莊子』の「消搖游」、篆文已に辵に從ふと謂ふ。其の妄、此くの如し）。（『毛詩古義』卷五）

  『禮部韻』は、宋人の撰する所、焉んぞ古音を識らん。（『周易古義』卷三）

宋儒が古字・古音を知らないことを批判している。惠棟が古字を重視することは先にも説いたが、古音を重視することは、ここからその一端が窺える。さらには、次のように述べることまである。

  先王の典法を讀むには、必ず其の音を正言し、然る後に義全し。

また次のように述べる。

  孔子没して後、東漢の末に至るまで、其の間、八百年、經師の授受、咸、家法有り。故に兩漢の諸儒、多く古音を識る。[57]

これらのことから、惠氏が漢を重んじて宋を輕んじるのは、どうやら「古音を識る」ことが重要な要素になっていることが分かる。

---

55) 惠棟「北宋本禮記正義跋」、『松崖文鈔』、卷2、1頁。
56) 呂美琪『惠棟毛詩古義研究』、211頁。
57) 惠棟「韻譜序」、『松崖文鈔』、卷1、11頁。

金石學は、宋代になって始めて專門の學になったもので、惠氏によって重んじられている。したがって、時にはその説を引用して經書を考證に役立てることがあるのである。
　（２）引用する書籍は經部の書が少ないことから、惠氏が宋學を排斥していることが分かる。たとえば次のように述べている。

　　　宋儒の經學、惟だ漢に及ばざるのみならず、且つ唐にすら及ばず。其の臆説、多きに居りて古を好まざるを以てなり。[58]
　　　宋儒の禍は、秦灰より甚だし。[59]

宋學を痛罵することは、惠氏が宋儒の「空拳を張りて經を説く」というやり方を嫌惡していることの證左である。そのため、漢學を提唱して區別を立てるのである。
　（３）惠氏が宋學を排斥することは、もとより前述の通りである。しかし宋儒の見解でも優れていて從うに値するものであれば、一方的に排除することはせず、とりわけ王應麟と司馬光の二人を尊崇している。『古義』において王應麟の説を引用することは十八回にも及んでいる。たとえば次の通り。

　　　「易なる者は、象なり」。王伯厚曰く、「昔、韓宣子、魯に適き易象を見る。是れ古人、卦爻を以て之れを統名して象と曰ふ。故に曰く、「易なる者は、象なり」。其の意深し」。（『周易古義』卷二）
　　　「葉公の「顧命」」。注に云ふ、「楚縣公葉公子高なり。死に臨みて書を遺す、曰く顧命」。棟案ずるに、其の辭に莊后・大夫・卿士有り、葉公の言に非ざるなり。此れ『周書』の、祭公、父を謀るの辭。穆王の時、祭公疾みて瘳ゑず。王曰く、「公其れ予に懿徳を告げよ」。祭公、拜手稽首して曰く、「嗚呼、天子。女（なんち）、嬖御を以て莊后を固（かたくな）にする無かれ、女、小謀を以て大作を敗る無かれ、女、嬖御の士を以て大夫卿士を疾ましむる無かれ」。祭公將に歿せんとして此の篇を作り、故に之を顧命と謂ふ。其の事、亦た汲郡の古文に見ゆ。王伯厚、已に是の説有り。余、特に表して之を出だす。（『禮記古義』卷十二）
　　　「予に亂臣十人有り」。案ずるに、『釋文』及び唐石經に「臣」字無し。陸氏云ふ、「本或いは「亂臣十人」に作るは、非なり。後世、晉の時に出づる所の「大誓」に因り、以て之を益すか」。劉原父、遂に馬・鄭の説を闢け、邑姜を以て文母に易ふるは、眞に臆説なり。原父又云ふ、「或るひと云ふ、古文に臣字無し」。此くの如くんば則ち文を成さず、尤も謬る。王伯厚已に之を辨ず。（『論語古義』卷十六）

王氏「已に是の説有り」・「已に之を辨ず」と言っていることから、その説を信じて從っていることが分かる。王應麟、字は伯厚、著作に『困學紀聞』がある。『四庫全書總目』は、「博洽多聞、宋代に在りては其の倫比を罕にす。淵源亦た朱子に出づと雖も、

---

[58] 惠棟『九曜齋筆記』、卷2、38頁。
[59] 李富孫輯「鶴徴録」、『四庫未收書輯刊』（北京：北京出版社、2000年）、第貳輯第23冊、596頁。

然れども書中、朱子の語の誤りを辯證すること數條」と説いている。また『三家詩』と『周易』鄭氏注も編輯している。後者は、惠棟が『新本鄭氏周易』を編纂する道を直接開いた。そのため『四庫全書總目』が「應麟は固より鄭氏の功臣。棟の是の編も、亦た王氏の功臣と謂ふべし」[60]と評している。李開は「學術の精神から見れば、朱熹から王應麟へ、王應麟から惠棟へと、學脈は受け繼がれた」[61]と述べており、いずれも朱熹から王應麟、そして惠棟へと學脈が受け繼がれたとする。恐らく朱子は宋學に從屬しているとは言っても、學問はひとえに「道問學」の實證精神にもとづいており、「乃ち宋學の中、考據を廢せざるの人」[62]であったから、王應麟と惠棟の學問を開いたのである。

『古義』は、次のように司馬光の言葉を引用することもある。

> 司馬温公曰く、「凡そ書を觀る者は當に先に其の文を正し、其の音を辨ずべし、然る後、以て其の義を求むべし」。知言と謂ふべし。（『周易古義』卷二）

いわゆる「其の文を正し、其の音を辨じ、然る後、以て其の義を求むべし」は、『古義』「述首」の「字を識り音を審かにすれば乃ち其の義を知る」の説と極めて似ている。一般の研究者は、惠氏のこの説が、清初の大儒顧炎武の「九經を讀むには文を考ふるより始め、文を考ふるには音を知るより始む」という主張を承けていると考えることが多く[63]、たとえば呂美琪は顧氏のこの説は實に清代漢學の雛形を備えていて、「惠棟に吸收された」[64]とする。尹彤雲は「惠氏の學風は顧炎武以來の傳統を繼承した」[65]と述べる。王俊義もまた「清代の乾嘉漢學は、顧炎武が基礎を作ってから、……乾嘉の時期に惠棟が公然と漢學の旗幟を打ち立てるに至り、ついに獨立した乾嘉學派となった」[66]と述べる。しかしその學問の次第について見れば、顧氏は音を明らかにしてから後に文を考え、その後に九經を讀むが、司馬氏と惠氏はいずれも「其の文を正し、其の音を辨じ」たり「字を識り音を審かにし」た後にその義を知ることを主眼に置いている。司馬氏と惠氏の學問の次第は比較的近く（ただ、司馬氏と顧氏のいわゆる「其の文を正す」・「文を考ふ」は、單に異文を校讐することを指すだけで、文字の考釋を指してはいないようである。詳しくは下文を參照。したがって依然として惠氏と異なる點がある）、その上、惠氏は自發的に司馬氏のこの説を引用・尊崇して「知言」と見ている。とすると、司馬光を惠棟の説の直接の淵源と見なすことに疑義はないはずである。他方で、實際のところ、顧炎武の學問すら司馬光の影響を深く受けている。顧氏は幼い時から司馬

---

60) 紀昀等『欽定四庫全書總目』、5 頁。
61) 李開『惠棟評傳』（南京：南京大學出版社、1997 年）、181 頁。
62) 鍾明彥『清代訓詁理論之發展及其在現代之轉型』（臺中：東海大學博士論文、2005 年）、149 頁。
63) 顧炎武「答李子德書」、『亭林文集』（臺北：華文出版社『叢書彙編・學古齋金石叢書』本、1970 年）、188 頁。
64) 呂美琪『惠棟毛詩古義研究』、49 頁。
65) 尹彤雲「惠棟『周易』學與九經訓詁學簡評」、92 頁。
66) 王俊義「乾嘉漢學論綱」、『清代學術文化史論』（臺北：文津出版社、1999 年）、40 頁。

光の『資治通鑑』を修めており⁶⁷⁾、成長すると、その書を特に尊崇して、次のように述べている。

> 臣、竊かに惟へらく、國家、經術を以て士を取り、五經・四書・二十一史・『通鑑』・性理の諸書よりして外、學官に列せず。⁶⁸⁾

『通鑑』を四書五經と並べて學官に列することを強く主張している。亭林が『通鑑』を特に重んじた理由を推し量るに、史學の路線を重視することを除くと⁶⁹⁾、實にこの書が考證の可能性をわずかながらも呈しているのである。というのは、司馬氏が『通鑑』を著す際、資料の選擇に關して別に『通鑑考異』三十卷を著し、「同異を參考し」、「謬誤を辯證し」⁷⁰⁾、すでに初歩的な考證作業を行なっているから、あるいはこのことによって「文を考ふ」から始まる顧炎武の學術上の主張が導かれたのではないだろうか⁷¹⁾。かく見ると、惠棟・顧炎武の學問は、どうやらいずれも司馬光の影響を受けている。

したがって、惠氏の經學は宋學に對する反動から起こったとは言えるが、その學術の淵源は宋學に由來する部分もある。この點に關して、清儒の張佩綸が次のように述べている。

> 余、向(さき)の持論に以爲らく、國朝の人の漢學、大抵、皆、宋の黃氏『日鈔』・王氏『困學紀聞』兩派にして詳を加ふるのみ。……然れば則ち所謂漢學なる者は、正に是れ宋人の漢學なり。⁷²⁾

張舜徽もその説を承けて次のように述べる。

> 清代の樸學は實は宋に淵源するから、宋儒を見下すことができない、と張氏が言うのは正しい。……大體、一代の學風が生じるのには、必ず前に繼承するものがあるのであって、宋・明の諸儒が既に〔樸學に〕從事していなければ、清代學術が隆盛に至ることはなかったのである。⁷³⁾

清代の漢學が實は宋代の漢學を承けている、と主張するのは、いずれも卓見と言える。ここから分かるように、清學と宋學の間にはもとより辿りうる筋道があり、截然と對立しているわけではなく、漢學と宋學の堅固なる陣營の間に元々それほどはっきりした區分があったわけではない。それなのに、惠棟が「漢唐以降の書は讀まず、宋元明の研究

---

67) 顧氏は次のように述べる。「年十一にして、授けらるるに『資治通鑑』を以てす」。「三朝紀事闕文序」、『亭林餘集』（臺北：華文出版社『叢書彙編・學古齋金石叢書』本、1970年）、38頁。
68) 顧炎武『日知錄』、（臺北：臺灣商務印書館『國學基本叢書』本、1965年）、卷18「科場禁約」條、114頁。
69) 鍾明彥は「經・史の兩端の間に置くと、亭林は史により近いに違いない」と說く。鍾明彥『清代訓詁理論之發展及其在現代之轉型』、76頁。
70) 紀昀等『欽定四庫全書總目』、650頁。
71) 鍾明彥『清代訓詁理論之發展及其在現代之轉型』、88-90頁。
72) 張佩綸『澗于日記』、張舜徽『張舜徽集』所錄『清人筆記條辨』（武漢：華中師範大學出版社、2004年）、352頁所引。
73) 張舜徽『清人筆記條辨』「澗于日記」條、『張舜徽集』、353-354頁。

惠棟『九經古義』により「經の義は訓に存す」というその經書解釋の觀念を論ず　221

成果が呉派の考證の中に入り込むことを全面的に阻止した」[74)]と説く研究者がいるが、それは恐らく一面的な見解であろう。
　（４）『古義』が清代の諸儒の説をたまに引くことには、當時の學術狀況の影響を受けている形跡が認められる。たとえば以下の例。
　　「匪の行き邁きて謀るが如し、是を用て道を得ず」。案ずるに、『左傳』襄八年、子駟、此の詩を引く。杜元凱、注して云ふ、「匪は、彼なり。行き邁きて謀るは、路人に謀るなり。道を得ずは、衆(おお)くして適從する無きなり」。顧炎武云ふ、「案ずるに、『詩』に云ふ、「謀夫、孔(はなは)だ多く、是を用て集らず。發言、庭に盈つ。誰か敢て其の咎を執らん」。則ち杜の解を長と爲す」。棟案ずるに、此れ必ず三家詩に「彼」に作る者有り。故に杜、「彼」に據りて説を爲す。「雨無正」に「彼の行く邁くが如し」と云ふは、其の意、略ぼ同じ。顧又云ふ、「古、匪の字を以て彼に作る者有り。襄廿七年、『詩』の「彼交匪敖」を引きて「匪交匪敖」に作る」。案ずるに、『漢書』、「桑扈」詩を引き、亦た「匪」に作る。又、『荀子』「勸學」に云ふ、「『詩』に云ふ、「匪交匪紓〔交さず紓(ゆる)めず〕、天子の予(み)ふる所」」。今「采菽」詩、上の匪の字を彼に作るは、或いは古、匪・彼、通用すること、顧説の如きなり。（『毛詩古義』卷五）
これは、顧炎武の説に贊同して補足を加えたもの。また、別の例、
　　「君子の道、焉んぞ誣ぬべけんや」。『漢書』「薛宣傳」に云ふ、「君子の道、焉んぞ憮すべけんや」。蘇林曰く、「憮は、同なり、兼なり」。晉灼曰く、「憮、音は誣」。師古曰く、「『論語』、子夏の言を載せて、行業、同じからざれば、守る所、各おの異なり、唯だ聖人のみ能く之を體備すと爲すを謂ふ」。家君曰く、「蘇解、之を得」。（『論語古義』卷十六）
これは、父である惠士奇の判斷に從ったもの。見ての通り、惠氏の學は顧炎武や家學の薫陶を得ている。
　（５）惠氏は書中において、自己の獨創的な見解を述べることもある。たとえば次の通り。
　　「呂刑」に、「苗民弗用靈〔靈きを用ひざれば〕、制むるに刑を以てし、惟れ五虐の刑を作(さだ)りて法と曰ふ」。『墨子』引きて云ふ、「苗民否用練、折めて則ち刑し、惟れ五殺の刑を作りて法と曰ふ」。『禮記』「緇衣」引きて曰ふ、「苗民匪用命〔命を用ふるに匪ざれば〕、制むるに刑を以てす」。否は、古の不字。「否用練」は未詳、或いは傳寫の誤。折と制、古字通ず。古文『論語』に云ふ、「片言、以て獄を折(さだ)むべし」。魯論、折を制に作る。虐と殺も亦た通ずること、『春秋攷』に見ゆ。（『尚書古義』卷四）
先人の説に全く依據せず、『墨子』等の書を援引して獨自の見解を提出している。この

---
74)　呂美琪『惠棟毛詩古義研究』、193頁。

ことから分かるように、惠氏の學問は「古義を綴次し、己の見を下すこと鮮し」ではあるが[75]、自己の見解を全く示さないわけではない。

　以上述べたことをまとめると、『古義』が經書を解釋する際に依據する書籍・資料は非常に豐富で、その上、時代は、先秦から清代の諸家に至るまでの説、さらには獨自の見解を包含している。このことから、そのいわゆる「經の義は訓に存す」の「訓」が、古訓だけにとどまらず、一切の訓詁を廣く指しており、ただ、その中で特に古訓——とりわけ漢儒の古訓が重んじられるに過ぎないことが裏づけられる。張素卿はその「「訓」は古訓と訓解のいずれも指している。古訓は、特に漢儒の古訓を指している」と述べているが[76]、この説は當を得ている。

四、「經の義は訓に存す」という經書解釋の觀念

　ここまでの議論を通して、惠棟の「經の義は訓に存す」という經書解釋の觀念をほぼ整理することができたと思われる。まず「訓」の字について言えば、上述の通り、一切の訓詁を指すと見て間違いないが、ただ特に古訓——とりわけ漢儒の古訓を重視している。『古義』「述首」では、漢學だけを標榜して次のように述べている。

> 漢人、經に通ずるに家法有り、故に『五經』の師有り。訓詁の學、皆、師の口授する所なるも、其の後乃ち竹帛に著すは、漢の經師の説、學官に立てられ、經と並びに行なはるる所以。『五經』は屋壁より出で、古字古義多く、經師に非ざれば辨ずる能はず。是の故に古訓は改むべからざるなり、經師は廢すべからざるなり。

漢代の經師のみを認めており、漢儒だけに突出した地位を與え、先秦諸子を併せて重んじていた父の説を變えたと考える研究者がいることは、既にいささか述べた。しかし仔細に文意を檢討すると、惠氏のこの説は「經師は廢すべからず」と強調しているようでありながら、ここには惠棟が父の教えを擴充する面があり[77]、惠士奇が主張する「古訓は改むべからず」と互いに補完し合っている。したがって、「是の故に古訓は改むべからざるなり、經師は廢すべからざるなり」と述べる時、その「古訓」は「經師」と一緒に提示され論じられている以上、惠士奇の説を踏襲して周秦諸子を包括し得るのであり（惠士奇の「古訓」が周秦諸子を包括し得ることは、上文で詳述した）、「經師」と共に惠棟に重視されている。「古訓」が必ず漢代の「經師」に由來すると單純に考えるわけではないが、「唯だ其の經師のみ口授して相傳へ、其の古訓古義は源有り本有る」[78]から、そこで「古訓」と「經師」を一つに合わせ、かくて漢學だけを尊重するのである。

---

75) 章太炎「清儒」、『訄書詳注』（上海：上海古籍出版社、2000 年）、142 頁。
76) 張素卿「「經之義存乎訓」的解釋觀念―惠棟經學管窺―」、1 頁。
77) 前注書、22 頁。
78) 同前注。

要するに、惠氏の學問は漢學の「古訓」を主とするが、決して漢學を墨守するわけではなく、かつ經書解釋の方法は、實は漢代と全く同じでもないので（上述の通り、金石・諸子などによって經文を證明するのは、いずれも漢と異なっている。漢人の訓詁の方法と全く同じとは言えない部分は他にもあるが、問題が複雜になるので、後日、稿を改めて論じる）、創造性を備えた「淸代の漢學」と見なすことができる。弟子の江藩に至ると、漢儒の諸說に追隨してそれを守るばかりで固陋になり、漢學の陣營が始めてものものしくなった。

　訓詁を重んじるという惠棟の學問の方法は、それによって淸代學術の轉換を主導し、乾嘉期の學者が經籍を研究する唯一無二の方法となった。一般の研究者の多くは惠氏のこの說が淸初の顧炎武を承けていると考え、したがって顧氏を乾嘉學派の先驅者と見なすが、顧炎武の學は小學よりも校勘を重んじている。そのいわゆる「九經を讀むには文を考ふるより始め、文を考ふるには音を知るより始む」の「文を考ふ」は、異文を校讐することのみを指しているようであり、文字を考釋することではない[79]。またこの說が惠氏の學問の次第と完全に一致するわけでもないことは、上述の通りである。そればかりか、小學に對する顧炎武の觀念は、まだ以下の狀態にとどまっている。

　　　夫れ小學は、固より六經の先なり。人をして之を讀みて君を尊び上に親しむの義
　　　を知らしむるには、則ち必ず其の、童子爲るときより始む。[80]

いわゆる「小學」は書を讀み字を識るという傳統的な基礎訓練であり、工具の學となって經學と密接に步調を合わせるには至っていない。鍾明彥はそのため、「亭林は明確な言語研究意識を備えていない」、「訓詁の發展を積極的に主導・推進する力量がない」[81]と評する。そうであれば、訓詁の發展を積極的に主導・推進する意識を持って乾嘉漢學の礎石を定める者として、實に惠棟が必要だったのである。

　惠氏が訓詁によって解き明かそうとした「經義」について、研究者の多くはそれがただちに「義理」を指すと考える。たとえば錢穆先生は「いわゆる義理は故訓に存すについて、……松崖はいくらかその端緒を開いているが中途半端である」[82]と述べているが、それは「義理」をそのまま「經義」の一語に置き換えて解釋している。黃愛平の考えでは、「まさしく惠棟の主張を經て、古書の文字・音韻・訓詁から義理を探求する、とい

---

79) たとえば胡適は「「文を考ふ」というのは校勘の學である」と述べる。胡適：「幾個反理學的思想家」、『胡適學術文集・中國哲學史』（北京：中華書局、1998 年）、1147 頁。鍾明彥がさらに「亭林の思考の筋道や原文の上下の文脈」から、「ここの「文」は單に校讐學という意味的の「文」であるに違いなく、文字學の意味の「文」ではあり得ないことが確定する」と述べているのも、そのいわゆる「文」が「文字の異同」に過ぎず、「文字の考釋」ではないことを示している。鍾明彥：『淸代訓詁理論之發展及其在現代之轉型』、96・81 頁。

80) 顧炎武「呂氏千字文序」、『亭林文集』、113-114 頁。

81) 鍾明彥『淸代訓詁理論之發展及其在現代之轉型』、91・95 頁。

82) 錢穆『中國近三百年學術史』、頁 325。

う主張が始めて正式に確立した」[83]。呂美琪も「惠棟は「經の義は訓に存し、字を識り音を審らかにすれば乃ち其の義を知る」と標榜して、漢學を系統的にし、訓詁から義理に通じるという清代考證學の學問方法を切り開いた」[84]と述べる。いずれの説も惠氏の「經義」をそのまま「義理」と捉えているが、『古義』によって考察してみると、惠氏が訓詁によって解釋する義は、多くは字義・語義に限定されるようである。たとえば、

> 泰九二に、「荒を包ぬ」。『説文』引きて疘に作り、川亡に從ひ、「水廣がるなり」と云ふ。『釋文』に云ふ、「本に亦た疘に作り、音同じ」(鄭氏云ふ、「疘、讀みて康と爲す、虛なり」。『穀梁傳』に云ふ、「四穀、升らず、之を康と謂ふ」。康は是れ虛疘の名、其の義同じきなり)。(『周易古義』卷一)

これは「荒」の字を考釋している。また既に擧げた例に次のように見える。

> 「三苗を分北す」、北、讀みて別と爲す。古文の北字、二人に从ひ、別字は八を重ぬ。八・𠤎(北)・𠓛(別)、字相似る。因りて誤りて北に作る。『説文』、八部に於て曰く、「𠓛は、別なり」。『孝經説』に曰く、「上下に別有り」。又、𠆢部に曰く、「𠓛は、古文の別」。許君、賈逵に學び、逵、古文『尚書』を傳ふれば、必ず其の實を得。虞翻曰く、「鄭、『尚書』の「三苗を分北す」に注し、北は古の別の字、又、北と訓ずるは、北は猶ほ別のごときを言ふなり、と」。此くの若きの類、誠に怪むべきなり。棟謂へらく、北字、別に似るも、古の別の字に非ず、又、北と別と異なれば、北は猶ほ別のごとしと言ふを得ざるなり。虞・鄭、皆、之を失す。(『尚書古義』卷三)

この文の趣旨は「北」の字を考釋することにある。煩を避けるためくだくだしく例を擧げることはしないが、この種の諸例は『古義』の至る所にある。呂美琪はそのため「惠棟は『古義』を求めようとするが、その方法は文字に近接して「字」に對して詳しく考察を加えているが、文句の解釋には力を入れていない」、「(『毛詩古義』では)「字」の單位で議論をしているから、「字」の精密な分析を重んじているが、詩の本旨を念頭に置いて字義を解釋することはしていない」[85]と述べる。これらの發言は惠氏の訓詁の趣旨を非常によく捉えている。とは言え、このように字詞の訓詁に密着した方法に對しては、二つの疑問が生じるのを禁ずることができない。

一つめは、惠氏が字面を越えた所にある義理を明らかにしないのであれば、その理解しようとする「經義」は字面から見ることのできる經書の原義だけを規準とするのであろうか。また惠氏は「經書の字句に對する歸納的分析を通して、經書の原義に對する確かな理解を求め」ようとする。ただ、このような思考方式や研究方法は、必然的にさら

---

83) 黃愛平「清代漢學流派析論」、23頁。
84) 呂美琪『惠棟毛詩古義研究』、2頁。
85) 呂美琪『惠棟毛詩古義研究』、85・70頁。

に高い段階の義理の檢討を束縛し制限する[86]。さらに、義理は本來、惠氏の得意分野ではなく、たとえば楊向奎は、「哲學について言えば、樸學は理學に對抗できず、惠棟はこの點においてさらに及ばない部分があり、とりわけ戴震と比べると、下風に立つことになる」・「義理は得意とするところではない」[87]と述べる。朱伯崑も「惠棟は單なる考證學者に過ぎず、哲學者ではない」[88]と述べる。黄順益だけは衆議を排して、『易微言』によって「惠棟の晩年に義理に向かう傾向があったことに氣づかされる」[89]とするが、しかしまさしくそのことによって逆に惠棟が若い時に義理に向かう傾向が無かったことが證明される。それならば、いわゆる「經の義は訓に存す」の「經義」は義理を意味するのか、改めて考察を加える必要がある[90]。

　二つめは、經書の原義について論じれば、一字一句に對する考察でもって經義を盡くすことができるのであろうか。經文は字から句、句から篇になり、それらによって構成されているので、漢儒の章句の學は字・句・篇を含み、單體の字から擴大して全體の篇章の解釋にまで及ぶ。それに對して惠氏は經義の全體を文字の考釋に還元するばかりで、字や語の訓詁から文句・篇章の含義の闡明に進むことは稀で、木を見て森を見ずの弊害が生じることを免れない[91]。

　これらのことから分かるように、惠棟が「經の義は訓に存す」を提唱した當初の意圖は、學問の段階を「訓」と「義」の二つに分け、訓詁を明らかにすることから始めて經義に通じようとするものであったと思われる。しかし具體的な實踐の際には、「訓に存す」という一方だけに力を用い、誤って「義」と「訓」を一つにしてしまっている。「義」が「訓」の中にあり、「訓詁を明らかにすれば經義に通じることができる」と考えるので、再び經義を追求することはしない[92]。その影響で、以後の乾嘉の學は、文

---

86) 王俊義「錢大昕寓義理於訓詁的義理觀探討」、林慶彰・張壽安主編『乾嘉學者的義理學』、479 頁。
87) 楊向奎『清儒學案新編三』（濟南：齊魯書社、1994 年）、122・128 頁。
88) 朱伯崑『易學哲學史』（臺北：藍燈文化公司、1991 年）、第 4 卷、346 頁。
89) 黄順益『惠棟・戴震與乾嘉學術研究』（高雄：中山大學中國文學系博士論文、1998 年）、109 頁。
90) 惠棟の弟子、たとえば錢大昕は次のように述べる。「文字有りて後に訓詁有り、訓詁有りて後に義理有り。訓詁なる者は、義理の由りて出づる所、別に義理の、訓詁の外に出づる者有るに非ず」（錢大昕「經籍纂詁序」、『潛研堂文集』〔臺北：臺灣商務印書館、1968 年〕、卷 24、349 頁）。義理が訓詁に寓していると主張することは、惠棟のいわゆる「經義」が即ち「義理」の意であることを裏づけるかに見えるが、しかし錢氏のこの説は、どうやら戴震の影響も受けているようである。たとえば王俊義は、錢氏は既に「深く惠棟の影響を受け」ながら、「戴震とも密切な關係がある」と述べる。ただ、實際の學問の過程において、錢氏は依然として考證を義理の上に置き、經書の文字訓詁の外にはみ出る義理の思想を空談とまで見なすので、戴震の義理觀とはやはり異なる。王俊義「錢大昕寓義理於訓詁的義理觀探討」、461・476 頁。戴震の義理觀の詳細については下文を參照。
91) 呂美琪：『惠棟毛詩古義研究』、248-249 頁。
92) 「訓詁を明らかにすれば經義に通じることができる」は、もともとは呂美琪の説である（呂美琪『惠棟毛詩古義研究』、50 頁）。ただ、呂氏のこの説は、訓詁を明らかにすれば經義に通じる、というのが惠棟の「經の義は訓に存す」の本意だと捉えているので、本稿の見解とは異なる。

字訓詁に偏重し、經義・義理を輕視する、という紋切り型になってしまった[93]。

ただ、この訓詁重視の學風の中でもなお、義理も併せて修めて屹立する學者、すなわち戴震がいた。[94]戴震は「題惠定宇先生授經圖」の中で「詁訓明らかなれば則ち古經明らか、古經明らかなれば則ち賢人聖人の理義明らか」と宣言しており、舊説の多くは、東原のこの説が惠氏の影響を非常に強く受けているとする。たとえば錢穆先生は、「これが東原の學問が一轉して吳學の惠派に近づいた證據である」[95]と考える。呂美琪の見解によると、惠棟の理念はここに至ってより完備し、「故訓明らかなれば則ち古經明らか、という段階にとどまらず、さらに、賢人聖人の理義明らか、という所まで推し進められた。三つを併せて一つとするこの理念から、戴震が先人を繼承・發展させていることも看取される」[96]。しかし今改めて見ると、訓詁から經義、さらに義理へと進む戴氏の學問の次第は、[97]義理の段階まで押し上げている點について言うと、實は惠氏の經學觀念の別方向への展開であり、却ってそこから分岐したものと言える。王念孫父子に至っては、惠氏の經學觀念をさらに固く守り、より一層下向して小學に轉じた。王引之は自分の學問について次のように述べる。

  吾、小學を治め、吾、之が舌人と爲る。其の大歸は、小學を用て經を説き、小學を用て經を校す、と曰ふのみ。[98]

學問の目的が「小學を用て經を説く」ことにあることを明らかに揭示するのは、「經の義は訓に存す」の精神と符合するが、訓詁小學の一面だけに傾斜する度合いが高まっていると言える。したがって、二王は戴震の高弟であるが、その經書解釋の觀念と方法は恐らく惠氏により近く、戴氏と食い違う面があると考えられる。この點に關して、鍾明彥は次のように略述している。

  （本稿では）戴震を純粹な漢學家と見なすことができるとは考えない。……實は一人の、漢宋を兼ね、漢に始まり宋に終わり、眞摯に義理を闡明するのを忘れない者である。これは本來、乾嘉期の思潮にとって好ましくないものである。……王氏父子に至っては、あっさり「大道、敢て承けず」と述べ、宋學を盡く脇に置き、純然と漢學の流儀を守る。この點から言えば、實に二王の方が乾嘉の學の典型である。[99]

---

93) 呂美琪『惠棟毛詩古義研究』、249 頁。
94) 胡適先生は次のように述べる。「戴震が清儒の中で最も特異な地位を占めているのは、名物訓詁の考證が最終的な目的ではなく、「道を明らかにする」方法の一つに過ぎないことをはっきり認識していた點にある。彼は單に考證學者であることには滿足せず、哲學者でもあろうとした」（胡適「戴東原的哲學」、『胡適學術文集・中國哲學史』、1011 頁）。戴氏が獨特であることが分かる。
95) 錢穆『中國近三百年學術史』、323 頁。
96) 呂美琪『惠棟毛詩古義研究』、52 頁。
97) 漆永祥『乾嘉考據學研究』、161 頁。
98) 龔自珍「工部尚書高郵王文簡公墓表銘」、『王氏六葉傳狀碑誌集』卷 1、『高郵王氏遺書』、13 頁を參照。
99) 鍾明彥『清代訓詁理論之發展及其在現代之轉型』、460 頁。

戴氏は宋學の義理派にして乾嘉學派における異質の存在と位置づけられ、二王に至って始めて義理から脱却し、漢學の流儀を嚴守し、乾嘉の學の典型となった、と考えられていることから明らかなように、二王と戴震の學術理念は實は全く同じというわけではなく[100]、却って惠棟から受けているものがある。さりながら、二王は惠棟に對して批判を加えることがある。たとえば王引之は、「惠定宇先生、古を考へて勤むと雖も、而れども識高からず、心細からず、今に異なる者を見れば則ち之に從ひ、大都、是非を論ぜず」[101]と考え、惠氏の見識を非難しているが、その經書解釋の觀念と方法を根本から否定しているわけでもない。恐らく惠棟の時に訓詁の道が始めて開かれたものの、學問の積み重ねがまだ不十分であり、二王は後に出たのでますます精密になっているのである。ここでこの三者の學問のやり方を簡單に表にしてみよう。

　　　小學←訓詁→經義→義理
　　　┌─────────┐
　　　│　惠　　　棟　│
　　　├─────────┤
　　　│　戴　　　震　│
　　　├─────────┤
　　　│　王　氏　父　子　│
　　　└─────────┘

從來の學界では、乾嘉學派を吳・皖の二派に分け、吳派は惠棟を開祖とし、皖派は戴震に始まり、王氏父子がその後を受け繼いだ、と見た[102]。しかしこの分類は、現代の學者によって次第に疑問視され始めている。たとえば陳祖武が吳・皖の二派の區別を根本的に無くすことを主張し、「惠學から戴學に至るまでは一つの歷史的な過程である」[103]と考えるのは、地域の區分を越えて改めて學術發展の實際の狀況に着眼しており、極めて啓發的である。ただ、本稿の見解では、「惠學から戴學に至るまでは一つの歷史過程である」と言うよりは、「惠學から王學に至るまでは一つの歷史過程である」と述べる方が勝っていて、却って戴學が歷史の分岐點となる。總括すると、「吳派」と「皖派」は對立する分派ではなく、繼承し發展する關係にある。惠棟は乾嘉期の訓詁學史において先驅者の位置を占めるはずであり、「經の義は訓に存す」と主張し、續く二王の學を開いた。實に清代訓詁學の隆盛を首唱した功績があるのだが、殘念なことにこれまでの訓詁學史では見過ごされてきた。

---

100) 前注書、145頁。
101) 王引之「與焦理堂先生書」、『王文簡公文集』、『高郵王氏遺書』卷4、205頁。
102) 近人の多くは乾嘉學派を「吳派」と「皖派」に分け、「この明確な命名と區分は章太炎に始まり、……其の後、梁啓超は『清代學術概論』を著した時、完全に章太炎の考えを採用した。……章・梁の說が出てから今まで一世紀近くになるが、凡そ清代學術思想史を研究する者は、乾嘉期における漢學の流派の區分に論及する際、ほぼこの說を襲用していて、時折、補充し發揮することがある」。王俊義「乾嘉漢學論綱」、『清代學術文化史論』、40-41頁を參照。
103) 陳祖武「關於乾嘉學派的幾點思考」、『清儒學術拾零』（長沙：湖南人民出版社、2002年）、164頁。

五、結語

　　惠棟は清代乾嘉學派における「吳派」の始祖であり、學問は漢學を標榜し、一代の氣風を開いた。しかしこれまで惠棟に對する學界の評價は定まっていない。稱贊する者は、「漢學の絶する者、千有五百餘年、是に至りて粲然として復た章らか」と述べ、見下す者は、「漢學を墨守し」、「唯だ漢のみ是れ求む」と斥ける。ただ、諸家の論及の多くは、經學もしくは學術史の角度からなされており、訓詁學の觀點から惠氏の學を探求する者は稀である。しかし、惠棟の經書解釋の觀念と主張は、清代訓詁學の隆盛に關して、開拓者としての地位を占めているので、清代訓詁學史を研究して補足することが今日における喫緊の課題である。惠氏の生涯にわたる著述はとても多く、その中、『九經古義』は、經學の實踐に關する具體的な成果であるばかりでなく、『古義』「述首」に「經の義は訓に存し、字を識り音を審らかにすれば乃ち其の義を知る。是の故に古訓は改むべからざるなり、經師は廢すべからざるなり」という學問の主張を明確に掲げており、そのことによって乾嘉期の學術の基本的な方向を主導した。したがって、『古義』は實に惠氏の經學を研究する鍵と見ることができる。

　　本稿では最初に『九經古義』という書名を解釋した。『四庫全書總目』が「古義と曰ふ者は、漢儒の專門たる訓詁の學」と評してから、研究者の多くがこの說に從い、大抵は「古義」が漢儒の古訓を指すと考える。しかし『古義』「述首」が「經の義は訓に存す」・「字を識り音を審らかにすれば乃ち其の義を知る」と說いている以上、その意圖を推し量れば、經義／訓詁を二つの異なる段階・手順と考えているに相違なく、訓詁を通じて經義を理解しようとしているかに見える。また漢學を尊崇する理由は「漢、猶ほ古に近きを以て」であり、漢がそのまま古であるとするのではない。これらのことから判斷すると、惠氏のいわゆる「古義」は聖人・經書の古義を指しているはずで、漢儒の訓詁の義ではない。また『古義』を著した趣旨は、經典の原意を解明することにあり、漢儒の學を墨守するわけではない。

　　他方で、惠氏は經典の古義を理解するには訓詁という方法を用いる必要があることを主張しているが、それならば、その賴るところの「訓詁」には特殊な含義があるのだろうか。まったく先行研究が說く通り、專ら漢儒の訓詁を指すのであろうか。かくて本稿において『古義』における經書解釋の資料に分析を加えた結果、『古義』に徵引され經書解釋に用いられている書籍・資料は非常に豐富であり、時代的にも先秦から清代までを包含していることが分かった。先秦のものに關しては、『古義』が先秦の經書を援引して「經を以て經を證する」以外に、先秦諸子の書も用いて「子を以て經を證する」ことが屢々あり、とりわけ墨子の學が復興する道を切り開いたという功績が認められる。漢代のものに關しては、『古義』において漢學を標榜する以上、中に引かれている資料はやはり漢代のものが最も多い。ただ、ひたすら「漢學を墨守する」、「一般的に漢は皆

良い」、「是非を論ぜず」というのではなく、漢儒の見解に補足や判斷を加えることもしょっちゅうであり、反駁することさえある。漢代以降の資料に關しては、惠棟は漢以降の注疏を輕々しく信じることはしないが、ただ、『古義』の中ではやはり後儒の說を引用することが少なくない。中でも魏晉六朝隋唐の資料がとりわけ多く、たとえば孔穎達の『五經正義』は「古義」を保存する面で功績があるとして重視されている。宋以後の資料に關しては、惠氏はもとより宋學を排斥するが、宋儒の見解でも優れていて從うに値するものに對しては、一方的に排除することはせず、その學問は王應麟と司馬光の二者から少なからぬ影響を受けてさえいる。これらのことから分かるように、惠氏の經學は宋學に對する反動にもとづいているが、その學術の淵源の一部は實に宋學に由來し、漢學と宋學の堅固なる陣營に元來、それほど明確な違いがあったわけではない。惠氏が特に漢學を提唱した理由は、實は漢儒の經書解釋が經文の原意や經書が作られた時代背景に比較的符合していると考えたからであり、漢學に限ると考えているわけではない。

　總括すると、惠氏のいわゆる「經の義は訓に存す」は、經義／訓詁を二つの異なる段階に分けているようであり、その中、「訓」は一切の訓詁を廣く指していて、特に古訓——とりわけ漢儒の古訓を重んじるが、漢を墨守するわけではない。したがってその學問は獨創性のある「清代の漢學」と言え、弟子の江藩などに至って始めてやみくもに漢儒の諸說に從うようになったのである。訓詁を通して理解する「義」については、恐らく經義を指していて義理ではなく、その後、戴震がさらにそれを義理の階層にまで押し上げ、訓詁が明らかになれば義理が明らかになると考えたのは、實は惠棟の經書解釋の觀念が別方向に展開したものである。王念孫父子に至ると、惠氏の「訓に存す」という學問の觀念をより一層固守し、そのことによって乾嘉期における訓詁學の隆盛がもたらされた。ただ、本源をたどれば、始めて唱えた功績は實に惠棟に歸せられるのであるが、惜しいことにこれまでの訓詁學史では看過されてきた。

思想と宗教

… 儒教思想における知行觀
―孟子を中心に論ず―**

林　啓屏*

（近藤　浩之・西　信康　譯）

一、前言

　　基本的に儒家學說は、今日の學問分類の認識上では、「道德哲學」の強調を中心とする古代學派である。この見方でだいたい大過はないけれども、しかし、それはあくまで今日の學問分類を基本とする觀點である。儒者は、とりわけ古代の儒者は、自分が信ずる學問が一種の靜態的客觀知識の學問に過ぎないなどとは思っていない。彼らのほとんどが、儒學は生命の學問であり、それ故に儒學を用いて世界を解釋し、その中に存する（あらゆる）現象を說明できるだけでなく、さらに重要なことには、彼らは、儒學が世界を改變し、生命を安定させることができる實踐的意思だと信じていた[1]。したがって、儒學は單なる「知」の客觀對象ではあり得ず、現實生活の世界において「行」われるべき（實踐されるべき）ものであった。こうして表現された（儒學の）學術性格は、「理論理性」を強調するギリシャ哲學傳統およびその影響を受けた西洋文化と比べて、明確な區別があり、さらに一層ある種の「實踐理性」の趣きを際立たせている[2]。このような「實踐理性」を強調する學問傾向によって、儒家思想の人物たちは、客觀知識の構築に對して顯著な保留的態度を取るようになる。そのため、「知行」觀の議論において、いつも「行」を重視して「知」を粗略にする態度を示すようである。しかしながら、これは一般的な傾向に過ぎない。實際には、古代儒者が「知行」の問題に對處する際には、恐らく單純な態度ではあり得ず、もっと際立って複雜な主張をしている。よって、本稿では、孟子を中心にして、孟子の「知行」觀における考え方を分析し、さらには象山と陽明という異なる時代の二人の儒者を參照の對象とする。本稿では、第一に、「内向型的冥契經驗」と「外向型的冥契經驗」とを以て、「知行」思想の兩方向の可能性を說明

** 本文は國科會 NSC94-2411-H-004-049 專題研究計畫の成果の一部である。
* 臺灣國立政治大學中國文學系教授。
1) このような知識分子の實踐的性格を强調することは、東洋の學者の專賣特許ではなく、マルクス（Karl Marx）も、知識分子に對する理解として、世界を改變するその能動性を重視していた。
2) これに關連する議論として、余英時「略說中西知識分子的源流與異同―『士與中國文化』自序―」、『九州學刊』、第 2 卷第 1 期（1987 年秋季）、3-4 頁を參照。

することを試みる。第二に、「體知」の角度から、孟子思想の「知行」説を分析し、その「内向型」の知行觀點とその意義を檢討する。そして最後に、象山と陽明とを例として、宋明の儒學思想家の「知行合一」の主張内容を、要點を押さえ簡潔に説明する。

二、内向と外向―身體的な觀點―

一般的な理解として、古代中國の思想家は、「道」を求める過程にあっては理論理性の思考回路を取らない、言い換えれば、現實の生活世界を一つの客觀的な認知存在へと對象化することをしない。反對に、古代思想家たちは我々人間と生活世界との「一體化」の關係[3]を重視する。例えば、孟子は盡心上篇で次のように指摘する。

> 其の心を盡くす者は、其の性を知るなり。其の性を知れば、則ち天を知る。其の心を存し、其の性を養ふは、天に事ふる所以なり。殀壽貳(たが)はず、身を修めて以て之れを俟つは、命を立つる所以なり[4]。

この文章の中で、孟子は「人―天」關係の連續性を指摘しているが、「天」は「知」によって知られる客觀對象ではない。「身を修めて以て之れを俟つ」という状態において、「人―天」兩方の關係が成り立つ。したがって、今日の自然科學の立場のように、「天」を外側に推しやり、かつ客觀的な認知對象として見るのとは、明らかに異なる。さらに一層考えるべきは、孟子の、この「身」を「天―人」關係を疏通する媒介の手段とする發想が、彼の所謂「知心」「知天」の「知」に濃厚な道德實踐の傾向を齎し、單なる客觀的認知能力の「知」にとどまらなくしている。なぜならば、この時の「身」は、認知能力を發揮することをその主要任務とせず、その「身」は實踐に重點があるからである。そうであるならば、なぜ「身」は孟子が「知」を論ずる重要な起點と成るのか。致知の過程における「身」の意義は何なのか。これこそ我々が必ず檢討すべき課題となる。

事實上、「身」は我々が樣々な人間行動を行うための媒體である。しかし、我々はい

---

3) 『中庸』第 22 章に「唯だ天下の至誠のみ、能く其の性を盡くすと爲す。能く其の性を盡くせば、則ち能く人の性を盡くす。能く人の性を盡くせば、則ち能く物の性を盡くす。能く物の性を盡くせば、則ち以て天地の化育を贊(たす)くべし。以て天地の化育を贊(たす)くべければ、則ち以て天地と參なるべし。」とある。『中庸』の考え方では、「人」の「性」は、我々を「物」と「天地」とに關聯付け、このような關聯性によって萬事萬物を「一體化」の關係と見なす。その中には、「自然世界」と、人間にとって意義のある「生活世界」とが含まれる。このため、儒者は、「人」が構築して出來た「人倫」構造を絶っては、「道」の境地に到達することは不可能である。杜維明は、儒者の際立った宗教的性格は必ず人間關係において實踐されるので、儒者は絶對に「自了漢」(自己完結)の形態ではない。杜維明「宋明儒學の宗教性與人際關係」,『儒家思想―以創造轉爲自我認同―』(東大圖書公司、1997 年)、147-166 頁を參照のこと。事實上、この「一體化」の思維模式には、さらにもっと古くからの人類の普遍的な生活經驗が存するにちがいない。エルンスト・カッシーラ(Ernst Cassirer)の考えでは、古代「神話」は、樣々な生命形式を一貫する思維すなわち「生命一體化」(solidarity of life)を反映している。エルンスト・カッシーラ著・甘陽譯『人論―人類文化哲學導引―』(桂冠圖書公司、1991 年)、122 頁を參照。

4) 朱熹『四書章句集注』(中華書局、2003 年)、「孟子集注」盡心章句上、349 頁。

つも「日に用ひて知らず」(『周易』繋辭上傳)の情況下で、意義構築過程における「身」の重要性と機能を輕視している。しかるに、上述の孟子の觀點が、古代中國哲學思想の一側面に注意を向けるべきであることを我々に氣づかせた。マイケル・ポラニー(Michael Polanyi)はかつて次のように指摘した。人々は「個人知識」(personal konwledge)を構築する過程で、「支援意識」(subsidiary awareness)と「焦點意識」(focal awareness)とは、うまく組み合わさることで知覺行動を意義あるものにする二つの重要な意識である。ポラニーはこのような認知構造を「暗默致知」(tacit knowing)と稱した[5]。そして次のように云う。

> すべての暗默致知の基礎は、我々が注意力の焦點を他物に集中する時に、その意識が向かう項目あるいは個別物に在る。例えば、二枚の立體映像寫眞のようなものである。(按ずるに、マイケル・ポラニーは二枚の寫眞を重ねた立體映像を用いて暗默致知の典型構造を説明したのである。)これが、支援と焦點目標の「功能關係」(functional relation)であり、我々はこれを「轉悟關係」(from-to relation)とも稱する。別の言い方では、この關係が、支援物を基礎とする「轉悟知識」(from-to knowledge)を形成する——焦點目標を形成するのに功能があるような支援物知識に關わる、と言える。暗默致知はつまりは轉悟致知であり、場合によっては、轉注致知(from-at knowing)と稱することができる。[6]

當然ながら、マイケル・ポラニーがさらに暗默致知を三つの側面、つまり「功能面」「現象面」「語意面」に細分している[7]ことに注意すべきである。しかし、これは複雜な區分であり、ここで我々が議論する必要はない。我々が再度説明すべきは、暗默致知の構造における「支援」と「焦點」という兩端點的な思考が、とりもなおさず「意義」形成の重點である、ということである。ポラニーの考えでは、我々は「支援意識」の協力を通じて、焦點目標に對する認識を生じ、意義を形成できる。さらにもっと深くつっこんで説明するならば、「支援意識」は意義形成の過程の中で、焦點をうまく導くという功能(はたらき)を果たしているが、意義が生み出された後には、「支援意識」は隱れて見えなくなり人々に意識されなくなる。こういうわけで、意義の形成には「支援」と「焦點」の兩基點の結合が必要であるが、いったん意義が生み出され、「支援」の一方が(もう一方の)「焦點」と相容れない現象が生じた後では、かえって「意義剝奪」(sense

---

5)「暗默致知」に關するポラニーの議論については、マイケル・ポラニー(Michael Polanyi)・ハリー・プロッシュ(Harry Prosch)著、彭淮棟譯『意義』(臺聯經出版事業公司、1984年)、第二章「個人知識」、23-51頁と、特に36-38頁の議論を參照。この他、臺灣の學會にも、ポラニーの説を運用して孟子の思想を解釋する學者がいる。關連する議論については、李明輝『康德倫理學與孟子道德思考之重建』(臺北中央研究院中國文哲研究所、1994年)、20-24頁を參照。

6) 同前注、38頁。

7) 同前注、39頁。

deprivation)の到來を引き起こすのである[8]。

　ポラニーの考え方は、個人知識の議論に關して、我々があまり注意を拂っていなかった側面、すなわち「支援意識」という部分を與えてくれた。ポラニーは、この考え方の論證過程において、「身體」すなわち我々の認知活動における「支援」という基點に注目して來た[9]。つまり、「身體」は我々が意義を生み出すのに重要な項目であるはずだが、それにもかかわらず人々にいつも輕視される對象でもある。このような觀點はとても面白い。なぜならば、それは先に論及した、まさに孟子が述べる「知性」「知天」の求道の方途のような場でこそ、「修身」は重要な項目であるからである。しかしながら、歷來、これに關連する問題について分析を進めた學者は、かえって「身體」の議論にあまり多くの關心を注がなかった。このような現象はまさにポラニーが「暗默致知」を檢討する際に指摘した「意味剥奪」の情況のようなもので、研究者が「天人」關係の意義構造に關心を注ぐ時に當たっては、「身體」がこの過程において果たす功能（はたらき）及び意義はやはり相對的に忘れられている。このため、改めて「身體」に注意を拂うことは、我々が儒者の述べる「知行」の課題を考えるのに重要な參考を提供してくれる。なぜならば、「身體」はまさに一切の「知行」活動の媒介體だからである。實際に、楊儒賓は最近十數年間の研究業績において「身體」研究の重要性を認識するに至るが、その論述の起點はまさにポラニーの身體の立場に基づいている[10]。故に、本稿では上述した理論と研究方向に基づき、「身體」という支援の端點から儒家の「知行」學說の意義を考えようと試みる。

　そうだとすれば、「身體」は人々の「知行」活動の媒體ではあるけれども、「身體」が惹起する意義作用についてはどこから答えを探っていくべきだろうか。思うに、先に言及した古代儒者の「知行」という觀點は、客觀知識の認識と實踐の議論ではなく、「身

---

8) マイケル・ポラニー（Michael Polanyi）・ハリー・プロッシュ（Harry Prosch）著、彭淮棟譯『意義』、43頁。李明輝は、この「意義剥奪」の情況から、それが恢復上昇する過程を思索することで、道德的反省の必要性及び實踐行動の意義を明瞭にし、それを以て孟子の道德思想を研究することができた。李明輝『康德倫理學與孟子道德思考之重建』、23-24頁を參照。

9) ポラニーは、「身體」がまさに我々が意味を構築する「支援」である點に注意した。彼は言う、「世界にはただ、この一つのものがあるのみで、通常、我々は、このものに對する知覺に依據して、別の事物に注意を向けゆくことで、ようやくこのものが有ることを知るだけである。この唯一無二のものこそ我々の身體なのだ。我々は、支援的に身體の事情を意識し、この意識が支援となることによって、外在的事物に注意を向けていく」。この說は「身體」的側面の重要性を指摘するものである。マイケル・ポラニー（Michael Polanyi）・ハリー・プロッシュ（Harry Prosch）著、彭淮棟譯『意義』、40頁を參照。

10) 楊儒賓『儒家身體觀』は、近年の「身體觀」研究に對し最も深刻な影響を與えた著作であり、そこで注意される焦點は、「身體」の「内化」の議論にまで及ぶ。そこでは、ポラニーの暗默知の身體觀點に言及する以外に、彼は論說の中で、「冥契經驗」についても暗示してる。楊儒賓の研究が入手されたことで、ステイスの研究上の重要性に注意が向いた。本稿の執筆に對し、相當に啓發するところがあった。楊儒賓『儒家身體觀』（臺北中央研究院中國文哲研究所籌備處、1996年）128-210頁。その中、162-165頁の分析は、特に注意に値する。

體」を道德實踐の場と見なす視點の下で、儒者が「生命の學問」を構築したということである[11]。この生命の學問では「知」と「身體」を切り離すことはできず、「身體」の經驗が「知」の發生に對して作用し、その「行」の意味に影響を及ぼす。こうして「身體」の經驗內容（內包）を議論分析することで、儒家思想における「知行」という課題を、明らかにする所が有るのである。

しかしながら、「身體」を人々が（現實・日常の）世界において活動するための媒體だと言うならば、その經驗の方向は多樣であり、我々はどの方向から切り込むべきだろうか。ステイス（W. T. Stace）は「冥契主義」（Mysticism）に關する議論の中で、二つの方向の體驗內容に論及している。この議論はここで（本稿で）參考にする價値がある。ステイスは人類のある神聖な體驗を、概ね「冥契體驗」と稱し、試みに「內向型」と「外向型」との二つの體驗に區分した。彼は、その上で次のように云う。

> 兩者の區別は主に次の點にある。外向型は感覺器官を通じて外側へ目を向けるものであり、內向型は內側に目を向けて、心の奧底（心理精神世界）に直接入っていくものである。兩者は窮極的には聯合することを確認されるべきもので、プロティノスはこれを「太一」と稱し、この境地の中では、學者は、自己が合して一つになるばかりか甚だしくは化して同一になることをわかっている。ただ外向型の冥契者は、その肉體的感覺器官を使用して、外界の事物の紛紛たる雜多、海洋・天空・住居・樹木など樣々なものを感知し、これらが冥契して（暗默裏に合して）化して、ついには「太一」あるいは「統體」というべきものとなる。統體は、これらの雜多を突き拔けて、その光を輝かす。內向型の冥契者は、それとは正反對に、できるだけ感覺器官を閉ざし、あらゆる感覺やイメージや思考を意識中から排除し切って、自我の深層に入っていくことを追究する。沈默暗默の中で內向型冥契者は、太一に至ることを確認し、かつそれと合して一體化すると唱える。そうして到達した一體は、雜多なものを通じて得られたものではなく（外向型の體驗では反對に雜多を通じて得るが）、あらゆる雜多を排除し去った果てに至った純粹な一體なのである。[12]

ステイスの內向型・外向型の區別は、相當深く入り込んで二種の「身體」の神聖體驗を

---

[11] 基本的に、歷代儒者の「學問」に對する追求は、西洋のそれが「理論理性」の客觀的認知を强調するのと趣きを異にする。したがって、儒者について言えば、天地の間に在って、如何にその身を正しく立てるかが、關心の焦點であった。牟宗三はそこで、「心性の學」は、中國人の「生命の學問」であると考えた。そして、この「心性」の學問とは、決して身體を拔きにして論ずるものではなく、身體の視聽言動の中に、「心性」と「天地」との價値の連續を反映するものであった。牟宗三『中國哲學的特質』（臺灣學生書局、1984 年）、第十一講「中國哲學的未來」、87 頁を參照。

[12] ステイス（W. T. Stace）著、楊儒賓譯『冥契主義與哲學』（正中書局、1998 年）、67 頁參照。この他、蕭裕民もまた、この種の「內向」「外向」の冥契經驗を、莊子思想に見られる人の存有狀態に關する思想の解釋に運用しているのは、參考にすべきである。蕭裕民『遊心於「道」和「世」之間―以「樂」爲起點之《莊子》思想研究―』（清華大學中文系博士論文、2005 年）、71-77 頁參照。

區分する。我々がさらに進んで最も考えるべきこととして、「身體」の神聖な冥契經驗においては、外向型は「身體」の感覺器官の機能的作用を排除しないが、逆に、内向型は「身體」の感覺器官の機能を排除することを強調する。これが兩形態の差異の要點であり、それ故に、ステイスはさらに内向型の狀態について、次のように云う。

　　一體の感とは、この感覺の中で、あらゆる感性・智性及び經驗内容の雜多さ（多種多樣性）は、全部痕跡も殘さず消えて無くなり、ただ空白の統一體だけが存在する。これは最も基本的な要點的な核心的な特徵であり、その他の述べられる所は、ほとんどがここから導き出されるものである。[13]

　事實上、この「一體の感」より導き出される眞實感・神聖・幸福・喜びなどを感受するようなその他の經驗では、二つの形態（内向型・外向型）に大差はない。しかしながら、一體の感の體驗においては「身體」の作用が明らかに異なっている。このような異なる「身體」の表現は、重要な點に無關係ではなく、しかるべき分別（辨義、別の意義）と作用がある。ステイスの考えでは、「内向型」の發展は「時空」原則を完全に除き去り、さらには一切の雜多が融けて消滅する。このような「體驗」がそのまま冥契體驗の完全無欠狀態と成る [14]。なぜならばステイスは、「外向型」の「一體感」はこれを「統一」ないしは「普遍的な生命」と見なすが、「内向型」はそれを「意識」と見なすと考えるからである。さらに踏み込んで次のように指摘する。「しかしこの點から言えば、外向型はまた内向型の未完成の類型のようでもある。意識あるいは心は、生命よりも高いレベルの範疇であり、生命のランクの頂點である。外向型はただ、世界を生々流轉するものと見ているだけであるが、内向型は世界を宇宙意識あるいは宇宙精神と了解している。」[15] したがって、「身體」に對する主張の差異に因って、最終的に導き出される境地の形態も、高低の別を生じることになる。當然、このような判斷が適切か否かについて、學者達は異なる意見を持っている [16]。しかし、以上の議論から、我々は人々が「身體」をどの樣に見るかが、それに關聯する觀點（立場）の方向性に影響することを見出せるのである。そのうえ、このような影響はある時には價値の優劣判斷の根據を形成する。これによって儒家思想中の「知行」問題を檢討することは、我々にとって啓發的な意義を持ち得る。事實上、冥契經驗に對するステイスの思考を、儒家哲學傳統の研究に運用することは、なにも本論文の獨創ではない。1988 年、かつて陳來は「儒學傳統中的神祕主義問題」という論文を發表したが、これはステイスの兩種の冥契經驗説を論據

---

13) ステイス（W. T. Stace）著、楊儒賓譯『冥契主義與哲學』、131 頁參照。
14) この點こそが、ステイスが「内向型」とする冥契經驗であり、「外向型」冥契經驗よりも高次である理由である。同前注、161-162 頁。
15) 同前注、162 頁參照。
16) 楊儒賓は、この説に反對する。それに關する意見は、楊儒賓譯『冥契主義與哲學』、12-13 頁、「譯序」を參照。

として採用したものに他ならない[17]。ステイスが提示した「内向」・「外向」の兩種の冥契經驗説は、孟子より陸象山・王陽明に到るまでの思想を解釋するのに效果を發揮できると陳來は考えたわけだが[18]、それは相當見識のある考え方である。本論文もまた、陳來の探究・討論の軌跡に基づくものであり、「身體」の「冥契經驗」の角度から、儒家思想中の「知行」觀を考察したい[19]。

まさに上述した陳來の心學觀點のように、孟子及びその後の思想繼承者である陸象山の、致道の途上における考え方は、「内向型」の思想傾向に歸屬させることができる。そこで陳來は、孟子の「萬物、皆な我に備はる。見に反りみて誠なれば、樂みこれより大なることなし」及び陸象山の名言「宇宙は便ちこれ吾が心、吾が心は便ちこれ宇宙」を例に擧げて、このような儒學の思想内容は、背後で、一まとまりの「内向型」冥契經驗をその主軸としていると考えている[20]。陳來はさらに進めて次のように指摘する。

> 「心體の呈露」は、佛教禪宗においてよく知られている。人が一切の思想・情感・欲望と外部世界に對する感覺などを排除したら、殘るのは何だろうか。ただ純粹な意識本體があるだけである。その本體は一つの矛盾(paradox)である。神祕體驗はある種の確かな經驗であるにもかかわらず、この經驗には明確な内容がない。それは意識ではあるが、如何なる内容もない意識である。西洋人はそれを純粹意識(pure consciousness)あるいは純粹自我(pure ego)と稱し、中國古代の人は「心の體」、「この心の眞體」、「心の本體」と稱した。「純粹」とは、如何なる體驗の内容もないことを指す。それは、ヘーゲルの哲學における思辯の産物としての單純でも、規定の無い統一でもない[21]。

陳來のこの説は、とても正確にステイスの冥契の説を運用し、なおかつそれを根據にして、儒學傳統の「心學」の冥契の特色を論述している。しかし問題は、ステイスの説が導き出した「一體の感」であり、上文で引用したように、その結果はまさに「空白の主體」を生むことになる。しかし、それによって説を爲せば、儒家心學の立場の展開は、意外にも、「心」によって「性」を論じ「天」を知る脈絡の中で、一つの如何なる明確な内容もない「主體」を導き出す。これがどのようにして適切に儒家心學の意義を明らかにできるのか、まだ疑わしい。それ故に陳來は、冥契經驗者が、その「體驗」の目的の相違によりその導き出す結果もまた異なる内容を生じ[22]、儒家心學の傳統が導き出

---

17) 當論文は幾度も名稱を變えているが、本論では自選集の名稱に據った。陳來「儒學傳統中的神祕主義問」(『陳來自選集』桂林廣西師範大學出版社、1997年所收)、311-334頁。
18) 同前注、333頁を參照。
19) 陳來と楊儒賓の研究は、いずれもすでに「身體觀」と「冥契經驗」と「心性之學」との關係に注意しているが、「知行」に對する議論はやや乏しい。本論は思索の重點を「知行」に置く。
20) 陳來「儒學傳統中的神祕主義問題」、333頁參照。
21) 同前注、332頁。
22) 例えば、彼は、「同樣のあるいは類似する修養の下で、キリスト教徒が體驗するのは、神との合一であり、理學家が體驗するのは物との合一であろう。そして、佛教徒が體驗するのは、「空」であり、心學

すものは一種の「精神世界」であることに注意を拂った[23]。しかしながら陳來はさらに次のように指摘する。儒家心學の傳統は冥契體驗の中で精神世界を導き出すとはいえ、それはただ一種の偶發的な「心理體驗」に過ぎず、そのため、これによって正眞正銘の客觀的な實在を導き出す譯ではない、と[24]。さらに陳來はそこから、儒學の道德實踐には、「心體の露呈」のような神祕的經驗が必要なのか否かという問題を提起し直す[25]。

その實、儒家心學にあり得る冥契體驗が必須のものか否かも一つの問題であり、心學傳統の主體がこれ（冥契經驗）によって空白主體と成るのか否かも別の一つの問題であり、兩者はまさに混合してはならない。なおかつ、我々が必ず明確に説明すべきなのは、儒家心學傳統では一種の「空白主體」という考え方が許されないということである。もしも許してしまえば、「儒學」という言葉はただの「空なる名詞」となり、信仰者の相違によって、その内容に各種各様の意味が込められ、相對主義に陷る可能性がある。このような状況は恐らく、心學の立場の儒者が受け入れられるようなものではない。それが引き起こす思想的災難は、決して主觀客觀問題の討論にとどまるものではない[26]。例を擧げて説明するなら、フランスの著名な實存主義哲學者、ガブリエル・マルセル（Gabriel Marcel）はデカルト（Descartes）思想がもたらした「空白主體」の思想危機を、深く認識していた。マルセルは、いったん「主體」が「空白主體」に變わると、「存有」において、「價値意義」を失ってしまう、と考えた[27]。勿論、マイセルの論の主眼は「客觀知識」追求の弊害であり、ステイスが強調する冥契經驗とは異なる。しかし、「空白主體」の説が引き起こしかねない問題を、ステイスの説は回避できないのである。よって、もしも冥契經驗の結果、主體を差し出すことがその代價となるならば、儒者がそのような結果を受け入れることを願うか否か甚だ疑問である。儒家心學者の冥契經驗は必ず、「道德主體」とぴったり合してそれを據所とするからである。

このように、我々が一層深く考える價値があることは、ステイスが各種類の冥契經驗を總合して二つの類型を抽出したということで、それはおのずから卓見である。しかし、「冥契經驗」は悟道者（道を悟った者）の究極的境地と見なすべきではない。「冥契經驗」は、悟道者にとって言えば、ただの一種の偶發的な心理經驗に過ぎないように見える。このような心理經驗は情緒制約反應の過程ではない。反對に、ここの體驗過程は一

家が體驗するのは、「本心」である」と言う（同前注、332 頁）。

[23] 同前注、332 頁。
[24] 同前注、333 頁。
[25] 陳來はこれによって、「心學」とは「體驗の形而上學」のみと見なす。同前注、333-334 頁を參照。
[26] 蕭裕民は、ステイスは内外向型の冥契經驗に主觀客觀の分の問題があることを強調している、と見なすが、適當でない。なぜならば、この種の冥契經驗が最高状態に到達した時には、主觀客觀の別はもともと必要ないからだ。蕭裕民『遊心於「道」和「世」之間—以「樂」為起點之《莊子》思想研究—』、76-77 頁を參照。
[27] これについては、拙著『儒家思想中的具體性思維』（臺灣學生書局、2004 年）、第四章「論儒學的「宗教性」」、227-230 頁を參照。

種の「超越」の經歷であり、また悟道者は、この眞實の體驗において、自己という有限の存在を、無限超越の存在の中に(まとめて)合わせ入れる、とも言える。これは神聖なる希望でもあり、「超越」への強い憧れでもある[28]。もしも我々がこの類の體驗を一種の心理體驗だと見なすだけで、それと「超越」という眞實との聯結を否定するならば、人類のすべての宗教體驗はみな寢言や幻覺となり、孤獨なこの世に存在する人々の虛妄安定劑に過ぎないものとなろう。しかし、これは決して歷史の事實ではない。ただし、ステイスの言う所の冥契體驗を、儒學に對して討論することは、依然として一定の意義と價値を持っている。その中でも、最も考える價値のある事は、儒家思想中の「知行」という課題である。

三、「體知」中の「知行觀」―孟子を例として―

上述した討論からわかるように、儒家思想の「知」は、客觀的という意味での認知の學つまり學者が通常はっきりと線引きをするような種類の「知」ではなく、それは「道德」を對象とする「知」であり、傳統的な言語を用いて言えば、「德性の知」の認識である。しかし、認識される對象として言えば、「道德」あるいは「德性」は、このような主客を分析分離する狀況下では、「客觀」の認識經路に引き入れられ易く、かえって「德性の知」の實踐脈路における特徵から背離してしまう。如何にすればこの時代錯誤の方法から回避できるのだろうか。學者が、「體知」の經路を採用すべきである、と考えるならば[29]、もしかすると、これが最も優れた選擇かもしれない。杜維明は多くの文章の中で、中國哲學を研究し治める重要な切り口は「體知」を要(かなめ)とすることだ、と主張する。彼は云う。

> 身體を通じて認知を行うこと、簡略に言えばすなわち「體知」は、中國哲學思惟の特色である。この思惟方式は歸納主義的な回路で思考を進めないで、多くの角度からの具體事物を思考を巡らせる起點とする。思惟の過程の中で、具體的物事の多樣性と複雜性は、單純な數値(データ)へと解消されることもないし、單一の共通性に抽象化されてしまうこともない。認知する者と認知されるの對象とは、主客對立という外在關係を構成せず、主體の辯證という内在關係を構成する。認知の最初の形式は動態の個人が如何にして靜態の外物を理解するかということで

---

[28] これについては、劉述先「論宗教的超越與内在」(同『儒家思想意涵之現代闡釋論集』臺北中央研究院中國文哲研究所籌備處、2000年所收)、160-162頁を參照。

[29] 杜維明が主張する「體知」と、陳來が言う「體驗の形而上學」とは、實際には思想上の類似點がある。しかし、杜維明の「體知」說における「主體」は、決してある種の「空白の主體」の思維形式を根本とするものではない。杜維明は、まさに「體知」によって、實感のある「生活世界」を構築しようとする。したがって、陳來の主張とは異なるところがある。杜維明「身體與體知」(『當代』第三十五期、1989年3月、46-51頁)を參照。

はなく、如何にして人と人との間(「人際」)に理性の疏通を確立するかということである。體知は、内化技能の知だけではなく、自我意識の表現でもある。[30]

杜維明の「體知」の觀點は、明確に「主體意識」の構築に着目しており、そして特に、「體知」の重點は、「主體の辯證という内在關係」にある、と主張する。しかしながら、彼の論述はここに至って、「體知」の方向性を「人際」の關係、つまり一つの「外向き」の發展へと向かわせた。すなわち次のように云う。

> 各一個人は、天地の間で唯一無二な價値(豐かな資源と無窮の潛在力)を有しており、體知の修業は、この唯一無二の價値を體現(資源發掘と潛在力の實現)することに他ならない。しかし、一つの動態の發展の中で主體意識を表現する生き生きとした人々について言えば、我々の體知體驗は常に人間關係の中でこそ眞に突出して顯現する。もとより、内化の技能は體知を理解するための重要な手がかりである。體知の特色は、常に體物と體己との具體的經驗の中で出現するが、體知の生き生きとした輝きは、人を知ること(人と人との意志疏通)でこそはじめて充分に發揮されるはずである[31]。

これはとても興味深い考察視點である。杜維明は、「體知」は「主體意識」の構築の中で、「人際」關係をその展開とするという特色を、明確に描き出したのである。このような論述は、儒者の具體的實踐の中における眞實性及び「生活世界」の内容の開拓に對して、極めて有意義である。しかし、このような「體知」に基づいて實踐される「行」には、いったい如何なる深い意義を持ち、我々がさらに思考を進めるべき如何なる價値があるのだろうか。思うに、上述したステイスの「内向型」の冥契經驗の説は、我々の考え方に一つのヒントを提供してくれるだろう。以下の討論では、孟子の「知行」の觀點を切り口にして、「内向型の知行」の主張を分析することを試みる。

中國儒學發展史において孟子が尊崇される高い地位は、まさに論評者が言うように、德性の理論の確立及び道德主體の展開に在る[32]。とりわけ、「心性」という問題に對する孟子の思考は、當時の多くの學術觀點の中で、創造性のある新方向への可能性を樹立し、傳統的舊態的意義の下にあった「心性」論をして、深奧な德性主體の意義を生み出すものへと發展させた。これは儒學の發展にとって重要な基軸となる指標を措定したのである[33]。孟子の學説の中で「知行」に關聯する論述に及ぶ篇章は、『孟子』盡心上篇の次の一文から論を起こすべきだろう。

---

30) 同前注、50 頁。
31) 同前注、50 頁。
32) 勞思光は、孟子の「性善論」は「德性重視」の文化的精神を顯示し、最も早くに「道德主體」の理論を明言した、とする。勞思光『新編中國哲學史(一)』(臺北三民書局、1997 年)、第三章「孔孟與儒學(下)」、159 頁。
33) これについては、拙稿「孟荀「心性論」與儒學意識」(2006 年 4 月 25 日、山東大學儒學研究中心主辦『儒學全球論壇(2006)孟子思想の當代價値國際學術研討會』)を參照。

　　　　孟子曰く、人の學ばずして能くする所の者は、其の良能なり。慮らずして知る所
　　　　の者は、其の良知なり。孩提の童も、其の親を愛することを知らざる者は無く、
　　　　其の長ずるに及ぶや、其の兄を敬することを知らざる無きなり。親を親しむは、
　　　　仁なり。長を敬するは、義なり。他無し、これを天下に達ぼすなり。[34]

　孟子のこの話の中で、「良知」「良能」が分けて述べられたことが、理解上の問題を引き起こした[35]。しかし、孟子は、この「良知」と「良能」という見方において、實際は「合一」の論を主張しているのである。李明輝は、「良知」は孟子の「本心」の、道德における「判斷原則」(principium dijudicationis) であり、「良能」は「本心」の、道德における「實行原則」(principium executionis) である、と考える。それ故、「良知」「良能」は、實は「本心」の一事を兩樣に説くという臨機應變の便宜に過ぎない[36]。かつ、ここの兩説は、孟子道德學説の重要な方向性を代表している。つまり、「知」は「能」を含み、「能」は「知」を兼ねる、故に「知行合一」なのである[37]。

　盡心上篇の「良知」「良能」説は、「本心」について説いているのであるが、孟子が「本心」を分析する際には、「本心」を單獨に扱うのではなく、「本心」を一つの概念あるいは客觀的認識對象と見なす。孟子は、「身體」に包含されているという角度から、「本心」の思考を進める。つまり「身體」は、孟子が「心」を論述する時の作用として、實際には「支援者」(「全體從屬」)の立場で出現し、「焦點對象」ではない。その焦點の目標の所在は「仁義禮智」などの道德對象である。『孟子』盡心上篇に次のような文章があり、注意を拂うべきである。

　　　　孟子曰く、廣土と衆民とは、君子これを欲するも、樂しむ所はここに存せず。天
　　　　下に中して立ち、四海の民を定むるは、君子これを樂しむも、性とする所はここ
　　　　に存せず。君子の性とする所は、大いに行なわるると雖も加わらず、窮居すと雖
　　　　も損せず、分定まるが故なり。君子の性とする所は、仁義禮智にして心に根ざす。
　　　　其の、色に生ずるや、睟然として面に見はれ、背に盎はれ、四體に施れ、四體は
　　　　言わざるも喩る。[38]

　孟子はここで、「欲」「樂」「性」の三つの次元に論及しているが、その中の「欲」「樂」は「生活世界」の事柄に關わり、「性」の方は「身」と「心」に關わる。基本的に孟子

---

[34] 朱熹『四書章句集注』、「孟子集注」盡心章句上、353 頁。
[35] 本段の文字に對する焦循の理解は、「良知」と「良能」とを分けるもので、孟子の主旨を失している。詳しくは、李明輝「從康德的實踐哲學論王陽明的「知行合一」説」(『中國文哲研究集刊』第四期、1994 年)、416-417 頁參照。
[36] 同前注、417 頁。
[37] 杜維明は、すでに「體知」に予想されるところの「知行觀」は「知行合一」であると指摘している。李明輝は、孟子の「良知」が「良能」を含むのは、陽明の「知行合一」思想の淵源とする。杜の説については、同「身體與體知」、50 頁を、李の説については、同「從康德的實踐哲學論王陽明的「知行合一」説」、5 頁を參照。
[38] 朱熹『四書章句集注』、「孟子集注」盡心章句上、354-355 頁。

は、はっきりと「仁義禮智」の道德意識の根源は、必ず「心」に求めるべきだと表明する。この説は、孟子が「放心」を論ずる主旨とも符合する [39]。この點はすでに學會において定論と成っている。しかし、さらに深く分析すべきなのは、「生色」（色を生ず）と「四體」及び「心」との關係である。楊儒賓は、朱熹の注「生、發見也。睟然、清和潤澤之貌。盎、豐厚盈溢之意。施於四體、謂見於動作威儀之間也。」[40]を根據として、さらに展開する。

> もしも四端の發現に（順調に）從って行けば、我々の感覺四肢・動容周旋の間に、精神的な究極境地を現出できる。このような境地の中で、人の身體は精神化した身體と成る。「精神」は、無形無象でもなければ、ただの「意識」でもない。それは生命の最も内部から形骸の最も外部まで、斷絶することなく、浸透し、轉化し、體現し、ついには「小體」の「小」義の無い、全體すべての大に至り、傍觀者は無言の中に目擊し證言できる。[41]

楊儒賓ははっきりと指摘する。「身體」と「心」との關係は、「仁義禮智」四端の周流の中に、「同一化」の境地に到達できる。それ故、小體の生理血氣は浩然の氣の流轉へと變化するばかりか、我「身」に體現するのはもはや、生理的制約を受ける「身」ではなく、「全體すべての大」である [42]。ここにおいて我々は、孟子の「身心一如」の論述の下においては、「身」は「心」によって理性化されているということを、見出すのは難しくない [43]。楊儒賓はさらに一步を進めて、このような「身心關係」の轉變の鍵が、即ち「氣」の上に在ることを指摘する。そういうわけで、楊儒賓はその文章の中で、「知言養氣」の説に的を絞って分析を加える。そして「性を知り天を知ることは、孟子の養心修業の極致であり、浩然の氣が天地間に充塞することこそが、孟子の養氣修業の最終目標である。」と考えた [44]。楊儒賓のこの考えは、充分に孟子の「身心」思想の「内向」的側面を體現している。とりわけこの「持志養氣」の修業と「天人相合」の冥契經驗とを對比して論じる時に、「個體性を解消して、さらに高次の實在と合一する」ことが、

---

[39] 孟子が告子上篇において、「人有雞犬放、則知求之。有放心、而不知求。學問之道無他、求其放心而已矣」と言及するのは、正しく人の心が外に放たれ失われれば、内なる道德性に缺乏が生じるため、學問はこの放たれた心を求めることにあることを譬えている。朱熹『四書章句集注』、「孟子集注」告子章句上篇、334 頁。

[40] 朱熹『四書章句集注』、「孟子集注」盡心章句上、355 頁。

[41] 楊儒賓『儒家身體觀』、第三章「論孟子的踐形觀」、143 頁。

[42] その實、このように生理的制約を突破し、道德的主體を我が身の主人としての力とすることは、正しく人間の自由を回復することである。李明輝は、カントの「人の二重的身分」を運用し、「人」がいかに「自然の因果律」の制約を突破し、「自由の因果律」を持ち得るかの可能性に論及している。李明輝『儒家與康德』（臺北聯經出版事業公司、1990 年）、「孟子與康德的自律倫理學」、「再論孟子的自律倫理學」、65、67、69-71、89-92 頁。

[43] 勞思光は、「心」を以て「氣」を養い、「身」を保持するのは、一種の原始的生命の理性化であるとする。勞思光『新編中國哲學史(一)』、174 頁を參照。

[44] 楊儒賓『儒家身體觀』、第三章「論孟子的踐形觀」、164 頁。

即ちその「内向型」發展の明證である[45]。

　事實上、孟子の「知言養氣」の說を、もし「良知良能」と配合して觀るならば、孟子思想中の「知行」の主張は、さらに明確にできるだろう。前文ですでに孟子の「知行」觀を說明したが、孟子の「本心」の脈絡の中で、それは一種の「知行合一」型態として表現される。また孟子の「生色」の說は、はっきりと「身體」に對する「本心」の主導作用を表明している。そこで、我々は次のように言うことができる。孟子の考えでは、「本心」の顯現する所の「良知」の光が、照らし見る範圍を擴充した後、「身體」が、「氣」―「質」轉化の動作原理（メカニズム）の後に、同質化して浩然の氣となる。この時、「身體」の一切の「行動」はまさに「良知」の能動性を源とし、「身體」の「感官生理」の機能はすでに「道德理性」の機能へと改變されている。これはとても重要な點である。

　前文ですでに引述したステイスの考えでは、「一體の感」に到達した時、あらゆる「感性・智性及び經驗內容の雜多さ（多種多樣性）」はすべて跡形もなく消失し、そして一種の冥契の新境地に入っていく。陳來もこれに據って儒者の「心體呈露」に論及する。しかし、もしもこれによって論じるならば、「主體」にはただ相對的內容しか殘らなくなる。なぜならば、「主體」は空白に成るばかりか、この空白な主體は、樣々な信仰者の一體冥契經驗の中では、固定的な絕對的內容が無くなるからである。これは、この立場においては、陳來がそれによって儒家心學の冥契經驗を思考したのは、必要性が有るのかどうかという問題でもある。

　しかし實際は、孟子の「知」は一種の「體知」の表現であり、その知る內容は、必ず人間に立脚できてこそ、はじめて天地化育の眞實に參與できる。それ故に杜維明は、「體知」の精彩ある（生き生きとした）表現は人間關係の上に在ると主張する。しかし、「身體」は我々が自分の道を行く（自分の性を實踐する）時の「支援者」でありながら、同時に阻礙者ともなり得る。そういうわけで、自然生理血氣の「身體」は必ず轉化してこそ、はじめてありのままに自分の道を世に實踐して行ける。轉化の機轉は、「持志養氣」に在るはずである。「持志」とは、「心の之く所のまま」の方向を保持することで、孟子の理論について言えば、四端の發動である。また「心」の內在化と意識化でもある。發動する「心」は、「浩然の氣」を養い、そうして生理血氣を同質化させることができる。このようにして、「身心一如」、「體知」はとりもなおさず「心知」の表現となる。しかし、「心知／體知」は、決して認知という意味の「知」ではなく、その知る內容は、孟子の云う所では、「心を盡くし性を知り天を知る」という「知」に他ならない。よって、この「知」は「超越」と結びつかねばならない。しかし、天の超越性の內容は、何によって言うべきであろうか。孟子は、ここで唐突に「人を以て天を證す」の天人哲學を持ち出す。なぜならば、人が深く內化に入っていく時に當たっては、「心」の意義はそのまま「天」の眞實を明確にできる。しかし、「身心」は內化が極まり、ステイスの云う

---

[45] 同前注、162-163 頁。

ような「一體の感」を生じる時に、孟子は決して「身」の生理性質が消失するとは考えず、轉化であると考える。反對に、この一「身體」のある特質が、かえってこれ（轉化）によって顯彰される。この時、孟子の思想は、もはやステンスのカバーできる範疇にない。當然、顯彰される「身體」の特質は、内容の無い意識ではない。孟子は、はっきりと「四端」によってその内容の範圍を定める。そういうわけで、この時の「超越性」の意義は、「道德意識」の表現をその内容とせざるを得ない。それ故、牟宗三は、「道德秩序」は「宇宙的秩序」に他ならないと説く[46]。

　論述がここに至って、我々は孟子の「知行」の主張が、ある種のステイスの冥契説的な内向型の傾向を持っていることを明らかにすることができる。これによって、「知」の極致は、必ず「心」の不斷の内在化の後にこそ到達しうる。しかし、その極致の現われは、とりもなおさず、ある種の喩えようもない「一體の感」を生み出す。これは一種の神秘的體驗であり、「超越」と關聯している。孟子の哲學の立場に立ち返れば、孟子の「知」の觀點は「與天合德」の超越性の内容を獲得している、と言える。しかし、孟子の「知」の説は、「行」の可能を内包している。そういうわけで、人間世間の行動は、「道德實踐」の中にこそ在り、「道德主體」の作用を際立たせ、なおかつそれによって「天道」のいつわりのない真實を證明する。それ故、「天道」は、證せずとも自明なのではなく、人がそれぞれの道を行く（自分の性を實踐する）中で、「天道」の真實性がはじめて證明される。具體的な例證として、我々は、萬章上篇で孟子が云う所の三代の歴史によって、あるいはその意義の一、二を説明できるだろう。すなわち云う。

　　　萬章曰く、「堯、天下を以て舜に與ふ、諸れ有りや」と。孟子曰く、「否。天子は天下を以て人に與ふること能はず」と。「然ば則ち舜の天下を有（たも）つや、孰かこれを與へし」と。曰く、「天これを與へし」と。「天これを與へしは、諄諄然としてこれを命ずるか」と。曰く、「否。天は言はず、行と事とを以てこれを示すのみ」と。曰く、「行と事とを以てこれを示すとは、これを如何せん」と。曰く、「天子は能く人を天に薦むれども、天をしてこれに天下を與へしむること能はず、諸侯は能く人を天子に薦むれども、天子をしてこれに諸侯を與へしむること能はず。大夫は能く人を諸侯に薦むれども、諸侯をしてこれに大夫を與へしむること能はず。昔者、堯、舜を天に薦めて天これを受け、これを民に暴（あらは）して民これを受く。故に曰く、天言はず、行と事とを以てこれを示すのみ」と。曰く、「敢て問ふ、これを天に薦めて天これを受け、これを民に暴（あらは）して民これを受くとは、如何せん」と。曰く、「これをして祭を主らしめて、百神これを享く、これ、天これを受くるなり。これをして事を主らしめて事治まり、百姓これに安ず、これ、民これを受くるなり。天これを與へ、人これを與ふ。故に曰く、天子は天下を以て人に與ふること能はず、と。舜は堯に相たること二十有八載、人の能く為す所に非

---

[46] 牟宗三『中國哲學十九講』（臺灣學生書局、1983年）、第四章「儒家系統之性格」、82頁。

ざるなり、天なり。堯崩じ、三年の喪畢はり、舜、堯の子を南河の南に避く。天下の諸侯、朝覲する者は、堯の子にゆかずして舜にゆく。訟獄する者は、堯の子にゆかずして舜にゆく。謳歌する者は、堯の子を謳歌せずして舜を謳歌す。故に曰はく天なり、と。夫れ然る後、中國にゆき、天子の位を踐めり。而るを堯の宮に居り、堯の子を逼らば、これ篡ふなり、天の與ふるに非ざるなり。泰誓に曰く、天の視るは我が民の視るに自ひ、天の聽くは我が民の聽くに自ふ、と。これの謂なり」。47)

　この文章の中で、古代政權が移り代わる政治思想に論及しているが 48)、その思維方式の背景は、孟子の、「人」を藉りて「天」を證するという實際運用に他ならず、かつ「人」の意志に由って「天」の意志を説明することに他ならない。そういうわけで、「天」がもし實存する一つの眞實ならば、やはり「人」によることだけがそれを證明できる。再び孟子の「知」が「行」を内包するという問題に立ち返るならば、『孟子』公孫丑上篇の議論は、説明可能な例證の一つに他ならない。すなわち云う。

　「夫れ志は、氣の帥なり。氣は、體の充なり。夫れ志至り、氣次ぐ。故に曰く、その志を持し、その氣を暴する無かれ。……志壹なれば則ち氣を動かし、氣壹なれば則ち志を動かすなり」。……「敢て問ふ、夫子惡にか長ぜる」。曰く、「我、言を知る、我善く吾が浩然の氣を養ふ」。「敢て問ふ、何をか浩然の氣と謂ふ」。曰く、「言ひ難きなり。その氣爲るや、至大至剛、直を以て養うて害すること無ければ、則ち天地の間に塞がる。その氣爲るや、義と道とに配す。これ無ければ、餒う。これ集義の生ずる所の者にして、義襲うてこれを取るに非ざるなり。行ひ心に慊からざること有れば、則ち餒う。我故に曰く、告子は未だ嘗て義を知らず、と。そのこれを外にするを以てなり。……」。「何をか言を知ると謂ふ」。曰く、「詖辭はその蔽ふ所を知る。淫辭はその陷る所を知る。邪辭はその離るる所を知る。遁辭はその窮する所を知る。その心に生ずれば、その政に害あり。その政に發すれば、その事に害あり。聖人復た起るとも、必ず吾が言に從はん」。49)

　この文章が明らかにしている内容に關しては、楊儒賓がすでに「心」・「氣」・「形」・「神」の角度から、多くの可能な冥契經驗の意義を分析している 50)ので、ここでは贅述はしない。ここで私が指摘しなければならないことは、「知言」の問題が反映している所の「知行」の觀點である。基本的に、「知言」と「養氣」の議論には、從來どちら

---

47) 朱熹『四書章句集注』、「孟子集注」萬章章句上、307-308 頁。
48) 基本的に儒家の政治思想の主張は、「天」の要素を重視するが、統治者の「德性」の必要を強調することが儒家思想の第一條件であり、とりわけ政權の轉變に關係する。配合この萬章と孟子との問答を合わせると、我々は「天」は重要であるが、「人」こそが一切の眞實の基礎であることを深く確信する。これについては、拙稿「古代文獻中的『德』及其分化―以先秦儒學爲討論中心―」、(『清華學報』新三十五卷第一期、2005 年 6 月)、「哲學概念史專號」、104-121 頁を參照。
49) 朱熹『四書章句集注』、「孟子集注」公孫丑章句上、230-233 頁。
50) 楊儒賓『儒家身體觀』、第四章「知言、踐形與聖人」、173-210 頁。

が先でどちらが後かの論争が有った[51]。しかし、我々が注目を向けてよい問題は、「言」の性質に着目することから、再びその致「知」の可能性を論じ、さらに進めてその中の「知行」の意味内容を論述できる。

公孫丑上篇の文脈から見れば、孟子の論じている「言」は、一般的な意味での「語言」ではないだろう。岑溢成は言う。

> 孟子が判別しようとしている「言」は、決して、いかなる物理・生理・心理の事實を描述する言辞でもない。孟子が判別しようとしているのは道徳の言辞なのだ。現代の英米倫理學家の術語を借用して言うならば、孟子が判別する言辞は、描述的な語言あるいは事實陳述ではなくて、規範的な語言あるいは道徳判斷である。[52]

これは相當に正確な見方である。なぜならば、「描述的な語言あるいは事實陳述」は、常に必ず「經驗的」な證據に立脚してこそはじめて、その語言内容の正誤を檢證できる。しかし「道德的な言辞」は、字面表面的な意義描述の正確さ以外に、孟子はさらに如何にして言語者背後の「存心」を看破するのかを強調しているからである。または、言語行為者の「動機」を如何にして正確に判斷できるのか、とも言えよう。それは、ただ單に道徳に合っているような表現の言辞に從うだけで、道徳であると判斷できるというのではない[53]。孟子の「知言」は決して、一般的な語言認知の問題ではない、ということがわかる。したがって、ここの「言」は一種の道徳の言語行動なのである。

「知」は如何にして可能になるのかということについては、楊儒賓がかつて文章を書いて指摘している。すなわち、孟子はここで必ず「心」・「氣」・「言」の角度から入り込むことができてこそ、その「知言」の説が成立し得る[54]。確かにその通りであり、なおかつ興味深いことには、孟子のここの「知」は、「心」・「氣」・「言」の連續性の上に確立され、そこでこの種の「知」を成立させ得る支援的な役割を構成するのが、「身體」を捨ててそれに由らないことである。こうして我々は、ここの「知」の行動がまさに一種の「體知」の方式に他ならず、他人の「詖・淫・邪・遁」の辞を「體知」するのは、決して外向きの客觀的認知の一切の經驗的な判斷證據に頼るのではない、ということを見て取れる。反對に、それは「内在化」・「意識化」の方へ向かって進み、交感という方法によって、この一つの言語的な「知」を完成させる。そういうわけで、楊儒賓はこの種の行動こそがまさに孟子の「踐形」の表現であると稱した[55]。

---

51) これについては、黄俊傑『孟學思想史論卷二』（臺北中央研究院中國文哲研究所、1997 年）、五章「朱子對孟子知言養氣説之詮釋及其廻響」、191-252 頁を參照。
52) 岑溢成「孟子「知言」初探」（『鵝湖月刊』第 40 期、1978 年 10 月）、40 頁。
53) 儒家は道徳哲學の立場にあって、相當に「存心」の優先性を強調する。李明輝は、かつて「存心倫理學」の意味を專論している。文中で彼は、「存心倫理學」は「道徳價值が如何に定まるか」という問題に及ぶことを指摘している。李明輝「存心倫理學、形式倫理學與自律倫理學」（『國立政治大學哲學學報』第 5 期、臺北 1999 年 1 月）、9、13 頁。
54) 楊儒賓『儒家身體觀』、第四章「知言、踐形與聖人」、204 頁。
55) 同前注、204 頁。

以上に論じた所を総合すれば、孟子の「知行」觀には、ステイスの内向型冥契經驗の特色が有る。人々が「身體」を仲介とするに當たって、不斷に内向きに問いかけることを通して、しだいに（幾重にも重なり）意識の深層へと近づけば、人の自然生理は微妙なる體驗と變化を生じ、さらに進めば天地の大化との「一體の感」を生じる。この「一體の感」が確立した後には、萬事萬物はともに「我」との意義聯結を生じ、一切の存在界に價値意義及び真實感を有らしめ、「超越」の真實はこの時、ただ我の「内在」の中にだけ求められる。この境地に到達した時、物我に隔りは無く、主體の我もそのまま他者を感「知」できる。當然、「知」る所の（奥深い）内容は「行」うことができる。ここにおいて、孟子が構築した天人合德の境地は、そのまま知即行、知行合一の方向において、圓滿な人間世界を完成できる。この外に、必ず説明しておくべきことは、「知行合一」下の「我」は、「身體」の感官知覺を廢棄するのではなく、轉化するのであり、そこにステイスの論とは異なる所が有る。この轉化は、人を天地の間に確立させ、「道德意識」に依って行うことを可能にさせ、人が冥契經驗の中に在っても、（この轉化は）ただの一種の「心理」的滿足感だけではあり得ない。

四、餘論―象山と陽明―

孟子の後に孟子の學問の大旨を繼承した者として、陸象山と王陽明は、我々が注意するに値する二人の思想家である。象山は、宋代儒學の輝かしい系譜の中で、顯著に孟子の思想を引き繼いでいた。象山が言う「志を辨ず」、「先ず其の大なるものを立つ」、「本心を明らむ」、「心即理」、「簡易」、「存養」等の主張を含めて、學者はだれもが孟子の關聯のある學説の中から、その主張の來源を探り出せる[56]。しかし、奇怪なことには、「知行」の問題に對する象山の思考は、かえって「知先行後」であって前述の孟子の方向とは異なる所がある。この問題に關して、李明輝はかつて宋代の「知行」説に常見する錯綜する立場を指摘し、「知と行の先後」の課題については、字面の意味からその内容を定めるべきではなく、學者の義理系統からその意圖を判定すべきである、とした[57]。李の考え方は相當に見所があり、我々は確かにただ字面の意味の角度だけから、すぐに、この「知行」の主張の内容を判斷してはならない。そうでなければ、我々は思想家を、矛盾の構成體へと變えてしまうだろう。

象山が提起した「知先行後」の説は、『語録』の中の文字から説ける。『語録』にはかつて象山が伯敏の防閑工夫（閑居時の修養）を論じたことを載せていて、「精神がすべて死んでしまっている」ために、伯敏が自ら云う「所當爲を爲す」は絵空事に成ってしまっている。象山は云う。

---

56) 牟宗三『從陸象山到劉蕺山』（臺灣學生書局、1990年）、第一章「象山之「心即性」」、5-6頁。
57) 李明輝「從康德的實踐哲學論王陽明的「知行合一」説」、420-421頁。

今、あなたが死守定（かたくなに守ること）をするならば、どうして所當爲を爲せるだろうか。「博學・審問・愼思・明辨・篤行」する。(『中庸』に「博學之、審問之、愼思之、明辨之、篤行之」とある。―譯者注)「博學」が先に在って、力行が後に在る。あなたの學が未だ「博學」でなければ、どうして行う所が當爲か不當爲かを知ることがあろうか？防閑は、古人にも亦これが有ったが、但し古人の防閑は、あなたのとは別ものだ。あなたは硬把捉している（かたくなに捉えている）。告子は硬把捉して（かたくなに捉えて）、直っすぐ不動心の處に到ったが、なんと難しい事であろうか。ただもとのままではやはりいけない。私が、普段、あなたと話をしたことこそ、この世界で、肝肺から流出したことで、自分がもともと持っている物事であって、どうして硬把捉した（かたくなに捉えた）ことなどあろうか。[58]

象山は、伯敏が「所當爲を爲す」ことができるというのを信じながらので、「知先行後」の説を提起したのである。劉宗賢の考えでは、象山が「知行」の先後を區分したのは、認識の異なる次元から言っているのであり、知は「智之事」であるが故に、學習と講究を通さねばならない。しかし、「行」の方は「聖之事」であり、本心の發する道德實踐に歸する[59]。故に、兩者には區別がある。ところが、そのあとすぐに、また「與詹子南」の文「此の心の靈、此の理の明は、豈に外鑠ならんや。其の本末を明かにし、先後する所を知るは、學に由りて、其の明に及ぶと雖も、乃ち理の固有にして、何をか其の間に加損することあらんや。」を引く[60]。象山はこの説の中で、後の陽明の「知行合一」の主旨をすでに含んでいて、兩者には相通ずる處が有り、故に、「しだいに理性的思惟過程を否定して、而把道德修養を直感に歸した」[61]、と考えられる。このように、象山の説には確かに理論上の矛盾が有るように見える。しかし實際には、象山と伯敏との對話は、必ず後半の段で「硬把捉（かたくなに捉える）」か否かに論及する處に注意する必要がある。同時に、それを義理系統全體の中に置いてこそ、はじめて適切な理解ができる。なぜならば、象山の考えでは、防閑の問題は、まさに孟子と告子との「不動心」の道の違いのようなものだからである。もし「心」が義を集めなければ、「知」ることは恐らく適切ではなく、「行」の方も盲動の行と成ってしまう。この時、どうして知っていることが「眞知」だと「知る」ことができようか[62]。そのため、「行」が「當」か「不當」かは、決して「行」を客觀認識の對象としての「行」と見なすことではない。そうでなければ、ただの「死守定（かたくなに守る）」か「硬把捉（かたくなに捉える）」

---

58) 陸象山『陸象山全集』(世界書局據明嘉靖江西刊本校印、1990 年)、卷三十五「語錄」、287 頁。
59) 劉宗賢『陸王心學研究』(山東人民出版社、1997 年)、121 頁。
60) 陸象山『陸象山全集』、卷七「書」、62 頁。
61) 劉宗賢『陸王心學研究』、125 頁。
62) その實、劉宗賢もすでに、象山の「眞知」は、必ずや力行をその中に含んでこそ可能であることに注意している。同前注、124 頁を參照。

かでしかない。故に、象山は人々に、志を辨じて大なるもの（心）を確立することを求め、このようにしてこそ心を理のままにでき、そうして一切の行動がはじめて「この世界で」「肝肺から流出し」、さらに主客二分の知行先後の爭いの中に落ちることは無い。このため、象山のこの種の立場は、實際には「心學」に歸屬しており、それを疑う必要はない。

象山には、「知先行後」の論があるけれども、まさに李明輝氏が言う通り、我々が義理系統から思想家の主張を理解する時にこそ、我々ははじめて適切に語言の字面意味の障碍（惑わせるベール）を取り除くことができる。事實上、學問に關する象山の説き方は、疑いなく孟子と同系の觀點であり、そのためその論じる所の「學」は、當然にも、客觀意義の學ではなく、主體的實踐の學であるべきだ。故に、「本心」の求める「知」は、主體的な道德意識が發揮する「體知」でしかありえなく、客觀經驗の「知」ではない。すなわち象山はその「語錄」の中で云う。

> 天が我に與えた理由が何なのか、はたまた人と爲らねばならぬということなのか、よく考えなければならない。このことを明白に悟って、はじめて學問と謂えるのである。故に孟子は、學問の道は「その放心を求むるのみ」と云うのだ。例えば「博學・審問・明辨・愼思・篤行」もまたこの意味である。[63]

そういうわけで、象山の説く所の學問は、必然として安身立命の學問を指す。このようならば、即知即行（知ったらすぐ行うこと、知ることがそのまま行なうこと）こそは義理の大本である。それ故に、義理系統についてこれを推理すれば、象山の「知行」の説は孟學の大旨に合い、「知行合一」の立場を取っているはずである。しかし、象山が字面上、「博學在先、力行在後」の言葉を使用したのは確かであり、それによって誤解を引き起こしただろうことは、充分に推測できる。象山が使用した「知先行後」が引き起こした誤解の問題に關して、陽明は「答友人問」の中で、かなり切實な回答をしている。まず、かつて象山と晦庵の學が「知行」觀點の上で一致し陽明とは異なることを友人が問うたのに答えた時、陽明は次のように云った。

> 曰く、「致知格物については、從來、儒者は皆引き繼いでこのように言ってきたので、象山もまたそのまま引き繼いで、疑わなかっただけである。しかし、この考えはまた、結局は象山の見解が精密でない處であって、覆い隱すことはできない。」

又た曰く、「知の切實篤實な處は、そのまま行であり、行の明覺精察な處は、そのまま知である。知った時に、その心が切實篤實になることができなければ、その知も明覺精察にはなり得ないし、知った時にただ明覺精察でありさえすれば、切實篤實である必要はないということではない。それを行った時に、その心が明覺精察になることができなければ、その行も切實篤實にはなり得ないし、それを

---

[63] 陸象山『陸象山全集』、卷三十五「語錄」、284頁を參照。

行った時にただ切實篤實でありさえすれば、明覺精察である必要はないということではない。「天地の化育を知る」(『中庸』の言葉—譯者注)こと、心體はもともとそのようなものなのだ。「乾は大始を知る」(『易』繋辭上傳の言葉—譯者注)こと、心體もまたもともとこのようなものなのだ。」[64]

　陽明のこの話は、かなり精確に象山の學を描出しているが、實は粗略な所もある。なんとなれば、まさに前の文で論じた通り、心學大旨における象山の理解は、孟子の方向性に悖る所は無いし、かつ義理系統の大體の處においても、象山はまた孟子と區別が無い。しかし、象山の學問には常に粗疏の感が有り、象山は理論の筋道においてあまり精緻ではなく、論證の論理性もまたやや闕乏している。そのため、「知行」の論述開展においても、もとのままの文章に隨って意味を考えると、自然に陽明のようなはっきりとした理解もできなくなる。しかし、義理系統上の一致性によって、我々は象山の觀點が孟子の立場と符合するはずであることを導き出すことができ、象山が突然にも朱子の路線に乘り換えたとは言えないのである。

　基本的に、陽明と象山とは心學の立場において、兩人ともに孟子の思想と契合する所がある。そのため、象山の論述に滑ってこけている處があると、陽明は容易にその論述中の問題點を見つけることができる。こうして陽明は、自分が理解した「知」と「行」とは、兩橛の説(二本の杭の説)と斷ずるべきではないことを明らかにした。これこそそのまま陽明の有名な「知行合一」の説である。陽明の「知行合一」に關しては、學界でかなり多くの討論があり、すでに極めて深い所までなされた議題を、本稿で再び繰り返すつもりはない。私が指摘したいのは、陽明のこの種の「知行」觀の中の冥契的色彩である。陽明の「知行」説は、その(それぞれの具體的な)ねらい(針對性)があるけれども、それをこのような説(「知行合一」の説)にしている原因は、やはり義理型態がしからしめていることに由るのである。つまり、陽明の「知行」の主張は、「心」の性質と密切な關係がある以上は、孟子の心學の内向的色彩は、同じ様に陽明の言い方の中からも探し出すことができる。この中で、最も注意に値する冥契經驗は、ただ「一體之感」に他ならない。陽明は『傳習録』の中に、次のような對話を載せている。

　　問う、「人の心と物とが同體なのは、吾が身がもともと血氣の流通するものであるのと同じなので、これを同體と謂うのである。人の場合でも體を異にしている。禽獸草木はますます遠く異なるのに、どうしてそれを同體と謂うのですか。」
　　先生が曰う、「(きみは)ただ感應の幾(きざし)で見ているだけ。禽獸草木だけどころか、天地といえども我と同體であり、鬼神といえども我と同體なのである。」
　　(それはどういうことですか)おたずねします。
　　先生が曰う、「ほら、この天地の中間の、何が天地の心か。」

---

[64] 王陽明著、吳光、錢明、董平、姚延福編校『王守仁全集』(上海古籍出版社、1992 年)、卷六「文録三 答友人問」、210 頁を參照。

對えて曰う、「人が天地の心だとお聞きしました。」
曰う、「人は、何が（天地の）心たらしめているのか。」
對えて曰う、「ただ一個の靈明です。」
「してみると、天地を充塞しているものは、ただこの靈明があるだけで、人はただ形體のために自ら隔てているのだ。我が靈明こそ、天地鬼神の主宰である。天に我が靈明が無ければ、誰がそれを高く仰ぎ見ようか。地に我が靈明が無ければ、誰がそれを深く俯し見ようか。鬼神に我が靈明が無ければ、誰がその吉凶災祥を辯じようか。天地・鬼神・萬物は、我が靈明から離れては、天地も鬼神も萬物も無くなってしまうのだ。我が靈明は、天地・鬼神・萬物から離れては、我が靈明もまた無くなってしまうのだ。このように、一氣の流通しているので、どうして他と分け隔てることができようか。」
又た問う、「天地・鬼神・萬物は、千古に存在していますが、どうして我が靈明が存在しなければ、すべて無くなってしまうのですか。」
曰う、「死んだ人のことを考えてみよ。彼の精靈は游散してしまって、彼の天地・萬物はそれでもなお、何處に在るというのか。」[65]

上に引いた文章から、我々は陽明の際立った一種特殊な冥契傾向を見出せる。劉述先はこれを「寂感模式」と稱する[66]。このモデルは、「心」の「一氣流通」を通して、物我の間の差異が、ここから除かれ、人と物との關係は「同體」という連續である、と強調している。これはかなり面白い觀點である。なぜならば、陽明のこの種の觀點は、ステイスの論じる内向型の冥契經驗と、實にかなり多くの類似點があるからである。當然、私は次のように指摘しなければならない。陽明の「一體の感」は、孟子の心學の立場を保持しているので、陽明の「冥契經驗」は決して一種の純粹空白な主體ではあり得ない。その「心」の主體は、王家・謝家の燕が、世の變轉の間に、人に隨って姓を換える（劉禹錫「烏衣巷」の兩句「舊時王謝堂前燕，飛入尋常百姓家」に依る。―譯者注）ようなのではない。さらに重要なのは、この「心」の眞實存在が、「天地・鬼神・萬物」の眞實存在を保證して（成り立たせて）いることである。ここにおいて、天・地・人・神をまとめて一體とし、「内在」「超越」と「生活世界」とを貫いている。陽明の思想こそ、孟子の後の儒家心學のために、一つの新たな境地を開いたのである。

最後に、以上の檢討を總括すると、儒家思想における「知行」の課題は、象山や陽明の發展の下で、その内向型の冥契色彩が引き續き、一つの重要な特徵と成っていることを見出すことができた。その主要な内容は、次のようなことを強調する。すなわち、「知」の向かう目標は、「心性主體」と「超越本源」との間の同質關係を明らかにし、そこで

---

65) 王陽明著、吳光、錢明、董平、姚延福編校『王守仁全集』、卷三「語錄三」、124 頁を參照。
66) 劉述先は、「天地鬼神萬物は、彼にとっては、主客が合わさった後に顯わになる意味の構成體である。こうした構成體は、心を無くし世界を掌握する主宰を取り去れば、無に歸する」とする。劉述先『黃宗羲心學的定位』（允晨文化實業股份有限公司、1986 年）、97 頁を參照。

實踐（行）上の方策において、焦點を心性の「内在面」に投じる、このようなルートの知行の觀點は、「超越」的經驗が「内在」的な心性主體の中に探し求めることができ、ただ人が内在的な心性を「知」りさえすれば、必ず「天」と德を合することができると信じることにある。この「心」における修養において、この「行」における主張の中において、常に「身心」冥契の經驗の可能性に向かうことが有り、この時、「即知即行」「知行合一」が帶びた經驗は、いつも必ず個別の體驗者の主觀的な感覺であって、やや客觀的な表現にはしにくい。當然、この理論では、必ずしも某種の外と關わる實踐經驗を排斥できるとは限らない。それ故、この型態の「知行」理論は、決して一種の冥契經驗に溺れる空理空論ではなく、眞實の「生活世界」の價値を持っている。

「變化」を掌握する道徳
—『荀子』における「誠」概念の構造—

佐藤　將之[*]

一、はじめに

　本稿は、傳統的な『荀子』觀に修正を加え、『荀子』の倫理學説の新たな構築の可能性を模索せんとするものである。古來、傳統的な『荀子』觀はいわゆる「性惡説」と「天人之分」という二つのテーマを中心にイメージされてきたものであったが、筆者は長らく荀子思想の核心と言われてきたこの二つの主張を括弧に入れ、この二大主張を主要な内容とした『荀子』哲學の全體理解を「脱構築」する試みを進めてきた。その作業の一環として、「性惡説」と「天人之分」の觀點からでは『荀子』の不苟篇において「誠」概念が重要な思想的役割を果たしている事實をうまく説明出來なくなってしまう點に着目して再度テクストを讀み直し、「誠」概念が『荀子』の思想體系において「天」、「地」、「人（主）」三領域を構造的に相互關連させる價値觀念であることを明らかにした。最近では、それを踏まえ、「性説」や「天人関係論」に留まらないより總合的な『荀子』哲學體系の構築を模索しつつ、『荀子』思想の再評價を目指している[1]。

　以上のような研究方向に從い、本稿が明らかにしたいのは以下の二点である。第一に、『荀子』の「誠」概念は、その主張の思想全體から見れば、戰國中後期にあって當時の思想の主流を占めていた「變化論」の思想的構造の上に組み立てられたということ。第二に、「誠」を主要な價値とする『荀子』の倫理學説は、『中庸』後半部における「誠」を主とする倫理學説とほぼ等しい思想的立場を持つということ。本稿はこれら二點の論證を通じて「性惡説」や「天人之分」とは異なる『荀子』思想の特徴に注目し、これまでの研究では見逃されがちだった戰國末期の思想潮流における荀子思想の特色を明らかにに出來ればと願っている。

---

[*] 臺灣國立臺灣大學哲學科副教授
[1] 拙稿「荀子哲學研究之解構與建構—以中日學者之嘗試與「誠」概念之探討爲線索—」、『臺灣大學哲學論評』（期34，2007年10月）所收，87-128頁を參照されたい。

二、戰國思想史における「誠」と「變化」

　本節では、『荀子』と『中庸』における「誠」、「變化」という二種の概念、及び兩者間の思想的關係を明らかにしたいと思うが、その考察に入る前に、戰國思想史における「誠」と「變化」概念の變遷に關する筆者自身の見解を提示しておく。

　まず、以下、戰國時代の「誠」概念の變遷を概述したいが、「誠」概念はそもそも、先秦及び兩漢の儒學思想における他の倫理諸概念と比べて、その實態的內容がいささか把握しづらい概念である。まず、時代性から見ると、「仁」、「義」、「禮」、「忠」、「信」、「孝」、「悌」のような主要な儒家の倫理概念が、例えば『論語』の中で既にその倫理價値を展開しているという事實に比べ、「誠」概念は春秋以前の諸文獻において、そういう形での用例が確認出來ない。主に「禮」に對する解說的言說の集積によって形成された『禮記』の檀弓、曲禮篇では、「誠」字は「鬼神」に對する「虔誠」を示し、戰國中期の思想狀況を理解するに便利な『孟子』では、「誠」概念は他人との關係において「善」、つまり倫理の必要性を主張する文脈の中で現れる。特に、孟子の「善」概念と結び付いて以後、「誠」概念は社會において「（人を）動かす」意味を強く帶びるようになったようである。但し、『孟子』の「誠」概念はまだ「仁、義、禮、智」等儒家のその他の主要な倫理概念と直接の關連を持ってはおらず、そのため『孟子』の「誠」による政治論は、未だその理論の核心を成立しえていない。

　「誠」概念の變遷に關して、比較的重要な用例は『莊子』と『呂氏春秋』に現れる。『莊子』中の「誠」概念は儒家の價値概念（「仁義」や「禮」）を批判する文脈において一種の「まごころ」を指す術語として使用され、天地造化の過程に合一する境地を示している。こうした例を分析すると、「誠」概念の理論化は、この用語が「天地」の構造に論及される部分に使われるところに端を發しているようである。一方、『呂氏春秋』の「誠」、即ち「同類相應」の思惟モデルに組み込まれ、「精」概念と結び付いた「誠」は、眞心による人と人との意思傳達（『呂氏春秋』の作者によれば「精」と「精」を媒介としておこる「氣」の一種の連結狀態[2]）を指し、且つその意思傳達は言語を介さなくてもなされるものとされる。『呂氏春秋』の作者はこの思惟構造に基づいて、「誠心」を持った統治者の「精」は被統治者にプラスの反應を引き起こし、法令等の言語的手段を用いず人民の服從を得られるとの政治理論を構築した。更に、『呂氏春秋』の「誠」と「精」概念は、「養生」→「天地との合一」→「非言語的統治」という理論構造の中でその思想的特色を發揮するのである[3]。

　『荀子』では、その「誠」字は「形」や「著」など「內から外に顯れる」を意味する

---

[2]「誠」と「精」の結び付きは『莊子』の中にも見られるが、『莊子』の「誠」概念の中核的部分を形成するには至っていない。

[3] この觀點の詳細な論ะに關しては、拙稿「戰國時代「誠」概念的形成與意義─以『孟子』、『莊子』、『呂氏春秋』爲中心─」、『淸華學報』（集 35 期 2、2005 年 12 月）所收、232-240 頁を參照されたい。

語彙と相結び付き、「天地」―「人倫」間で連動するダイナミズムを持つ概念になっている。言い換えれば、『荀子』不苟篇の「誠」は、有德の人間がそうでない人に對して發動する倫理的心理と行爲の擴張（あるいは感化）、そしてそれによる人民の敎化と自然界において天地が萬物に對して發動する「孕育」の間のアナロジー關係の仲介的效能を持ち、この意味で二重の意味において「誠」は帝王が「天地に參する」ための德となるのである⁴)。興味深いことに、不苟篇において「誠」の重要性はその他の儒家的概念より一レベル高い。つまり、ここでは、「仁」や「義」も「誠」の境地に到達するための一種の方法と見做されているに過ぎない。そして更にこの部分には、荀子の政治哲學において最も重要とされる「禮」概念は、一度すら現れない。

次に、中國古代の「變化」概念の發展について見てみよう。「誠」概念は自然世界の變遷をも敍述するため、その發展は戰國秦漢期の「變」と「化」二つの概念の變遷とも密接に關わっている。我々が現在目にできる傳世文獻と出土文獻の記載によれば、「變」と「化」の二字は「誠」字と同じく、春秋時代と戰國時代初中期の文獻（『孟子』もその内に含む）の中で特別な注目を浴びるものではない。『黃帝帛書』（『黃帝四經』）と『莊子』に至って、我々は「變」と「化」の二字、及び「變化」（あるいは「化變」）という單語の使用の例を見ることができる。以下『黃帝帛書』と『莊子』における「變」と「化」の概念の特色を見ると、

第一に、「變」と「化」二文字そのものがこの兩書中の重要な考察のテーマとなっている。特に『莊子』では「化」字が「物化」や「造化」等の觀念語に擴張され、『莊子』哲學中の核心的價値概念の一つになっている。

第二に、「變」と「化」二字の意味の接近と結合、及び「變化」（或いは「化變」）概念の誕生が擧げられる。注意すべきは、「變化」の一語は自然環境における無窮の效能を描寫する重要な概念語であり、戰國中期以降、思想家達から高い注目を浴びている。

そして第三に、本體論的思考と宇宙形成論の發展に伴い、思想家達は次第に「現象世界」の「變化」と「本體・本源的世界」の「不變不化」について明確な認識を持ち始めた。この種の「變化觀」の成立に基づき、『呂氏春秋』では、「變化」が主に外的環境世界の流轉の過程として理解され、『呂氏春秋』の作者は未來の「變化」の方向性を理解し掌握する必要性を一貫して提唱している。この他に、『易傳』の「變化」觀は基本的に『呂氏春秋』の「知化」ならびに「觀化」の「變化」觀を踏襲（あるいは『呂氏春秋』が『易傳』を踏襲しているか）しているが、「變化」概念は既にその論述の核心的概念をなしている。特筆すべきは、司馬遷の『史記』をはじめ、戰國末年から西漢の文獻にあっては、老子、莊子、騶衍らは等しく「變化」を掌握した偉大な思想家として描かれ、また彼らの思想の意義が「變化」の掌握だととらえられた點である。このことか

---

4) 拙稿「荀子哲學研究之解構與建構―以中日學者之嘗試與「誠」概念之探討爲線索―」、115-118 頁を參照されたい。

ら、「變化」は戰國末期から西漢の知識人が最も重視した議題の一つであると推斷可能である[5]。

以上の發見を念頭に置き、以下では（1）『荀子』中の「變」と「化」という語及び複合語である「變化」の用例とその特色、（2）『荀子』と『中庸』中の「變化」と「誠」の用例の異同、（3）『荀子』中の「誠」と「變化」兩觀念間の關係、及びそれと『中庸』の「誠」と「化」思想との關係の三つの問題について論じてみる。

三、『荀子』思想中の「變化」觀念

以下まず『荀子』中の「化」概念の内容を分析する。『荀子』は「化」字を使用して、人間がいかに善くなるかという人格の陶冶の過程を説明している。『荀子』中の人の變化に關わる用例を擧げると以下のようになる。

(1) 十二子者遷化（非十二子）[6]
(2) 孝弟以化之也（儒效）[7]
(3) 英傑化之（儒效）[8]
(4) 中庸不待政而化（王制）[9]
(5) 化善者勸勉矣（富國）[10]
(6) 汙者皆化（富國）[11]
(7) 以化其上（王霸）[12]
(8) 主能治明，則幽者化（王霸）[13]
(9) 群眾不化（天論）[14]
(10) 朱象不化（正論）[15]
(11) 有師法之化（性惡）[16]

---

[5] この觀點の詳細な論證に關しては、拙稿「中國古代「變化」觀念之演變暨其思想意義」、『政大中文學報』（期3、2005年6月）所收、51-85頁を參照されたい。
[6] 唐・楊倞注『荀子』卷3（『四部備要叢書』、臺北：臺灣中華書局、1966年）、非十二子篇、10頁。
[7] 『荀子』卷4、儒效篇、2頁。
[8] 『荀子』卷4、儒效篇、9頁。
[9] 『荀子』卷5、王制篇、1頁。
[10] 『荀子』卷6、富國篇、9頁。
[11] 『荀子』卷6、富國篇、10頁。
[12] 『荀子』卷7、王霸篇、12頁。
[13] 『荀子』卷7、王霸篇、12頁。
[14] 『荀子』卷11、天論篇、14頁。
[15] 『荀子』卷12、正論篇、9頁。
[16] 『荀子』卷13、性惡篇、1頁。

以上の例から分かるように、荀子は「化」字を使用することによって、統治者が民衆の性情、つまり「もちまえ」を變化させることの必要性を説いているようである。ここで「師法による化」及び『荀子』中に八回現れる「敎化」という術語は、全て統治者が人民を善へと促す行爲を意味している。興味深いのは、その他の先秦文獻中において「敎化」という術語は、一般的な印象に反して、『禮記』と『商君書』に各々一例があるのみで、他には殆ど見ることができないという點である[17]。

以上『荀子』の「化」の意味が、主に人、あるいは主體が變化するという側面が強い點に注目して、筆者は『荀子』の「敎化」觀念が『莊子』の「物化」觀念——即ち萬物は不可避の變化の過程を經る——の影響を受けているという可能性を指摘したことがある。『莊子』の「物化」は、主體が必然不可避な自身の內的變化を受動的に受け入れることのみを主張するのに對し、荀子は「敎化」は、主體的能動的に修身（すなわち自らの「性」の「變化」）を達成した「君子」が人民もまた同じような倫理的な存在に變化させるための方法ないしはプロセスを意味する。つまり、荀子は「化」の概念の實質を、生物としての必然の受動的變化から、道德的意思を持つ主體による人民に對する働きかけへと轉換させたのではないかと推測したのである。荀子にとっては、萬物と生物としての人間が變化の過程を經て自己を變えていくように、人間個々の人格もまた變化し得るものであり、このような變化への理解によって、荀子は敎化の重要性を主張したのであろう[18]。

一方、『荀子』中の「變」概念の用例を分析すると、『荀子』では「變」字を用いて表現している内容は大體「外界」の變化である。では、荀子の外的環境の「變化」及びこの「變化」と行爲の主體との關係という觀點はどうであろうか？『呂氏春秋』の「知化」と「觀化」の主張及び『易』の繫辭傳中の「變化」の思想を見ると、兩文獻の作者とも、外界の「變化」の過程を掌握する重要性を非常に重視している、という點が看取できる[19]。　それに對して『荀子』では書中に「應變」（「變應」）の用例が相當多いということに氣づく。以下その例を列擧する。

---

[17] 漢の鄭玄注、『禮記』の用例は經解篇に現れる：「故禮之敎化也微。其止邪也於未形。使人日徙善遠罪而不自知也。是以先王隆之也。易曰「君子愼始、差若豪氂、繆以千里」、此之謂也。」（『四部叢刊正編』、臺北：臺灣商務印書館、1979 年）。しかし、(1)この段は『易』を引用している。(2)この段は經解篇にある。(3)「先王隆」、「禮之敎化」の用例はほぼ荀子の用法に近い、という三點を勘案すると、この段は荀子の影響を受けた儒者によって書かれたのかもしれない。更に、『禮記』全體の「化」自體の用例は多くなく、計十八箇所のみで、その内七例は中庸篇に出現している。『中庸』中の「化」觀念は以下に討論する。

[18] 拙稿「中國古代「變化」觀念之演變暨其思想意義」、62-73 頁を參照されたい。

[19] 拙稿「中國古代「變化」觀念之演變暨其思想意義」、68-76 頁。この點に關して、陳昭瑛は『易傳』の「變」には二種の意味があると指摘している。(1)現象世界の變動と變化。(2)主體の應變の能力。陳昭瑛「「通」與「變」—荀子通變觀與經典詮釋問題—」『臺大歷史學報』（期 28、2001 年 12 月）所收、207-223 頁を參照されたい。

(1) 此言君子能以義屈信變應故也。（不苟）[20]
(2) 有聖人之辯者：不先慮，不早謀，發之而當，成文而類，居錯遷徙，應變不窮，是聖人之辯者也。（非相）[21]
(3) 彼君子則不然：佚而不惰，勞而不侵，宗原應變，曲得其宜，如是然後聖人也。（非十二子）[22]
(4) 君子不若惠施、鄧析。若夫[謫]讁德而定次，量能而授官，使賢不肖皆得其位，能不能皆得其官，萬物得其宜，事變得其應。（儒效）[23]
(5) 脩百王之法，若辨白黑；應當時之變，若數一二；行禮要節而安之，若生四枝；要時立功之巧，若詔四時；平正和民之善，億萬之眾而[博]搏若一人：如是，則可謂聖人矣。（儒效）[24]
(6) 王者之人：飾動以禮義，聽斷以類，明振毫末，舉措應變而不窮，夫是之謂有原。是王者之人也。（王制）[25]
(7) 墨子大有天下〔…〕賢者不可得而進也，不肖者不可得而退也，則能不能不可得而官也。若是，則萬物失宜，事變失應，上失天時，下失地利，中失人和，天下敖然。（富國）[26]
(8) 故先王聖人爲之不然〔…〕賞行罰威，則賢者可得而進也，不肖者可得而退也，能不能可得而官也。若是則萬物得宜，事變得應，上得天時，下得地利，中得人和，則財貨渾渾如泉源，汸汸如河海。（富國）[27]
(9) 其取人有道，其用人有法。取人之道，參之以禮；用人之法，禁之以等。行義動靜，度之以禮；知慮取舍，稽之以成；日月積久，校之以功，故卑不得以臨尊，輕不得以縣重，愚不得以謀知，是以萬舉而不過也。故校之以禮，而觀其能安敬也；與之舉措遷移，而觀其能應變也。（君道）[28]
(10) 無君子，則法雖具，失先後之施，不能應事之變，足以亂矣。不知法之義，而正法之數者，雖博臨事必亂。（君道）[29]
(11) 故君子之於禮，敬而安之；其於事也，徑而不失；其於人也，寡怨寬裕而無

---

20)『荀子』卷 2、不苟篇、3 頁。
21)『荀子』卷 3、非相篇、7 頁。
22)『荀子』卷 3、非十二子篇、13 頁。
23)『荀子』卷 4、儒效篇、3 頁。
24)『荀子』卷 4、儒效篇、6 頁。
25)『荀子』卷 5、王制篇、5 頁。
26)『荀子』卷 6、富國篇、6-7 頁。
27)『荀子』卷 6、富國篇、7 頁。
28)『荀子』卷 8、君道篇、6 頁。
29)『荀子』卷 8、君道篇、1 頁。

阿；其[所]爲身也，謹修飾而不危；其應變故也。(君道)[30]

(12) 故人主必將有卿相輔佐足任者，然後可。其德音足以塡撫百姓，其知慮足以應待萬變，然後可；夫是之謂國具。(君道)[31]

(13) 臨事接民，而以義變應，寬裕而多容，恭敬以先之，政之始也。然後中和察斷以輔之，政之隆也。(致士)[32]

(14) 百王之無變，足以爲道貫。一廢一起，應之以貫，理貫不亂。不知貫，不知應變。貫之大體未嘗亡也。(天論)[33]

(15) 孔子對曰：「所謂大聖者，知通乎大道，應變而不窮，辨乎萬物之情性者也。大道者，所以變化遂成萬物也；情性者，所以理然不取舍也。是故其事大辨乎天地，明察乎日月，總要萬物於風雨，繆繆肫肫，其事不可循，若天之嗣，其事不可識，百姓淺然不識其鄰：若此則可謂大聖矣。」(哀公)[34]

この他に、『荀子』中には更に「萬變を治める」という句の二つの用例がある。富國篇には、

固以爲[王]一天下，治萬變，材萬物，養萬民，兼制天下者，爲莫若仁人之善也夫。[35]

という用例があり、樂論篇にも

足以率一道，足以治萬變。是先王立樂之術也，而墨子非之奈何！[36]

のように用いられている。『荀子』中には更に「萬變を理める」という句もある。君道篇に曰く、

是故窮則必有名，達則必有功，仁厚兼覆天下而不閔，明達用天地理萬變而不疑，血氣和平，志意廣大，行義塞於天地之間，仁智之極也。夫是之謂聖人。[37]

注意すべきは、これら「應變」、「治變」及び「理變」の主語が、「君子」、「聖人」、「大

---
30)『荀子』卷 8, 君道篇, 3 頁。
31)『荀子』卷 8, 君道篇, 7 頁。
32)『荀子』卷 9, 致士篇, 7 頁。
33)『荀子』卷 11, 天論篇, 13 頁。
34)『荀子』卷 12, 哀公篇, 12 頁。
35)『荀子』卷 6, 富國篇, 4 頁。
36)『荀子』卷 14, 樂論篇, 1 頁。
37)『荀子』卷 8, 君道篇, 2-3 頁。

儒」、「王者」など、全て荀子の理想とする統治者であるという點である。つまり、荀子は、變化をコントロールできることが理想的君王の最たる條件であると考えているのである。荀子にとって理想の君主になりうる「聖人」とは「應變」、「治變」のできる者、つまり「變化」を掌握できる人間なのである[38]。

以上の分析から、荀子が「變」や「化」という二つの概念を相當はっきりと使い分けている事實が了解できるであろう。荀子にしてみれば「變」概念は統治者がコントロールすべき環境や狀態の變化を指す。それに對して「化」概念は、人間の內的變化、その大部分の用例は統治者が人民を善へと誘う過程で言及されている。荀子の思想において、理想的統治者は環境のあらゆる變化に對應でき、かつ人民の性情を改變できる者である。よって、荀子思想における統治者とは、意味上二種の「變化」（環境に對應する「變」と人民を善へ誘う「化」）の掌握者なのである。

それでは、複合語の「變化」は『荀子』思想においてどのような意味を持っているのであろうか。『荀子』全體では複合語の「變化」は四回使われている。以下例を擧げてみる。

(1) 君子養心莫善於誠，致誠則無它事矣。惟仁之爲守，惟義之爲行。誠心守仁則形，形則神，神則能化矣。誠心行義則理，理則明，明則能變矣。變化代興，謂之天德。（不苟）[39]

(2) 因天下之和，遂文武之業，明枝主之義，抑亦變化矣，天下厭然猶一也。非聖人莫之能爲。夫是之謂大儒之效。（儒效）[40]

(3) 故曰：性者，本始材朴也；僞者，文理隆盛也。無性則僞之無所加，無僞則性不能自美。性僞合，然後成聖人之名，一天下之功於是就也。故曰：天地合而萬物生，陰陽接而變化起，性僞合而天下治。天能生物，不能辨物也，地能載人，不能治人也；宇中萬物生人之屬，待聖人然後分也。（禮論）[41]

(4) 孔子對曰：「所謂大聖者，知通乎大道，應變而不窮，辨乎萬物之情性者也。大道者，所以變化遂成萬物也；情性者，所以理然不取舍也。是故其事大辨乎天地，明察乎日月，總要萬物於風雨，繆繆肫肫，其事不可循，若天之嗣，其事不可識，

---

38) これに關連し、陳昭瑛は、「權變」、「通變」の人のみが、全面的に事物を掌握できるという意味で、荀子が通變能力を持つ君子像を描き出していると指摘している。陳昭瑛「「通」與「變」―荀子通變觀與經典詮釋問題―」、214 頁を參照されたい。しかし陳昭瑛の說明において若干說得力に缺ける點は、陳昭瑛自身も認めているように、『荀子』中には「通」と「變」二字の連用がないということである（前揭、215 頁）。陳昭瑛の說明では、『荀子』中で「全面的に事物を掌握する」ことを主張する際のキーワードが「治」と「理」である點には說き及んでおらず、「通變能力」の具體的な內容についても、十分な說明が見られない。

39)『荀子』卷 2、不苟篇、4 頁。
40)『荀子』卷 4、儒效篇、1-2 頁。
41)『荀子』卷 13、禮論篇、10 頁。

百姓淺然不識其鄰：若此則可謂大聖矣。」（哀公）[42]

　以上四例の共通點は、それぞれの話題が全て理想的統治者の能力について言われているということである。不苟篇のテーマは「君子」の「天德」であり、儒效篇は「大儒の效」であり、禮論篇は「聖人の分」であり、哀公篇は「大聖は大に事へ、天地を辨ずる」である。更に、(1)、(3)、(4)の文章中の動詞に注目すれば[43]、「理」（不苟篇）、「分」（禮論篇）及び「辨」（哀公篇）から見て、これらの文章中で指す能力とは、自然と人事の變化を正確に識別して、あらゆる事象を掌握することと關連している。こうした内容は、上述した「萬變を治める」ことと密接に關連するようである。

　ここにおいて注意すべき事實は、「應變」の段階にしろ、「治變」或いは「變化を理める」段階にしろ、「變化」の掌握を主な特質とする聖人觀は『論語』『孟子』『禮記』及び「郭店楚簡」の何れにも見られない、ということである。それに對して、このような聖人觀は『莊子』『呂氏春秋』及び『易傳』には見出せる。しかし注意深く見れば、その「掌握」の程度について、これら三文獻の示す内容は互いに同じというわけではない。

　まず『莊子』を見てみよう。「應變」の段階からのみ見るならば、『莊子』の變化觀は確かに荀子に近い。天下篇に曰く、「天をもってその根源とし、德をもってその根本とし、道をもってその入り口ないしは方法とし、變化の兆しにあまねく應ず。これを聖人という（以天爲宗，以德爲本，以道爲門，兆於變化，謂之聖人）」[44]、この「變化の兆しにあまねく」の一句は、「應」という用語が出てこない憾みはあるが、句の意味としては『荀子』の「應變」と當たらずとも遠からずである。その一方、「變」字が單獨に使用されている狀況から言えば、『莊子』の「變化」に對する態度は上に述べたようにただ受身的な對處に止まるのみであり、それを掌握したりコントロールしたりする必要性は示されていない。漁父篇には「動靜の變を觀る」[45]という句があるが、これは漁父篇の作者が儒家の語を批判する際の語である。而して「化」字の單獨使用の狀況からいえば、正に刻意篇のいう「聖人の生は天行であり、その死は物化である」[46]の一句の如く、『莊子』の重點は「物化」や「造化」の掌握や理解には置かれず、これと同化することに置かれている。或いは達生篇「指は物のようになり（つまりは對象物と一體化して）、それに對して考えをめぐらすことはない（指與物化而不以心稽）」[47]のように、

---

42)『荀子』卷20、哀公篇、12頁。
43) (2)の「變化」は、ほぼ「周公攝政」の「君臣易位」の歴史的變動についての謂いである。清・王先謙注、久保愛增、豬飼彥博補『增補荀子集解』（東京：富山房、1913年）卷4、3-4頁を參照されたい。王忠林は「抑亦變化矣」を「也可算是變化多端」と解釋している。王忠林『荀子讀本』（臺北：三民書局、1971年）。
44) 晉・郭象注『莊子』（『四部備要叢書』）卷10、13頁。
45)『莊子』卷10、漁父篇、5頁。
46)『莊子』卷6、刻意篇、11頁。
47)『莊子』卷7、達生篇、7頁。

『莊子』は「物化」を思考する必要性までも拒絶している。

では、『呂氏春秋』ではどうだろうか？　まず、『呂氏春秋』の「變」字は單獨で使用される際、思想上重要な意味はあまり持たない。これに對し、筆者が以前指摘したように、『呂氏春秋』の作者は「化」字の方に相當重要な意味を與え、「察（陰陽）」、「慮化」、「知化」、「觀化」、「達（…之）化」等の動詞を用いた句を作り、この「化」を理解する重要性を再三主張している[48]。しかし、『呂氏春秋』の用例中、「察」の對象は「陰陽」、「達」の對象は「鬼神の化」と、ここでの重點は「陰陽」と「鬼神」にあるであろう。これに對し、その他の用例中の「慮」、「觀」、「知」は比較的受動的な認識を表し、『荀子』中の「理」、「治」或いは「辨」のように積極的な識別、或いは認識の對象を條理化させるという積極的なプロセスを意味するわけではない。

それでは複合語としての「變化」の用例はどうであろうか。『呂氏春秋』に五つ「變化」の用例があり、その内、大樂篇の一句は單に「陰陽變化」自體を描寫している[49]。執一篇の用例では田駢の思想を描寫する中に現れ、同じく「變化」の描寫である[50]。勿躬篇の一例では「聖王之德」の描寫である[51]。よって、ある主體が如何に「變化」に向かい對應するかについての敍述は二例ある。以下列擧する。

(1) 凡彼萬形，得一後成。故知一，則應物變化，闊大淵深，不可測也。（論人）[52]
(2) 得道之人，貴爲天子而不驕倨，〔…〕以天爲法，以德爲行，以道爲宗，與物變化而無所終窮，精充天地而不竭。（下賢）[53]

まず、論人篇の「物に應じて變化する」と下賢篇の「物とともに變化する」はほぼ『莊子』式の自己を變化に融合させる思想傾向と軌を一にしている。注意すべきは、論人篇では更に、「應物變化」のために「一を得る」或いは「一を知る」必要がある、と一歩進んだ主張をしている。しかしその一方で、「萬象變化」を「一」に歸することで、論人篇のように「知一」や「應物變化」の狀態に留まり、「變化」を掌握する、つまり實際の變化の多樣な内容の探求を放棄するというのは、『荀子』のように「變化」をコントロール或いは「變化」に對して條理化を加える意志を展開するものとは違う。言い換えれば、『荀子』の「變化を治める」という主張は、少なくとも『莊子』と『呂氏春秋』との比較で言えば、『荀子』「變化觀」の思想的特色を代表するものと言える。

---

48) 拙稿「中國古代「變化」觀念之演變暨其思想意義」、68-73 頁を參照されたい。
49)「太一出兩儀，兩儀出陰陽。陰陽變化，〔…〕一上一下，合而成章」、漢・高誘注『呂氏春秋』（『四部備要叢書』）卷 5、大樂篇、3 頁。
50)「田駢以道術說齊。〔…〕變化應來而皆有章」、『呂氏春秋』卷 17、執一篇、17 頁。
51)「是故聖王之德，融乎若月之始出，極爛六合而無所窮屈；昭乎若日之光，變化萬物而無所不行」、『呂氏春秋』卷 17、勿躬篇、9 頁。
52)『呂氏春秋』卷 3、論人篇、7 頁。
53)『呂氏春秋』卷 15、下賢篇、7 頁。

もう一つ重要な點は、荀子の「道」觀念もまた「變」字からの解釋が可能だということである。『荀子』に曰く、「道というのは常、すなわち普遍性や恒常性を體現していながらも變化を盡くすものである（夫道者體常而盡變）」[54]。このように、引用文の方向性に從って『荀子』の「變化を治める」を理解するなら、「治變」はまた「治道」の意味をも指す。このように「治變」を變化を盡くす「道」をコントロールする方法という「變化」觀と解すれば、『易傳』の「變化」觀にも同じような部分を見出せる。繫辭上篇に曰く、「變化の道を知る者は、その背後にある神妙なる造化の働きによってなされたものを知る者ではないのだろうか！（知變化之道者，其知神之所爲乎！）」[55]、また曰く、「天地の變化、それは聖人が倣いモデルとするものである（天地變化，聖人效之）」[56]。また、『易傳』は、この世界の森羅萬象の不可解さや複雑さを「賾」と呼び、その「形、容貌、(具體的な）姿に擬して、もののあるべき有り樣を（六十四卦に）象り、〔…〕(六十四卦の爻辭）に擬し、（それを前提に將來の狀況やあるべき方策を）議することによって、その變化を成就させる（擬諸其形容，象其物宜〔…〕擬議以成其變化）」[57]ことを試みる。ここで、「爻」は「變化」が言葉として現れたものと理解できる。つまり繫辭下篇に述べられている、「道には變動がある、だから「爻」というのだ（道有變動，故曰：「爻」）」[58]というゆえんである。このように、『易傳』の作者は「象」と「爻」によって天地の森羅萬象の具體的意味を明らかにし、『易』の經文がそれを六十四卦によりその「變化」を條理化したものと解説した。これは『荀子』が言う「變化を治める」ための方法を提示したものであると言えるであろう。

　このような『易傳』に描かれている「變化」をコントロールする方法論が荀子の生きた年代に多かれ少なかれ完成していたとするなら、それは荀子や『易傳』の著者が、『莊子』の唱えた「兆於變化」や『呂氏春秋』の主張した「知變化」等、變化に對する消極的な主張を乗り越えるために、理想の聖人が變化を「治」める（「變化」を條理化する）という主張を掲げた、という思想的狀況があったのかもしれない。現在我々が目にすることの出來る資料だけからでは『荀子』と『易傳』の成書の先後問題を判定するのは難しいが、少なくとも『荀子』が「應變」から「治變」へと「變化」論の目標をシフトさせた狀況が、『易傳』の思想内容にも反映しているのではないかという點はここで指摘してもよいと思われる[59]。

---

54)『荀子』卷15、解蔽篇、3頁。
55) 魏・王弼注『周易』(『四部叢刊正編』)、繫辭上傳、46頁。
56)『周易』、繫辭上傳、47頁。
57)『周易』、繫辭上傳、45頁。
58)『周易』、繫辭下傳、52頁。
59)『荀子』にはまた「象」字の重要な用例が多く見受けられる。例えば「物類之起，必有所始。榮辱之來，必象其德」（勸學篇）；「百姓〔…〕象上之志」（君道篇）；「曲成制象，是聖臣者也」（臣道篇）；「分職名象之所起，王制是也」」（正論篇）；「故三年〔…〕上取象於天，下取象於地，中取則於人」（禮論篇）；

四、『中庸』の「化育」と「誠」

　以上の考察によって、荀子が「應變」或いは「治變」が、理想的聖人の主な特質の一つであると考えていた點において、『荀子』思想における「變化」觀念の重要性が明らかになったと思う。『荀子』が「應變」或いは「治變」について説き及ぶ際、「變」は、通常自己に影響する環境或いは狀況の變化を指し、一方、「化善」（或いは「遷善」とも表現されるが）の必要性を主張する時に使う「化」については、普通の人が聖人の段階へと上昇していく過程において、必然的に發生する人格の變化を示すものである。『荀子』思想においてこの「化」は上述したように「教化」とも呼ばれ、主に聖人が人民を德化していく過程と結果も含んでいる。しかし、荀子の思想においては、環境や狀況の「變化」を掌握する主體が、およそ聖人に限られるという點は否定できないが、その一方でそれは、一般の人間でも修身に取り組めば、やがてそうした聖人へ變わっていくという主張も含んでいる。よく知られているように、荀子は性惡篇において「一般の人も禹のような聖人になることは可能である（塗之人可以爲禹）」[60]と述べており、人民をも善くすることを想定、期待されている聖人も、もともとは、ある普通の人間であったことを強く主張している。この點に關して、言及しておかなければならないことは、「性惡」を荀子の主要な主張と考えてきた過去の荀子研究は、荀子が「性惡」である一般人が如何にこのような聖人になりうるか、そして、そのプロセスに必要な「禮」が、「性惡」である人間から如何に發生してきたのかを説明しなければならなくなった、と再三論じてきた。そして、この問題をめぐって、「禮」や「起僞化性」などの理念が荀子「性惡論」を特徴付ける要素として説明が繰り返されてきた。こうした説明は、荀子研究中の標準的な態度の一つであったとさえ言えよう。勿論、筆者は「性惡説」の觀點から荀子の禮學中の「化人性」の意義を探求することについての意義を否定している譯ではない。ただ、このような觀點は、問題を見る基本的な態度として「性惡説」を荀子理論の出發點乃至核心と見做してしまうため、往々にして「荀子は性惡を主張したため、（必然的に）起僞化性の禮學を提示した」というような論證構造から拔けられない[61]。

　そうした狀況に對し、本稿では、荀子の「化性論」の思想的基盤を、むしろ「性論」の脈絡以外、あるいは「性論」そのものの基盤になっているかもしれないような要因

「善惡相象」（樂論篇）；「王之制爲法〔…〕以務象效其人」（解蔽篇）；「心之象道」（解蔽篇）；「心術如此象聖人」（成相篇）等。しかし、『荀子』の「象」の問題は本論文の討論すべき問題の範圍を超えているので、今ここではその例を擧げ、參考とするに留めておく。

60)『荀子』卷17、性惡篇、6頁。

61)『荀子』の「性論」中の「性惡」的成分を否定し、このような論述の構造を否定することはまた、過去の荀子思想研究の「標準」的議題であった。このような例は、日中の荀子研究の中には相當多く存在する。例えば金谷治「荀子の文獻學研究」、『日本學士院紀要』（第9卷第1號、1950年）所收、9-33頁。劉又銘「從「蘊謂」論荀子哲學潛在的性善觀」、政治大學文學院編『孔學與二十一世紀國際學術研討會論文集』（2001年9月）所收、50-77頁。

——「變化」觀に求めたい。つまり、荀子の「化性」論の基礎をなしているのは、いわゆる「性惡説」と言われる主張にあるのではなくて、それより、更に深いレベルの「變化」論にあるのではないか、と假説的に考えるのである。

このような觀點は、『荀子』の「誠」概念を考察する時により一層必要となる。周知のように、『荀子』不苟篇には「誠」概念に最高の價値を認めた一段が收められている。しかし、「誠」概念は一般的に「性善説」的な概念とされるため、大部分の荀子研究者からは、不苟篇の「誠」が荀子思想體系の重要な概念であるとは見なされない傾向がある。おそらく、そうした假定からか、「誠」を集中的に論じた不苟篇の一段が他からの竄入であるとも推斷されうるのであるが、『荀子』のテクスト全體に不苟篇の「誠」とほぼ同じ思想内容を示すと思われる「誠」字の用例が、以下に考察するように二十箇所以上にわたって出現している事實から見て、不苟篇の「誠」を論じた一段だけが竄入であると考えるのには組しがたい。つまり、不苟篇とその他の使用用例から見れば、『荀子』が「誠」觀念を重視している事實は、否定出來ないのである。

もしそうだとすると、不苟篇の「誠論」の一段、『中庸』の「誠論」の思想關係、つまり、なぜ「性惡説」の『荀子』と「性善説」的な『中庸』の兩方が、同じような脈絡で「誠」概念を重視するのかといういわゆる「性論上の難題」に直面する。この問題は、實は長らく中國思想史研究者を惱ませる難問であったとも言える。しかし、『荀子』不苟篇と『中庸』の二書にそれぞれ現れる「變化」と「誠」概念の相互關係を分析し、更に「誠」觀念は『莊子』と『呂氏春秋』の中で既に相應に重要な價値概念を形成しているという事實も視野に入れて考察すれば、中國古代の「變化論」の脈絡において、『荀子』不苟篇と『中庸』兩文獻に「誠」概念がなぜ等しく重視されているかの、理解の糸口がつかめるかもしれない。

それでは以下、『中庸』の「變化」觀念と「誠」論から分析を始めるが、その前に、『荀子』の「誠」觀念について、今一度、二つの事實を確認しておきたい。第一に、不苟篇の一段には、「變化」觀念と「誠」觀念が互いにその價値の效能を發揮している部分が含まれているということ。第二に、『中庸』の中にもこれに類似した「誠論」があり、その内『中庸』の作者は「至誠」と「化育」の關係に論及しているという事實である。この一點を念頭に置き、『中庸』の「誠」論と「變化」の關係について以下考察してみよう。

まず、『中庸』全體の内容を見ると、周知のようにその論述は「中庸論(「知仁勇論」を含む)」、「孝論」、「九經」、「誠論」及び「至誠の統治者に對する賞讚」の五つの部分から構成されている[62]。

---

[62] 『中庸』の文獻的構造と思想的特質の過去の研究について、筆者はかつて主要な觀點をまとめた。「當代日本學者對研究〈中庸〉的回顧」、「日本漢學的中國哲學、思想研究：觀點、方法論、以及其意義」、國際學術研討會宣讀論文、國立臺灣大學哲學系與國科會人文研究中心主辦（臺北：國立臺灣大學哲學系、2005年5月28日）を參照されたい。

『中庸』において、「變」字は以下の三箇所に現れる。

(1) 國有道，不變塞焉，強哉矯。國無道，至死不變。（第十章）[63]
(2) 其次致曲。曲能有誠，誠則形，形則著，著則明，明則動，動則變，變則化。唯天下至誠爲能化。（第二十二章）[64]
(3) 故至誠無息。不息則久，久則徵，徵則悠遠。〔…〕如此者，不見而章，不動而變，無爲而成。（第二十六章）[65]

上の三例の中で、(1)の「不變」は變化の過程に關して言われており、それ自體に特別な思想的意義を見出すことは出來ない。よって、分析すべき對象は(2)と(3)となる。「變」字に對して「化」字の用例では、上に擧げた(2)の他、以下の如く三ヶ所である。

(4) 能盡物之性，則可以贊天地之化育；可以贊天地之化育，則可以與天地參矣。（第二十二章）[66]
(5) 小德川流，大德敦化。此天地之所以爲大也。（第三十章）[67]
(6) 子曰：「聲色之於以化民末也。」（第三十三章）[68]

引用文の內容から一見してはっきりと言えることは、『中庸』の「化」字は基本的に「至誠」或いは「大德」の統治者が人民の德行を改善するという意味で使われているという點である。更に (3) の「變」字もまたこの意味を指している。よって『中庸』で「化」を發揮する主體は統治者に他ならず、人民はただ君子が自己を「化」する力を受け取るに過ぎない。言い換えれば、「誠」の境地に達した統治者のみがこのような能力を發動できる。『中庸』の「化」と「變」の概念は、基本的にこのような「誠論」の構造の下、その倫理概念としての重要性が読者に示されるのである。

　この他、もう一つ注意すべきは、『中庸』の作者が環境或いは外界の狀況の變化を掌握することの重要性をあまり重視していないという點が擧げられる。この一點において、『中庸』の「變化」觀は、『荀子』の「應變」或いは『呂氏春秋』の「知化」の思想とは異なる事實が確認できる。『中庸』の作者が強調しているのは、統治者本人と人民の德行の變化である。『中庸』の後半で作者は「天地」が萬物を育む作用を強調しているため、統治者が人民を「化する」と説く時、一方では人民の道德の改善を指し、また一

---

63)『禮記』中庸・第十章、158 頁。引用文の全文における位置に關しては、便宜上朱子の分段に從う。
64)『禮記』中庸・第二十二章、161 頁。
65)『禮記』中庸・第二十六章、161 頁。
66)『禮記』中庸・第二十六章、161 頁。
67)『禮記』中庸・第三十章、163 頁。
68)『禮記』中庸・第三十三章、163 頁。

方では人民の生活の保護、あるいは改善ということも意味している。『中庸』では(4)で「化育」という複合語を使用しており、『中庸』の「化」字のこのような二方面の意味をほぼ代表していると言えよう[69]。

この考察の脈絡で比較的重要な用例は(2)の「曲能有誠」以下の一句である。『中庸』は、萬物を育むという觀點から「至誠」の境地を形容しており、「形」から「化」の一連の過程を、太陽が昇れば植物が太陽に向かって成長していく過程に類比している[70]。ここでは「變」と「化」の二つの概念の間に大きな内容的區別はない。言い換えればこれは作者が「外在の環境變化」と統治者が如何にそれを認識し對處するかという觀點についてあまり注意を向けていないということを意味するのではないかと推測される[71]。

第二十四章に曰く、「誠を至す道では、國家の大事などが起こる前にそれを予知することが出來る（至誠之道、可以前知）」[72]。この「前知」の内容については『中庸』に、

　　國家將興，必有禎祥。國家將亡，必有妖孽。見乎蓍龜，動乎四體，禍福將至，善必先知之，不善必先知之。故至誠如神。[73]

とある。この一段では『中庸』の作者は「變」字を使用していないが、『荀子』の「應變」と『呂氏春秋』の「知化」が意味上實質國家の興亡を指していることから考えれば、この論述の内容は「變」の論述と對應させることができる。注意すべきは、『中庸』第二十三章に「動けばすなわち變じ、變ずればすなわち化す（動則變、變則化）」[74]とあり、第二十四章では「知變」或いは「知化」の觀點を擧げていない。『呂氏春秋』や『荀子』及び『易傳』が皆明確にこの點に言及していることを考えると、第二十三章と第二十四章をまとめた「原」作者、ひいては『中庸』を編纂整理した作者或いは編者は、おそらく『呂氏春秋』や『荀子』及び『易傳』に現れる環境と状況の變化を重視する流れの思想史的脈絡を經ることなくこの章を『中庸』へと組み込んだ可能性が高い[75]。

---

[69] この用語は先秦文獻の中で以下二例見つけることができる。唐・房玄齡注、『管子』「心術上」「虛無無形謂之道, 化育萬物謂之德, 君臣父子人間之事謂之義。登降揖讓, 貴賤有等, 親疏之體, 謂之禮。簡物小未一道, 殺僇禁誅謂之法」（『四部備要叢書』）；『莊子』「刻意」「上際于天, 下蟠於地, 化育萬物, 不可爲象, 其名爲同帝」。

[70] この點に關して、後に分析する。

[71] この部分の思想關聯と相當密接に關連する『荀子』不苟篇の「變化代興」中の「變」と「化」はほぼ相通じ、「遷善的過程」の意味である。

[72] 『禮記』中庸・第二十四章、161頁。

[73] 『禮記』中庸・第二十四章、161頁。

[74] 『禮記』中庸・第二十三章、161頁。

[75] しかし、『呂氏春秋』はまた「誠」のある人は戰爭等人への影響の多大な事象の發生についても予知することができるといい、この一點で『中庸』第二十四章の「誠」觀と類を同じくしている。

五、「變化」を掌握する道德:『荀子』の「誠」

　以上、『中庸』の「誠」概念とその「變化」觀における思想的特色を考察した。では次に、『荀子』の「誠」概念とその「變化」觀上の意義を考えてみよう。『荀子』全體には、「誠」字は七十箇所以上出現する。そのうち半分は副詞で、主に「本當に」の意味を指し、基本的に特別な思想的意義はあまりない。殘り半分の用例を以下に考察する。この「誠」觀念は單獨で出現するものもあれば複合語という形で、「誠信」や「端誠」のように出現するものもある。「誠」字の單獨での用例の内、不苟篇の一段中には、そこだけで十一個の用例が集中していることから、この部分が『荀子』を代表する「誠論」であると言っても差し支えないだろう。また、「誠信」の一語は四度出現し、「端誠」は二度現れる。以下、まず『荀子』不苟篇以外の「誠」の重要な用例、及び複合語の「誠信」、「端誠」の用例を列擧し、不苟篇の十一個の用例については、まとめてこれを論ずる。

　現行本の『荀子』中、はっきりと概念化された「誠」字は全體の各章節に出現し、不苟篇の十一個の用例の他、二十箇所以上の用例がある。ここではまず個別にその主要な單獨、複合語の用例を列擧する。以下計十六條である。

(1) 誠以其國爲王者之所亦王。（王制）[76]

(2) 必先脩正其在我者，然後徐責其在人者，威乎刑罰。三德者誠乎上，則下應之如景嚮，雖欲無明達，得乎哉！書曰：「乃大明服，惟民其力懋，和而有疾。」此之謂也。（富國）[77]

(3) 仲尼無置錐之地，誠義乎志意，加義乎身行，箸之言語，濟之日，不隱乎天下，名垂乎後世。（此句後面還有一例）（王霸）[78]

(4) 治國者分已定，則主相臣下百吏，各謹其所聞，不務聽其所不聞；各謹其所見，不務視其所不見。所聞所見誠以齊矣。則雖幽閒隱辟，百姓莫敢不敬分安制，以化其上，是治國之徵也。（王霸）[79]

(5) 道德誠明，利澤誠厚也。（王霸）[80]

(6) 彼誠有之者，與誠無之者，若白黑然，可詛邪哉！故伯樂不可欺以馬，而君子不可欺以人，此明王之道也。（君道）[81]

---

76)『荀子』卷5、王制篇、11頁。
77)『荀子』卷6、富國篇、8-9頁。
78)『荀子』卷7、王霸篇、1頁。
79)『荀子』卷7、王霸篇、12頁。
80)『荀子』卷7、王霸篇、13頁。
81)『荀子』卷8、君道篇、6頁。

(7) 其知惠足使規物，其端誠足使定物，然後可；夫是之謂國具。(君道) [82]
(8) 上宣明，則下治辨矣；上端誠，則下愿愨矣；上公正，則下易直矣。治辨則易一，愿愨則易使，易直則易知。(正論) [83]
(9) 窮本極變，樂之情也；著誠去僞，禮之經也。(樂論) [84]
(10) 刑罰不怒罪，爵賞不踰德，分然各以其誠通。是以爲善者勸，爲不善者沮；刑罰綦省，而威行如流，政令致明，而化易如神。(君子) [85]
(11) 治之志，後埶富，君子誠之好以待。處之敦固，有深藏之，能遠思。思乃精，志乃榮，好而壹之神以成。精神相反，一而不貳，爲聖人。(成相) [86]
(12) 顯者必得，隱者復顯，民反誠。(成相) [87]
(13) 夫盡小者大，積微者箸，德至者色澤洽，行盡而聲問遠，小人不誠於內而求之於外。(大略) [88]
(14) 國風之好色也，傳曰：「盈其欲而不愆其止。其誠可比於金石，其聲可內於宗廟。」小雅不以於汙上，自引而居下，疾今之政以思往者，其言有文焉，其聲有哀焉。(大略) [89]
(15) 知者明於事，達於數，不可以不誠事也。故曰：「君子難說，說之不以道，不說也。」(大略) [90]
(16) 執一如天地，行微如日月，忠誠盛於內，賁於外，形於四海，天下其在一隅邪！夫有何足致也！(堯問) [91]

『荀子』の「誠信」と「端誠」の用例は以下六條である。

(17) 端愨誠信，拘守而詳。(修身) [92]
(18) 公生明，偏生闇，端愨生通，詐僞生塞，誠信生神，夸誕生惑。(不苟) [93]
(19) 與端誠信全之士爲之則霸。(王霸) [94]

---

82) 『荀子』卷 8、君道篇、7 頁。
83) 『荀子』卷 12、正論篇、1 頁。
84) 『荀子』卷 14、樂論篇、3 頁。
85) 『荀子』卷 17、君子篇、10 頁。
86) 『荀子』卷 18、成相篇、2-3 頁。
87) 『荀子』卷 18、成相篇、6 頁。
88) 『荀子』卷 19、大略篇、11 頁。
89) 『荀子』卷 19、大略篇、13 頁。
90) 『荀子』卷 19、大略篇、5 頁。
91) 『荀子』卷 20、堯問篇、15 頁。
92) 『荀子』卷 1、修身篇、9 頁。
93) 『荀子』卷 2、不苟篇、6 頁。
94) 『荀子』卷 7、王霸篇、4 頁。

(20) 得眾動天。美意延年。誠信如神，夸誕逐魂。(致士) [95]
(21) 談說之術：矜莊以蒞之，端誠以處之。(非相) [96]
(22) 節威反文，案用夫端誠信全之君子治天下焉。(彊國) [97]

上述の用例中、前後關係の說明がなければおそらく「誠」字の簡單な解釋は我々の思い當たる「誠心誠意」、あるいは「まごころ」といった意味で理解しておいてもよかろう。例えば、上述の複合語の六例中(17)、(19)、(21)、(22)はこのように文意を解釋しても十分通りがよい。しかし、「道德的な心理狀態」を意味するという觀點からのみで(18)や(20)を解釋すると、なぜ「誠信」が「神」の如くであるのか說明できない。更に言えば、中國古代の「誠」概念の意義を了解する、つまり『呂氏春秋』、『荀子』或いは『中庸』で言及される「誠」概念の效果を明らかにすると、その論者の思想中の「誠」の內容は、ある種の倫理的心理狀態に合致することを表すのみでなく、その「誠」の心理狀態が更に一種の、他人を德化する動態作用をも起こしている。この效果は天地の造化のように奧妙であるため、「神」の字を使ってこの不可思議な效能を形容したと考えられる [98]。

續いて、「誠」字の單獨の用例を見てみよう。ここの用例の大意を分析すると、その內のいくつかの用例は完全に『中庸』の「誠」概念の論述構造と一致することが分かる。比較的典型的な例は(2)、(3)、(5)、(11)、(16)に見られる。例えば、(2)の句中で、荀子はまず「必先修正其在我者（必ず自分の中にあるものを正すように身を修めるもの）」が「下應之如景響（下にいるものはそれに影やこだまのように應ずる）」と主張する。(11)では荀子は君子（統治者）が「誠之好以待」であることを要求する。世界を德化する上での「誠」のダイナミックな效果については(16)で「忠と誠が心の内に盛んになると、それが心の外に溢れ、天下四海に顯れる（忠誠盛於內，賁於外 [99]，形於四海）」といっていることから明らかに見て取れる。

これらの論述中で表現されているものは、以下の四點において『中庸』の「誠」の論述の核心的内容と合致する。第一に、統治者はまず自己の修身に徹するべしとすること。第二に、このような統治者の德は表に現れ始める。その過程を「誠」ということ。第三

---

95)『荀子』卷 9、致士篇、7 頁。
96)『荀子』卷 3、非相篇、6 頁。
97)『荀子』卷 11、彊國篇、6 頁。
98) 佐藤貢悦はその政治思想上の效能の角度から『荀子』の「神」と「天」の概念の一體性を分析し、筆者の考えに近い見解を主張している。佐藤貢悦「荀子國家形成論自然哲學基礎」、『淑德大學研究紀要』（第 27 號、1993 年）所收、108-109 頁を參照されたい。筆者の見方に關しては Sato, Masayuki 2003. *The Confucian Quest for Order: The Origin and Formation of the Political Thought of Xun Zi*. Leiden: Brill Academic Publishers. 287-302 頁。
99) 楊注には「賁，飾也，形見也」とある。郝懿行は「義與墳同，墳者大也」とする。王先謙注、久保愛增、豬飼彥博補『增補荀子集解』卷 20、35 頁を參照されたい。

に、「誠」が表れ出た後、被統治者はその影響を受け、統治者に從って德化するということ。そして第四に、この種の德化の過程は天地の萬物化育の過程と類比できるということ。以上四點から、上述の用例の他でも、『荀子』中「誠」の用法の大部分はほぼこの四種の特色を含んでいることに氣づく。

以上の觀察に基づき、更に不苟篇の十一個の「誠」字が現れる段落の思想的特色を探求しよう。該當部分全體を以下の四つに分ける。

(1) 君子養心莫善於誠，致誠則無它事矣；唯仁之爲守，唯義之爲行。誠心守仁則形，形則神，神則能化矣。誠心行義則理，理則明，明則能變矣。變化代興，謂之天德。
(2) 天不言而人推高焉，地不言而人推厚焉，四時不言而百姓期焉，夫此有常以至其誠者也。君子至德，嘿然而喻，未施而親，不怒而威，夫此順命，以愼其獨者也。
(3) 善之爲道者，不誠則不獨，不獨則不形，不形則雖作於心見於色，出於言，民猶若未從也。雖從必疑。天地爲大矣，不誠則不能化萬物；聖人爲知矣，不誠則不能化萬民；父子爲親矣，不誠則疏；君上爲尊矣，不誠則卑。
(4) 夫誠者，君子之所守也，而政事之本也；唯所居以其類至。操之則得之，舍之則失之。操而得之，則輕，輕則獨行，獨行而不舍，則濟矣。濟而材盡，長遷而不反其初，則化矣。[100]

明らかに、この部分の內容は典型的に上述した四種の思想的特色を含んでいる。この他に、この部分の用語と思想は、『中庸』の「誠」概念に關する章節と共通部分が少なくない。用語上の類似は三點ある。

第一に、不苟篇の第一段での用語、「誠」、「仁」、「形」、「神」、「明」、「變」、「化」、「天」、及び「德」の九個の概念は、『中庸』では互いに密接に關連している。更にここでの「變」觀念は君子と人民自身の變化であり、この「變」の意味のみが『荀子』のその他の多くの部分の用例とは異なっているが、むしろ『中庸』第二十三章の「動則變、變則化」の「變」字の內容と類似している。この他に、「天德」の一語は『中庸』第三十二章で「天下之化育」を說く內容の中に出現している[101]。

第二に、不苟篇の第二段では、不苟篇の作者が「至誠」の特質を「默っているのにもかかわらず教えが現れ、施さずとも親しまれ、怒らずとも畏怖を起こさせる（嘿然而喻，未施而親，不怒而威）」へと、君子がこの境地へと達しうる理由をまとめて說明している。これに對し不苟篇の作者は、その理由を「その獨、つまり天德を顯現した境地に愼

---

100) 『荀子』卷2、不苟篇、4-5 頁。
101) 全文は「唯天下至誠，爲能經綸天下之大經；立天下之大本；知天地之化育。夫焉有所倚？肫肫其仁，淵淵其淵，浩浩其天，苟不固聰明聖知達天德者，其孰能知之？」である。『禮記』、163 頁。

しんで居るからである（以愼其獨者也）」と考えている。つまり、ここでの「よって、そうなるのである（以…者也）」の句法は、君子が「愼獨」を實踐すれば「嘿然而喩，未施而親，不怒而威」という統治を達成できる原因を示しているに等しい。そして、この論理の前後を反轉させて『中庸』の關連する部分を見ると氣づくのは、不苟篇のこの段の推論の構造が『中庸』では實は全編を貫通する大構造となっているということである。『中庸』の第一章に、「君子は獨の境地に愼しんで居る（君子愼其獨也）」とあり、その後第三十三章で「ゆえに君子は動かざるとも敬され、言わずとも信じられ〔…〕賞を與えなくても民ははげみ、怒らずともその刑罰を恐れる（故君子不動而敬，不言而信〔…〕君子不賞而民勸，不怒而民威於鈇鉞）」とあり、この兩段の間に「條件」—「結果」の必然的推論關係を見出すのに困難はない。

第三に、不苟篇の第三段では「誠」は君子が「知」を發揮するための大前提である。この「知」はまた「化人民」という目的のために發揮されるものであろう。これと同様の思想は、『中庸』の第三十二章にあり、そこでは「ただ天下の至誠のみ〔…〕天地の化育を知る（唯天下至誠〔…〕知天地之化育）」という。

以上の考察を通して、不苟篇の「誠」に關する論述、用語及び推論の仕方が『中庸』の「誠」の論述と非常に類似している事實を確認した。更に、兩者の思想について言えば、兩者間には三點完全に一致する思想内容があるということも確認するに至った。形式と内容上の相似度からこの兩篇の文章の土臺になる思想の中身を見るならば、この兩篇が互いに密接な思想的關連を持ちつつ形成されたものであるということは想像に難くない。或いは、たとえその文獻が個々に成ったものであったとしても、兩者が依據する思想の起源はおそらく同じものであった、とは言い得る。

では、『中庸』と不苟篇の「誠論」との間に、思想上の差異はないのであろうか？詳しく見れば、兩者の間には微妙な差異を見出すことができる。主な差異は不苟篇の第一段と第四段にある。第一段の例における「唯仁之爲守，唯義之爲行〔…〕謂之天德」は、『中庸』では「曲能有誠，誠則形，形則著，著則明，明則動，動則變，變則化」に相當し、この句の中では「誠」から「化」に至る七つの概念が「AならB，BならC」という一連の連鎖論證の中に出現している。同じく、不苟篇での「誠」の效能は

(1)「仁之守→形→神→能化」
(2)「義之行→理→明→能變」

の二つの道筋に分けられて提示されるが、ここで注意すべきは不苟篇では、最後の「化」と「變」を複合語にする「仕上げ」とも言える「變化代興」の一句が、論證の過程で使われた順序である「化變」ではなく、「變化」という術語を使用しているということである。「變化代興」の一句が當時流行した一種の成語であるとするなら、不苟篇の作者はなぜ「變化」の順序に基づき「仁之守→形→神→能變」と「義之行→理→明→能化」と説かなかったのだろうか？　もし、そう出來なかったとすれば、思想的な理由があるはずで、不苟篇の作者からすれば、たとえ「變」が「化」の語順と前後關係が反

對になったとしても、「仁之守→形→神」は必ず「化」と結び付き、「義之行→理→明」は「變」と結び付くという作者から見た思想的必然性があったのではないか。では、この二つの理論の内面的な概念の結び付きを見てみよう。

　まず、『中庸』の作者が考える「仁」、「義」、「明」、「理」の四つの概念の重要性について見てみる。『中庸』では、「仁」概念は六回出現し、その「誠」概念との關連から言えば重要な用例は第二十五章の「誠は〔…〕物が成る、すなわち完成へ向かっていく所以のものである。自己の完成は仁であり、物の完成は、知である（誠者，〔…〕所以成物也。成己，仁也；成物，知也）」であり、ここで「仁」は「成」と定義されているため、ある程度のダイナミズムを備え持つようになっている。これが「誠」概念の主な特質である。同じように、『中庸』中「義」字は二回しか出現せず、「誠」概念とは無縁である。「明」と「理」の二つの概念の『中庸』における效能を見ると、「明」字は「顯れれば明らかに、明かになれば、動き、動けば變ず（著則明，明則動，動則變）」（第二十三章）の句中に出現しているように、『中庸』では「變」概念と密接な關係にあることが明らかに了解できる[102]。しかし、「理」字の場合は二回出現するが、最後の方で聖人の德を賞贊する際に「文理密察」（第三十一章）、「温而理」（第三十三章）等の句の中で使用されるのみで、この用例から「理」字と「誠」概念におけるダイナミズムとしての意味との直接の關連は見出せない。端的に言えば、『中庸』の作者は「誠」の效能を討論する際、ほぼ「義」や「理」の重要性を意に介していない。それでは逆に、不苟篇の「義之行→理→明→能變」中の四つの概念の結び付きは、ただ論述上の便宜を求めてのことであるのに過ぎないのであろうか[103]。そうではなかろう。『荀子』において以下の三つは「義」と「變」が同時に出現している例である。

（1）此言君子能以義屈信變應故也。（不苟）[104]
（2）臨事接民，而以義變應，寬裕而多容，恭敬以先之，政之始也。然後中和察斷以輔之，政之隆也。（致士）[105]
（3）王者之人：飾動以禮義，聽斷以類，明振毫末，擧措應變而不窮，夫是之謂有

---

[102]「明」に關して、『中庸』はその概念の内容を今一歩進めてはっきりと説いている「故至誠無息〔…〕博厚則高明〔…〕高明所以覆物也」（第二十六章）。引用した例の示す如く、『中庸』の「明」は「誠」概念との關連上ほぼ「太陽」が地上の萬物を照らし出す「ダイナミズムのエネルギー源」に近い。

[103] 過去30年あまり歐米の荀子研究をリードし、2007年に逝去した故アントニオ・クワ（柯雄文）もまた荀子思想中の「義」概念がある種の「變化」と個々に相關した概念であるという事實を觀察するに至っている。Cua, Antonio S. 2005 "The Unity of Virtues" In Cua, *Human Nature, Ritual, and History: Studies in Xunzi and Chinese Philosophy*. Washington D.C.: The Catholic University of America Press. 126頁を參照されたい。

[104]『荀子』卷2、不苟篇、3頁。

[105]『荀子』卷9、到士篇、7頁。

原。是王者之人也。(王制) 106)

　注意すべきは、「變」字は單獨の「義」字と共に出現する時、「變」字は「變應」を組成する、つまり「變」字を前に「應」字が後に置かれ、「應變」とはならない。同じように、複合語の「禮義」と共に出現する時は、「應變」となる。勿論、このような「顛倒」は後代の人が抄傳する際のミスに過ぎないと看做すこともできる。しかし筆者が重視するのは、「變應」の用例は二つあり、共に單獨使用の「義」字と共に出現する場合發生するという事實であり、これは偶然ではないと言えるであろう。荀子はおそらく「義によって變が應ず（以義變應）」を主張する際、不苟篇の先に引用した「義之行→理→明→能變」の概念關係を念頭に置き、これによってその「變」字の意味が人民の德化という變化よりも、外界の環境や狀況の變化が「義」に應ずるのだということを言い表しているのであろう。このように「變」自體が主語となる用法は『中庸』の「動則變，變則化」中の「變」字の用例に近い。

　「變」と「理」の關連に關して、君道篇では聖人の居る所は「天を用いうること、そして地理と萬物にも明達し、しかもそれに疑念をいだくことがない（明達用天地理萬物而不疑）」と說き及んでおり、更にその後文にも「義の行いが天地の間に充滿する（行義塞於天地之間）」の語がある。ここでの「明」字はほぼ認識方面の能力を指しているが、出現している概念から見れば、この一段には「行義」、「明」、「理」、及び「變」の四つの字が共に出現している。

　第四段では、不苟篇の作者は「ただ君子のような人がいるところにそれと同じような品德の人が集まる（唯所居以其類至）」、つまり「類」の思想を以って君子が「誠」を守ることの重要性を主張している。『荀子』の中で、「類」概念の全面的運用は荀子思想の重要な特質と見做されている 107)。「同類相應」の思想は『呂氏春秋』の「誠」という重要な思想の基礎である。『呂氏春秋』において、同類間の「誠」（「悲愛」等の誠情）は「精」の作用を通して、空間の制限を越えることができ、別々の個體間の人間の心の間に通じることができる 108)。これに對し『中庸』には、周知の如く「類」字の用例がないだけでなく、『呂氏春秋』の「同類相應」のような主張も見出すことができない。もちろん『中庸』には「同類相應」の「誠論」も見出せない。このことから、『荀子』不苟篇の「誠論」は『中庸』にはない相當多樣な概念を構成要素とする構造で組成された論であると理解できる。

　以上の議論をまとめると、『中庸』と『荀子』不苟篇間での「誠論」の思想關係は、およそ以下の四點に整理できる。第一に、この基本用語と核心の思想から、『中庸』と

---

106)『荀子』卷5、王制篇、5頁。
107) 筆者の『荀子』の「類」の觀點に關しては、拙著、*The Confucian Quest for Order*, 329-335 頁を參照されたい。
108) 拙著「戰國時代「誠」概念的形成與意義」、235-240 頁を參照されたい。

『荀子』不苟篇の「誠論」の源泉は同じであろうということ。第二に、この使用法の概念の多樣性と論述の整合性からして、少なくとも『荀子』不苟篇と『中庸』の論述の間の比較から見れば、『荀子』不苟篇の論述は、思想の内容としては『中庸』に基づいており、『中庸』が『荀子』不苟篇に基づくのではなかろうということ。第三に、『荀子』不苟篇の第四段中には「類」と「同類相應」の思想が見られ、『中庸』では全く見られないということ。この一點は、上述の第二點を補強する。第四に、『荀子』不苟篇第一段と『中庸』の主な差異は、「變」の意味と「義」との概念關係にあり、第四段と『中庸』の差異は「類」の思想の有無にあるということ。この二種の思想的要素はまた『荀子』のその他の部分にも見られることから、不苟篇の「誠論」が他書からの改竄である可能性は非常に低い。

六、おわりに

最後に、以上考察した『中庸』の「誠論」と『荀子』の「誠論」と「變化論」が、中國古代の「變化論」と「誠論」の思想史的脈絡において、どのような意義を持つか論じることによって、本論文の結論としたい。まず、中國古代の「變化論」の發展の脈絡において、『莊子』と『中庸』の「變化論」は個體としての「物」或いは「人」の變化を比較的重視している。それに對して『易傳』の「變化論」は環境狀況の變化を比較的重視している。『荀子』の「變化論」をこれら兩方の變化論と比較すると、『荀子』の「變化論」は以上に説いた「變」と「化」の兩方の側面に注目しており、このことからその總合性はまた上述の三つの文獻よりも高いと言える。更に言うならば、『荀子』の「應變」と「治變」觀念はまた『呂氏春秋』の「知化」、「觀化」觀念に比べて一步進み、「變化」（この「變化」は個體と狀況という二つの層の變化を含んでいる）を掌握する必要性を主張している。これは、『荀子』が戰國後期において當時の思想家達が唱導したと考えられる各種の「變化論」と比べ、當時としては非常にまとまった理論を提示したことを意味する。これによって、上述の文獻と『荀子』の「變化論」の時代の先後を輕率に判斷することはできないが、本論文での考察を通して、少なくとも當時の變化論において荀子が提示した「誠」の理論性は相當に完成度が高かったということは、認めてもよいだろう。

次に、戰國後期の「誠論」の脈絡から荀子の「變化論」の思想的意義を見てみよう。「誠」概念の議題化は、現存する資料に即して見れば、おそらく莊子或いは莊子學派により反儒家の價値概念のための思想的工夫を提出する中で展開され、道家の脈絡ではその思想的意義は、仁義などに亂されることのない「眞性」といった境地の發見ないしは主張にある。『呂氏春秋』の「誠」は、その自然環境の中にあってその「眞性」の意味を人それぞれ心中の「眞情」へと轉化し、この意味に基づいて、「同類相應」の思想と

「精」概念の結び付きとなり、獨自の「非言語統治」という政治理論を發展させた[109]。それらの思想的傾向に對し、『中庸』の「誠」は擴大、展開するダイナミズムを備えた道德觀念となっており、概念の構造は「統治者」が人民を善へ誘うと共に「化育萬物」するという政治理論を發展させた。荀子の「誠論」は基本的に『中庸』の「化育萬物」の政治理論にあるような思想の系譜を受け繼ぎつつ發展して來たものであろう。しかし荀子の「誠」の及ぶ範圍と效力はそれよりも更に大きく、統治者はこれにより「萬物」を「化育」できるだけでなく、「變化代興」の主體となる、つまり、統治者は個々の人間を道德化させるプロセスと人間が直面する環境全體の變化との兩方を完全にコントロールできるようになるのである。

荀子の「誠論」の意義はこれに留まらない。荀子はさらに「變化代興」の源泉を「人之守」と「義之行」という「君子之誠」であるとすることにより、その「變化論」の道德的基礎をも固めた。このような理論的努力により荀子は、『莊子』がまず反社會的道德の價値として構想された「誠」概念を、道德が展開してくるダイナミズムを指すものへと變換させたのである。このような荀子の理論的努力によって、荀子以後の儒家達は以下のように主張できるようになったと考えられる。「道德的價值を掌握した人は變化をコントロールできる」と。そしてこのような論述の構造は『易傳』の形成と流行に大いなる思想的基盤を與えることとなったであろう。『荀子』の「變化」の倫理學説と、『易傳』の「變化」の哲學との間の思想關係については、別稿を設け、改めて考察したい。

引用書目

一、傳統文獻

漢・鄭玄注、『禮記』、『四部叢刊正編』、臺北：臺灣商務印書館、1979 年。
漢・高誘注、『呂氏春秋』、『四部備要叢書』、臺北：臺灣中華書局、1966 年。
魏・王弼注、『周易』、『四部叢刊正編』、臺北：臺灣商務印書館、1979 年。
晉・郭象注、『莊子』、『四部備要叢書』、臺北：臺灣中華書局、1966 年。
唐・楊倞注、『荀子』、『四部備要叢書』、臺北：臺灣中華書局、1966 年。
唐・房玄齡注、『管子』、『四部備要叢書』、臺北：臺灣中華書局、1966 年。
清・王先謙注、久保愛增、豬飼彥博補『增補荀子集解』、東京：富山房、1913 年）。
王忠林『荀子讀本』、臺北：三民書局、1971 年。

---

[109] 拙稿「戰國時代「誠」概念的形成與意義」、233-240 頁を參照されたい。

二、近人論著

(日)佐藤貢悅 1993 「荀子國家形成論自然哲學基礎」、『淑德大學研究紀要』(第 27 號、1993 年)所收。

(日)佐藤將之 2005 「當代日本學者對研究〈中庸〉的回顧」、「日本漢學的中國哲學、思想研究：觀點、方法論、以及其意義」國際學術研討會宣讀論文、國立臺灣大學哲學系與國科會人文學研究中心主辦(臺北：國立臺灣大學哲學系、2005 年 5 月 28 日)。

(日)佐藤將之 2005 「中國古代「變化」觀念之演變暨其思想意義」、『政大中文學報』(期 3、2005 年 6 月)所收。

(日)佐藤將之 2005 「戰國時代「誠」概念的形成與意義：以『孟子』、『莊子』、『呂氏春秋』爲中心」、『清華學報』(集 35 期 2、2005 年 12 月)所收。

(日)佐藤將之 2007 「荀子哲學研究之解構與建構：以中日學者之嘗試與「誠」概念之探討爲線索」、『臺灣大學哲學論評』(期 34、2007 年 10 月)所收。

(日)金谷治 1951 「荀子の文獻學研究」、『日本學士院紀要』(第 9 卷第 1 號、1950 年)所收。

陳昭瑛 2001 「「通」與「變」—荀子通變觀與經典詮釋問題—」、『臺大歷史學報』(期 28、2001 年 12 月)所收。

劉又銘 2001 「從「蘊謂」論荀子哲學潛在的性善觀」、政治大學文學院編『孔學與二十一世紀國際學術研討會論文集』(2001 年 9 月)所收。

Cua, Antonio S. 2005 "The Unity of Virtues" In Cua, *Human Nature, Ritual, and History: Studies in Xunzi and Chinese Philosophy.* Washington D.C.: The Catholic University of America Press.

Sato, Masayuki . 2003. *The Confucian Quest for Order: The Origin and Formation of the Political Thought of Xun Zi.* Leiden: Brill Academic Publishers.

[附記]本稿は、臺灣の國家圖書館附屬、漢學研究センターで發行されている學術誌『漢學研究』(第 27 卷第 4 期、2009 年 12 月)に掲載された拙稿「掌握變化的道德『荀子』「誠」概念的構造—」の初譯を基に、日本の讀者に分かりにくい用語や論點に補足的説明を加え、表現や議論の流れなどもなるべく日本語として理解しやすいようにしたものである。譯稿の掲載を快諾していただいた『漢學研究』には感謝の意を表したい。本稿は臺灣國家科學委員會の 2006 年度研究補助による研究「中國古代政治哲學中の言語化と非言語化(NSC95-2411-H-002-030)」の成果の一部である。

漢譯説一切有部の佛傳二種における
ブッダの異なる解釋について[*]

羅　　因[**]

（中野　徹　譯）

一、前言—ブッダの略歷

　ブッダ（佛陀、Buddha）は佛教の創始者であり、かれの教義は古來より世界人類の精神活動に深い影響を及ぼしている。しかしながら、ブッダの生涯について、佛教内部や大乘佛教・小乘佛教の間、ひいては各部派間の、ブッダに對する理解と解釋は、かなり異なっている。そのうえ、ブッダに關する傳記は、どれも不思議かつ幻想的な神話的色彩に滿ちているため、歷史上にブッダという人物が實在していたのかということに對してまでも、一部の西洋の學者に強い疑義を持たせてすらいる。もっとも顯著な例は、フランスの學者エミール・セナル（Emile Senart）である。かれは佛教徒が信仰する「ブッダ」の歷史的實在性を否定し、以下のように考えている。ブッダは、ある時期、どこかの場所に生きていたかもしれない。しかし、佛教徒が傳統的に語っているブッダは、これまでに存在したことはない。あたかもギリシャのアポロンの神話のように、佛教徒は太陽神の信仰を人格化して「ブッダ」としたにすぎないのだ[1]。歷史上にブッダという人物が確かに存在していたことを肯定する學者でさえも、釋尊の傳記の神話的色彩は、後世の人がかれの生涯を理解するのに大きな障害となったと考えている[2]。

---

[*] 本稿は、94 學年度國科會專題研究計畫の支援を受けた。ここに謝意を表す。拙論は、日本北海道大學での「首屆東亞經典詮釋中的語文分析國際學術研討會」（2006 年 8 月 23-25 日）において口頭發表したものである。【譯者注：本稿では ［　］ を用いて譯者の補注を示す。また、漢譯佛典などの原文引用箇所には （　） により譯者による日本語譯を示すことがある。なお、羅氏の中國語原文がサンスクリット語などの非漢語を音譯漢字で表現している場合、これを通用しているカタカナに置き換えて示すことにし、さらに直後に （　） を附し、中國語原文の非漢語の語形と音譯漢字とを示す。】

[**] 國立臺灣大學中國文學系副教授、佛學研究中心主任。

[1] エミール・セナルの意見は、ドイツの學者ヘルマン・オルデンベルグ、BUDDHA： His Life, His Doctrine, His Order, trans. from the German by William Hoey,（Delhi: Motilal Banarsidass Publishers Private Limited, 1997）, pp.71-73 より引用。

[2] たとえば、巴宙教授は以下のように述べている。「ゴータマ・ブッダの歷史的實在性に關して、古代から傳わるブッダの生涯に關するほとんどすべての記載は、みな傳奇や神話であり、想像と一部の事實が混ざったものである。（中略）そのため、掘り下げた研究をしていない人は、その複雜かつ精妙な奧義を理解し難しい。我々はこのような狀況は佛教史研究にとって全く都合が惡いと考えている。」（巴宙著、恆清譯「喬達摩佛陀之凡聖問題」、『佛光學報』第 2 期、1977 年 7 月、6–16 頁）また、中村元博士は以

たしかに、小乘系統に屬すか大乘系統に屬すかを問わず、現存する釋尊の傳記は、神話的色彩に滿ちていないものはない。これは、歷史上の眞實の釋尊の生涯を復元することに、間違いなくきわめて大きな困難をもたらしている。しかしながら、もし議論の力點を釋尊の歷史上實在した人物としての生涯の事跡を復元することに置かないとすれば、釋尊の傳記に表される神話や傳奇的成分は、異なる部派の釋尊の一生に對する異なる解釋を多からず少なからず表しているのである。本論の議論の重點は、釋尊の生涯の事跡の歷史的な復元に力を注ぐことにはなく、説一切有部の佛傳二種におけるブッダの生涯に關する描寫から、説一切有部のブッダに對する解釋の發展を理解しようとすることにある。

　本論の議論の重點は釋尊の生涯の事蹟の歷史的復元に力を注ごうとするものではないが、「説一切有部の佛傳二種」の議論に入る前に、釋尊の生涯の略歷についての歷史的な復元は、やはり必要である。なぜならば、釋尊の生涯はまさに各部派の解釋の原點であるからだ。

　幸いなことに東西の學者の、パーリ語佛典、漢譯佛典やインドの歷史文物に基づく釋尊の一生の歷史的な復元は、すでに相當高い成果を得ている。ヨーロッパでは、ヘルマン・オルデンベルグ著、*Buddha, His Life, His Doctrine, His Order*、A.フォーワー著、*The Life of the Buddha: According to the Ancient Texts and Monuments of India* がある。日本では、中村元の『ゴータマ・ブッダ』、水野弘元の『佛教の原點』があり、これらはいずれも考證が嚴密な著作である。その他に、印順、呂澂ら我が國の學者も、釋尊の生涯について、部分的な檢討をしたことがある。以下は、これら中外の學者の研究成果にもとづいて、釋迦の生涯の大まかな輪郭を簡單に描きだしたものである。

　釋尊は釋迦牟尼(śākya–muni)と尊んで呼ばれる。シャカ(śākya、釋迦)とは、彼の部族であり、牟尼(muni)とは「沈默の聖者」の意味である。よって、釋迦牟尼(śākya–muni)とは、つまり「シャカ族の聖者」という意味であり、世間の人のブッダに

下のように述べている。「その（佛傳の）内容は、あまりにも神話的傳説的なことが多く、釋尊が極度に超人化・神格化されているので、どこまでが事實であるか、讀者は呆然としてしまう。まるで妖怪談を讀むようなものである。」（中村元著、王惠美譯『瞿曇佛陀傳』、臺北：中華佛教文獻編撰社、1972 年、6 頁［譯者注：引用箇所は、中村元『ゴータマ・ブッダ』法藏館、1979 年、14 頁より引用］）。水野弘元博士も以下のように述べている。「釋尊の傳記をまとめて説こうというような動きが現れたのは、佛滅後數百年も經ってからのことである。この意味の佛傳には、十數種類のものが傳えられているけれども、そこでは釋尊を、地上の普通の人間と違った特別の人、神化を經た後には、どんなことでもできる超人的な存在として説くようになった。そのために釋尊のなまなましい人間性は失われ、釋尊の偉大さを誇示しようとして、かえって釋尊の本當の姿を見失わせるという結果になった。［ひいきの引きたおしである。（譯者注：この箇所中國語原文にはなし）］このような佛傳を研究する西洋の學者が、釋尊は實在の人物ではなく、インドの古い太陽神話によって創造された架空の人物ではないかと疑ったのも、後世の佛傳の作者によって、釋尊の姿が不自然にゆがめられたからにほかならない。」水野弘元著、達和法師、陳淑慧共譯『佛教的原點』（臺北：圓明出版社、1998 年）、22 頁［引用文は、水野弘元『佛教の原點』、東京：佼成出版社、1974 年、8-9 頁］。

對する尊稱である。彼の本名は、ガウタマ・シッダールタ（Gautama Siddhārthā、瞿曇・悉達多。喬達摩・悉達多とも譯される）であり、ガウタマ（Gautama）が彼の姓であり、シッダールタ(Siddhārthā)が彼の名である。その意味は「あらゆる義が成就する」である。釋尊の生没年については、概ね四つの説がある。第一の説は、かれが紀元前467年に生まれ、紀元前387年に没したとするもの。第二の説は、かれが紀元前569年に生まれ、紀元前489年に没したとするもの。第三の説は、かれが紀元前511年に生まれ、紀元前431年に没したとするもの[3]。第四の説は、ブッダが紀元前566年に生まれ、紀元前486年に没したとするものである[4]。結局のところ、ブッダの生没年については、學者たちの推定によれば、前後約100年の差がある。しかし、インドの古代史の年代について、わずか100年しか違わないのは、なにも珍しいことにはならない。なぜならば古代のインド人は、時代の觀念についてもともと重視していないからである[5]。そのため、ブッダの生没年の推定に關しては、おおまかに追うことができるだけなのである。

釋尊の父親は、現在のネパール領にあるカピラ城（Kapila、迦毘羅衛城）の國王であり、名をシュッドーダナ（śuddhodana、淨飯王）という[6]。母親は、名をマハー・マーヤー（Mahāmāyā、摩訶摩耶。意譯すると偉大なる幻）という。摩訶摩耶夫人は、ルンビニ(Lumbini、藍毘尼園)でシッダールタ太子を生んでから、ほどなくしてこの世を去った。アシタ仙人は、太子の相を占い、太子は將來、必ず佛となると斷言し、絶對に政に從事することはないだろうと言った。また彼は自分が太子の説法を拜聽することと緣がないとさめざめと泣き、そして臨終の間際に弟子に、將來、太子に付き從って出家して修行すれば、必ず靈性解脱の道を實現できると言いつけた。のちの釋尊の重要な弟子であるマハー・カッチャーナ［大迦旃延］は、すなわちアシタ仙人の甥である。

シュッドーダナはのちにマハー・マーヤー夫人の姉の マハー・プラジャーパティー（Mahāprajāpatī、摩訶波闍波提）を娶り、釋尊は母の姉であるマハー・プラジャーパティーによって養育され成長した。釋尊の青年時代は、なんの憂いも心配もない生活を送っていたと言える。シュッドーダナは愛する息子のために、冬季、夏季、雨季の三つの季節に住む宮殿を建て、釋尊はあまたの女たちの歌や踊りに囲まれて過ごした。シュッドーダナはさらに太子のためにヤショーダラー［耶輸陀羅］を選び太子の妃とした。生活

---

3) 印順『印度佛教思想史』（臺北：正聞出版社、1988年）、8-9頁參照。
4) 呂澂『印度佛學思想概論』（臺北：天華出版事業公司、1982年）、4-7頁、および渥徳爾［A.K.Warder］著、王世安譯『印度佛教史』（北京：商務印書館、1995年）、48頁。
5) 前揭『瞿曇佛陀傳』、24頁［前揭『ゴータマ・ブッダ』、32頁］。
6) ヘルマン・オルデンベルグの研究では、以下のように指摘している。ブッダの父親である淨飯王はいつも幅廣く國王と書かれているが、實際には、淨飯王はせいぜい當時のシャカ族の族長であったにすぎない。(前揭 Buddha, His Life, His Doctrine, His Order, p. 99) 參照。中村元は、「シュッドーダナ」（斯陀達那）はのちの經典では、王と呼ばれていいるが、大王と呼ばれることがない。その地方の支配者であったにちがいないが、大國の王と呼ばれ得るほどのものではなかった、と考えている。(前揭『瞿曇佛陀傳』、16頁［譯者注：前揭『ゴータマ・ブッダ』、25-26頁］)。

はきわめて豐かであったけれども、若き日の釋尊は、人生の生老病死という問題について、深い反省を行い、これが釋尊ののちの出家の遠因となった。南傳佛教の傳說によれば、釋尊は 16 歲の時に結婚し、一人の息子をもうけ、その息子は名を ラーフラ (Rāhula、羅睺羅)という。釋尊は 29 歲のとき、父親と妻子と離れ出家した。

釋尊が出家してから、はじめに着いた場所はマガダ國(Magadha、摩竭陀)の首都、ラージャクリハ(Rājarha、王舍城)であった。釋尊は、マガダのビンビサーラ王(Bimbisāra、頻婆娑羅)と會見し、ビンビサーラ王はシッダールタ太子に軍隊と財寶を進んで提供しようとした。中村元は以下のように考えている。當時のマガタ國とコーサラ國(Kośalā、憍薩羅)は、競爭相手の關係にあった。コーサラ國を倒すには、從屬國のシャカ族と同盟を結び、しかも軍事的經濟的援助を與え、南と北からコーサラ國を挾擊すればよい [7]。中村元の推論は、非常に道理にかなっている。しかし、釋尊はビンビサーラ王の提案をやんわりと斷った。

釋尊がビンビサーラ王と別かれてから、前後して、 アーラーラ・カーラーマ(Ālra Kālāma、阿羅羅・迦羅摩)仙人と ウィダカ・ラーマ・プッタ(Udraka–rāma–putra、優陀羅・羅摩子)について修行したが、釋尊は、二人の境地がまだ離欲厭離に達していないとして、すぐに離れた。

アーラーラ・カーラーマとウィダカ・ラーマ・プッタと別れてから、釋尊は苦行林に着き六年の苦行を行なった。もし苦行のために身體が衰えれば、やはり悟りを開くことはできない。ついに、釋尊は、苦行が悟りを開き解脱することに助けがないことを知り、苦行を捨てた。それから、羊飼いの娘の供養によって體力を回復し、その後、かれはガヤー(gayā、伽耶)に着いた。そこの一本の菩提樹の下で長時間の冥想を行ない、最後に無上の悟りを開くことを得たのである。それから、ブッダと尊稱されるようになった。ブッダが悟りを開いてまもない頃、菩提樹の近くで四つの 7 日間を過ごし [8]、かれは解脱の禪悦というものを享受した。その後、ブッダは、一度も衆人に對して說法をしようと思わなかったが、その後、梵天の勸請により、かれの弘法の生涯を送ることに決めた。

釋尊の初轉法輪は、ワーラーナシー(Vārāṇasī、波羅奈斯[譯者注：ベナレス])の鹿野苑(Migadāya)であり、アニャー・コンダンニャ(Aññāta Kondañña、阿若憍陳如)ら過去に釋尊とともに苦行をした五人の修行者に說法した。かれらはみなほどなくして、釋尊と同じ境地を悟った。これが釋尊の弘法の生涯の始まりである。これから 45 年の間、釋尊は中インド各地を遊行し、廣く門徒を集め、弟子のために僧團の戒律を定め、佈薩を定期的に行ない、雨季になれば、ひとつの場所に定住した。釋尊の 45 年の弘法の生涯において、記載するに値する事件は非常に多く、ここに一つ一つ詳しく擧げることはできないので、比較的重大な事例のみを擧げよう。(1)三迦葉(ウルヴェーラ・カッサパ

---

7) 前揭『瞿曇佛陀傳』、55 頁 [前揭『ゴータマ・ブッダ』、64 頁]。
8) 4 つの 7 日の說法は、パーリ語の律藏『大品』(Mahāvagga)の最も古い言い傳えに見える。その後の傳說ではいずれも 7 つの 7 日とする。Hermann Oldenberg, *Buddha : His Life, His Doctrine, His Order*, p. 114.

［優樓頻螺迦葉］、ナディー・カッサパ［那提迦葉］とガヤー・カッサパ［伽耶迦葉］）を改宗させたこと、(2)マガダ國のビンビサーラ王が佛教に歸依し、竹林精舎を獻じたこと。(3)　シャーリプトラ（Śāriputra、舍利弗）とマウドガリヤーヤナ（Maudgalyāyana、目犍連）の出家[9]。(4)釋尊が故郷の國に戻りシュッドーダナと家族に會ったこと。シャカ族の子弟の 500 人が出家し、異母弟のアーナンダ（Ānanda、阿難）、息子のラーフラ、妃のヤショーダラがみな釋尊について出家したこと。(5)コーサラ國のシューラーヴァスティー［舍衞城］の富豪シュダッタ（Sudatta、須達多）長者が佛教に歸依し、祇樹給孤獨園［祇園精舎］（Jetavana–anāthapiṇḍasyārāma）を獻じたこと。(6)おばのマハー・プラジャーパティーが出家を願い、アーナンダの勸請のもと、釋尊が條件付きで女性に出家させたこと。これが比丘尼敎團の起源である。(7)　デーヴァダッタ（Devadatta 提婆達多）が敎團を分裂させたこと。(8)祖國のカピラヴァストゥがコーサラ國のヴィルーダカ太子（Virūḍhaka、毘琉璃）に滅ぼされたこと。(9)シャーリプトラとマウドガリヤーヤナの二大弟子が釋尊より先に入滅したこと。

　釋尊は 80 歳の高齡に達すると、その體は日を追うごとに衰弱した。そこでラージャグリハから クシナーラー（Kusinārā 拘尸那［譯者注：クシナガラ］）まで、最後の遊行を行なった。その途上、鍛冶工の息子のチュンダ（Cunda、純陀）の家で最後の供食をうけた。釋尊がチュンダの供食を食べ終えると、食中毒の關係であろうか、下血をともなったひどい下痢になった。しかし、釋尊は、やはりクシナーラーに行こうとした。クシナーラーに着くと、沙羅雙樹の間に、右脇を下に横になる姿勢をとり、寝そべって休んだ。スバッダ（Subhada、須跋陀羅）が釋尊に面會を求め、ブッダ最後の弟子となり、ブッダの前で入滅した。釋尊も深夜に涅槃となった。釋尊が火葬された後の遺骨は、八つに分けられ、インド各地で塔が建てられ供養された。

　以上が釋尊の略歴である。ドイツの學者ヘルマン・オルデンベルグと日本の中村元の研究の成果を主に參考とした。かれらの釋尊の生涯に對する研究は、主にパーリ語の經典にもとづき、考古文物など多方面の資料を參照している。筆者はかれらの基礎をもとに、さらに、その繁雑さを取り除き、釋尊の一生のうちの最も素朴な概略をできるかぎり表した。

　以上の釋尊の生涯は、基本的に各部派ないし大乘佛教ではいずれも認められているものである。問題となるのは、釋尊の素朴にして非凡な一生が、後世の佛弟子が編集した傳記において、いったいいかなる解釋がなされ演繹されているかである。ブッダ觀の發展において、各部派にはみないくらか違いがある。同樣に説一切有部の佛傳であっても、時期の違いによって、觀點もかなり違うのである。現代の學者の研究によれば、各部派や大乘や小乘のブッダ觀は、おおまかに「現實佛」（「歴史的佛陀」とも呼ばれる）と

---

9) シャーリプトラとマウドガリヤーヤナの出家後は、パーリ語の律藏と『四分律』『五分律』では、いずれも言及されていない。前掲『瞿曇佛陀傳』、138 頁（前掲『ゴータマ・ブッダ』、139 頁）參照。

「理想佛」(「歷史以上の佛陀」とも呼ばれる)の二大類型を出ない[10]。もし嚴密な區分をしないのならば、上座系に屬する部派にあっては、かれらのブッダ觀は「現實佛」あるいは「歷史佛」の一類に類別される。説一切有部のブッダ觀は、一般的に「現實佛」の一類と見なされている。一方、大衆系ないしは大乘佛教のブッダ觀は、「理想佛」の類型と見なすことができる。しかしながら、上座系と大衆系のブッダ觀は本當にこのようにはっきりと分けられるのだろうか？「現實佛」と「理想佛」というブッダ觀は、いったいどのように區分されるべきなのだろうか？中村元博士は、神話化の深さを歷史上に實在した釋尊の生涯を研究する根據とされるものの基準としている[11]。

もし、實在の釋尊の生涯が研究對象となるのであれば、このような判別の基準は、非常に妥當であろう。しかし、我々は同樣の基準で「現實佛」と「理想佛」を區分する判斷基準とすることができるだろうか？もし、『根本説一切有部毘奈耶破僧事』(Mūla-Sarvāsti-vāda-saṃgha-bheda-vastu)、『方廣大莊嚴經』(Lalita-Vistara)、『佛所行讚』(Buddhacarita)などの説一切有部の佛傳を少し繙けば、説一切有部の佛傳も實際には神話的色彩に滿ちていることは、容易に見いだせる。それならば、「現實佛」と「理想佛」はいかに區分すべきであろうか？神話化がどの程度になれば、「理想佛」とみなされるのだろうか？これらは本論で論じる問題である。

二、説一切有部の佛傳において展開されるブッダ觀

現存する佛傳には漢譯、パーリ語、サンスクリット、チベット譯の佛傳の四種類ある。そのうち漢譯佛傳の數がもっとも多い。現在、殘っている漢譯佛傳にはおおよそ以下のものがある。

1. 『修行本起經』二卷（〔後漢〕竺大力、康孟詳譯，後漢建安2年、197年譯出）
2. 『興起行經』二卷（〔後漢〕康孟詳譯、後漢建安4年、199年譯出）
3. 『中本起經』二卷（〔後漢〕曇果、康孟詳譯、後漢建安12年、207年譯出）
4. 『太子瑞應本起經』二卷（〔吳〕支謙譯、240前後譯出）

10) 印順法師は、大小乘の佛陀觀を「現實佛」と「理想佛」の二種に分けている。印順『初期大乘佛教之起源與開展』(臺北：正聞出版社、1981年5月)、159-172頁參照。宇井伯壽は、「歷史的の釋尊」と「歷史以上の佛陀」とに分けている。宇井伯壽「阿含に現はれたる佛陀觀」、宇井著『印度哲學研究』第四（東京：岩波書店、1965年）、113頁。名稱こそ異なるが、意味は同じである。事實は、宇井伯壽は時々、「歷史以上の佛陀」を「理想的佛陀」[同書136頁など]と呼んでいる。

11) 中村元博士は、釋尊の生涯を研究し、神話と眞實を區分する四つの重點を提示した。一、神話的な潤色は、後代になるほど強まって行く。二、實在の人を描くとき、神的存在らしからぬ、人間らしいすがたが描かれているのは、[後代の編纂者の]意圖に反してまでも、經典の中に保存されて來たのであるから、多分に歷史的人物としての眞相に近いと言わねばならぬ。三、ゴータマ・ブッダ以後の歷史的事實に言及しているのは、後代の附加である。四、教理の定型化されたもの（法數）は、後代の加筆になると思われるが多いから、いちおう括弧の中に入れることとする。前掲『瞿曇佛陀傳』、159頁[前掲『ゴータマ・ブッダ』176頁]。

5.『異出菩薩本起經』一卷（〔西晉〕聶道眞譯、300 年頃譯）
6.『普曜經』八卷（〔西晉〕竺法護譯、西晉永嘉 2 年、308 年譯出）
7.『僧伽羅刹所集經』三卷（〔前秦〕僧伽跋澄譯、前秦建元 20 年、384 年譯出）
8.『四分律』三十一卷から三十五卷の「受戒犍度」（〔後秦〕佛陀耶舍、竺佛念譯、後秦弘始十年、408 年譯出）
9.『佛所行讚』五卷（〔北涼〕曇無讖譯，414–426 年頃譯出）
10.『佛本行經』七卷（〔南朝宋〕寶雲譯、424–453 年頃譯出）、『佛所行讚』の異譯。
11.『過去現在因果經』四卷（〔南朝宋〕求那跋陀羅譯、450 年頃譯）
12.『佛本行集經』六十卷（〔隋〕闍那崛多譯、587–592 年譯出）
13.『方廣大莊嚴經』十二卷（〔唐〕日照譯、唐永淳 2 年、683 年譯出）、『普曜經』の異譯。
14.『根本説一切有部毘奈耶破僧事』（〔唐〕義淨譯、唐久視元年から景雲元年、700–711 年頃譯出）
15.『衆許摩訶帝經』十三卷（〔北宋〕法賢譯、北宋端拱元年、989 年譯出）、『根本説一切有部毘奈耶破僧事』前半九卷の同本異譯である[12]。

以上の漢譯佛傳において、「説一切有部の佛傳」と確定でき、「説一切有部の佛傳」の素材を含むものには、主に『根本説一切有部毘奈耶破僧事』、『衆許摩訶帝經』（『根本説一切有部毘奈耶破僧事』前半九卷の同本異譯）、『普曜經』、『方廣大莊嚴經』（『普曜經』の異譯）、『佛所行讚』がある。そのうち、『根本説一切有部毘奈耶破僧事』はもともと説一切有部の律藏であり、佛傳の多くの素材を含んでいる。印順法師の考察によれば、『中本起經』と『衆許摩訶帝經』の大意は一致しており、同じくどちらも説一切有部の古い形の佛傳である。『普曜經』や『方廣大莊嚴經』は説一切有部の佛傳であるが、すでに大乘化している[13]。このように、もし『根本説一切有部毘奈耶破僧事』と『方廣大莊嚴經』という二種の佛傳を比較すれば、説一切有部の佛傳におけるブッダ觀の變遷の脈絡を知ることができ、それと同時に、説一切有部におけるブッダ觀がいかにして「現實佛」から「理想佛」へと進化したか、ふたつのブッダ觀の判別の基準について、いずれもなにがしかの答えを探しだすことができる。

北傳佛傳の內容にもとづくと、一般的に、（一）降神兜率、（二）託胎、（三）誕生、（四）出家、（五）降魔、（六）成道、（七）轉法輪、（八）入涅槃、以上八項目に分類できる。これらは八相成道と呼ばれる[14]。もちろん、佛傳は必ずしも完全に八相成道によって編集されてはいない。『根本説一切有部毘奈耶破僧事』は、ブッダがカピラヴァストゥに歸

---

12) 以上は、『佛光大辭典』、2729 頁に主に基づいて整理した。諸經の譯出年代は、小野玄妙等編纂『佛書解說大辭典（縮刷版）』（東京：大東出版社、2000 年）と印順『原始佛教聖典之集成』（臺北：聞出版社、1994 年）、358-360 頁を主に參考にした。
13) 前揭『原始佛教聖典之集成』、358-360 頁。
14)『佛光大辭典』「佛傳典籍」の條。

りシャカ族を改宗させ、デーヴァダッタ（Devadatta 提婆達多）が出家するまでであるし、『方廣大莊嚴經』もブッダが國に歸りシャカ族を改宗させるまでである。ふたつの佛傳はいずれも入涅槃の記載はない。また轉法輪の項では、『根本説一切有部毘奈耶破僧事』と『方廣大莊嚴經』はいずれも梵天の勸請、五比丘を改宗させること、ウルヴェーラ・カッサパを改宗させること、シャカ族を改宗させることなどの事跡が記載されている。『方廣大莊嚴經』はさらに多くの神話的描寫が足されているが、ブッダの説法と僧團を設立する記載について、ブッダ觀の發展上、特に優れた表現はない。そのため、本論は、（一）降神兜率、（二）託胎、（三）誕生、（四）出家、（五）降魔、（六）成道の六項目にのみ、『根本説一切有部毘奈耶破僧事』と『方廣大莊嚴經』について對照を行う。

（一）降神兜率

『根本説一切有部毘奈耶破僧事』	『方広大荘厳経』
彼最後王、名吉枳、爾時迦葉波如來應供。……佛薄伽梵、出興於世。時、彼釋迦牟尼菩薩、於迦葉佛所、發阿耨多羅三藐三菩提心、淨修梵行、生睹史多天。[15]	曾於五十百億那由他拘胝佛所而行大施、已曾親近三百五十拘胝諸辟支佛、……爲欲證阿耨多羅三藐三菩提、乃趣一生補處、從此命終、生兜率天、爲彼天子名曰淨幢、恆爲諸天之所供養、當於彼没後生人中、證阿耨多羅三藐三菩提。……
菩薩若在睹史多天、常有五法觀察世間。何謂五法？一者觀察生處。二者觀察國土。三者觀察時節。四者觀察種族。五者觀察所生父母。何故菩薩觀察生處？在睹史多天宮、常作是念……當今之時、刹利爲尊、我當往彼刹利家生。……	尊憶然燈記、積集無邊福。超越於生死、智慧發光明。長時修惠施、其心常離染。三垢憍慢盡、語業無諸過。……
何故菩薩觀察國土？菩薩在睹史多天、常作是念：過去菩薩生何國土即見彼國、有甘蔗、粳米、大麥、小麥、黃牛、水牛、家家充滿、乞食易得、無有十惡、多修十善、菩薩思惟中天竺國、如是等物悉皆具足故、我今生彼中天竺國。……	當往閻浮界、示行菩薩道。……菩薩將欲降生、十二年前有淨居天、下閻浮地作婆羅門、說圍陀論。彼論所載：十二後、有一勝人、現白象形入於母胎。其人具足三十二種大人之相、有二決定、若在家者當爲轉輪聖王、若出家者當得成佛。復有天子、下閻浮提、告辟支佛作如是言：「仁者、應捨此土、何以故？十二年後當有菩薩降神入胎。」……
何故觀察時節？菩薩在睹史多天宮、常作是念：……若人長壽八萬已上時、	爾時菩薩處於天宮、以四種心而遍觀察、

---

15)『根本説一切有部毘奈耶破僧事』、『大正新脩大藏經』（以下、『大藏經』と簡稱）所收、第 24 冊、No.1450、102a 頁。

16) 同前注、106b-107b 頁。

17) 同前注、547c-548c 頁。

諸眾生無有愁苦、愚癡、頑鈍、憍慢、著樂、非正法器、難受化故。若人短壽百歲已下時、諸眾生為諸五濁昏冒重故、……五濁増長非正法器、猶如過去一切菩薩濁惡世時不出於世。何以故？諸佛出興所說正法、皆不虛過。由是義故、觀察時節。復次、何故觀察種族？菩薩在睹史多天、常作是思惟：觀察於何種族可受生者？若見有人先世以來內外親族無能謗者、即生於彼。菩薩爾時作是觀已、乃見釋迦清淨尊貴轉輪王種、堪可出現。何以故？菩薩若於下賤家生世間、有情或生誹謗。菩薩於無量劫來、獲自在力、所有欲念、皆得隨意。凡所說法、曾無虛過。由此因緣、菩薩觀察所生種族。何故觀所生母？菩薩在睹史多天宮、作是思惟：如餘菩薩、於何等母而受胎藏？觀彼女人七世種族、悉皆清淨無有婬污、形貌端嚴善修戒品、堪任菩薩具足十月、處其胎藏。……復次、大幻化夫人、曾於過去諸佛發無上願：使我來世所生之子、得成種覺。……

菩薩爾時於睹史多天宮、五種觀察、慇懃三唱、告諸天已。即於夜中、如六牙白象形、下於天竺、降摩耶夫人清淨胎內。16)

一者觀時。二者觀方。三者觀國。四者觀族。比丘！何故觀時？菩薩不於劫初而入母胎、唯於劫減、世間眾生明了知有老病死苦、菩薩是時方入母胎。何故觀方？菩薩不於東弗婆提、西瞿耶尼、北鬱單越、及餘邊地、唯現閻浮。所以者何？閻浮提人有智慧故。何故觀國？菩薩不生邊地、以其邊地人多頑鈍、無有根器。……是故菩薩但生中國。

何故觀族？菩薩不生旃陀羅毘舍、首陀家。四姓之中、唯於二族、剎帝利種及婆羅門。於今世間重剎帝利、是故菩薩生剎利家。如是觀已默然而住。爾時會中諸菩薩眾、及諸天子各相謂言：「菩薩今者當於何國、依何種姓而託生耶？」……

爾時菩薩告諸天子、閻浮提中若有勝望種族、成就六十四種功德者、最後身菩薩當生其家。……

若有女人成就三十二種功德、當為菩薩之母。……

如是功德、唯釋種有。……

菩薩將下生時、東方有無量百千菩薩、皆是一生補處、來詣兜率天宮、供養菩薩、南西北方四維上下一生補處、皆至兜率天宮、供養菩薩、……爾時菩薩……將下生時、放未曾有身相光明、遍照三千大千世界、……一切地獄、畜生、餓鬼、及諸眾生皆蒙安隱、無一眾生於此時中為貪瞋癡等一切煩惱之所逼迫、……菩薩時時從兜率天宮沒、入於母胎、為白象形、六牙具足、其牙金色、首有紅光、形相諸根悉皆圓滿、正念了知、於母右脇降神而入。17)

『根本說一切有部毘奈耶破僧事』と『方廣大莊嚴經』とを比較すると、兩者はいずれも、菩薩は、生まれる前、兜率天宮に住む天神であり、かれの出生は、生まれた部族、國土、父母、時間などを問わず、いずれも自由意思による選擇であり、願いによる再來であり、業による流轉ではないとしているのがわかる。六つの牙の白象のイメージで入胎している。これはふたつの傳記の同じところである。しかしながら、『方廣大莊嚴

經』は、確實に『根本説一切有部毘奈耶破僧事』より、もっと多くの神話化された成分を含んでいる。たとえば經の冒頭で、集まった大衆について述べる際、『根本説一切有部毘奈耶破僧事』では、ブッダが「カピラ城のニグローダ［尼倶律陀園］のなかで、多くの人々と集いこのときまち中のシャカ族の子弟が、ことごとく會に集まった」[18]というだけである。しかし、『方廣大莊嚴經』「序品」では、會に参加した人々は、大阿羅漢、十方一生補處大菩薩や比丘、比丘尼、優婆塞、優婆夷、國王、王子、大臣ら無數の衆徒になっている[19]。これはすでに十方世界に佛の國土の大衆部があるという思想を明確に表したものである。これらの神格化された誇張的成分において、『方廣大莊嚴經』は『根本説一切有部毘奈耶破僧事』よりもさらに突出している以外に、さらに以下に擧げる注意すべき箇所がいくつかある。

1.『根本説一切有部毘奈耶破僧事』はシャカ族を詳しく語っており、さらに大昔の吉枳王に言及する時、迦葉波如來が現世に現われ、釋迦牟尼菩薩は、迦葉佛に阿耨多羅三藐三菩提心を起こさせ、梵行を淨修し、睹史多天に生まれたことに言及する。一方、『方廣大莊嚴經』では、燃燈佛に預言されたとする。これはおそらく前後期の傳説の差異であり、『中本起經』でも定光佛（Dipaṃkara、燃燈）から預言されたとしている[20]。また過去佛の思想の成立はとても早く、アショカ王の時代にはすでに現れており、『長阿含經』「佛説七佛經」において、すでに過去六佛に釋迦牟尼佛を加えて、全七佛の思想が出來上がっている。法藏部の『佛本行集經』では、十四佛とされ、銅鍱部の『佛種姓經』では、二十四佛と傳えられている[21]。『方廣大莊嚴經』においては、過去無量諸佛である。これはたしかに大乘佛教の思想の表現である。

2.菩薩は、修行を數々經て、無量の福徳を累積した。これは各部派がみな認めるものである。しかし、『方廣大莊嚴經』では、すでに「示現」の觀念が現れている。「當往閻浮界，示行菩薩道（閻浮界に赴き，菩薩道を示行した）」、また「見眞實義能示現，自既得濟能拯物，……隨順世法示同凡，不爲世法之所染。（眞實義を見て示現することができ、自らを救い得て他のものを救濟することができる……世法に從って凡人と同じに振る舞うも、世法に染められるところとはならない）」[22]。この「示現」という觀念は、『根本説一切有部毘奈耶破僧事』にはまだ見られないものである。

示現のサンスクリットは"prātihārya"であり、變化、變現、示現、顯現などの意である[23]。『方廣大莊嚴經』は「示現説」によって釋尊の一生を解釋しようとしており、とりわけ、以下に見る住胎、王宮での生活、六年苦行や降魔成道などの事件の解釋にお

---

18) 前掲『根本説一切有部毘奈耶破僧事』、99a 頁。
19) 前掲『方廣大莊嚴經』、539a 頁。
20) 前掲『初期大乘佛教之起源與開展』、581 頁「『中本起經』は……定光佛から記別［予言］を授かってから、……『十誦律』と同じである。これは説一切有部初期の佛傳である」。
21) 前掲『初期大乘佛教之起源與開展』、153 頁。
22) 前掲『方廣大莊嚴經』、548b 頁。
23) 荻原雲來『梵和大辭典』（臺北：新文豐出版社、1979 年）、889 頁。

いてである。「示現説」は、『方廣大莊嚴經』において大々的に發展しはじめたと言える。いわゆる「示現」には、實在の釋尊が本當にこれらの事件を經驗する必要がないという意味を含んでいる。ただ、『方廣大莊嚴經』はブッダの降生と成道を「示現」とみなしているが、やはりその一生の釋迦牟尼が修行の最後にある菩薩であると考えており[24]、のちの『華嚴經』のように、永遠に成道し、再び人間界にきて成佛することを示現する大乘經のブッダ觀とは、まだ少し距離がある。

(二) 託胎

『根本説一切有部毘奈耶破僧事』	『方広大莊厳経』
諸菩薩降生之時，其母胎中諸血穢等，皆悉遠離而不染著，如明月珠，雖為諸物之所纏裹，而無染污。菩薩在母胎時亦復如是。諸菩薩常法，其母常見菩薩在其胎中，猶以青黃赤白等綿裹於淨寶，諸慧眼人見其寶綿分別曉了，母見菩薩在其胎中亦復如是。[25]	爾時，阿難承仏威神，長跪合掌而白佛言：「世尊！女人之身多諸欲惡，云何如來為菩薩時，乃捨兜率，處於母胎，右脅而住？」佛告阿難：「菩薩昔在母胎，不為不淨之所染污，恒處寶殿嚴淨第一。」……爾時世尊，知而故問梵天王言：「我昔為菩薩時，在胎十月，所居寶殿今為所在？汝可持來。」……爾時梵王，即持菩薩之殿置梵殿中，其梵殿量縱廣正等三百由旬，而與八萬四千拘胝胝梵天恭敬圍遶。……其殿三重周匝瑩飾，皆以牛頭栴檀天香所成，其香一分價直三千大千世界，光明照耀，以天眾寶而嚴飾之。床座器物皆稱菩薩，微妙綺麗，人天所無，惟除菩薩旋螺之相。……其三殿內周匝皆有淨妙天花。其殿堅牢不可沮壞，凡所觸近皆生妙樂，如迦鄰陀衣，欲界一切諸天宮殿，悉現菩薩寶殿之中。[26]

ブッダは偉大であるけれども、かれの降生はやはり女の血肉の體を借りてようやく成し遂げられた。佛弟子の考えにおいて神聖なブッダが、あろうことか血で穢れた胎內にいることは、不清淨な、追求されない事柄である。これは説一切有部の『根本説一切有部毘奈耶破僧事』のような古い佛傳において、すでに意識されているため、菩薩降生が語られる時、母胎內の血の穢れなどのことは、殘らずすべて遠ざけられている。血脈に惱まされているけれども、菩薩はまるで明月や寶珠と同じように、清淨で汚れのないも

---

24) たとえば『方廣大莊嚴經』「處胎品」では以下のように述べられている。「世間衆生，無有能食如是甘露之味，惟除十地究竟最後身菩薩，方能食耳。」〔世間の衆生では、そのような甘露の味を食べることができるものはいない。ただ究竟最後身菩薩だけが、食べることができるのである。〕（550b 頁）。
25) 前掲『根本説一切有部毘奈耶破僧事』、107b-c 頁。
26) 前掲『方廣大莊嚴經』、549c-550a 頁。

のなのとされる。しかし『方廣大莊嚴經』では、母胎は意外にも限りなく莊嚴ですばらしく美しい天宮の寶殿になっている。ブッダが胎内にいたことをこのように解釋するのは、先に述べた「示現」思想のさらなる發揮—凡夫と同じように女の血で穢れた胎盤のなかにいるが、實際には梵天の寶殿のなかに住んでいると示現されている。筆者は、このような思想は大衆部の「佛身無漏」思想のある種の展開でもあるだろうと考える[27]。實際、ブッダ觀では、佛身がいったい「有漏」であるか「無漏」であるかは、まさに説一切有部と大衆部の論爭の焦點のひとつである。たとえば、『大毘婆沙論』では以下のように言う。

> 爲止他宗顯正理故，謂或有執「佛身無漏」，如大衆部。問：彼何故作此執？答：依契經故。如契經説：苾芻當知，如來生在世間、長在世間。出世間住，不爲世法之所染汚。彼作是説：既言如來出世間住，不爲世法之所染汚。由此故知佛身無漏。爲止彼意顯佛生身唯是有漏。……問：若佛生身是有漏者，云何通彼所引契經。答：彼説法身，故不成證。謂彼經説：如來生在世間、長在世間者，説佛生身。出世間住，不爲世法所染汚者，説佛法身。[28]

[他の宗派が正理を顯すのを止めるためですか。教えよう。大衆部のように「佛身無漏」を主張しているものもいる。お尋ねします。かれらはなぜこの主張をしているのですか？　答えよう。ヴェーダに據っているからだ。ヴェーダではこのようにいう。比丘は知らなければならない。如來は人間界に生まれ、人間界に育った。人間界から出て暮らしたのは、世法に染汚されたためではない。それはこのようにいっている。如來は人間界から出て暮らし、世法の染汚されたためではないといっている。ここから佛身無漏であることがわかる。かれらのねらいが佛の生身だけは有漏であったことを顯すのを止めるためですか。……お尋ねします。もし佛は生身が有漏であるならば、それが引用するヴェーダとどうして通じるのですか？　答えよう。それは法身と言っている。だから證明にはならないのだ。教えよう。そのヴェーダで、如來は人間界に生まれ、人間界に育ったというのは、佛が生身であることをいっている。人間界を出て暮らし、世法に染汚されたためではないというのは、佛は法身であると言っているのだ。]

「有漏」、「無漏」とは、ここでは、「煩惱があるかないか」を言うだけであり、「有漏」とはつまり「煩惱があること」であり、煩惱があれば汚れがある。一方、「無漏」とはつまり「煩惱がないこと」であり、煩惱がなければつまり清淨にして莊嚴なのである[29]。大衆部が佛身は無漏であるとみなす理由は、ヴェーダで「如來生在世間、長在世間。出世間住，不爲世法之所染汚（如來は人間界に生まれ、人間界で成長した。人間

---

[27]『大毘婆沙論』「爲止他宗顯正理故，謂：或有執「佛身無漏」如大衆部。」『大正藏』第 27 冊、No.1545、391c。

[28] 同上、391c-392a。

[29] 前揭『初期大乘佛教之起源與開展』、165 頁。

界に住んだけれど、世法に汚されてはいない）」と述べられているからであり、そうであるのならば、佛身は必ず無漏で清淨なものになる。菩薩が胎内にいることについて、母胎が莊嚴無比な天宮寶殿になっているのは、このような思想のもとに生み出された文學的な想像にほかならない。説一切有部は、ブッダの血肉の身體はやはり有漏であり、清淨で無漏なものは、ブッダの法身を指している。以上から、生身と法身の觀念の誕生は、ブッダの一生の解釋から出てきたことがわかる。

(三) 誕生

『根本説一切有部毘奈耶破僧事』	『方広大荘厳経』
摩耶夫人及諸侍從媵女詣藍毘尼園而為遊觀，乃見一無憂樹花葉滋茂，<u>夫人欲生太子，便手攀其樹枝</u>。時天帝釋，知菩薩母心懷慚恥，多人眾中不能即誕其子。便作方便，發大風雨，令諸人眾，各自分散。是時帝釋，化作老嫗，立夫人前。<u>夫人即生</u>。時，天帝釋以仙衣擎取。……菩薩生時，大地振動，天地光明乃至日月所不及處，皆令明徹。……<u>一切菩薩有常法式，從胎出時，無諸濃血及餘穢惡。其菩薩母欲產之時，不坐不臥攀樹而立，無諸苦惱後有。菩薩常法，生已在地，無人扶侍而行七步，觀察四方，便作是言：「此是東方，我是一切眾生最上。此是南方，我堪眾生之所供養。此是西方，我今決定不受後生。此是北方，我今已出生死大海。」</u>爾時諸天，手持白蓋及與白拂，萃寶嚴飾，覆菩薩上。諸龍王等，各持二種清淨香水，所謂冷暖調和，洗浴菩薩。諸菩薩常法，誕生之處，於其母前現大池水，其母所欲澡洗，皆悉充足。諸菩薩常法，誕生之時，諸天仙眾在虛空中，以種種天妙和香，末香塗香旃檀沈水，而散菩薩，種種諸天音樂。	菩薩處胎，滿足十月將欲生時，輸檀王宮先現三十二種瑞相：一者一切大樹含花將發。……爾時摩耶聖后，以菩薩威神力故，即知菩薩將欲誕生，……時有八萬四千象兵，馬兵、車兵、步兵，皆悉端正，勇健無敵，被以甲冑，種種莊嚴，執持器仗，護衛聖后。六萬釋種媵女，翊從圍遶。……又有六萬王之媵女，作倡伎樂種種歌舞。又有八萬四千諸天童女，八萬四千龍女，八萬四千乾闥婆女，八萬四千緊那羅女，八萬四千阿修羅女，如是等皆以眾寶而自莊嚴，作眾伎樂歌舞讚詠，翊從佛母往龍毘尼園。……爾時聖后既到園已，遊歷詳觀至波叉寶樹，其樹枝葉蓊鬱鮮潤……是時，百千淨居天子，其心寂靜，或垂辮髮，或著寶冠，至此樹下，圍遶聖后，勸喜頂禮，奏天伎樂而讚歎之。即<u>以菩薩威神，其樹枝幹萎靡而下</u>，於是稽首禮聖后足。爾時聖后放身光明，如空中電，仰觀於樹，即以右手<u>攀樹東枝</u>，頻申欠呿，端嚴而立。是時欲界六萬六千諸天媵女，至聖后所承事供養。比丘當知，菩薩住胎成就如上種種功德神通變現。<u>滿足十月，從母右脅安詳而生</u>，正念正知而無染著。……是時帝釋及娑婆世界主梵天王，恭敬尊重曲躬而前，一心正念即以兩手，覆憍奢耶衣，承捧菩薩。其事已

---

30) 前掲『根本説一切有部毘奈耶破僧事』、108a-109a 頁。

31) 前掲『方廣大莊嚴經』、551b-557c 頁。

國有常法，若王宮生子，即喚梵行相師，觀看相貌。王乃喚相人，令占大子。既占相已，而答王曰：「今此太子，實是<u>成就三十二相</u>。若在家者，得作金輪聖王，王四天下，善法理化。……若當出家，得法王位，如來、應、正等覺，名稱普聞，<u>具三十二相</u>。」王即問曰：「何者是其三十二大丈夫相？」「<u>一者具大丈夫足善安住，等案地相。二者於雙足下現千輻輪相。三者具大丈夫纖長指。……三十二者眉間毫相，其色光白，螺文右旋。</u>」……菩薩常法，其菩薩母產菩薩已，七日命終生三十三天。30)

畢，即將菩薩處胎之時所居寶殿，還於梵宮。……

爾時菩薩善自思惟，稱量正念，不假扶持，即便自能東行七步，所下足處，皆生蓮華。……<u>作如是言：「我得一切善法，當為眾生說之。」又於南方而行七步，作如是言：「我於天人，應受供養。」</u>又於西方而行七步，作如是言：「我於世間最尊最勝，此即是我最後邊身，盡生老病死。」又於北方而行七步，作如是言：「我當於一切眾生中，為無上上。」又於下方而行七步，作如是言：「我當降伏一切魔軍，又滅地獄諸猛火等所有苦具，施大法雲、雨大法雨，當令眾生盡受安樂。」又於上方而行七步，作如是言：「我當為一切眾生之所瞻仰。」……佛告諸比丘：「菩薩於阿僧祇百千拘胝那由他劫，修諸善行精進力故，初生之時即能十方各行七步。」……<u>菩薩生已，聖母右脅平復如故。</u>於一井中，出三種泉，浴菩薩母。……菩薩初生滿七日已，摩耶聖后，即便命終，生三十三天。過七日已，菩薩還迦毘羅城，所有儀式莊嚴殊勝，倍過聖后往龍毘尼園。……時阿斯陀仙捫淚而言：「……大王，如韋陀論中所記，王之太子必定不作轉輪聖王。何以故？<u>三十二大人相極明了故。</u>」王言：「何等名為三十二相？」仙言：「三十二相者，……<u>大王！王之聖子具此三十二大人之相，分明顯著，如是之相唯諸佛有，非輪王有。大王聖子，復有八十種好，不合在家作轉輪王，必當出家得成佛道。</u>」王言：「大仙！何者名為八十種好。」仙言：「八十種好者，一者手足指甲皆悉高起。……<u>八十者髮有難陀越多吉輪魚相。大王！此是聖子八十種好。若人成就如是八十種好，不應在家，必當出家得阿耨多羅三藐三菩提。</u>」31)

二種の佛傳を比較すれば、『方廣大莊嚴經』の情景の描寫や雰圍氣作りの面で、いっそう誇張され、神話的色彩がいっそう強烈になっていると見て取れるほか、さらに注意を拂うべき點が三つある。

　1.『根本説一切有部毘奈耶破僧事』が菩薩誕生を描くとき、菩薩の母は無憂樹の枝に手でよじ登り、立った姿勢で子を産むけれども、菩薩がどこから生まれたかは言及されておらず、ただ「從胎出時，無諸濃血及餘穢惡。其菩薩母欲産之時，不坐不臥攀樹而立（胎内から出るとき、もろもろの濃い血やその他の穢れはなかった。その菩薩の母が産氣づいたとき、座らずに横にならず木にしがみついて立った）」と記されるだけである。しかし、『方廣大莊嚴經』では、菩薩が右の脇腹から生まれたことが特に強調されている。「右の脇腹から生まれた」プロットはブッダの聖なる純潔さを證明する以外に、インドの傳統文化のカースト制と關係があるだろう。『リグ・ヴェーダ』の創世神話によれば、ラジャーニャ［クシャトリヤ］（Rājanya、王族）はプルシャ（Puruṣa、猿人）の腕の部位から生まれたという [32]。このように、「右脇腹から生まれる」神話はブッダの出身のクシャトリヤの文化的意義を反映しているだろう。

　2.菩薩誕生後、手助けされる間もなく、すぐに四方六方に、十方に七歩歩行したことは、あらゆる佛傳に共通のプロットである。しかし、『根本説一切有部毘奈耶破僧事』では、菩薩は四方に向かって七歩歩いたとだけとするが、『方廣大莊嚴經』では、「所下足處，皆生蓮華（足をおろしたところには、みな蓮華が生えた）」という描寫が足されている。このプロットも、大部分の佛傳に共有されるものである。

　3.ブッダの相好が莊嚴であることに關して、『根本説一切有部毘奈耶破僧事』では、ただ「三十二相」を列擧するだけであるが、『方廣大莊嚴經』では、三十二相以外に、さらに「八十種好」が増やされている。「三十二相」と「八十種好」はいずれもインド民族が認める身體における美的特徴である。頭頂部には肉髻、手のひらと足のうらにそれぞれ輪相があること、眉間に白く細長い毛があること、四十本の齒があること、頭髮に五つの卍字形があることなどは、いずれも實際の人間の身體に現れることはありえない。そのため、宇井伯壽博士は、「三十二相」は後代の弟子たちがブッダに會ったことがなく、ブッダに對する強烈な信仰がついにブッダを超人と見なすようになり、三十二相を備え、圓滿無缺の相好のブッダを描き出すようになったと考えている [33]。

---

32) *Ṛgveda* : "When they divided Puruṣa how many portions did they make? What do they call his mouth, his arms? What do they call his thighs and feet?"(11) "the Brāhman was his mouth, of both his arms was the Rājanya made. His thighs became the Vaiśya, from his feet the Śūdra was produced."(12) Ralph T.H. Griffith : *Hymns of the Ṛgveda (Vol. II)*, Munshiram Manoharlal Publishers Pvt. Ltd., p. 559. ［「かれらがプルシャを分けたとき、どれだけの部位が作られたか？　その口やその腕を何と呼んだか？　その腿や脚を何と呼んだか？　(11) バラモンはかれの口、その兩腕からはラジャーニャ［クシャトリヤ］が作られた。その腿はヴァイシャとなり、その脚からはスードラが生まれた。(12)」］

33) 宇井伯壽「阿含に現はれたる佛陀觀」、83頁。

(四) 出家

『根本説一切有部毘奈耶破僧事』	『方広大荘厳経』
菩薩常法、将欲遊観園苑、即勅御者：「我之好乗汝速装飾。」……<u>菩薩登車遊観</u>。逢一老人、気力羸弱形体損痩、腰背傴曲、行歩倚杖、身体戦掉、鬚髪変色、不如餘人。……菩薩問曰：「我於後時當如是不？」御者報曰：「太子之身還當如是。」菩薩聞已愁憂不樂。即告御者：「可速還宮、我至宮中思量是事、我當云何得免斯苦？」……時淨飯王聞此語已、自思念言：「太子生時、相師皆云出家修道。今若如此、應是斯事。我當倍諸五欲樂具、以娯樂之。」作是念已、即令倍諸五欲樂具、以娯太子。…… 　菩薩常法、将欲出城遊観、先勅御者：「速當為我嚴飾車乗、我當出城遊観。」……<u>将欲出城、逢一病人</u>、舉身羸黃、痩瘠疲困、路傍諸人、皆不顧見。……菩薩問曰：「如此病法、我超過不？」御者答曰：「此之病法、亦未超過。」菩薩聞已、愁憂不樂、即命還宮、思惟是事。…… 　菩薩常法、将欲出城遊観、先命御者嚴飾車乗。<u>既嚴飾已、出城遊観</u>。逢一死人、以雑色車而以載之。復有一人、手持火爐、在前而行、雑色車後。多諸男女、被髪哀號、見者悲切。……菩薩問曰：「我亦爾不？」答曰：「亦爾。」菩薩聞已、愁憂不樂。即命還宮。…… 　爾時淨居諸天、皆共観念：「<u>菩薩先有大實因力、我等當為菩薩作大縁故。何以故？若有大因、待有大縁故。」即便化作一大沙門</u>、執錫持鉢、次行乞食。菩薩常法、出城遊観先命嚴駕。既嚴駕已、登車前行。於衢路中、逢一沙門、淨除	佛告諸比丘：「一切最後身菩薩將欲出家、法爾有十方無邊阿僧祇世界諸佛如來神通之力、令其宮内鼓樂絃歌、出微妙音勸請菩薩。…… 　婇女絃歌甚微妙　以欲而惑於菩薩 　十方諸佛威神力　一切皆令為法音 　尊憶往昔為國王　有人於前而従乞 　與我王位及國土　歓喜捨之無悔恨 　…… 　尊昔值遇恒沙佛　悉皆承事無空過 　為求菩提度衆生　今正是時速出家 　初事不空見　値堅固花佛 　以一念清淨　見毘盧舍那 　…… 　如是及餘無量佛　一一皆以諸供具 　供養承事無空過　願尊憶念過去佛 　及憶供養諸如來　衆生苦悩無依怙 　請尊憶念速出家　尊憶昔值然燈佛 　獲得清淨無生忍　及五神通無退失 　…… 　佛告諸比丘：「<u>菩薩於多劫來、遠離世間五欲之過、為成就衆生、示現處於貪欲境界、積集増長一切善根殊勝福德資糧之力、示現受用廣大微妙五欲境界、而於其中心得自在</u>。…… ……菩薩久已了知生死過患、不取不著、樂求如來真實功德、依阿蘭若寂靜之處、其心常樂利益自他、於無上道勇猛精進。」…… 　爾時菩薩與諸官屬、前後導従出城東門。時、<u>淨居天化作老人</u>、髪白體羸、膚色枯槁、扶杖傴僂、喘息低頭、皮骨相連、筋肉銷耗、牙歯缺落、涕唾交流、或住或行、乍伏乍偃。菩薩見已問馭者言：「此曰何人？形狀如是。」時、淨居天以神通力、令彼馭者報菩薩言……菩薩又問：「如我此身亦當爾耶？」馭者答言：

鬚髮，被福田衣，執持瓶鉢，徐行乞食。……菩薩爾時問沙門曰：「汝是何人？何故剃除鬚髮，著別色衣，手持錫鉢以乞自活？」沙門報曰：「我出家人也。」菩薩又曰：「云何名爲出家人也？」沙門報曰：「常以善心，恒修善行。身口意業，悉令清淨。捨離俗家，昇涅槃路，故名出家人也。」菩薩歡曰：「善哉斯事！善哉斯事！」即自念言：「若當如此，我亦出家。」即命御者：「可速還宮，我至宮中思量是事。」……

時曆數者即占，太子至七日內不出家者，必登轉輪王位。占知是事，即以其頌，奏淨飯王曰……時淨飯王，聞曆數者頌，……若七日內不許出家，登輪王位者，我等宜應於七日內守護太子。仍令兵眾於四城門勤加防衛。作是議已，即於劫比羅城，築七重城塹，皆安鐵門，一一門上，盡挂鳴鈴，若有開閉，其鈴聲聞四面，周迴各四十里。菩薩所在樓閣之上，皆令伎女作諸音樂歌舞圍遶。大臣猛將領四種兵，嚴更警候，營守城外。菩薩宮中諸門常閉，縱有使命須往來者，於城樓上別置梯道，令五百人擎之來去。其內宮門開閉之時，皆出異聲，令淨飯王聞。若聞門聲，諸宮女等盡執仗刃。劫比羅城外百官吏人，亦復勤加遞相防守。時淨飯王，白將四兵守城東門。其斛飯王，自將四兵守城南門。其白淨王，復將四兵守城西門。甘露飯王，亦將四兵守城北門。……大名釋迦，如此巡已，即至天曉，於淨飯王所白其王曰：「七日之中一夜已過，唯餘六日。」王便報曰：「既餘六日，勤加守護。六日若過，我之太子登金輪王。」……

當此之夜，婇女倡伎，悉皆疲倦，

「凡是有生，若貴若賤，皆有此苦。」爾時菩薩愁憂不樂，謂馭者曰：「我今何暇詣於園林縱逸遊戲！當思方便，免離斯苦。」即便迴駕還入宮中。……時輪檀王作是思惟：「此是我子出家之相，阿斯陀仙所言殆實。」於是，更增五欲而娛樂之。……

復於一時，淨居諸天既見太子還於宮內，處在五欲。作是思惟：「我今應為菩薩更現事相，令速出家。」……爾時，太子與諸官屬，前後導從出城北門。時，淨居天化作比丘，著壞色衣，剃除鬚髮，手執錫杖，視地而行，形貌端嚴，威儀序序。……太子即便下車作禮，因而問之：「夫出家者，何所利益？」比丘答言：「我見在家生老病死一切無常，皆是敗壞不安之法，故捨親族，處於空閑。勤求方便，得免斯苦。我所修習無漏聖道，行於正法，調伏諸根。起大慈悲，能施無畏。心行平等，護念眾生。不染世間，永得解脫。是故名為出家之法。」於是菩薩深生欣喜，讚言：「善哉！善哉！天人之中，唯此為上。我當決定修學此道。」既見是已，登車而還。……

王召親族及諸釋種，作如是言：「太子昨於中夜來請出家，我若許之，國無繼嗣。汝等今者作何方便令其息心？」時諸釋種白大王言：「我等當共守護太子。太子何力能強出家？」是時父王敕諸親族，於迦毘羅城東門之外，置五百釋種童子，英威勇健，制勝無前，一一童子有五百兩鬥戰之車，以為嚴衛，一一車側五百力士執戟於前。南西北門各有五百，如上所說。於其城上，周匝分布持刀杖人，復有宿舊諸釋大臣，列坐四衢，咸悉營備。王自簡練五百壯士，擐甲持矛皆乘象馬，於城四面晝夜巡警，無暫休息。……

爾時，法行天子及淨居天眾，以神通力，令諸婇女形體姿容，悉皆變壞，所處宮殿猶如塚間。爾時，菩薩……見如是等種種相已，

昏悶眠睡，或頭髪披亂，或口流涕唾，
或復言闇語，或半身露。菩薩見此，雖
在深宮，猶如塚間見諸死人。即自思惟，
而説頌曰：
　　如風吹倒池蓮花　　手腳撩亂縱橫臥
　　頭髪蓬亂身形露　　所有愛心皆捨離
　　我今見此諸女眠　　猶如死人身形變
　　何故我不早覺知　　在此無智有情境
　　欲同彼泥箭毒火　　如夢及飲鹹水等
　　當如龍王捨難捨　　諸苦怨讎因此生
　　……
爾時菩薩發心欲出，大梵天王及帝
釋等，知菩薩念應時而至。……善時天
帝釋，即以昏蓋覆諸兵眾及淨飯王倡伎
婇女，所有一切防衛守護劫比羅城者，
皆令睡眠，心無覺悟。……梵王帝釋，
令四天子共扶乾陟擁衛菩薩。……爾時
車匿，聞其菩薩與四天子遞相言説，即
便趣行至菩薩所，菩薩爾時即乘乾陟。
時四天子各扶馬足。爾時車匿一手攀鞦，
一手執刀，菩薩諸天威力感故，即騰虛
空。……時釋梵天等，與無量百千諸天
眷屬，來詣菩薩，至菩薩所便即圍遶。
　　大梵天王及色界諸天，儼然無聲在
菩薩右。釋提桓因及欲界天在菩薩左。
或有執持幡蓋并奏音樂，或於空中散諸
香花供養菩薩……復以種種上妙衣服散
於空中，復於空中擊鼓吹螺，作諸倡伎。
……是時菩薩，出劫比羅城已，梵釋天
等皆大歡喜。34)

靜念思惟：女人身形不淨弊惡，凡夫於此妄生
貪愛，起大悲心，發如是言：「咄哉世間！苦
哉世間！甚可怖畏。凡夫無知，不求解脱，此
處虛誑無有可愛……。」
　　爾時菩薩觀見十方，仰瞻虛空，及諸星宿，
并睹護世，四大天王，乾闥婆，鳩槃茶，諸天
龍神，并夜叉等，復見天主釋提桓因，各領百
千自部眷屬，前後導從，遍滿虛空，弗沙之星，
正與月合。時諸天等發大聲言：「菩薩欲求勝
法，今正是時。宜速出家，必定當成阿耨多羅
三藐三菩提，轉大法輪。」佛告諸比丘：「菩薩
作是思惟：於今夜靜出家時到。」即就車匿，
而語之言：「車匿！汝宜為我被乾陟來。」……
　　於是靜慧天子及莊嚴遊戲天子，於迦毘羅
城，令一切人民皆悉惛睡。……時釋提桓因，
以神通力令諸門戶，皆自然開。……
　　是諸天眾於虛空中告車匿言：「車匿！速
疾嚴被乾陟將來。勿令菩薩心生憂惱。所以者
何？汝豈不見無量百千大菩薩眾，釋提桓因及
四天王諸天龍神、乾闥婆等，各與其眾恭敬供
養，光明赫奕遍照虛空？」車匿聞此語已，告
乾陟言：「乾陟！太子今者當乘汝出。……」
　　菩薩於此乘馬王已，初舉步時，十方大地
六種震動，昇虛而行，四天大王捧承馬足，梵
王帝釋開示寶路。爾時菩薩放大光明，照燭一
切無邊世界，所可度者皆得度脱，有苦眾生皆
得離苦。35)

---

34) 前掲『根本説一切有部毘奈耶破僧事』、112c-117a 頁。
35) 前掲『方廣大莊嚴經』、565c-575c 頁。

菩薩の出家を述べるとき、各部派の佛傳ではいずれも「四門遊觀」を詳細に描き、さらにシュッドーダナの防衛の嚴しさを力を込めて描いている。さらに諸天の護衛、寶馬が宙に舞い上がって行くこと、さまざまな嚴しい守備を破ることを描く。このようにして、菩薩出家の神聖性を突出させようしている。これは『根本説一切有部毘奈耶破僧事』と『方廣大莊嚴經』、ひいてはそのほかの佛傳の共通成分である。しかし、これらの基本的なモデルが共通しているほか、まだ注意を拂うにきわめて値する箇所がいくつかある。

1.菩薩に出家を決意させたのは、かれの生老病死など人類が共通して向かい合う運命に對する深い思考であった。佛傳では、「四門遊觀」となっている。まさに、中村元が述べるとおり、これは後世の佛傳の圖式化の結果である[36]。「四門遊觀」は基本的に各佛傳が共通して採用しているモデルであり、「四門遊觀」に關する解釋は、各部の佛傳間で、異なる思想的特徴を展開している。『根本説一切有部毘奈耶破僧事』では、老人、病人と死人に出會ったのはいずれも實際の出來事であり、沙門に出會ったことだけが諸天に淨居する化身とする。『方廣大莊嚴經』では、「化現」の思想をさらに一歩推し廣めている。このように「四門遊觀」はことごとく諸天の化身とされているのである。

2.「四門遊觀」の前に、『方廣大莊嚴經』はさらに「音樂發悟品」を増やし、菩薩が宮中で享受した樂舞弦歌を、十方の諸佛の神通力のもとに、すべて菩薩に出家を勸請する法言に變え、しかも過去の無數の前生での修行を思い起こさせている。これは明らかに本生、譬喩、因縁といったジャータカを大量に吸收しており、「示現」の概念を集中して突出させようとしている。「菩薩於多劫來，遠離世間五欲之過，爲成就眾生，示現處於貪欲境界，積集增長一切善根殊勝福德資糧之力，示現受用廣大微妙五欲境界，而於其中心得自在（菩薩は多くの修行を經ており、世間の五欲の過を遠ざけているが、衆生を成就させるため、示現して貪欲の境地に身を置き、一切の善根や殊勝福德の資糧の力を積集・増長させ、示現して廣大で微妙な五欲の境界を受け入れたが、そのなかにあって心得自在であり……）」という箇所は、その主旨は菩薩が出家する前、宮中で五欲の樂を享受したことは、ただ一種の「示現」にすぎず、實は修行を多く經驗した菩薩は、もはや世間の五欲の境地に動搖されず、かれが宮中で奢華な生活を過ごしているのは、ただ衆生を成就するため行った示現にすぎず、かれの内心は清淨自在であり、五欲に汚染されていないことを説明することにある。このような描寫は、『根本説一切有部毘奈耶破僧事』の「何故我不早覺知，在此無智有情境（なぜわたしは早く氣づかなかったのか、ここには智にして有情の境地はない）」で表現される「覺今是而昨非（いまが正しく、この前が間違いであるとわかった）」という覺醒と、かなり異なっている。そして、『方廣大莊嚴經』の描寫は、釋尊出家の前の奢侈な生活に、合理的な解釋を見つけることに他ならず、かれの宮中での生活にも「示現」説のもと、神聖な光輪を戴かせられて

---

[36] 前掲『瞿曇佛陀傳』、37頁［前掲『ゴータマ・ブッダ』、45頁］。

いるのである。

(五) 降魔

『根本説一切有部毘奈耶破僧事』	『方廣大莊嚴經』
爾時菩薩，與此五人圍繞，往伽耶城南，詣烏留頻螺西那耶尼聚落。四邊遊行於尼連禪河邊，見一勝地。……「我今欲於此地念諸寂定，此樹林中斷諸煩惱。」菩薩作是念已。便於樹下端身而坐。……爾時菩薩復作是念：「我今不如閉塞諸根，不令放逸，使不喘動，寂然而住。」於是先攝其氣，不令出入，由氣不出故，氣上衝頂，菩薩因遂頂痛。……如是種種自強考責，忍受極苦苦及不樂苦，於其心中曾不暫捨，而猶不得入於正定。何以故？由從多生所熏習故。……菩薩復作是念：「我今不如斷諸食飲。」……遂取小豆大豆及牽牛子，煮汁少喫。於是菩薩，身體肢節皆悉萎瘦無肉……爾時菩薩，由少食故，頭頂疼枯又復酸腫。……菩薩爾時，轉倍勤念受諸苦受，乃至心不能獲入於正定，由從多時所熏習故。……爾時，菩薩復作是念：「諸有欲捨苦故，勤修諸行。我所受苦，無人超過。此非正道，非正智，非正見，非能至於無上等覺。」……「我今不能善修成就，何以故？為我羸弱然。我應為隨意喘息，廣喫諸食，飯、豆、酥等，以油摩體，溫湯澡浴。」是時，菩薩作是念已，便開諸根隨情喘息，飲食諸味而不禁制。……菩薩因食乳粥，氣力充盛六根滿實，於尼連禪河岸遊行觀察，覓清淨處，將欲安止。……（菩薩）復自念云：「於今日證覺無疑。」即昇金剛座，結跏趺坐，猶如龍王，端嚴殊勝，其心專定，口作是言：「我今	佛告諸比丘：「菩薩出伽耶山已，次第巡行，至優樓頻螺池側東面，而視見尼連河。……復作是念：『我今出於五濁惡世，見彼下劣眾生，諸外道等，著我見者，修諸苦行，無明所覆，虛妄推求，自苦身心，用求解脫。』菩薩爾時復作是念：『我今為欲摧伏外道，現希有事，令諸天人生清淨心。又欲令彼壞因緣者，知業果報。又欲示現功德智慧，有大威神分析諸定差別之相。又欲示現有大勇猛精進之力。』便於是處結加趺坐，身口意業靜然不動，初攝心時專精一境，制出入息，熱氣遍體，腋下流汗，額上津出，譬如雨滴。忍受斯苦不生疲極，便起勇猛精進之心。……「菩薩爾時修如是等最極苦行，諸比丘！菩薩復作是念：『世間若沙門、婆羅門，以斷食法而為苦者，我今復欲降伏彼故，日食一麥。』比丘當知，我昔唯食一麥之時，身體羸瘦如阿斯樹，肉盡肋現如壞屋椽。」……佛告諸比丘：「菩薩作是思惟：『過現未來，所有沙門，若婆羅門，修苦行時，逼迫身心受痛惱者，應知是等，但自苦己，都無利益。』復作是念：『我今行此最極之苦，而不能證出世勝智，即知苦行非菩提因。』……菩薩復作是念：『我今將此羸瘦之身，不堪受道。若我即以神力及智慧力，令身平復向菩提場，豈不能辦？如是之事，即非哀愍一切眾生，非是諸佛證菩提法。是故我今應受美食令身有力，方能往詣菩提之場。』」……菩薩坐已，食彼乳糜，身體相好，平復如本。……佛告諸比丘：「菩薩將欲坐菩提座，其夜三千大千世界主大梵天王，告諸梵眾作如是

於此不得盡諸漏者，不起此座。」魔王常法，有二種幢：一為喜幢，二為憂幢。其憂幢忽動，魔王便作是念：「今者憂幢忽動，決有損害之事。」便諦觀察，乃見菩薩坐金剛座上。復作是念：「此淨飯子坐金剛座，乃至未侵我境已來，我先為其作諸障礙。」作是念已，奮眉怒目，著舍那衣，化為小使者形，詣菩薩前倉卒忙遽，告菩薩曰：

「汝今云何安坐於此？劫比城中，已被提婆達多之所控握，宮人婇女皆被污辱，諸釋種等已為殺戮。」是時菩薩，有三種罪不善尋思生，一者愛欲尋，二者殺害尋，三者毀損尋。於耶輸陀羅、喬比迦、彌迦遮所，生愛欲尋。於提婆達多所，生殺害尋。於隨從提婆達多諸釋種等，生毀損尋。生此尋已，便覺察曰：「我今何故，生此三種罪不善尋？」又便觀察，知是魔王來此惱我令我散亂。爾時，菩薩即生三種善尋：一者出離尋，二者不殺害尋，三者不毀損尋。……時魔王罪者，內懷羞愧默然而住，顏容憔悴而失威德，心懷懊惱作是念云：「我作是方便，不能令淨飯子有少損壞。今當別設異計，為其障礙。」念已便去。

時彼魔王先有三女，姿容妖艷皆悉殊絕，一名為貪，二名為欲，三名為愛著。種種天衣莊嚴其身，令往菩薩所。至菩薩前，作諸諂曲擬生惑亂。菩薩見已，化此三女皆成老母，即便還去。

魔王見此，更增懊惱，以手支頰，諦思是事：「我復云何，令此淨飯之子生於障礙？」即遣三十六拘胝魔兵，象頭、馬頭、駝頭、驢頭、鹿頭、牛頭、豬頭、狗頭、獯狐頭、鼠狼頭、獼猴頭、野狐頭、師子頭、虎頭等，如是奇怪種種頭

言：『仁者當知，菩薩摩訶薩被精進甲，智慧堅固心不劬勞，成就一切菩薩之行，通達一切波羅蜜門，於一切菩薩地得大自在』……

佛告諸比丘：「時大梵天王為供養菩薩故。以神通力令三千大千世界皆悉清淨。」……

佛告諸比丘：「菩薩欲往菩提樹時，放大光明，遍照無邊無量世界。」……

爾時佛告諸比丘言：「比丘當知，菩薩坐菩提座已，作是思惟：『我於今者當成正覺，魔王波旬居欲界中最尊最勝，應召來此而降伏之。復有欲界諸天及魔波旬所有眷屬，久積善業，當得見我師子遊戲發阿耨多羅三藐三菩提心。』作是念已，放眉間白毫相光，其光名為降伏魔怨，遍照三千大千世界傍耀魔宮。……

魔王爾時又命諸女作如是言：「汝等諸女，可共往彼菩提樹下，誘此釋子，壞其淨行。」於是魔女詣菩提樹，在菩薩前，綺言妖姿三十二種，媚惑菩薩：一者揚眉不語，二者褰裳前進，三者低顏含笑，……三十嗟歎欲事，三十一美目諦視，三十二顧步流眄，有如是等媚惑因緣。復以歌詠言詞嬈鼓菩薩。

爾時菩薩聞彼妖惑之言，心生哀愍，即以妙偈化其魔女。……

是時魔王波旬不受子諫，詣菩提樹告菩薩言：「汝應速起離於此處，必定當得轉輪聖王，王四天下為大地主。」……

(魔波旬) 恚心轉熾，發憤瞋吼，其聲如雷，語諸夜叉：「汝等速宜擎諸山石，將諸弓弩、刀劍、輪槊、干戈、斧鉞、矛矛贊鉤戟種種器仗。唼諸毒龍，擬放黑雲雷電霹靂。」是時夜叉大將，統率自部夜叉羅刹，毘舍遮鬼鳩槃茶等，變化其形作種種像。復嚴四兵象馬車步，或似阿修羅迦婁羅摩目侯羅無

兵、或執鏘戟、或執弓箭、或執鉞斧、或執輪刀、或執罥索、或執斤斲、如是種種器仗、來向菩薩。魔王自執弓箭、欲射菩薩。菩薩見已、作是思念：「凡所鬥諍、皆求伴侶。我今與此欲界王諍、豈不覓伴！」復更思念：「我今覓除障礙方便。」時魔兵眾、即發諸刃、同擊菩薩。菩薩爾時入大慈三摩地、時魔兵刃、皆變成青黃赤白雜色蓮花、落菩薩左右前後。彼時魔王、復騰空中、雨諸塵土、而此塵土、變成沈檀抹香、及作諸花、墮菩薩上。魔王復於空中、放諸毒蜂雨金剛石。淨居諸天、化為葉屋、以蓋菩薩、毒蜂石雨皆不得損。魔王見已、復作是念：「我能幾時圍遶嬈亂？凡諸聲者能破三摩地、我今應變菩提樹葉、令為頗笈迦。復令風吹、相鼓作聲。彼若聞聲、心不能定。」作是念已、即為此事。時菩提樹葉相鼓作聲。菩薩聞已不能專定。時淨居天遙見是事念言：「我今應助菩薩。」爾時諸天、皆來至菩提樹、各把樹葉、不令葉動。時彼魔軍猶不肯散。淨居天等復作是念：「此罪魔軍久惱菩薩、尚不退息。」即以神力、擲諸魔軍鐵圍山上。37)

量百千萬億種類、一身能現多身、或畜頭人身、或人頭畜身、或復無頭有身、或有半面、……或著師子虎狼蛇豹之皮、或頭上火然瞋目奮怒、交橫衝擊遍滿虛空、及在地上、形狀變異、不可勝載。是諸天鬼、或布黑雲雷電霹靂、或雨沙土瓦石、或擎大山、或放猛火、或吐毒蛇。……

魔軍集時其夜正半、是時無量淨居天眾作如是言：「菩薩今者證大菩提。」復有天言：「魔眾熾盛由此或能損害菩薩。」<u>爾時菩薩報彼天言：「我今不久當破魔軍、悉令退散。猶如猛風吹微細花。」於是端坐正念不動、觀諸魔軍如童子戲。魔益忿怒轉增戰力、菩薩慈悲令舉石者不能勝舉、其勝舉者又不墮落、揮刀擲劍停在空中、或有墮地悉皆碎折、惡龍吐毒變成香風。</u>……

爾時波旬猶故瞋忿毒心不止、仗劍前趨語菩薩言：「汝釋比丘、若安此坐不速起者、吾自殺汝。」於是東西馳走欲近菩薩不能前進。……是時淨居天子在虛空中語波旬言：「汝不自量、欲害菩薩終不能得、猶如猛風不能傾動須彌山王。」……

爾時大梵天王、釋提桓因、無數天子翳塞虛空、咸見菩薩破魔軍眾、皆大歡喜作天伎樂。……是時魔王波旬與其眷屬退散而去、還其自宮。38)

『根本説一切有部毘奈耶破僧』と『方廣大莊嚴經』とを對照すると、この二種の佛傳の「六年苦行」と「降魔」には、かなり異なる解釋があることが見てとれる。

1.「六年苦行」。釋尊は出家後、六年の苦行を經驗した。この六年の苦行において、釋尊は人が行うことができないことを行うことができ、人が耐えられないことを耐えることができた。『根本説一切有部毘奈耶破僧事』では、このような剛毅不屈の精神を、

---

37) 前掲『根本説一切有部毘奈耶破僧事』、119c-123c 頁。

38) 前掲『方廣大莊嚴經』、580c-595a 頁。

釋尊が生まれ變わって菩薩道を行うことで身につけてできたものとする。言い換えれば、『根本説一切有部毘奈耶破僧事』では、釋尊が菩提樹の下で成道する前、煩惱はまだ斷たれておらず、そのため、さまざまな苦行、ひいては斷食は、いずれも煩惱を取り除くためになされた努力と試みであるととらえている。一方、『方廣大莊嚴經』の六年の苦行の解釋を見ると、六年の苦行は、ただ外道を折伏し、諸天や人々に清淨な信心を持たせるためであったとしている。ゆえに「現希有事（希有のことを現した）」とは、因果を信じない人々のために、因果應報を知らせようとしたのであり、大いなる神通力を顯現し、それぞれ定まった差別の相を分析したのであった。「示現功德智慧（功德と智慧を示現）」したのは、大いに勇猛な精進の力を顯示しようとするために、苦行を示現したのであった。そして苦行における斷食は、やはり當時の社會で苦行する外道を降伏させようとするためであった。『方廣大莊嚴經』の示現説によれば、六年の苦行は決して煩惱を取り除くためになされた努力ではなく、ある特別な理由のためになされた顯現なのである。『方廣大莊嚴經』の論理からすれば、六年の苦行は實は必要のないものである。ここにはどうやら釋尊が菩提樹の下で成道する前にすでに、清淨で汚れのない思想であったことを仄めかしているかのようだ。

　釋尊が苦行を放棄することに至っては、『根本説一切有部毘奈耶破僧事』では、釋尊がさまざまな苦行を試した後に、依然として悟りを開くことができず、そこでひとしきり反省をして、苦行を放棄することにし、飲食や供養を受け入れたとする。一方、『方廣大莊嚴經』では、やはり釋尊の飲食や供養を受け入れたことを一種の示現と見なしている。もともと、自身の神通力と知惠によって、身體を回復させることができるが、衆生を哀れむという理由のために、示現して飲食や供養を受け入れたのである。すなわち、『方廣大莊嚴經』は、釋迦は、成道前に早くも神通力や知惠を備えており、なんらかの理由で隱していただけだとする。これは、『根本説一切有部毘奈耶破僧事』の、釋尊が菩提樹の下で神通力や知惠を引き出されようやく成道したというブッダ觀と、すでにかなり異なっている。

　2.「降魔」について。降魔という出來事について、『根本説一切有部毘奈耶破僧事』は、釋尊がまもなく成道することが、魔宮が震動したために、魔王が邪魔をしたとする。一方、『方廣大莊嚴經』は、釋尊が魔王波旬を呼び出してそれを降伏させたとしている。前者は、釋尊の降魔がかなり受動的であるのに對し、後者は受動から能動になっている。一方が受動的で一方が能動的であることは、はっきり異なる二つのブッダ觀が明示されている。前者は、まだ成道していない凡夫の位にある菩薩であるが、後者は聖者の位にある菩薩である。前者は、魔王の試煉を受けている時、依然として愛欲尋、殺害尋、毀損尋などの不善なる尋伺を起こしているが、のちに覺照と反省を經て、ようやく不善なる尋伺を善なる尋伺に轉化させた。そのため、降魔の一節は、『根本説一切有部毘奈耶破僧事』では、釋尊が菩薩樹の下で、慈悲や智慧を内心における原始的な欲望、執著や煩惱を轉化する心の歷程とはっきりと見てとることができ、煩惱を轉じて涅槃とし、俗

世間を離れ聖人となる文學化された表現は、かなりのものである。しかし、ひるがえって『方廣大莊嚴經』を見ると、釋尊が魔王のさまざまな試煉に向かい合う時、いかなる不善なる尋伺も起こさず、始めから終わりまですべて如如不動と表現され、完全に聖者の位の菩薩という高みに立ち、魔王の魔軍をみること、さながら兒戲のようである。もちろん、『方廣大莊嚴經』の六年の苦行と降魔についての解釋は、『根本説一切有部毘奈耶破僧事』より、さらに神聖で超然となっているのだが、歴史的なリアリティーや深みに缺けるのである。

(六) 成道

『根本説一切有部毘奈耶破僧事』	『方廣大莊嚴經』
菩薩爾時住優樓頻螺聚落、於尼連禪河菩提樹下坐、於妙覺分法中、常不斷絕修習加行而住。<u>於初夜分中、神境智見證通成就。</u>…… 爾時、魔王復作是念：「諸禪定中唯聲能爲障礙、我應作聲。」即與三萬六千拘胝魔鬼神等、遙吼大聲。菩薩爲此聲故、爲十二踰膳那迦覃婆樹林。由此林故、不聞彼聲。菩薩復作是念：「我應修天耳智證通心、天及人聲皆悉得聞。」菩薩超過人耳、以淨天耳、人非人聲、若近若遠、無不曉了。菩薩念云：「魔王三萬六千拘胝眷屬中、彼誰於我起於惡心？我何得知？」<u>菩薩復念：「我如何證他心智？」即於夜中便得證悟。</u>…… 復更念云：「此魔軍中、從昔已來、誰是父親？誰是母親？誰是怨害？誰爲親友？如何得知？」復更念云：「我今應修宿命智、方得了悟。」<u>於夜分中、精勤存念、修宿命智、便得曉了。</u>…… 菩薩作念、念：「此魔軍、誰墮惡趣？誰墮善趣？如何得知？」復作是念：「應以生滅智通、方知是事。<u>菩薩於中夜分修生滅智通、便得天眼清淨、超越人間。</u>…… 菩薩復作是念：「一切有情、由彼欲漏、有漏、無明漏、輪轉苦海、如何得免？」復更念云：「唯證無漏智通、能斷此事。」	爾時菩薩降伏魔怨、滅其毒刺、建立法幢。初離欲惡、有覺有觀、離生喜樂、入初禪。內靜一心、滅覺觀、定生喜樂、入二禪。離喜受、聖人説住於捨、有念有想、身受樂入、第三禪。離憂喜、捨苦樂、念清淨、入第四禪。爾時菩薩住於正定、其心清白、光明無染、離隨煩惱、柔軟調和、無有搖動。<u>至初夜分得智、得明、攝持一心、獲天眼通。</u>…… <u>於中夜分、攝持一心、證得憶念過去宿命智。</u>……菩薩作是念言：「一切衆生住於生老病死險惡趣中、不能覺悟。云何令彼了知生老病死苦蘊邊際？」作是思惟、此老病死從何而有？即時能知因生故有。…… 爾時、菩薩既知無明因行、行因識、識因名色、名色因六處、六處因觸、觸因受、受因愛、愛因取、取因有、有因生、生因老死憂悲苦惱、相因而生。復更思惟：「因何無故老死無？因何滅故老死滅？」即時能知、無明滅故即行滅、行滅故即識滅、識滅故即名色滅、名色滅故即六處滅、六處滅故即觸滅、觸滅故即受滅、受滅故即愛滅、愛滅故即取滅、取滅故即有滅、有滅故即生滅、生滅故即老死滅、老死滅即憂悲苦惱滅。復更思惟：「此是無明、此是無明因、此是無明滅、此是滅無明道、更無有餘。」……

菩薩爾時為是義故、菩提樹下於夜分中、常以相應修習成熟、專心於覺分法中而住、發心為證無漏智通。即於苦諦如實了知、集、滅、道諦、亦復如是。證斯道已、於欲漏、有漏、無明漏、心得解脫。既得解脫、證諸漏盡智：我生已盡、梵行已立、應作已作、不受後有。即證菩提。彼中謂見覺分菩提。世尊所作已辦、即入火界三摩地。此時菩薩以慈器仗、降伏三十六拘胝魔軍、證無上智。于時魔王罪者、弓從手落、幢便倒地、宮殿皆動。魔王與諸三十六拘胝眷屬、心生懊惱而懷悔恨、便自隱沒。…… 　　初菩薩以慈器仗、降伏三萬六千拘胝魔眾已、證無上正智、于時大地震動、普遍世界悉皆光明、所有大地黑暗之處、日月威光不能除者、蒙佛此光皆得明徹。[39]	如是應知：此是苦、此是集、此是苦集滅、此是滅苦集道、應如是知。 佛告諸比丘：「菩薩於後夜分、明星出時、佛、世尊、調御丈夫、聖智、所應知、所應得、所應悟、所應見、所應證、彼一切一念相應慧證阿耨多羅三藐三菩提、成等正覺、具足三明。諸比丘！是時、諸天眾中無量天子作如是言：『我等應散香花供養如來。』復有天子、曾見先佛成正覺時、即作是言：『汝等未可散花、如來當現瑞相、往昔諸佛成正覺時、皆現瑞相。』諸比丘！如來知彼天子思見瑞相、上昇虛空高七多羅樹。」……爾時、彼諸天子心生歡喜、以微妙天花遍散佛上。當於是時、香花彌布、積至于膝。[40]

　釋迦牟尼の成道に關しては、『根本説一切有部毘奈耶破僧事』と『方廣大莊嚴經』の描寫は比較的近い。ただ、『方廣大莊嚴經』の描寫において、定型化した教理との結びつきは、『根本説一切有部毘奈耶破僧事』よりももっと密接なのは明らかである。教理の定型化は、中村元の『ゴータマ・ブッダ』では、まず括弧の中に入れなければならない項目であると見なしている。なぜならば定型化した教理の多くの箇所が、後代に足されたものと考えられるからである[41]。これはもちろん『方廣大莊嚴經』が『根本説一切有部毘奈耶破僧事』の時代よりやや遅くに書かれたものであるからである。このほか、『方廣大莊嚴經』は「成正覺品」の後に、さらに「讚歎品」を加え、諸天讚歎や供養如來に言を盡くし、その神話的色彩は非常に濃い。

　以上、佛傳二種の對比を經て、時代が後期になればなるほど、佛傳は神話化された色彩が濃厚になり、定型化された教理との結びつきもより密切になることがはっきり確認できる。しかし、注意しなければならないのは、説一切有部のブッダ觀は、いままで「現實佛」や「歷史佛」の類型に類別されてきているが、説一切有部に屬する古い形の佛傳である『根本説一切有部毘奈耶破僧事』には、神話化された色彩が皆無ではなく、

---

39) 前掲『根本説一切有部毘奈耶破僧事』、123c-124c 頁。
40) 前掲『方廣大莊嚴經』、595a-596a 頁。
41) 前掲『瞿曇佛陀傳』、159 頁［前掲『ゴータマ・ブッダ』、176 頁］。

『根本説一切有部毘奈耶破僧事』の神話的色彩もかなり濃いと言ってもよいことである。ならば、なぜ説一切有部のブッダ観がこれまで一貫して「現實佛」に分類されてきたのであろうか？ ここからさらに次の問題を派生させることができる。つまり、神話化の程度がどれだけ進めば、「理想佛」と見なすことができるのだろうか？ ここには、必ずなんらかの判斷の鍵があるはずだ。印順法師は神格化された「法身不滅」や「法身常在」を「現實佛」と「理想佛」を判別する重要な指標としている 42)。『大智度論』『法華經』『華嚴經』などの大乘のブッダ観が極度に發展している大乘經論を參照すれば、印順法師の判別はかなり精確なものと言える。しかしながら、『方廣大莊嚴經』では、まだ神格化された「法身不滅」や「法身常在」の思想がはっきりと現れていない。このような思想は「示現説」のもとで、すでに呼べば出てくるかのように描かれているけれども、眞の大乘佛教のブッダ観とは、やはりわずかながらの距離が存在しているのである。

上に擧げた説一切有部の佛傳二種の比較を通して、筆者は以下のように考える。「理想佛」と「現實佛」の判別では、「示現説」は、神格化された「法身常在説」よりももっと本質的な區分の意義を備えているだろう。なぜならば、神格化された「法身常在説」は「示現説」がさらに發展して得られるロジックの必然的結果であり、「示現説」の出現によって、基本的にすでに「理想佛」と「現實佛」の違いを示すことができるようになったからである。一方で、「示現説」の出現には、多方面の要素があっただろう。まず、「大衆部」（Mahāsāṃghika）のブッダに對する信仰が「上座部」（Stharadin）よりもはるかに強烈であったこと 43)。次に、後代の弟子は、ブッダとの時代と遠く離れれば離れるほど、ブッダに對する敬慕はより強烈になり、ブッダの後世の弟子たちの心の

---

42) 印順『初期大乘佛教之起源與開展』、159-172 頁。
43) 『異部宗輪論』卷一。「我今當説。此中大衆部。一説部。説出世部。雞胤部。本宗同義者。謂四部同説。諸佛世尊皆是出世。一切如來無有漏法。諸如來語皆轉法輪。佛以一音説一切法。世尊所説無不如義。如來色身實無邊際。如來威力亦無邊際。諸佛壽量亦無邊際。佛化有情令生淨信無厭足心。佛無睡夢。如來答問不待思惟。佛一切時不説名等。常在定故。然諸有情。謂説名等歡喜踊躍。一刹那心了一切法。一刹那心相應般若知一切法。諸佛世尊盡智無生智恆常隨轉。乃至般涅槃。一切菩薩入母胎中。皆不執受羯剌藍頞部曇閉尸鍵南爲自體。一切菩薩入母胎時。作白象形。一切菩薩出母胎時。皆從右脇。一切菩薩不起欲想恚想害想。菩薩爲欲饒益有情。願生惡趣隨意能往。」[私はいまから説こう。このなかに大衆部と一説部と説出世部と雞胤部との本宗同義とは、教えよう。四部は同じく説いている。諸佛世尊はみな出世である。一切如來には有漏の法はない。もろもろの如來の語はみな法輪を轉じたものである。佛は一音によって一切法を説いたのである。世尊の所説には不如義はない。如來の色身は實にはてがない。如來の威力もまたはてがない。諸佛の壽量もまたはてがない。佛は有情を化して淨信をもたらせて厭足の心はない。佛は睡夢がない。如來は問いに答えるに思惟を待たない。佛は一切時に名等を説かない。常に定にあるがためである。しかしもろもろの有情は、名等を説くと思って踊りがって喜ぶのだ。一刹那の心に一切法をおえる。一刹那の心相應の般若は一切法を知る。諸佛世尊は盡智と無生智とつねに隨轉して、ようやく般涅槃に至るのである。一切菩薩は母胎の中に入って、みな羯剌藍、頞部曇、閉尸、鍵南を執受して自體としない。一切菩薩は母胎に入る時、白象の形となった。一切菩薩は母胎を出る時、みな右脇よりだった。一切菩薩は欲想、恚想、害想を起こさない。菩薩は有情を饒益しようとするために、

なかにおける地位はますます神祕的で氣高いものになったこと。印順法師は以下のように考えている。大衆部系の理想佛は、人類固有の宗教意識を佛法に表わしたものであり、人類の盡きることのない意欲的な絶對化である[44]。次に、ブッダ涅槃後、ますます多くのブッダのジャータカが傳えられ、『方廣大莊嚴經』では、これらのジャータカを大量に吸収していること。これらのジャータカをブッダの今生の事跡といかにして結びつけるかは、各種の佛傳における解釋の戰略にはっきりと現れる。『根本説一切有部毘奈耶破僧事』では、依然として「業感説」によって解釋しようとしているが[*45]、『方廣大莊嚴經』では「示現説」によって解釋しようとしている。

「示現説」は基本的に、本・末・體・用の思考樣式に屬する。この思考樣式は『華嚴經』のブッダ觀において十分に發展しており、『方廣大莊嚴經』においても、基本的にこのような思考樣式を出ていない。しかし、この思考樣式は、インドの傳統的なバラモン教の『ウパニシャッド』（Upaniṣad、奧義書）において、非常によく見られるものである。インドの傳統的なバラモン教の神話においては、早くも世の中の萬物はみな原人（puruṣa）から派生したものと考えられており、これは『ブリハッド・アーラニヤカ・ウパニシャッド』（Bṛhadāraṇyaka Upaniṣad、廣森林奧義書）の「原人歌」にはっきりと現れている。またバラモン教の思想體系において、原人とは自我、すなわち大梵（puruṣa＝ātman＝Brahma）であるとされる。「原人歌」において、原人と萬物はある種の派生の關係にあり、哲學的には宇宙論（Cosmology）のカテゴリーに屬すのならば、『チャーンドーギア・ウパニシャッド』（Chandogya Upaniṣad、唱贊奧義書）では、世のなかのあらゆる萬物は自我（大梵）の顯現と見なすことになる。これはすでに自我（大梵）と萬物とをある種の本體と現象の關係とみなしているのだ。『チャーンドーギア・ウパニシャッド』では以下のようにある。

　　親愛なる者よ！　一塊の泥であらゆる泥細工を作れることからわかるように、言葉のもとに生み出され變化する名稱も、實際は泥にすぎない。
　　親愛なる者よ！　一個の爪切りであらゆる鐵製品が作れるように、これこそが眞相である。[46]
　　親愛なる者よ！　これらの河流は東から流れ、西から流れる。それらは海より出

願って惡趣を持ち、意にしたがって能く往くのだ。」（『大正藏』第49冊、No.2031、15b-c）。『異部宗輪論』卷一「説一切有部本宗同義者……佛與二乘解脱無異……　非如來語皆爲轉法輪，非佛一音能説一切法，世尊亦有不如義言，佛所說經非皆了義，佛自說有不了義經。」［説一切有部の本宗同義とは……佛と二乘と解脱に違いはない……如來のことばはみな轉法輪とするのではない。佛は一音によって一切の法を説くことができたのではない。世尊もまた不如義の言があり、佛の説いた經はみな了義であるわけではない。佛の自説にも不了義の經があるのだ。］（16a-c）

44) 印順『初期大乗佛教之起源與開展』、169頁。
45) 前掲『根本説一切有部毘奈耶律破僧事』「菩薩爾時，轉倍勤念受諸苦受，乃至心不能獲入於正定，由從多時所薰習故。」、120頁。
46) *Chandogya Upaniṣad*, Chapter VI, Section I, 4&6, S. Radhakrishnan, *The Principal Upanisads*（New York: Harper & Brothers Publishers, 1953）, pp. 446-447.

で海に流れ込む。それらはすなわち海であるが、かれらは知らない。この（河流）は我であり、その（河流）は我であることを。

そうだ！　そうだ！　親愛なる者よ、このあらゆる生物は「存在するもの」から来ているが自らを知らないのだ。「存在するもの」から行くことも自らを知らないのだ。それらはこの世の中にあって、虎になったり、獅子になったり、樹木になったり、オオカミになったり、クマになったり、蟲になったり、ハエになったり、蚊になったりする。これらはひとつひとつみなそれぞれがそのようなのである。この精微なるものはその一切の本質である。それこそが「眞實」である！

それこそ「自我」である！　それとはつまりお前だ！　白淨仙人がこのように言っている。薄伽梵よ、知るべきだ。多（現象萬物）はすなわち「我」であることを）47)

一塊の泥で異なる道具を作ることができ、異なる道具は、言語上異なる名稱があることを表しているが、これらの違いは、敍述の區別だけであり、本質的にはいずれも泥である。また鐵のように、爪切りやあらゆる鐵器を作ることができ、異なる道具は、名稱の上ではもとより違いがあるが、本質的にはどれも鐵である。これは、現象世界は千差萬別であるけれども、共通の本質的な思想を有していることを表現している。この共同の本質は、『ウパニシャッド』の思想體系においては、「自我」（ātma）、すなわち「梵」（Bharma）を指す。世の中のあらゆる衆生はみなこの眞に存在するものからきているが自らを知らず、世の中のあらゆる存在するものは、虎であったり、獅であったり、狼であったり、一つ一つはみなこの眞に存在するものがなったのである。袘とは、精微であり、この宇宙の萬物はいずれも袘を本質としている。袘とはもっとも眞實なものであり、袘とはつまり「自我」である。この生命の自我は、あらゆる萬物をして、挺立させている本體である。『チャーンドーギア・ウパニシャッド』では、現象や萬物の一つ一つはいずれも「自我」（すなわち「大梵」）の顯現とする思想が、紙上に躍如していると言える。このような思想は、釋尊以前に、すでにインド社會に生まれ傳えられていたのである。時代が比較的遅い『アートマン・ウパニシャッド』（Ātma Upaniṣad、自我奥義書）は、世界を直接「大梵」の顯現と見ている。「雖現世界相，此唯大梵顯（世界の相を表わすといえども、これただ大梵の顯れ）」、「師徒分別等，是唯大梵現（師徒の分別等、是唯大梵の現れ）」などがそうである*48)。このような現象や萬物を眞にする存在するものの顯現と見なす本體論（Ontology）的思考モデルは、筆者は、「示現説」の誕生になんらかの啓發と影響があったはずだと考える。歴史上のブッダには、生老病死や苦行があり、ひいてはいくつか不完全なところがある。それらはいずれも事象における示現であるが、超越的なブッダはそのものが圓滿にして清淨なのである。このような思考の筋道にもと

---

47) Chandogya Upaniṣad, pp. 460-461.
48)『自我奥義書』（Ātma Upaniṣad）第一、二、三、四節、徐梵澄譯『五十奥義書』（北京：中國社會科學出版社、1995年）、772-773頁に見える。

づいて、さらに一歩進めば、「法身常在」の思想が必然に導き出される。『方廣大莊嚴經』はまさしく上座部が大衆部のブッダ觀を吸收し、「現實佛」から「理想佛」に移行する作品と見なすことができる。

三、結　論

　ブッダは紀元前 5、6 世紀頃の北インドに生まれた聖者であり、かれの慈悲と智慧に滿ちあふれた一生は佛弟子の心に極めて大きな人格の感化力をもたらし、時代が下るにつれて、それはさらに強烈に表現されるようになった。時代の推移にともない、ブッダの一生についての神話化された解釋も日増しに色濃くなり、最終的には現實佛（歴史的なブッダ觀）と理想佛（超越的なブッダ觀）の二つの異なる形態のブッダ觀を生み出した。
　『根本説一切有部毘奈耶破僧事』のブッダ觀は、現實佛の一種の代表であり、『方廣大莊嚴經』は現實佛から理想佛に移行の産物とすることができる。本論では、『根本説一切有部毘奈耶破僧事』と『方廣大莊嚴經』のブッダの事蹟の異なる解釋を比較することを通して、以下のことを指摘した。現實佛から理想佛に移行する間、「示現説」は「釋尊の事蹟」を解釋する重要な突破口であると言うことができ、「示現説」は釋尊の剛毅にして素朴な一生に全く異なる色彩を賦與し、「示現説」の解釋のなかで、釋尊はまったく超越した聖者となり、六年苦行や降魔成道は、もはや一歩ごとに足跡が殘される求道の道程ではなくなり、外道を降伏する方便のために示現されたとされた。そして、「示現説」誕生の生まれた可能性の要素を追うことは、筆者は、インドの傳統文化の背景や部派の傳承や佛弟子（解釋者）の價値觀の傾向ないしは信仰の形態などといずれも密接な關係を有しているだろうと考える。

二程の"經"學について
―朱熹の批判を通して見る程・朱の立場の相違―

名畑　嘉則*

前　言

　宋代理學の大成者である朱熹（1130-1200）は、程顥（1032-1085）及び程頤（1033-1107）の所説を自己の學問の基礎に据えた。また、二程の語錄・文集・經解等の書物を編纂公刊し、その學問を廣く世に傳え、その事跡を顯彰することに努めた。さらに"道統"説を唱えて、二程を孟子以來の絶學を復興させた儒學の大師として顯彰し、自分自身はその後繼者であると公言した。このような朱熹自身の極めて旗幟鮮明な表明によって、當時の人士はもとより、現在における思想史の記述に至るまで、朱熹を二程、とりわけ程頤の學の後繼者と見なすのが通例となり、甚だしくは、"程朱の學"の呼稱によって兩者を一括りに扱う場面すら往々にして認められるほどである。

　しかしながら、この兩者の間には、百年に及ぶ年代差があり、それぞれが身を置いた社會狀況も相當に異なっているのであるから、その關係を直ちに"繼承"の關係と稱することには些か問題があろう[1]。また、朱熹自身も明言するように[2]、實際、兩者の學説には、一致しない部分も決して少なくない。兩者の違いが特に顯著に認められるのは、經書の解釋に關する觀點においてである[3]。このような問題を踏まえ、本稿では、まず程頤の經書解釋の特徴について、具體的發言や解釋の例を取り上げて檢討し、その上で、朱熹がそうした程氏の經書解釋法に對してどのように論評しているか檢討することを通じて、兩者の立場に如何なる相違點があるのか、些かの考察を加えてみたい。

---

* 藤女子大學文學部教授
1) 朱熹による程頤受容の實態については、拙稿「朱子における程伊川『敬』説の受容―『涵養須用敬、進學則在致知』をめぐって―」（『藤女子大學國文學雜誌』65、1996 年）でも論じたことがある。また、「程頤と朱熹の『經・權』論―『論語』『可與共學』章の解釋を中心に―」（『中國哲學』28、1999 年）では、「經・權」という一組の概念に關する程頤と朱熹の言説を取り上げ、その分析を通じて兩者の立場や志向の違い等々の問題について考察した。
2) 例えば『語類』93 に「某説大處自與伊川合, 小處却持有意見不同」とある。
3) 兩者が經書解釋上において見解を異にする具體例については、錢穆『朱子新學案』「朱子與二程解經相異（上中下）」を參照。

一、二程の"天理"説と經書觀

1　"天理"説

　二程は、自身の學問を儒學の正統—いわゆる"道統"—を受け繼ぐ學問として位置づける意圖から"道學"と自稱したが、その學は、"理學"の別稱で呼ばれることからも知られる通り、"理"(もしくは"天理")を自然界から社會、個人の倫理までを統括する最高概念と見なし、その追求を目標に掲げるものであった。程顥には、"天理"は自分たちが工夫のすえ體得し創出した概念だとする有名な言葉があり[4]、この用語に對する強い自負を示している。程氏は云う。

　　萬物は皆只だ是れ一箇の天理、己何ぞ與らんや。「天、有罪を討つ、五刑五用せよ。天、有德に命ず、五服五章せよ」(書、皐陶謨)と言ふが如きに至りては、此れ都(すべ)て只だ是れ天理自然に當に此の如くなるべきのみ。人幾時か與らんや。與れば則ち便ち是れ私意なり。(遺書 2 上)[5]

これは、萬物の根本には"天理"が存在し、この"天理"は"自然"なるものであって、ゆえに人爲、すなわち"私意"とは相對立するものであることを説いたもの。この程氏の考えに據るならば、必然的に、個人や社會において"天理"を實現するためには、"私意"を排除しなくてはならないことになる。

　例えば、程頤は、『論語』顔淵篇 "克己復禮" 章を解釋して以下のように云う。

　　視聽言動、理に非れば爲さざるは、即ち是れ禮。禮は即ち是れ理なり。是れ天理ならざれば、便ち是れ私欲。人、善を爲すに意有りと雖も、亦た是れ禮に非ず。人欲無ければ即ち皆な天理なり。(遺書 15)[6]

また『論語』雍也篇 "回也其心三月不違仁" 章を解釋して云う。

　　周伯温問ふ、「『回や三月仁に違(わ)はず』とは、如何。」曰く、「違はざる處は、只だ是れ纖毫の私意無し。少かの私意有れば、便ち是れ仁ならず。」(遺書 22 上)[7]

以上の例では、個人の人格において"私意""私欲"を排除しさえすれば、とりもな

---

[4] 「吾學雖有所受，天理二字却是自家體貼出來。」(外書 12) なお、程頤の天理「體貼」については、湯川敬弘「二程子の體貼の世界と有の論理—感應の論理序説—」(『朱子學的思惟—中國思想史における傳統と革新—』汲古書院、1990 年、所收) に詳しい。

[5] 原文：「萬物皆只是一箇天理，己何與焉？至如言『天討有罪，五刑五用哉！天命有德，五服五章哉！』此都只是天理自然當如此。人幾時與？與則便是私意。」なお、この條について、『遺書』では二程いずれの語であるか明記が無いが、龐萬里《〈程氏遺書〉"二先生語"考辨》(『二程哲學體系』北京航空航天大學出版社、1992 年、所收) では、考證の上、程顥の語とする。

[6] 原文：「視聽言動，非理不爲，即是禮，禮即是理也。不是天理，便是私欲。人雖有意於爲善，亦是非禮。無人欲即皆天理。」

[7] 原文：「周伯溫問：『「回也三月不違仁」，如何？』曰：『不違處，只是無纖毫私意。有少私意，便是不仁。』」

おさずそこに"天理"が實現されるとされ、その状態こそが"仁"なのだと見なされている。程顥もまた、『論語』里仁篇"曾子一貫"章を解釋して云う。

> 己を以て物に及ぼすは、仁なり。己を推して物に及ぼすは、恕なり。「道を違ること遠からず」(中庸) とは是れなり。忠恕は一以て之を貫く。忠なる者は天理、恕なる者は人道なり。忠なる者は無妄、恕なる者は忠を行ふ所以なり。忠なる者は體、恕なる者は用、「大本達道」なり。此れ「道を違ること遠からず」と異なる者は、「動くに天を以てす」(易、无妄) るのみ。(遺書 11) [8]

程顥に據れば、"仁"には"忠"と"恕"との兩面が含まれるが、この"忠"こそが"天理"にほかならない。さらに程顥は云う。

> 學者は須く先づ仁を識るべし。仁者は渾然として物と同體。義・禮・知・信は皆な仁なり。此の理を識得し、誠敬を以て之を存するのみ。防檢を須ひず、窮索を須ひず。(遺書 2 上《識仁篇》) [9]

程顥に據れば、學問を志す者にとっての最優先課題は"仁"を認識することであるが、それは"天理(此の理)"を把捉し、それを存養してゆくことにほかならないのである。程頤もまた云う。

> 人は只だ一箇の天理を存せんことを要するのみ。(遺書 18) [10]

> 人は只だ箇の天理有るのみ。卻つて存し得る能はざれば、更に甚の人と做らんや。(遺書 18) [11]

これらの所説に據るならば、程氏兄弟はいずれも、學ぶ者各人に"天理＝仁"を體得し、それを存養することを要請している、ということになろう。

"天理＝仁"が"私意"の對極にあるとすれば、それは"公"と言い換えることができよう。實際、程頤には"仁"を"公"の語によって解釋した例が數多く見られる [12]。例を擧げれば以下の通り。

> 仁道は名づけ難し。惟だ公のみ之に近きも、公を以て便ち仁と爲すには非ず。(遺書 3) [13]

---

8) 原文：「以己及物，仁也。推己及物，恕也。違道不遠是也。忠恕一以貫之。忠者天理，恕者人道。忠者無妄，恕者所以行乎忠也。忠者體，恕者用，大本達道也。此與『違道不遠』異者，動以天爾。」
9) 原文：「學者須先識仁。仁者，渾然與物同體。義、禮、知、信皆仁也。識得此理，以誠敬存之而已，不須防檢，不須窮索。」
10) 原文：「人只要存一箇天理。」
11) 原文：「人只有箇天理，卻不能存得，更做甚人也。」
12) 程頤の"公"に關する議論については、拙稿「程頤における『公』の概念の諸相―『仁之理』から『衆人之公論』まで―」(『藤女子大學國文學雜誌』58，1997 年)、「程頤『易傳』に見る『公』の思想」(『中國哲學』33，2005 年) を參照。なお他に、專論ではないが、程頤の"公"に關する議論についても取り上げた論考としては、劉象彬『二程理學基本範疇研究』(河南大學出版社，1987 年)、蔡方鹿『程顥・程頤與中國文化』(貴州人民出版社，1996 年) 等が有る。また、溝口雄三「中國の『公・私』」(『文學』56-9〜10，岩波書店，1988 年) にも程頤の"公"についての言及が有る。
13) 原文：「仁道難名，惟公近之，非以公便爲仁。」

仁なる者は公なり，此を人にする者なり。(遺書9) [14]

仁の道は，之を要するに只だ一公字を道ふを消ふるのみ。公は只だ是れ仁の理のみ，公を將て便ち喚びて仁と做すべからず。公にして人を以て之を體す，故に仁と爲す。只だ公爲れば，則ち物我兼照す，故に仁，能く恕する所以，能く愛する所以なり。恕は則ち仁の施，愛は則ち仁の用なり。(遺書15) [15]

問ふ，「如何なれば是れ仁なるか。」曰く，「只だ是れ一箇の公字のみ。學者仁を問へば，則ち常に他をして公字を將て思量せしむ。」(遺書22 上) [16]

「唯だ仁者のみ能く人を好み能く人を惡む」(論語，里仁)，仁者は心を用ふるに公を以てす，故に能く人を好み人を惡む。公最も仁に近し。人，私欲に循へば則ち忠ならず，公理なれば則ち忠なり。公理を以て人に施すは，恕する所以なり。(外書4) [17]

つまり程頤が人々に"天理＝仁"の體得を求めるということは，とりもなおさず人々に"公"の德を體得し實踐することを求めているのだと言える。このことは、當時、科擧官僚あるいはその予備軍として爲政者の自覺を持つようになった"士大夫"の社會において、各人に要請される必須の政治道德として"公平"や"公正"なるものが浮び上がって來たことに由來するものと考えられる。この"公＝仁＝天理"の體得の上で重要な意味を持つのが"格物致知"あるいは"窮理"であり [18]、讀書階級である士大夫にとって、最も基本的な"格物""窮理"こそ、"讀書"、とりわけ儒家經典に對する研鑽にほかならないのである [19]。

2 "自得"と"默識心通"

では、二程は、經書解釋についてどのような考えを持っていたのだろうか。"格物窮理"としての治經・解經は、勿論、單なる讀書とは區別される。程頤は云う。

夫子の詩を刪し，易に贊し，書を敍するは，皆な是れ聖人の道を載す，然れども未だ聖

---

14) 原文：「仁者公也，人此者也。」
15) 原文：「仁之道，要之只消道一公字。公只是仁之理，不可將公便喚做仁。公而以人體之，故爲仁。只爲公，則物我兼照，故仁，所以能恕，所以能愛，恕則仁之施，愛則仁之用也。」
16) 原文：「問：『如何是仁。』曰：『只是一箇公字。學者問仁，則常教他將公字思量。』」
17) 原文：「『唯仁者能好人能惡人』，仁者用心以公，故能好人惡人。公最近仁。人循私欲則不忠，公理則忠矣。以公理施於人，所以恕也。」
18) 例えば「今人欲致知，須要格物。物不必謂事物然後謂之物也，自一身之中，至萬物之理，但理會得多，相次自然豁然有覺處。」(遺書17)、「問：『格物是外物，是性分中物？』曰：『不拘。凡眼前無非是物，物物皆有理。如火之所以熱，水之所以寒，至於君臣父子閒皆是理。』」(遺書19) など。
19) 例えば「學者識得仁體，實有諸己，只要義理栽培。如求經義，皆栽培之意。」(遺書 2 上)、「窮理亦多端，或讀書，講明義理，或論古今人物，別其是非，或應接事物而處其當，皆窮理也。」(遺書 18)、「或問：『學必窮理。物散萬殊，何由而盡窮其理？』子曰：『誦詩，書，考古今，察物情，揆人事，反復研究而索之，求止於至善，蓋非一端而已也。』」(粹言1，論學篇) など。

人の用を見ず，故に春秋を作る。春秋は，聖人の用なり。(遺書23)[20]
　すなわち、經は聖人の作品であり、その中に聖人の"道"と"用"とが細大漏らさず込められている、というのが程氏の立場である。經書を研鑽することが學者の務めであるわけだが、この經書の研鑽ということについて、程氏は以下のように述べる。

　　古の學者は，皆な傳授有り。聖人の經を作るが如きは，本より道を明かにせんと欲す。今人若し先に義理を明かにせずんば，經を治むべからず。蓋し傳授の意を得ずと爾云ふ。繫辭の如きは本より易を明かにせんと欲す。若し先に卦義を求めずんば，則ち繫辭を看得ず。(遺書2上)[21]

　　蘇季明嘗て治經を以て傳道居業の實と爲すも，居常の講習は，只是れ空言にして益無ければ，之を兩先生に質す。……正叔先生曰く，「治經は，實學なり。諸を草木の區して以て別あるに譬ふ(論語、子張)。道の經に在るや，大小遠近，高下精粗，其の中に森列す。諸を日月の上に在るに譬ふれば，人の見ざる者有るに，一人之を指さすは，衆人之を指さして自ら見るに如かざるなり。中庸の一卷の書の如きは，至理自り便ち之を事に推す。國家に九經有る(中庸)，及び歷代聖人の跡の如きは，實學に非ざる莫きなり。九層の臺に登るが如きは，下自りして上る者，是と爲す。人の，居常の講習は空言にして實無きを患ふる者は，蓋し自得せざるなり。學を爲すは，治經最も好し。苟くも自得せざれば，則ち盡く五經を治むるも，亦た是れ空言なり。今，人有りて心得識達すれば，得る所多し。讀書を好むと雖も，卻つて患へ空虛に在る者有れば，未だ此の弊を免れず。」(遺書1)[22]

　　子曰く，書を讀む者は，當に聖人の經を作る所以の意と，聖人の聖人爲る所以にして，吾の未だ至らざる所以の者とを觀るべし。聖人の心を求め，而して吾の未だ得ざる所以の者は，書は誦して之を味はひ，中夜にして之を思ひ，其の心を平かにし，其の氣を易かにし，其の疑はしきを闕けば，其れ必ず見る有らん。(粹言1、論書篇)[23]

　程頤に據れば、學問の目的とは、經の研鑽を通じて"聖人の道"あるいは"聖人の

---

[20] 原文：「夫子刪詩，贊易，敍書，皆是載聖人之道，然未見聖人之用，故作春秋。春秋，聖人之用也。」
[21] 原文：「古之學者，皆有傳授。如聖人作經，本欲明道。今人若不先明義理，不可治經，蓋不得傳授之意云爾。如繫辭本欲明易，若不先求卦義，則看繫辭不得。」なお、この條について、『遺書』では二程いず
[22] 原文：「蘇季明嘗以治經爲傳道居業之實，居常講習，只是空言無益，質之兩先生。……正叔先生曰：『治經，實學也，譬諸草木區以別矣。道之在經，大小遠近，高下精粗，森列於其中。譬諸日月在上，有人不見者，一人指之，不如衆人指之自見也。如中庸一卷書，自至理便推之於事。如國家有九經，及歷代聖人之跡，莫非實學也。如登九層之臺，自下而上者爲是。人患居常講習空言無實者，蓋不自得也。爲學，治經最好。苟不自得，則盡治五經，亦是空言。今有人心得識達，所得多矣。有雖好讀書，卻患在空虛者，未免此弊。』」
[23] 原文：「子曰：讀書者，當觀聖人所以作經之意，與聖人所以爲聖人，而吾之所以未至者，求聖人之心，而吾之所以未得焉者，晝誦而味之，中夜而思之，平其心，易其氣，闕其疑，其必有見矣。」

意"を體得することに在り、なおかつその體得の仕方は、二程自身が"天理"を體得した際と同樣に、他者から教授されるのではなく、自分自身の內に、自分自身の思索や涵養を通じて見出す、というようでなくてはならない。このような、言葉の內に含蓄された奧深い眞理を自分自身の工夫によって體得するという方法に對して、二程は、以下の例に見られるように、"自得"、あるいは"默識心通"24)などの名で呼んでいる。

> 大抵學は、言はずして自得する者、乃ち自得なり。安排布置する者有るは、皆な自得に非ざるなり。(遺書11)25)

> 學の要は自得に在り。古人、人に教ふるに、唯だ其の非を指すのみ、故に曰く「一隅を擧げて三隅を以て反せざるは、則ち復びせざるなり。」(論語、述而)三隅を言ふは、其の近きを擧ぐるなり。夫の「諸に往を告げて來を知る」(論語、學而)者の若きは、則ち知ること已に遠し。(遺書11)26)

> 或ひと問ふ、「如何にか學べば之を得る有りと謂ふべき。」曰く、「大凡學問は、之を聞き之を知るも、皆な得たりと爲さず。得る者は、須く默識心通すべし。學者得る所有らんと欲すれば、須く是れ篤く意を誠にし理を燭らすべし。上知は、則ち穎悟自ら別なり。其の次は、義理を以て涵養するを須ちて之を得。」(遺書17)27)

> 學は自得より貴きは莫し、得ること外よりするに非ざるなり、故に自得と曰ふ。(遺書25)28)

> 或ひと問ふ、「學ぶこと何如にしてか之を得る有りと謂ふ。」子曰く、「其れ必ずや默識心通か。誠を篤くし理を明かにして之を涵養する者は、次なり。之を聞き之を知り、意に之を億度するは、擧得るに非ざるなり。」(粹言1、論學篇)29)

このように、"自得"や"默識心通"の方法こそが、學問にとって最も大切な要素であり、また最も高度な境地であると見なされている。"自得"とは、自己自身の內に眞理を見出す("外よりするに非ず")という意味では"みずから得る"ということであろうが、"安排布置"や"億度"といった"さかしら"に賴らずに"涵養"の效果が擧がるとされていることからすれば、"おのずから得る"ということでもあろう 30)。程氏は

---

24)「默識」の語は、『論語』述而に「子曰:默而識之、學而不厭、誨人不倦、何有於我哉」と見える。
25) 原文:「大抵學不言而自得者、乃自得也。有安排布置者、皆非自得也。」なお『遺書』11 は程顥の語錄。
26) 原文:「學要在自得。古人教人、唯指其非、故曰『擧一隅不以三隅反、則不復也。』言三隅、擧其近。若夫『告諸往而知來』者、則知已遠矣。」
27) 原文:「或問:『如何學可謂之有得。』曰:『大凡學問、聞之知之、皆不爲得。得者、須默識心通。學者欲有所得、須是篤、誠意燭理。上知、則穎悟自別。其次、須以義理涵養而得之。』」なお、『遺書』15 以降は程頤の語錄。
28) 原文:「學莫貴於自得、得非外也、故曰自得。」
29) 原文:「或問:『學何如而謂之有得。』子曰:『其必默識心通乎。篤誠明理而涵養之者、次也。聞之知之、意億度之、舉非得也。』」
30)『遺書』18 所收の語に「今人欲致知、須要格物。物不必謂事物然後謂之物也、自一身之中、至萬物之理、

さらに次のように云う。

> 仁を語りて曰く、「仁の方と謂ふべきのみ」（論語，雍也）なる者は，何ぞや。蓋し若し便ち以て仁と爲さば，則ち反つて仁を識らず，只だ言ふ所を以て仁と爲さしむるなり。故に但だ仁の方と曰ふ。則ち之を自得して以て仁と爲さしむるなり。（遺書 1）[31]

> 「詩書執禮皆な雅言」（論語，述而）とは，雅素の言ふ所なり。性と天道と（論語，公冶長）に至りては，則ち子貢も亦た得て聞くべからず，蓋し要は默して之を識すに在るなり。（遺書 11）[32]

> 六經の言は，涵畜の中に默識心通するに在り。（遺書 15）[33]

> 性と天道とは，之を自得するに非ざれば則ち知らず，故に曰く，「得て聞くべからず。」（外書 2）[34]

つまり二程の考えに據るならば、この"自得"あるいは"默識心通"という方法は、聖人（孔子）が弟子に對して深遠な内容（例えば"仁"や"性と天道"など）を説き聞かせる場合、あるいは經書を制作する場合に、聞き手や讀者に對して期待されていた理解の方法なのであった。程頤は云う。

> 書を説くは，必ず古意に非ざれば，轉つて人をして薄からしむ。學者は須く是れ潛心積慮，優游涵養し，之をして自得せしむべし。今一日にして説き盡すは，只だ是れ教へ得て薄し。漢時の説の如きに至りては，帷を下して講誦す，猶ほ未だ書を説くを必せず。（遺書 15）[35]

"經"を教習する場合も、講義の場で經文の意味を解説するようなやり方では駄目で、學習者が經文から踏み込んだ深い内容を"自得"できるように促すようなやり方でなくてはならない。

3 "經"と"權"

では、具體的には、どのような問題について"自得""默識心通"が求められるのであろうか。經書について言うなら、經文の文字通りの意味を讀み取ることによって聖賢が經書を作成した意圖が滿たされるのであるならば、改めて"自得"を説くまでもなか

覺處」の部分が「おのずから覺る」のように言い換えられるとすれば、「おのずから得る」とかなり重なり合う意味を持つ句ということになろう。

31) 原文：「語仁而曰：『可謂仁之方也已』者，何也。蓋若便以爲仁，則反使不識仁，只以所言爲仁也。故但曰仁之方。則使自得之以爲仁也。」この條について、『遺書』では二程いずれの語であるか明記が無いが、龐萬里氏（注5所揭「考辨」）は程顥の語とする。
32) 原文：「『詩書執禮皆雅言』，雅素所言也。至於性與天道，則子貢亦不可得而聞，蓋要在默而識之也。」
33) 原文：「六經之言，在涵畜中默識心通。」
34) 原文：「性與天道，非自得之則不知，故曰：『不可得而聞。』」
35) 原文：「説書必非古意，轉使人薄。學者須是潛心積慮，優游涵養，使之自得。今一日説盡，只是教得薄。至如漢時説下帷講誦，猶未必説書。」

ろう。程氏は、經文自體が、聖賢によって讀者に深遠な義理の"自得"を促すように作られているのだと考える。

例えば、『易』を例に取ってみよう。程氏に據れば、『易』の經文、すなわち卦爻辭は讀者による玩味の對象として制作されたものであり、その占辭を玩味し、その説くところを通じて"默識心通""自得"することにより、聖人が『易』に込めた"意"に通じることができる。程頤の『易傳』序には次のように云う。

> 吉凶消長の理、進退存亡の道は辭に備はる。辭を推し卦を考ふれば、以て變を知るべく、象と占とは其の中に在り。君子居りては則ち其の象を觀て其の辭を玩び、動きては則ち其の變を觀て其の占を玩ぶ。辭に得て其の意に達せざる者は有るも、未だ辭に得ずして能く其の意に通ずる者有らざるなり。至微なる者は理なり。至著なる者は象なり。體用は一源、顯微は間無し。會通を觀て以て其の典禮を行へば、則ち辭に備はらざる所無し。故に善く學ぶ者は、言を求むるに必ず近き自りす。近きを易んずる者は、言を知る者に非ざるなり。予の傳する所の者は辭なり。辭に由りて以て其の意を得るは、則ち人に在り。36)

『易』の"辭"は聖人の"意"を體得するためのものであり、『易』を讀むことの意義はもっぱらこの"意"を得ることにこそ在るのだとされている。ここには"自得"や"默識心通"といった用語こそ現れないが、程頤に據れば、繋辭傳という聖人の道の精粹が示された著作37)の文言を理解するためには、やはりこのような"自得""默識心通"が不可缺なのである。

具體的な文言に言及する例としては、以下のような發言を擧げることができる。

> 「天地位を設けて易其の中に行はる」(繋辭上)は、何ぞ其の中に行はると言はざる。蓋し人も亦た物なればなり。若し神其の中に行はると言へば、則ち人只だ鬼神上に於て求むるのみならん。若し理と言ひ誠と言ふも亦た可なり、而して特に易と言ふ者は、人をして默識して之を自得せしめんと欲するなり。(遺書 11)38)
> 「生生を之れ易と謂ふ」、「天地位を設けて易其の中に行はる」、「乾坤毀るれば則ち以て易を見る無く、易見るべからざれば、乾坤或いは息むに幾し」(繋辭上)と、「易」とは畢竟是れ甚ぞや。又指して言ひて曰く、「聖人此を以て心を洗ひ密に退藏す」と、聖人、人に示すの意、此の深く且つ明かなるに至るも、終に人の理會する無し。「易」や、「此」や、「密」や、是れ甚物なる。人能く此に至りて

---

36) 原文：「吉凶消長之理、進退存亡之道、備於辭。推辭考卦、可以知變、象與占在其中矣。君子居則觀其象而玩其辭、動則觀其變而玩其占。得於辭、不達其意者有矣；未有不得於辭而能通其意者也。至微者理也、至著者象也。體用一源、顯微無間。觀會通以行其典禮、則辭無所不備。故善學者、求言必自近。易於近者、非知言者也。予所傳者辭也、由辭以得其意、則在乎人焉。」
37)「聖人用意深處、全在繋辭。詩、書乃格言。」(遺書 2 上)
38) 原文：「『天地設位而易行其中』、何不言人行其中。蓋人亦物也。若言神行乎其中、則人只於鬼神上求矣。若言理言誠亦可也、而特言易者、欲使人默識而自得之也。」

深く思へば，當に之を自得すべし。(遺書12) [39]

ここでは、繋辭傳中の"生生之謂易"や"天地設位而易行其中"句に見える"易"の語について"自得"が求められているが、この他に、"形而上""形而下"や"道"などの概念についても"自得""默識心通"の必要性が説かれる [40]。また、『易』以外の經書についても、例えば『春秋』の解釋 [41]、『中庸』の"中"の概念 [42]、『孟子』の"浩然之氣"の解釋 [43]、あるいは"鬼神"の概念 [44]など、讀者にとって難解と思われる事柄について、"自得""默識心通"の必要性が説かれている。

程氏のこのような"自得"の主張は、實はその"權"の説と密接に結びついている [45]。"權"とは、元來、物の重さを量る竿秤の分銅、もしくは竿秤で物の目方を量ることを言うが、轉じて、物事の均衡を司る要を握るものという意味合いから、權勢・權力の意味を生み、さらには、『孟子』離婁上 [46]や『公羊傳』桓公十一年 [47]の論述に見られるような、通常の規則に捉われない臨機應變の措置を呼ぶ用法が定着することとなった。

この最後に擧げた意味における"權"は、"禮"または"經"と對をなす概念である。この場合、"經"とは、"經常""恆常"の意味であり、必ずしも直ちに經書に結びつくわけではないが、『孟子』では"禮"が"權"と對になっていることを考えるならば、やはり禮儀や道徳など、經書の明文を代表とする、儒家的規範の總體を指すと見ることができよう。通常、この"權"は、"經"では對應しきれない場合に、やむを得ず"

---

39) 原文：「『生生之謂易』、『天地設位而易行乎其中』、『乾坤毀則無以見易，易不可見，乾坤或幾乎息矣』，易畢竟是甚？又指而言曰：『聖人以此洗心退藏於密』，聖人示人之意，至此深且明矣，終無人理會。易也，此也，密也，是甚物？人能至此深思，當自得之。」

40)「形而下形而上者，亦須更分明須得。雖則心有默識，有難名狀處，然須説盡心知性知天，亦須於此留意。」(遺書 2 上)、「繋辭曰：『形而上者謂之道，形而下者謂之器。』又曰：『立天之道曰陰與陽，立地之道曰柔與剛，立人之道曰仁與義。』又曰：『一陰一陽之謂道。』陰陽亦形而下者也，而曰道者，惟此語截得上下最分明，元來只此是道，要在人默而識之也。」(遺書 11)。

41)「學春秋者，必優游涵泳，默識心通，然後能造其微也。」(春秋傳序)

42)「『不勉而中，不思而得』，與勉而中，思而得，何止有差等，直是相去懸絶。『不勉而中』即常中，『不思而得』即常得，所謂從容中道者，指他人所見而言之。若不勉不思者，自在道上行，又何必言中不中。不勉不思，亦有大小深淺。至於曲藝，亦有不勉不思者。所謂日月至焉，與久而不息者，所見規模雖略相似，其意味氣象迥別，須潛心默識，玩索久之，庶幾自得。學者不學聖人則已，欲學之，須熟玩味聖人之氣象，不可只於名上理會。如此，只是講論文字。」(遺書 15)

43)「『必有事焉』，有事於此也。『勿正』者，若思此而日善，然後爲之，是正也。『勿忘』，則是必有事也。『勿助長』，則是勿正也。後言之漸重，須默識取主一之意。」(遺書 15)。

44)「或曰：『遊魂爲變，是變化之變否。』曰：『既是變，則存者亡，堅者腐，更無物也。鬼神之道，只恁説與賢，雖會亦信不過，須是自得也。』」(遺書 18)。

45)"權"に關する二程の説について、詳しくは近藤正則『程伊川の『孟子』の受容と衍義』(汲古書院、1996年)第五章「程伊川の『權』の解釋と衍義」、および注1所掲の拙稿を參照されたい。

46)「淳于髡曰：『男女授受不親，禮與？』孟子曰：『禮也。』曰：『嫂溺則援之以手乎？』曰：『嫂溺不援，是豺狼也。男女授受不親，禮也，嫂溺援之以手者，權也。』」

47)「『權者何？』『權者，反於經，然後有善者也。』」

"經"に反して行なう緊急避難措置として理解されるが[48]、程氏はこのような見方に反對する。すなわち程頤は、"權は即ち經"であると主張し、"權"は"經"にほかならないと見なすのである。程氏の"權"に關する所說は、以下の數點に要約できる[49]。

（１）"權"によって"中""時中"が實現される[50]。（"中"は"經"の內から見出される[51]。）

（２）"權"は"經の及ばざる所"を補完するものである[52]。

（３）"權"は"義"に合致するよう"經の精神"を運用することである[53]。

（４）"權"に當っては"義"が目安となるが、その先はみずから會得することを要する[54]。

程頤の考えによれば、そもそも聖人が"經"を作ったのは"經の精神"を傳えるためであるわけだから、後世"經"を讀むあらゆる人々に對して"經の精神"の會得、およびその運用たる"權"が要請されていることになる。そして、"經の精神"を眞に自己のものとして發見し理解することが"自得""默識心通"と稱されているのである。

4 "言"と"意"

程氏にとって、經文の記載をもとにした思索を通じて"聖人の意""義理"を"自

---

48)『易』繫辭傳下「巽以行權」句下の韓康伯注に「權,反經而合道」とある。

49) なお、橋本高勝氏は『朱子學體系の組み換え—戴震の哲學研究—』(啓文社、1991 年) 114-117 頁において、戴震の「經・權」說の前史としての程頤の說に言及し、その要點を五箇條に整理しているが、その總括が程頤の「經は權なり」說の正確な理解をやや缺くものであることについては、注1所揭の拙稿 (1999 年) で指摘した。

50)「極爲天地中, 是也, 然論地中儘有可說。據測景, 以三萬里爲中, 若有窮然。有至一邊已及一萬五千里, 而天地之運蓋如初也。然則中者, 亦時中耳。地形有高下, 無適而不爲中, 故其中不可定也。譬如楊氏爲我, 墨氏兼愛, 子莫於此二者以執其中, 則中者適未足爲中也。故曰:『執中無權, 猶執一也。』」(遺書 2 上)、「季明問:『君子時中』, 莫是隨時否。』曰:『是也。中字最難識, 須是默識心通。且試言一廳則中央爲中, 一家則廳中非中而堂爲中, 言一國則堂非中而國之中爲中, 推此類可見矣。且如初寒時, 則薄裘爲中。如在盛寒而用初寒之裘, 則非中也。更如三過其門不入, 在禹、稷之世爲中, 若居陋巷, 則不中矣。居陋巷, 在顏子之時爲中, 若三過其門不入, 則非中也。』或曰:『男女不授受之類皆然。』曰:『是也。男女不授受中也, 在喪祭則不如此矣。』」(遺書 18)、「子曰：中無定體, 惟達權然後能執之。」(粹言 1、論道篇)

51)「中者, 只是不偏, 偏則不是中。庸只是常。猶言中者是大中也, 庸者是定理也。定理者, 天下不易之理也, 是經也。孟子只言反經, 中在其閒。」(遺書 15)

52)「論事須著用權。古今多錯用權字, 纔說權, 便是變詐或權術。不知權只是經所不及者, 權量輕重, 使之合義, 纔合義, 便是經也。今人說權不是經, 便是經也。權只是稱錘, 稱量輕重。孔子曰:『可與立, 未可與權。』」(遺書 18)

53)「『巽以行權』, 義理所順處, 所以行權。」(外書 2)、「子曰：世之學者, 未嘗知權之義, 於理所不可, 則曰姑從權, 是以權爲變詐之術而已也。夫臨事之際, 稱輕重而處之以合於義, 是之謂權, 豈拂經之道哉？」(粹言 1、論道篇)

54)「學春秋亦善, 一句是一事, 是非便見於此, 此亦窮理之要。然他經豈不可以窮？但他經論其義, 春秋因其行事, 是非較著, 故窮理爲要。嘗語學者, 且先讀論語、孟子, 更讀一經, 然後看春秋。先識得箇義理, 方可看春秋。春秋以何爲準？無如中庸。欲知中庸, 無如權, 須是時而爲中。……權之爲言, 秤錘之義也。何物爲權？義也。然也只是說得到義, 義以上更難說, 在人自看如何。」(遺書 15)

得""默識心通"することが經を讀む目的であった。つまり、經書の學において最も重要なのは、經文の文義を正しく解釋することではなく、經文の字句の一層奥に寓された"聖人の意"を汲み取ることである。

例えば、程頤の『易傳』序では次のように云う。

> 古を去ること遠しと雖も、遺經尚ほ存す。然り而して前儒は意を失ひて以て言を傳へ、後學は言を誦して味を忘れ、秦自りして下、蓋し傳はる無し。55)

すなわち、『易』の解釋史において、"言"（經文の表層的な意味）は理解できても、その言葉を通じて"意"（聖人が傳達しようとしている奥旨）が體得されず、眞の理解がなされない狀態が續いて來たという。

『易』の繋辭は具體的事柄に渉るが、程頤に據れば、これは勿論そうした具體的事象そのものを述べようとしているわけではなく、卑近なる事象の記述を借りて道の奥祕を語っているのであって、それを會得すればあらゆる事態に應用することができるのである。程頤は云う。

> 言は、理を述ぶる所以なり。「以て言ふ者は其の辭を尚ぶ」（繋辭上）とは、言に於て理を求むる者は則ち意を辭に存するを謂ふなり。（易説、繋辭）56)

このように、程氏は"言"あるいは"辭"を通じて"意"あるいは"理"を會得することが經書を學ぶ目的であることを主張する。こうした考え方はつまり、"言"は"意"を得るための道具もしくは手段であると見なす考え方だと言えよう。

程頤はさらにこうした考え方を發展させ、次のように云う。

> 意を得れば則ち以て言を忘るべし、然れども言無ければ又た其の意を見ず。（外書1）57)

"言"は"意"を會得するための手段に過ぎず、"意"を會得してしまえば"言"は忘れても構わない、という考え方である。また云う。

> 子曰く、凡そ書に事を載する、容（まさ）に重輕して其の實に過ぐること有るべし、學者當に其の義を識るべきのみ。苟も辭に信ずれば、則ち或いは義に害有らん、曾（すなは）ち書無きの愈れりと爲すに若かざるなり。（粹言1、論書篇）58)

> 子曰く、書を讀みて心を文義に留めざれば、則ち其の本意を荒忽にせんも、專ら文義に精なるのみなれば、則ち必ず固滯して通達する所無からん。（粹言1、論書篇）59)

程頤に據れば、書物に載せられた内容がすべて眞實の通りであるとは限らない、した

---

55) 原文：「去古雖遠、遺經尚存。然而前儒失意以傳言、後學誦言而忘味、自秦而下、蓋無傳矣。」
56) 原文：「言所以述理。「以言者尚其辭」、謂於言求理者則存意於辭也。」
57) 原文：「得意則可以忘言、然無言又不見其意。」
58) 原文：「子曰：凡書載事、容有重輕而過其實、學者當識其義而已。苟信於辭、則或有害於義、曾不若無書之爲愈也。」
59) 原文：「子曰：讀書而不留心於文義、則荒忽其本意；專精於文義、則必固滯而無所通達矣。」

がって"辭""文義"に拘泥するのはむしろ害であり、そこに込められた"義""本意"を洞察し會得することこそが肝要なのである。"言"に捉われて"意"の會得を疎かにすることが警戒されている、とも言えよう。また云う。

> 善く學ぶ者は、文字の梏する所と爲らざらんことを要す。故に文義は解錯すと雖も、而れども道理の通行すべき者は害せざるなり。(外書6)[60]

ここでは"文義"よりも"道理"を優先する考え方が明確に表出されている。學ぶ者は"文字"の桎梏から解放されなくてはならず、したがって、經文から望文生義的に解讀し出された意味が、たとえ"文義"としては誤解であったとしても、"道理"を説いた言葉として通る内容であるならば何ら問題はないのである。

小結

程氏の考えに依れば、"經"は、聖人がその"精神"を傳達するために作った器に過ぎず、學ぶ者はそれに對する研鑽を通じて"經の精神"を會得することが肝要である。その會得の過程は、他人から教えられる講義・講習のようなあり方ではなく、經書の文義に基づきつつ自分自身で思索を積み重ねる中で自己のうちにそれをおのずと發見する、というあり方、すなわち"自得""默識心通"の方法に由るのでなくてはならない。そうして見出された"經の精神"を現實の實踐の場面において應用することが"權"であり、學問を志す者には"經の精神"の會得からこの"權"の實踐までが要請されていたのである。

程氏がこのように"經"の學を實踐論として位置づけたのには、自己の學問の受容者として想定する、政治などの實踐に携わる者に對して、その實踐の場における自在かつ高度な價値判斷の發揮を求めていたためだと考えられる[61]。例えば、爲政者としての實踐においては、具體的には"法"の適切な運用などが要請されたことであろう[62]。このように見るならば、"學の要は自得に在り""權は即ち經"等の命題で代表される程頤の經書觀は、その教育論・修養論や實踐論と密接な關わりを持つ、重要な學説の一つであったと言えよう。

二　朱熹の程氏批判

1　"經"と"道理"

あるテキストを解釋する場合に、二通りの立場が考えられる。一つは、對象となるテキストの字句が持つ本來の意味を忠實に再構成しようとする立場で、もう一つは、對象

---

60) 原文:「善學者、要不爲文字所梏。故文義雖解錯、而道理可通行者不害也。」
61)「窮經、將以致用也。……今世之號爲窮經者、果能達於政事專對之間乎。則其所謂窮經者、章句之末耳。此學者之大患也。」(遺書4)
62)「法之所無者、尚可權其宜而行之。」(文集9、上謝帥師直書)。

本來の文義を踏まえはするが、一歩進んで、解釋者の關心に基づいて對象から別の新たな意義を引き出そうとする立場である。經書の解釋について考えるならば、この兩者の考え方の違いは、聖人の作品である"經"と、解釋者である自己が依據する"道理"のいずれを優先するか、という問題に歸着するだろう。

本稿冒頭に述べた通り、通例では、朱熹は程氏を繼承ないし祖述したと見なされているわけだが、實際には朱熹は程氏に對して全く無批判にその學説を受け容れているわけでは決してない。その批判は特に經書の解釋の問題において顯著であるが、程氏に對する朱熹の批判は、經文中の個々の字句の訓詁や名物の考證に關する問題を除くなら、實は上述の"經"と"道理"の優先關係の問題に集中していると言える。

例えば朱熹は、程氏の所説に、"經"の本義を離れて高尚深遠な"道理"を語ろうとする傾向があることに對して批判を加えている。その例を以下に擧げてみよう。

> 質問：「程先生の解釋は文義に合わないのでしょうか，道理として必ずしも正しくないのでしょうか。」答え：「これも一説である。ただし、このように説くなら全く緊急性はない。張横渠先生の説も似ているが、それでもある程度の工夫がある。程先生の説は、私にはよくわからない。」（語類 22、論語四、學而篇下、信近於義章）[63]

> 人が卜筮するのは、杯珓（ハマグリの貝殻を模した占具で、これを投じその表裏の向きにより吉凶を判じる）を振って、こうなれば吉、こうなれば凶というのと同じだ。杯珓にどうして多くの道理が含まれていようか。程先生の説は、道理の説き方は極めてよいし、極めて廣々としている。ただし本來このようではない。（易の占辭に）多くの道理など含まれてはいないのだ。（語類71、易七、无妄）[64]

> 聖人は甚だ淺く説いているのに、伊川は深く説き過ぎている。聖人の言葉は短いのに、伊川は長々と解釋している。（語類72、易八、晉）[65]

> 伊川の經書の解釋などは、彼がその時に見出した道理に基づいてかくかくと説いているが、それは必ずしも聖經の本旨ではない。要するに、彼がそういうふうに説くのは、やはり議論好きだということだ。（語類 105、朱子二、論自注書、總論）[66]

また朱熹は、程氏が經書を解釋する際に、一句に對して何通りもの解釋を示すことに對しても、次のごとく不滿の意を表する。

---

63) 原文：「問：『程先生所解是於文義不合乎，是道理未必然乎？』曰：『也是一説。但如此説，都無緊要了。如横渠説底雖似，倒猶有一截工夫。程先生説底，某便曉未得。』」

64) 原文：「人之卜筮，如決杯珓，如此則吉，如此則凶，杯珓又何嘗有許多道理！如程子之説，説得道理儘好，儘開闊；只是不如此，未有許多道理在。」

65) 原文：「聖人説得甚淺，伊川説得太深。聖人所説短，伊川解説長。」

66) 原文：「且如伊川解經，是據他一時所見道理恁地説，未必便是聖經本旨。要之，他那箇説，卻亦是好説。」

質問:「先生の經書の解釋に,程先生の説と異なるものがあるのはどういうわけでしょうか。」答え:「程先生の解釋では,場合によっては一句に對して二つ三つもの説を立てている。その中でどれか一説が正しいとすれば,他の二説は間違いである。理はただ一つである。二つ三つの説がみな正しいなどという道理がどうしてあろうか。程先生の説は,以前の説を後になって改めたものらしい。程先生も説を改めることがないとは限らない。そのため説が異なっているのだろう。」
（語類 105、朱子二、論自注書、總論）[67]

朱熹は程氏がしばしば説を改めたために複數の解釋が併存する事態を招いていると見ているが,程氏自身が何かの經文について解釋を改めたことをはっきりと認めた例は,現存の『遺書』等の資料に據る限り見出せない。むしろ程氏はこのような複數の解釋の併存を容認していたとも考えられよう。先述の,"言"に捉われず"義理"を追求すべし,"道理"に合致すれば誤解でも構わない,との程頤の考え方に依據するならば,こうした姿勢にも矛盾はないと言える。朱熹はこうした考え方を暗に批判したのだと考えられよう。

2 『易傳』への批判

ここでは具體的な經文の解釋に即して、朱熹の程氏批判の實態について考えてみよう。例として程頤の『易傳』に對する朱熹の批判の例を取り上げる。『易傳』は、程頤の經解の著作としてほぼ唯一のものであるだけに、『語類』中に、その解釋に對する朱熹の批判が數多く記録されている。以下、數點にわたってその程頤批判の特徴を紹介してみよう。

①"道理"優先への批判

第一に、全般的な問題點として、朱熹は、程頤の『易傳』には經文の本義を離れて一般論としての"道理""大義"を説き明かそうとする傾向があり、そのため經文の解釋としては通じ難い部分が存在することを指摘している。例として以下のような發言がある。

浩が云う:「伊川先生には間違いがあるはずはありません。」先生が云う:「彼が道理を説くことには決して間違いがない。ただし文義や名物については不十分な點があろう。」（語類 67、易三、綱領下、讀易之法）[68]

『易傳』の文義の解説には、やはり少し不十分な處がある。（語類 67、易三、綱領下、程子易傳）[69]

---

[67] 原文:「問:『先生解經,有異於程子説者,如何?』曰:『程子説,或一句自有兩三説,其間必有一説是,兩説不是。理一而已,安有兩三説皆是之理!蓋其説或後嘗改之,今所以與之異者,安知不曾經他改來?』」
[68] 原文:「浩曰:『伊川不應有錯處。』曰:『他説道理決不錯,只恐於文義名物也有未盡。』」
[69] 原文:「易傳説文義處,猶有些小未盡處。」

程先生の『易傳』は，『易』の文義を説いてはいないが，道理の極致を見事に説いている。(語類67、易三、綱領下、程子易傳) [70]

伊川先生は大いなる道理を見出し，經をその道理に結び付けているのだが，これでは『易』を解釋したとは言えない。(語類67、易三、綱領下、程子易傳) [71]

先儒が經書を解釋したものの中には，ただ大義を明らかにするだけで，大指を明かにするに努め，文義に合わずとも強引に説いた例が有る。程先生の『易傳』などは，道理や大義を發明することは極めて精しいが，『易』の文義については強引で通じない處ばかりである。(語類68、易四、乾上) [72]

程先生の説にも通じない處があることを知らなくてはならない。卦變説に隨うことで，やっと論の行き先の見當がつけられる。こうした箇處は，記録しておいて讀むべきだ。(語類72、易八、咸) [73]

さらに甚だしい場合には、程頤による解釋の文が、經文に假託して自己の思想を語った個別の作品に類したものになっている、との指摘も見られる。その例は以下の通り。

この條は程先生の『易傳』が果てしなく推し擴げて論じたもので，『易』の本義ではない。まず『易』の本指に通じた上であれば，道理を果てしなく推し擴げて説いても問題はない。もし推し擴げた説によって『易』を解釋しようとするなら，『易』の本指を失うだろう。(語類68、易四、乾上) [74]

伊川先生が「艮其背」を解釋した一段は，獨立した一篇として讀めば，まことにすばらしいのだが，『易』の解釋として論じるとなると，通じ難い。精神力と辯舌を費さない限り，説き出せるものではない。(語類73、易九、艮) [75]

渙の卦は，祭祀を卜して吉，川を渉るにも宜しい [76] というだけのものだ。「王乃ち中に在り」(彖傳)とは，廟の中を指し，廟で祭祀するのが宜しいことを言うのだが，伊川先生は多くの道理を説いている。彼は多くの道理を見出しながら，別に論を立てようとはせず，どうしても經に關係させようとする。(語類73、易九、渙) [77]

---

70) 原文:「程易不説易文義，只説道理極處，好看。」
71) 原文:「伊川見得箇大道理，卻將經來合他這道理，不是解易。」
72) 原文:「前輩解經，有只明大義，務欲大指明，而有不貼文義強説者。如程易發明道理大義極精，只於易文義都有強説不通處。」
73) 原文:「須知程子説有不通處，必著如卦變説，方見得下落。此等處，當録出看。」
74) 原文:「此程易所以推説得無窮，然非易本義也。先通得易本指後，道理儘無窮，推説不妨。若便以所推説者去解易，則失易之本指矣。」
75) 原文:「伊川解『艮其背』一段，若別做一段看，卻好。只是移放易上説，便難通。須費心力口舌，方始説得出。」
76) 渙の卦辭に「亨。王假有廟，利渉大川，利貞」とある。
77) 原文:「此卦只是卜祭吉，又更宜渉川。『王乃在中』，是指廟中，言宜在廟祭祀，伊川説得那道理多了。他見得許多道理了，不肯自做他説，須要寄搭放在經上。」

『易傳』は明快で，讀みにくい處は無い。ただし，伊川先生は天下の樣々な道理を六十四卦の中にちりばめたというだけで，もし『易』として讀むのなら無意味だ。ただ實踐の役に立てようとするのなら，全ての字句が有用である。(語類 67、易三、綱領下、程子易傳) 78)

　朱熹に依れば，こうした程頤の教訓過剩な記述は，獨立した作品として見れば大變立派な内容であり，學者にとってそれなりに有用なものではあっても，『易』の辭句の解釋として見れば全く意味が無いのである。

② 『易』は "譬喻" に非ず

　第二は，程頤が『易』經を "譬喻の書"，つまり "大義" を明らかにするための比喻，寓言のごときものと捉えることに對する批判である。例えば次のように云う。

　　伊川先生は『易』の一書をもっぱら譬喻と見なして解説するが，聖人が全編譬喻の書を作るはずはなかろう。(語類 67、易三、綱領下、程子易傳) 79)
　　質問:「『其の角に晉（すす）む，維（こ）れ用て邑を伐つ』（晉上九）について，先生の『本義』では『其の私邑を伐つ』と解釋しています。程先生の『易傳』では『自ら治む』と解していますが，どういうことでしょう。」答え:「程先生の『易傳』では實事を述べた言葉として解釋しないことが多く，みな譬喻と見なしている。『邑を伐つ』とは，『費を墮つ』，『郈を墮つ』(春秋・定公十二年) のような類である。大抵今の人々が『易』を説く際には，『易』に現れる辭句を見て，そこで云われる事が何時でもそうあるべき眞理なのだと思い込む。ある時ある場所に在って，ある人が占って得た卦の象がそうなっているのだ，ということを理解しない。もし今の人々が説く通りだとすると，『易』の解釋は行き詰まってしまうだろう。」(語類 72、易八、晉) 80)

　朱熹はあくまでも『易』を占筮の書と見なすので 81)，占って得られた繇辭そのものは至って單純な内容であったとしても，占う人物の置かれた狀況に應じて千差萬別な運用的解釋がなされればそれでよいのだと考えている。したがって繇辭を解釋する場合も，そこに深い道理を讀み込む程氏『易傳』のような態度は，繇辭の解釋を固定化するものとして否定されることになる。

　またその一方で朱熹は，『易』の繇辭は "懸空" のもの，すなわち架空の事象を假設

---

78) 原文：「易傳明白，無難看。但伊川以天下許多道理散入六十四卦中，若作易看，即無意味。唯將來作事看，即句句字字有用處。」

79) 原文：「伊川只將一部易來作譬喻説了，恐聖人亦不肯作一部譬喻之書。」

80) 原文：「問：『晉其角，維用伐邑』，本義作『伐其私邑，程傳以爲「自治」，如何？』曰：『便是程傳多不肯説實事，皆以爲取喻。「伐邑」，如「墮費」、「墮郈」之類是也。大抵今人説易，多是見易中有此一語，便以爲通體事當如此。不知當其時節地頭，其人所占得者，其象如何。若果如今人所説，則易之説有窮矣！』」

81) 「據某看得來，聖人作易，專爲卜筮。後來儒者諱道是卜筮之書，全不要惹他卜筮之意，所以費力。今若要説，且可須用添一重卜筮意，自然透透。」(語類 67、易三、綱領下、程子易傳)。

的に表現したものと考える立場からも、程頤の解釋を批判している。次に掲げるのは乾卦の解釋に關する批判の例である。

> 質問：「『易傳』の乾卦では、舜の事例を引いて證明しています。初めから卦ごとにこうした事例を引いて證明するようにしていたら、まことに見事だったことでしょうね。」答え：「その當時計劃していたものではない。」しばらくして云われた：「『禮記』の經解篇に『潔淨精微は、易の教へなり』とある。誰が作ったかは知らないが、伊川先生はそう考えていない。私の見るところ、この言葉は上手く言い表している。『易』の書は、まことに『潔淨精微』である。『易』の語はみな架空にその場に合わせて説かれたもので、全く作爲はない。伊川先生の説はすべて作爲で、舜を引いて乾卦を解しているが、乾卦のどこに舜が含まれていようか。初め聖人が『易』を作った際に、どうして乾は舜であると説いたりしただろうか。聖人はただ架空の事をその場で説いたまでで、人から樣々に解説されるにつれて、もとの『潔淨精微』なる意味が失われたのだ。『易』はただ卦の象がかくかくであると説いただけのもので、そこにどうして實事があろうか。『春秋』は全ての句が實事で、例えば『公、位に即く』とあれば、本當にある公が即位したのだし、『子、父を弑す』『臣、君を弑す』とあれば、本當にこの事があったのだ。『易』がどうしてこれと同じであろうか。ただ畫に基いて象を明かにし、數に基いて數を推し、象數に基いて吉凶を推斷して人に示すだけである。後代の者が多々騷々しく議論するようなものは何も無い。」(語類68、易四、乾上) [82]

ここで朱熹は、程頤が乾卦の解釋において舜の事跡を引いて解説することを批判している。要するに程頤は、『易』を"譬喩"の書と見るが故に、その繇辭に"實事"を當てはめて、人間や社會に對する深遠な洞察へ到達するための手掛かりを提供しようと考えているわけであろうが、これに對して朱熹は、『易』を"占筮"の書と見るが故に、繇辭を架空に設けられた符號・符牒のごときもの、すなわちある事象を借りて未來に發生する同類の事柄を暗示するものと捉え、そこに過度の意義を讀み込むことを避けようとするのである。

③解釋の固定化への批判

第三に、程頤の『易傳』では、各卦の爻位に對して、社會的身分階層や、何らかの具體的狀況などを當てはめる解釋を採用しているが、朱熹は、繇辭の運用を限定づけてし

---

[82] 原文：「問：『易傳乾卦引舜事以證之。當初若逐卦引得這般事來證，大好看。』曰：『便是當時不曾計會得。』久之，曰：『經解説「潔淨精微，易之教也」，不知是誰做，伊川卻不以爲然。據某看，此語自説得好。蓋易之書，誠然是「潔淨精微」。他眞箇語都是懸空説在這裏，都不犯手。如伊川説得都犯手勢，引舜來做乾卦，乾又那裏有箇舜來！當初聖人作易，又何嘗説乾是舜。他只是懸空説在這裏，都被人説得來事多，失了他『潔淨精微』之意。易只是説箇象是如此，何嘗有實事。如春秋便句句是實，如言「公即位」，便眞箇有箇公即位；如言「子弒父」「臣弒君」，便眞箇是有此事。易何嘗如此，不過只是因畫以明象，因數以推數，因象數，便推箇吉凶以示人而已，都無後來許多勞攘説話。』」

まう極めて窮屈な解釈だとしてこれを批判している。例えば以下のように云う[83]。

　質問：「程先生の『易傳』では，概ね三百八十四爻を人に見立てて解説していますが，それでは全てを説明し切れないのではないでしょうか。」答え：「まあそうだ。人に見立てて説いてはならない。どう占うのかに懸っているのだ。事について言う場合もあれば，時節について言う場合，位について言う場合もある。吉凶を言うならば事だし，終始を言うならば時だし，高下を言うなら位である。巡り合わせた状況に應じて看るならどれでも通じる。繋辭（下）に『典要を爲すべからず，惟だ變の適く所のままにす』とある。どうして人に見立てて説くことができようか。」（語類67、易三、綱領下、程子易傳）[84]

　『易傳』は，義理は精密，字數は豐富で，少しも不足が無い。他人が工夫を加えて補充しようとしても，どうしてこれほど自然にできようか。ただし『易』の本義には合致しない。『易』は本來卜筮の書であり，卦辭・爻辭はすべてを包括しており，人々がどのように用いるかに懸かっている。程先生は一理を説いているだけだ。（語類67、易三、綱領下、程子易傳）[85]

　六爻は人君を説くものと決め付ける必要はない。例えば「潜龍用ふる勿れ」（乾初九）は，庶人がこの爻を得たとすれば，もとより事を行わないようにすべきだし，人君が得たとしても，やはり退き避けるようにすべきだ。「見龍田に在り」（乾九二）は，誰しもこれを得れば，事を行ってよい。「大人を見るに利あり」は，今の人が云う「貴人に會うのが宜しい」の類である。『易』は限定された物ではない。伊川先生自身も「一爻もて一事に當つれば，則ち三百八十四爻，只だ三百八十四

---

83) ここに擧げた他にも，同樣の批判として以下のような例がある。
林擇之云：「伊川易，説得理也太多。」曰：「伊川求之太深，嘗説：『三百八十四爻，不可只作三百八十四爻解。』其説也好。而今似他解時，依舊只作得三百八十四般用。」（語類66、易二、綱領上之下、卜筮）
問：「伊川易説理太多。」曰：「伊川言：『聖人有聖人用，賢人有賢人用。若一爻止做一事，則三百八十四爻，止做得三百八十四事。』也説得極好。然他解依舊是三百八十四爻，止做得三百八十四事用也。」（語類67、易三、綱領下、程子易傳）
「易之爲書，廣大悉備」，人皆可得用，初無聖賢之別。伊川有一段云：「君有君之用，臣有臣之用。」説得好。及到逐卦解釋，又卻分作聖人之卦，賢人之卦，更有分作爲令之卦者。古者又何嘗有此！不知是如何。以某觀之，無問聖人以至士庶，但當此時便當恁地兢惕。卜得此爻，也當恁地兢惕。（語類68、易四、乾上）。
程子云：「在下之人，君德已著。」此語亦止拘了。記得有人問程子，胡安定以九四爻爲太子者。程子笑之曰：「如此，三百八十四爻只做得三百八十四件事了！」此説極是。及到程子解易，卻又拘了。要知是通上下而言，在君有君之用，臣有臣之用，父有父之用，子有子之用，以至事物莫不皆然。若如程子之説，則千百年間只有箇舜禹用得也。大抵九三一爻才剛而位危，故須著「乾乾夕惕若厲」，方可無咎。若九二，則以剛居中位，易處了。故凡剛而處危疑之地，皆當「乾乾夕惕若厲」，則無咎也。（語類68、易四、乾上）
84) 原文：「問：『程傳大概將三百八十四爻做人説，恐通未盡否？』曰：『也是。則是不可裝定做人説。看占得如何。有就事言者，有以時節言者，有以位言者。以吉凶言之則爲事，以初終言之則爲時，以高下言之則爲位，隨所值而看皆通。繫辭云：「不可爲典要，惟變所適」。豈可裝定做人説！』」
85) 原文：「易傳義理精，字數足，無一毫缺闕。他人著工夫補綴，亦安得如此自然！只是於本義不相合。易本是卜筮之書，卦辭爻辭無所不包，看人如何用。程先生只説得一理。」

事に當たり得るのみ」と云っており、この説き方はもとより良い。なぜ自身が解釋する段になると、却ってこのように説くのだろうか。（語類 67、易三、綱領下、總論卦象爻）[86]

　朱熹の考えに據れば、『易』は占筮の書である以上、あらゆる人士がそれを活用できるように、その繇辭の解釋には、該當する立場や階層などの限定をできるだけ加えるべきではない。ここで朱熹は、一爻を一事に限定して解釋することを批判した程頤自身の發言を引いた上で、その自説の論旨に反するがごとき『易傳』の解釋ぶりに對して疑義を呈している。確認のため程頤の當該發言の原據を以下に掲げてみよう。

　　問ふ、「胡先生、九四を解して太子と作すは、恐らくは是れ卦の義ならざらん。」先生云ふ、「亦た妨げず。只だ如何にか用ふるを看るのみ。儲貳に當りては、則ち儲貳と作す。使し九四は君に近く、便ち儲貳と作すも亦た害せず。但だ一に拘するを要せず。若し一事を執れば、則ち三百八十四爻、只だ三百八十四件の事と作し得るのみにして便ち休まん。」（遺書19）[87]

ここで程頤は、ある弟子の、九四爻を太子の位と見なす胡瑗の解釋についての質問に答えて、胡氏のような理解も成り立つが、その理解だけに拘泥すれば、三百八十四爻はただ三百八十四の事柄でしかなくなると述べている。程頤の同趣旨の發言の例を擧げる。

　　易を看るに、且く時を知るを要す。凡そ六爻は、人人に用有り。聖人には自ら聖人の用有り、賢人には自ら賢人の用有り、衆人には自ら衆人の用有り、學者には自ら學者の用有り。君には君の用有り、臣には臣の用有りて、通ぜざる所無し。因りて問ふ、「坤卦は是れ臣の事なり、人君に用ふる處有りや否や。」先生曰く、「是れ何ぞ用無からん。『厚德もて物を載す』（坤象傳）の如きは、人君安んぞ用ひざるべけんや。」（遺書19）[88]

　　至れるかな易や。その道は至大にして包まざる無く、その用は至神にして存せざる無し。時は固より未だ始めより一有らず、而して卦も亦た未だ始めより定象有らず。事は固より未だ始めより窮まる有らず、而して爻も亦た未だ始めより定位有らず。一時を以てして卦を索むれば則ち變無きに拘す、易に非ざるなり。一事を以てして爻を明らかにすれば則ち窒がりて通ぜず、易に非ざるなり。（易傳、

---

[86] 原文：「六爻不必限定是説人君。且如『潛龍勿用』、若是庶人得之、自當不用；人君得之、也當退避。『見龍在田』、若是衆人得、亦可用事；『利見大人』、如今人所謂宜見貴人之類。易不是限定底物。伊川亦自説『一爻當一事、則三百八十四爻只當得三百八十四事』、説得自好。不知如何到他解、卻恁地説！」

[87] 原文：「問：『胡先生解九四作太子、恐不是卦義。』先生云：『亦不妨、只看如何用。當儲貳、則做儲貳。使九四近君、便作儲貳亦不害、但不要拘一。若執一事、則三百八十四爻只作得三百八十四件事便休也。』」

[88] 原文：「看易、且要知時。凡六爻、人人有用。聖人自有聖人用、賢人自有賢人用、衆人自有衆人用、學者自有學者用；君有君用、臣有臣用、無所不通。因問：『坤卦是臣之事、人君有用處否？』先生曰：『是何無用？如「厚德載物」、人君安可不用？』」

易序)[89]

これに據れば、『易』の各卦六爻は、人それぞれに使い道があって、あらゆる立場の人間に通用し得るものであり、爻に決まった位は無いのだという。以上のような發言を見るならば、『易』の六爻あるいはその繇辭を、ある立場や事柄と固定的に結びつけて解釋するのは、程頤の考えに反するもののように確かに受け取れる。ところが、『易傳』を一見すると、こうした言葉とは矛盾するような爻位に基づく解釋が見られるのである。このことから、朱熹は自己矛盾であると見なして批判するわけであるが、果たしてこれは矛盾だと言えるのであろうか。

程頤は、否卦の初六爻辭「茅を拔くに茹たり、その彙を以ゐる、貞なれば吉にして亨る」を解釋して云う。

> 泰と否と皆、茅を取りて象と爲す者は、羣陽羣陰同に下に在り、牽連の象有るを以てなり。泰の時は則ち同に征くを以て吉と爲し、否の時は則ち同に貞なるを以て亨ると爲す。始めは「内小人にして外君子なり」を以て否の義と爲し、また初六の否りて下に在るを以て君子の道と爲す。易は時に隨ひ義を取り、變動して常無し。否の時、下に在る者は君子なり。否の三陰は、上に皆、應ずる有るも、否隔の時に在れば、隔絶して相通ぜず、故に應義無し。初六は能くその類と與に其の節を貞固にすれば、則ち否に處るの吉にして、其の道の亨るなり。(易傳、否初六)[90]

泰・否兩卦の初爻の爻辭はいずれも「茅を拔くに茹たり、その彙を以ゐる」という同文であるが、泰では「征きて吉」、否では「貞なれば吉にして亨る」と判じられている。このようにそれぞれの卦で占斷が異なるのは、場合が異なるからだ、と程頤は見る。否卦の場合、象傳に「内小人にして外君子なり。小人、道長じ、君子、道消するなり」と規定する通り基本的に下卦(内)の三陰が小人を指すと見なされるのだが、初六爻辭には「貞なれば吉にして亨る」とある。程頤に據れば、これが吉であるのは、この場合、三陰が下卦に在ることは、閉塞の時期に當たって君子が壓迫を受け、上卦の三陽とも呼應することができないことを示しており、初六は同類とともに堅固に節操を守ることで

---

89) 原文:「至哉易乎。其道至大而無不包, 其用至神而無不存。時固未始有一, 而卦亦未始有定象。事固未始有窮, 而爻亦未始有定位。以一時而索卦, 則拘於無變, 非易也。以一事而明爻, 則窒而不通, 非易也。知所謂卦爻象象之義, 而不知有卦爻象象之用, 亦非易也。」なお、「易序」に關して、龐萬里は、「《易序》考辨」(『二程哲學體系』北京航空航天大學出版社, 1992 年, 所收)において詳細に論じ、周敦頤及び張載の思想の影響を受けた程門の後學(周行己である可能性が最も高い)の作品であり、程頤の著作とは考えられない(早期の著作と見なすことも含めて)と結論している。ただし爻の解釋・運用の問題に關して言えば、他書に見える程頤の考え方とほぼ一致することもあり、參考として掲げておく。

90) 原文:「泰與否皆取茅爲象者, 以羣陽羣陰同在下, 有牽連之象也。泰之時則以同征爲吉, 否之時則以同貞爲亨。始以内小人外君子爲否之義, 復以初六否而在下爲君子之道。易隨時取義, 變動无常。否之時, 在下者君子也。否之三陰, 上皆有應, 在否隔之時, 隔絶不相通, 故无應義。初六能與其類貞固其節, 則處否之吉, 而其道之亨也。」

「亨る」ことになるからである。つまり否卦の三陰は、基本的には小人を指すのだが、場合によって君子を指すことにもなる。これは「易は時に隨ひ義を取り、變動して常無し」だから、すなわち、『易』は時と場合に基づき臨機應變に意味を讀み取るべきものだからだ、という。

このように見れば、程頤が云う"爻には決まった位が無い"とは、この"時と場合に基づき臨機應變に意味を讀み取る"と同じ意味であることが推測される。先述の通り、程頤は基本的に『易』は"譬喩"の書であると考え、繇辭の解釋に現實的な人間社會の事象を當てはめて、深遠な洞察へと讀者を飛躍せしめるための手掛かりを提供しようとする。したがって、否卦初六の解釋で"君子が逼塞した狀況で仲間と連帶する"という事象を示すのも、本來そうした手掛かりの提示として受け止める必要があると考えられる。この「茅を拔くに茹たり」句に關する程頤の解釋に對して、朱熹は以下のごとく批判する。

> 先生が時擧に問われた、「どのように『易』を讀んでいるのかね。」答えて云う、「程先生の『易傳』だけを讀んでいますが、もっぱら人事に即して説いてあり、全て常日頃踐み行うべき道理であることがわかりました。」先生曰く、『易』は最も難解だ。聖人が『易』を創作した意圖を理解しなくてはいけない。例えば泰の初九の『茅を拔くに茹たり、その彙を以ゐる、征きて吉』は、賢者を率いて共に進むことを言う。『賢者を率いて共に進む』とはっきり云わず、『茅を拔く』と云うのは何故なのか。このような類は、よく考えてみる必要がある。私の『啓蒙』には明確に説いてあるから、讀んでみると良い。」……時擧は退出して『啓蒙』を讀んだ。晩くなって侍坐しに行った際に、時擧曰く、「先に程先生の『易傳』を讀んでいましたが、注解で議論を展開するばかりで、『易』に基づいて解釋されていません。だから聖人が『易』を作った本意がわからないのです。今日『啓蒙』を讀んで、聖人の『易』というものが、全て架空假設の言葉であることがやっとわかりました。思うに、天下の理に從ってはっきりと言い表すなら、一件の事としてしか用をなしません。象によって言えば、卜筮の際、どのような事について占っても、必ず應えが出ます。例えば泰の初九は、『賢者を率いて共に進む』とはっきり云えば、後々『賢者を率いて共に進む』の用しかなさくなります。『茅を拔くに茹たり』という象のみを言えば、その他の類似の事柄にも全て應えられます。『啓蒙』警學篇に『理は定りて既に實、事は來りて尚ほ虛なり。用は應に有に始まるべく、體は該に無に本づくべし』とあります。つまり、『易』は虛設の言葉に過ぎず、要は占う事に對していかに應えるかだということがわかります。」先生は頷かれた。(語類 67、易三、綱領下、朱子本義啓蒙)[91]

---

91) 原文：「先生問時擧：『看易如何？』曰：『只看程易、見其只就人事上説、無非日用常行底道理。』曰：『易最難看、須要識聖人當初作易之意。且如泰之初九：「拔茅茹、以其彙、征吉」、謂其引賢類進也。都

潘時舉による批判に對して朱熹が肯定する、という形ではあるが、朱熹の論點を端的に示したものと言えよう。ここで改めて訴えられているのは、先に引いた程頤批判と同趣旨、すなわち、『易』の繫辭に一事を固定的に當てはめることの不都合さである。こうした兩者の見解の對立は、『易』を一種の修養書と見るか、あるいは占筮書と見るかの立場の相違に由來するもので、その主張は平行線としか言いようがなく、その意味では根本的には解決されない種類のものと言わざるを得ない。

④程頤批判の具體例

　その他、朱熹は、個別の經文に關する程頤の解釋に對しても多々異論を提出しているが、それらは概ね、上述のごとき爻位説への批判や、繫辭の解釋は簡潔明瞭に留めるべきという觀點からの批判を主とする。

　具體的繫辭の解釋をめぐる程頤批判の一例として、无妄卦六二爻辭の例を紹介しておこう。二程は、无妄卦を極めて重視しており、その語録には、无妄卦について論じた語が多く殘される[92]。程頤は"无妄"すなわち"動くに天を以てす"を聖人の行動原理と見なし、"無我"すなわち行動に私意を差し挾まないことだと考えている。

　この无妄卦の六二爻辭には"不耕穫，不菑畬"とあるが、程頤はこれを解釋して次のように云う。

　　　「耕さずして穫、菑せずして畬す」とは、其の事を首造せず、其の事理の當に然
　　　るべき所に因るを謂ふなり。其の事を首造すれば、則ち是れ人心の作爲する所、
　　　乃ち妄なり。事の當然に因れば、則ち是れ理に順ひ物に應ず、妄に非ざるなり。
　　　穫と畬とは是れなり。蓋し耕せば則ち必ず穫る有り、菑すれば則ち必ず畬する有
　　　るは、是れ事理の固より然るなり、心意の造作する所に非ざるなり。或ひと曰く、

不正説引賢類進，而云「拔茅」，何耶？如此之類，要須思看。某之啓蒙自説得分曉，且試去看。』……時舉退耆啓蒙。晚往侍坐，時舉曰：『向者看程易，只就注解上生議論，卻不曾靠得易看，所以不見得聖人作易之本意。今日看啓蒙，方見得聖人一部易，皆是假借虛設之辭。蓋緣天下之理若正説出，便只作一件用。唯以象言，則當卜筮之時，看是甚事，都來應得。如泰之初九，若正作引賢類進説，則後便只作得引賢類進用。唯以「拔茅茹」之象言之，則其他事類此者皆可應也。啓蒙警學篇云：「理定既實，事來尚虛。用應始有，體該本無。」便見得易只是虛設之辭，看事如何應耳。』先生頷之。」

92) 例えば『遺書』十一に「『天下雷行，物與无妄』，天下雷行，付與无妄，天性豈有妄耶。聖人『以茂對時育萬物』，各使得其性也。无妄則一毫不可加，安可往也，往則妄矣。无妄，震下乾上，動以天，安有妄乎。動以人，則有妄矣」，「无妄，震下乾上。聖人之動以天，賢人之動以人。若顏子之有不善，豈如衆人哉。惟只在於此間爾，蓋猶有己焉。至於無我，則聖人也」（以上、程顥の語）、『遺書』二十四に「盡己爲忠，盡物爲信。極言之，則盡己者盡己之性也，盡物者盡物之性也。信者，無僞而已，於天性有所損益，則爲僞矣。『易』無妄曰，『天下雷行，物與無妄』，動以天理故也。其大略如此，更須研究之，則自有得處」（程頤の語）とあり、また『易傳』无妄にも「无妄，序卦『復則不妄矣，故受之以无妄。』復者反於道也，既復於道，則合正理而无妄，故復之後受之以无妄也。爲卦，乾上震下。震，動也。動以天爲无妄，動以人欲則妄矣。无妄之義大哉」とある。これらの發言について、詳しくは拙稿「程頤における『公』の概念の諸相―『仁之理』から『衆人之公論』まで―」（『藤女子大學國文學雜誌』58，1997年）及び松川健二編『論語の思想史』（汲古書院，1994年）所收の拙稿「程顥・程頤『二程遺書』と『論語』―道學の確立―」を參照。

「聖人制作して以て天下に利する者は，皆な造端なり，豈に妄に非ずや」と。曰く，「聖人は時に隨ひ制作し，風氣の宜しきに合し，未だ嘗て時に先んじて之を開かざるなり。若し時を待たざれば，則ち一聖人，以て盡く爲すに足らん，豈に累聖の繼ぎて作るを待たんや。時は乃ち事の端，聖人は時に隨ひて爲すなり」と。（易傳、无妄六二）93)

程頤は，爻辭の"不耕穫，不菑畬"を"不耕而穫，不菑而畬"と理解し、耕さないのに收穫があり、開墾しないのに土地が肥えるの意とする。この文面の理解が正しいとして、その場合，『易』の原義としては恐らく，"予期せぬ儲けがある"（妄は望に通じ、予期する意）といった意味合いになると思われるのだが、程頤はこれを"首造しない"の意味で解釋する。首造とは，先に立って何かを始めるの意味であり，"人心の作爲する所"すなわち作爲的な期待や動機を持って事を始めることである。程頤はこの爻辭を，豫め收穫を期待して耕すような"作爲"の對極に當たる、自然に任せて時に隨ひ行動する境地を言うものと見なすわけである。

上記の爻辭の文面からこの意味を導き出すのは，かなり苦しい解釋であると言わざるを得ないが、この程頤説に對して朱熹は以下のように批判する。

「不耕穫」の一句を，伊川先生は三つの意味として説く。いわく，耕やさずに收穫する，耕して收穫しない，耕しても收穫を必然としない，と。思うに，單に耕やさない，收穫しないの意味で，その物事はすでに了解濟みだというだけのことだ。（語類71、易七、无妄）94)

「不耕穫，不菑畬」は，『易傳』の解釋の通りだとすれば，「不耕而穫，不菑而畬」とあって然るべきだ。「無妄の義を極言す」などと云って，義理について説こうとするから，このような解釋になる。『易』の六爻は，吉凶を占うための言葉に過ぎず，象傳や彖傳になって始めて義理を説くようになる。六二は无妄の時に當っても，下卦の中位に在って正を得ている（陰位すなわち偶數位に陰爻が在ること）から吉なのである。「不耕穫，不菑畬」と云うのは，この四字の事（耕・穫・菑・畬）はどれもしないということ，何も行動しなくても，おのずと「往く攸有るに利あり」となることを言う。『史記』に「無妄」を「無望」に作るのは，この意味である。（語類71、易七、无妄）95)

質問：「『不耕穫，不菑畬』について，伊川先生の説は爻辭と小象とで違っていま

---

93) 原文：『『不耕而穫，不菑而畬，』謂不首造其事，因其事理所當然也。首造其事，則是人心所作爲，乃妄也。因事之當然，則是順理應物，非妄也。穫與畬是也。蓋耕則必有穫，菑則必有畬，是事理之固然，非心意之所造作也。或曰：『聖人制作以利天下者，皆造端也，豈非妄乎。』曰：『聖人隨時制作，合乎風氣之宜，未嘗先時而開之也。若不待時，則一聖人足以盡爲矣，豈待累聖繼作也。時乃事之端，聖人隨時而爲也。』』

94) 原文：「『不耕穫』一句，伊川作三意説：不耕而穫，耕而不穫，耕而不必穫。看來只是也不耕，也不穫，只見成領會他物事。」

95) 原文：「『不耕穫，不菑畬』，如易傳所解，則當言『不耕而穫，不菑而畬』方可。又如云『極言無妄之

すが，どういうわけでしょう。」　答え：「よくわからない。爻辭の所では『耕やさずに收穫する』と云い，小象の所では，耕しても必ずしも收穫を求めないと云っていて，合っていない。私が敢えてそのように説かないのは，爻辭に明らかに『不耕穫』とあるからで，ある場合においては作爲が無用であることを言うのだろう。」(語類71、易七、无妄) 96)

朱熹に據れば，"不耕穫" とは單に "耕穫せず"（耕作も收穫もしない）の意，"无妄" は "無望" で、予期しないの意、何らの作爲もせず、無用の望みもかけないことと理解すべきだという。朱熹の見るところ、程頤の理解は、爻辭の文面に合致しないばかりか、不必要な深讀みをしているため、何通りもの、しかも互いに整合性を缺く言い回しで爻辭の内容を説明せざるを得ないのである 97)。朱熹の持論たる、繇辭は單純な事象を表わし、故に廣く活用できるという考えに立っての批判でもあるだろう。

結語

二程はともに、經は "譬喩" によって義理を表現した書物であると見なし、そこに寓された義理（聖人の意）を求めることが讀書の目的であり、それを體得し運用することが眞の經の學なのだと考えていた。その考えに據れば、經とはいわば聖人の精神を傳達するための器に過ぎず、學ぶ者は、この經書に對して、"自得" あるいは "默識心通" の方法を通じて研鑽し、その上で、見出された "經の精神" をもとに、"權"、すなわち實踐の場における經の運用に努めなくてはならない。
これに對して朱熹は、二程の所説が經文の原義を離れて高尚な道理を語る傾向があることや、經文に對して何通りもの解釋を提出して統一を求めないことなどを捉え、經の解釋を歪めるものとして批判する。
具體的には、朱熹は、例えば『易』について、それを占筮の書と見る立場から、程頤『易傳』の解釋に強く反對し、各卦の各爻を特定の身分・立場に在る人物に當てはめて解説する程頤の解釋は窮屈で融通のきかぬものだと難じている。この程頤の "爻位説" について、朱熹は、各爻を一つの事柄に限定してはならないと説く程頤自身の發言と矛

義』、是要去義理上説、故如此解。易之六爻、只是占吉凶之辭、至彖象方説義理。六二在無妄之時、居中得正、故吉。其曰『不耕穫、不菑畬』、是四字都不做、謂雖事事都不動作、亦自『利有攸往』。史記『無妄』作『無望』、是此意。』

96) 原文：「問：『「不耕穫、不菑畬」、伊川説爻辭與小象卻不同、如何？』曰：『便是曉不得。爻下説「不耕而獲」、到小象又卻説耕而不必求穫、都不相應。某所以不敢如此説、他爻辭分明説道「不耕穫」了、自是有一樣時節都不須得作爲。』」

97) ただし『呂氏春秋』貴因篇に「適令武王不耕而穫」の句が見えることを考えれば、程頤の解釋も、構文の理解という意味では必ずしも誤りでない、というのが後世の判斷ではある（例えば本田濟『易』朝日新聞社、中國古典選、1966年など）。なお、无妄卦の該句は、岩石經等の古本の他、上海博物館藏楚竹書『周易』殘簡、馬王堆漢墓帛書『昭力』（卦名は「無孟」に作る）等の新出土資料でも「不耕而穫」に作るものが有る。

盾すると批判しているが、實は『遺書』の文面に據れば、九四爻を太子の位と見なす胡瑗の解釋に對し、程頤は必ずしも否定せず、胡氏のような解も成り立つが、そうした一つの理解に捉われてはならないことを強調するのであった。

また、程頤が『易傳』序に述べているように、『易傳』において明らかにしたものは所詮は"辭"に過ぎず、"辭"から"意"が讀み取れるか否かはあくまでも讀者に懸かっている。程頤は『易』を"譬喩"の書と見なし、"辭"（繇辭）に寓された"意"（義理）を體得し運用することが易の學だと考えるのだから、『易傳』の詳細な解説は、繇辭の内容を敷衍して一層壯大な"譬喩"を提示したものと受け取られるべきであろう。さらに言えば、『易傳』に示された解釋を經文の唯一絶對の眞義として教條的、固定的に受け取り、それ以上の思索研鑽を放棄することは、逆に義理の體得に差し支えるものだとさえ言えるだろう。これは、胡瑗の解釋を唯一の解と見てはならぬとする發言と決して矛盾するものではないと思われ、その意味では、朱熹の批判はやや的外れと言えるかもしれない。

とはいえ朱熹の懸念も決して故無きことではなく、中には『易傳』の解釋を教條的に信奉する學者も實際に存在したようであり[98]、また、訓詁的に正しい經文の理解よりも聖人の精神の體得を優先し、道理さえ讀み取れば原義を外れた解釋をしても差し支えないとする程氏の態度には、經書の權威よりも自己の判斷力を重視する、陸九淵一派の心學に繋がり得る要素が含まれるように思われる[99]。程氏の解經法に對する朱熹の批判の根底には、こうした同時代の學者に對する批判や警戒の念が存したものと見られる。

---

[98] 例えば『語類』67（易三、綱領下、讀易之法）には「呂伯恭教人只得看伊川易，也不得致疑。某謂若如此看文字，有甚精神？卻要我做甚！」とある。

[99] 陸九淵には「讀書不可不曉文義，然只以文義爲是，只是兒童之學。須看意旨所在。」（語録下）、あるいは「學苟知本，六經皆我註脚。」（語録上）など、"文義"より"意旨"を重視し、經書の權威より學ぶ者自身の内なる"道理"に重きを置く考えを述べた發言が見られる。

王門朱得之の師説理解とその莊子注

三浦　秀一*

一、問題の所在

　朱得之、字は本思、號は近齋、『明儒學案』卷二十五「南中王門學案一」[1]にも載る王學の徒である。『傳習録』を繙いたことのある者ならば、その下卷第七十四條の問答において、「人間は虛靈（不昧な明德）を具えているからこそ良知があるわけですが、（それを具えない）草木や瓦石のたぐいにも良知はあるのですか」、との問いを發した人物として記憶に留めているかもしれない。

　この質問に對して王守仁（陽明、1472-1528）は、「人間の良知がとりもなおさず草木瓦石の良知なのであり、もし草木瓦石に人間の良知がなければ、草木瓦石とみなすことはできなくなる」、と答える。この發言は、人類や草木瓦石における良知の有無それ自體を議論するもののように見えるが、しかし末尾の一文が示唆するとおり、その主眼は、良知による世界把握の方法を説明するところに存する[2]。陽明の回答は、天地もまた良知による關連づけのもと、はじめて天地たり得るとつづき、良知のかかる世界認識を前提とするからこそ、人間と天地萬物との一體という思考が成立するとして、最後に、この萬物一體論をいわば存在論的に支える「氣」の同質性に言及して閉じられる。

　整然とした回答である。それゆえに一層、質問の粗さが際立つ。この問答は、朱得之が二十代後半の或る時期に交わされたものだと推定できる（後述）。されば朱得之とは、陽明良知説を把握しそこね、草木における良知の有無それ自體を迂闊にも質問した青年

---

* 東北大學大學院文學研究科教授
1) 1985 年刊中華書局版による。
2) このような陽明良知説理解は基本的に吉田公平先生のそれによる。吉田先生譯注『傳習録』（講談社、1988 年）、參照。陳來「王陽明語録逸文與王陽明晩年思想」（初出 2000 年、のち『中國近世思想史研究』北京：商務印書館、2003 年、所收）が示す理解も同案である。この一條、全體は以下のとおり。「朱本思問、人有虛靈、方有良知、若草木瓦石之類、亦有良知否、先生曰、人的良知、就是草木瓦石的良知、若草木瓦石無人的良知、不可以爲草木瓦石矣、豈惟草木瓦石爲然、天地無人的良知、亦不可爲天地矣、蓋天地萬物、與人原是一體、其發竅之最精處、是人心一點靈明、風雨露雷、日月星辰、禽獸草木、山川土石、與人原只一體、故五穀禽獸之類、皆可以養人、藥石之類、皆可以療疾、只爲同此一氣、故能相通耳」。以下、陽明の文章は『王陽明全集』（上海：上海古籍出版社、1992 年）、による。

であったのだろうか。その後の朱得之は、良知説に關する思索を深めつつ、それと平行して、老莊列の三子に注解を加える思想活動を營んでもいる。かれのかかる閲歴において、上述の問答は如何なる位置を占めるのか。質問の背景に關する考察を手掛かりに朱得之の陽明良知説理解を明らかにすること、これが本稿の目的のひとつである。

朱得之は、陽明の弟子としては後世かならずしも著名ではない。しかし、王門の代表と目される人物の思想分析がひとあたりおこなわれた現在、嘉靖期における王學の實際を知るうえで、いわゆる高弟以外の人士を紹介することも無意味ではないだろう。その作業は、當該時代の思想動向全般に關する研究の一環とも位置づけ得る。朱得之の場合、とくに興味を惹くのは、老莊列の三子に注を附けたというその思想的營爲である。嘉靖期前半に編まれた代表的な道家系注釋書としては、王道（1487-1547）の『老子億』や薛蕙（1489-1541）の『老子集解』があり、王薛兩者の思想に關しては、馬淵昌也氏がすでに檢討を加えられている[3]。氏によれば、兩者はともに、朱子學の實踐論に疑念を抱き、それゆえに自己の本心に沈潛する傾向をおびた思想家であり、その立場は、かれらに先立つ陳獻章（白沙、1428-1550）や陽明の問題意識とも通じるのだが、ただしかれらは、陽明良知説に對しては批判的な言説を殘してもいた。では、王薛兩者に朱得之を加え、これら三者がみな老子や莊子などを評價して注釋を施したことには、如何なる思想史的意味が存するのか。この問題を檢討することが、本稿におけるもうひとつの目的である。

本論では、上述二件の課題に取り組むべく、まず朱得之の略歴とその著作を概觀し、ついでかれが良知説をみずからのものとするにいたったその思想的閲歴をたどる。そのうえで老莊思想に對するかれの基本認識を明らかにしつつ『莊子通義』の分析へと檢討を進め、最後に、朱得之の思想の思想史的意味を考察する。

二　朱得之の略歴とその著作

朱得之は江蘇常州府の北東部に位置する靖江縣に生まれた。その正確な生没年は未詳である。かれの傳記は、光緒『靖江縣志』[4]卷十四「人物志・儒學」所收の一文（〈傳記〉と略記する）が比較的詳細であり、以下、それに依據しつつ他の文獻も參考にしながら、かれの生涯を概觀する。

〈傳記〉は、その冒頭に、朱得之が歳貢生の資格で桐廬縣丞となり、致仕後、歸鄕したことを記したうえで、若い時期におけるかれの學問へと遡及する。「大志」を抱いた

---

[3] 馬淵昌也「明代後期儒學士大夫の「道教」受容について」（『道教の歴史と文化』東京：雄山閣、1998年）、同「明代中期における『老子』評價の一形態―王道の事例―」（『中國哲學』28、1999年）。李慶「論王道及其《老子億》」（『言語文化論叢』3、1999年）、熊鐵基・馬良懷・劉韶軍『中國老學史』（福州：福建人民出版社、1995年）第七章第三節、なども參照。
[4] 臺北：成文出版社『中國方志叢書』本、1974年。

青年朱得之は、陽明良知説を耳にして自身の思いに「契」い、陽明に師事した。朱得之の編著『稽山承語』に據れば、かれは遲くとも嘉靖四年（1525）十月には陽明から直接に教えを受け、六年七月ごろには王門を辭して故鄕に戾った。王門に多士が集ったその時期の入門であった。歸鄕したかれは、その後、歷年の生員として國士監に籍を置くことになり、嘉靖二十三年（1544）に國子學正の尤時熙と出逢う [5]。尤時熙は王門の劉魁（號は晴川）に師事していた學官であり、この時、齡四十二を數えていた。尤時熙と朱得之とはほとんど同年であったとみなせ、溯って數えれば、陽明に師事した當時、かれは三十歲前の春秋に富む青年であった。

嘉靖二十九年（1550）、朱得之は歲貢生の資格で江西新城縣丞に任ぜられる。ただし近親者の死に遭遇したため新城縣丞には僅か一箇月間しか就けず [6]、三十二年（1553）にあらためて與えられた官職が、浙江桐廬縣丞である。乾隆『桐廬縣志』[7] 卷八「官師」の記載に據る年次比定であり、同縣志は、かれの幅廣い學問と銳敏な才識とを稱え、縣內の士人には「正學」を百姓には「古誼」を教えたと述べる。ただしかれは、この役職で致仕した。

〈傳記〉はかれの學問を概括して、「虛靜」を根柢に据え「自然」を宗旨としたものとする。またかれは「眞心」による立志を重んじ、陽明門下のなかではもっとも眞摯に師の喪に臨んだ、とも記す。さらに、或る年、常州府一帶が旱魃にみまわれた折、かれが中庸第一章を講ずることで雨を降らせたために、人びとはかれを「朱中庸」と稱した、とも述べる。〈傳記〉は次いで朱得之による縣志の編纂に言及する。隆慶『靖江縣志』[8] において、「修志引」は嘉靖四十四年（1565）仲夏望日の、「跋」は隆慶三年（1569）冬十月望の執筆である。その跋文によれば、編纂の內容に異議が呈されたらしく、その問題を調停するために刊行の時期が遲れたようである。〈傳記〉は、その末尾に、かれの著作は縣志藝文志に詳しいこと、縣志・府志ともにかれを「理學」に列し、またかれが「毘陵先賢祠」に祀られていることを述べ、かれの弟である歲貢生にして東陽縣丞となった朱庶之、「吏員盤石衞知事」であった息子の朱正中、歲貢生にして常熟訓導から通山縣教諭となった朱正定、從子朱正初の名前を附してその記事を結ぶ。

以上、〈傳記〉は、天をも動かす神祕的な精神力を具えつつ、學識に優れ鄕土愛にあ

---

5) 尤時熙、字は季美、號は西川、河南洛陽人。弘治十六年（1503）〜萬曆八年（1580）。『明儒學案』卷二十九「北方王門學案」に立傳される。かれの弟子が編纂した『擬峴小記』六卷（嘉靖三十八年序）・『續錄』七卷・『附錄』二卷（以上、『四庫全書存目叢書』臺南：莊嚴文化出版公司、1996 年、子部第 9 冊）は、かれと朱得之とのあいだの思想的書簡を載せる。太學における兩者の邂逅は「與王龍陽書」（『擬峴小記』卷四）にあり、朱得之が太學生であったことは、「近齋與先生書」（同『續錄』卷七）の注記に見える。尤時熙の略歷は、同附錄上卷所收「墓誌銘」、參照。

6) 同治『新城縣志』（『中國方志叢書』本）卷七「秩官表」。『明儒學案』朱得之小傳は、この官歷は記すものの、〈傳記〉とは逆に桐廬縣丞に就いたことは書かない。

7) 上海：上海書店『中國地方志集成』本、1993 年。

8) 嘉靖『靖江縣志』（東京：國立公文書館藏本）による。

ふれた人士として朱得之を描いた。かれの著作は、〈傳記〉が述べるとおり方志の「藝文志」に詳しい。所掲の書名を順に示せば、『四書詩經忠告』、『蘇批孟子補』(有序)、『老子通義』(有序)、『莊子通義』(有序)、『列子通義』、『正蒙通義』、『杜律闡義』、『心經注』、『鍊宵匣參元三語』である。以上のなかで、老莊列の『三子通義』、および『稽山承語』と『宵練匣』とが現存する[9]。

『莊子通義』十卷の刊刻は嘉靖三十九年(1560)末のことである。そもそも朱得之は、王門を辭した直後から老莊思想の研鑽を始めていたと推察される。ただし嘉靖三十四年、友人の王潼(字は雲谷)から南宋最末期の褚伯秀による『南華眞經義海纂微』の復刻を託されるなど[10]、その本格化は致仕後のことであっただろう。『老子通義』には嘉靖四十二年陳爍刻本がある[11]。『列子通義』「自序」は嘉靖四十三年の執筆、重刻「老子通義序」は嘉靖四十四年六月の作であり、これらの注釋書が四十四年に『三子通義』として合刻された。

現存する『宵練匣』は全一卷十七條の語録であり、隆慶刊『百陵學山』が收める。その十七條は、『明儒學案』が載せるかれの「語録」全十七條でもある[12]。ただし『四庫全書總目』(卷一二五、子部雜家存目)は、十卷本の『宵練匣』を著録して、「稽山承語」「烹芹漫語」「印古心語」の三編に分かれると言い、「稽山承語」について、「師から聞いた事柄を記すもの」と概括する。一卷本『宵練匣』は、その冒頭から第七條までが『稽山承語』の文章と重なる。されば、殘る十條は『烹芹漫語』や『印古心語』に由來するものであり、また一卷本は『總目』著録の十卷本を節略して出來上がったことがわかる。黃宗羲は朱得之の略傳中に「著する所に參玄三語有り」と記しており、それが十卷本『宵練匣』の別稱であることも推察できる[13]。

現存する『稽山承語』は全て四十五條[14]、永富青地氏によれば、この書物は、嘉靖二十九年九月の「重刻序」を載せる閩東本『陽明先生文録』(臺灣歷史語言研究所藏本)に附録される[15]。『稽山承語』の編纂時期を「重刻序」の執筆時期より前、つまり

9)その他のかれの文章として、隆慶『靖江縣志』(『稀見中國地方志彙刊』第14册、北京:中華書局、1992年)卷八に「答三石知言理財碑辨」と「大同感」とが收録される。

10)朱得之『莊子通義』「讀莊評」第十二條。これは王潼が雲南において搜し出した書物である。『莊子通義』は『四庫全書存目叢書』(臺南:莊嚴文化出版公司、1996年)、子部第256册收録の影印本を使用する。同書184頁。

11)『稿本中國古籍善本書目書名索引』(濟南:齊魯書社、2003年)、1136頁。

12)『明儒學案』は、そのほか「尤西川紀聞」として八條の語録を載せる。

13)『擬學小記續録』七卷附載の「朱近齋得之與趙麟陽錦書云」に、「見參元長語第四卷」との注記がある。

14)この書物には東北大學圖書館狩野文庫などが所藏する江戶期の寫本も存し、近年、陳來氏がそれを翻刻された。氏の前揭『中國近世思想史研究』所收《遺言録》、《稽山承語》與王陽明語録佚文」(初出1994年)と既出「王陽明語録佚文與王陽明晚年思想」、參照。ただし右の「佚文」論考は『稽山承語』の第二十七條を落としている。

15)『王守仁著作の文獻學的研究』(東京:汲古書院、2007年)、78頁以降および131頁以降、參照。『稽山承語』の前に『陽明先生遺言録』が置かれ、そのあとに「陽明文集附録」と題される文章が續く。

朱得之にとっては縣丞職を得る前の、學生身分に跼蹐していた時期に懸けることができるわけである。

三　王學研鑽の軌跡

（一）良知説受容の傾向

　　正德十六年（1521）八月、陽明は赴任先の江西南昌から浙江會稽に歸鄕、翌年の嘉靖元年二月には父王華を亡くし、しばらく鄕里に留まることになる。致良知説を提唱して間もないかれのもとには、その名聲を慕って多くの人士が來訪した。當時、紹興府知府は南大吉（字は元善、1487-1541）がつとめていた。かれは、陽明が同考官であった正德六年會試の合格者であり、嘉靖三年（1524）、この地に稽山書院を創設し、王門の從學者を受け入れた。「八邑の彥士」が來參したと稱される。

　　嘉靖六年（1527）、朱得之は陽明のもとを辭去するにあたり最後の敎誨を所望した。『稽山承語』には、陽明がその時に與えた言葉が載る（第四十條）。陽明は同年九月、廣西田州の叛亂を鎭めるべく旅立つ。そして七年十一月、任地で逝去する。朱得之に對して陽明は、まず、「是非の心」としての自己の良知を信じ切り、それを發揮しつくすこと以外に敎えることはない、と斷じる [16]。そのうえで、良知に依據しない近頃の人士と朴實な往時の學者とを對比的に例示する。その前者とは、「立志」が純眞ではなく「工夫」も精緻ではないがゆえに、自分自身に切實な經驗を積むことなく、他者に向かっては聞きかじった學説に「己見」を交えつつ先儒の得失を吹聽するような輩であり、そうした人士の講説を聞いた聽衆は、學問への謙虛さを喪うことになる。一方、評價されるべき後者とは、他者からの質問に對しては自身が體得した學問の核心のみを告げて多辯にならず、日常の如何なる場面においてもその心、すなわち良知を發現させて私欲に干涉されない人物である。換言すれば、物靜かに實踐し、言葉を發せずとも他者から信じられ、人びととともに自立しつつ他者をおのずから感化させるような存在である。

　　王門の徒であるならば、誰しもみな、自己の良知を全面的に信賴すべしと諭されたはずである。陽明はその信念を朱得之にも告げた。そのうえで、弟子の問題關心を忖度しつつかれに相應しい言葉を贈った。その内容は、學者に對する評價を、學者當人が良知

---

[16] 「師曰、四方學者來此相從、吾無所界益也、特與指點良知而已、良知者、是非之心、吾之心明也、人皆有之、但終身由之而不知者衆耳、各人須是信得及、儘着自己力量、眞切用功、日當有見、六經四子、亦惟指點此而已、近來學者與人論學、不肯虛己易氣、商量個是當否、只是求伸其説、……又或在此聽些説話、不去實切體驗以求自得、只管逢人便講、及講時又多參己見、影響比擬、輕議先儒得失、若此者正是立志未眞、工夫不精、不自覺其粗心浮氣之發、使聽者虛謙問學之意反爲蔽塞、所謂輕大而反失之者也、往時有幾個朴實頭的、到能反己自修、及入間時、不肯多説、只説我聞得學問頭腦、只是致良知、不論食息語默、有事無事、此心常自炯然不昧、不令一毫私欲干涉、……又有一等淵默躬行、不言而信、與人并立、而人自化、此方是善學者、方是爲己之學」（陳來前揭書、632頁）。

を發揮しているか否かだけではなく、その學者が他者に對して及ぼす影響の善し惡しをも含めて下している點に、特色がある。陽明は、良知を發揮し得た人物ならば暗默のうちに他者を敎化することが可能だ、と言う。なにゆえにかかる現象が起こり得るのか。或いは、發揮すべき自己の良知と、そうではない「己見」との違いは奈邊に存するのか。こうしたいわば哲學的な問いを、陽明の敎誨は誘發する。つまり陽明が察知した朱得之の問題關心とは、學者の社會的責任とも稱しうる事柄であり、おそらく陽明は、その問題に朱得之が深く沈潛できるよう、暗示的な言葉をその餞別とした。そもそも『稽山承語』それ自體、朱得之の問題關心、あるいはみずからの課題に對するかれの取り組みの姿勢を投影する編纂物である。されば、本稿の冒頭に引用した朱得之の質問からも、そうしたかれの問題關心を讀み取ることができるだろう。

當該の質問に對する陽明の回答に關しては、それと同案の發言を探し出すことが可能である。たとえばかれは、「良知は造化の精靈である。この精靈が天を生じ地を生じるのであり、鬼神をつくり天帝をつくるのも、みなここから發出する」と述べたり、「我われ人間の靈明（なる良知）こそが天地鬼神の主宰者である。天は、我われの靈明がなければ誰がその高みを仰ぎ見るだろうか」云々、と語るのである[17]。

『稽山承語』第十條もまたこれと類似の問答であることは、すでに陳來氏が指摘する[18]。質問者は王嘉秀（字は實夫）であり、朱得之は、當時の狀況を、嘉靖四年（1525）十月、「宗範・正之・惟中とともに先生のそばに坐していた時の問答だ」と記す[19]。王嘉秀は、「心即理や心外無理の考え方について、疑いを斷ち切れないでいる」と訴えた。列席者もおそらくは同樣の氣持ちであっただろう。弟子の懇願に應えて陽明は、天地をはじめこの世界の存在はすべて「氣」より成り立っているが、そのうちもっとも「精」なる存在が人間であり、もっとも靈妙なのがひとの「心」だとして、曰く「だから諸存在がなければ天地はなく、わが心がなければ諸存在もない」[20]。ただし、如何なる狀態の「心」でも諸存在を諸存在たらしめ得るのかといえば、そうではない。「心がその正しさから外れるならば、われもまた諸存在と同列である。心が正しさを實現してこそ、それを人と呼べる」。

上記『傳習錄』下卷第六十一條において、陽明が程明道の「物と對することなし」（識仁篇）との句を引用しつつ良知を讚美したその認識と響き合う發言であろう。受動的存在としての萬物と同列に在ることに甘んぜず、萬物を積極的に萬物たらしめるのが、

---

17) 前者は『傳習錄』下卷第六十一條、後者は同じく第百三十六條。
18) 陳來前掲書、610頁。
19) この一文は嘉靖六年七月の追記である。
20) 「故無萬象則無天地、無吾心則無萬象矣、故萬象者、吾心之所爲也、天地者、萬象之所爲也、天地萬象、吾心之精粕也、要其極致、乃見天地無心、而人爲之心、心失其正、則吾亦萬象而已、心得其正、乃謂之人、此所以爲天地立心、爲生民立命、惟在於吾心、此可見心外無理、心外無物、所謂心者、非今一團血肉之具也、乃指其至靈至明、能作能知者也、此所謂良知也、然而無聲無臭、無方無體、此所謂道心惟微也、以此驗之、則天地日月四時鬼神莫非一體之實理、不待有所彼此比擬者」（陳來前掲書、627頁）。

陽明の言う「人」である。その「人」が、みずからの良知を發現させていることは言うまでもない。陽明は王嘉秀に對し、その「人」の「心」の正しさについて、「とはいえそれは無聲無臭、無方無體、これが所謂「道心は惟れ微か」ということだ」と説明する。そして、天地日月四時鬼神が良知と「一體の實理」であることは思量を超える事實だと述べ、萬物一體の學問を高唱するにいたる。

　「人」とは天地萬物の存立に關わる主體的責任者である。されば「心外無理、心外無物」とは、かかる責任意識に裏打ちされた、心性と萬物との關係を語る命題だとみなせよう。王嘉秀ら王門の弟子たちは、その如何なる點に得心がゆかなかったのか。良知が自己確立を保證する唯一絶對の根據であることについて、かれらは了解濟みであったはずである。されば問題は、そうした自己の本性がなにゆえに外界の事物と關わり、さらにはその在り方までをも規定しうるのか、という點に絞られるだろう。自己と他者との然るべき關係態をその自己の良知が顯現させることについて、かれらは明確な像が結べないでいた。朱得之もまたそのような弟子のひとりであった。

　ただし朱得之には、かれ固有の關心もあった。自他相互の關係態のなかでも、かれはとりわけ他者の位置づけにこだわっていた。『傳習録』が採録したかれの質問は、そうした問題關心から發せられたに相違ない。「草木瓦石」とは、いわば他者の極北、不可知なる存在の典型である。そのような他者に對しても自己の良知は關與しうるのか。かかる疑問を、朱得之はつねに感じていた。しかし陽明は、朱得之の意識が他者の一項にとらわれかねないことを懸念した。朱得之の視線をあらためて自己の良知へと引き戻し、そのうえで、萬物を一體と捉える認識をかれに確立させようとした。それが當該問答の顛末であったと思う。

　王門を辭去する際に朱得之が授かった敎誨もまた、この問答と揆を一にする。良知が發現する場においてこそ他者は暗默のうちに敎化される、との主張は、萬物一體狀態の實現を、良知を發揮する者の立場から語る言葉である。そしてこの敎誨を補完するのが、自己の良知と「己見」とを峻別する思考である。上記『傳習録』下卷第百三十六條は、「天地萬物は自己の靈明がなければ天地萬物たり得ない」との主張に續けて、「自己の靈明は天地萬物がなければ自己の靈明たり得ない」とも言う。良知は、他者のまなざしのもとで不斷に更新されてゆく。陽明は、王嘉秀への回答においても良知のかかる性格に言及していた。良知を規定して、個別的な感覺を超えるとともに固定的な實體を持つものではないと説いたのである。

　良知の「無」的性格が、この問題の核心に位置している。周知のとおり、陽明後學のあいだでも、「無」に關する認識の内容には幅がある。鄒守益（東廓）・錢德洪（緒山）・王畿（龍溪）、いずれも陽明の高弟だが、かれらは陽明のいわゆる四句敎に對し、それぞれに異なる理解を示した。『稽山承語』第二十五條もまた四句敎に言及する一文である。楊文澄が問う、「意には善や惡がある。それを誠にするにはどう計らえばよいのか（意有善惡、誠之將何稽）」。陽明は答える、「無善無惡なる者は、心也、有善無惡

なる者は、意也、善を知り惡を知る者は、良知也、善を爲し惡を去る者は、格物也」[21]。『傳習錄』下卷第百十五條に見える緒山の記錄は、無善無惡を「心の體」、「有善有惡」を「意の動」と記す。ただし『稽山承語』の問答は、「意には本當に善や惡があるのか（意固有善惡乎）」とたたみかける楊文澄に對し、陽明が「意は心のあらわれであり、元來は善であり惡ではない。だが「私欲」に突き動かされた結果、（その意が）惡となるだけである。とはいえ良知がみずからそれを認識するから、學問のかなめを致良知と言う（意者心之發、本自有善而無惡、惟動於私欲而後有惡也、惟良知自知之、故學問之要曰致良知）」、と應じて結ばれる。ここには緒山と同樣の人間觀が示される。すなわち朱得之にとっても、人間とは、本來、善惡に代表される相對的價値觀から自由であるべき存在なのである。

　以上、『稽山承語』を題材に朱得之の師説理解を概觀した。かれが陽明の學説を誠實に受け止めていたことは了解できるだろう[22]。かれ自身はまた、みずからに固有の問題關心を抱き續けてもおり、それを原動力に、さらなる思想活動を生み出した。そしてその活動の中心に位置したのが、道家の書物に對する注釋であった。注釋書の分析は次節でおこなうとして、引き續き朱得之の師説理解をめぐり、そのいわば到達地點を確認しておく。

（二）晩年の格物解釋

　朱得之は、監生時代に知り合った尤時熙と終生交流をつづけた。そして嘉靖隆慶の際、尤時熙に對し或る格物理解を示した。それは、格物の「格」を「通」と訓み、「物情に

---

[21]『明儒學案』所收の朱得之「語錄」は、この一段から「心也、有善無惡者、意也、知善知惡者、良知也、爲善去惡者」の部分を削除し、「無善無惡者、格物也」という文章へと意圖的に改變する。なお、この一文について陳來氏は、天泉橋での問答よりもやや早い時期の發言であり、そのために表現は嚴密さを缺くと捉える。陳來前揭書、612頁、參照。

[22]『稽山承語』末尾の條文も特徵的である（陳來前揭書、633頁）。まず陽明は、唐の裴休が撰述した「圓覺經序」の措辭に不滿をもらす。序文は、「終日圓覺にして未だ嘗て圓覺ならざる者は、凡夫也」と始まり、菩薩の段階を經て、「圓覺を具足して圓覺に住持する者は、如來也」と括られ、それに對して陽明は、菩薩の段階まではその序文に從いつつも、つづく「如來」を「羅漢」に置き換え、さらに「終日圓覺にして未だ嘗て圓覺ならざる者は、如來也」との一句を附加すべきだとするのである。裴休にあって、凡人とは自己に内在するはずの「圓覺」に氣づかない存在である。しかし陽明は、一面においてその主張を認めると同時に、「未だ嘗て圓覺ならず」との表現を、自己の「圓覺」を不斷に超えゆく如來の境地だとも捉える。そしてまた、「裴休序」には言及されない羅漢、すなわち他者の救濟には目を向けず自己の悟りだけを追究する修行者を持ち出し、かれを「圓覺に住持する」存在だとして批判する。この一文の「圓覺」は良知の譬喩である。その良知に對する執着を超えてこそ眞に如來たりうるという認識は、人間を本來「無善無惡」なる存在だとする見解に符合する。そして、かかる如來は、他者の敎化に關わるか否かという一點でも、羅漢の境涯と明確な差異を示す。朱得之にとって、ここでの如來とは、かれが把握する良知概念の象徵にほかならなかったわけである。裴休序は、大正藏第三十九冊所收の『大方廣圓覺修多羅了義經略疏』の冒頭に載り、「終日圓覺而未嘗圓覺者、凡夫也、欲證圓覺而未極圓覺者、菩薩也、具足圓覺而住持圓覺者、如來也」というのが序文の一部である。

通」じるとする解釋であった。以下、尤時熙が殘した關連の文章により[23]、朱得之最晚年の思想の、その一斑を明らかにする。

そもそも尤時熙は、陽明格物說にはふたつの側面があると考えていた。「心の不正を取り去りその本體としての正しさを完全に發現させることを追求する（要去其心之不正、以全其本體之正）」側面と、「心の良知を樣々な事物において發揮すれば、それらの事物はいずれもそれぞれに相應しい理にかなう。ゆえにわが心の良知（を發揮すること）が致知であり、事物がいずれも理にかなっていることが、物格という境涯である（致吾心之良知於事事物物、則事事物物皆得其理矣、故吾心之良知者、致知也、事事物物皆得其理者、物格也）」との一文が語る側面とである[24]。そしてかれは、この前者は「もっぱら實踐主體の意識に焦點を當てる（專指一念）」實踐であり、一方、後者は「あわせて事物も掬い上げる（竝舉事物）」ものだと整理したうえで、「性に內外無く、而して心外に物無し」との考え方から推せば、兩者はひとつの敎說に對する別樣の表現だ、と見ていた。そのうえでかれ自身は、格を「則」と、物を「好惡」と訓じるとして、陽明格物說の上記前者に、自說を屬させた。「わが心にはおのずから天則がそなわり、學問はその心に依據する。心にはただ好惡がそなわるだけだ（吾心自有天則、學問由心、心只有好惡耳）」。「天則」としての好惡の感情が、かれの言う「物」である。されば、その「物」に「則」した狀態とは、實踐主體が天則そのものと化した境涯を意味するだろう。

ところが尤時熙は、朱得之の「物情に通」じる解釋を知り、自說を「捨」てる。朱得之は言う、「物と我とはかたちを異にする。しかしそのあいだを通じさせ隔てのないようにできるのが、情である（物我異形、其可以相通而無間者、情也）」。そして、とくに「物の情」、對象が自分に向けて發する「情」に「通」じることにより、自他相互の一體狀態が實現すると捉え、かく在るための方法を格物と稱した。尤時熙は、この解釋を陽明格物說におけるふたつの側面の後者だと捉える。さらに、「文義と條理」そのいずれの點でも陽明說に較べて詳細さが增していると評價し、それこそが、陽明は明言しなかったものの師の宗旨にほかならないとまで賞讚する。その理由は以下のとおりである。

　　（格物の格について）ただ正や則と言っただけでは、判斷を自分の側でおこなうことになる。通と言った場合には、事物がそれぞれに事物としての相應しい在り方にかなう。判斷を自分の側でおこなう場合には、意見が生じやすい。事物がそれぞれに事物としての相應しい在り方にかなう場合には、天則がそこにあらわれる。そもそも、理は具體的對象のない場面にも想定し得るが、しかし情は對象との實際の場に具體化される。物の情に通じることができてこそ、物の理は盡くされる。そうすれば正とか則とか至と言う解釋も、（通のなかに）あわせて掬

---

[23] 以下、「格訓通解序」（『擬學小記』卷三、隆慶元年二月記）による。同卷四「與近齋朱先生」二（嘉靖四十五年記）、參照。
[24] 前者の典據は『傳習錄』卷上第七條であり、後者は卷中「答顧東橋」書。

い上げられることになる²⁵⁾。

　「實」なる「理」を現前させるうえで、實踐上の軸足を「我」と「物」のいずれに据えるべきか。これが格物解釋の正當性を定める際の爭點になっている。だが、「意見」の弊害や「物、各おの物に付す」ことの重要性は、すでに陽明が說明をおこなっていた²⁶⁾。陽明の言うとおりに、格物を「事を正す」と解釋すれば、それで濟む問題ではないのか。それにもかかわらず、格の字義を「通」と解した方が妥當だとするのは何故なのか。陽明格物說をふたつの側面に分ける尤時熙の姿勢からも、同種の疑問が浮かび上がる。かれが格物說を上述の如く整理しようとした意圖を問わねばならない。

　尤時熙の周邊には、おそらく多樣な格物ないし致良知解釋が存在していた。尤時熙は、朱得之の格物理解を知ってのち、かれに手紙を送って言う、「習慣になずみ自分にとって都合のよい判斷を良知とするような者は、それはそもそも志が間違っているのであり、師說から生じた弊害ではない」²⁷⁾。かれが非難する人士もまた、陽明の言動をみずからの論據に押し立て、自說を高唱していたと想像される。尤時熙はかかる情況の整序を思い立った。如上の整理とは、第一に、陽明の發言とは相容れない、とかれが判斷する主張を切り捨てる作業なのである。

　しかしながら、このような整理は學說の批判に止まるものであり、そのうえで自分自身が如何に格物說を創り上げるか、この點こそが重要であろう。嘉靖隆慶の際といえば、陽明沒後すでに四十年近くの歲月が流れた時期である。その當時にあっても、尤時熙らの周圍では、自己の良知が實現するはずの「物我一體」の關係態について、如何なる地點に立脚するのが妥當であるのか、といった問題意識が息づいていた。そしておそらく、その幾つかの立脚地點ごとに各種の「格」字解釋が提起された。格物解釋には七十二通りあって古來その是非が定まらないと語ったのは、周知のとおり明末の劉宗周（號は念臺）である。「格」字それ自體の多義性が、各種の格物說を生むその前提であり、陽明以後、大學をめぐる議論は以前にも增して活潑化した。古本か否かというテキストの問題から、「物」を如何に規定するかといった個別概念の規定にいたるまで、甲論乙駁の狀態であったのだろう。當時において格物說が多樣であったのは、そもそも良知の實現を眞摯に追究する王門の徒としての、その證左であるに相違ない。

　朱得之もまた、その生涯を通して「物我一體」の命題を考究し續けた。では、その結果、格物を「物情に通じる」と訓じるにいたるまで、かれは如何なる思想的經路をたど

---

25)「但曰正、曰則、取裁於我、曰通、則物各付物、取裁於我、意見易生、物各付物、天則乃見、且理若虛懸、而情爲實№ 能通物情、斯盡物理、而曰正曰則曰至、兼舉之矣」。
26)『傳習錄』下卷から「意見」批判の箇所を舉げれば、「心明白、書自然融會、若心上不通、只要書上文義通、却自生意見」（第十七條）があり、「物各付物」については「程子曰、物來順應、又物各付物、胸中無物之類、皆古人常用字也、他日先生亦云然」（同第一條）がある。
27)「如所謂以習慣自便之心爲良知者、此則志謬、非師說之弊也」（『擬學小記續錄』卷三「與近齋朱先生」六）。

ったのか。『明儒學案』は、尤時熙が記録した朱得之の語録から、以下のような文章を採用する。

> 分の所在がわかってこそはじめてその事柄の過不及と中との所在を考えることができる。その分として爲すべきことを爲すのが中であり、無爲である。爲すべきではないのに爲した場合は、まさに過であり、まさに有爲である。爲すべきであるのに爲さない場合は、まさに不及であり、まさに有爲である[28]。

ここに言う「無爲」とは、良知の「無」的性格を十全に發現させた状態であり、また、良知を發揮する實踐主體が、他者とのあいだに然るべき關係を築き上げた境涯を意味する。かれがここに「有爲」や「無爲」なる語を使用したのは、決して偶然ではない。『明儒學案』の朱得之略傳は、かれの學問を、老子の思想に近似するものとする[29]。そしてその理由について、道家思想を學ぶ過程でその「性」が身近に感じる事柄を選び取った、と判斷する。この評價が、朱得之の『三子通義』を讀み込んでのものか否かは未詳だが、朱得之が、老子や莊子の思想世界に分け入ることで良知説を自家藥籠中のものとしたことは、確かであろう。

四　朱得之の老莊学と『莊子通義』

（一）老莊思想に對する基本認識

　朱得之が老莊の書と取り組むきっかけを作ったのも、やはり陽明なのであろう。たとえば陽明は、嘉靖二年（1523）十一月、佛道兩教の兼修が必要ではないのかと訊ねた弟子に對し、それは間違いだと斷じ、兩教の修行内容は「盡性至命」の實踐に包括されると述べ、或る譬喩を提示した。三つの部屋からなる廳堂がある。後世の儒者は、本來そのすべてがみずからの實踐の場であったことに氣づかず、その左側を佛者に與え、右側を道士に割いて、自身はその中間に陣取っている。しかし聖人は天地萬物を一體と捉えるがゆえに、「儒佛老莊」のいずれもみな自分自身の良知のあらわれと捉える。それが「大道」と呼ばれる在り方である。一方、佛道二氏は我が身だけを大事にするから、「小道」としかみなせない[30]。

---

28)「必須知分之所在、然後可以考其過不及與中之所在、爲其分之所當爲、中也、無爲也、不當爲而爲者、便是過、便是有爲、至於當爲而不爲、便是不及、便是有爲」（「尤西川紀聞」第九條）。
29)「其學頗近於老氏、蓋學焉而得其性之所近者也」。
30)「説兼取、便不是、聖人盡性至命、何物不具、何待兼取、二氏之用、皆我之用、……譬之廳堂、三間共爲一廳、儒者不知皆吾所用、見佛氏、則割左邊一間與之、見老氏、則割右邊一間與之、而己則自處中間、皆舉一而廢百也、聖人與天地民物同體、儒佛老莊皆吾之用、是之謂大道、二氏自私其身、是之謂小道」（『全集』卷三十五「年譜三」）。

『稽山承語』にもまた同樣の比喩を用いた插話が載る [31]。或る人士から三教の異同を問われた際に、陽明はやはり廳堂の譬喩を用いて應じた。ただしこの廳堂に分居しているのは、主人の子孫である。廳堂が代々繼承される過程で部屋のあいだには仕切りが設けられ、子孫はいがみ合うようになった。しかし仕切りをはずせばもとの一家であり、儒佛道三教の分化もそれと同樣だ。はじめは各人がその資質に親和的な教學を選び、そうして自身の學問を大成させた。しかし再傳以降、道の同一性が見失われ、相互の對立が始まった。絕對の道に關して、仁者はそれを仁と捉え、知者はそれを知と呼ぶように（周易繫辭上傳）、或る視點からそれを觀れば、偏りが生じるほかはない。

　三間の比喩は王龍溪も用いており [32]、朱得之の周圍には、老莊思想のみならず如何なる教學への接近も首肯される學問環境が釀成されていた [33]。ただし朱得之は、上述の發言から推測されるとおり、そこには嚴しい限定條件が附いていることを知っていた。眞理の根源を見据える意志と、方法の偏向性に對する自覺とが、自身の性向に適した教學に近づくうえでの注意事項なのである。

　『莊子通義』「讀莊評」第一條は、莊子三十三篇の主旨を概括して、「いずれも跡を掃うことを主旨とする（皆以掃跡爲義）」と言う [34]。そして、その第四條において、「跡」をめぐり以下のように述べる。「老子や莊子が性を論じる際には、虛無を本旨とする。なぜならば、「人が生まれながらにして靜か」（禮記樂記）の段階より以前について説明するからである。だから、仁義には情もあり跡もあるから、性を發揮し盡くすには不十分だ、と言う」。朱得之はまた『老子通義』「凡例」第七條にも、これと同樣の議論を展開したうえで、「道とは形態を超えた仁、仁とは形象を持った道、仁であって道

---

31)「或問三教同異、師曰、道大無外、若曰各道其道、是小其道矣、心學純明之時、天下同風、各求自盡、就如此廳事、元是統ius一間、其後子孫分居、便有中有傍、又傳漸設藩籬、……其初只是一家、去其藩籬、仍舊是一家、三教之分、亦只似此、其初各以資質相近處、學成片段、再傳至四五、則失其本之同、……故曰、仁者見之謂仁、知者見之謂知、才有所見、便有所偏」（第二十六條。前掲陳來書、629 頁）。
32)　王畿が嘉靖三十六年（1557）に福建で開催した講會の記錄である「三山麗澤記」がこの譬喩を用いる一文を載せる（『王畿集』南京：鳳凰出版社、2007 年、附錄『龍溪會語』卷二）。この記錄には、「莊子、老氏之宗旨、非可以異端名也、……老氏學道德、佛氏學性命、蒙莊宗老而任狂、……、友人問老氏三寶之説、……友人問莊子之學」など、道家の諸概念を儒學の言葉によって解釋し直す文章が多く見える。中純夫「王畿の講學活動」（『富山大學人文學部紀要』26、1997 年）、參照。
33)　朱得之と入門の時期を同じくする董澐にも、莊周とは「天の樞機を掌握し、天下の事物を解明した」人士であり、また、南宋の林希逸が莊子に注釋を加えた結果、莊子一書からは不明な箇所が消え去った、とする發言がある（『從吾道人語錄』「把卷錄」第三十四條。『董澐集』南京：鳳凰出版社、2007 年、所收）。かれは『稽山承語』にも登場する人物である。荒木見悟「禪僧玉芝法聚と陽明學派」（初出 1964 年、のち『明代思想研究』、東京：創文社、1972 年、所收）や山下龍二「董澐（蘿石）『從吾道人語錄』について」（『名古屋大學文學部研究論集』69、1976 年）を參照。
34)「老莊論性、以虛無爲指、蓋就人生而靜以上説、故謂仁義有情有跡、不足以盡性」。以下、四庫全書存目叢書本により引用箇所の頁數を附記する。「讀莊評」のこの條は 182 頁である。

でない者は存在するが、道をそなえて不仁なる者はいない」と斷じている³⁵⁾。無限定なる性もしくは道に較べれば、仁や義は限定的な內容しか持ち得ず、そのために、それらの「跡」は「掃」われなければならないのである。

書物の完成時期を較べるならば、『莊子通義』の方が『老子通義』よりも數年早い。朱得之が老子と莊子との註釋を同時並行的にすすめていた可能性は否定できないとしても、完成時期の相違は、その時どきで、かれが如何なる事柄に傾注していたのかを示唆する³⁶⁾。「掃跡」なる文字は、莊子一書を典據とするものではない。かかる文字にかれが如何にして想到したのかは不明だが、そこにはかれの當時における一般的倫理觀への批判意識も込められていただろう。そして、「掃跡」に關わる問題をひとしきり考え抜いたかれには、或る理想的境涯が開けることになる。

朱得之は天下篇を莊子書の「後序」と位置づける。そしてその作者について、莊周本人ではなく、その敎えを學んだ者だと推定する。天下篇には老子の學說を槪括する一文が載る。その一文を解說すべく、『老子通義』「讀老評」第四條は以下のような一段を設ける。

> 莊子一書に言う、「老聃、之を建つるに常無有を以てし、之を主るに太一を以てし、濡弱謙下を以て表と爲し、空虛にして萬物を毀たざるを以て實と爲す」と。おもうに、無とは道の體であり、有とは道の用であり、その有と無がいずれも常であれば、體は用を離れず、用も體を離れない。この志を立ててみずからを善良にし、この學問を立てて人びとを善良にする。さらに「之を主るに太一を以て」すれば、體用の境涯を超えて、かつ體用の境涯を離れない。その一とは常であり、一に加えて太と言うのだから、執着の對象となる恆常的なるものはないのである。「濡弱謙下」の德は、人びとがともに目にし、人びとがともに恩惠をこうむるもの、ゆえに「表と爲す」と言う。ただしその內面は、空であること太虛のようであるから、萬物を見捨てず、しかし萬物に執着せず、それを具體的な實踐とみなす。老子の遺志を繼ぐ者でなければ、こうした發言はできないだろう。陽明先生は言われた、本體は虛であることを要し、工夫は實であることを要すと。その意

---

35) この條の全文は以下のとおり。『老子尙道德而黜仁義、非黜仁義、黜其跡也、世儒黜老子、未究其蘊也、竊嘗爲之說曰、道者無方之仁、仁者有象之道、仁而不道者有矣、未有道而不仁者也、故通義之指歸、大約在此、而世儒之說、不能悉與之辯、亦望虛心者、因是而有悟也』。『老子通義』は『中國子學名著集成』(臺北:同編印基金會、1978年) 第 50 册所收の影印本による。

36) 列子に對するかれの位置づけは、老莊二子に較べて低い。『列子通義』(無求備齋本) の序文には、「列子八篇、雜記以闡大道、……意者莊子時、此書尙未出、故周開而述之、以見前輩生聖之功、有若此者、其未以爲然者、多不述也」と、「讀列評」第三條には「列莊二籍、益於後學盡多、務詞章者可以傚步驟、好談論者可以資聞見、耽名利者可以廣襟度、求長生者可以堅形骸、志道德者可以理心性」、とある。一方、莊子に對する絕對的な信賴は、以下の文章からも讀み取れる。「求文辭於先秦之前、莊子而已、求道德於三代之季、莊子而已、……欲見天地之心者、必不忽莊子、好古畜德者、必不評莊子」(「引」182頁)。

圖はまさにこの一段のようである[37]。

　　引用文の末尾に見える陽明の發言に關して、『稽山承語』第十九條は、「乾坤という二大形象について問う。答える、本體は虛であることを必要とし、努力は實であることを必要とする（問乾坤二象、日本體要虛、工夫要實）」と記す。この問答も、そのほかの問答と同樣、天地を天地たらしめる人間の在り方を主題として交わされたものである。同書第十七條は「心の良知、之を聖と謂う」との一句から、第十八條は「良知は「獨」なる狀態以外になく、獨知は「良」なる狀態以外にない（良知無有不獨、獨知無有不良）」といった短文から成る。第二十條もまた體用の關係を説明する一段であり、第十七條以下の四條は、おそらくひと繋がりのものであろう。その第二十條は、「本體に合致してこそそれが工夫、工夫をおこなうのがまさに本體である。また曰く、工夫をおこなってこそ本體が分かる。また曰く、工夫をおこなう當體がまさに本體であると」[38]、というものである。一連の主張は以下のように概括できる。本體としての良知は「虛」なる自在さを要し、工夫としての良知のあらわれは「實」なる具體性を持たねばならない。ただし本體と工夫ないし「虛」と「實」は相即關係にあるから、良知と相對する個別事象の意味は、その都度確定され、かつ不斷に更新される。かくしてこそ乾坤二象をその代表とする森羅萬象は、森羅萬象としての存在意味をもつのである。

　　朱得之は、老子の主題だとかれが認める文言を、陽明の「本體即工夫」論にもとづいて解釋した。兩者の共通性を、萬物に執着しない「虛」ないし「無」と、萬物を萬物たらしめる「實」ないし「有」との相即を説くものと捉えた。かくして「體用の境涯を超えて、かつ體用の境涯を離れない」ことにより、自己と他者との雙方が「善良になる」。朱得之が莊子三十三篇の主旨と捉えた「掃跡」なる在り方とは、こうした境地を現前させる實踐方法を意味しよう。以下、その詳細について、かれの莊子注を分析しながら明らかにする。

（二）「掃跡」と良知「無知」論

　　「掃跡」語それ自體は莊子書に記されないとしても、それに相當する概念は見いだせる。「忘」の一字である。莊子の諸處に載る「忘」の言説は、大宗師篇の坐忘論をその白眉とする。朱得之は言う、「この（坐忘の）一段において、孔子や顏回が理解した「忘」という在り方がわかる。また莊子が孔子や顏回をあつく信じていたこともわかる。

---

[37]「莊子書日、老聃建之以常無有、主之以太一、以濡弱謙下爲表、以空虛不毀萬物爲實、余惟無者道之體、有者道之用、有無皆常、則體不離用、用不離體矣、立此志以自淑、立此學以淑人、而又主之以太一、則超乎體用之外、而不離乎體用矣、一者常也、一而加ול太、無常可執也、濡弱謙下之德、人所共見、人所共沾被者、故曰爲表、其心空如太虛、而不棄萬物、不著萬物、以爲實功、非善繼志者、不能爲此言、陽明先生曰、本體要虛、工夫要實、意正如此」。

[38]「合着本體、方是工夫、做得工夫、方是本體、又曰、做得工夫、方見本體、又曰、做工夫的、便是本體」（陳來前揭書、628頁）。

かくしてその他の章における「掃跡」の意味はますますはっきりしてくる」[39]。孔子と顏回とは、無論、この一段の主人公である。孔門の敎說として莊子書が肯定的に記した「忘」なる在り方を手掛かりに、朱得之は「掃跡」概念を構築したとみなせよう[40]。その坐忘にいたる實踐の階梯を、かれは以下の如く把握する。

> ここでは聖人による實踐方法を取りあげ、「忘」をその極致と見た。（莊子本文で）仁義を先に述べ、禮樂をその次ぎに（据えてともに批判）するのは、まさしく、仁や義にかこつける世俗の弊害を（まず）指摘しての措辭である。仁義を忘れれば、覇者がその治世下にふけったような歡樂には陷らない[41]。禮樂を忘れ、みずからその桎梏より拔け出でる。坐忘する者は、ただその肉體を忘れるだけではなく、その知もあわせて忘れしまうのである。[42]

朱得之は、まず仁義という名目に借りて欲望の充足をはかる態度を批判し、そもそもかかる規範概念から自由であるべきことを說く。次いで「禮樂」を肉體に對する桎梏と位置づけ、肉體への執着を超えることにより、そうした桎梏を脫すべきだとしたうえで、最後に、「知」をも「忘」れよと言う。その「知」とは、それまでの行爲を支えてきた「忘」れようとする意識それ自體を指す[43]。「忘」ないし「掃」という行爲は、批判對象に應じて多樣に現象するとともに、行爲する意識それ自體をも超える實踐を意味する。實踐の目的は、「忘」の實踐がこのような構造をもつことと密接に關連しよう。朱得之は、大宗師篇の冒頭、「天の爲す所を知り、人の爲す所を知る者は至れり」以下の一段をめぐりこのように述べる。

> おもうに天機はただその本體だけを生み出して、具體的現象に假託する。人の道は、その覺醒した本性によってその本體を具體化する。ただ天機がもとよりそうであることに因循し、沈靜かつ純一、知識を起こすことがない。そのようにして一生を終え、中途半端に止めたりしない。これが人間でありつつ天を見失わない在り方である。その性は眞であり、完全無缺である。どうして繁り榮え盛んに

---

[39]「於此可見孔顏之所謂忘、亦可以見莊子篤信孔顏處、而他章掃跡之旨、益昭然矣」（239 頁）。
[40] この注釋書における「跡」字への言及は、「鷦鷯・偃鼠在廣大之中、取於自足、亦何所用於廣大、卽此安分自足之風、天下所以感之而治、不待於有爲之迹也」（逍遙遊篇注、195 頁）、「大抵有心則有跡、有跡則可尋、尋跡則非率性矣」（人間世篇注、222 頁）、「孔子言其曠達之懷、識知不存、得喪俱忘、其於萬物之變化往來、惟凝視其出之本一、而不逐於跡」（德充符篇注、223 頁）、「由之逃、蓋所以洗堯之跡、而成其無名之德、且以敎後世、化跡免患、忘其仁義之爲利、而率性以行之、是乃所謂誠也」（徐無鬼篇注、357 頁）など。三番目に擧げた注釋は、魯の兀者王駘に對する孔子の見解に附されたものであり、朱得之はこの一段を、「此借王駘以發孔子狀聖之旨」と解釋する。
[41] この部分は、孟子盡心上篇を典據とする。
[42]「此擧聖功以忘爲極、而乃先仁義、次禮樂者、正指世俗假仁襲義之弊而言、忘仁義、不落驩虞也、忘禮樂、自脫桎梏也、坐忘者、不特忘形骸、并其知亦忘之矣」（239 頁）。
[43] 達生篇の「忘」に言及する一段も同樣である（315 頁）。朱得之はまずこの一段を「此言忘之爲德、以見無爲之境」とまとめ、そのなかの「始乎適而未嘗不適」との言葉を、「初尚有適之情、至於無往不適、則所謂適者亦忘之矣、此之謂眞適」と解釋する。

ならずにいられようか。ゆえに至れりと言う。44)

「天機」とは、天という絶對存在が個別の現象を「爲」す際の、その機構に相當するだろう 45)。その機構のなかに、現象としての然るべき在り方である「體」が、人智を超えた在り方で生みだされる。しかしそのようなものとしてこの世界に「體」を具體化させるのは、人間にほかならないが、ただしその人間は、自己の本性を顯現させている必要がある。覺醒した人間とは、後述するとおり、かかる「體」を天とともに共有する存在だと推定される。さて、天機にしたがう實踐者は「知識」を起こさない。だが天機の把握とその具體化の責任は、あげて人間に歸せられる。朱得之は注釋を續け、そこに「良知」の二文字を持ち出す。

　　また、牛や馬の類は天であり、（それらによって）耕作し駕を走らせるのは天人が合した狀態である。鼻に穴を穿っ（て繩をとおし）たり首に手綱をからめ（て走らせ）るのは、人爲でありまた天でもある。ゆえにここに言う天もまた人、人もまた天とは、かならずこのように知り、このように用いることができて、はじめて眞知とみなす。……（本文が）そうではあるが問題がある、と記すのは文脈を一轉させるものである。おもうに人が天を知ることは盛んだとみなせるが、しかしすぐさま天人を合致させることができるわけでもない。時間の經過をまって後にわかるものを必要とする。人はそうした時間のなかでは、身を安らかにして從順でなければならない。そうしてこそ天人が別物ではないことがわかるのである。事物がまだ成立していない時には、對象の到來を待って未だ定めないのである。そもそも吾の良知は、始めから終わりまでを貫き、その妥當なる發現を待つ。天とはいえ人、人とはいえ天なのである。46)

朱得之は、天機の把握および具體化がともに果たされた境涯を、「眞知」と形容する。されば、ここに言う良知とは、かかる眞知としての側面をもつとともに、またそれを現前させる統一的主體に相當するだろう。眞知としての良知は、終始一貫して「時」に違わない。つまり事象への應對を誤らないわけである。そして朱得之は、そこに「待つ」という要素を織り込むのだが、この點に關しても後述する。ここでは、その起こしては

---

44)「蓋天機惟生其體而寓其用、人之道以其覺性而用其體、惟循天機之本然、悶悶醇醇、不起知識、以此終身、不爲半塗而廢、是人而不失其天也、其爲性眞、完全無失、豈不暢茂敷榮而盛乎、故曰『至矣』」（231頁）。

45)　天地篇「泰初有無」の一段に對する注釋にも、以下の如く天機の語が用いられる。「形體保神、天能之必具也、性修反德、人道之當然也、造化之始、冥冥漠漠、無也、……此無、雖未形露、而其機則燦然之分、已具於中而有不得已者、……性得其修、而能復其未形之德、造於極致、則與太初本來之無、渾然不二、其虛其大、無塵可棲、無物不容、如此而有言、皆天機之自然、合於鳥鳴之機矣」（270頁）。

46)「又如牛馬、天也、耕駕天人合也、穿鼻絡首、人也亦天也、故其所謂天亦人、人亦天、必能如此知、如此用、然後爲『眞知』、……其間曰『雖然有息』、一轉、蓋言以人知天、雖可爲盛、然又有非一時可合、必要於久而後見者、人於此時、當安而順之、而後可見天人之不二也、事物未成時、『有待而未定也』、吾之良知、通貫乎始終、以待其當、雖天亦人、雖人亦天矣」（231頁）。

ならない「知識」が、「時」への對應を妨げる原因とされることに注意したい。しかし世間は、逆にそうした「知識」の方を尊重する。朱得之は、胠篋篇に載る「絕聖棄智」句を、この一般通念を批判する言葉として理解する。そのうえで、「かの智を優先する理由をさかのぼってゆけば、實のところ聖人に始まる。しかしそれを踏襲する者が天道に違背し、仁義にかこつけて、世の中の眞理を亂した。だからここで絕聖棄智と說き、そうして人びとを醇朴な狀態に回歸させ、無知へと戾らせる。かくして人の本性は穿たれない」、と分析を加える[47]。

こうした「無知」とは、上述した意味での良知と同義である。先に示した坐忘の一段でも、仁義を隱れ蓑にして惡行にふける人士が批判されていた。しかしその仁義とは、聖人の智惠が創り出したものである。そのどこに問題があるのか。朱得之は、繕性篇の主旨を、仁義の價値を低く抑え禮樂を恥とするものと捉えたうえで、「仁義禮樂のはじまりをたずねれば、人の良心から發生している。しかし名に從屬し根本を見失う者にとっては、基底的な昏亂でもある」と語る[48]。先の聖人が、ここでは人間の「良心」と言い換えられる。規範の正當性に對する保證としては、それ以上のものはない。だが朱得之は、それこそが錯誤の起源だと斷ずる。良心から生み出された規範とは、いわば普遍的な價値である。かかる規範は「時」を超えて正しい、と考えるのがむしろ常識的であろう。しかしかれは、この一見すると正當な觀念に、疑いの目を向ける。かかる觀念は自己の良知と天機との雙方を阻害するものでしかない、と見たのである。

そもそも「無用」とは「有用」を批判する思考態度である。しかしその「無用」を絕對視する存在も、畢竟、「有用」に固執する者と同罪であろう。朱得之は、逍遙遊篇に言う「無用」の語をめぐり、かく語る。「もし自分の意識が、無用であってはじめて事物の眞情が理解できると甘えていたり、無用であってはじめて事物の患いから免れられると安らいでいるのは、まだ有意である。ただそうした意識もなくなってこそ、無用を語ることができる」[49]。自己を慰撫するために「無用」なる境涯を指向する態度は、利己的以外の何ものでもない[50]。以下の注釋もこの「無用」批判と同案である。天地篇は、「渾沌氏の術」を假に修めた者を批判して、「其の一を識るも其の二を知らず、其の内を治めてその外に通ぜず」と言う。發言の理由を推測して朱得之は、「ひとつの事柄にこだわり、すべての事柄には通じないからであり（滯於　、不通於萬也）」、また「その心を守り、事物に意識を向けないからである（守其心、不屑於物也）」と記し、その

---

47)「原夫智之所由倡、實自聖人始、而襲之者違天背道、假仁襲義、以亂天下之眞、故曰『絕聖棄智』、然後可以反朴還淳、復於無知、而人性不鑿也」（255頁）。
48)「故原仁義禮樂之初、起於良心、而狥名失本者之基亂也」（296頁）。
49)「若謂意甘於無用而后能見物之情、意安於無用而后能免物之累、是尚有意也、惟無意而後、可語乎無用」（198頁）。
50) 天道篇の注釋にも「各親其親、天性也、兼愛則作意、市恩求名、故曰迂、意求無私、意卽私也」（281頁）と見える。

うえで曰く、「もし、一や二といった事柄の差異だけに目を向けたり、内外を分別するならば、偏見に蔽われる。しかし様々な事柄に通ぜず、事物に意識を向けないならば、明白ではなくなる。そこで眞に修めているのではないことがわかる」[51]。「明白」とは、「渾沌氏の術」を眞に修めた者として莊子が評價する在り方であり、朱得之はその狀態を「世俗を離れざるのみ」とも言い換える。

「無知」とは、現實社會と積極的に關わりつつ、ただし世間に通行する既成の價値觀に對して疑いを抱くと同時に、その懷疑する自分自身にも吟味を加える在り方を意味する。かかる在り方は、懷疑する姿勢を堅持する點で一貫するとともに、「無」化される對象に應じて、その現れ方を多樣に變化させる。大宗師篇に、孟孫子という一切を超越した人物を孔子が讚え、「知に進む」と表現する一段がある。朱得之は孔子の發言を解釋して、「知とは良知である。知に進むとはあたかも無知にいたると言うようなものだ」と述べる[52]。

無知としての良知に關しては、すでに陽明が以下のように説いている。曰く、「知ろうとする意識を捨ててこそ知らない事柄はなくなる。本體とはもともとこのようなものである。たとえば太陽は、物を照らし出すことについて、これまでなんの意識も抱いてこなかった。だが、おのずからどんな物も照らし出し、照らそうとする意識を持たずに照らさないものがない。もともとこれが太陽の本體なのである。良知はもとより「無知」であるが、しかしいま知ろうと意識する。もとより知らない事柄はないのに、逆に知らないことがあると疑う。ただ良知を信じきれていないだけである」[53]。

朱得之は、かかる師説を腦裏に置き、そして莊子書を讀み進めながら、良知における「無」化のはたらきが如何なるものかを考究していたのだろう。上述した「坐忘」一段に對する注釋も、そうした探求の一端に相違なく、かれは、「無」化されるべき對象を、克服すべき事柄の位相の深淺に應じて整序したとみなせる。そこに示された實踐の構造は、自己の良知を發揮する實踐主體のその内部構造でもある。「無」化の機能が、一個の實踐主體において重層的にはたらいているのである。

では、そうした實踐主體が「時」に對して適切に對應する、とは如何なる狀態を言うのか。「掃跡」の實踐を概括して、前述の『老子通義』は、「有無」の相即およびその超越を説く主張とまとめていた。されば、朱得之の言う「時」への對應という主題は、「掃跡」における「有」の側面に關連する事柄であろう、との予測が立てられる。

---

51) 「卽其見一二、分内外、偏蔽矣、不通於二、不屑於物、不明白矣、是以知其非眞修也」(273頁)。
52) 「『知』者良知也、『進於知』、猶曰造於無知」(237頁)。
53) 「無知無不知、本體原是如此、譬如日未嘗有心照物、而自無物不照、無照無不照、原是日的本體、良知本無知、今却要有知、本無不知、今却疑有不知、只是信不及耳」(『傳習錄』卷下第八十二條)。なお龍溪もその「艮止精一之旨」(『王畿集』卷八)に、「良知無知、然後能知是非、無者聖學之宗也、……良知無知而無不知、人知良知之爲知、而不知無知之所以爲知也」と記す。『莊子通義』における「無知」語は、たとえば「氣者、性體無知之本來者也」(應帝王篇注、242頁)、「此雖忘其知、而湛一無知者、千世而不變也」(田子方篇注、325頁)など

(三) 主客感應の關係と格物

　「無」を體現した實踐主體は萬事萬物と如何なる關係を結ぶのか。朱得之は、天道篇の「夫れ虛靜恬淡、寂漠無爲なる者」と始まる一段への注釋に、以下のような見解を示す。

　　（本文に）休めば則ち虛、虛なれば則ち實、實なれば則ち倫あり、と言うのは以下のような意味である。德を修めて無爲に立ち戻る者は、恬淡寂漠なる天の在り方にやすらぐ。そうであれば本體は乾坤の乾の如く陽そのもので、わずかの障りもない。虛である。さればその本體は無礙自在に發現し、如何なるはたらきかけにもかかる態度で應對し、間髮を容れない。實である。無礙自在なる感應が、間髮を容れない以上、事象の先後抑揚、親疏尊卑、それぞれがそれぞれに在るべく附與されて、條理にかなわないものはなくなる。また（續く本文に）虛なれば則ち靜か、靜かなれば則ち動き、動けば則ち得る、と言うのはこうである。からりとして世界からのはたらきかけがない狀態は、靜まりかえった鏡の如し。靜である。それゆえにその本體は虛にして明らか、もしはたらきかけられたならば、やむを得ずそれに應じる。これが動である。その應對は無心の狀態において爲され、靜なる本體を失わない。內側に向かっては自己を喪失せず、外側に向かっては他者を損なわない。故に動けば則ち得る、と言うのである[54]。

　周易乾卦の象傳に「雲は行き雨は施し、品物は流形し、……乾道は變化し、各おの性命を正す」と言う。また陽明は、「天地萬物はいずれも我が良知の發用流行のなかに在る」と語る[55]。引用文中「流行」の語は、この兩者を念頭に置く表現である。「虛」とは良知が具備する「無」化の機能が發揮された狀態を意味する。「靜」や「無心」も同樣であり、かく在ることで、實踐主體は對象との感應關係を自在に創り出す。千變萬化する諸現象に對し、そのはたらきかけに然るべく應じ、そして、その現象を現象ごとに意味づけるわけである。この具體的側面を「實」と呼ぶ。朱得之は、これら意味づけられた諸事象が「先後抑揚、親疏尊卑」といった秩序にかなう傾向をおびるとともに、その秩序は、關係の場における自己とその對象のいずれにとっても滿足しうる在り方として具體化される、と思念していたわけである。

　ここに詳述された感應關係は、上述の、天機にしたがう實踐主體が活動をおこなうその場面の情景に相當する。こうした感應の場において、天機所生の「體」が具體化され

---

54)「其言『休則虛、虛則實、實則倫』者、言修德而復於無爲者、止息於『恬淡寂漠』之天、則本體純陽如乾而無一朕、『虛』也、流行變化、萬感從此而應、無間可容髮、『實』也、流行感應、旣無髮可間、則其先後抑揚、親疏尊卑、物各付物、莫不得其條理矣、又曰『虛則靜、靜則動、動則得』者、言廓然無感、寂然如鏡、『靜』也、本體虛明、設有所感、不得已而應之、是『動』也、其應出於無心、不失本靜之體、內不失己、外不失人、故曰『動則得』也」（279頁）。

55)『傳習錄』下卷第六十九條。かかる事例は同書中に散見する。

るわけである。朱得之はまた、かかる感應關係を「間髮を容れず」と表現し、その時間的緊密さを強調する。この場において實踐主體は、天機にしたがおうとする意識をも超えて在る。「已むを得ず」そう在るのである。天機のはたらきかけと人によるその「體」の具體化とは、緊密な感應關係の場において同時に成立する。主客はまさに一體なのである。

　さて、朱得之の論理に從えば、「時」に對して適切に應じている實踐主體は、然るべき「時」を前提的に想定することなく、そのように應じているはずである。ただしかれは、ここに實踐主體が「待つ」という要素を織り込む。感應關係はそれぞれが獨立したものでありつつも、しかしその繼起的な發生のなかで相互的な連關性をもつ、と捉えるのである。變動してやまない諸現象に對し、實踐主體はその都度、感應關係を樹立する。ただしそれとともに主體の「待つ」態度を經て、複數の感應關係が一箇の連鎖的事象を形成する。時を「待つ」とは、その形成にいたるまでの經過に主眼を据えて爲された表現に相違ない。朱得之は、この連關に一定の秩序がそなわると見た。ただしその秩序の正當性に關しては、良知それ自體の恆常性に担保させる以上の思考は見當たらないように思われる。

　朱得之は、實踐主體が主客一體の場において如何に客體と關わるか、それを説明するうえで「過化存神」の概念を活用してもいる。この言葉は孟子盡心上篇を典據とし、原文は「夫君子所過者化、所存者神」である。この一文に對し、朱熹は、「君子が立ち寄った場所のその人びとはみな感化され」、「その心に保存され主體を主宰するものは玄妙不可思議だ」と解釋する[56]。莊子則陽篇に、超越者を形容して、世界の變化に應じて自身も毎日變化するが、しかし變化しない或るひとつのものをもつ、と説く一段がある。朱得之はこの文章に對し、以下の如く注釋する。「道を體得して世間に應じ、現象に從ってつぶさにそれを成立させる。ことさらな智を用いない者であり、そうして事物と終始し、そして兆候の微妙なる天の時とともに、みな無知に歸着する。實踐主體が日び萬物と移り變わるのは、自身が存するこれまで變化してこなかったものによってである。これがまさしく過化存神の主旨である」[57]。莊子本文に「物と、終なく始なく、幾なく時なし」とある表現を、かれは、實踐主體が「無知」なる境涯で諸事象に應接する在り方だと解釋する。天機があらわれる瞬間と、その前後それぞれに遙かな時間とのなかで、實踐主體はつねに「無知」を據り所として活動する。その「無知」である良知の恆常的な現前を、「存神」と稱する。ただし感應關係それ自體は、主客雙方の在り方に應じて刻々と變化し、一定の狀態に停滯することなどあり得ない。「過化」の語もまた併記されるべき理由である。

---

56)「『所過者化』、身所經歷之處、即人無不化、……『所存者神』、心所存主處、便神妙不測」(『孟子集註』卷十三)。
57)「得道應世、隨物曲成、不用智者、是以與物相爲『終始、幾微天時』、皆歸於無知、『日與萬物遷化』者、以其所存之『一未嘗化』也、此卽過化存神之旨」(361頁)。

德充符篇冒頭の王駘の段に「物の化を命として、その宗を守る」との句がある。この箇所に對する注釋にも、朱得之は、天地が崩壞しようとも「虛靈の體」、すなわち良知を具現した實踐主體、すなわち王駘のような超人は屹立して不變だと記し、このように言う。「ゆえにその感應に當たっては眞理がはっきりあらわれ、實踐主體は、一瞬一瞬現前して他者に假託も依存もせず、そこで事物に追隨して移ることはないが、事物に應じてその相應しい在り方を附與し、しかしその神はひとり存立するのである」[58]。

　「過化存神」の語は主客の樣相を簡潔に表現する [59]。良知の恆常性と、かかる良知と感應關係を樹立した諸事象が事象として妥當性を獲得していることとが、一言のもとに斷じられるわけである。ただし、「存」と「過」という動作の對比が示唆するとおり、この一言には、主客の樣相を對照的に描寫する色合いが強い。しかし朱得之は、それが感應の一體を説く立場と齟齬するものだとは考えない。それはおそらく、「存神」の「神」の「無」化機能に全幅の信賴を置いているからであろう。そしてこの信賴が、事象相互における秩序形成への信賴にも、無媒介のまま繋がっていると推察されるのである。

　ところで、知北遊篇所載の或る説話は、青年朱得之と陽明とが交わした問答に類似する一文でもある。説話は、東郭子が莊子に對して道の所在をあれこれ質問し、莊子が、存在しない場所はないと答えるものである。朱得之はこの一段を概括して、「おもうに固執したり期待したり、選び取ろうとする意識がなければ、向かうところすべて至道だ」と記す [60]。道の存在を、實踐主體と諸事象との應接のなかでの問題だとするこの見解は、陽明の回答と揆を一にする。そして注釋者朱得之は、この一段に、論語子罕篇に所謂四絶、「意必固我」のそのいずれをも絶ちきるという考え方を利用し、そのうえで莊子の措辭を踏まえつつ、以下のように述べる。

> 萬物の去來は窮まることなく、そしてわたしの應對も滯留しない。天地のあいだに逍遙とし、くまなく見通して限りがない。なぜならば、事物を生み出すのは事物ではないからである。限られる所などどこにもない。ただ事物にのみ限りがある。天界の現象を見てみよう。その虛盈衰殺、本末積散は、跡である。限りが

---

58)「雖『天地覆墜』、其虛靈之體、昭然獨存、不與形器同變幻、故其應感明見眞理、息息見存、無所假待、是以不隨物而遷、因物賦物、而獨存其神也」（223 頁）。

59) 朱得之は、逍遙遊篇の「神凝、使物不疵癘、年穀熟」句について「蓋神存而過化、則因物賦物、物各得所、太和充塞於宇宙間、故臻此也」（196 頁）と言い、在宥篇の篇題をめぐり「在則神常存、宥則事不滯、不滯卽化也、神則不淫、化則不遷」（257 頁）とも語る。『老子通義』「凡例」第十條もこのように言う。「天機只是過化凝神、作聖之功只是（夫君子）所過者化、所存者神、故聖人之言、只摹寫過化存神之方、過化則機械不生、存神則淳樸可復、學者於此默識而請事焉、然後見老子經世之志、橫渠先生（正蒙神化篇）曰、性性爲能存神、物物爲能過化、又（同乾稱篇）曰存神則善繼其志、過化則善述其事（所謂西銘曰、知化則善述其事、窮神則善繼其志）、非達天機者、不能及此」。朱得之の「過化存神」解は、北宋張載の主張を汲むものでもある。かれに『正蒙通義』との注釋書があったことが想起される。

60)「惟無固必揀擇之心、何往而非至道」（334 頁）。

あるものである。しかし虛盈衰殺、本末積散を生み出すのは道である。どうして限りがあるだろうか[61]。

去來不定は諸事のつねであり、實踐主體は、個別の事象を事象という「跡」として具體化させつつも、つねにその「跡」から自由である。この一段の注釋には、「跡」とともに在りつつもその「跡」を超える實踐主體の境涯が、かつて青年朱得之に對し、良知による世界把握の方法を說き、萬物一體の境涯を垣間見せてくれた陽明さながらに、示されているのである。

朱得之にとってこの注釋書の作成は、莊子の多彩な文言から、みずからの良知說を構築するうえで必要だと思える要素を攝取する過程でもあったのだろう。良知における構造的な「無」化の機能や、主客感應關係の場におけるその發見、そしてそれらが築き擧げる一定の秩序態が、そうした要素である。かれは、かかる思索を積み重ねるなか、感應關係の成立を阻害する諸要因に對しても、認識を深めていた。されば、かれが晩年に抱いた「物情に通じる」格物說とは、良知をめぐるその全體的な思索のなかから、感應關係の成立という主題をとくに拔き出して構築されたものであったことが、推察される。その際にかれは、「情」という概念を用いることで、「格物」を、對人關係の具體的な場における實踐として特化した。自己の良知を發揮するという課題のなかに他者の敎化を如何に組み込むか、という青年期以來のかれの問題關心が、良知說を體系的に把握する段階を經ることにより獨自の格物說として結實した、と見ることができるのである。

五　嘉靖前半における老子注撰述の思想史的意義

朱得之の老莊注からは如何なる思想史的意義を見いだすことができるのか。本節では、この問題を考察する前提作業として、かれが同時代の老子注のなかでも高く評價した薛蕙と王道、兩名が老子注を撰述した意圖およびその思想史的背景を檢討する。

薛蕙は、正德九年（1514）春、第二甲での進士登第を果たして京官を歷任するものの、嘉靖初のいわゆる「大禮の議」により下獄、復職後まもなく致仕し、嘉靖九年（1530）に『老子集解』をひとまず完成させる。ただしその後もこの書物に修改をほどこし、同十五年冬、刪定を加えた折に改めて自著に對する序文を記した[62]。かれは、特定の師承關係をもたず、明儒のなかでは薛瑄（號は敬軒）と陳白沙とを評價して、兩者は學風

---

61)「萬物之『來去』無窮、而吾之應不留、逍遙天壤（當作壤字）、通明無『際』矣、蓋生物者非物也、何有所際、惟物則有際、試觀天象、虛盈衰殺、本末積散、跡也、有際者也、而所以虛盈衰殺、本末積散者、則道也、豈有際乎」。

62) 高叔嗣「再作老子集解序」（『蘇門集』卷五。『景印文淵閣四庫全書』（臺北：商務印書館）第1273冊、所收）によればその完成は嘉靖十六年に入ってのことである。『老子集解』九年本は『中國子學名著集成』に、十六年本は『無求備齋老子集成初編』に、それぞれ影印收錄される。二本間の內容的な異同も興味深い問題であるがそれは脇に置き、本稿では九年本に依據して議論を展開する。

を異にするものの、「反求して實に踐み、從容として自得」した點は「相い肖」ると捉えた 63)。學問内容の表面的な相違にはこだわらなかったわけであり、かれはさらに教學の枠組みを超えて佛道兩教にも接近した。かれの交遊範圍もそれと同樣、特定學派の人士に偏るものではなかったのである。

　王道は、正德六年（1510）春、王守仁、および白沙學の後繼を任ずる湛若水（甘泉、1466-1560）がともに同考官をつとめた際の會試に合格し、第二甲進士を獲得した人物である。仕官の直後、陽明に師事するが幾ばくもなく陽明とは距離を置き、甘泉を師と仰ぐものの、基本的に獨學を貫いた。そしてその「中歲」以後、老子注を作成する過程において薛蕙の『集解』を讀み、「非常に良い。おもうに從來この書物のように老子の趣旨を「發明」したものは存在しなかった」との感慨を抱いた 64)。『老子億』初版の刊行は、嘉靖二十一年前後のことである 65)。そして朱得之は、『老子通義』「凡例」第一條に、兩書を、宋・林希逸『口義』および元・吳澄『註』と並べ、信ずるに足る注釋書であることを實感した旨、述べていた。

（一）明代前半の思想史における老子注の意義—馬淵昌也氏の見解

　さて、馬淵昌也氏は、王道の思想を分析する論攷において、かれの『老子億』から、「朱子學實踐論への不滿を前提とした、心中の道の本體への超脱と事への密着というモチーフ」を抽出された 66)。その「本體」とは「個別的具體的な善のレベルを越えて、心の奧底に存在」するものであり、一方、「事」とは、「具體的」かつ「流動的事態」を意味する。氏のこうした理解は、『老子億』が、たとえば「内面において執着する是非を定理とみなしてしまい、……理とはもとより固定的でないことを知らない」という狀態の人士を批判し 67)、「故に「反」とは有から無に歸着すること、「弱」とは無によって有を統御すること」68)という在り方を提示したことが、その論據となっている。氏はまた、王道が一旦は陽明に師事しつつも、その後、良知説を批判したことに關して、かれが「人間は奧一層の本性に依據すべき基準を求むべき」だと思念していたからだと推量され、王道による「現實の人間の心の判斷力の信頼可能性の見積もり」は陽明と異なるものであり、そうした王道の眼に「良知とは既に發動して具體的形をとるに至った本性の具體化された位相」として映った、と捉えられる。たしかに『老子億』は、「そもそも無爲に至ってこそ道の本體が回復されるのである。道の本體が回復されて、そうし

---

63)「答馬宗孔」（『西原先生遺書』卷上 16 表。同書は『四庫全書存目叢書』（濟南：齊魯社）子部第 84 册、所收）。なお『明儒學案』はかれを「諸儒學案下一」（同書卷五十三）に入れる。

64)「薛君采解老甚好、蓋自來未有如此發明者也」（「又答魏莊渠」『順渠先生文錄』卷六、尊經閣叢刊本）。

65) 安如山「老子億跋」、參照。『老子億』は無求備齋集成本を用いる。同書第三十七章注に『集解』からの引用文が載る。

66) 注 3 所揭の當該論文。

67)「以内所執之是非爲有定理、而不知……理本不定也」（第五十八章注）。

68)「故反者自有而歸無也、弱者以無而御有也」（第四十章注）。

て爲し得ないことのない妙用が行きわたる」と語ってもいるのである[69]。

　薛蕙の思想に關する馬淵氏の研究は[70]、『老子集解』の分析を主題とするものではない。しかし氏が、「心の奧底に潛み、宇宙の本體へと續く」本性を把握しつつ、「千變萬化する現實の中で、一貫性のある自己を獲得」するもの、と概括された薛蕙の立場は、『集解』のそれにも當然通じる。同書の第一章注は、「無欲が、無欲であろうとする意志から實現され、有欲が、有欲であろうとする意志から實現されるのであれば、それは妄念が作りだした私心であって、眞常なる道とは言えない」と述べ、かれの當時の「道」について語る者を批判して、「有については理解するが天地の始めの無爲無形についてはわからないか、無については理解するが萬物の母の物を生み出して止むことがないことはわからない」と捉える[71]。有無相即の立場から、有と無とのいずれであっても、その一方に偏向する態度を批判するわけである。また第十八章注は、「無思無爲であり天を基準に動くのが道であり、對象指向的な意識がないわけにはゆかず人爲を基準に動くのが仁義だ」、と「道」を「仁義」の上位に据える[72]。かくして薛蕙は、陽明致良知説を、この「仁義」と同樣の「已發」の位相における限定的な議論とみなし、それゆえに「未發」の體認に缺くと批判した[73]。「未發」における絶對の本體を把握しないかぎり、個別的事物への對應にも錯誤があり得ると思念したのである。

　薛王兩者が「無」の境地を高く評價するその意圖は、馬淵氏の言葉を借りるならば「個別的具體的な善のレベルを越え」ることにより、「修己・治人の兩面からする朱子學の機能不全を解決」しようとした點にある。氏は、兩者のかかる問題意識を白沙や陽明のそれを受け繼ぐものとされる。時代思潮の趨勢を大局的に捉えた見解だと受け取れる。では、もう少し視野を絞り、かれらが活動した當時の情況のなかでその思想的立場を考察するならば、そこからは如何なる見通しが開けるだろうか。

（二）明代中期における「靜の思想」と老子注

　王道は、老子の如何なる主張に關心を抱いたのか。『老子』第十一章に對する注釋のなかで、かれは、個別の事象を超える志向を示すとともに、「有」的世界を離れた「無爲」の實現は意味をもたないとも主張する。「有」への執着は「爲己」と「爲人」のいずれの側面でも「古今之通患」であり、それは「有道者」が深く慨嘆する事柄であった

---

69)「夫至於無爲、而後道之本體復矣、無爲之本體復、而後無不爲之妙用行矣」（第四十八章注）。
70) 注3所揭の當該論文。
71)「若無欲而出於欲無欲、有欲而出於欲有欲、是則妄作之私心、而非眞常之謂矣、……有見於有、而不知天地之始、無爲無形也、有見於無、而不知萬物之母、生生而不可已也」。
72)「蓋無爲無思而動以天者、道也、未能無意而動以人爲者、仁義也」。
73)「陽明曰心之本體、無分於動靜、此論殊非是、謂之未發、非靜而何、謂之已發、非動而何、大抵陽明之言、儘有好處、只說到未發、却全缺理會」（「論未發」『西原先生遺書』卷下 43 表）。このほか、同じ題名のなかの一文「陽明言致良知、大抵是就事物上説、如此只是致良知之用、却不曾先推窮良知本體是如何、此豈非得末而遺本、大本苟未理會、得末亦安得不差」（同前 45 表）なども同樣。

と捉え、そのうえで、かれらは「老子の教説でその矯正を謀ったのだが、しかし空になずむことで空に執着し、有に居座ることで有を捨てた。その結果、禮法をすっかりなげうち、仁義をうち沈めることになった」と續ける[74]。老子を利用するまではまだよい。しかしそれへの依存が「空」への執着を生んだ。それは執着という點で「有」への居座りにほかならず、結局、在るべき「有」は見捨てられた、というわけである。そして王道は、過去に目を向ければ晉人による國家統治の方法がそれだとし、「妙合」されるべき「有」と「無」を判然と二分した人物として北宋の王安石を批判する。比定の内容はありふれたものだが、しかし「有」に固執することの問題點をわきまえながらも、その克服を意圖して用いたはずの「空」の思想にもなずんでしまった、とかれが語るのは、かれの周圍の思想情況に對する批判を含意するからではないだろうか。

かつて荒木見悟氏は、白沙と佛者無相太虛とを並べて「靜の思想家」と捉え、それが成化・弘治期（1465-1505）の時代思潮を反映するものではないかと推察された[75]。氏は、白沙と同じ呉與弼（康齋、1391-1469）門下の胡居仁（敬齋、1434-89）が、白沙のかかる思想傾向に對し、「無自覺のまま黄老の教説にはまり込み、それでいて聖賢の禮法を嚴格すぎるとする」と批判したことも紹介される。

康齋から白沙・敬齋にいたる學派の影響に對しては、丘濬（1421-95）が別の觀點から非難の言葉を述べている。曰く「近頃の士人は、科擧の學問以外にみだりに學派を別立し、みずからを道學者と稱する」[76]。成化十一年（1475）春、かれが會試主考官を勤めた時の策問の言葉である。丘濬の言う「擧業」とは、たんなる科擧合格のための勉強ではなく、登第以後、任官してからも役立つ學問をも意味する[77]。擧例は省くが、『明儒學案』が描く明代前半期の學者には、科擧に合格しながらも任官せず家居したという經歷の人士が多い。とくに「白沙學案」や「諸儒學案上」にはそれが散見される。丘濬の舌鋒もまた主に莊昶（1437-99）など白沙周邊の人士に向けられていた。こうした情況のなか、白沙の高弟である張詡（1456-1515）[78]の言動をも原因として、白沙の學問を禪學だと批判する認識が一般化する。

荒木氏の所謂「靜の思想」には、現實社會との對決よりも自己内面の開發を優先させる思想傾向がうかがえる。それは、當時の通俗的な擧業とは一線を畫し、聖人の學問に專念しようとする意志が生みだした趨勢である。だが「靜の思想」の思想家による活動

---

74)「欲矯之以老子之説、則又泥空而著於空、居有而棄乎有、卒之滅棄禮法、幽沈仁義」。
75)「陳白沙と太虛法師」（初出1959年、のち『明代思想研究』東京：創文社、1972年、所收）。
76)「近世士子、乃有輟於擧業之外、別立門戸、而自謂爲道學者」（「大學私試策問三首」『瓊臺詩文會稿』卷八、丘文莊公叢書本）。
77) この認識はかれに先立つ人士のそれを受け繼ぐものである。英宗復辟後の天順三年（1459）、無官の人士である陳眞晟は科擧登第後の人士の教育についての具體案を伴う上奏をおこなうなかで心學を稱揚した。三浦『中國心學の稜線』（東京：研文出版、2003年）、475頁、參照。
78) 生年の推定は、萬曆『新會縣志』（東京：國會圖書館藏本）卷六「白沙弟子傳」が記す「少陳子二十七歲」との一文による。

は、政治や社會からの超脱をきどり、個人的な嗜好のみを追究する人士 [79]に對しても思想的根據を與えかねない。むしろそのように受け止められるのが一般的であった。王道による上述の批判的言辭は、「靜の思想」が帶びる、こうした負の側面を克服しようとしたものではないのだろうか。

　白沙に師事した甘泉は、師の學問を「隨處に天理を體認する」方向で理解し、その天理については、「心と事とに落ちず、内と外とを分かたず」と認識した [80]。こうした師説理解が、張詡への批判を含意することは言を俟たない。正德十六年（1521）十一月、甘泉は「白沙陳先生改葬墓碑銘」を撰述し、そのなかに、白沙自身がその高弟である張詡を「幾禪」だと批判した一文を登載する [81]。陳白沙と張詡との分離を意圖した撰述であり、甘泉は、陳白沙の學問を「靜」なる側面に偏向するとみなす當時の風潮に對し、異を唱えたわけである。

　甘泉を師とする王道もまた、甘泉のかかる認識に同調した可能性がある。ただし、相對的な「無」の超克を企圖して有無の相即を強調する王道の思考は、薛蕙の存在がその一例でもあるように、學派の枠組みを超え、時代的な支持を受けるものであった。

　正德十二年（1517）五月に夭逝した徐愛は、言うまでもなく王門の逸材である。かれと王道とは、同門の士として南京で行動をともにしていた。その徐愛が、白沙の末流を空疎に傾くと非難し、「その實踐面において缺ける點があると疑」ったうえで、しかし「用」の不足を補えば問題が解決されるというものでもない、と見る [82]。何故ならば、この解決方法では體と用とを區別する立場から脱し切れないからである。そしてかれは、「夫れ物には體あれば斯ち用あり、事には終わりあれば必ず始めあり」との觀點から物事への認識態度を捉え直し、この一點を突きぬけることではじめて眞の實踐が可能だと考えた。かれは、かかる體用相即の認識を陽明から學んでいた。そしてここでは、白沙門下の李承箕に師事した王從善に、みずからの認識を傳えた。白沙思想を遠因として發生した學問的弊害は、王門徐愛が見聞するものでもあり、かれはそうした事態を同時代的な克服課題と捉えた。正德から嘉靖にいたる時期、「靜の思想」の克服は時代に共通の思想的課題であったともいえる。そして人びとは、動と靜あるいは體と用などそれ自體を把握し直す方向で、この課題に取り組んでいたと推察する。

---

79) 宮崎市定氏の言う「蘇州の市隱」も視野に入れるべきなのだろう。氏の「明代蘇松地方の士大夫と民衆」（初出 1954 年、のち『宮崎市定全集』13、東京：岩波書店、1992 年、所收）に示された沈周・祝允明らがそれであり、かれらの活躍時期は、弘治・正德朝である。

80) 荒木見悟「湛甘泉と王陽明」（初出 1968 年、のち『明代思想研究』東京：創文社、1972 年、所收）、參照。

81)『陳獻章集』（北京：中華書局、1987 年）、附錄二。

82) 徐愛はそもそも白沙後學への批判を、康齋批判ともあわせて述べている。「今以康齋之勇、……然未見其大成、則疑其於得力處有未至、白沙之風、……然末流涉曠、則疑其用力處有缺、夫物有體斯有用、事有終必有始、將以康齋之踐履爲體爲始耶、將以白沙之造詣爲用爲終耶、是體用始終岐爲二也、……必透此、方有下手處也」（「答王承吉書」橫山遺集卷上。『徐愛集』、南京：鳳凰出版社、2007 年、所收）。

當時、有無や動靜、虛實や體用などについて、その相即や超越を體系的に考究するならば、佛典の研鑽がその捷徑であったと思う。實際、薛蕙は、「もし本當に、心の心たる理由、聖人の聖人たる理由、眞心が常に存在し、生滅を超えるという道理を知りたいのであれば、佛書を捨て置いてそれらにたどりつける者は、萬人にひとりもいない」と語る[83]。また「楞伽經・維摩詰經・起信論・肇論」などの佛書や禪の語錄を擧げて、それらの閱讀を勸めてもいる[84]。しかしかれは、老子の注釋書を撰述した。その理由に關しては、唐順之による薛蕙「墓碑銘」の見解が傾聽に値する。曰く「方術の士が性命以外の事柄を穿鑿し、性の涵養が養生であることを知らず、世の儒者が有や無といった相對性の枠内にとざされ、無爲がただちに有爲であることを知らないので、（薛蕙は）老子解を作った」[85]。「方士」と「世儒」それぞれの缺陷に對し個別に應じるのではない。兩者は、有無を超えた「性」にまで理解が屆かない點において、その病源を同じくするのである。ゆえに薛蕙は、『集解』一書によってそれらの改善が可能だと思念した。

實態から言うならば、當時、「世儒」の「方士」化が進行していたのだろう。現實社會との正面對決を回避する人びとが增加していたのであり、薛蕙はかれらを、「無」への執着という「我」に凝り固まる「方士」同樣の存在と捉えた。硬直した「靜の思想」が人びとの行動規範となっていた。そしてかれらは、陳白沙の學問を遙かに遡り、老莊の書物にみずからの正當性を見いだしていた。一方、薛蕙は、人びとのかかる認識が誤解であることを示すべく、有無體用の實相を闡明する作業に取り組んだ。かれは言う、世の禪學は「明心見性」を宗旨とし異説を立てることがないのに、「方士の流」は老莊の主旨に背き傍流に走るばかりで、そのなかの見るに足る者ですら「有我有爲の小術」を信じるに止まる[86]。禪學ないし佛敎に對するかれの評價には甘さが感じられる。だがそれは、逆に「方士」の如き「世儒」の弊害を、自身の問題として直視していたことを物語る。「方士」たちの錯誤は、老莊の主旨を雜多なものとして捉えた點に起因する。その原因の除去つまり主旨の開示こそが、かれらの意識を改めるための第一步である。薛蕙自身、「神仙長生の術」に耽溺した時期もあった。しかし老子を讀むことで「性命の學」を知ることができた。『集解』自序に記された述懷である。正德十四年（1519）、かれは「道藏」を借りて通覽する機會を得た[87]。老子に對する先行諸注も數多く目睹しただろう。かくしてかれは、老子の本旨に對する實感をもとに、先人の智慧を集約し

---

83)「若欲眞知心之所以爲心、眞知聖人之所以爲聖人、眞知眞心常住不生不滅之道、舍佛氏之書而能至者、萬無有也」（「寄劉叔正」『西原先生遺書』卷下）。
84)「答茅侯山」（同前）、參照。
85)「方士穿鑿乎性命之外、而不知養性之爲養生也、世儒泥象於有無之内、而不知無爲之爲有爲也、作老子解」（『考功集』附錄。同書は四庫全書第 1272 册）。
86)「然世之禪學、猶皆以明心見性爲宗、無他説也、至於方士之流、則大背老莊之指、旁門岐徑、不勝其多、極其優者、亦有我有爲之小術耳」（「與浚川論二氏書」『考功集』卷九）。
87)「與伯昭」（『西原先生遺書』卷上）。

た形式の注釋書を作成することになった[88]。

　王道は「書として讀まざる所なき」博學を稱えられた學者であり、佛教に對する造詣も具えていた[89]。だがかれもまた、當時の人士を批判するうえで老子注の作成という手段を選んだ。かれが注釋作成の途上、『老子集解』を讀んだことは既に述べたが、その時かれは、既視感におそわれたのではないだろうか。そして改めて、老子注の思想的有效性を確信した。ただしかれは、一定の師承關係をもたない薛蕙とは異なり、白沙の學脈に連なる者でもある。「空になずむことで空に執着し、有に居座ることで有を捨てた」人士と同類とみなされかねない立場に、かれは在った。されば、老子注という場を活用した批判であっても、薛蕙とのあいだにはおのずと違いが生じよう。『集解』の如く先儒にそれを語らせる方法は選べない。かれにはそれをみずからの言葉により直接的に主張する責務があった、と推察するのである。

六　結　語

　朱得之は、陽明良知説の體得を第一義的な目的として『莊子通義』を撰述した。ただし、陽明が朱子學的人間觀の克服を企圖して良知説を生み出したことから推すならば、朱得之にも當時の朱子學に對する批判意識は繼承された、と見ることは許されるだろう。かれの注釋書と薛王兩者の老子注とは問題意識を共有するわけである。だが上述のとおり、朱得之は有無體用の相即のみならず、その超越をも説いた。一方、薛王兩者には、道の「無」からの超越という發想はうかがえない[90]。かかる相違は、莊子天下篇が述べる老子の教説を如何に解釋するか、という點にもはっきりとあらわれる。朱得之の見解は上述の如くであり、薛蕙や王道は「常無有」を「無名」の道とし、「太一」を「有名」の德と位置づけるのである[91]。

　朱得之は、たしかに薛王兩者の老子注を評價している。ただし、かれの内面には、兩著の乘り越えという意志もまた潛んでいたのではないだろうか。王道らは良知の發現を

---

[88] 『集解』は呉澄の老子注から多く引用する。次いで蘇轍の注釋が多い。それ以外には、王弼・李約・林希逸・董思靖などの名前が見える。

[89] 嚴嵩撰「神道碑銘」(『順渠先生文録』附録)、「佛説四十二章經」・「楞嚴經」・「大藏一覽」(ともに同卷五)。

[90] 朱得之が老子をすべて六十四に分章する點も、王道らの認識と異なる。

[91] 王道「無名者道也、莊子所謂常無有、周子所謂無極、是也、自本自根、生天生地、故曰天地之始、有名者、道所生之一也、德也、莊子所謂太一、周子所謂太極、是也」。薛蕙「莊子曰、關尹老聃建之以常無有、主之以太一、又曰太初有無、無有無名、一之所起、有而未形、物得以生之謂德、所謂建之以常無有、及太初有無、無有無名者、卽無名之謂也、所謂主之以太一、及一之所起、有一而未形者、卽有名之謂也」。いずれも第一章注である。王道「一生二、二生三、三生萬物」(第四十二章)の注にも、「道者無名、天地之始、莊子所謂常無有、所謂太初有無、無有無名者也、一者萬物之母、莊子所謂太一、所謂有一而未形、物得之以生之謂德者也」と言う。

「有」の位相で捉え、そのために、この學說を批判して、「無」への徹底さに缺けると見た。しかし王門の徒にとって、それは師說に對する誤解でしかない。良知とは、有無雙方からつねに自由な人間の本體以外の何ものでもない。薛王兩者のような見解を打ち破るには、かれらと同じ土俵のうえでたたかうことが直截的であろう。朱得之が體認の所產を三子注という形で示した背景には、こうした事情もまたおそらくは存していた[92]。

　學派間の相克もまた時代全體における思想動向の一部を構成する。朱得之の活躍時期は、「靜の思想」を克服する思潮のその展開期に重なる。つまりその反動が現象しだした時期だとも言えるだろう。そもそも「靜の思想」を克服する思考は、「無」に支えられた存在としての「有」の意義を強調する。個別の事象に對し、それが「無」なる全體の顯現でもあると認識する限りにおいて、その存在價値を是認するわけである。だが、そのような「有」の意義だけが強調された場合、新たな弊害がわき起こるだろう。朱得之はその青年期から他者の位置づけに關心を抱き、また王門では各種敎學の有效性をその限界とともに理解し、そして晩年、尤時熙とともに多樣な格物理解に接していた。これらの事象とは、いわば個別の「有」がみずからの存在意義を認めるよう、人びとに對し自身の權利を主張した出來事だと捉えうる。「靜の思想」を克服する運動は、實踐主體が關わる「有」の世界を明確に切り分ける現象をともなう。そして、運動の進行とともに、個別の「有」はそれぞれの色彩を濃くしていった。そうしたなかにあって、「有」とは、それに相卽する「無」とともに在ってこそ眞の「有」たり得るといった認識は、どれだけ浸透したのだろうか。對象の鮮やかさに目を奪われた途端、實踐主體は客體へと轉じかねない。しかしもはや、「有」の世界を否定することもできない。朱得之が有無體用の相卽のみならずその超越を說いたその背後には、主客有無のせめぎ合いが激化しようとする嘉靖後半の思想情況を讀み取ることもまた可能だと思うのである。

【附記】本論文は、『中國哲學』第36號（北海道中國哲學會、2008年）揭載の拙稿日本語版を底本とし、『臺日學者論經典詮釋中的語文分析』所收の拙稿中國語版に手を加えるかたちで作成した日本語修訂版である。修改の場をたびたび提供していただいた關係各位に對し、衷心より感謝申し上げる。

---

92) 王門の薛甲は、朱得之から『三子通義』を贈られ、莊子注を通讀した時點で朱に返禮を送り、「三子所言、正今日救時急務」と述べる（「與朱近齋書」『畏齋薛先生藝文類稿』卷三。同書は『續修四庫全書』（上海：上海古籍出版社）第1340册、所收）。

「心外無法」の系譜
―王陽明の「心外無理」と山岡鐵舟の「心外無刀」―

佐藤　錬太郎

はじめに

　禪の思想の原型を傳える『維摩經』の「菩薩品」には、光嚴童子と維摩居士の問答が見える。光嚴童子が騒がしい街を出てを人里離れた靜寂な場所で修行しようと考えていたのに對して、維摩居士は「直心是道場」[1]（自分のすなおな心が悟りの場である）と諭し、自分の心次第でどこにいても修行はできるという考えを示している。この心を重視する考え方は、中國禪の初祖達磨以來、禪宗に一貫している。

　禪の主流となった六祖慧能（638-713）の南宗禪の法系は、荷澤神會（670-762）の法系、南嶽懷讓（677-744）の法系、青原行思（?-740）の法系の 3 派に分派したが、3 派の内、北宗禪を排撃した神會の荷澤宗は、唐代後期には途絶えてしまい、後世に主流となったのは、南嶽の法を嗣いだ馬祖道一（709-788）と青原の法を嗣いだ石頭希遷（700-790）の法系である。禪の五家 7 宗は、馬祖と石頭のどちらかの法系に屬している。例えば、臨濟宗は馬祖の法系に屬し、曹洞宗は石頭の法系に屬している。

　『景德傳燈錄』に據ると、馬祖道一は門下の衆僧に、「心即ち佛なり（即心即佛）」、「心の外に別の佛は無く、佛の外に別の心は無い（心外無別佛、佛外無別心）」、「平常心これ道（平常心是道）」[2]と説いている。

　馬祖の法を嗣いだ黃檗希運はその著『傳心法要』において、「心がそのまま佛であり、佛は法である（心即是佛、佛即是法）。……以心傳心が正見である」[3]と述べている。青原下九世の天臺德韶（891-972）の偈に、「心外無法、滿目青山」[4]（『五燈會元』卷10）とあるように、唐代以降、「心外無法」は禪宗の常套句となり、北宋の時代になると、儒家にも吸收される。例えば『二程遺書』卷 19 には、「事外に心無し、心外に事無し（事外無心、心外無事）」[5]とあるし、宋代の心學を代表する陸九淵『象山集』卷二

---

1) 鳩摩羅什譯『維摩詰所説經』（『大正藏』第 14 卷、542 頁 c 段）。
2) 『景德傳燈錄』卷 28（『大正藏』第 51 卷、246 頁 a 段）。
3) 『傳心法要』（『大正藏』第 48 卷、380 頁 b 段-381 頁 b 段）。
4) 『五燈會元』卷 10（中華書局、1984 年）、569 頁。
5) 『二程遺書』卷 19（『二程集』第 1 冊、中華書局、1984 年）、263 頁。

には、「心は皆是の理を具ふ、心は即ち理なり（心皆具是理、心即理也）」[6]という有名な言葉が見える。陸九淵の高弟である楊簡も、「天地萬物は通じて一體たり、吾が心外の事に非ず（天地萬物通爲一體、非吾心外事）」[7]（『慈湖遺書』附録行状）と述べている。

明代の王守仁も、「心即理也」[8]、「心外無理、心外無事」[9]（『王文成公全書』卷一）、「心外無物、心外無事、心外無理、心外無義、心外無善」[10]（同卷四）、「心外無事、心外無理、故心外無學」[11]（同卷七）と述べている。

宋代明代の心學における「心外無理」とは、心に天理（正義）が備わっているという意味であり、禪宗で言う「心外無法」即ち「無心」と同義ではないが、心の修養に重點を置く考え方は禪の影響を受けている。

禪は日本では鎌倉時代初期以降に武士階級に信奉されるようになり、江戸時代に官學として採用された朱子學、明末に日本に傳わった陽明學、日本古來の神道と共に武士の思想的基盤を形成し、日本の武士道の成立に大きな影響を及ぼした。

江戸時代初期に臨濟宗大德寺派の禪僧、澤庵宗彭（1573-1645）が『不動智神妙録』を著して劍禪一如[12]を唱え、將軍家劍術指南役の柳生宗矩が澤庵の指導を受けて『兵法家傳書』を著すに及んで、武道の流派を問わず、禪と武道が一體のものと見なされるようになる。

そして、江戸時代末期には劍術の小野派一刀流の宗家を繼承した山岡鐵舟が劍禪一如の思想を體現し、江戸城の無血開城に貢獻した。鐵舟は明治初期に無刀流を創始し、「心外無刀」を唱え、劍術修行の究極は心の修行に他ならないという思想を確立している。

このように、禪と陽明學および劍術には相關連する思想的系譜が存在している。

本稿では禪と陽明學および劍術の修行に共通する概念として「漸修」と「頓悟」という語句を取り上げて、その意味と關係を明らかにしたいと思う。それによって「漸修」を重視した黄宗羲『明儒學案』に基づく從來の陽明學史を見直す手がかりとしたい[13]。

---

6) 『象山集』卷11「與李宰・二」（中華書局、1980年）、149頁。
7) 『慈湖遺書』附録「寶謨閣學士正奉大夫慈湖先生行状」（臺北：新文豐出版社、『叢書集成續編』第130冊、1989年）、401頁。
8) 『王文成公全書』卷1『傳習録』上（上海古籍出版社、1992年）、2頁。
9) 『王文成公全書』卷1『傳習録』上（上海古籍出版社、1992年）、15頁。
10) 『王文成公全書』卷4「與王純甫・二」（上海古籍出版社、1992年）、156頁。
11) 『王文成公全書』卷7「紫陽書院集序」（上海古籍出版社、1992年）、239頁。
12) 『不動智神妙録』については、『北大文學研究科紀要』103號「澤庵宗彭『不動智神妙録』古寫本三種・『太阿記』古寫本一種」（北海道大學大學院文學研究科、2001年）、24-139頁を參照されたい。
13) 佐籐錬太郎「明末清初的三學案與王學左派」『儒學與當代文明 Confucius and modern civilization （紀念孔子誕生2555周年國際學術研討會論文集）』（北京：九州出版社、2005年6月）第四冊、1792-1798頁を參照されたい。

一、漸修と頓悟

　中國の禪宗初祖ダルマから數えて六代目が南宗禪を唱えた六祖慧能（638-713）である。唐代に成立して日本にも傳來した臨濟宗や曹洞宗などいわゆる禪宗の五家7宗は全て南宗禪の系統に屬しているので、慧能を拔きに禪宗の歷史を語ることはできない。

　『六祖壇經』[14]に基づく禪宗史では、北宗禪が「漸修」即ち段階的修行を重視したのに對して、南宗禪は、一氣に佛性を悟る「頓悟」を重視した、と傳えている。

　北宗禪とは、神秀（606-706）が北方の長安や洛陽を中心に布敎したことに由來する名稱であり、南宗禪とは、六祖慧能が南方の華南、江西で布敎したことに由來する。

　北宗禪の祖、神秀は、唐の張說の碑文に據れば、河南省開封の出身で、幼少の頃から儒學を學び、儒學の經書のみならず、老莊思想にも精通した博學博識、眉目秀麗の人で、武德八年（625）に洛陽の天宮寺で出家し、50歲の時に五祖弘忍の門下に入って上座となり、五祖は深く彼の器量を愛したと傳えられている。

　唐の高宗の上元二年（675）に五祖が示寂して後に、湖北省荊州江陵の當陽山の住職となり、禪僧が德を慕って雲集し、それを傳え聞いた則天武后が700年に神秀を宮中に招いて法要を說かせ、その後、中宗皇帝、睿宗皇帝も國師として崇敬し、中書省の長官であった張說も弟子の禮を取っているので、名實共に當時最高の高僧であったと言ってよい。

　神秀の門下は、求那跋陀羅が443年に漢譯した四卷本『楞伽經』[15]を尊重したので、『楞伽師資記』[16]では、神秀を初祖達磨から始まる楞伽宗の系統に歸屬させている。

　神秀は慧能より三十歲ほど年長で、神秀の推擧で慧能は則天武皇后に召されたと傳えられているので、兩者は敵對する關係には無かったと考えられる。しかし、慧能門下の荷澤神會（670-762）が、玄宗皇帝の開元年間（732年頃）に洛陽で『菩提達摩南宗定是非論』を著し、神秀門下の北宗禪を「漸修」禪として排擊し、慧能の「頓悟」禪こそダルマの禪を繼ぐ正統な六祖であると主張するに及んで、南宗禪の優位が確保され、北宗禪は衰微し、やがて途絶えてしまう。

　南宗禪の祖、慧能の語錄としては、『六祖壇經』が現存しているが、1930年代に胡適博士が『六祖壇經』について、慧能の自作ではなく、弟子の神會の僞作である、とする畫期的な考證を發表し、千年來の禪宗史の通說に疑義を表明した。今日の學會では、神會が「坐禪」よりも「見性」を重視する思想を新たに打ち出し、神會もしくは神會一派が『六祖壇經』を著したと見なす說が有力である。

---

14) 『大正藏』第48卷所載『六祖大師法寶壇經』一卷と『南宗頓敎最上大乘摩訶般若波羅密經六祖慧能大師於韶州大梵寺施法壇經』一卷（大英博物館藏敦煌古寫本）を參照されたい。
15) 元嘉二十年（442）求那跋陀羅譯『楞伽阿跋多羅寶經』四卷（『大正藏』第16卷、479-514頁）參照。
16) 『楞伽師資記』一卷（『大正藏』第85卷、1283-1290頁）參照。

「見性」とは自分の佛性に目覺めることであり、ブッダと同じ悟りを得ることである。神會は、亂れた心を靜めるための「漸修」（坐禪の修養）を重視する北宗禪を排斥し、自性に目覺める「頓悟」を重視する慧能の禪こそ禪宗の正系である、と主張している。「漸修」と「頓悟」という言葉を最初に對比して提示したのは、荷澤神會に始まる。

　柳田聖山氏もその著『禪思想』（中公新書、1975 年）の中で、「わが道元は、『六祖壇經』に見性の二字あるゆえをもってこの本を偽書とし、六祖の眞説にあらずとする。道元のみならず、臨濟もまた見性を説くことはない。見性は、じつは神會という人に固有の考えであった」[17] と解説している。現在では、「漸修」を重視する北宗禪と「頓悟」を重視する南宗禪とに禪宗が分裂し、南宗禪こそ正統である、という禪宗史觀は神會の創作に由來すると考えられているのである。

　このように『六祖壇經』は、慧能の自作ではないと考えられるが、歷史的には千年來、慧能の著作と信じられてきた。『六祖壇經』には、樣々なテキストが存在するが、最古の文獻は大英博物館所藏の敦煌本で、『大正藏』第 48 卷に收錄されている。

　この『六祖壇經』には、慧能が五祖の衣鉢を繼いで正統な後繼者となったと書かれているわけであるが、胡適の考證に據れば、これは史實ではなく、慧能の弟子の神會が創作した話である、ということになる。神會が、慧能こそダルマの正統な繼承者であると證明すべく『六祖壇經』を偽作した、とする胡適の一連の考證は禪宗史の研究史において不滅の輝きを放っている [18]。

　荷澤神會の語錄『神會語錄』[19] は、胡適が敦煌出土の唐代寫本を校正して出版した『神會和尚遺集』[20] に收錄されている。これに據ると、神會は、北宗禪の特徵について批判して、「心を凝らして定に入り、心を住めて淨を看、心を起こして外に照らし、心を攝りて内に證す」[21] と總括している。つまり、精神を集中して禪定（瞑想）に入り、心を動かさずに清淨さを保ち、分別心を起こして外界に對應し、心を制御して心の内で悟ろうとするのが、北宗禪だというのである。神會は、これは愚者の教えであると斬り捨てている。

　神會は、無念無想で、心を内にとどめず、外にも向けないのが、初祖ダルマから傳わった如來禪であると主張し、「三學を修めてこそ佛教徒と言える。三學とは何か。戒と定と慧である。妄心が起こらないのを戒と言い、妄心が無いのを定と言い、心に妄がないと知ることを慧と言う」と説いている。そして、「頓悟」について、次のように解説している。

　　漸修に由らずに理解し、自然であるからこそ頓悟である。自分の心がもともと空

---

[17]『禪思想』（東京：中央公論社、1975 年）、66 頁。
[18] 柳田聖山主編『胡適禪學案』（中文出版社、1975 年）參照。
[19] 胡適校正『神會語錄』（『大正藏』第 85 卷、附錄）參照。
[20] 胡適編『神會和尚遺集』（臺北：胡適記念館、1968 年）參照。
[21] 胡適校正『神會語錄』第一殘卷（『大正藏』第 85 卷、附錄）、133-134 頁。

寂であることが頓悟である。心が止まることがないのが頓悟である。……一念で對應するだけで、決して段階的漸修に由るのではない。對應するとは、無念を悟るということ、自分の佛性を悟るということ、得ることが無いという意味である。[22]

「漸修」とは、最上階に登るための梯子を一段一段登るように、段階を踏んで漸次修行することである。この修行段階を經ずにいきなり、最上階に立つことは不可能である。しかし、神會は、「漸修」に由らずに、自然に最上階の無念無想の境地に立つことが「頓悟」だと説いている。

卑見によれば、「漸修」拔きの「頓悟」は、至難のことで、繪に描いた餅のように思われる。もしいきなり誰でもブッダや慧能のように頓悟できるとしたら、ブッダの苦行も、慧能の修行も徒勞に他ならない。武道の修行について考えてみても、長年の稽古修行の段階を通過せずに、いきなり無心の技を遣う境地に到達することは不可能である。

北宗禪を「漸修」として低く位置づけ、南宗禪を「頓悟」として高く位置づけることに神會は成功したが、神秀と慧能について一方を傍流とし、一方を正系とすることには無理があるように思われる。修行の段階と修行の最高の到達點とを分離する必要はないからである。

二、朱子學と陽明學

社會全體の秩序を重視する朱子學は、君臣道德や禮法を重視し、人はかくあるべし、という道德的理念を掲げて、各人が自己の德性を高めることを求める思想である。各自が道德的に立派であれば、政治も良くなり世の中も治まる、という儒敎の德治主義の傳統を受け繼ぐ思想である。朱子學は、社會の安定に寄與する思想として、元王朝、明王朝、清王朝、李氏朝鮮、日本の江戸幕府において官學として採用された。

禮法の實踐によって、外形を固めて内心の德性を涵養するのが、朱子學の修養方法である。これを劍術に當てはめて言えば、組み太刀や流派の形を繰り返し稽古する方法に他ならない。

朱子學は政治體制の安定に寄與する思想であり、禮法は人々の行動のマニュアル（手引き）に他ならない。しかし、政治體制や社會が不安定となった場合には、逆に變化への自由な對應を阻害することになる。あまりにも個人の倫理規範を重視したため、人々の柔軟な政治的思考や臨機應變の行動を妨げる側面があったからである。

陽明學は、人が危機に直面した時に、朱子學の禮法に囚われずに、個人の責任において危機に對處し、民衆を救濟せよ、と説く思想である。禪宗に當てはめて言えば、朱子學は平素の坐禪修養を重視する漸修禪に相當し、陽明學は臨機應變の頓悟禪に相當する。

---

[22] 胡適校正『神會語錄』（『大正藏』第 85 卷、附錄）、130-131 頁。

陽明學は基本的には朱子學と同樣に「己を修めて人を治める」學問であるが、理論よりも實踐を重視する點で、朱子學と異なる思想的側面を持っている。劍術に當てはめて言えば、朱子學は基本、陽明學は應用に相當する。

明王朝の中期に王陽明（1472-1528）が唱えた陽明學は、禪を吸收して儒教化した思想であり、朱子學者からは禪だと非難されている。日本の場合は中國と異なり、武士階級は禪宗に親近感を抱いていたため、陽明學を排擊する風潮は無かったように思う。朱子學を批判した山鹿素行が、朱子學を信奉する保科正之（1611-1672）の意向で赤穗に流されたのは例外的事件である。陽明學は、江戶時代には武士階級に受容され、幕府の大學頭となった佐藤一齋（1772-1859）のみならず、大鹽平八郎（1793-1837）、吉田松陰（1830-1859）らが學んでいる。

三、陽明學の「心外無理」

王陽明は、浙江省余姚の出身で、父の王華は、南京吏部の大臣であった。陽明は、21歲で鄕試に合格し、28歲で會試に合格した秀才である。氣性が激しく、才氣にあふれ、大膽奔放で、15歲頃から、任俠、騎射、辭章、神仙、佛敎に惑溺したと傳えられている。

陽明は、正德元年（1506）35歲の時に、宦官の劉瑾を告發して投獄された官僚を釋放するよう弁護し、逆に劉瑾によって投獄され、貴州の龍場へ左遷され、正德三年春から正德四年末まで龍場で暮らしている。

龍場は、苗族や彝族などの少數民族が居住する僻地である。陽明は龍場で思索を深め、正德三年、37歲で大悟し、「聖人の道は自分の性に自足しており、以前に理を事物に求めたのは誤りであった」と述べて「心即理」を自覺し、さらに知行合一説を唱え始める。

その後、39歲で中央に復歸し、45歲の時には官吏を監察する都察院の重職に就き、江西省、福建省、廣東省、湖廣省の巡撫となり、流賊を平定している。

そして、正德十三年（1518）七月、47歲の時に、『古本大學』[23]を刊行し、『四書集注』[24]の類は朱子の「中年未定の說」である、と批判する一方で、朱子との調和を圖るべく、『朱子晚年定論』[25]を著している。48歲の時には、寧王宸濠の謀反を十四日で平定している。

正德十五年六月、官僚の羅欽順（1465-1547）から、王陽明の『大學』解釋は朱子學に背くものであると批判され、同時に『朱子晚年定論』には朱子の若年の說も含まれていると指摘されてしまう。

---

[23] 王陽明「古本大學原序」および羅欽順『困知記』三續第二十章（中華書局、1990年）、95頁を參照。
[24] 朱熹『四書章句集注』（中華書局、1983年）參照。
[25] 王陽明『朱子晚年定論』については、『王陽明全集』卷三『傳習錄』下卷附錄（上海古籍出版社、1992年）を參照。

王陽明は朱子學との訣別を覺悟して、「そもそも道は天下の公道である。學問は、天下の公學である。朱子が私できるものではない」[26]と宣言し、朱子の論敵であった陸九淵の心學を顯彰し始める。

（1）王陽明の「心即理」説

南宋の陸九淵は、「心は皆この理を具えている。心は即ち理である（心即理也）」と述べ、陸九淵の高弟である楊簡も、「天地萬物はすべて一體である。吾が心の外の事ではない」[27]と述べている。唐代以降、禪宗の常套句となった「心の外には眞理は無い（心外無法）」を「心即理」と言い換えている。王陽明はこの陸九淵の學問を聖人の學問であると稱贊している。「心即理」とは、心に忠信孝弟の天理（倫理、正義）が備わっているという意味である。

王陽明は、「心の外に理無し」、「心の外に物無し」、「心の外に事無し」、「心の外に義無し、心の外に善無し」、「心の外に學無し」[28]と述べている。ただし、禪については、精神的解脱（頓悟）を求めて人倫を棄てるので天下を治めることはできない、と批判している。

「心即理」説は、禪宗で言う「無心」と同義ではないが、心の外の認識對象よりも心の本來のありようを重視する考え方は、禪の影響を受けている。外在的な形式（禮）や一般的な客觀的認識を重視する朱子學とは對照的に、陽明學は個人の主觀を重視し言ってよい。

（2）王陽明の「致良知」説

朱子學と訣別した王陽明は49歳の時に有名な「致良知」説を提唱し始める。50歳の時に南京吏部の大臣に任命され、都察院の長官を兼ね、それ以後、57歳で病死するまで、反亂平定の軍事に奔走している。王陽明は、武官ではなく、朱子學によって選拔された文官であったが、その軍事的才能と功績は拔群であった。

儒教の經書『大學』の「格物致知」という句について、朱子學では客觀的認識を重視する立場から、「物に格り、知を致す」と讀んで、外界の事物に具わっている「理」を究める、という意味に解釋するのに對して、陽明は、「物を格し、知を致す」と讀んで、心の持ち方を正しくして良知を實現（實踐）する、という意味に解釋した。

朱子學者の羅欽順は、朱子の解釋を支持して、王陽明の解釋を批判し、「もし學問によって外に求める必要がなく、ただ反觀内省に務めるべきだとしたら、正心誠意の四字で言い盡くしていることになる」[29]（「與王陽明書」）と批判している。自己の心中を正すことのみを追求し、學問に據る客觀的認識を追求する必要がないのなら、「正心誠意」だけで充分で、「格物致知」は無用の句となってしまうという批判である。

---

26) 王陽明「答羅整菴少宰書」、『王陽明全集』卷3『傳習錄』中卷（上海古籍出版社、1992年）、78頁參照。
27) 『慈湖遺書』附錄「慈湖行狀」參照。
28) 『王陽明全集』（上海古籍出版社、1992年）參照。
29) 羅欽順『困知記』附錄「與王陽明書」（中華書局、1990年）、108-109頁參照。

王陽明の致良知説は、自己の心を内省する方法を通じて、現實に正しく對處する判斷力を磨き、危機的状況に苦惱する民衆を救濟すべく行動せよ、という陽明學の根幹をなす學説である。

　朱子學のように理を客觀的に認識してから行動したのでは、現實に對處しきれないので、王陽明は、知行合一説を提唱し、認識と實踐を一致させねばならぬと説いている。行動よりも知識を優先したら、書齋の學問で終わってしまう危險があるので、王陽明は、實踐しながら認識を深める必要があると考え、事上磨鍊（じじょうまれん）を重視した。

　王陽明はまた、佛教の悉有佛性説を良知説に組み込んで、「人の良知はすなわち草木瓦石の良知である。もし草木瓦石に人の良知が無ければ、草木瓦石たりえない。草木瓦石だけがそうなのではない。天地に人の良知が無ければ、また天地たりえない。思うに天地萬物は人ともともと一體である」[30]（『傳習録』卷下）と述べている。

　聖人も凡人も共に完全な良知を具有しているが、聖人は生來の良知を保全し、戒心恐懼し、努力して愼み深いのに比して、凡人は良知が覆われているので、學問に務めて人欲を克服する必要があると説いている。

　誰もが佛性を有しているという思想を換骨奪胎して、誰もが學問を通じて聖人になる可能性を有している、という良知説に作り變えたと言うことができる。

　王陽明は「ひとりひとりの心に孔子と同じ良知があるのに、自分から見聞（知識）で遮り迷っている。……ひとりひとりに羅針盤があり、萬物變化の根源はすべて心に在る。可笑しいことに以前の轉倒した見解では、ひとつひとつの枝葉を外に捜していた」[31]と詩に詠み、事事物物に理があるとする朱熹の格物説に從って、自分が心の外に理を求めたのは本末轉倒の誤りであったと述懷している。

　王陽明は、良知こそ世界生成の基であると説き、唐の雲巖曇晟が「心の外から入って來た物は自家固有の珍寶（佛性）ではない（門より入る者は是れ家珍ならず）」[32]と述べた見解を踏襲して自家固有の良知を棄てて外に求めるのは誤りである、と戒めている。

　王陽明が、「良知は造化の精靈である。この精靈が、天を生じ地を生じ、鬼を成し帝を成す」[33]と述べているように、良知は、世界を創造する靈妙な氣の働きを意味している。天地の間に流行する靈妙な氣の働きを良知と見なしている。良知は單なる道德的判斷力や知識ではない。

　王陽明は自分の心に良知が具わっていることを、「吾が心自ら光明の月を有す」[34]と詩に詠んだが、劍術の修行に良知説を當てはめて言えば、誰でも達人になる性質を自分の心に備えているが、見聞を通じて外から得た知識に妨げられて、本來持っている性質

---

30) 『王陽明全集』卷3『傳習録』下卷（上海古籍出版社、1992年）、107頁。
31) 王陽明「詠良知四首・示諸生」、『王陽明全集』卷20（上海古籍出版社、1992年）、790頁。
32) 佛果圜悟禪師『碧巖録』第五則（『大正藏』第48卷、145頁a段）參照。
33) 『王陽明全集』卷3『傳習録』下卷（上海古籍出版社、1992年）、104頁。
34) 『王陽明全集』卷20「中秋」詩（上海古籍出版社、1992年）、793頁。

を十分に發揮することができないだけだ、ということになる。

（3）王陽明の四句教

　王陽明は最晩年に「善無く惡無きは心の體、善有り惡有るは意の動き、善を知り惡を知るは是れ良知、善を爲し惡を去るは是れ格物」[35]という四句教を提唱している。

　高弟の王龍溪（1498-1583）は、この四句教を便宜的な敎法であると見なし、心と意と知と物は一つであり、全て無善無惡であるというのが主旨だと解釋した[36]。

　この解釋に對して、もう一人の高弟、錢緒山（1496-1574）は四句教を絕對的敎法と見なし、意と良知を正しく働かせ、善事を爲し惡事を去るためには、有善有惡を前提とせねばならないので、有善有惡が四句教の主旨であると解釋した[37]。

　王陽明は、王龍溪の無善無惡說を上根の人に對する敎えとし、錢緒山の有善有惡說を中根以下の人に對する敎えとし、兩者補完しあうものであると答えたが、王陽明の死後、陽明學派は、有善有惡說を支持する右派と無善無惡說を支持する左派とに分裂したというのが、從來の陽明學史の通說である。

　右派の思想家としては、錢緒山、鄒東郭、羅念庵を舉げることができる。右派は、「漸修」（修養）を重視する點で朱子學に近く、淸の黃宗羲の『明儒學案』では、右派を陽明學の正統と見なしている[38]。日本では佐藤一齋が右派を支持している。

　左派の思想家としては、王龍溪、王心齋、羅近溪、李卓吾、周海門らを擧げることができる。周海門の『聖學宗傳』に據れば、陽明學派の主流は左派である[39]。日本でも大鹽中齋が王龍溪に私淑し、吉田松陰が李卓吾に私淑している。

（4）有善有惡說と無善無惡說

　有善有惡說を支持する右派は、心の本體は善であるが、心の働きは惡に流れる可能性があるので、經書を尊重し、善惡を常に意識して修養せねばならないと主張している。右派の主張は、修養を重視する點では、漸修禪に類似している。

　無善無惡說を支持する左派は、心の働きは純粹至善であり、見聞知識よりも自然な心の働きを信頼して行動するのがよいと主張している。左派は、善を爲しながら善を爲しているという意識が無く、惡を去りながら惡を去っているという意識がない精神狀態を至善と呼んでいる。

　思うに、無善無惡說は、決して「漸修」を不要とする敎說ではない。善を爲し惡を去るという事上磨鍊の修養を通じてこそ、善惡の判斷に際して迷いのない無善無惡の境地に立てるのである。決して道德倫理を輕視しているわけではない。

---

35)『王陽明全集』卷3『傳習錄』下卷（上海古籍出版社、1992年）、117頁。
36)『王畿集』卷1「天泉證道紀」（陽明後學文獻叢書、南京：鳳凰出版社、2007年）、1-2頁參照。
37)『傳習錄』下卷、117頁。
38)『明儒學案』卷16「江右王門學案」。黃宗羲序「姚江之學、惟江右爲得其傳、東廓念菴雙江其選也。」
39) 佐藤鍊太郎「明末淸初的三學案與王學左派」、1792-1798頁參照。

「漸修」と「頓悟」を二分し、「漸修」を重視するのが有善有惡説であり、「漸修」と「頓悟」を區別しないのが無善無惡説であると言ってもよい。

右派は、良知について、修行を通じて完成されるという見解を取ったので、良知修證派とも呼ばれている。これに對して、左派は、良知の働きは誰にでも今現在完全に具わっていると考えたので、良知現成派と呼ばれている。王陽明自身が、禪の佛性説を利用して、良知が誰にでも完全な形で具わっている、という良知説を提唱しているので、良知現成説は王陽明に由來すると言ってよい[40]。

（５）右派（良知修證派）と左派（良知現成派）の評價

左派の周海門が、明末の萬曆三十三年（1605）に完成した『聖學宗傳』によれば、陽明學派の主流は無善無惡説を信奉した左派である[41]。

ところが、明朝が滅亡し、清朝の支配が確立された時期になると、右派と左派の評價が逆轉し、黄宗羲（1610-1695）が清の康熙十五年（1676）に完成した『明儒學案』では、右派を陽明學の正統とし、左派は陽明學を禪宗化した異端派であると非難している。左派の思想は、欲望に任せて君臣秩序を破壞する有害な思想だと言うのである。

黄宗羲は師の劉宗周の學説を踏襲して有善有惡説を支持し、無善無惡説を修養無用論と見なし、無善無惡説は王陽明の教説ではないと主張している。

清代には、總じて朱子學を尊重して陽明學を批判する風潮が支配的であった。それは社會の規範や秩序を尊重する朱子學が清朝の支配體制を支え得る思想であるのに對して、陽明學は個人の判斷を尊重する點で、異民族が漢民族を支配している體制に反抗する危險性があったからである。

王陽明は、禪が實踐的修養（漸修）を輕んじて精神的解脱（頓悟）を重視する點、精神的解脱を求めて人倫を棄て、精神的解脱を求めるのは自私自利の私心だと批判している。王陽明も王龍溪も、禪語をしばしば利用してその良知説を展開しているが、禪には批判的である。禪の無念無想の修養方法は心を昏睡状態にするものであり、禪は人倫を遺棄するので天下を治めることができないと批判し、儒學でなければ世を治められない、と述べている。

王陽明と左派の思想に根本的相違が認められないのに、黄宗羲が、意圖的に王陽明とその門下の左派の思想とを區別した理由を考えてみよう。

（６）陽明學左派が異端視された理由

黄宗羲は朱子學に近い陽明學の修證派を正統派として顯彰する一方で、左派の無善無惡説については、禪に染まった邪説として批判を加えている。黄宗羲は明末期に朱子學を信奉した東林學派の流れを汲む人であり、修養を重視した點では、朱子學的見地に立

40）佐藤鍊太郎「陽明學派の禪的思想とその評價」（『日本中國學會報』第 54 集、2002 年、240-253 頁）を參照されたい。

41）佐藤鍊太郎「周汝登『聖學宗傳』と黄宗羲『明儒學案』」（『陽明學』第 15 號、二松學舍大學陽明學研究所、2003 年、2-23 頁）を參照されたい。

っている。清初には、明末の君臣道德の頹廢及び明朝の滅亡を招いたのは左派の思想であると見なす風潮があった。

例えば明末清初の三大學者について見ると、王夫之（1619-1692）は、「王陽明の學問が、一傳して王龍溪となり、再傳して李卓吾となった。憚りを知らぬ教えが立ったために、廉恥心は喪失し盜賊が興って中國は滅亡した」[42]と酷評している。黃宗羲は、『明儒學案』に李卓吾の傳を立てず、顧炎武（1613-1682）は、「古より、小人で憚ること無く敢えて聖人（孔子）に叛いた者は、李卓吾よりひどい例はない」[43]と酷評している。

黃宗羲の場合は、人倫頹廢の責任を陽明學左派に歸すことで、實は王陽明及び陽明學を擁護しようとしたと考えられる。黃宗羲の無善無惡說に對する酷評もまた、道德的規範と修養を重視する立場を反映したものである。漸修派が頓悟派を酷評している構圖である。「漸修」と「頓悟」は修行の段階を示すものであるという見地から見れば、無善無惡說を說いた左派の方が、陽明學の高い境地を示していることになる。

しかし、黃宗羲や王船山らが批判を加えてから以後、清朝が朱子學を官學として顯彰した影響もあって、清朝においては左派を異端とする評價が定着し、陽明學は衰微してしまう。

特に獄中で自殺した李卓吾の遺著は、儒教道德を破壞する有害圖書と見なされ、しばしば禁書とされている。それにも拘わらず、李卓吾の著作の殆どは、民間に流布し、江戶時代初期に日本にも傳來し、例えば、德川幕府の政治顧問を務めた僧天海も李卓吾の遺著を收集している。また、幕末では、吉田松陰が、獄中で李卓吾の著書を愛讀し、私淑の念を表明している。明治時代には陸羯南が三宅雪嶺の『王陽明』（1893）に跋文を寄せて、李卓吾を「王學の忠臣」と稱贊している[44]。

（7）陽明學左派の再評價

中國で陽明學が再評價されたのは、1894年の日清戰爭で清國が敗れて後のことである。敗戰後、中國の思想家、革命家の間に、日本の近代化に謙虛に學ぼうとする風潮が芽生え、明治維新に關心を寄せた康有爲（1858-1927）、梁啓超（1873-1929）らは、自國の陽明學が明治の元勳達に思想的影響を及ぼしたことに着目している。例えば、梁啓超は、「吉田松陰らの諸先輩が維新の原因を造り、明治の諸元勳がその成果を收めた」[45]と述べ、日本が日露戰爭に勝利した1905年には、山岡鐵舟の『武士道』に共鳴し、「陽明を宗とし、更に知行合一の說によって身を以て士道に殉ずる心情を激勵した」[46]と稱贊している。同時に、梁啓超は、陽明學の學習に役立つよう、携帯に便利な『節本明儒學案』を刊行している。

---

42) 王夫之『張氏正蒙注』卷9「乾稱篇下」（臺北：世界書局、1980年）、282頁參照。
43) 顧炎武『原抄本日知錄』卷20「李贄」（臺北：明倫出版社、1971年）、540頁參照。
44) 陸羯南「王陽明の後に題す」（三宅雪嶺『王陽明』、東京：政敎社、1893年）參照。
45) 『梁啓超全集』第2卷「論自由書」（北京出版社、1999年）、337頁參照。
46) 梁啓超『中國之武士道』楊敍（『梁啓超全集』第5卷、北京出版社、1999年）、1379頁參照。

黄宗羲『明儒學案』は、陽明學について知りたいという知識人の需要もあってか、清の光緒年間から中華民國初年にかけて流行している。中國の近代化を模索する知識人が陽明學を再評價し、『明儒學案』が流行すると同時に、皮肉なことに、黄宗羲らが酷評した李卓吾も再評價されるようになる。

　李卓吾の主著、『李氏焚書』[47]が、中國で出版されたのは、1908年のことで、日露戰爭の後である。そして、日本の對華二十一箇條要求を契機として、1919年に五四文化運動が始まり、中國の近代化を阻害する封建的思想として儒教が批判されるようになると、「儒教への叛逆者」とされた李卓吾は、近代思想の先驅者と見なされて脚光を浴びるようになる。李卓吾は文化大革命期の儒教批判のキャンペーンにも利用されたが、文革終了後も進步的思想家として高い評價を得て今日に至っている。最後に李卓吾の思想について見てみよう。

（８）陽明學の「狂者」—李卓吾—

　李卓吾は、王陽明と王畿の良知說を尊重し、朱子學に反逆した陽明學左派の掉尾を飾る思想家である。李卓吾は、政治的觀點から、萬民に共通する欲求を認め、禮を固定化して民眾の欲求を抑壓することに對して次のように批判している[48]。

　　そもそも天下の民が、それぞれ自分の生を遂げ、各自が自分の願いを實現できれば、心をただし教化に歸服しない者はいた例がない。世の儒者は、禮が人心によって同じくその通りだと是認されるものであり、もともと一個の千變萬化する活き活きとした理であることを知らずに、禮に固執して、一定して變えることができないと思いこんでいる。（『道古錄』卷上・15章）

　李卓吾は、主著『藏書』の中で、歷史上の君主や臣下について、政治的軍事的功績を重視する觀點から、朱子學に基づく個人の道德節義を優先する評價を否定している[49]。李卓吾がその主著『藏書』の中で、「政治は時世に適合することが大切であり、學問は世を治めねばならない（治貴適時、學必經世）」[50]と述べているように、彼が朱子學を批判した理由は、朱子學の獨善的道德至上主義が、現實には有能な人材の登用を妨げ、派閥抗爭を激化させていると考えたからであった。朱子學を批判した『藏書』は、『四庫全書總目提要』では、「孔子を排擊して、別に褒貶の基準を立て、千古相傳の善惡はすべて位置をひっくり返された。特に罪は誅罰しきれないほど重い」[51]と斷罪され、李贄は儒教への反逆者とされた。

---

47) 李贄『李氏焚書』、國學保存會排印本、1908年。
48) 李贄『李溫陵集』卷18所收『道古錄』（臺北：文史哲出版社、1971年）、1060頁參照。
49) 佐藤鍊太郎「李贄の經世論—『藏書』の精神—」（『日本中國學會報』第38集、1986年）、187-201頁參照。
50) 『藏書』卷35「趙汝愚傳」附「韓侂冑傳」李贄評語（中華書局、1959年）、第三冊603頁參照。
51) 『四庫全書總目提要』史部・別史類存目「李氏藏書」（臺灣商務印書館、1983年）、第2冊133-134頁參照。

李卓吾は、『焚書』卷三「童心說」の中で、朱子學的な讀書窮理を批判して、「そもそも學ぶ者は讀書を多くし義理を識ることによって自分の童心を障げている」[52]と述べている。そして、孔子の權威を振りかざす高級官僚に對しては、「そもそも天が一人を生じたら、自ら一人の働きが有ります。孔子に足してもらう必要はありません」[53]と述べている。

　王陽明が、朱子學を逸脫して非難されることを覺悟の上で、同胞の困窮を救濟する「狂者」に自分をなぞらえたように、李贄もまた、過激な朱子學批判、官僚批判を行なって異端者と見なされた自分を「狂者」になぞらえている[54]。

　「狂者」とは、「惡名を避けずに、同胞の危急を救う」[55]（『焚書』卷一「答耿司寇」）人物である。

　吉田松陰の「士規七則」の末尾に、「死而後已の四字は言、簡にして義廣し。堅忍果決、確乎として拔くべからざるものは、是を舍きて術なきなり」[56]とある。吉田松陰は、「死而後已」の四字の典據として、曾子と諸葛孔明の言葉を擧げ、同時に、孔子の言葉「志士仁人は生を求めて以て仁を害することなく、身を殺して仁を成すことあり」（『論語』衞靈公篇）と孟子の言葉「生もまた我の欲する所なり、義もまた我の欲する所なり。二者兼ぬるを得べからざれば、生を舍てて義を取らん」（『孟子』告子上篇）を典據として擧げている。

　江戸時代の陽明學者として有名な大鹽平八郎が難民救濟のために亂を起こしたのも、「狂者」として「死して後已む」を實踐したものと見なすことができる。吉田松陰の辭世の一句「かくすれば、かくなるものと知りながら、やむにやまれぬ大和魂」[57]もこの「狂者」の精神に由來すると言ってよかろう。

四、禪と日本の劍術

　禪は日本では鎌倉時代初期から武士階級に信奉された。鎌倉幕府の五代執權、北條時賴（1227-1263）は宋から蘭溪道隆（1213-1278）を招いて師事し、蘭溪道隆は鎌倉五山の臨濟宗建長寺の開山（初代住職）となった。また、時賴の息子である鎌倉幕府８代執權の北條時宗（1251-1284）は南宋滅亡時に無學祖元（1226-1286）を日本に招いて師事した。無學祖元は鎌倉の建長寺の住職となり、ついで時宗が文永弘安の役における戰死者

---

52) 李贄『焚書』卷3「童心說」（北京：中華書局、1975 年）、98 頁參照。
53) 李贄『焚書』卷1「答耿中丞」（北京：中華書局、1975 年）、16 頁參照。
54) 佐藤鍊太郎「陽明學における狂禪について」（『禪文化研究所紀要』第 15 號、1988 年）、173-194 頁參照。
55) 李贄『焚書』卷1「答耿司寇」（北京：中華書局、1975 年）、33 頁參照。
56) 『吉田松陰全集』第２卷「士規七則」（東京：岩波書店、1934 年）、13 頁參照。
57) 德富蘇峰『吉田松陰』（東京：岩波文庫、1981 年）、200 頁參照。

の靈を弔うために建立した圓覺寺の開山となった。時宗は文永十一年（1274）と弘安四年（1281）の二度にわたる元の來襲を撃退している。

(1) 劍禪一如

「無學禪師行状」によると、無學祖元は、1276年、元の兵が温州の能仁寺に亂入し、衆僧が恐怖でパニック状態に陥っているのに、元兵が祖元の首を斬ろうとした時、少しも顔色を變えず、次の偈を詠んだと傳えられている[58]。

　　　乾坤に地の弧筇(こきょう)を卓(た)つる無し。
　　　喜び得たり人も空、法もまた空。
　　　珍重す大元三尺の劍、電光影裏、春風を斬る。

天地の間に一本の錫杖立てる余地が無い（無學祖元一人を活かす余地も無いもないほど現實は嚴しい）のだが、めでたいことに人も空であり、眞理も空なのだ。さらば、大元の三尺の劍が、いなびかりの間に春風を斬る、という意味である。すべては空であり、實體がないので、元兵の三尺の劍が自分の首を斬るのは、いなびかりの瞬間に春の風をきるようなものだ、というのである。自分の命に執着しない無學祖元の態度に元兵は敬服し、非禮を詫びて退却したと傳えられている。

江戸時代に三代将軍德川家光（1604-1651）および将軍家兵法指南役の柳生宗矩（1571-1646）から篤く帰依された澤庵宗彭（1573-1645）は、その名著『不動智神妙録』の中で、無學祖元の當時の心境について、次のように説明している[59]。

　　　無學の心は、（元兵が）太刀をヒラリと振り上げたのは、稲妻と同樣で、電光がピカリとする瞬間に、何の心も何の考えもない。打つ太刀にも心はなく、切る人にも心はない。切られる自分にも心はない。切る人も空、太刀も空、打たれる自分も空であるから、打つ人も人でなく、打つ太刀も太刀ではない。打たれる自分も、ただ稲光がピカッとする瞬間に、春の空を吹く風を切るようである。一切とどまらぬ心である。風を切ったのは太刀にも自覺がない。このように心を忘れきって、いろんなことをするのが上手の位である。舞を舞えば、手に扇を持ち、足を踏む。その手足をよく動かそう、舞をよく舞おうと思って、（所作を）忘れきれないなら、上手とは言えない。（心が）まだ手足にとどまっていたら、業（わざ）は面白くない。すべて心を捨てきらずにする所作は皆良くないのである。

澤庵禪師の『不動智神妙録』は、心身を自由自在に働かす禪の境地を劍術に結び付け、劍術を劍道に昇華させた理論書であり、劍禪一如を説いた奥義書として、江戸時代から今日に至るまで、武道に志す人々に愛讀されてきた。その影響を受けた柳生流の傳書「無心の心と云事」では、無心の境地について次のように解説している。

---

[58]『大正藏』卷80「佛光國師語録」卷9「無學禪師行状」、238頁c段參照。
[59] 佐藤錬太郎「澤庵宗彭『不動智神妙録』古寫本三種・『太阿記』古寫本一種」（『北大文學研究科紀要』103號、2001年）、125頁參照。

いつもする所作をいつものようにするけれども、わが本心の上に、少しも「する」と思う心を置かずに、何心もなく、何となく、うち向かって、そのすべき事は、向かう事にあり、その體に任せてするほど、する事に間違い事が無くて、心に何も無いのを無心というのである。

長く嚴しい心身の鍛錬を經た後に、無意識に自然に知覺し、無理なく身體の動くにまにする、というのである。「漸修」の究極に無心の「頓悟」があるというのである。
澤庵の教えを信奉した柳生宗矩は、『兵法家傳書』無刀之卷で、次のように述べている[60]。

兵法が佛法に一致し、禪に通じる事が多く、とりわけ執着を嫌い、物ごとにとどまる事を嫌うのは、最も切實な所である。とどまらないことが肝要である。……敵の働きにも、自分の働きにも、切っても突いても、その所々にとどまらない心の稽古が必要である。

澤庵禪師はまた、柳生宗矩に、理事一致を追求するよう諭し、「理（こころ）を知っていても事（わざ）を自由に使えねばなりません。（逆に）身構えや太刀の使い方が出來ても、理（こころ）の究極の在り方（無心）をよく知らねばなりません。事と理の二つは兩輪のようでなければなりません」[61]と述べている。

「理の修行」とは、敵の打つ太刀にも何にでも少しも心を留めず、囚われる心を捨て、心を自由に働かす修行である。無心を探究する工夫に他ならない。理論の研究という意味ではない。「事の修行」とは、技の修行である。心の修行だけでは、身體や手足を自由に働かすことができないので、心理と實技の兩面で並行して修行せねばならない、と言うのである。

澤庵禪師が『不動智神妙録』を著して劍禪一如を唱え、將軍家劍術指南役の柳生宗矩が澤庵の指導を受けて『兵法家傳書』を著すに及んで、武道の流派の別を問わず、禪と武道の極意は一體のものであると見なされるようになる。

（２）山岡鐵舟の「心外無刀」

將軍家兵法指南役の小野派一刀流の宗家を繼承した山岡鐵舟（1836-1888）は、德川幕府最後の十五代將軍慶喜の使者として、官軍を指揮した西鄉隆盛に面會を求め、官軍の江戶城攻擊を中止させ、德川家と江戶の町を戰火から救うという大功を立てている。山岡鐵舟は、西鄉に請われて明治天皇の侍從となって信賴され、天皇の人格形成に良い影響を與えたと傳えられている。鐵舟は武士道を實踐しただけでなく、武士道についても解說し、日本人の精神教育に貢獻している。

山岡鐵舟は、劍術の面では、無刀流を創始し、「心外無刀」を唱えて、劍術修行の究極は心の修行に他ならないという思想を確立した。「心外無刀」が、禪の「心外無法」

---

60) 柳生宗矩『兵法家傳書』（岩波文庫、1985 年）、111-112 頁參照。
61) 佐藤鍊太郎「澤庵宗彭『不動智神妙録』古寫本三種・『太阿記』古寫本一種」、101 頁參照。

に由來することは言うまでもない。

　山岡鐵舟は、明治天皇の下賜金で劍道場「春風館」を創建しているが、春風館という道場の名は、無學祖元の辭世の末句「電光影裏斬春風」に由來する。この句を最初に取り上げ、山岡鐵舟に大きな影響を與えたのは、澤庵禪師である。

　山岡鐵舟は、無學祖元の「電光影裏、春風を斬る」という句を特に尊重している。彼が明治十三年（1880）四月に作った詩に、「劍家の精妙の處を識らんと要せば、電光影裏、春風を斬る」という句がある。

　山岡鐵舟は、安政五年（1859）に著した「修心要領」の中で、「世人劍法を修むるの要は恐らくは敵を切らんが爲めの思ひなるべし。余の劍法を修むるや然らず。余は此法の呼吸に於て神妙の理に悟入せんと欲するにあり。」[62]と述べている。

　山岡鐵舟の「心外無刀」とは劍術の修錬を通じて、神妙の理（無心の呼吸）を悟ることを目指すものであり、決して殺人の技術を磨くものではなかった。無心の心境に到達するために稽古をしたのであって、他人に勝つために修行したのではないというのである。事實、山岡鐵舟は一人も人を殺傷していない。他人に危害を加えるためでなく、自己の心膽を錬磨して眞理を悟るために生涯にわたって劍法を修行したという點では、鐵舟の「心外無刀」という言葉は、現代の「劍道の理念」に通じている。

　全日本劍道連盟は、1975年3月20日に「劍道の理念」及びに「劍道修錬の心構え」を制定している。「劍道の理念」については、「劍道は劍の理法の修錬による人間形成の道である」と規定し、「劍道修錬の心構え」については、「劍道を正しく眞劍に學び、心身を錬磨して、旺盛なる氣力を養い、劍道の特性を通じて、禮節をとうとび、信義を重んじ、誠を盡くして、常に自己の修養に努め、以て國家社會を愛して、廣く人類の平和繁榮に寄與せんとするものである。」と定めている。山岡鐵舟の「心外無刀」の精神は、現代の劍道においても受け繼がれているのである。

　山岡鐵舟は、明治十八年五月十八日に「劍術の流名を無刀流と稱する譯書（わけがき）」を著し、無刀流を稱した理由について、次のように述べている[63]。

　　　無刀とは、心の外に刀無し、ということで、三界唯一心である。一心は内外ともに本來無一物（六祖慧能）であるから、敵に相對した時に、前に敵がおらず、後に我も無く、靈妙な對應の仕方にきまった方法は無く、痕跡を留めない。これこそ私が無刀流と稱する理由である。

　山岡鐵舟の「心外無刀」の思想は、禪の「心外無法」に由來している。なお、山岡鐵舟は、楠正成（1294-1336）を尊敬し、宋代の禪の語録に散見する「倚天の長劍人に逼りて寒し」という句を好んで使っている。楠正成は、湊川で討ち死にする前夜に、廣嚴

---

62) 山岡鐵舟「修心要領」（高野澄編譯『山岡鐵舟　劍禪話』（タチバナ敎養文庫、2003年）參照。
63) 山岡鐵舟「劍術の流名を無刀流と稱する譯書」『日本武道大系』第2巻、京都：同朋社、1982年）、381頁參照。

寺の極俊禪師から、「兩頭を共に截斷せば、一劍天に倚りて寒し」という教えを承けて、死生一如の心境を悟った、と傳えられている。

山岡鐵舟は、また、「無刀流劍術大意」を著し、次の三つの要點を示している。

一、無刀流劍術は、勝負を爭わず、心を澄まし肝を錬り、自然の勝ちを得るようにせねばならぬ。

一、事理の二つを修業することが大切である。事は技であり、理は心である。事理一致の境地に到達することが妙處である。

一、無刀とは何か。心の外に刀は無いのである。敵と相對する時に、刀に依らずに心で心を打つ、これを無刀というのである。

澤庵禪師は『太阿記』の中で、日常の生活において工夫を怠らず、修行の年月を積み重ねたならば、自然に最高の境地に到達し、無心の技を發揮できるようになる、と教えている。鐵舟は事理一致を追求する點でも、澤庵禪師の教えを繼承している。

おわりに

本稿において、禪と陽明學および劍術の修行に共通する概念として「漸修」と「頓悟」という語句を取り上げて、その意味と關係を明らかにした結果、長期にわたる段階的な修行、即ち「漸修」を拔きに無心の境地を「頓悟」することはあり得ないという結論に達した。「漸修」と「頓悟」は對立する二律背反の概念ではなく、「漸修」を經て「頓悟」に到達するという意味では、密接に連續する概念であるといってよい。「漸修」と「頓悟」を別個の概念として切り離すことはできない。北宗神秀の漸修禪が南宗慧能の頓悟禪に劣るとした荷澤神會の禪宗史には確乎とした根據が無い。

これとは逆に、陽明學の歷史について、黃宗羲『明儒學案』のように、有善有惡說を支持した右派（良知修證派）を正統派と見なし、無善無惡說を支持する左派（良知現成派）を異端派と見なすことにも無理がある。傳統的倫理觀を否定した左派の思想家は一人もいないからである。左派は漸修と頓悟を一體のものと見なし、道德的修養の高度の到達點を重視しているにすぎない。

陽明學派の左派を「狂禪」として退け、右派（修證派）を正統とするのは、いわば道德的「漸修」を重視した朱子學的價値觀に基づく清代の陽明學觀であって、明末の萬曆年間にあっては、周海門『聖學宗傳』に示されているように、王龍溪を筆頭とする左派が陽明學の主流に他ならない。右派の思想家もこれに同調している。

王守仁と王畿の禪的思想の實態、並びに陳建、黃宗羲、王夫之らの陽明學への批判を見てみると、確かに王守仁は禪語を借りて學說を展開しているが、禪と同じ用語を使っていても、意味する內容は違っていた。

王守仁は、禪が實踐的修養（漸修）を輕んじて精神的解脫（頓悟）を重視する點、精

神的解脱を求めて人倫を棄て、それによって自私自利の私心を成就しようとする、と批判している。また、禪の無念無想の修養方法は心を昏睡状態にするものであり、禪は人倫を遺棄するので天下を治めることができない、と見ていた。王守仁も王畿も李卓吾も、儒學の根本は世を治めることであり、儒學でなければ世を治められない、と考えていた。陽明學派の思想に根本的相違は認められない。それにも拘わらず、黄宗羲が、王守仁の思想とその門下の左派の思想とを區別し、左派が王守仁の學説を歪曲して禪宗化したと見なした理由は、明末の君臣道徳の頽廢及び明朝の滅亡を招いた主要な責任が左派にあると考えていたからであろう。王陽明と同じ餘姚出身の黄宗羲は、王陽明への私淑の念が篤く、朱子學全盛の康熙年間に在って王陽明と陽明學を擁護するため、左派をスケープゴートとしたものと思われる。

「東アジアの經典解釋における言語分析」
第一回國際學術シンポジウム參加報告

近藤　浩之

　北海道大學と臺灣大學は、2005 年 3 月に大學間交流協定を締結し、學生の交換留學等が實現し、學術の交流と協力が積極的に進められている。

　その交流協力活動の中でも重要な活動の一つとして、「東アジアの經典解釋における言語分析」第一回國際學術シンポジウム（首屆東亞經典詮釋中的語文分析國際學術研討會　Inaugural International Symposium on Interpretations of Classics in Philological Analysis in East Asia）が、2006 年 8 月 23 日～ 25 日に、北海道大學文學研究科と臺灣大學人文社會高等研究院および國科會經典詮釋中的語文分析研究計畫の共催で、北海道大學百年記念會館大會議室において開催された。

　開會式では、共催する雙方の代表者、佐藤錬太郎教授（北海道大學文學研究科）・鄭吉雄教授（臺灣大學中國文學系）の挨拶、北海道大學・臺灣大學兩學の副學長の祝辭の披露が行なわれ、さらに、體調不良のため已むなく參加されなかった伊東倫厚教授（北海道大學文學研究科）からの祝辭も傳えられた。今回のシンポジウムは、經典・解釋・文獻學の三者間の密接な關係に着目し、東アジア地域における、儒家と佛教、言語と哲理、文獻と思想、解釋と言語分析などの間の、異なった研究方法や理論を融合して、經典の文化的價値及び東アジアの精神的傳統をより深く廣く探究し繼承していくことが目指されている。

　また、今回のシンポジウムは「文獻と解釋研究フォーラム（2006 ～ 2010 年）」の第一回に當たるので、開會式では、フォーラムの構成と計畫について簡單な紹介もなされた。本フォーラムは、國境の枠を超えた學術共同組織であり、主にアジアと北米の學界の研究者 150 人余りによって構成される。2006 年から 2010 年まで、臺灣大學の鄭吉雄・甘懷眞、東京大學の平勢隆郎、關西大學の吾妻重二、北海道大學の佐藤錬太郎、ペンシルバニア州立大學の伍安祖、シンガポール大學の勞悦強、北京大學の顧歆藝・顧永新の九名の構成員によって、順番に學術シンポジウムが開催される。2007 年以降は臺灣大學で第二回、北京大學で第三回、シンガポール大學で第四回が予定されている（詳しくは、文獻與詮釋研究論壇のホームページ：http://eastasia.csie.org/fsctt/zh/ を參照）。

　さて、本會議の内容については、あらかじめポスターで「發表者および發表題目」は公表されており、各發表内容についても、日中兩國語で予稿集が用意されて關係者に事

前に配布され、その予稿集に收められなかった原稿は發表當日に受付で配布された。發表は基本的に中國語で行なわれ、適宜、通譯もなされた。實際の發表順に從って紹介すれば、發表者および發表題目は次の通りである（なお、ポスターの「發表題目」と若干異なるものもあるが、ここに示すのが實際に發表された題目である）。

鄭吉雄（臺灣大學中國文學系）「論易道主剛」、楊秀芳（臺灣大學中國文學系）「從詞族觀點看「天行健」的意義」、近藤浩之（北海道大學文學研究科）「「神明」的思想—以『易』傳爲中心—」、沈婉霖（清華大學博士研究生）「從甲骨、金文辭例重看《易經》〈屯〉卦之意象」、三浦秀一（東北大學文學研究科）「十六世紀中國における陽明學と老莊思想の出會い—朱得之《莊子通義》を手掛かりに—」、林啓屛（政治大學中國文學系）「儒家思想中的知行觀—以孟子、象山、陽明爲例—」、佐藤錬太郎（北海道大學文學研究科）「「心外無法」の系譜—禪學、心學、陽明學、そして武道—」、松江崇（北海道大學文學研究科）「略談《六度集經》語言的口語性—以疑問代詞系統爲例—」、羅因（臺灣大學中國文學系）「漢譯說一切有部中兩種佛傳中對於佛陀的不同詮釋」、弥和順（北海道大學文學研究科）「『論語鄭氏注』の思想的特色」、水上雅晴（北海道大學文學研究科）「明經博士家の『論語』解釋—清原宣賢の場合—」、魏培泉（中央研究院語言學研究所）「《關尹子》非先秦作品之語言證據」、佐藤將之（臺灣大學哲學系）「「變化」的象徵化與秩序化：〈易傳〉的聖人與〈荀子〉的君王」、徐富昌（臺灣大學中國文學系）「論簡帛典籍中的異文問題」、劉文清（臺灣大學中國文學系）「惠棟《九經古義》之解經觀點—「經之義存乎訓」探微—」、名畑嘉則（藤女子大學文學部）「二程子の"經"學—朱熹の批判を通して見る程・朱の立場の相違—」、王家泠（臺灣大學博士研究生）「魏晉南北朝「神明」觀念的變遷」、松本武晃（北海道大學博士課程）「日本における『春秋胡傳』の受容」、田村將（北海道大學博士課程）「劉逢祿の經世思想に對する再檢討—「通三統」說を中心として—」、以上、三日間にわたって臺灣側から10、日本側から9、合計19の發表が行なわれた。

　會議全體を通して、佛教經典・儒家教典などの經典解釋に關する言語學・文字學・訓詁學、および解釋と思想の各方面からの新たな方法や視點が報告されて、それぞれの專門分野の研究者が相互に刺激を受け合い、活發に質疑し意見を交換していた。このような廣い分野にまたがるシンポジウムの場合、往々にして個別的でつながりのない報告の羅列のようになってしまうものだが、このシンポジウムでは、發表の組合せや順序がよく工夫され、さらに會議後の和やかなレセプションなどを通して、異なる專門分野の研究者同士が對話する機會が多く、本當の意味で學際的交流とその深化がなされたという印象を受けた。例えば、思想の分野を專門とする私個人にとって言うならば、松江崇氏と魏培泉氏による言語學の分野からの發表は、疑問代詞の用法や「即」「是」「所以」「可V+O」「不V之」などの語法の丹念な分析から、かなり明瞭な傾向と結論が導き出せることを示しており、思想的分析だけでは得られない確かな證據やデータの抽出の方法について、學ぶべき所が多かった。おそらく同樣に、各分野の研究者がその他の分野の研究者から多くの啓發を受けたはずである。引き續き、今後の「文獻と解釋研究フォーラ

ム（2006～2010年）」の活動と展開が大いに期待される。

（『日本中國學會便り』2006年12月20日、第2號（通卷第10號）掲載）

［附記］上の記述は、2006年10月當時に記したものである。本シンポジウムの成果が、各發表内容の推敲を經て、このたび臺灣と日本で、それぞれ中國語と日本語の論文集として出版・公開された。本書『中國古典の解釋と分析—日本・臺灣の學術交流—』は、その日本語の方である。

執筆者・譯者一覽

佐藤鍊太郎（北海道大學大學院文學研究科敎授）
鄭吉雄（國立臺灣大學中國文學系敎授）
金原泰介（雲林科技大學漢學資料整理研究所助理敎授）
楊秀芳（國立臺灣大學中國文學系敎授）
加部勇一郎（北海道大學大學院文學研究科專門研究員）
近藤浩之（北海道大學大學院文學研究科准敎授）
魏培泉（中央研究院語言学研究所研究員）
藤井得弘（北海道大學大學院文學研究科博士課程）
松江崇（北海道大學大學院文學研究科准敎授）
徐富昌（國立臺灣大學中國文學系副敎授）
大野裕司（日本學術振興會海外特別研究員）
和田敬典（北海道大學大學院文學研究科博士課程）
猪野（胡）慧君（北海道大學大學院文學研究科博士課程）
弥和順（北海道大學大學院文學研究科敎授）
水上雅晴（琉球大學教育学部准敎授）
劉文清（國立臺灣大學中國文學系副敎授）
田村將（北海道大學大學院文學研究科博士課程修了）
林啓屛（臺灣國立政治大學中國文學系敎授）
西信康（北海道大學大學院文學研究科專門研究員）
佐藤將之（國立臺灣大學哲學系副敎授）
羅　因（國立臺灣大學中國文學系副敎授、佛學研究中心主任）
中野徹（近畿大學文藝學部特任講師）
名畑嘉則（藤女子大學文学部敎授）
三浦秀一（東北大學大學院文學研究科敎授）

※本書における一部の文字は、『今昔文字鏡®』(㈱エーアイ・ネット／文字鏡研究會)
のフォントを使用しています。

中國古典の解釋と分析
―日本・臺灣の學術交流―
平成 24 年 3 月 30 日　第 1 刷 發行

編著者　　佐 藤 錬 太 郎
　　　　　鄭　　吉　　雄
發行者　　吉 田 克 己
發行所　　北海道大學出版會
　　　　　〒 060-0809 札幌市北区北 9 条西 8 丁目
　　　　　　　　Tel.011(747)2308
　　　　　　　　Fax.011(736)8605
　　　　　　　　http://www.hup.gr.jp
印刷所　　アイワード
製本　　　石田製本

ISBN978-4-8329-6765-6　C3098　¥9500E

陳啓源の詩経学 ―『毛詩稽古編』の研究―	江尻 徹誠 著	A5・216頁 定価5600円
黄勉斎と劉後村 附文文山 ―南宋判語の訳注と講義―	高橋 芳郎 著	A5・272頁 定価5000円
訳注『名公書判清明集』 官吏門・賦役門・文事門	高橋 芳郎 著	A5・272頁 定価5000円
宋－清身分法の研究	高橋 芳郎 著	A5・352頁 定価7600円
明清福建農村社会の研究	三木 聰 著	A5・574頁 定価10000円
宋代官僚制度の研究	宮崎 聖明 著	A5・330頁 定価7200円
北魏胡族体制論	松下 憲一 著	A5・250頁 定価5000円

〈定価は消費税を含まず〉

北海道大学出版会